KB117068

百濟 城郭硏究와 韓國考古學

蒼藍崔秉植博士 古稀紀念 論叢

百濟 城郭研究와 韓國考古學

蒼藍 崔秉植 博士 古稀紀念 論叢

文學博士

蒼藍 崔秉植 近影

임근우

화가 임근우는 홍익대학교 미술대학 회화과와 동대학원을 졸업하였다.
국내외 개인전55회(서울, 바르셀로나, 도쿄, 베이징, LA, 뉴욕 등)와
국내외 단체전에 2,000여회 초대 출품하였다.
제14회 대한민국미술대전 '대상'을 수상하였으며 30여년 동안
문화인류학적 흔적과 이상세계를
'Cosmos-고고학적 기상도' 작품으로 풀어내고 있다.
현재는 강원대학교 미술학과 교수로 재직 중이다.

「대백제금동대로향로」
앞에 앉아있는
최병식박사님을
화가 임근우가 그리다
2022
GOBNOO
임근우

차례

襄望感祝志辭年
龍化風流地上仙
百濟家深功
業公赫業勵無邊

축하 휘호

春望感祝古稀年
能作風流地上仙
百濟窮深功不少
羡公赫業廓無邊

희망찬 봄을 맞아
고희의 연세를 축하드리며,
풍류로는
지상의 신선이라 할 수 있고,
백제를 깊이 궁구한 업적이 적지 않으시며,
혁혁한 덕업은 드넓어서
가이 없음이 부럽다네

박양재
전 강남문화원 원장
한국서가협회 고문
운학서학연구원 원장

운주산성은 말한다

장충열

이승과 저승을 잇는 빛과 어둠의 역사
백제의 사직 허망하게 무너질 때
먹구름도 망국의 한을 핏물로 뿌렸으리라
우아하고 섬세한 예술로 선진 문화 꽃피워
해외까지 문명을 보급했던 백제
지키려다 산화된 넋들은 기억의 땅에서
스스로 진혼鎭魂이 되었는가

운주산성을 휘감는 바람속엔
미처 다스리지 못한 편린들
군사들의 결의에 찬 함성이 묻어 흐른다
지상을 물들이고도 남을 찬란했던 영화는
어디로 갔는가,
계절은 자연향을 사르며 의자대왕과
백제 부흥대군의 극락왕생을 빌고 있다

지워지지 않는 말발굽 소리
이끼 낀 천상의 발자국은
다하지 못한 뜻을 앙가슴에 품으라고
소나무의 녹빛 침으로 정신을 깨운다
여름이면 피수골엔
백제인은 결코 헛된 죽음이 아니었다고
유난히 붉은 산꽃들 피어 그 넋을 달래고 있다

산성의 돌들은 시공을 초월하여 시간과 시간을
꿰매고 있다
백제의 부흥을 위해 혹한과 굶주림에도
온 몸을 던진
호국정신은 대대로 이어갈 민족의 유전자다
한반도의 중심 허리를 둘러친 거대한 운주산성
유네스코에 등재된 석조 유물들

기상과 불굴의 의지는 고산의 위대한 정기精氣다
잠들 수 없는 짙푸른 염원은 현실의 빛깔로
옷깃 하늘거리며 살아오른다
21세기는 거대한 붓을 들어 운주산의 하늘가에
백제인의 자존심 일필휘지로 써내린다
백제는 살아있다고

부흥의 빛 산성의 정상 백제얼 탑에서 부터
오색빛으로 선명히 피어오른다
간절한 기원으로 물들어 있는 산성은
어둠을 뚫고 태양을 향한다

꺾이지 않을 기상, 대륙의 정신, 그 전성기
운주산성을 따라 길게 길게 이어지리라
구름도 발걸음 멈추고 손 내밀어 맞아 주는 곳
고요 속에 오롯이 살아있는 숨결은
온고이지신의 지혜로운 발걸음 멈추지 않는다

운주산성은 말한다
주류성의 부활로 당당히 일어설 내일 또 내일
어둠이 깊으면 밤하늘에 별이 켜지듯이
눈부신 신비의 나래로 비상하리라
백제여!

장충열 시인
사)한국문인협회 낭송문화위원장 ㅣ 사)국제PEN한국본부 문화예술위원 ㅣ 대학, 문화원, 신문사 서울 경찰청 외 감성스피치 강의
『연시, 그 절정』『미처 봉하지 못한 밀서』 외 다수 ㅣ 제3회 한국문학인상/제21회 세종명인상/제16회 서초문학상 외 다수

최병식 박사
주요 이력 및 활동 내역

김봉빈이 그린 최병식 박사의 어릴적 고향 풍경(충북 음성군 원남면 조촌리, 화살표 부분이 살던 집)

1963. 02

서울 교대부속초등학교 졸업

1966. 02

휘문중학교 졸업

1969. 02

경동고등학교 졸업

1969. 03

한양대학교 공과대학 전자공학과 입학

유치원 시절   초등학교 졸업식장에서   중학교 시절 소풍을 가서

경동고등학교 졸업식 후 교문 앞에서   한양대학교 졸업식장에서

1974. 02

육군 만기 제대

1976. 02

한양대학교 공과대학 전자공학과 졸업

1999. 02

한양대학교 대학원 문화인류학과 졸업(고고학 전공, 석사)

2006. 02

상명대학교 대학원 사학과 졸업(고고학 전공, 문학박사)

한양대 김병모 교수(아래 중앙), 향토사학자 김재붕 선생(아래 왼쪽)과 함께 주류성 특강을 마치고(1996)

**2003
~2004**   **대한문화재신문 발행인**

  월간 발행 신문으로 역사 및 고고학, 예술문화에 관련된 기사 게재. 전지
사이즈 신문으로 월 8면~12면 발행하였다.

2000~현재   운주문화연구원 원장, 한국성곽학회 이사, 국방문화재연구원 이사, 고려
문화재연구원 이사 등 고고학 관련 학술단체 및 역사학회, 한국고대사학
회, 한국목간학회 등에 연구 및 학회지 출판 지원 등 기초학문육성 지원에
힘쓰고 있다.

1994~현재   **주류성출판사 대표**

  1994년 창업 이후 역사 및 고고학 분야의 전문 학술도서 출간, 각종 보
고서, 학회지 등 1,500여 종의 도서 출판과 잡지 <계간 한국의 고고학> 발
행, 기초학문 육성 차원에서 고고학 및 역사학 학술단체 학회지 출판지원
을 하고 있다.

주류성 출판사 내부

　고고학이라는 콘텐츠에 대한 관심이 일천하던 시절, '인문학의 꽃'이라 할 수 있는 고고학이라는 콘텐츠를 출판에 접목하여 고고학 전문 도서를 출판해왔다. 또한, 백제 문화의 전승과 재발견이라는 모토를 구현하면서 백제의 역사와 문화를 새롭게 조명한 '백제를 다시본다' 등 다양한 백제사 관련 도서를 출간하였으며, 백제 문화의 집대성이라 할 수 있는 '백제역사 문고' 전 33권을 출간하였다.

　이어서 주류성고고학총서, 백제문화를 찾아서, 한국사의 재발견, 한국목 간학회 총서, 한국고대사학회 학술총서, 경희 고대사 고고학 연구 총서, 인 하대 고조선연구소 연구 총서, 한국 고대사 관련 동아시아 사료의 연대기 적 집성(원문, 번역문), 1900년대 만주 고고학 연구자료 국역 총서, 동아시 아교통사연구회 총서, 태봉학회 총서, 세계시민학 총서, 경북대학교 인문 학술원 HK+ 사업단 연구총서, 경북대학교 인문학술원 HK+ 사업단 자료 총서, 경북대학교 인문학술원 HK+ 사업단 번역총서 등 대형 시리즈물을 출간하고 있다.

강원도 정선 청동기 유적 발굴조사 현장에서(2007) 사진 : 이오봉

운주산 삼천굴 탐사 작업중(2002)

운주산성 서문지 삼천굴 탐사 굴착 작업(2002)

전설 속의 삼천굴 표지판 앞에서 정해영 향토사학가와 함께(2002)

일본 백제사터 발굴조사 현장(2012)

일본 답사시 다나카 교수(오른쪽), 京都 홍명웅(왼쪽 앞), 강재문 회장과 함께(2009)

이밖에도 고구려, 신라, 발해, 고려, 가야 등 우리 고대사의 중요한 이슈와 고고학적 연구 자료들을 정리한 많은 도서를 출간하였으며, 고고학과 고대사 분야에서 그 지평을 더욱 넓혀 고대사 전반과 중근세사까지 두루 섭렵하는 역사 및 고고학 전문 콘텐츠를 출판하고 있다. 그 결과 문화체육관광부 및 대한민국학술원에서 선정하는 우수학술도서와 우수교양도서에 40여종의 도서가 선정되는 등 한 결 같은 노력을 인정받고 있다.

한편, 주류성출판사는 학술서 전문 출판사의 공고한 위상을 바탕으로 인문 교양서 및 대중 교양서 분야에서도 '한 권으로 읽는 우리 예술 문화', '병자년 남한산성 항전일기', '한국 사자의 서', '신안 보물선의 마지막 대항해', 종군기자의 시각으로 쓴 난중일기, 징비록, 박물관 큐레이터로 살다 등 새로운 타이틀과 초등 교사들이 쓴 초등생을 위한 한국사 시리즈, 최준식 교수의 서울문화지, 최준식 교수의 한국문화지 시리즈, 중국 역대 황제 평전 시리즈 등을 출간하며 대중 독자에게 사랑받는 종합출판사로 발전하고 있다.

중국 양저문화 취재중 모소석 절강대 교수 인터뷰(2009. 8)

2006~현재   잡지 <한국의 고고학> 발행인

　　대한민국 유일의 고고학 정론잡지로서 '인문학의 꽃'이라는 고고학과 국내외 고고학 발굴 현장 등에서 취재한 고고학 관련 연구 성과와 연구 정보 등을 소개하는 계간 잡지로 2006년 가을호 창간호를 시작으로 2022년 3월 현재 통권 55호를 발행하였다.

　　<계간 한국의 고고학>은 인문학의 꽃인 고고학을 집중적으로 소개하는 잡지로서 우리나라는 물론 일본, 중국 등 동아시아 지역 국가의 고고학 발굴 소식 및 성과, 정보 등을 소개하고 있다. <계간 한국의 고고학>은 국내의 고고학 연구자 및 학술기관과 일본, 중국 등지의 일반 독자와 학자, 학술기관 등에 보급 판매하여 한국의 고고학과 역사 문화를 선양하고 있다.

　　이러한 성과를 인정받아 <한국의 고고학>은 2018년에 이어 2021년, 2022년 연속으로 (사)한국잡지협회 우수콘텐츠 잡지로 선정되었다.

충청일보 기사(1995. 11. 3일자)

조선일보 기사(1999. 10. 16일자)

서울신문 인터뷰(2008. 10. 13일자)

고산사에 세워진 의자왕 위혼비(1997) 사진 : 이오봉

제1회 백제고산제를 운주산 중턱에서 황해도 대탁굿(1994)(한양대학교 대학원 문화인류학과 후원)

역삼동 선사유적지 세미나를 앞두고 현장 답사(2014)

강남문화원 원장

2014
~2017

강남문화원 원장으로 서울시 강남구의 문화진흥을 위한 활동을 했다. 강남문화원에서는 일반 대중을 위한 31개 문화강좌를 운영하여 다양한 문화체험과 향유의 장을 마련하는 한편, 대한민국 강남전통예술경연대회, 대한민국 강남미술대전, 대한민국 강남서예문인화대전, 강남독후감공모전 등 다양한 공모전을 실시하였다.

강남문화원 원장으로 일하면서 가장 먼저 시작한 일이 강남에 새로운 문화적 가치를 부여하고, 강남의 위상을 높이기 위한 '전통과 역사문화의 재발견' 이었다.

강남역사문화연구소를 설립하여 해마다 '역삼동 청동기유적', '강남의 고대산성', '역사속 강남의 인물', '강남의 민속'을 주제로 한 학술세미나를 개최하여 강남지역의 역사문화를 재조명하였다.

강남국악예술단을 창단하여 '한명회 대감 강남에 떴다', '강남의 홍순언 조선을 구하다' 등 악극 공연을 무대에 올렸다. 문화원 회원이 직접 배우가

강남문화원 역사문화기행 중국 고구려 유적 답사(2014) 사진 : 이오봉

되어 참여한 공연은 축제가 되었다.

특별히 문화해설사 양성교육을 실시하여 배출된 강남문화해설사들이 관내 초·중등학교를 찾아가 아이들에게 강남 고유의 전통과 문화를 가르치기도 하였다.

정기적으로 시행하고 있는 문화강좌를 비롯한 '강남전통예술경연대회', '강남미술대전', '강남서예문인화대전', '도곡동역말도당제', '강남독후감공모전', '역사문화탐방' 등 강남이라는 지역사회의 문화적 위상을 높이는 데 노력하였다.

특히 국내외에서 진행된 역사문화탐방은 회원 여러분과 함께 직접 역사의 현장을 찾아가는 행사로 회원들의 호응과 참여로 성황을 이뤘다.

또한 초·중고생을 대상으로 실시하는 독후감공모전은 응모작품이 4,300여 편에서 13,500여 편으로 늘어나는 괄목할만한 성과를 거두었다.

중국 답사중(적봉 삼좌점석성)(2018)

강남문화원 역사문화기행 중국 고구려 유적 답사(2014)

임존성 답사 중(2016) 사진 : 이오봉

일본 니시 쇼오인답사 중(2014) 사진 : 이오봉

강남문화원 역사문화기행 중국 답사중(2014) 사진 : 이오봉

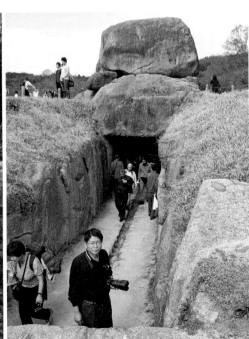

일본 아스카 석무대 답사(2008) 사진 : 이오봉

우금산성 답사(2016) 사진 : 이오봉

임존성 답사(2016) 사진 : 이오봉

2009
~2011

(사)대한출판문화협회 상무이사

주류성출판사 최병식 대표는 제46대 대한출판문화협회 정책 담당 상무이사로 재직하면서 출판문화진흥을 위한 활동과 출판계의 현안을 논의하고 발전방안을 제시하며, 신사업 개발, 대정부 건의, 추천 선정도서 운영, 저작권 및 디지털 출판 대책 등 출판 현안을 해결하는 역할을 수행하였다. 한국출판인회의, 한국출판연구소 등과 함께 국내 출판 산업의 활로를 개척하고 새로운 발전방안을 창출하는 연석회의 등에 참여하는 등 출판계 발전에 기여하였다.

주류성출판사는 대한출판문화협회, 한국출판인회의. 한국학술출판협회, 한국잡지협회, 한국출판협동조합 정회원사로 출판계의 권익활동에 적극적으로 참여하고 있다.

2009
~2010

KBS 제20기 시청자위원회 위원

공영방송 KBS의 시청자위원회 위원으로 활동하며 방송의 질적 향상과

싱가폴에서 가족과 함께한 칠순 기념 여행(2020)

발전을 위해 활동하였다.

2014
~2017

방송통신심의위원회 보도교양방송특별위원회 위원

방송통신심의위원회 보도교양방송특별위원회 위원으로 위촉되어 국내 공중파 및 케이블방송의 뉴스 보도 내용과 관련된 민원을 해결하고, 공정한 보도가 이뤄질 수 있도록 심의하는 활동을 하였다.

2017~
~2019

(사)한국잡지협회 이사

계간 한국의 고고학 발행인으로서 (사)한국잡지협회 이사로 활동하면서 국내 잡지산업의 발전과 질적 향상을 위해 노력하고 있다.

2019~현재

(재)강남문화재단 이사장

강남문화재단의 이사장으로 취임하여 강남문화재단과 강남구에서 주관하는 각종 문화행사 및 강남오케스트라, 강남합창단 등을 운영하고 있다.

서울 국제도서전 전시(2019)

<주요 포상>

1984 서울특별시장(염보현) 표창, 1985 정무장관(이태섭) 표창, 1987 체육부장관(이세기) 표창, 1994 서울특별시장(고건) 표창, 2012 문화체육관광부장관(최광식) 표창(제26회 책의 날), 2017 서울특별시장(박원순) 표창

<주요 저서>

강남의 역사(공저, 강남문화원) / 최근 발굴한 백제유적(저서, 백제역사문고) / 스러져간 백제의 함성(공저, 주류성출판사)

<주요 논문>

전의지역 고대산성 연구, 서울강남 대모산성의 역사적 성격, 백제부흥운동과 공주 세종(연기) 지역, 전의 전동 지역 고대 산성과 금이성, 백강 전투부터 백제 부흥운동 종말까지의 과정 연구

한국의 고고학 잡지 발간

<기타 사회 기여>

최병식 대표는 지속적인 사회봉사 활동에도 앞장서 지역사회 발전에 기여하였다. 특히, 세종시 전동면 지역의 사찰 고산사를 중심으로 한 지역 사회 문화 봉사활동을 펼쳐 이미 25년 이상 명사 초청 강연행사 및 학술세미나, 불교대학, 산사음악회 및 지역 노래자랑대회를 개최하고 있다.

또한 유니세프, 참사랑실천회, 재단법인 스마일회 등 어려움에 처한 이웃을 돕는 기관 및 단체에 지속적인 후원을 하고 있으며, 충북 음성 원남 초등학교 학생들에게 지속적인 후원을 계속하고 있다.

감사패(백제학회)
2017. 12. 8

감사패(한국상고사학회)
2017. 12. 14

감사패(한국방송공사)
2010. 8. 9

방송특별위원 위촉장 (방송통신위원회)

시청자위원 위촉장 (한국방송공사)

표창장 (문화체육관광부)

강남문화원장 표창장 (서울특별시장)

서울지구JC 표창장 (서울특별시장)

임명장 (강남문화재단)

위촉장 (한양대학교 총동문회)

<축사>

최병식 박사의
고희논총 상재를 축하하며

조유전(전 국립문화재연구소장)

　최병식 박사의 고희 논총 간행소식을 듣고 속으로 매우 놀랐다. 왜냐하면 언제 최박사의 나이가 그렇게 되었나 의심할 정도로 평소 젊음을 유지하고 있고 대외 활동이 왕성해 나이를 생각하지 않은 탓이기도 하지만 암튼 최박사의 고희를 먼저 진심으로 축하하면서 그간 친분을 맺어오면서 가까이에서 본 소회를 몇 마디 하는 것으로 축사에 대신하고자 한다.

　나와 최박사의 인연은 돌이켜 보면 아마도 30여년 가까이 되었으리라 생각된다. 사실 서로 지연이나 학연 등 이런 저런 아무런 인연이 없었는데 90년대 언젠가 배기동 당시 한양대학교 교수의 개인 연구실이 강남에 있어 우연히 들르게 되었다. 그 때 배교수의 소개로 인사를 나누게 되었고 그 연구실이 비록 소형건물의 옥탑이었지만 배교수의 연구를 위해 무상으로 활용하도록 배려했다는 것임을 알게 되었다.

　사실 최박사의 첫 인상은 학문에 정진하려는 사람으로는 보이지 않았는데 그것은 나의 선입견이었고 그 후 고고학이나 고대사 등 학술발표 현장이나 고고학적인 발굴현장에서 자주 만나곤 했다. 사실 전공자가 아니면 세미나나 발굴현장이 그다지 흥미롭지 않았을 것인데 열심인 모습이 매우 인상적이었기에 나름 학문에 대한 열과 성의를 보고 늘 대단하게 여겨왔다. 그래서 차라리 아예 학문세계에 뛰어 들라고 권하고 싶은 생각이 들곤 했다. 그런데 내가 권하기 전에 최 박사는 이미 마음을 정하고 비록 만학이었지만 대학원에 적을 두고 본격적인 학문세계에 뛰어들어 우리나라 "산성연구"

조유전 소장과 함께 일본 고야신립 황후릉(환무천왕 모친) 답사(2012)

로 석사와 박사학위를 수득하게 되었던 것이다.

남들보다 훨씬 늦은 나이에 최 박사를 고고학이란 학문세계에 관심을 가진 것만도 보통일이 아닐 것인데 박사학위까지 받도록 그를 고고학이란 학문세계로 이끌었던 원동력은 어디에 있으며 무엇이었을까? 그것은 아마도 "백제와 주류성"에 대한 끝없는 열망 때문이라고 생각된다. 최 박사를 옆에서 본 바로는 이 주류성에 대한 끝없는 관심과 열망은 한 평범한 사업가를 고고학자로 만들었다고 감히 생각하게 된다. 최 박사는 연구에 멈추지 않고 사재를 털어 출판사를 설립하고 이름조차 "주류성"이라 짓고 백제관련 역사책들을 간행하기 시작했다. 당시 백제관련 역사서적을 주로 간행한다고 선언하기에 아무리 생각해도 수지 타산이 제로인 서적을 간행한다는 것은 마른땅에 물붓기로 자칫 얼마 못가 손들고 말 것이라고 주변에서 모두들 우려했지만 모든 출혈을 감수하고 뚝심 있게 밀고나가 오늘에 이르렀는데 이제는 주류성에서 또 어떤 책을 출간하는가 백제사를 전공하는 학자들의 관심사가 되었다고 감히 말할 수 있게 되었다.

"찬란한 백제문화의 꽃을 피우겠습니다"를 캐치프레이즈로 출판계에 뛰어 든 "주류성" 출판사는 어느 덧 30여년의 업력을 가진 중견 출판사로 우뚝 서게 되었다고 감히 말 할 수 있게 되었고 더구나 백제관련 책 발간으로 시작된 출간도서들이었지만 이제 한국고대사는 물론 고고학, 인문학에 관련된 다양한 책들을 출간하고 있다. 학문세계에 뛰어든 연구자들은 물론 누구나 할 것 없이 이러한 전문서적을 출간해서 무슨 수익이 있을까 걱정했겠지만 수익을 기대하지 않고 필요한 좋은 책을 출간하겠다는 생각은 그의 고집스러운 학문사랑에서 비롯된 것임을 주변 사람들은 누구나 잘 알고 있다.

"인문학의 꽃은 고고학"이란 최 박사의 평소생각은 우리나라에서 유일무이한 고고학 전문잡지인 계간 〈한국의 고고학〉 창간으로 이어졌다. 일본만 해도 오랜 역사를 가진 고고학 잡지가 발행되고 있지만 이 한국의 고고학이 세상에 나오기 전에는 고고학 관련 잡지가 우리나라에서는 전무했다. 2006년 주류성에서 한국의 고고학이 창간된 후 오늘날까지 지령 55호가 가장 최근에 간행된 것으로 끊임없이 간행되어 오고 있다. 내용을 보면 국내외의 중요 고고학 이슈는 물론 발굴현장 나아가 고고학 관련 인물과 기관까지 다양한 내용을 잡지에 담아내고 있다. 또한 잡지의 전면 올 컬러판으로 제작되고 있어 일본의 고고학자들도 이 〈한국의 고고학〉을 접할 때마다 부러워하고 있다는 얘기도 들리고 있다. 이 잡지는 우리나라 고고학 관련 학자나 연구자들 뿐 아니라 일반 독자들에게까지 고고학의 중요성을 일깨워 주고 있다. 즉 학문적인 것과 아울러 발굴조사 현장을 간접적이나마 체험할 수 있도록 공간을 마련해 줌으로써 귀중한 경험은 물론 한국의 고고학 저변확대에 지대한 영향을 미치고 있다고 생각해도 좋을 것이다. 간행을 거듭할수록 적자만 눈덩이처럼 쌓여만 가는데도 지금까지 초심을 버리지 않고 계속 간행되고 있는 것은 오로지 최병식 박사의 집념의 결과라 생각되며 그 정신을 존경하지 않을 수 없게 한다.

요즘엔 한국의 고고학 잡지에 더해 출판사 홈페이지에 고고학적 발굴현장 영상까지 링크해 올려준다고 하니 매우 반가운 일이 아닐 수 없다. 이런 노력들이 우리나라 고고학의 저변을 넓히고 일반대중들과 호흡을 같이하는 인문학으로 더욱 성장하는 계기가 될 것이라 믿어 의심하지 않는다.

최병식 박사의 학문에 대한 애정과 열정은 우리나라 고고학 관련 학회나 역사 관련 학회들은 물론 개별연구자들에도 물심양면으로 도움을 아끼지 않는다는 얘기를 듣고 있다. 더구나 출판사 주류성을 통해 학회지를 발행하는 학회도 여럿 있고 학회살림이 여의치 않은 신생학회들의 학회지 발행에 나름의 지원을 아끼지 않아 이들 학회들이 성장하는데 기여하기도 한다니 정말 고마운 일이 아닐 수 없다.

최박사의 학문적인 관심과 열정이 닿은 분야에 대한 얘기는 다른 선생님들의 글에서 볼 수 있으리라 믿으면서 내가 아는 최 박사에 대한 언급은 여기까지로 하고 마치기로 한다. 마지막으로 한 가지 강조하고 싶은 것은 그의 인생이 오롯이 고고학과 아울러 역사에 매진하게 한 이유가 오랜 과거 백제 땅에 있었던 "주류성" 대한 역사적 실체를 명명백백하게 밝혀 명실공이 백제의 성으로 밝혀질 날이 오고 아울러 그가 한 노력이 헛되지 않았다는 것이 밝혀지길 바라면서 두서없는 글을 끝내고자 한다.

마지막으로 최박사의 그 동안의 노력에 대한 또 하나의 보람이 될 "고희논총"에 상재하게 된 것이 누가 되지 않을까 걱정하면서 한편으로는 기쁘고 감사하게 생각한다. 아마도 나와 같은 마음으로 여러 선생님들이 고희논총 간행에 참여했으리라 믿으면서 그가 쌓은 업적과 노고에 감사의 마음을 전한다.

<축사>

23년간 이어온 道伴의 인연에
감사하며

최몽룡(서울대학교 명예교수)

崔秉植 박사(73세)의 고희논총인 <百濟 城郭研究와 韓國考古學>이 출간되었다. 그와의 인연은 서기 1999년 여름에 <한국 지석묘 연구 이론과 방법>(서기 2000년 2월 14일 출간)의 발간을 위해 처음 만들어졌다. 그 해에 또 <흙과 인류>(서기 2000년 8월 8일 출간)도 간행되었다. 이는 그가 서기 1992년 3월 19일 周留城 출판사의 설립이후 7년 후의 일이다. 그 후 지금까지 필자와는 道伴으로 만 23년간의 인연을 맺어오고 있다.

무릇 古稀란 말은 杜甫(서기 712년 12월 12일 - 서기 770년, 58세)의 曲江詩에서 "... 朝回日日典春衣. 酒債尋常行處有, 人生七十古來稀"에서 나왔으며 또 고희의 다른 표현인 從心은 孔子(기원전 551년 9월 23일-기원전 479년 4월 11일, 73세에 돌아감)의 "...五十而知天命 六十而耳順 七十而從心所慾不踰矩"에서 인용된 것이다. 그는 건강, 부와 명예(현 주류성 출판사 사장, 강남문화원 원장 역임, 현 강남문화재단 이사장)의 삼박자를 모두 갖춘 부러운 사람으로 여겨진다. 그리고 祥明大 사학과에서 백제부흥운동과 공주 연기지역에 관한 연구로 박사학위를 딴 바 있다.

불교에서 동료를 道伴이란 용어를 사용해 부르는데 그는 佛心이 매우 깊어 백제의

최몽룡 교수와 터키 차나칼레 주의 트로이 유적지 답사(2017) 사진 : 이오봉

마지막 왕인 義慈王을 모시기 위해 충남 연기 전동면 고산로 92번지에 高山寺라는 절을 세워 운영하고 있다. 또 필자는 서기 2009년 4월 17일(금) 주류성 출판사 빌딩 준공식 때 이곳 출판사를 방문한 이후로 처음 이곳에 와 보았는데 주류성 출판사가 많이 발전해 놀라고 있다.

고희논총인 <百濟 城郭研究와 韓國考古學>의 출간에는 白種伍 교통대 교수, 김병희 한성문화재연구원 원장, 이상규 한성문화재연구원의 실장이 무척 애를 써주었고 또 15명의 필자들에게도 고마움을 표한다.

당장 몇 년이 지나면 三國·魏·曹操의《對酒》라는 詩 "人耄耋, 皆得以壽終, 恩澤廣及草木昆蟲"에서 나오는 80-90세의 高齡, 高壽를 뜻하는 모질(耄耋)에 다가가게 된다. 그리고 또 앞으로 77세(喜壽), 80세(傘壽), 88세(米壽), 90세(卒壽), 99세(白壽), 100세(上壽)가 기다리고 있다. 이제까지 맺어온 道伴이 앞으로 長壽하길 바라며 그 첫 관문인 고희논총의 발간을 축하하는 바이다.

고희를 맞은 장형을
되돌아보며

최준식(이화여자대학교 명예교수)

　최병식 박사는 나에게는 장형이다. 내가 60대 중반을 넘어섰으니 이 지상에서 그와 같이 산 지도 60년을 훌쩍 넘겼다. 그렇게 같이 오래 살았건만 아직도 나는 그가 불측지인(不測之人)으로만 보인다. 청년일 때의 모습과 중년 이후의 모습이 너무도 다르기 때문이다. 젊었을 때 나는 그가 지금처럼 '백제'와 '역사학'과 '출판'과 '종교'에 미칠지 전혀 예측하지 못했다. 그의 전반부 일생을 보면 인문학과는 별 관계가 없었다. 그런데 지금은 그가 오로지 이 주제에만 빠져 있으니 언감생심이다. 그 괴리가 너무 커서 나는 항상 장형을 '대책이 없는(impossible)' 사람이라고 부른다.

　그의 정확한 대학 전공은 하도 오래되어 기억이 잘 안 나지만 전자공학 같은 공학계열이었다. 공대를 다녔고 세부 전공은 전기와 관계된 것으로 기억한다. 그리고 졸업한 이후에도 그 분야의 일을 조금 했다. 그러다 그에게서 갑자기 예기치 않은 소식이 들려왔다. 장형은 이상한 일을 하도 많이 해서 그 일들의 선후 관계가 잘 기억이 나지 않는다. 그래도 기억을 더듬어보면, 이때 그가 한 격외의 행동은 출판사를 차린 것과 백제

상명대 박사학위 취득 후 최선옥 치과원장, 최준식 이화여대 명예교수와 기념 촬영(2006)

에 미치기 시작한 것을 들 수 있겠다. 그는 대학 졸업 후 장사를 시작했는데 그런 그가 갑자기 출판사를 차렸다는 소식이 들려왔다. 출판업을 시작했지만 반듯한 사무실을 빌려 시작한 것은 아니고 건물 옥탑방에서 관리사무실 겸 시작한 것으로 기억한다. 그 때부터 그의 인문학, 그중에서도 역사와 백제학에 대한 병이 도지기 시작한 것 같다.

최병식 회장은 사람들 사이에서 '백제에 미친 사람'으로 불리고 있는 것으로 알고 있다. 그런데 나는 아직도 그가 왜 백제에 그렇게 '환장'을 하고 아직도 그 태도를 지속하고 있는지 잘 모른다. 그의 주위를 보면 그를 백제로 몰아넣을 만한 여건이 하나도 없었다. 그의 고향은 충북 음성이니 백제와 그다지 연관이 없고 조상 중에도 백제와 관련이 있는 사람은 없다. 같은 집에서 성장했으니 이 점은 내가 확실히 말할 수 있다. 그런데 억지로라도 내 기억을 더듬어보면, 그의 백제 사랑이 발동된 것은 아마도 충남 연기에 있는 운주산의 일부를 소유하게 된 다음의 일이 아닐까 한다. 이 산(운주산)에는 산성이 하나 있는데 어느 때부터인가 그는 이 산성이 백제 부흥군이 마지막으로 항거한 주류성이라고 주장하기 시작했다. 물론 이 주장이 학계에서 받아들여진 것은 아니다. 그러나 그는 아랑곳하지 않고 그 주장을 강하게 내세우며 백제를 향해 돌진했다.

그가 백제를 향해 보인 태도는 학술적인 데에 그치지 않았다. 그는 자신이 전생에 백제의 유력 인사라고 생각했는지 옆에서 보기에 알 수 없는 격외의 행동을 하기 시작했다. 그중에 대표적인 것은 백제를 지키다 죽은 왕이나 병사들을 위해 운주산에서 고산제를 시작한 것이다. 그의 제사 열에 불이 붙은 것이다. 그는 그 많은 인간사 가운데 제사를 매우 중시하는데 그가 왜 그런 생각을 갖게 되었는지는 아직도 알지 못한다. 우리 형제 중에서도 이런 태도를 보인 사람은 장형 밖에는 없으니 이상한 것이다. 어쨌든 나는 초기에 고산제에 계속 참여했는데 유명 무당을 불러다 산속에서 밤새 굿을 했던 기억은 아직도 잊을 수 없다. 이 고산제는 그 뒤에 그가 절을 세우면서 불교식으로 바뀌는데 지금까지 근 30년을 이어왔으니 대단한 일이 아닐 수 없다.

이때를 즈음해 그는 무슨 생각을 했는지 이 산에다가 절을 세우기 시작했다. 이 사건 역시 나에게는 아직도 미스터리다. 그는 절과 그다지 인연이 없었는데 그런 일을 시작했으니 이해가 안 되는 것이다. 그저 그(와 나)의 모친이 절에 열심히 다녔다는 것밖에는 불교적인 인연을 발견할 수 없는데 그가 절을 세우는 것과 같은 대업을 했으니 나로서는 접수가 안 되는 것이다. 나는 그가 이 절을 세웠을 때 가끔 놀러 갔는데 그때 솔직히 '이 절은 곧 문을 닫을 것'이라고 생각했다. 이유는 간단하다. 절과 같은 종교 기관을 운영하는 일은 결코 쉽지 않기 때문이다. 그런데 그 예측은 보기 좋게 빗나갔다. 고산사는 그 뒤에 계속 발전해 지금은 그 지역에서 어엿한 유명(?) 사찰이 되었다. 그런데 장형은 이 절에서도 백제 사랑 정신을 잊지 않았다. 절 안에 백제의 모든 왕의 신위를 모셔 놓았을 뿐만 아니라 백제 부흥군의 두 장수, 즉 도침과 복신의 신위도 모셔 놓았으니 말이다. 의자왕의 경우는 따로 위령비를 세워 그의 한을 위로하기도 했다. 사정이 이러하니 만일 하늘에 백제협회가 있으면 공로패 하나 정도는 쉽게 받을 수 있으리라.

그의 백제 사랑은 이 정도만 돼도 지극한데 이와 관련해서 내가 두 손 두 발 다 든 사건이 있었다. 몇 년 전에 그를 오랜만에 만났을 때 '형님 어디를 다녀오셨습니까?' 물으니 그는 충북 옥천에 있는 관산성 자리에 가서 성왕 제사를 모시고 왔다고 답했다. 순간 나는 잘못 들은 줄 알고 '설마 아들인 위덕왕이 관산성에서 신라군과 싸우다 열세가 되니 그를 구하러 가다 죽은 그 성왕을 모시는 제사를 지냈다는 말은 아니겠지요?'라고 물었다. 나의 섣부른 추측은 곧 틀린 것으로 판명이 났다. 정말로 그 성왕을 위로하는 제사를 지내고 왔다고 했으니 말이다. 나는 그 답을 듣고 경악해했지만 장형의 백제 사랑이 사심이 없는 지순한 것임을 그때 통렬하게 알게 되었다. 이 세상에는 성왕이 누군지 모르는 사람이 거개인데 그를 기억하고 제사까지 지내니 그렇게 말할 수밖에 없는 것이다.

한국 고대사를 공부한 사람은 성왕이 어떤 왕인지 잘 안다. 그는 6세기에 일본에 불교를 전한 위대한 왕이고 그의 아들인 아좌 태자는 일본에 가서 당시 왕조의 태자인 성덕 태자와 절친(best friend)이 되어 고대 일본을 세우는 데에 큰 공을 세우지 않았던가? 그래서 일본에서 성왕은 거의 성인 수준에 이른 사람으로 알려져 있다. 그런 그가 단 50여 기의 병사만 데리고 아들을 구하러 가다 신라군에 붙잡혀 참수당했으니 그의 가슴에 얼마나 큰 한이 맺혔겠는가? 그런 그의 원한을 풀어주러 장형이 성왕을 제사 지내는 데에 참여했으니 장형의 순심이 가슴에 와닿은 것이다. 지금 길을 가로막고 지나가는 사람에게 백제 성왕을 아느냐고 물으면 기억하는 사람이 거의 없을 텐데 장형은 그런 분을 위해 제사까지 지내니 그 같은 태도를 어떻게 형용해야 할지 잘 모르겠다.

그가 출판업을 시작한 것도 이해 안 되기는 마찬가지였다. 그는 출판사를 하면서 돈이 안 되는. 그러나 학술적으로 중요한 책을 골라 출간한 것으로 유명하다. 그런 전문서만 가지고 어떻게 출판사를 계속 운영했는지 기이할 뿐이다. 그러는 가운데 그는 또 희한한 일을 했다. 바로 문화재 신문을 만드는 일이었다. 이런 일은 도무지 채산이 맞지 않아 공적인 기관이 하는 경우가 태반이다, 이처럼 나라에서나 해야 할 일을 장형이 개인적으로 시도하니 그 '무모함'을 어떻게 판단해야 할지 모르겠다. 나는 당시 이 신문 만드는 일이 어렵다는 것을 알았기 때문에 변변치 못한 글을 써서 몇 번 게재했는데 이 신문 간행 작업은 후에 문제가 생겨 중지된다. 그때 나는 '이제 장형은 이런 돈 안 되는 일을 더 이상 하지 않겠지' 하고 관심을 접었다. 그런데 어느 날 느닷없이 이

양반이 '한국의 고고학'이라는 잡지를 시작했다는 소식이 들려왔다. 그 소식을 듣고 나는 깜짝 놀라면서 장형의 병이 도졌다는 것을 직감할 수 있었다. 한국에서 잡지 만드는 일은 폭망으로 가는 지름길로 알려져 있어 장형이 벌인 잡지 사업의 미래가 여간 걱정되는 게 아니었다. 그때 '드디어 형이 출판사를 말아 먹겠구나' 하는 생각이 들었는데 또다시 내 생각이 틀렸다는 것을 확인하는 데에는 그다지 오랜 시간이 걸리지 않았다. 그는 지금도 이 잡지를 출간하고 있고 더 나아가서 이 일로 손해보지는 않는다고 하니 말이다. 학술잡지를 만들면서 손해를 보지 않는다는 것은 쉽게 일어나는 일이 아닌데 장형은 그 일을 해낸 것이다.

이와 관련해 재미있는 일화도 있다. 지인의 말을 들어보니 이 잡지 발간 사건은 이웃 나라인 일본에서 부러움을 사고 있다고 한다. 일본에도 고고학 잡지가 나오는데 거기는 잡지가 흑백으로 나온단다. 이 사정은 충분히 이해될 수 있는 것이 흑백 출판과 '칼라(총천연색)' 출판은 그 제작비가 4배 차이가 나기 때문이다. 그러니 몇 사람 보지도 않는 학술잡지를 칼라로 출간하는 일은 쉽지 않은 일이다. 그러나 주류성에서 내는 이 잡지는 총천연색으로 도배되어 있으니 일본 것과 비교가 되지 않는다. 그런데 전문가들은 잡지에서 소개하는 유물들을 제대로 보려면 천연색 사진으로 보아야 한다고 주장한다. 그래야 세세한 게 보인다는 것이다. 그런데 주류성은 이 기준을 따르고 있으니 '한국의 고고학'은 그 점에서 세계 유수의 학술잡지라 하겠다.

지금까지 장형 최병식 회장의 기이한 수십 년 인생을 아주 간략하게 보았는데 여기에 못 쓴 일도 많다. 예를 들어 여러 일에 바쁘게 지내면서 대학원 역사학과에서 '산성'을 주제로 박사학위를 받은 것도 그 예에 속한다. 박사논문 쓰는 일은 매우 어려운 일인데 생업을 전전하면서, 그리고 박사논문을 쓰기에는 상당히 고령인데도 학위를 땄으니 신통한 일이다. 그런데 더 신기한 것은 그가 행한 일은 하나 같이 격외의 일임에도 불구하고 계속 이어지고 있다는 것이다. 다른 사람 같으면 이런 일을 시작하지도 않고 혹여 시작을 했더라도 결코 오래 하지 못하는 법인데 장형은 중간에 포기하는 일이 없고 기어코 그 일을 일정한 반열에 올려놓으니 놀라운 것이다.

그런데 그가 하는 일에 대해 '과연 저런 일이 사회에 도움이 되는 것일까' 하는 의문을 갖는 사람이 주위에 더러 있는 것 같다. 내가 보기에 장형이 하는 일은 보이지 않는 주변을 형성하면서 사회의 전체적인 수준, 특히 문화나 인문학의 수준을 올리는 데에 중요한 역할을 한다. 이것을 『장자』에 나온 비유로 설명하면, 우리가 걸을 때 필요한 땅은 발바닥 넓이 만큼이다. 그런데 그렇다고 해서 발바닥만큼의 땅만 남겨두고 다른 땅을 다 들어내면 어떻게 되겠는가? 결과는 뻔하다. 걷는 것 자체가 매우 힘들어진다. 장형이 하는 일이 바로 이런 것 아닐까 하는 생각이다. 언뜻 보아서는 필요 없는 일 같지만 사실은 가장 필요한 일로 판명되니 그의 일은 이 사회에 없어서는 안 되는 일이 아닐까 한다.

최병식 박사의
백제사 부흥과
고고학 열정

주류성주(周留城主)
최병식 박사의 고희에 부쳐

배기동(한양대학교 명예교수. 전 국립중앙박물관장)

   백제인, 전주 최씨, 최병식 박사, 고희가 맞이하였으니 나와의 인연이 이제는 거의 삼 순(旬)의 해가 된다. 비슷한 또래의 벗으로서 우리가 사십 초반에 만나서 그동안 각자 다른 주제의 고고학을 해왔지만 서로 큰 의지를 하면서 오늘의 자리까지 같은 고고학 도반(道伴)으로서 우의로 서로 버팀목이 되면서 이루어 온 것이다. 그리고, 나로서는 최 박사의 백제사를 향한 열정을 보아온 세월이다. 고고학 조사와 공부를 같이 하고 고민하면서 보낸 그동안의 시간은 바로 최 선생이 백제사를 탐구하는 열정 뿐이 아니라 백제를 진심으로 사랑하는 마음과 그 뚝심을 보여준 시간이었고 나에게 깊은 감동을 주었다. 그의 백제고고학을 향한 지난 삼십년 간의 여정을 나는 '실행(實行)고고학'이라고 부르고 싶다.

   그의 학문적인 여정의 시작은 현대적인 의미의 '백제부흥운동'이었다. 충남 연기의 운주산에 작은 절, 고산사(高, 또는 孤山寺)를 창건하여 백제루(百濟樓), 백제선원 그리고 백제극락보전 등의 백제라는 이름을 지도에 하나 더 표기하는 것으로서 상징이 되는 일이었다. 애초에 고산사를 주목한 것은 백제가 멸망하는 과정에서 부흥운동의 거점이 되었던 주류성(周留城)을 찾는 일을 수행하기 위한 기반이었던 셈이다. 그래서 그

배기동 교수와 발굴조사 현장에서(1997)

위치에 대한 논란이 가시지 아니한 주류성을 찾기 위한 작업의 첫 단계였다고 할 수 있었고 또한 최 선생은 운주산이 주류성일 가능성을 기대하고 있었고 이를 확인하기 위한 실질적인 조사를 하기 위하여 여러 가지 노력을 하였던 것이다. 운주산성은 금이 산성으로 비정하기도 하고 고산산성이라고도 불리었는데 지금은 세종시의 기념물이다. 이 일대, 즉 천안, 진천이나 서쪽의 공주로 향하는 교통로를 조망하고 방어할 수 있는 요충이라는 점에서 고무되었고 또한 연기 일대에 남아 있는 백제의 마지막에 대한 정서적인 유산들이 희망이었던 것이다. 그래서 이곳의 산성을 발굴하기를 희망하였고 결국 공주대학교에서 실시하였다. 사실 그 발굴 이전에 운주산 일대에서 주류성의 이야기에 나오는 삼천명의 군사가 마지막까지 저항하다 산화한 동굴을 확인하기 위해서 당시의 국립지질지원연구소의 고 이동영 박사를 초청하여 지하 탐사를 실시하기도 하였던 것이다. 이렇게 시작된 그의 백제에 대한 연민과 백제사에 대한 열망은 사회적인 운동으로서 그리고 그 기반으로서 그의 학문이 이어져 온 것이다. 그러한 열정이 아니었다면 늦게 시작한 공부를 지속하기 어려웠을 것이지만 그의 특유의 끈기와 인내심이 그의 학문적인 화두였던 백제 산성고고학을 나름대로 완성할 수 있도록 하였다.

주류성을 찾아서 백제의 정신을 다시 한번 새기게 하려는 그의 노력은 단순히 학술적인 탐사의 노력 뿐 아니었다. 중국으로 끌려간 의자왕을 기리기 위해서 운주산 입구에 '백제국의자대왕위혼비'를 세웠고 왕을 위한 제사를 지내고 있다. 석비를 세울 때 그 디자인을 같이 의논하여 이집트나 이디오피아의 오벨리스크 모양으로 하였는데 운반의 어려움 때문에 크기가 한정되어 아쉬움이 남는다. 그렇지만 우리나라에 유일하게도 의자왕을 위한 비라는 점에서 의미가 있고, 백제를 위해서 비를 세운 공을 기억해야 할 것으로 생각한다. 그리고 이 지역이 주류성이라는 신념에서 매년 운주산에서는 백제의 원혼들을 위로하는 축제, 즉 '백제고산대제'를 시작하였다. 최초의 축제에서는 밤새도록 여러 가지 종류의 진혼굿들을 했었는데 아마도 당시의 그러한 지성이면 분명히 주류성에서 장렬하게 백제를 위해서 목숨을 바친 분들이 감동할 만한 일이었던 것으로 기억한다. 백제사에 대한 열정은 운주산에만 머문 것은 아니다. 백제 무령왕의 흔적을 따라서 일본을 같이 여행한 적이 있다. 무령왕이 태어난 곳으로 알려진 규슈 쓰쿠시(筑紫)의 각라도(各羅島)섬을 다녀서 무령왕릉에 사용된 관재목인 금송(金松)의 산지를 찾아서 오사카 근방의 고야산(高野山)까지 동행하였는데 최 선생의 백제사에 대한 집념과 사랑을 엿볼 수 있는 시간이었다고 기억한다.

백제에 대한 열정은 자신의 학문적인 성취에 만족하지 않고 더 나아가 고고학과 고대사의 대중화 영역에도 큰 족적을 남기고 있다. 주류성 출판사에서 백제와 관련된 주제 이외에도 고고학과 고대사 관련된 많은 책을 출판하고 있지만, 무엇보다도 계간고고학 저널을 출간하고 있는 것은 고고학이라는 학문에 대한 엄청난 공헌이다. 원래 '한국문화재신문'이라는 잡지가 경영에 문제에 부딪히자 인수하여 문화재를 오랫동안 다루던 전설적인 문화재기자였던 황규호 전 서울신문 문화국장을 주간으로 모셔다가 신문을 지속하였고, 지난 2006년에는 오늘날 볼 수 있는 한국의 대표적인 고고학대중잡지인 '계간 한국의 고고학'으로 발전시켰다. 이 잡지를 발행하는 것은 정말 상당한 재정적인 투자임에도 불구하고 헌국고고학의 아카이브 작업과 콘텐츠의 대중화를 위해서 헌신하고 있는 셈이다. 시작 초기에는 모두가 걱정스러운 눈초리를 보냈지만 이제 거의 이십년 가까이 이 잡지를 고집스럽게 발행하고 있는 것은 고고학과 고대사에 대한 열정과 특유의 고집과 뚝심이 아니면 할 수 없을 것이다.

그의 학문적인 보시행(布施行)은 나에게도 큰 도움을 주었던 적이 있다. 90년대 초에 송파에 있는 친구의 치과병원에서 시작한 '동아시아고고학연구소'를 선뜻 강남에 있는 자신의 건물에 수용하여 주었다. 그러한 인연으로 최 선생과 나는 한동안 매년 전곡 선사문화축제와 운주산의 백제고산제를 오가면서 서로 의지하였던 시간이 있었다. 그 시간 속의 일화로서 전곡에 삼불(三佛) 김원용 선생의 비석을 세울 때의 일이다. 포천에서 삼우석재를 하는 친지 분에게 요청하여 무상으로 화강석 비석재료를 구하여 주었고, 비오는 날 저녁 늦은 시간까지 솔선하여 비를 건립하는 작업을 도와 주었던 것이다. 나에게는 인생에서 큰 의미를 가지는 일이었는데 그가 동행하여 주었다는 것은 특별한 인연으로 마음 속에 담고 있다.

인생의 칠십이라는 시간 속에서 사람들이 스스로 찾고자 하는 일을 하면서 평생을 살아가기란 쉽지 않다. 원하는 것을 성취하기에는 여건이 어려울 수도 있지만, 원하는 것을 이루기 위해서 무엇보다도 중요한 것은 천진한 무애심(無碍心)을 가지고 무소의 뿔처럼 가는 일이다. 나와 같이 하였던 최 박사의 삶도 바로 그러한 삶이었다고 생각된다. 정말 스스로가 가치 있다고 결심한 일에 흔들리지 않고 깊은 곳에서 우러나오는 열정으로서 하나씩 성취하여 온 시간들이었다고 할 수 있다. 그동안 많은 학자들에게 덕행을 베풀었지만, 강남문화원장 그리고 이제는 강남문화재단의 이사장으로서 대중의 문화복지에 봉사하고 있으니 고희의 시간 이후에도 최 박사에게는 큰 축복이 있을 것으로 기대한다. 예전처럼 같이 시간을 보내지 못하지만 멀지 않은 곳에 있고 간간히 얼굴을 보는 것만으로도 항상 든든한 나의 학문 도반이자 자랑스러운 벗이다. 최 박사의 영광스러운 인생의 후반전을 기도한다.

열정과 희생이 빚어 낸
『한국의 고고학』

하문식(연세대학교 사학과 교수)

전세계적으로 지금은 인문학이 위기에 처해 있는 상황이다. 매우 빠른 속도로 과학 기술이 변화하면서 경제성, 실용성 등을 강조하며 즉각적이고 가시적으로 성과가 나타나는 학문들에 사람들의 관심이 집중되고 있기 때문이다. 세상이 변화한다고 해도 인간은 언제나 자신들의 삶이 지향할 점을 찾고자 한다. 이런 이유로 지난 시간 속에서 사람들이 어떤 생각을 했고 어떻게 행동하며 살아 왔는지를 알려주는 역사학의 중요성을 부인할 수 없다. 그러나 중요성을 알면서도 당장 눈앞의 이익에 탐닉하게 되는 우리들의 심약함 때문에 현재 우리 역사학의 상황은 녹록치 않다.

이러한 때에 최병식 박사님은 백제의 혼이 깃든 충북 음성에서 태어나 어린 시절부터 백제사를 비롯한 우리 역사에 관심을 가지게 되었다. 대학에서 전자공학을 전공한 뒤 경영자의 길로 나서 성공하였지만 백제사에 대한 관심을 감출 수 없어 늦은 나이임에도 불구하고 학문의 길에 들어서게 되었다.

그 과정에 백제의 산성인 운주산성을 접하게 되었다. 그리하여 「전의지역 산성 연구」(석사)와 「백제 부흥운동과 공주·연기지역」(박사)에 대한 연구로 학위를 취득하고 1994년 역사학 관련 전문 출판업체인 '주류성(周留城)'을 설립하여 많은 연구자들에게 힘이 되어 오고 있다.

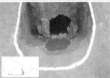

옛 주류성출판사와 대한문화재신문사 현판

대한문화재신문(2004)

　최박사님이 출판사 이름을 '주류성'이라 한 것에는 큰 의미가 있지 않을까 싶다. 백제 부흥운동이 일어난 주류성! 아마도 백제 부흥운동의 횃불이 타오르듯이 우리 역사학의 발전을 바랐던 당신의 간절한 소망이 담긴 것은 아니었을까? 이러한 최박사님의 마음을 백제 연구의 토대가 되고 있는 주류성 출판사의 '백제학 역사문고' 시리즈 발간에서 확인할 수 있다. 아울러 당신이 직접 『스러져간 백제의 함성』(공저), 『최근 발굴한 백제유적』 등의 저서를 집필하기도 하였다.

　특히 최박사님이 관심을 가지고 계신 백제사는 신라사에 비하여 자료가 많이 부족한 실정이다. 문헌적 자료의 빈약함을 보완할 수 있는 것은 고고학 자료이기에 당신은 일찍부터 고고학의 중요성을 인식하고 있었다. 최박사님이 연구했던 산성 역시 현지를 답사하고 고고학적으로 조사 연구되어야 하는 학문적 대상이었기에 더욱 고고학이란 학문에 매료되었는지도 모르겠다.

　고고학이란 무엇인가? 무엇을 위한 학문인가? 이런 질문에 대한 답을 얻기 위해 다

계간 한국의 고고학

양한 관점에서 접근하고 있다. 하지만 무엇보다도 해답을 풀 열쇠는 발굴 현장에 있다. 그러나 발굴이라는 것이 일반인들이 생각하는 것처럼 무조건 낭만적이거나 멋들어진 일만은 결코 아니다. 그럼에도 불구하고 이 땅 위에 살았던 모든 이들의 삶을 이해하고 복원하기 위해서는 땅 속에 묻혀 있는 옛사람들의 자취를 끊임없이 찾아 지나간 시간들의 편린을 모으고 재구성하는 발굴 작업이 필요하다.

이러한 발굴의 현장 소식을 전령사처럼 전해주는 매체가 있다. 바로 최병식 박사님의 열정과 희생이 빚어낸 계간 『한국의 고고학』이다. 전문성을 갖춘 대중적 고고학 저널인 이 책은 2006년 9월 1일 '대한문화재신문'의 맥을 이어 창간호를 간행하였다.

창간사에서 "유적을 발굴하는 마음으로 만들겠습니다"라고 밝힌 것처럼 창간호부터 최근 발간된 55호까지 이 책의 곳곳에서 발행인의 한국 고고학에 대한 변함없는 열정과 사랑을 찾아볼 수 있다.

『한국의 고고학』은 내용과 편집 그리고 인쇄에 있어 한국을 대변하는 고고학 잡지로 주변국에서 발행되는 비슷한 저널과 비교해 보아도 전혀 손색이 없다. 창간호부터 이 책은 단일 주제하에 구성되는 특집을 비롯하여 마치 방송 중계처럼 생동감 있게 느껴지는 중요 발굴 현장의 성과 소개, 주변국은 물론 멀리 서남아시아 지역의 최신 고고학 자료까지도 소개하는 해외 고고학 유적 탐방, 해외 학계의 연구 동향을 때맞추어 알려주는 국제학회 참관기, 한국 고대문화의 정수를 일목요연하게 정리한 불교미술 산책 등 비교적 다양하고 알찬 기획으로 꾸며져 왔다. 그리고 이러한 내용은 2009년 9월 29일 종로(홍성원)에서 있었던 창간 자축 모임에서 논의되었듯이 점차 다양한 주제로 확대되고 있다.

인쇄 과정에 있어서도 창간 당시는 국제 저널들도 경제적 측면의 어려움 때문에 대부분 전체 컬러 인쇄는 엄두를 내지 못할 때였다. 그러나 최박사님은 발굴 현장을 사실적으로 전할 수 있는 사진의 중요성을 이해하였기 때문에 지금까지도 일관되게 여러 경제사정을 고려하지 않고 컬러판으로 제작하고 있다. 창간호부터 변함없이 그 기조를 유지하고 있는 이 책의 내용 및 지면의 구성 등에서 고고학에 대한 발행인의 뚝심과 애정을 다시 한 번 확인할 수 있다.

그러나 『한국의 고고학』 발행이 순조로운 것만은 아니었다. 인문학의 꽃이자 정수는 고고학이라는 소박한 의지만을 믿고 출발하였지만 의욕만으로 이 책의 출판에 소요되는 비용의 벽을 넘지는 못하였다. 이를 방증이라도 하듯이 발행인은 간곡한 당부의 말씀을 2008년 제10호(겨울호)에 시론("계간 한국의 고고학"이 독자 여러분의 적극적인 관심과 구독을 기대합니다)으로 밝혔다. 지금도 전국 곳곳에서 이루어지고 있는 수많은 발굴, 고고학에 종사하는 많은 연구자들의 바람 그리고 그들과 더불어 나아갈 한국 고고학의 미래 등을 고려해 볼 때 계간 『한국의 고고학』은 우리나라 고고학 발전에 종사하는 사람들뿐만 아니라 관심 있는 일반인들에게도 저변을 넓힐 수 있는 중요한 저널이다. 이 책이 열정을 지닌 어느 한 사람의 희생만으로 맥을 이어갈 수는 없다는 사실을 우리는 냉철하게 판단하여야 할 것이다.

한국 고고학을 사랑하는 모든 이들이 더욱 관심을 가지고 앞으로도 이 책을 계속 사랑해 주리라 믿는다.

백제가 맺어준
나와 최병식 이사장과의 인연

정재윤(공주대학교 교수)

　최병식 강남문화재단 이사장과의 첫 만남은 내가 2008년 백제학회 초대 총무이사로 선임되어 창립 총회를 준비하면서 자연스럽게 이루어졌다. 여느 학회처럼 초대 회장이신 양기석 선생님과 내가 동분서주하고 있을 때 최이사장님은 백제학회에 관심을 갖고 큰 도움을 주셨다. 일일이 열거할 수 없지만 열악한 학회 사정을 감안하여 백제학보를 무료로 발간해주신 것은 하나의 좋은 예가 될 것이다. 당시에는 주류성출판사에서 백제문고 시리즈를 발간하였기 때문에 백제에 대한 관심이 큰 정도로만 알았다. 이후 내가 2013년도에 한국고대사학회 총무이사를 맡았을 때도 다시 인연이 계속되었다. 이때에도 역시 학회지 발간에 도움을 주셨지만 점차 교류를 하면서 매우 독특한 면을 보았다. 수익을 창출해야 할 출판사사장님이 영업보다는 학술대회에 관심이 많았고, 여러 주제에 진지하게 자신의 생각을 피력하는 등 한국 고대사, 그 중에서도 백제사에 열정을 가진 분이라는 것을 알게 되었다.

　이후로 일보다는 역사에 관한 많은 이야기를 나누면서 점차 인간적인 교류를 돈독히 하면서 서로를 알게 되었다. 이사장님이 역사에 관심을 갖게 된 것은 우연한 계기에서 비롯되었다고 한다. 본인은 세종시에 백제의 산성으로 추정되는 운주산성 주위 땅을 소유하고 있었는데 1974년 이 산의 정상에 오르니 커다란 돌로 제작한 탑이 눈에

스러져간 백제의 함성 출판기념회에 함께 한 필자 여러분(2020)
(앞줄 왼쪽부터 심정보, 최병식, 노중국, 양기석. 뒷줄 왼쪽부터 권오영, 김기섭, 임영
진, 김주성, 정재윤)

띄었고, 전면에 '백제의 얼'이란 큰 글씨가 후면에 이곳이 백
제 '주류성의 주성'이라고 새겨져 있어 관심을 갖게 되었다
는 것이다. 한 향토사가가 새긴 글이지만 개인적으로 큰 영
감을 얻었고, 이후 백제, 특히 백제 멸망 당시의 중심지였던
주류성에 몰입하게 되었다 한다.

　실제 최이사장은 백제 멸망에 대한 진실을 알고, 이를 실천하기 위하여 한양대학교
문화인류학과 석사를 졸업하고 상명대학교에 들어가 백제 산성으로 박사학위를 받았
다. 처음에는 고고학을 공부하여 운주산성을 발굴하려는 소박한 소망에서 시작하였으
나 만년의 나이에 공부도 힘들고 체력도 달려 문헌 분야에서 학위를 받았다. 보통 나이
가 들어 체력적으로나 정신적으로나 공부하기가 매우 힘든 것이 상식인데, 이처럼 고
고학과 문헌을 겸비하면서 박사학위를 취득한 것에서 대단한 면을 보았고, 아마 그 만
큼 백제에 대한 열망이 강했기 때문에 가능한 것이 아닐까 생각이 들었다.

　알면 알수록 최이사장님은 기인의 풍모를 지녔다. 그가 소유한 빌딩과 출판사의 이

나라지역 답사 중 최병식 박사가 답사단 일행을 촬영하였다.(2016)

이집트 답사 중 정재윤 교수와
함께(2019)

름을 모두 주류성으로 하였으니 가히 백제에 '올인' 하였다고 할 만하다. 무엇보다도 깜짝 놀랐던 것은 주류성빌딩 15층 맨 꼭대기 층 자신의 집무실에 걸려 있는 주류성 복원도를 보았을 때이다. 본인은 백제 마지막 순간까지 함성을 지른 백제부흥군의 소리가 귓가에 맴돌아 이들이 바라던 열망을 널리 알리기 위하여 역사 공부를 시작했다 한다. 이렇게 백제부흥운동에 애착을 가지다 보니 마지막 순간까지 희망의 끈을 놓지 않았던 백제부흥군의 삶의 궤적에 큰 공감을 느끼고, 이들을 위한 작은 실천을 옮기기 시작하였다. 먼저, 운주산 피수골에 고산사를 건립하고 당나라에 포로로 끌려 간 의자왕의 위혼비를 세우고, 백제부흥군의 극락왕생을 위해 조석으로 향을 사르고 있다. 아울러 매년 음력 9월 7일

백제 주류성이 함락되었던 날을 되새기기 위해 백제고산대제를 1992년부터 지금까지 한해도 빠짐없이 계속 지내오고 있다. 백제고산대제는 해를 거듭할수록 내용이 채워지고, 더불어 지역민과 백제에 관심이 있는 분들을 초빙하여 축제 형식으로 발전하였다. 최근 코로나라는 위중한 상황에서도 거르지 않고 조용히 지냈다 하니 그 열정이 대단함을 다시금 보여준다.

주류성 출판사에서 출간한 많은 책 중에 백제 관련 책들이 많은 것은 이러한 열망과 신념의 연장선에서 이해된다. 특히 백제부흥운동에 중점을 두어 대중들에게 백제가 4년여 동안 나당연합군에 대항했던 사실과 그들이 추구하였던 이상과 목표를 널리 알리고 있다. 본인도 산성 연구자로서 백제부흥군이 주둔했던 산성들을 답사하여 당시 전쟁을 어떻게 하였을까 하는 연구를 계속하고 있다. 최근에 저술한 역작은 2017년도에 저술한 「백강 전투와 주류성 함락」(『백제유민의 일본 행로-규슈편-, 주류성출판사), 2020년도에 공동 저술한 『스러져간 백제의 함성-한국사 최초의 국권회복운동 '백제부흥운동'-』(주류성)을 대표적으로 꼽을 수 있다. 아직은 성에 차지 않지만 앞으로도 몸이 허락하는 한 계속 연구에 매진하여 역사적 진실을 밝혀내었으면 하는 바람이란다.

내가 지켜본 최이사장님은 이렇듯 만년을 온통 백제로 채우고 있다. 백제 관련 학술대회나 주요한 발굴이 있을 때마다 어김없이 나타나 이것저것 따져보면서 진지하게 자신의 생각을 정리하고 있다. 백제에 대한 갈망이 클수록 한없이 부족하다는 자신을 느낀다지만 열정은 내가 만나 본 연구자들 가운데 손꼽을 수 있을 정도이다. 백제부흥운동사는 아직도 계속 숙제가 남아 있다고 생각하며, 본인도 이 문제를 해결하려고 30여 년을 연구하였지만 학문의 벽을 넘어서지 못하고 한계에 부딪혀 맴돌고 있다. 그럴 때마나 백제부흥군에 감정을 이입하여 그들이 최후의 순간 사투를 벌였듯이 자신도 이 한계를 넘어서려고 무진 애를 쓰고 있다 한다. 패망한 백제를 다시 세울 수는 없지만 '찬란한 백제문화를 꽃 피우겠다'라는 소신으로 오늘도 고지도를 펴 보면서 운주산성과 주류성이 1300년 전 어떠했을까 연구하고 있다 한다. 참으로 대단한 최이사장님의 열정에 감복하며, 그 혼신의 힘이 뻗쳐 백제역사문화 연구에 대해 간여하고 있는 많은 일들이 좋은 결실로 맺어졌으면 하는 바람이다.

지역 향토문화 개발과
문화예술에 헌신한 세월

박홍갑(전 국사편찬위원회 상임위원)

최병식 박사께서 강남문화원 원장 재직 시절 한국사 강좌 개설을 계기로 시작된 만남이었으니, 기간으로 친다면 그리 오래된 인연은 아니다. 하지만, 그 이후 매일 마주하는 사이가 되다시피 한 교분으로 이어졌으니, 그런 인연으로 이 글을 쓰게 된 것이리라 믿는다.

각 지역 문화원이 그러하듯, 강남문화원 역시 지방문화원진흥법에 따라 인가 받은 특수법인인데, 1998년 4월 개원한 이래 주민과 함께 하는 문화강좌를 개설해 왔고, 민요, 판소리, 한국무용, 사물놀이, 북춤, 서예, 문인화, 닥종이인형, 시 창작, 유화수채화, 클래식 음악 감상 등 30여개 강좌가 있어 왔다.

하지만, 서울의 포화 상태를 해결하기 위해 영등포 동쪽이란 이름의 영동이 개발되면서 강남구가 탄생되었고, 최첨단 현대문명을 선도하는 중심지로 우뚝 선 지역적 특수성이 말해주듯, 전통문화와 역사성이 매우 낮을 수밖에 없는 곳이 바로 강남이기도 하다. 그리하여 강남문화원에서는 앞에서 언급한 각종 문화강좌를 비롯하여, 지역 축제, 문화유적 탐방, 문화대특강, 서예 및 미술대전, 전통예술경연대회, 독후감 공모전

강남문화원 독후감 공모전 수상 모습(2014)

등과 같은, 다른 지역 문화원에서 일상적으로 행해지는 것들이 진행되고 있었다.

　그런데, 최병식 박사께서 원장으로 취임한 후 몇 달이 지난 새해(2014)부터 강남문화원이 획기적으로 변하기 시작했으니, 그 해에 출범시킨 새로운 사업 아이템 3개에서 잘 나타난다. <강남 역사유적 세미나 -역삼동 청동기유적 : 4월 13일>, <강남국악예술단 나눔 봉사단 개강식 : 4월 16일>, <강남역사문화 해설사 양성교육 개강식 : 4월 21일> 등이 바로 그것이니, 이 시기에 새로 시작된 각각의 단위 사업에 대한 참의미를 새겨 볼 필요가 있다.

　사실은 지역 문화원 단위에서 학계 전문가를 초청하여 학술회의를 개최한다는 것이 여간 어려운 게 아니다. 거기에다 이런 학술회의를 매년 기획하여 무리 없이 진행한다는 것은 더 더욱 어려운 일이 아닐 수 없다. 그런데 최병식 박사는 강남문화원 원장으로 재작하던 4년 동안, 한 해도 거르지 않고 수준 높은 학술회의를 매년 개최한 바 있다.

강남문화원 제1회 학술세미나(역삼동 청동기 유적)(2014)

2014년 학술회의의 주제가 된 <역삼동 청동기 유적>은 차원 높은 세미나라 평가할 수 있다. 이 시대 최고의 고고학 권위자로 인정받는 최몽룡 교수를 비롯한 참가자들의 면면을 보노라면, 이는 고고학과 고대사가 전공분야였던 최병식 박사였기에 가능한 일이었다. 이어 2015년에는 <강남의 고대산성>이란 주제로, 2016년에는 <역사 속 강남의 인물>이란 주제로, 이어 2017년에는 <강남의 민속>에 이르기까지 다양한 주제로 강남 향토 역사 문화 창달에 매진하는 모습을 보여주었다. 최병식 박사가 문화원을 떠난 이후 단 한 차례의 학술회의도 열리지 못했던 것에서도 그 어려움을 잘 읽을 수 있다.

두 번째로 업적으로는 강남역사문화 해설사 양성교육에 대한 것을 살펴봐야 할 것인데, 이는 다른 지역 문화원 단위에서도 실시되는 곳들이 더러 있는 것으로 안다. 하지만, 강남문화원에서 진행한 해설사 양성교육은 차원을 좀 달리 한다. 수준 높은 프로그램과 체계적인 교육 시스템을 통해 집중적으로 양성해 왔던 것은 물론, 지역 교육청과의 MOU를 통해 실질적인 현장 학습이 가능하도록 연결했다는 점이 돋보인다.

구체적인 설명을 좀 덧붙이자면, 초등학생들은 5학년이 되어야 역사 과목을 배운다. 이때 교과목의 한 부분을 차지하는 것이 내 고장 역사편인데, 교사들의 순환근무제로

강남문화해설사 양성 개강식 장면(2014)

인한 전문성을 가질 기회가 적다는 점을 보완하기 위해 양성된 해설사를 파견토록 했으니, 교육청 입장에서도 반겨야 할 제도가 아닐 수 없다. 이렇듯 강남문화원에서 양성된 40여 명의 해설사 선생님들은 오늘도 각 급 학교 요청에 따라 파견되어 학생들을 가르치고 있는 중이다. 이렇듯, 내 고장 바로알기 "찾아가는 강남의 향토사" 교육 혁신을 가져오게 한 것이 바로 이 아이템인데, 2016년을 예로 든다면 강남구 관내 초~중학교 18개교의 2,910명이 이 수업을 들었다 한다.

마지막으로 언급할 부분은 강남국악예술단 창단이다. 창단 당시 자금이 빠듯했지만, 모금운동에 앞장 선 최병식 원장님의 사재 출연이 큰 몫을 한 것으로 알고 있다. 그 결실로 맺어진 첫 열매가 기념 공연이었다. 그런데, 이 공연 또한 강남 역사에서 빼 놓을 수 없는 압구정 한명회를 주제로 삼았으니, "한명회 대감 강남에 떴다."란 공연이 그것이다. 강남국악예술단 단원들은 오늘도 활발한 재능 기부로 국악문화 전승에 매진 중이다.

문화해설사 온라인 수업 장면(대곡초)

　이렇듯 강남문화원 원장으로 재직하는 동안 지역 향토 문화 발굴과 보존에 심혈을
다 쏟아 부었다 할 것이다. 보다 특화된 지역 축제를 개발하는 동시에 지역주민의 자발
적인 참여를 이끌어 냄으로써, 강남구민이 일체감을 느끼도록 하는 업적으로 연결된
다. 아울러 지역주민들 대상으로 해외역사문화탐방을 실시하여 뜨거운 호응을 얻어내
기도 했다.

　특히 문화원 단위 강좌로는 어울리지 않을 것 같은 한국사 강좌를 신설한 것에서도,
최 박사님의 우리 역사문화에 대한 관심도를 단박에 읽을 수 있을 것 같다. 양성된 해
설사 선생님들이 한 차원 더 높은 역사인식을 가지도록 애를 써다가, 필자에게 요청한
것이 <조선시대사> 강의였다. 그런 정작 가장 모범적인 수강생이 바로 최박사님이었
다. 이렇듯 몇 년간 지속된 강의를 끝으로 필자와 의기투합하여 만든 단체가 바로 강남
향토사연구회였다.

　여기에서 매년 주최하는 학술회의 역시 강남문화원장 시절 기획했던 것의 연장선상
에서 이해될 수 있다. 강남구의 보조금이 있기는 하나, 턱없이 부족한 운영비를 기꺼이
사비로 출연하시는 것을 보면, 강남지역 역사 문화에 대한 애착이 얼마나 큰 가를 잘

강남국악예술단 <한명회 대감 강남에 떴다> 공연 장면(2014)

읽을 수 있다.

강남향토사연구회는 일반 시민들이 회원으로 가입하여 정기적인 답사에 참여하고 교양강좌를 듣기도 하는 단체이다. 그런데 강남향토사연구회 역시 매 가을마다 수준 높은 학술회의를 개최해 왔으니, 2018년 청담동에 살았던 전설적인 역관 홍순언에 대한 학술적 검토를 시작한 이래, 대모산 자락 주인이었던 광평대군과 그의 아들 영순군(2019년), 한명회가 지은 압구정의 위치 비정(2020년), 강남의 불교 문화(2021년)에 이르기까지 한 해도 거르지 않았다.

강남향토사연구회 회장이던 최병식 박사께서 2019년 1월 강남문화재단 이사장으로 취임함에 따라, 회장직을 내려놓았지만, 여전히 고문으로 활동함과 아울러 물심양면의 지원을 아끼지 않았기에 이룬 성과라 할 것이다.

한편 강남문화재단을 보노라면, 한 해 예산 규모가 약 250억에다 소속 직원 수 또한

강남향토사연구회 제2회 학술회의(2019) 사진 : 이오봉

230여 명이나 되는 매머드급이다. 그러하니 기초자치단체로서는 처음으로 강남심포니오케스트라와 구립합창단까지 운영하고 있다. 아울러 매년 성황을 이루는 강남페스티벌이란 지역축제를 통해 세계인을 위한 축제로까지 도약시키고 있는 중이다. 강남문화재단 이사장으로 취임하면서 밝힌,

강남이라는 복잡한 도시공간에서, 잠시 걸음을 멈추고 누구나 귀 기울이고 다가갈 수 있는 '찾아가는 문화예술' 서비스를 제공하겠습니다. 세계가 주목하는 첨단 트렌드가 시작되는 도시 강남에서 생산되는 문화 콘텐츠는 강남이라는 지역을 넘어 세계적인 보편성과 가치를 지닌 문화유산이 될 수 있습니다. 대한민국 문화 1번지 강남의 중심에서 강남구민의 문화예술적 욕구에 부응하는 것은 물론, 나아가 '세계에서 가장 아름다운' 강남문화를 확산하는 일에 매진하겠습니다.

라는 당찬 포부를 보면, 취임 첫해부터 절정에 이른 강남페스티벌 <양재천 夏모니>가 지역주민들에게 큰 호응을 얻은 것으로도 증명되고 남는다.

그 이듬해 6월엔 강남문화재단의 새로운 도약을 기대할 수 있는 사무실 이전을 마쳤고, 2021년 3월엔 이사장 연임을 바탕으로 신임 이사진을 구성하여 새로운 진용을 꾸렸다. 코로나 19 상황으로 지역 축제가 다소 위축되긴 했지만, 이 상황 극복을 기원하는 콘서트는 이어가고 있는 중이다.

강남문화재단 코로나 19 극복기원 강남합창단 콘서트(2020. 8)

그 동안 옆에서 지켜 본 최병식 박사의 면모를 한마디로 표현하면 추진력이다. 거기에다 최씨 집안 전통이라 할 수 있는 고집 또한 무시할 수 없다. 그런데 아집으로 흐르는 고집이 아니라, 상대를 배려할 줄 아는 고집이란 점에서 장점이 더 많다. 배려가 바탕이 되는 형님 리더십으로 세상을 헤쳐 나가는 모습을 보노라면, 저절로 고개가 숙여질 따름이다.

아무쪼록 고희를 맞은 최병식 박사님의 앞날에 건승을 기원 드린다. 그리고 보잘 것 없는 글로나마, 인생을 살면서 진 빚들을 조금이라도 갚을 기회를 준 고희기념논총간행위원회에도 감사를 드린다.

이사장님의 도전과 용기,
열정에 박수를 보냅니다

이수나(강남문화재단)

첫 만남, 자네들의 이야기를 듣고 싶네

최병식 이사장님께서 강남문화재단에 처음 오셨던 것은 2019년 1월이었습니다. 저희 재단 직원들에게 '이사장님'이라는 존재는 조금은 어려울 수밖에 없는 분입니다. 하지만 최병식 이사장님은 첫 취임 날부터 여태 겪어왔던 이사장님들과는 사뭇 다른 분위기를 이끌어내셨습니다. 이사장님은 직원 한명 한명을 더 잘 알고 싶어 하셨던 것 같습니다. 저희를 바라보시는 눈빛에서 '자네들의 이야기를 듣고 싶네'라는 마음이 느껴졌습니다.

취임하신 후 이사장님은 강남문화재단의 크고 작은 모든 일에 함께하셨습니다. 강남심포니오케스트라의 정기연주회나 클래식품격콘서트가 열리는 날이면 연주회가 시작되기 전에 먼저 오셔서 준비상태도 확인하시고 직원들을 격려해 주셨습니다. 연주회를 마치면 수고했던 직원들이 근사하게 식사를 할 수 있도록 마음 써 주시기도 하셨지요. 매년 열리는 아트프라이즈강남 행사도 직원들과 함께 전시를 관람하며 지역주민들이 일상에서 즐길 수 있는 예술행사이자 지역상권 발전에도 도움이 되는 행사가 더 알차게, 자주 기획되어야 한다고 강조하셨습니다.

강남문화재단 신사무소 개소식(2021)(왼편 정순균 강남구청장)

날씨가 좋았던 어느 날에는 남한산성으로 직원들과 함께 산행 길에 나서기도 했습니다. 그리고 강남문화재단이 이사를 하는 날, 새로운 구성원을 맞이하는 날도 늘 이사장님과 함께였습니다. 그 함께하는 시간동안 이사장님은 연주회와 콘서트, 공연과 전시 등을 통해 풀어냈던 저희들의 이야기를 찬찬히 들어주셨던 것 같습니다.

이제 이사장님의 이야기를 듣습니다.

이사장님은 아주 오랜 시간동안 강남에서 살고 일하면서 강남에 대한 깊은 애정을 품고 계시다는 것을 알 수 있었습니다. 계절에 맞춰 혹은 요즘 트렌드에 따라 번드르르한 공연이나 행사를 기획하기 보다는 남녀노소 다양한 강남구민이 가장 잘 즐길 수 있는 행사를 알차게 운영해야 한다는 조언을 항상 해 주셨습니다.

특히 강남의 역사적 스토리가 담겨있는 행사가 필요하다는 점을 강조하셨습니다. 그렇게 접근해야 강남의 정체성을 담을 수 있고, 궁극적으로는 '강남의 문화'라는 것을 만들어 나갈 수 있다는 믿음이었습니다.

강남문화재단 종무식(2019)

아트프라이즈강남 시상식(2021)

강남문화재단 여자경지휘자 취임식(2020)　　　　제1회 초등생 동시 및 그림 그리기 대회 시상식(2021)

　　역사란 그저 지나가버린 옛날이야기가 아니라, 지금의 우리 모습을 갖추어지게 된 과정이자 자양분이라는 것. 저희가 마음속에 간직해야 하는 이사장님의 이야기는 강남과 강남의 역사에 대한 이사장님의 애정이었습니다.

　　최병식 이사장님이 칠순을 맞이하신다는 것을 전해 듣고 적지 않게 놀랐습니다. 웬만한 거리는 걷거나 지하철을 타고 다니시는 평소의 모습과, 소탈하고 격의 없이 저희들과 말씀 나누시는 모습에서 사실 이사장님의 연세를 느끼지 못했던 것 같습니다. 이사장님께서 항상 따뜻한 눈길로 저희를 지켜보시고 응원해주셨던 것처럼, 이번에는 저희가 이사장님의 살아오신 인생 굽이굽이의 과정, 그 안에 녹아있을 도전과 용기, 옳다고 생각하는 목표를 향해 달려가는 열정에 큰 박수를 드립니다. 그리고 이사장님 앞에 펼쳐질 한층 더 찬란한 미래를 응원합니다. 항상 건강하십시오!

주류성 위치 비정이
인생의 화두가 된 사람

이오봉(전 조선일보 사진부장)

　최박사는 꽤 오래전부터 세종시 소재 운주산에 임야를 일부 소유하였는데. 어느날 산 정상에 올라 백제얼탑을 보게 되었고, 석탑 뒷면에 지역 향토사학자가 '운주산성이 백제 주류성의 주성'이라고 새겨 놓은 것을 보고 주류성에 관심을 갖기 시작했다고 한다.

　그는 공부를 시작하면서 주류성이라고 주장하는 곳이 많은 것을 알게 되었고, 자신이 주류성의 위치를 밝혀야겠다는 목표를 세우고는 학부시절 전공한 전자공학을 응용하여 첨단 장비를 동원해서 처음 운주산에 대한 연구를 시작하였다. 최박사의 심중에는 운주산성이 주류성이기를 기대하지만, 고고학을 공부한 그가 정확한 근거도 없이 말할 수는 없었을 테니 안타까움과 답답한 마음이 있었을 것이다.

　그는 40이 넘어 한양대 대학원 문화인류학과에 들어가 5년 만에 석사학위를 받은 후 상명대에서 박사학위를 받았다. 모두가 주류성 위치를 찾기 위한 공부였다.

　최박사는 백제 삼천 군사가 운주산 동굴 속에 숨어 있다가 몰살당했다는 전설이 남아있는 운주산 피숫골 골짜기에 고산사라는 사찰을 창건하고, 당나라에 포로로 끌려가서 죽은 뒤 현재 비석도 찾지 못한 의자왕의 추모비를 세우고, 백제부흥삼천대군을 위혼하려고 매일 조석으로 향을 올린다.

이집트 답사 현장에서(2019)

고산사 현판에는 백제를 기리는 글이 많다. 또한 백제부흥전쟁시 영군장군이면서 스님이었던 도침대사를 도침당으로 따로 모셨다. 도침대사가 스님이기도 하지만 운주산 인근에서 부흥전쟁을 이끌었던 지도자로 생각한다고 했다.

서울 강남에 15층 건물을 지으면서 건물 이름도 주류성빌딩이라고 하고 출판사도 주류성출판사라고 지어 운영하고 있다. 건물 간판도 周留城이라고 한자로 썼다. 한자로 써야 백제 부흥군 영령들이 알아보고 찾아올 것이라고 말한다. 나 또한 그 마음을 잘 알기에 함께 기도한다.

최박사는 매년 주류성이 함락된 음력 9월 8일이 되면 백제고산대제를 지내고 있다. 어언 삼십년이 다 되었다. 그야말로 그는 보통사람이 하지 않는 이상한 일을 한다. 그리고 백제시대 옥천전투에서 목을 잃어버린 성왕과 2만 9천 백제군단의 제사를 지내러 매년 음력 7월이 되면 옥천에 간다. 겨울에는 서울 아차산성에 가서 위례성 함락 후 아차산성으로 끌려가 참수당한 개로왕 제사도 지낸다. 최박사는 전생에 백제와 관련

제14회 백제고산대제(2007)

제3회 개로왕제에서 축문을 낭독하는 최병식 박사(2016) 사진 : 이오봉

충북 옥천에서 거행된 백제 성왕제(2012) 사진 : 이오봉

이 깊은 사람임에 틀림없다. 매일 고산사에서 백제를 위하여 향을 사르는 그 마음이 백제를 좋아하는 나에게도 감동과 친밀감을 더해준다.

그는 백제부흥전쟁을 하였다는 옛 산성을 답사하였고, 운주산에서는 전설의 동굴을 찾으려고 30년을 헤매었으나 아직도 찾지 못했다. 꿈속에서라도 보고 싶은 마음에 현몽을 기다린다고 했을 정도로 최박사의 주류성 찾기에 대한 열정은 대단하다.

그가 이제 70이 넘었다. 무릎이 아파 산에도 잘 못 오른다. 가고 싶은 산성답사도 못 간다고 푸념한다. 세월은 아무도 막을 길 없다. 다만 그가 백제를 위해 애써온 것에 대해서 늘 가까이에서 지켜본 나로서는 박수를 쳐주고 싶은 마음뿐이다.

"고생했어. 최박사."

최박사는 말한다.

"제가 백제사를 재정립한다고 큰 소리쳤지만 남의 학문을 넘어서지 못했습니다. 그저 백제 제사만 30년 지냈습니다."

백제사와
성곽 연구

仁川 桂陽山城과
歷史的 脈絡

최몽룡(서울대 명예교수)

桂陽山城[1]은 인천광역시 계양구 계산동 계양산 동쪽 능선에 있는 石城으로 오랜 역사 때문에 古山城이라고도 부른다. 海拔 395m, 면적 68,105㎡로 인천 부평을 대표하는 가장 높은 산이자 부평의 鎭山이다. 그러나 계양산성은 계양산 주봉이 아니라 계양산 동쪽 능선의 해발 230m 지점 정상에 자리 잡고 있는 紗帽蜂형이다. 서기 1992년 5월 15일 인천광역시의 기념물 제10호로 지정되었다.

---

1) 최근 필자에 의해 발표된 桂陽山城을 포함한 여러 성 관계 글들은 아래와 같다.

① "안성 죽주산성 -최근 경기도에서 발굴·조사된 산성들의 역사적 맥락- "[안성죽주산성 사적지정을 위한 학술세미나. 서기 2015년 11월 13일(금) 한국고대학회·국립교통대학·안성시 pp.7-24] 및 2015년 12월, 호불 정영호박사 팔순송축기념논총, pp.109-128,

② "용인 할미산성 내 馬韓과 百濟의 宗敎·祭祀遺蹟 -2012-2015년 발굴된 소위 할미산 '공유성벽' 북쪽 내성의 역사·문화적 맥락- "[용인 할미산성 발굴조사 성과와 보존활용을 위한 학술심포지엄, 서기 2015년 11월 14일(토), 한국성곽학회·용인시, pp.7-30] 및 최몽룡 편저, 2016 세계사 속에서의 한국, 희정 최몽룡교수 고희논총, 서울: 주류성, pp.73-106,

③ "日本 九州 福岡, 熊本과 佐賀県의 朝鮮式山城 학술대회", 서기 2015년 12월 17일(목)-20일(일), 河南市文化院

④ 『한국 선사시대의 문화와 국가의 형성-고고학으로 본 한국 상고사-』,최몽룡 2016, 서울: 주류성

⑤ "백제건국의 문화사적 배경" 하남역사박물관, 2016년 백제문화특별전, '백제. 그 시작을 보다' pp.192-205

⑥ "인천 계양산성과 역사적 맥락" 계양산성 국가 사적을 위한 국제학술 대회, [인천 계양산성의 역사적 가치와 활용방안, 서기 2016년 10월 28일(금) 인천광역시 계양구·겨레문화유산연구소, pp.7-34]

⑦ "二城山城과 百濟" 하남문화원 제 3회 학술대회 -2016 二城山城·鞠智城 韓·日 學術Symposium, 서기 2011년 10월 7일(금), 河南市文化院

성을 쌓은 정확한 시기는 알 수 없으나, 최근의 발굴조사에 의해 백제시대에 처음 축조된 것으로 밝혀졌다. 『增補文獻備考』의 〈關防城郭條〉에 의하면 성 둘레가 1,937步(587m)라고 기록되어 있다. 1530년의 『新增東國興地勝覽』에는 "계양산 고성은 석축으로 둘레가 1,937尺으로 지금은 무너져 내렸다"라고 기록되어 있다. 서기 2006년 5월 현재 東門과 北門 및 水門이 존재하던 터가 남아 있는데, 성 내부에는 헬기장과 체육 시설 등이 들어서 성은 많이 훼손되었다. 서기 2015년 8월에는 방축동 49-3에 위치한 木柵雉城(북벽 동남부 회절부, 雉 1은 서기 8세기-서기 9세기, 통일신라-고려초기의 유물이 출토, 전체 雉城은 9개소 확인, 인천광역시 계양구·겨레문화유산연구원 2015 p.31)는 바깥쪽을 돌로 쌓고 안쪽에는 흙을 쌓는 '土芯石築技法'으로 성을 쌓을 때 중간에 흙이나 돌을 넣고 안팎에서 돌을 쌓는 夾築城임이 밝혀졌다. 그리고 성의 축조형식은 지형 분류상 산정식(山頂式)에 속하며 방법상으로는 외벽은 잘 다듬은 돌로 쌓아올리고 안쪽은 불규칙한 할석(割石)으로 쌓은 補築과 版築(인천광역시 계양구·겨레문화유산연구원 2011, p.373 트렌치 8 및 인천광역시 계양구·겨레문화유산연구원 2014, p.7)의 방법도 보인다. 일반적으로 산성의 치는 상·하부의 너비가 같지만 계양산성은 하부에서 상부로 올라갈수록 좁아지는 구조로 축조되었다. 이러한 이 성의 중요성으로 검단선사박물관 1층 기획전시실에서 서기 2015년 특별전: 인천의 고성 계양산성' 전이 열렸고 앞으로 발굴조사가 완료된 후 계양산성 문지, 건물터, 성벽의 복원과 아울러 박물관이 조성될 예정이다.

이곳에서는 서기 1999년 인천광역시의 지표조사를 시작으로 서기 2000년 鮮文大學校의 지표조사와 서기 2003년-서기 2006년의 1-3차에 걸친 발굴조사, 뒤이어 서기 2009년-서기 2016년 현재 겨레문화유산연구원(4-8차)1)의 모두 8차에 걸친 발굴

---

1) 이제까지 계양산성의 학술 발굴조사 보고서 및 관계 계전시회는 아래와 같다.
　李亨求 2008 桂陽山城, 仁川廣域市 桂陽區·鮮文大學校 考古研究所
　인천광역시 계양구·겨레문화유산연구원 2011 계양산성 II. 4차 시·발굴조사보고서. 학술조사보고 제6책
　인천광역시·인천광역시 계양구·겨레문화유산연구원·한국성곽학회 2013,인천 계양산성의 역사적 가치와 활용, 인천계양산성 국가사적을 위한 학술 심포지엄
　인천광역시 계양구·겨레문화유산연구원 2014 계양산성 제5차 발굴(시굴)조사 약보고서
　인천광역시 계양구·겨레문화유산연구원 2015 계양산성 제5·6차 시·발굴조사 약보고서

조사가 진행되었다. 주변이 물가였을 정도로 저평한 부평지역의 계양산은 인근 지역이 한 눈에 조망되는 지리적 조건 때문에 인천의 북부와 한강하류지역을 통제할 수 있었던 요충지였다. 이 지역의 점유를 위해서 성을 축조하여 군사적으로 공격과 방어에 용이하도록 한 것이 계양산성이다. 계양산성은 총 길이 1,184m이다. 성벽은 능선에서 사면부로 연결되면서 여러 지점의 계곡부분을 감싸 안고 包谷式으로 축조되었다. 성의 형태는 북서-남동의 장타원형에 가깝다. 성곽의 시설로는 현재까지 조사를 통해 城門, 雉城, 品字形으로 쌓은 제2 集水井 석축(이형구 2008, p.247 및 2013, p.11), 건물터, 구들 유구 등이 발굴되었다. 성곽의 각 시설들은 백제, 신라, 고려, 조선을 거쳐 壬辰倭亂 時 小西行長(고니시유끼나카, こにしゆきなが, 肥後宇土城主, 서기 1555년-서기 1600년 11월 6일)의 예하부대가 주둔했을 가능성도 제기된다. 이곳에서는 각 시대의 건물지(9개소)를 비롯해 토제품(인화문토기편 등), 석제품(石斧, 숫돌, 방추차 등), 瓷器(소량의 중국 해무리굽 자기편 등)와 철기(철검, 도기, 철정, 鉸具, 철촉 등), 그리고 서기 19세기 安東權氏의 京華士族의 변모를 확인 할 수 있는 省齊 權懿性(서기 1708년, 肅宗 34년-서기 1756년 英祖 32년, 吏曹參判)과 學生 權大鷹(省齊 權懿性의 養子, 인천광역시 계양구·겨레문화유산연구원 2015 pp.29-36)의 무덤과 墓誌銘들이 출토되었다. 그리고 주목할 만한 것은 성내에 물을 저장하기 위해 마련되었던 집수정에서 출토된 『論語』 公冶長 第五의 '子賤 君子哉 若人, 也 不知其仁也 赤也, 吾斯之未能信'이란 내용이 적힌 소나무류의 5각목간(五角木柱形木簡, 먹으로 글을 쓴 木稜形 오각 나무쪽)[2]의

인천광역시 계양구·겨레문화유산연구원 2015 인천 계양산성 7차 시·발굴조사 약보고서
인천광역시 검단선사박물관 2015 계양산성, 검단선사박물관 특별전

2) 公冶長 第五(共28章)의 全文은 다음과 같으며 孔子와 그의 제자들인 公冶长, 子贱, 子贡, 子路, 求(염유, 冉有, 冉求, 求也, 求, 冉子), 漆雕开와 鲁国 孟孙氏 第10代 宗主인 孟武伯과의 대화가 주를 이룬다.
　(1) 子谓公冶长，"可妻也。虽在缧绁之中，非其罪也。"以其子妻之。
　(2) 子谓南容，"邦有道，不废；邦无道，免于刑戮。"以其兄之子妻之。
　(3) 子谓子贱，"君子哉若人！鲁无君子者，斯焉取斯？"
　(4) 子贡问曰："赐也何如？"子曰："女，器也。"曰："何器也？"曰："瑚琏也。"
　(5) 或曰："雍也仁而不佞。"子曰："焉用佞？御人以口给，屡憎于人。不知其仁，焉用佞？"
　(6) 子使漆雕开仕。对曰："吾斯之未能信。"子说。
　(7) 子曰："道不行，乘桴浮于海。从我者，其由与？"子路闻之喜。子曰："由也好勇过我，无所取材。"
　(8) 孟武伯问："子路仁乎？"子曰："不知也。"又问。子曰："由也，千乘之国，可使治其赋也，不知其仁也。""求也何

발견이다. 이 소나무 목각에 적힌 글씨체는 중국 魏晉南北朝 시대[東漢 말의 建安 년간(서기 196년-서기 219년)으로부터 隨나라 開皇 9년(서기 589년) 陳나라가 멸망한 시기까지 400년 동안을 말한다. 이 시기는 크게 魏·蜀·吳의 三國時代, 晋, 5胡 16國시대와 南北朝시대로 나뉜다]에 유행한 草書에서 楷書體로 넘어가는 과도기의 寫經體(이형구 2013, p.27)로 언급된다.

2면에 적힌 墨書銘은 '君子者 斯焉取斯'으로 論語 제5 公冶長의 '子謂 子賤 君子哉 若人 魯無君子者 斯焉取斯(그는 참으로 군자다. 만일 노나라에 군자가 없다면 그가 학덕을 어떻게 터득했겠는가?"라고 했다)의 일부인데 내용은 공자가 제자에게 벼슬을 주려고 하자 제자가 이를 사양하면서 말한 내용이다. 목각 3면에는 '不知其仁也 赤也 何如'라

　　　如？"子曰："求也，千室之邑，百乘之家，可使为之宰也，不知其仁也。""赤 也何如？"子曰："赤也，束带立于朝，可使与宾客言也，不知其仁也。"

(9) 子谓子贡曰："女与回也孰愈？"对曰："赐也何敢望回？回也闻一以知十，赐也闻一知二。"子曰："弗如也；吾与女弗如也。"

(10) 宰予昼寝。子曰："朽木不可雕也，粪土之墙不可 杇也；于予与何诛？"子曰："始吾于人也，听其言而信其行；今吾于人也，听其言而观其行。於予与改是。"

(11) 子曰："吾未见刚者。"或对曰："申枨。"子曰："枨也欲，焉得刚？"

(12) 子贡曰："我不欲人之加诸我也，吾亦欲无加诸人。"子曰："赐也，非尔所及也。"

(13) 子贡曰："夫子之文章，可得而闻也；夫子之言性与天道，不可得而闻也。"

(14) 子路有闻，未之能行，唯恐有闻。

(15) 子贡问曰："孔文子何以谓之'文'也？"子曰："敏而好学，不耻下问，是以谓之'文'也。"

(16) 子谓子产，"有君子之道四焉：其行己也恭，其事上也敬，其养民也惠，其使民也义。"

(17) 子曰："晏平仲善与人交，久而敬之。"

(18) 子曰："臧文仲居蔡，山节藻棁，何如其知也？"

(19) 子张问曰："令尹子文三仕为令尹，无喜色；三已之，无愠色。旧令尹之政，必以告新令尹。何如？"子曰："忠矣。"曰："仁矣乎？"曰："未知；焉得仁？""崔子弑齐君，陈文子有马十乘，弃而违之。至于他邦，则曰，'犹吾大夫崔子也。'违之。之一邦，则又曰：'犹吾大夫崔子也。'违之。何如？"子曰："清矣。"曰："仁矣乎？"曰："未之，焉得仁？"

(20) 季文子三思而后行。子闻之，曰："再，斯可矣。"

(21) 子曰："宁武子，邦有道则知；邦无道则愚。其知可及也；其愚不可及也。"

(22) 子在陈，曰："归与！归与！吾党之小子狂简，斐然成章，不知所以裁之。"

(23) 子曰："伯夷叔齐不念旧恶，怨是用希。"

(24) 子曰："孰谓微生高直？或乞醯焉，乞诸邻而与之。"

(25) 子曰："巧言、令色、足恭，左丘明耻之，丘亦耻之。匿怨而友其人，左丘明耻之，丘亦耻之。"

(26) 颜渊季路侍。子曰："盍各言尔志？"子路曰："愿车马，衣轻裘，与朋友共，蔽之而无憾。"颜渊曰："愿无伐善，无施劳。"子路曰："愿闻子之志。"子曰："老者安公之，朋友公信之，少者怀之。"

(27) 子曰："已矣乎，吾未见能见其过而内自讼者也。"

(28) 子曰："十室之邑，必有忠信如丘者焉，不如丘之好学也。

는 묵서명이 남아 있는데. 이는 논어 公冶長 제5의 '孟武伯問 求也 千室之邑 百乘之家 可使爲之宰也 不知其仁也 赤也 何如'[구(求)는 어떻게 합니까"라고 물으니, 공자는 "구는 천호의 읍이나 백승의 집에서 재상 노릇을 할 수 있을지 모르나 그가 인자한지 아닌지는 알 수 없다"라고 했다]라는 노나라 대부 孟懿子의 아들 맹무백(魯国 孟孫氏 第10代 宗主)이 질문하고 공자가 답한 내용이다.

이 목간이 백제시대의 것이라면 이는 한성시대 백제(기원전 18년-서기 475년)시대에 道教와 함께 儒教가 이미 들어와 있었다는 증거가 된다. 도교는 서기 371년 13대 近肖古王(서기 324년-서기 375년, 서기 346년-서기 375년 재위)이 아들 14대 근구수왕(近仇首王, ?-서기 384년 4월, 375년 11월~384년 4월 재위)과 將軍 莫古解와 함께 평양에서 고구려 16대(故國原王, ? - 서기 371년, 서기 331년-서기 371년 재위)을 사살한 후 즉시 한성으로 되돌아 갈 것을 諫하는 구절에서 잘 나타난다. 將軍 莫古解가 諫하는 "知足不辱, 知止不殆"란 구절은 老子의 名與身(44장)에 나오는 글로 이미 서기 371년에 도교가 백제에 들어와 있음을 입증한다[3].

우리나라에서 일본에 전래된 문화내용은 일본문화의 사상적 기반을 마련해 준 유교와 불교를 비롯하여 천문, 지리, 역법, 토기제작 기술, 조선술, 축성술, 회화, 종이, 붓 만들기에 이르기까지 다양하다. 이는 일본의 史書『古事記』와『日本書紀』에 나타나는 王仁으로 대표된다. 그가 실재했던 역사적 인물이라면 백제 14대 근구수왕(서기 375년-서기 384년) 때의 학자로 일본에서 파견한 荒田別[아라다와께, あらたわけ]와 鹿野別[가가와께, かがわけ] 장군 등의 요청에 응해 論語와 千字文을 갖고 가서 일본의 조정에 봉사하면서 문화발전에 공헌을 하였던 것으로 보는 것이 좋겠다 [『古事記』의 원문은

---

3) 近肖古王 二十六年 高句麗擧兵來 王聞之 伏兵於浿河上, 俟其至急擊之, 高句麗兵敗北 冬 王與太子 帥精兵三萬 侵高句麗 攻平壤城 麗王斯由 力戰拒之 中流矢死, 王引軍退. 移都漢山(서기 371년). 近仇 首王(一云諱<須>), 近肖古王之子 先是, 高句麗國岡王斯由親來侵, 近肖古遣太者拒之 至牛乞壤將戰 高句麗人斯紀 本百濟人 誤傷國馬蹄, 懼罪奔於彼 至是環來 告太子曰 彼師雖多 皆備數疑兵而已其驍勇 唯赤旗 若先破之 其餘不攻自潰 太子從之 進擊 大敗之, 追奔逐北, 至於水谷城之西北. 將軍莫古解諫 曰 嘗聞道家之言 知足不辱, 知止不殆 今所得多矣, 何必求多 太子善之止焉 乃積石爲表, 登其上 顧左右曰 今日之後 疇克再至於此乎 其地有巖石罅若馬蹄者 他人至今呼爲太子馬迹 近肖古在位三十年(서기 375년)薨, 卽位. 여기에서 將軍莫古解諫曰하는 "知足不辱, 知止不殆"란 구절은 老子의 名與身(44장) 에 나오는 글로 이미 서기 371년에 도교가 백제에 들어와 있음을 입증한다(최몽룡 1997, pp.117-130)

'百濟國 若有賢人者貢上 故 受命以貢上人名 和邇吉師 即論語十卷 千字文一卷 并十一卷付是人即貢進'(이는 확실치 않지만 15대 應神天皇時로 왕의 재위는 현재 서기 270년-서기 310년경으로 보고 있다)이다]. 荒田別과 鹿野別 장군 등의 명칭은『日本書紀』神功紀 49년(己巳年, 近肖古王 24년 서기 369년)조에 나오는데 이 기사를 馬韓의 멸망과 관련지어 이야기하기도 한다.

그리고 목간과 함께 노출된 목제를 서울대학교 기초과학공동기기원의 가속질량연대분석accelerator mass spectrometry(AMS)에서 1640±60(400 A.D. 95.4% 가능성: 250 A.D-550 A.D.)와 1580±60(480 A.D. 95.4% 가능성: 340 A.D.-610 A.D.)의 연대가 나왔는데 이는 유적의 初築이 늦어도 서기 4세기-서기 5세기 이전에 축조되었다는 의미가 된다. 이곳에서 나온 百濟의 圓低短頸壺도 서기 3세기-서기 4세기를 내려오지 않을 것이다. 또한 계양산성 이른 시기의 유물로 백제시대 주로 사용되었던 圓低短頸壺와 主夫(吐)銘文(박종서 2013, 인천계양산성 국가사적을 위한 학술 심포지엄, p.33)이 나있는 고구려의 개와 편과 토기 편들이 확인되고 있다. 그러나 대부분의 토기와 개와들은 신라시대에서 통일신라를 거쳐 고려시대에 해당하는 것이다. 이는 문지통로 1420±50(625A.D.), Tr.8 1330±50(685A.D.), Tr.3 1230±60(820A.D.), 문지내부 1020±60(1005A.D.), (이상 인천광역시 계양구·겨레문화유산연구원 2011, pp.497-500)의 연대들로도 입증된다. 출토 유물들은 '...庚子...년' 목간(서기 400년 또는 460년, 이형구 2013, p18)을 비롯하여 有蓋式高杯(백제), 蓮花文瓦當(백제), 줄무늬 瓶(신라), 扁瓶(통일신라, 大中 12년 명 서기 858년, 익산 미륵사지와 완도 청해진 張保皐유적에서 출토와 같은 종류임)을 비롯하여 蓋, 盞, 토수기와, 平瓦, 夫十夫(主夫吐?)銘瓦當, 官, 凡, 草, 天字銘瓦(인천광역시 계양구·겨레문화유산연구원 2014, p.10), '末'字음각 적색 개와, 그물추, 가락바퀴, 蓮花文瓦當(백제, 고구려?), 中國白磁, 中國 靑瓷碗, 鐵製과반(허리띠), 鐵鏃, 철못(鐵釘), 철제 자물쇠(鎖金, 인천광역시 계양구·겨레문화유산연구원 2014, p.134), 손칼(鐵刀子), 집개, 삽날(鐵鍤), 삼칼, 鐵製車轄, 鐵釜, 鐵釜蓋, 銅錢(一錢, 光武 10년, 高宗 32년, 서기 1906년) 등이다.

이를 역사적 脈絡과 비교해 볼 때 로 미루어 볼 때 계양산성은 백제 초축(서기 371

년 이후)→고구려(江華島 喬桐 大龍里 華蓋山城, 강화군 향토유적 제30호, 서기 392년 고구려 광개토왕에 의해 함락됨)→신라[眞興王 14년(서기 553년) 한강유역에 진출하여 新州를 형성]→고려시대 10세기경까지 주로 사용되었던 것으로 여겨진다. 산성의 형식은 포곡식 석성으로 우리나라 석성의 발달은 청동기시대의 환호는(원형→춘천 중도의 방형)→목책(木柵)→토성(土城 + 木柵)→석성(石城) 순으로 발전해 오고 있다. 석성인 계양산성 초축연대는 백제 13대 近肖古王 26년(서기 371년)에 최초로 쌓은 석성인 하남시 二聖山城(사적 422호) 축조 이후의 일일 것이다. 그리고 이 성은 고구려 19대 廣開土王(好太王 高談德, 서기 374년 - 서기 412년, 서기 391/392년?, 三國史記에는 서기 392년을 즉위연대로 기록함 - 서기 412년 재위)의 강화도 화계산성의 침공과 서기 475년 20대 長壽王(巨連 혹 高璉, 서기 394년 - 서기 491년, 서기 413년-서기 491년 재위)의 남침으로 고구려 군에게 넘어 갔을 것이다. 그래서 계양산성의 축조연대는 서기 371년-서기 392년 또는 서기 371년-서기 475년 사이로 생각되나 전자의 서기 372년에 이미 함락되어 좀 더 연대를 좁혀 본다면 서기 371년-서기 392년 사이가 될 가능성이 많다.

일반적으로 백제 성곽의 구조는 암반까지 굴착하고 지대석 없이 기단석위에 장방형의 할석을 '品字形'으로 정연하게 '바른 층 쌓기 수법'을 보이며 때로는 상하 밀착되는 면을 깎아 맞추는 '그렝이 기법'도 나타나는데(심정보 2012, p.35)이와 같은 백제의 축성수법은 하남 二聖山城(사적 422호), 이천 雪峰山城(사적 423호), 雪城山城(경기도 기념물 76호), 忠州 薔薇山城(사적 400호)과 抱川 半月城(사적 403호)에서 공통으로 나타난다. 여기에서는 品자로 쌓은 동벽구간 외축 석벽(인천광역시 검단선사박물관 2015 P,56)이 백제시대의 성벽일 가능성이 있다. 그리고 동벽은 동문이 門扉의 촉을 끼웠던 門礎石으로 추정해 懸門式 門으로 추정된다. 만약 현문식이라면 日本書紀와 续日本纪(中日本紀)에 나타나는 모두 13개(문헌에 보이는 추정 6개소의 城名과 水城, 鞠智城을 포함하면 모두 13개임)의 百濟式/朝鮮式山城 중의 하나인 鞠智城(熊本県 山鹿市·菊池市, きくち, くくちじょう, くくちのき)은 서기 698년 42대 文武天皇 때 修築記事가 나타나나 初築은 大野城과 같이 37대 齊明天皇(여왕, さいめいてんのう, 皇極天皇, 서기 594년 - 서기 661년 8월 24일, 第一次 在位期間: 서기 642년 1월 15일-서기 645년 6월 14일, 第二次 在位

期間: 서기 655년 1월 3일-서기 661년 7월 24일)의 아들 38대 天智天皇[てんちてんのう/
てんじてんのう、推古 34년(서기 626년)-天智天皇 10년 12월 3일(서기 672년 1월 7일),
서기 668년 2월 20일-서기 672년 1월 7일 또는 서기 661년-서기 671년 재위] 6년, 서
기 665년경에 만들어진 것으로 추정되며 水城과 大野城 등의 보급 兵站基地로 생각
된다. 鞠智城의 南門인 堀切門(ほりぎり)은 백제 27대 威德王 44년, 서기 597년에 쌓은
錦山 伯嶺山城(충남기념물 83호)의 남문과 같은 懸門의 형식을 보인다. 이성산성의 서
기 2001년과 서기 2002년 실시된 9차와 10차의 발굴·조사 시 懸門式 東門址가 확인
되었는데 그 연대도 백제로 올라갈 가능성이 높다. 그리고 懸門은 순천 劍丹山城(사적
418호)과 여수 鼓樂山城(시도기념물 244호)의 백제산성에서도 확인된다. 鞠智城 성내에
서 鼓樓로 추정되는 3層의 掘立柱建物, 북쪽 貯水池跡에서 백제의 銅造菩薩立像도 나
타나고 있다. 그리고 이 시기는 일본에서 白鳳時代(はくほう, 서기 645년-서기 710년)이
며 36대 孝德天皇 원년 서기 645년 大化改新의 시작으로부터 日本이란 국호도 38대
天智天皇 10년 서기 670년에 만들어졌다.

그래서 백제시대의의 석성으로는 하남시 이성산성, 이천 설봉산성의 설성산성
(경기도 기념물 76호, 4차 조사 시 성안에서 발굴된 集水池의 가속질량연대분석(AMS:
Accelerator Mass Spectrometry)연대는 서기 370년-서기 410년임), 안성 竹州山城(경기도
기념물 69호), 평택 慈美山城, 그리고 충주의 薔薇山城(사적 400호)과 彈琴臺의 토성(철
생산유구와 철정/덩이쇠가 나옴) 등이 알려져 있어 서로 비교가 된다. 그리고 파주 月籠
山城(경기도 기념물 196호), 의왕시 慕洛山城(경기도 기념물 216호)과, 고양시 법곳동 멱
절산성(경기도 기념물 195호) 유적 등도 모두 초축이 백제시대에 이루어졌다. 그리고 당
시 무역항구나 대외창구의 하나로 여겨진 화성 장안 3리와 멀리 광양 馬老山城(사적
492호)에서도 고구려 계통의 유물(개와 등)이 발견되거나, 그 영향이 확인된다. 그러나
이 계양산성에서도 백제의 목간문, 백제토기, 品자로 쌓은 동벽구간 외축 석벽과 門確
(磓)石으로 추정되는 懸門式 門址가 나오고 있어 앞으로의 조사에서 문확석 가운데에
나있는 문지공(門之孔)과 그 안에 박혀 있는 확쇠를 포함하여 백제시대에 쌓은 성곽구
조가 뚜렷이 밝혀질 것으로 보인다.

계양산성은 서해안과 한강 유역을 연결하는 관문으로 군사의 요충지대였다. 계양산성은 다른 산성에서는 볼 수 없는 특이한 위치에 자리 잡고 있다. 계양산의 주봉에 올라서면 주봉보다 낮은 곳에 위치한 포곡식의 계양산성 내부가 보인다. 백제의 전초 기지이자 한성백제의 관문으로서 계양산의 위치는 포곡식으로 성벽을 쌓을 수밖에 없기 때문일 것이다. 현재 東門址, 集水井 상부의 석렬, 사각형(남북 길이 5.6m, 동서 길이 6.5m, 깊이 7m)과 원형의 우물, 암봉 아래 육각정 밑 남아있는 계양산성 성벽 약 7m 높이의 석성 흔적 등이 남아있다. 또 동쪽으로 약 10m 지점에 2차 저수시설도 있다. 최근에 동문지 주변에서 집수지(저수조)가 발굴되면서 계양산성은 역사적으로 주목을 받기 시작했다. 이 집수지에서 전형적인 한성백제 토기인 圓低短頸壺와 여러 한성백제 유물이 출토되어, 계양산성이 서기 371년-서기 392년 사이 즉 서기 4세기 후반에 축조됐음이 밝혀진 것이다.

계양산성은 서기 392년 고구려 광개토왕과 서기 475년 장수왕의 남침으로 고구려에 점령되어 主夫吐郡이 되었다. 라는 主夫吐[『三國史記』卷 第三十五 雜志 第四 '本高句麗 主夫吐郡 景德王改名, 今樹州]'라는 기록과 함께 主夫(吐)라는 銘文이 새겨진 고구려 기와(인천광역시 검단선사박물관 2015 p.59 및 67)가 출토되면서 『三國史記』 雜誌에서 이 富平 일대를 主夫吐郡이라고 불렀다는 기록이 사실임을 증명되었다. 그리고 이곳은 서기 757년 景德王(신라의 제35대 왕, ? - 서기 765년, 서기 742년-서기 765년 재위)은 16년에 행정제도 개편으로 長堤郡으로 개칭된 후 김포지방의 4현(分津縣, 戌城縣, 童城縣, 金浦縣)을 영현으로 관할하였다.

백제는 13대 近肖古王(서기 346년-서기 375년), 고구려는 19대 廣開土王(서기 391?/392년-서기 413년)과 20대 長壽王(서기 413년-서기 491년), 그리고 신라는 24대 眞興王(서기 540-서기 576년 재위) 때 가장 활발한 영토 확장을 꾀한다. 신라는 眞興王 12년(서기 551년) 또는 14년(서기 553년) 한강유역에 진출하여 新州를 형성한다. 백제는 근초고왕 때(서기 369년경) 천안 龍院里에 있던 馬韓의 目支國세력을 남쪽으로 몰아내고, 북으로 평양에서 16대 故國原王을 전사시킨다. 그 보복으로 고구려의 19대 廣開土王은 서기 392년 海路로 강화도 대룡리에 있던 것으로 추정되는 華蓋山城과 寅火里

分水嶺을 지나 백제시대의 인천 영종도 퇴뫼재 토성을 거쳐 한강과 임진강이 서로 만나는 지점인 해발 119m, 길이 620m의 퇴뫼식 산성인 關彌城(사적 351호, 坡州 烏頭山城)을 접수한다. 이는 윤명철 교수의 생각대로 압록강 하구의 장산도(長山列島, 中華人民共和国 辽宁省 大連市에 위치하는 長海県)에 근거지를 둔 고구려 수군과도 관련이 있을 것이다. 강화도 화개산성 앞 갯벌에서 백제와 고구려시대의 유물이 발굴·조사되었는데 이는『三國史記』권 제 18 高句麗本紀 제6, 廣開土王 元年[이는『三國史記』百濟本紀 제3, 16대 辰斯王 7년(阿莘王 元年 서기 392년)] "冬十月, 攻陷百濟關彌城"의 기록과 밀접한 관련이 있다.『三國史記』권 제25 百濟本紀 제3 辰斯王 "八年夏五月丁卯朔, 日有食之. 秋七月, 高句麗王談德帥兵四萬王, 來攻北鄙, 陷石峴等十餘城. 王聞談德能用兵, 不得出拒, 漢水北諸部落多沒焉. 冬十月, 高句麗攻拔關彌城. 王田於狗原, 經旬不返. 十日月, 薨於狗原行宮"의 기록도 보인다. 그리고 17대 阿莘王 2, 3, 4년(서기 393-서기 395년)의 기록에서 고구려 군이 서기 475년 이전 서기 392년에 이미 백제를 침공하고 백제가 이를 탈환하려고 노력하는 과정이 잘 나타난다.[4] 기록에 의하면 광개토왕은 서

---

4) 三國史記 卷 第二十五 百濟本紀 第三

<辰斯王>, <近仇首王>之仲子, <枕流>之弟. 爲人强勇, 聰惠多智略. <枕流之薨也, 太子少, 故叔父<辰斯>卽位. 二年春, 發國內人年十五歲已上, 設關防, 自靑木嶺, 北距<八坤城>, 西至於海. 秋七月, 隕霜害穀, 八月, <高句麗>來侵. 三年春正月, 拜<眞嘉謨>爲達率, <豆知>爲恩率. 秋九月, 與<靺鞨>戰<關彌嶺>, 不捷. 五年秋九月, 王遣兵, 侵掠<高句麗>南鄙. 六年秋七月, 星孛于北河. 九月, 王命達率<眞嘉謨>伐<高句麗>, 拔<都坤城>, 虜得二百人. 王拜<嘉謨>爲兵官佐平. 冬十月, 獵於狗原, 七日乃返. 七年春正月, 重修宮室, 穿池造山以養奇禽異卉. 夏四月, <靺鞨>攻陷北鄙<赤峴城>. 秋七月, 獵國西大島, 王親射鹿. 八月, 又獵<橫岳>之西. 八年夏五月丁卯朔, 日有食之. 秋七月, <高句麗>王<談德>帥兵四萬, 來攻北鄙, 陷<石峴>等十餘城. 王聞<談德>能用兵, 不得出拒, <漢水>北諸部落多沒焉. 冬十月, <高句麗>攻拔<關彌城>. 王田於狗原, 經旬不返. 十日月, 薨於<狗原>行宮.

<阿莘王>(或云<阿芳>), <枕流王>之元子. 初, 生於<漢城>別宮, 神光炤夜. 及壯志氣豪邁, 好鷹馬. 王薨時年少, 故叔父<辰斯>繼位. 八年薨, 卽位. 二年春正月, 謁<東明>廟, 又祭天地於南壇. 拜<眞武>爲左將, 委以兵馬事. <武>, 王之親舅, 沉毅有大略, 時人服之. 秋八月, 王謂<武>日「<關彌城>者, 我北鄙之襟要也. 今爲<高句麗>所有, 此寡人之所痛惜, 而卿之所宜用心而雪恥也.」逐謀將兵一萬, 伐<高句麗>南鄙. <武>身先士卒, 以冒矢石, 意復<石峴>等五城, 先圍<關彌城>, <麗>人嬰城固守. <武>以糧道不繼, 引而歸. 三年春二月, 立元子<腆支>爲太子. 大赦. 拜庶弟<洪>爲內臣佐平. 秋七月, 與<高句麗>戰於<水谷城>下, 敗績. 太白晝見. 四年春二月, 星孛于西北, 二十日而滅. 秋八月, 王命左將<眞武>等伐<高句麗>, <麗>王<談德>親帥兵七千, 陣於<浿水>之上, 拒戰. 我軍大敗, 死者八千人. 冬十一月, 王欲報<浿水>之役, 親帥兵七千人, 過<漢水>, 次於<靑木嶺>下. 會, 大雪, 士卒多凍死. 廻軍至<漢山城>, 勞軍士. 六年夏五月, 王與<倭國>結好, 以太子<腆支>爲質. 秋七月, 大閱於<漢水>之南. 七年春二月, 以<眞武>爲兵官佐平, <沙豆>爲左將. 三月, 築<雙峴城>. 秋八月, 王將伐<高句麗>, 出師之<漢山>北柵, 其夜大星落營中有聲. 王深惡之, 乃止. 九月, 集都人, 習射於西臺. 八年秋八月, 王欲侵<高句麗>, 大徵兵馬, 民苦於役, 多奔<新羅>, 戶口衰滅. 九年春二月, 星孛于奎婁. 夏六月庚辰朔, 日有食之. 十一年, 夏大旱, 禾苗焦枯, 王親祭<橫岳>, 乃雨. 五月, 遣使<倭國>求大珠. 十二年春二月, <倭國>使者至, 王迎勞之特厚. 秋七月, 遣兵侵<新羅>邊境. 十四年春三

기 392년 7월에 군사 4만 명을 거느리고 백제의 북쪽 변경을 공격해서 石峴城 등 10여 성, 그해 10월 關彌城을 그리고 서기 394년에는 水谷城(서기 392년에 함락 당함)에서 공격해오는 백제군을 격퇴하였으며, 서기 395년에는 浿水에서 백제군 8,000여 명을 생포하거나 죽이는 대승을 거두었다. 서기 396년(永樂 6년, 廣開土王碑) 고구려는 대대적으로 백제를 공격하여 阿利水 이북의 58개 성, 700여 개 촌락을 점령하고 汉山시대(서기 371년-서기 391년, 사적 422호 二聖山城에 比定)에서 하남시 春宮里 일대로 내려온 汉城(汉城時代, 서기 391년-서기 475년, 阿莘王 卽位年, 辰斯王 7년, 서기 391년, 하남시 春宮里 일대에 比定)을 포위하였다. 이때 백제 17대 아신왕에게서 '영원한 노객(奴客)이 되겠다'는 항복을 받아 아신왕의 동생과 백제의 대신 10명을 인질로 잡고 노비 일천 명을 잡고 개선하였다("從今以後永爲奴客." 廣開土王碑 永樂 6년의 기사)[5]. 여기에서 石峴城은 華蓋山城, 關彌城은 烏頭山城, 水谷城은 주변이 물가였을 정도로 저평한 부평지역의 桂陽山城, 그리고 浿水는 백제 적석총이 많이 분포된 임진강으로 阿利水는 한강으로 比定해 보는 것도 좋을 듯하다. 그리고 서기 2000년 한양대 兪泰勇과 方玟奎에 의해 발굴된 제 8차 河南 二聖山城(사적 422호) 내에서 발굴된 고구려 석성도 서기 392년과 서기 396년 廣開土王의 백제 침공과 깊은 관련이 있다.

여기에서 광개토왕이 당시의 고속도로인 수로를 이용해 백제를 공격한 것으로 추정해보면 長山列島(辽宁省 大連市 長海县)→石峴城(江華島 喬桐 大龍里 華蓋山城, 강화군

月, 白氣自王宮西起, 如匹練. 秋九月, 王薨.

三國史記 卷 第十八 高句麗本紀 第六 <廣開土王>, 諱<談德>, <故國壤王>之子. 生而雄偉, 有倜儻之志. <故國壤王>三年, 立爲太子. 九年, 王薨, 太子卽位. 秋七月, 南伐<百濟>拔十城. 九月, 北伐<契丹>, 虜男女五百口. 又招諭本國陷沒民口一萬而歸. 冬十月, 攻陷<百濟> <關彌城>. 其城四面峭絶, 海水環繞, 王分軍七道, 攻擊二十日乃拔. 二年秋八月, <百濟>侵南邊. 命將拒之. 創九寺於 <平壤>. 三年秋七月, <百濟>來侵. 王率精騎五千逆擊, 敗之, 餘寇夜走. 八月, 築國南七城, 以備<百濟>之寇. 四年秋八月, 王與<百濟>戰於<浿水>之上, 大敗之, 虜獲八千餘級......十八年夏四月, 立王子<巨連>爲太子. 秋七月, 築國東<禿山>等六城, 移<平壤>民戶. 八月, 王南巡. 二十二年冬十月, 王薨, 號爲<廣開土王>.

5) 以六年丙申(서기 396년) 王躬率水軍討伐殘國(백제). 軍□□首攻取 寧八城, 曰模盧城, 各模盧城, 幹氐利城, □□城, 閣彌城, 牟盧城, 彌沙城, □舍蔦城, 阿旦城, 古利城, □利城, 雜珍城, 奧利城, 勾牟城, 古模耶羅城, 頁□□□□城,□而耶羅城, 瑑城, 於利城, □□城, 豆奴城, 沸□□□利城, 彌鄒城, 也利城, 太山韓城, 掃加城, 敦拔城, □□□城, 婁賣城, 散那城, 那旦城, 細城, 牟婁城, 于婁城, 蘇灰城, 燕婁城, 析支利城, 巖門□城, 林城, □□□□□□□利城, 就鄒城, □拔城, 古牟婁城, 閏奴城, 貫奴城, 彡穰城, 曾□城, □□盧城, 仇天城, □□□□□其國城(위례성,漢城) 殘不服義 敢出百戰. 王威赫怒 渡阿利水(한강) 遣刺迫城 □□歸穴□便圍城. 而殘主(아신왕)困逼 獻出男女口一千人細布千匹 王自誓. "從今以後永爲奴客." 太王 恩赦先迷之愆 錄其後順之誠. 於是得五十八城村七百 將殘主弟幷大臣十人 旋師還都

향토유적 제30호)→關彌城(坡州 烏頭山城, 사적 351호)→水谷城(仁川 桂陽山城, 인천광역시의 기념물 제10호, 종전에는 東國興地勝覽의 黃海道 信川郡 新溪縣의 俠溪廢縣/水谷城縣/買且忽로 보고 있다)으로 볼 수 있으며 따라서 石峴城은 華蓋山城, 關彌城은 烏頭山城, 水谷城은 주변이 물가였을 정도로 저평한 부평지역의 桂陽山城, 그리고 浿水는 백제 적석총이 많이 분포된 임진강으로 阿利水는 漢江으로 比定해 보는 것도 가능하다.

그리고 강화 교동 화개산성에서 파주 烏頭山城에 이르는 寅火里-分水嶺의 길목인 교통의 요지에 위치한 김포시 하성면 석탄리의 童城山城(해발 90m-100m, 퇴뫼식 석성)도 앞으로 주목해야할 곳 중의 하나이다. 강화도 교동 대룡리 華蓋山城에서 寅火里-分水嶺을 거쳐 關彌城(坡州 烏頭山城)에 다다르고 그곳에서 다시 남쪽으로 가면 고양 멱절산성(해발 30m, 곽산/蒮山, 고양시 일산서구 대화동 멱절마을, 경기도 기념물 제195호)과 幸州山城(사적 56호)을 지나면 백제의 阿嵯山城/阿且山城(사적 234호), 風納土城(사적 11호)과 하남 二聖山城(사적 422호)에 연달아 다다르게 된다. 고구려 군이 북쪽에서 육로로 공격의 길을 택하면 漣川 堂浦城(사적 468호), 隱垈里城(사적 469호), 瓠蘆古壘城(사적 467호)[6], 왕징면 무등리(2보루, 장대봉), 파주 月籠山城과 德津山城(사적 537호)을 거쳐 임진강과 한강을 관장하고 계속 남하하여 이성산성까지 다다른다.

---

6) 臨津江과 한탄강이 지류들과 합류하는 강 안 대지에 형성된 漣川의 瓠蘆古壘(사적 467호), 堂浦城(사적 468호), 隱垈里城(사적 469호) 등은 모두 고구려의 남방침투의 거점으로 활용된 중요한 성곽이었다. 이들은 모두 고구려가 남방의 신라나 백제를 견제할 목적으로 구축한 漢江-臨津江 유역의 고구려 관방유적 군 가운데에서도 대규모에 속하는 성곽이며 廣開土王-長壽王대에 이르는 시기에 추진된 남진정책의 배후기지로 활용되었다. 유적의 보존 상태 또한 매우 양호하다. 연천 호로고루에서는 잘 보존된 성벽이 확인되었고, 남한 내에서는 그 유례를 찾을 수 없을 만큼 많은 양의 고구려 기와가 출토되어 학계의 비상한 관심을 모은 바 있다. 연천 당포성은 고구려 축성양식을 밝힐 수 있는 폭 6m, 깊이 3m의 대형 垓字를 비롯하여 동벽 상단부위에 이른바 '柱洞'들이 확인되고, 성벽에 일정한 간격으로 수직 홈이 파여져 있고 그 끝에 동그랗게 판 確돌이 연결되어 있다는 점 등에서 중요성이 부각되고 있다. 이와 같은 柱洞은 서울 광진구 중곡동 용마산 2보루에서도 보이고 있는 전형적인 고구려 양식이며, 전남 광양시 광양 용강리에 있는 백제의 馬老山城(사적 492호) 開据式 남문과 동문, 검단산성(사적 408호), 고락산성(전라남도 시도기념물 244호)과도 비교가 된다. 이것은 앞으로 조사가 더 진행되어야 알겠지만 아마도 성문이 처음 開据式에서 이성산성 동문과 금산 佰嶺山城(잣고개, 서기 597년 丁巳年 27대 威德王이 쌓음, 충남 기념물 83호)에서 보이는 것과 같은 懸門式으로 바뀌었음이 아닌가 생각된다. 이는 광양 馬老山城(사적 492호, 開据式), 순천 劍丹山城(사적 418호, 懸門式), 여수 鼓樂山城(시도기념물 244호, 懸門式)에서도 확인된다. 그리고 남문의 성벽축조에서 고구려의 영향으로 보여 지는 '삼각형고임'이나 성벽 기초부터 위로 올라갈수록 한 단계씩 뒤로 물러나는 '퇴물림' 축조수법도 나타난다. 이는 파주 德津山城(경기도 기념물 218호)과 안성 望夷山城(경기도 기념물 138호)에서도 보인다. 은대리성(사적 469호)은 본래 동벽과 북벽 단면에서 보이는 바와 같이 처음에는 백제의 版築土城이었다가 서기 475년 이후 고구려에 넘어가 石城으로 개조된 비교적 원형을 잘 보존하고 있는 성곽으로 이 일대 고구려 성곽 중에서 규모가 가장 큰 것에 속한다. 이 성은 지역 거점이거나 治所城의 성격을 가지고 있는 것으로 파악된다.

그리고 하남 二聖山城에서 다시 고속도로와 같은 한강의 수로를 타게 되면 양평 양수리 두물머리에서 북한강을 따라 춘천에, 그리고 남한강을 따라 충주와 단양까지 이르게 된다. 중원문화의 중심지로 인식되는 충주시 칠금동 彈琴臺(명승 42호)를 포함하는 충주 일원은 수로로는 南漢江을 통해 경기도 양평 양수리(두물머리)를 거쳐 서울-강원도(남한강의 상류는 강원도 오대산 西臺 于洞水/于筒水임)의 영월로 연결되고, 뭍으로는 鳥嶺(문경-충주, 조령 3관문은 사적 147호)街道와 竹嶺街道(丹陽-제천, 명승 30호)와도 이어지는 교통의 요지였다. 고구려군의 남침관련 고고학적 흔적은 경기도 안성 도기동, 충북 진천군 대모산성과 세종시 부강리 남성골 목책산성[방사성탄소(C[14])연대는 서기 340년-서기 370년과 서기 470년-서기 490년의 두 시기로 나온다]과 연천 신답리(방사선 탄소연대는 서기 520/535년이 나옴), 하남시 廣岩洞 산 26-6번지 二聖山城(사적 422호)서쪽 산록 하에서 세종대학교 박물관에 의해 발굴된 백제와 고구려시대의 서기 4세기대의 橫穴式 石室墳(돌방무덤) 1, 2호, 강원도 추천시 천전리, 경기도 용인군 기흥구 보정동과 성남시 판교 16지구의 고구려 고분 등에서도 확인된다. 그리고 고구려군은 계속해서 남한강을 따라 영토를 확장하여 中原(충주: 고구려의 國原城) 고구려비(국보 205호, 長壽王 69년 481년), 정선 애산성지, 포항 냉수리, 경주 호우총(경주 호우총의 경우 國罡上廣開土地好太王壺杅十이라는 명문이 나와 고구려에서 얻어온 祭器가 부장된 것으로 보인다)과 부산 福泉洞에 이른다. 그러나 고구려인이 남한강을 따라 남하하면서 만든 것으로 추측되는 丹陽郡 永春面 斜只院里<傳 溫達(?-서기 590년 26대 嬰陽王 1년)將軍墓(方壇積石遺構, 충북기념물 135호)>의 적석총이 발굴되었는데 이것은 山淸에 소재한 가야의 마지막 왕인 仇衡王陵(사적 214호)의 기단식 적석구조와 같이 편년이나 계통에 대한 아직 학계의 정확한 고증을 받지 못하고 있다. 그러나 한강유역의 각지에 퍼져있는 적석총의 분포상황으로 볼 때 고구려에서 나타나는 무기단식, 기단식과 계단식 적석총이 모두 나오고 있다.

   '中原文化'의 중심지인 忠州는 漆琴洞 彈琴臺(탄금대안길 105, 충북 기념물 4호)의 백제토성(철 생산유적), 충주 칠금면 창동과 주덕의 철광산 때문에 백제·고구려·신라의 각축장이 되어왔으며 특히 백제의 近肖古王 26년(서기 371년)에서 고구려의 廣開土王

원년 (서기 372년)·長壽王 63년(서기 475년)을 거쳐 신라의 眞興王 12년(서기 551년)에 이르는 180년이 역사적으로 주목받고 있다. 충주지역에서 백제, 고구려와 신라의 삼국 문화가 중첩·복합적으로 나타나고 있는 것도 이러한 역사적 맥락에서 이해가 된다.[7]

그리고 신라 21대 炤知王 10년(서기 488년)에 月城(사적 16호)을 수리하고 大宮을 설치하여 궁궐을 옮긴 월성의 해자 유적에서 고구려의 기와(숫막새)와 玄武와 力士像이 양각으로 새겨져 있는 土製方鼎이 발굴되었다. 이는 長壽王 69년(서기 481년)에 고구려가 경주부근에까지 진출하였다는 설을 뒷받침한다. 토제방형의 역사상은 순흥 태장리 於宿墓(乙卯於宿知述干墓, 서기 499/559년, 사적 238호)에서, 현무는 서기 427년 평양 천도 후 고구려 벽화분에서 발견되는 것과 비슷하다. 고구려의 묘제 중 석실묘는 연천 신답리와 무등리, 여주 매룡리, 포항 냉수리와 춘천 천전리에서도 나타난다. 고구려의 영향을 받거나 고구려의 것으로 추측될지 모르는 것으로는 영풍 순흥 태장리와 순흥 읍내리(사적 313호) 벽화분들을 들 수 있으며, 고구려 유물이 나온 곳은 맞졸임(귀죽임, 抹角藻井) 천장이 있는 두기의 석실묘가 조사된 경기도 용인시 기흥구 보정동, 성남시 판교 16지구, 경기도 이천 나정면 이치리, 대전 월평동산성, 화성 장안 3리, 서천 봉선리(사적 473호)와 홍천 두촌면 역내리 유적, 경기도 연천군 왕징면 강내리 등이 있다. 이 곳들은 고구려가 가장 강하던 19대 廣開土王(서기 391?/392년-서기 413년)과 20대 長壽王(서기 413년-서기 491년 재위) 때의 남쪽 경계선이라고 해도 무방하다. 이는 서기

---

7) 철기시대 후기 또는 삼국시대 전기/삼한시대 (서기 1년-서기 300년)와 삼국시대 후기(서기 300년-서기 600년) 충주시 일원에서 조사·발굴된 유적은 다음과 같다.
   충주 금릉동 백제초기 유적
   충주 가금면 탑평리 백제·고구려·신라유적
   가. 백제유적: 凸자형 구조를 가진 집자리(1호)로 같은 철제무기, 鉗子, 물미, 낫, 도기 철촉, 작두와 낚시 바늘을 만들던 송풍관이 설치된 대장간과 같은 工房으로 연대는 서기 355년, 서기 365년, 서기 385년이 나오며 이 연대는 百濟 13대 近肖古王(서기 346년-서기 375년), 14대 近仇 首王(서기 375년-서기 384년)과 15대 枕流王(서기 384년-서기 385년)에 해당한다.
   나. 고구려유적: 壁煖爐(페치카, pechika/neyka)
   다. 신라유적: 回廊과 같은 구조물
   충주 可金面 倉洞里 쇠꼬지마을
   충주 漆琴洞 彈琴臺 백제토성(철 생산유적)
   충주 周德邑 어래산에 있는 어래 철광산
   충주시 木伐洞(일신동양 활석광산)과 충주호 근처 영우켐텍 滑石(talc) 광산

4세기-서기 5세기 때의 삼국시대 후기(서기 300년-서기 660/668년)때의 일이다. 廣開 土王과 長壽王 때 백제를 침공하기 위한 해로와 육로의 경유지를 살펴보면 선사시대 이래 형성된 羅濟通門(전라북도 茂朱 雪川面 斗吉里 新斗村) 과 같은 通商圈(interaction sphere) 또는 貿易路와도 부합한다. 주로 당시의 고속도로인 바다나 강을 이용한 水運 이 절대적이다. 이러한 관계는 고구려 小獸林王(서기 372년), 백제 枕流王(서기 384년) 과 신라 23대 法興王(서기 527년) 때 정치적 기반을 굳히게 하기 위한 佛敎의 수용과 전파를 통해 확대된다. 이러한 관계는 고구려 小獸林王(서기 372년), 백제 枕流王(서기 384년)과 신라 23대 法興王(서기 527년) 때 각자의 정치적 기반을 굳히게 하기 위한 佛 敎의 수용과 전파를 통해 확대된다. 아직 발굴결과가 확실하지 않지만 서기 384년(백 제 15대 枕流王 元年)이후 백제의 불교수용 초기 절터로 하남 天王寺址[8]를 추정해볼 수 있다.

사적 422호인 河南市 二聖城山城은 백제 13대 近肖古王(서기 346년-서기 375년 재위) 이 서기 371년 평양전투에서 고구려 16대 故國原王(서기 331년-서기 371년 재위)을 사살 하고 고구려의 보복을 막기 위해 쌓은 백제 최초의 百濟 石城이다. 이는 고구려의 國 內城과 丸都山城에서 영향을 받아 만들어 졌다. 고구려는 2대 瑠璃王 22년(서기 3년)에 집안의 國內城을 축조하고 10대 山上王 2년(서기 198년)에 丸都山城을 쌓았다. 현재까 지 발굴 조사된 風納土城(사적 11호)[9]과 夢村土城(사적 297호)은 中國 龍山文化시대 版

---

8) 하남 天王寺址는 서기 384년(백제 15대 枕流王 元年)이후 백제의 불교수용 초기 절터로 추정해볼 수 있다. 한성시대 백 제의 경우 漢山시대(서기 371년-서기 391년) 중 서기 384년 최초로 지어진 절로 河南市 下司倉洞의 天王寺가 가장 유 력하다. 이곳에는 현재 舍利孔이 보이는 木塔[통일신라시대로 추정하나 절터에서 발견된 二重蓮瓣이 표현된 막새는 25 대 武寧王陵 출토 銅托銀盞, 王興寺址 출토사리기의 문양과 서기 6세기 후반에서 서기 7세기 전반으로 편년되는 부여 金 剛寺址 출토품에서 나타나 이 절의 初創이 늦어도 三國時代 후기 서기 6세기 후반에서 서기 7세기 전반으로 추정되기도 한다.

9) 서기 2011년 6월 20일(월) 문화재연구소가 실시하는 풍납토성 8차 발굴(풍납동 197번지)에서 발견된 施釉陶器는 중 국의 六朝중 孫吳(서기 222년-서기 280년)로부터 수입되었을 가능성이 많다. 공주 의당면 수촌리(사적 460호)유적은 현재 이곳에서 나온 5점의 중국도자기로 서기 4세기 후반-서기 5세기 중반으로 편년되고 있는 마한 54국 중의 하나로 여겨진다. 그러나 최근 같은 도자가가 나오는 南京江寧 上坊 孫吳墓(전축분)가 서기 264년-서기 280년으로 편년되고 있어 연대의 상향조정도 필요하리라 생각된다(南京市 博物館 2006, 南京 上坊 孫吳墓』 南京: 南京市 博物館 및 2008, 「南京 江寧上坊 孫吳墓 發掘簡報」 北京: 文物 2008년 12호, pp.4-34). 여기에 덧붙여 '...十五年春正月 作新宮室儉而不 陋 華而不侈.'라는 溫祚王 15년 (기원전 4년)에 궁궐의 신축은 이 근처에서 孫吳(서기 222년-서기 280년)의 지역인 鎭 江근처에서 발견되는 獸面文 수막새를 포함한 여러 종류의 개와의 출토례를 보아 백제 건국의 연대가 올라갈 수 있는

築(夯土/hang-t'u, rammed earth, stamped earth)상의 공법으로 만들어진 성벽(山東省 日照縣 城子崖, 河南省 登封縣 王城崗, 河南省 淮陽縣 平糧臺)이래의 전통인 夯土수법의 版築城들에서 영향을 받아 만든 土城10)이다.

계양산성이 위치한 지역은 처음부터 마한·백제의 영토였다. 溫祚王의 형인 沸流는 彌鄒忽(인천)에 터를 잡았었음으로 華蓋山城과 桂陽山城은 그의 세력권으로 추정된다. 그러나 溫祚王은 『三國史記』 百濟本紀에서 보이는 漢城時代 百濟(기원전 18년-서기 475년)의 都邑地 變遷은 河北慰禮城(溫祚王 元年, 기원전 18년, 중랑구 면목동과 광진구 중곡동 의 中浪川 一帶에 比定하였으나 적석총의 밀집분포로 보아 연천 郡南面 牛井里, 中面 橫山里와 三串里, 白鶴面 鶴谷里일대로 다시 비정하고 있다)→河南慰禮城(온조왕 14년, 기원전 5년, 사적 11호 風納土城에 比定)[11]→漢山(근초고왕 26년, 서기 371년, 사적 422호 二聖 山城에 比定)→ 城(阿莘王 卽位年, 辰斯王 7년, 서기 391년, 하남시 春宮里 일대에 比定)으로 알려져 있다12). 오랜 역사 때문에 고산성(古山城)이라고도 불렸던 계양산성은 한성백 제 당시 석성으로 쌓은 바다를 지키는 전초기지였다. 이는 기원전 18년에서 백제 21대

증거가 된다.

10) 문화재연구소에서 서기 1999년 실시한 발굴에서 확인한 서울 풍납토성(사적 11호)의 성벽 최하층에 제례용으로 埋 納된 硬質無文土器의 연대는 三國史記 溫祚王 41年條(서기 23년) '...發漢水東北諸部落人年十五歲以上 修營慰禮城...'이 란 기록으로 보아 성벽(동벽과 서벽)의 축조연대와 함께 서기 23년으로 추측된다. 그리고 이와 같은 春川 中島의 硬質 (糟質)無文土器도 기원전 15±90년(1935±90B.P.)으로 경질무문토기의 하한은 늦어도 기원전 1세기-서기 1세기경이 될 것이다. 그리고 '...十五年春正月作新宮室 儉而不陋 華而不侈.'라는 궁궐의 신축은 溫祚王 15년 (기원전 4년) 이루어 졌다.

11) 三國史記 百濟本紀 第一 始祖溫祚王.十三年(기원전 6년) 春二月, 王都老嫗化爲男. 五虎入城. 王母薨, 年六十一歲. 夏五 月, 王謂臣下曰 國家東有樂浪 北有靺鞨 侵軼疆境 少有寧日 況今妖祥屢見 國母棄養勢不自安 必將遷國. 予昨出巡 觀漢 水之南 土壤膏腴 宜都於彼 以圖久安之計 秋七月就漢山下立柵 移慰禮城民戶 八月遣使馬韓告遷都 遂畫定疆場, 北至浿 河 南限熊川 西窮大海 東極走壤. 九月立城闕. 十四年(기원전 5년)春正月遷都 二月王巡撫部落 務勸農事 秋九月 築城漢江 西北 分漢城民. 필자는 河北慰禮城은 中浪川(최몽룡·권오영 1985, pp.83-120 및 1991 p.82)으로 河南慰禮城은 종 래 夢村土城(사적 297호)으로 비정하였으나 최근의 발굴로 風納土城(사적 11호)으로 바꾸어 비정하였다(최몽룡 2000 pp.277-285). 그리고 필자는 河北慰禮城은 中浪川으로 비정하였는데 현재는 연천군 중면 삼곶리(1994년 발굴, 이음 식 돌무지무덤과 제단. 桓仁 古力墓子村 M19와 유사), 연천 군남면 우정리(2001), 연천 백학면 학곡리(2004),. 연천 중 면 횡산리(2009)와 임진강변에 산재한 아직 조사되지 않은 많은 수의 적석총의 존재로 보아 臨津江의 漣川郡 일대로 비정하려고 한다.

12) 三國史記 百濟本紀 第一 始祖溫祚王...遂至漢山 登負兒嶽 望可居之地...惟此河南之地 北帶漢水 東據 高岳 南望沃澤 西 阻大海 其天險地利 難得之勢, 作都於斯 不亦宜乎?(기원전 18년). 溫祚王十四年(기원전 5년)...十四年春正月遷都. 十五 年(기원전 4년)春正月 作新宮室 儉而不陋, 華而不侈...百濟本紀 第二 近肖古王二十六年(서기 371년)....遷都.王引軍退移 都漢山.....百濟本紀 第三 辰斯王七年(서기 391년)春正月 重修宮室 穿池造山 以養奇禽異卉...

蓋鹵王(서기 455년-서기 475년 재위)이 고구려 20대 長壽王(서기 413년-서기 491년 재위)에 의해 패해 한성시대의 백제가 없어지고 22대 文周王(서기 475년-서기 477년 재위)이 公州로 遷都하는 서기 475년까지의 493년간의 漢城時代 百濟에 포함된 중요한 역사적 사건중의 하나였다.

경기도에서 발견되는 백제·고구려·신라 유적들은 백제와의 접경지로 백제, 고구려와 신라사이의 역사적 맥락을 통해 균형 있는 연구를 살릴 수 있는 곳이다. 일시적인 유행으로 남한 내 고구려와 신라 유적의 중요성만을 강조하다보면 비교적으로 상대적인 열세를 면치 못하고 있는 백제의 연구는 뒷전으로 밀리게 되어 경기도내에서 백제사의 연구는 불모의 과제로 남을 수밖에 없다. 반면에 백제사만을 강조한다면 그나마 제대로 남아있는 고구려 유적에 대한 연구의 미래도 매우 불투명하게 될 것이다. 요컨대 고구려 유적의 연구는 초기백제의 중심지인 한성시대 백제(기원전 18년-서기 475년)가 위치하는 현 서울과 경기도의 특색을 살려 진행되어야 한다. 이를 배제시킨 고구려와 신라 편향의 조사 연구결과는 불완전해질 수밖에 없는 것이다. 최근 경기도에서 조사된 백제, 고구려와 신라 유적들을 통하여 衛滿朝鮮, 樂浪과 高句麗, 그리고 馬韓과 百濟와의 당시 국제적 관계와 맥락을 좀 더 신중히 고려하여 균형 있는 연구가 필요할 때가 되었다는 것을 알 수 있다. 다시 말하여 임진강과 남한강유역에 만들어진 백제, 고구려와 신라 유적의 주 대상(主敵)이 원삼국시대가 아닌 역사상의 실체인 마한, 백제, 고구려와 신라가 존재하는 三國時代 前期(서기 1년-서기 300년)와 後期(서기 300년-서기 660/668년)이다. 그 중 백제와 고구려와 백제 간의 끈임 없는 전쟁의 역사는 백제의 蓋鹵王(제21대 국왕, 서기 455년-서기 475년 재위)과 고구려의 廣開土王·長壽王과 사이에 일어난 漢城時代 백제의 멸망으로 이어졌고, 그 해가 서기 475년이었다. 이는 서울·경기도 소재 산성의 조사에서 발견되는 백제 13대 近肖古王 26년(서기 371년)에서 고구려 20대 長壽王 63년 백제의 漢城을 함락하는 서기 475년을 거쳐 신라 24대 眞興王 14년(서기 553년)에 이르는 서기 371년에서 서기 553년 사이의 182년간의 백제·고구려·신라가 築造하거나 자기의 고유방식대로 重修한 山城과 住居址, 그리고 그곳에서 출토하는 유물들의 존재와 重疊은 『三國史記』의 기록에서 보이는 바와 같은 역사적 맥락(context)을 잘 보여준다. 이곳 桂陽山城은 서기 392년 고구려 광개토왕에 의해 함락되는 華蓋山城과 관련이 있다. 이는 한성시대 백제가 망하는 서기 475년(蓋鹵王, 文周王 원년) 보다 적어도 83년-78년 전의 일이다. 고구려 군에 의한 백제영역의 침입은 長山群島(長山列島)를 기점으로 海路를 통해 이미 이루어지고 있었다. 그래서 계양산성은 서기 392년(廣開土王 元年)에 이미 고구려군의 수중에 들어가 主夫吐郡으로 바뀌었다. 계양산성의 축조연대는 역사적 맥락으로 보아 서기 371년(近肖古王 26년)에서 서기 392년 사이가 될 것이다. 그리고 주변이 물가였을 정도로 저평한 부평지역의 계양산성은 당시의 水谷城이 될 가능성이 많다. 앞으로 인천 계양산성과 함께 河南市 二聖山城(사적 제422호), 安城 竹州山城(경기도 기념물 69호), 龍仁 할미산성(경기도 기념물 제 215호)에 대한 재해석도 이러한 歷史的 脈絡에서 찾아보는 것이 바람직하다[13].

---

13) 여기에서 石峴城은 華蓋山城, 關彌城은 烏頭山城, 水谷城은 桂陽山城, 그리고 浿水는 백제 적석총이 많이 분포된 임진 강으로 阿利水는 한강으로 比定해 보는 것도 좋을 듯하다. 한편 『三國史記』溫祚王 27년(서기 9년) 4월 '마한의 두 성이 항복하자 그 곳의 백성들을 한산 북쪽으로 이주시켰으며, 마침내 마한이 멸망하였다(...二十七年夏四月, 二城圓山錦峴降, 移其民於漢山之北, 馬韓遂滅. 秋七月, 築大豆山城...)라는 기사는 한성백제와 당시 천안을 중심으로 자리하고 있던 마한과의 영역다툼과정에서 일어난 사건을 기술한 것으로 볼 수 있겠다. 따라서 경기도 용인 할미산성이 圓山과 錦峴城에 비정될 가능성이 높다.

참고문헌

강동석·이희인

　　2002 강화도 교동 대룡리 패총, 임진강 유역의 고대사회, 인하대학교 박물관

강원문화재연구소

　　2003 국도 44호선(구성포-어론간) 도로확장구간 내 철정·역내리 유적

　　2004 천전리 유적

　　2010 4대강(북한강) 살리기 사업 춘천 중도동 하중도지구 문화재발굴(시굴)조사
　　지도위원회의 자료집

　　2011 4대강(북한강) 살리기 사업 춘천 하중도 D-E지구 문화재발굴조사 학술자
　　문회의 자료집

경기도박물관

　　1999 파주 주월리 유적

　　2003 월롱산성

　　2003 고양 멱절산 유적 발굴조사

　　2004 포천 자작리 유적 II -시굴조사보고서-

　　2005 파주 육계토성 시굴조사 지도위원회자료

　　2007 경기도의 고구려 문화유산

경기문화재단

　　2002 연천 학곡제 개수공사지역 내 학곡리 적석총 발굴조사

　　2003 경기도의 성곽, 기전문화예술총서 13

　　2004 연천 학곡리 적석총-연천 학곡제 개수공사지역내 발굴조사보고서-, 학술
　　조사보고 제 38책

고려대학교 고고환경연구소

　　2005 홍련봉 2보루 1차 발굴조사 약보고

　　2005 아차산 3보루 1차 발굴조사 약보고

고려대학교 매장문화재연구소

    2004 홍련봉 1보루 2차 발굴조사 약보고

공석구

    1998 고구려 영역 확장사 연구, 서울: 서경문화사

광진구

    1998 아차산성 '96 보수구간 내 실측 및 수습발굴조사보고서

국립경주문화재연구소

    2006 월성해자

국립경주박물관

    1995 냉수리고분

국립문화재연구소 고고연구실(유적조사실)

    1994 연천 삼곶리 백제적석총

    2007 남한의 고구려유적

    2007 아차산 4보루 성벽 발굴조사

    2007 남한의 고구려유적

    2010 풍납동 토성-2010년 풍납동 197번지 일대 발굴조사 현장설명회자료-

    2011 풍납동 토성-2011년 풍납동 197번지 일대 발굴조사 현장설명회자료-

국립부여문화재연구소

    2008 백제왕흥사지

    2008 부여 왕흥사지 출토 사리감의 의미

국립전주박물관

    2009 마한-숨쉬는 기록, 서울: 통천문화사

국립중원문화재연구소

    2008 중원 누암리 고분군 발굴조사-약보고서-

    2010 충주 탑평리 유적(중원경 추정지)제 3차 시굴조사

국립중앙박물관

2000 원주 법천리 고분군 -제2차 학술발굴조사-

2000 원주 법천리 I (고적조사보고 31책)

2005 낙랑, 서울: 삼화인쇄주식회사

경기도박물관

1999 파주 주월리 유적

2003 월롱산성

2003 고양 멱절산 유적 발굴조사

2004 포천 자작리 유적 II -시굴조사보고서-

2005 파주 육계토성 시굴조사 지도위원회자료

2007 경기도의 고구려 문화유산

김용간·리순진

1966 1965년도 신암리 유적발굴보고, 고고민속 1966년 3호, p.24

단국대학교 매장문화재연구소

2001 포천 고모리산성 지표조사 완료약보고서 및 보고서(총서 11책)

2002-5, 이천 설성산성 2~4차 발굴조사 지도위원회자료집

2001 안성 죽주산성 지표 및 발굴조사 완료 약보고서

2001 포천 반월산성 5차 발굴조사보고서

2003 연천 은대리성 지표 및 발굴조사 지도위원회자료집

2003 이천 설봉산성 4차 발굴조사 지도위원회자료집

2004 평택 서부관방산성 시·발굴조사 지도위원회자료집

2004 안성 죽주산성 남벽 정비구간 발굴조사 지도위원회자료집

2005 안성 망이산성 3차 발굴조사 지도위원회자료집

리창언

1991 최근에 조사 발굴된 압록강류역의 돌각담 무덤들에서 주목되는 몇 가지 문제,

조선고고연구 3호, pp.41-44

1993 압록강 류역에서 고구려 돌칸흙무덤의 발생과 연대, 조선고고연구 2호, pp.13-16

목포대학교·동신대학교 박물관

2001 금천-시계간 국가지원 지방도 사업구간 내 문화재발굴조사 지도위원회현장설명회자료

박대재

2005 중국의 한국사 왜곡, 국사교과서 순환 교원연수 교재, 국사편찬위원회

박진욱

1964 3국 시기의 창에 대한 약간의 고찰, 고고민속 1964년 1호, pp.20-28

1964 삼국시기의 활과 화살, 고고민속 1964년 3호, pp.3-18

1967 우리나라 활촉의 형태와 그 변천, 고고민속 1967년 1호, pp.29-32

박종서

2013 인천 계양산성 발굴조사 현황, 인천광역시·인천광역시 계양구·겨레문화유산연구원·한국성곽학회, 인천 계양산성의 역사적 가치와 활용, 인천계양산성 국가사적을 위한 학술 심포지엄, pp.29-44

배기동

1983 제원 양평리 A지구 유적발굴 약보, 충북대학교 박물관, 1983 충주댐 수몰지구문화유적 발굴조사보고서, pp.299-314

백종오

2002 임진강 유역 고구려 관방체계, 임진강 유역의 고대사회, 인하대학교 박물관

2003 고구려와 신라기와 비교연구-경기지역 고구려성곽 출토품을 중심으로, 백산학보 67, 백산학회

2003 朝鮮半島臨津江流域的高句麗關防體系研究, 東北亞歷史與考古信息 總第40期

2004 포천 성동리산성의 변천과정 검토, 선사와 고대 20, 한국고대학회

2004 백제 한성기산성의 현황과 특징, 백산학보 69, 백산학회

2004 임진강 유역 고구려 평기와 연구, 문화사학 21, 한국문화사학회

2005 고구려 기와연구, 단국대 대학원 박사학위 논문

2005 최근 발견 경기지역 고구려 유적, 북방사논총 7

2006 남녘의 고구려 문화유산

2006 고구려기와의 성립과 왕권, 주류성

백종오·김병희·신영문

2004 한국성곽연구 논저 총람, 서울: 서경

백종오·신영문

2005 고구려 유적의 보고, 경기도: 경기도박물관

서울대학교 박물관

1975 석촌동 적석총 발굴조사보고

2000 아차산성

2000 아차산 제4보루

2002 아차산 시루봉보루

2006 용마산 2보루

2007 아차산 4보루 성벽 발굴조사

2011 연천 무등리 2보루 2차 발굴조사 현장설명회 자료집

2012 양주 천보산 2보루 발굴조사 약보고서

서울대학교 박물관·경기도박물관

2000 고구려 : 한강유역의 요새

서울대학교 박물관·고고학과

1975 석촌동 적석총 발굴조사보고, 서울대학교 고고인류학총간 제 6책

수원대학교 박물관

2005 화성 장안리 유적

순천대학교 박물관

2003 여수 고락산성 I

2004 여수 고락산성 II

2004 순천 검단산성 I

2005 광양 마로산성 I

2009 광양 마노산성 II

2010 순천 검단산성 II

2011 여수 고락산성 III

심정보

2011 대전 계족산성의 초축 시기에 대한 재검토, 21세기의 한국고고학 III(희정 최몽룡 교수 정년퇴임논총 III), 서울: 주류성, pp. 413-468

2012 이성산성 축조시기에 대한 검토, 위례문화 15호, 하남시: 하남문화원, pp.35-64

2016 이성산성 축조시기에 대한 검토, 세계사속에서의 한국-희정 최몽룡교수 고희 논총, 서울: 주류성, pp.503-544

예맥문화재연구원

2010 화천 원천리 유적

유태용

2007 양평 신원리 백제 적석총의 연구, 최몽룡 편저, 경기도의 고고학, 서울: 주류성 pp.163-193

육군사관학교 화랑대연구소 국방유적연구실

2003 정선 애산리산성 지표조사보고서

2003 연천 당포성 지표 및 발굴조사 지도위원회 자료집

2004 파주 덕진산성 시굴조사 지도위원회 자료

육군사관학교 화랑대연구소·경기도박물관

2006 연천 당포성 2차 발굴조사 현장설명회 자료

      2008 연천 당포성 II -시굴조사보고서

육군사관학교 화랑대연구소·수자원개발공사

      2004 군남 홍수 조절지 사업구역 수몰예정지구 문화재 지표조사보고서

윤명철

      2003 고구려 해양사 연구, 서울: 사계절

이동희

      1998 남한지역의 고구려계 적석총에 대한 재고, 한국상고사학보 28집, pp.95-
      146

      2008 최근 연구 성과로 본 한강·임진강유역 적석총의 성격, 고려사학회 한국사
      학보 32호, pp.9-60

이종욱

      2005 고구려의 역사, 서울: 김영사

이주업

      2010 석촌동 4호분 출토 기와의 용도와 제작시기, 최몽룡 편저, 21세기의 한국
      고고학 III, 서울: 주류성, 229-274

이현혜·정인성

      2008 일본에 있는 낙랑유물, 서울: 학연문화사

李亨求

      2008 桂陽山城, 仁川廣域市 桂陽區·鮮文大學校 考古研究所

인천광역시 외,

      2007 《文化遺蹟分布地圖 : 仁川廣域市 桂陽區·富平區·西區·甕津郡》, 인천광역
      시, p.198

인천광역시 계양구·겨레문화유산연구원

      2011 계양산성 II. 4차 시·발굴조사보고서. 학술조사보고 제6책

인천광역시·인천광역시 계양구·겨레문화유산연구원·한국성곽학회

      2013,인천 계양산성의 역사적 가치와 활용, 인천계양산성 국가사적을 위한 학

술 심포지엄

인천광역시 계양구·겨레문화유산연구원

    2014 계양산성 제5차 발굴(시굴)조사 약보고서

인천광역시 계양구·겨레문화유산연구원

    2015 계양산성 제5·6차 시·발굴조사 약보고서

인천광역시 계양구·겨레문화유산연구원

    2015 인천 계양산성 7차 시·발굴조사 약보고서

인천광역시 검단선사박물관

    2015 인천의 고성 계양산성, 검단선사박물관 특별전(7월 24일- 11월 11일)

인하대학교 박물관

    2000 인천 문학경기장 내 청동기유적 발굴조사 현장설명회 자료

장준식

    1998 신라 중원경 연구, 학연문화사

전주농

    1958 고구려 시기의 무기와 무장(1)-고분 벽화 자료를 주로 하여-, 조선민주주의

    인민공화국 과학원 출판사, 문화유산 5. pp.11-32

정찬영

    1961 고구려 적석총에 관하여, 문화유산 5호, pp.25-45

    1962 자성군 조아리, 서해리, 법동리, 송암리, 고구려 고분발굴보고, 각지유적정

    리보고, 사회과학출판사, pp.102-135

    1973 기원 4세기까지의 고구려묘제에 관한 연구, 고고민속 논문집 5, pp.1-62

주영헌

    1962 고구려적석무덤에 관한 연구, 문화유산 2호 pp.61-80

중원문화재연구원

    2004 충주 장미산성 발굴조사 현장설명회 자료집

    2006 충주 장미산성-1차 발굴조사 보고서-

2007 충주 탄금대토성-발굴조사 약보고서-

차용걸

2003 충청지역 고구려계 유물출토 유적에 대한 소고-남성골 유적을 중심으로-, 호운 최근묵 교수 정년기념 간행위원회

최몽룡

1982 전남지방 지석묘사회의 편년, 진단학보 53·54합집, 서울: 진단학회, pp.1-10

1983 한국고대국가의 형성에 대한 일 고찰-위만조선의 예- 김철준교수 회갑기념 사학논총, 서울: 지식산업사, pp.61-77

1985 한성시대 백제의 도읍지와 영역, 한국 문화 심포지움-백제초기문화의 종합적 검토-서울: 진단학회 및 진단학보 제 60호 pp.215-220

1985 고고학 자료를 통해본 백제 초기의 영역고찰-도성 및 영역문제를 중심으로 본 한성시대 백제의 성장과정, 천관우 선생 환력기념 한국사학 논총, 서울: 정음문화사, pp.83-120

1986 고대국가성장과 무역 -위만조선의 예-, 한국고대의 국가와 사회, 서울: 역사학회편, pp.55-76

1987 삼국시대 전기의 전남지방문화, 진단학보 63집, pp.1-7 및 1989 성곡논총 20집, pp.729-769

1987 한국고고학의 시대구분에 대한 약간의 제언, 최영희 교수 회갑기념 학국사학논총, 서울: 탐구당, pp.783-788

1988 몽촌토성과 하남위례성, 백제연구 제 19집, 충남대 백제연구소, pp.5-12

1989 역사고고학연구의 방향, 한국상고사 연구현황과 과제, 서울: 민음사

1990 초기철기시대-학설사적검토- 국사관논총 16집, 서울: 국사편찬위원회, pp.67-105 및 최몽룡 외 한국선사고고학사, 서울: 까치, pp.298-359

1990 전남지방 삼국시대 전기의 고고학연구현황, 한국고고학보 24집

1990 고고학에의 접근, 서울: 신서원

1991 중원문화권과 중원문화, 제3회 중원문화 학술발표회, 충주문화원·예성동우회(10월 19일, 충주문화원 회의실)

1991 한성시대 백제의 도읍지와 영역, 최몽룡·심정보 편저 백제사의 이해, 서울: 학연문화사, pp.79-97

1993 철기시대: 최근 15년간의 연구성과, 한국사론 23집, 서울: 국사편찬위원회, pp.113-166

1993 한국 철기시대의 시대구분, 국사관논총 50, 서울: 국사편찬위원회, pp.23-61

1993 한성시대의 백제, 최몽룡 외, 한강유역사, 서울: 민음사, pp.225-267

1997 청동기문화와 철기문화, 한국사 3, 서울: 국사편찬위원회

1997 백제의 향로, 제사유적 및 신화, 도시·문명·국가-고고학에의 접근-, 서울: 서울대학교 출판부, pp.117-130

2000 풍납토성의 발굴과 문화유적의 보존, 최몽룡, 흙과 인류, 서울: 주류성, pp.271-285

2000 21세기의 한국고고학: 선사시대에서 고대국가의 형성까지, 한국사론 30, 서울:국사편찬위원회, pp.29-66

2002 21세기의 한국고고학의 새로운 조류와 전망, 한국상고사학회 27회 학술발표대회기조강연(4월 26일)

2002 고고학으로 본 문화계통- 문화계통의 다원론적인 입장-, 한국사 1, 국사편찬위원회

2002 풍납토성의 발굴과 문화유적의 보존-잃어버린 「王都」를 찾아서-, 서울역사박물관: 풍납토성, pp.140-143

2003 백제도성의 변천과 문제점, 서울역사박물관 연구논문집 창간호, pp.9-18

2003 백제도성의 변천과 연구 상의 문제점, 국립부여문화재연구소: 서경, pp.9-20

2003 고고학으로 본 마한, 익산문화권 연구의 성과와 과제(16회 국제학술회의, 5

월 23일), 마한·백제문화연구소

2003 한성시대의 백제와 마한, 문화재 36호, 문화재연구소, pp.5-38

2004 동북아 청동기시대 문화연구, 주류성

2004 朝鮮半島の文明化-鐵器文化와 衛滿朝鮮-,日本 國立歷史民俗博物館研究
報告 119輯, pp.231-246

2004 통시적으로 본 경기도의 통상권, 한국상고사학회 32회 학술발표대회기조
강연 (10월 29일)

2004 역사적 맥락에서 본 경기도 소재 고구려 유적의 중요성, 경기지역 고구려
유적정비·활용을 위한 학술토론회, 서울 경기고고학회·기전문화재연구원(12월
9일)

2005 한성시대 백제와 마한, 주류성

2006 최근의 자료로 본 한국 고고학·고대사의 신 연구, 주류성

2007 인류문명발달사, 주류성

2007 고구려와 중원문화, 제 1회 중원문화 학술대회, 충주대학교 박물관,
pp.69-85

2007 인류문명발달사(3판), 서울: 주류성

2008 한국청동기· 철기시대와 고대사회의 복원, 주류성

2008 한국청동기·철기시대와 고대사회의 복원, 서울: 주류성

2009 남한강 중원문화와 고구려, 최몽룡 편저, 21세기의 한국고고학 vol. II, 서
울: 주류성, pp.13-40

2008 동북아시아 적 관점에서 본 한국청동기·철기시대 연구의 신경향, 최몽룡
편저, 21세기의 한국고고학 vol. I, 서울: 주류성, pp.13-96

2009 중국 허무두(浙江省 余姚縣 河姆渡)신석기 유적, Unearth(계간 한국의 고고
학)가을호, pp.14-15

2009 남한강 중원문화와 고구려-탄금대의 철 생산과 삼국의 각축-, 최몽룡 편
자 21세기의 한국고고학 vol. II, 서울: 주류성, pp.13-40

2010 호남의 고고학-철기시대 전·후기와 마한-, 최몽룡 편저, 21세기의 한국고고학 vol.III, 서울: 주류성, pp.19-87

2010 고고학으로 본 중원문화, 중원 문화재 발굴 100년 회고와 전망, 한국고대학회·충주대학교 박물관, pp.29-46

2010 韓國 文化起源의 多元性-구석기시대에서 철기시대까지 동아시아의 諸 文化·文明으로부터 傳播-, 동아시아의 문명 기원과 교류, 단국대학교 동양학연구소, 제 40회 동양학 국제학술대회, pp.1-45

2011 한국에서 토기의 자연과학적 분석과 전망('자연과학에서의 대형옹관 제작법' 국립나주문화재연구소 제 3회 고대옹관연구 학술대회 pp.9-25

2011 창원 성산패총 발굴의 회고, 전망과 재평가, "동·철산지인 창원의 역사적 배경"<야철제례의 학술세미나>, 창원시·창원문화원, pp.1-16

2011 고등학교 국사교과서 교사용 지도서 -II. 선사시대의 문화와 국가의 형성(고등학교)- 최몽룡 편저, 21세기의 한국고고학 vol. IV, 서울: 주류성, pp.27-130

2011 부여 송국리 유적의 새로운 편년, 최몽룡 2011, 한국고고학연구의 제 문제, 서울: 주류성 pp.207-223

2012 스키타이, 흉노와 한국고대문화 -한국문화기원의 다양성-. 국립중앙박물관·부경 대학교 인문사회과학연구소, 흉노와 그 동쪽의 이웃들. 국립중앙박물관 강당, 2012.3.30., pp.7-31

2012 한국고고학·고대사에서 종교·제사유적의 의의 -환호와 암각화-. 제 40회 한국상고사학회 학술발표대회. 한국 동남해안의 선사와 고대문화, 포항시 청소년수련관, 2012.10.26., pp.7-43

2013 인류문명발달사(개정 5판, 986쪽, ISBN 978-89-6246-112-1), 서 울: 주류성

2013 한국선사고고학의 연구동향, 겨레문화연구 2호(ISSN 2234-8573), 서울: 겨레문화유산연구원, pp.7-37

2013 여주 흔암리 유적의 새로운 편년, 여주 흔암리 유적과 쌀 문화의 재조명, 동방문화재연구원 부설 마을조사연구소, 서울대 박물관, 2013.9.4.(수), pp.5-26

2013 고고학으로 본 하남시의 역사와 문화, 하남문화원 제5회 학술대회, 백제 하남인들은 어떻게 살았는가?, 하남시 문화원, 2013.10.11.(금), pp.1-24 및 위례 문화 제16집, pp.71-98

2013 마한-연구 방향과 과제-, 益山, 마한·백제연구의 새로운 중심-, 원광대학교 마한·백제문화 연구소, 국립전주 박물관 강당, 2013.11.9.(토), pp.9-29

2014 한국고고학연구(저서), ISBN 978-89-6246-214-2 93910 서울: 주류성

2014 고구려와 중원문화(共編), 주류성 고고학총서 15, 서울: 주류성

2015 한성시대 백제와 고대사, 서울시인재개발원, 서울이해 2기, pp.29-53

2015 중국 동북지구 文明의 발생 -神話에서 歷史로-, 경희대학교 인문학연구원 부설 한국고대사·고고학연구소, 고조선사 연구회, 제 1회 국제학술회의 「고조선의 여명」 기조강연 2015.10.2.(금), pp.1-47

2015 안성 죽주산성-최근 경기도에서 발굴·조사된 산성들의 역사적 맥락-, 한국고대학회•국립교통대학주최·안성시 안성 죽산면 동안성 시민복지센터, 「안성 죽주산성 사적지정을 위한 학술세미나」, 2015년 11월 13일(금), pp.7-24 및 호불 정영호박사 팔순송축기념논총 pp.109-128

2015 용인 할미산성 내 馬韓과 百濟의 宗教·祭祀遺蹟 -2012-2015년 발굴된 소위 할미산 "공유성벽" 북쪽 내성의 역사·문화적 맥락-, 한국성곽학회·용인시 용인시청 문화예술원 3층 국제회의실, 「용인 할미산성 발굴조사 성과와 보존활용을 위한 학술심포지엄」, 2015년 11월 14일(토), pp.7-30 및 희정 최몽룡교수 고희 논총-세계사속에서의 한국- pp.75-108

최몽룡·권오영

1985 고고학 자료를 통해본 백제 초기의 영역고찰-도성 및 영역문제를 중심으로 본 한성시대 백제의 성장과정', 천관우 선생 환력기념 한국사학 논총, pp.83-120

최몽룡·백종오

2014 고구려와 중원문화, 서울: 주류성

충청남도역사문화원

    2001 연기 운주산성 발굴조사 개략보고서

    2003 서천-공주간(6-2) 고속도로 건설구간 내 봉선리유적

충북대학교 박물관

    2002 청원 I.C.-부용간 도로확장 및 포장공사구간 충북 청원 부강리 남성골 유적

    2007 중원문화의 발전방향, 제 1회 중원문화학술대회

충청매장문화재연구원

    2001 대전 월평동산성

충청북도·충북대학교 호서문화연구소

    1995 중원문화학술회의 보고서: 중원문화권의 위상정립과 발전방향, 연구총서 제 8책

하문식·백종오·김병희

    2003 백제 한성기 모락산성에 관한 연구, 선사와 고대 18, 한국고대학회

하문식·황보경

    2007 하남 광암동 백제 돌방무덤연구, 최몽룡 편저 경기도의 고고학, 서울: 주류성 pp.195-222

한국국방문화재연구원

    2007 이천 이치리 피엘디 덕평 2차 물류센터부지 문화유적 시굴조사 현정설명회자료

    2008 이천 이치리 피엘디 덕평 이차 유한회사 물류창고 부지 내 유적 발굴 현장설명회자료

한국문화재보호재단

    2001 하남 천왕사지 시굴조사-지도위원회 자료-

    2007 성남판교지구 문화유적 2차 발굴조사 -5차 지도위원회의 자료-

    2008 성남판교지구 문화유적 2차 발굴조사 -6차 지도위원회의 자료-

한국토지공사 토지박물관

    2001 연천 호로고루-지도위원회자료

    2001 연천 군남제 개수공사지역 문화재 시굴조사-지도위원회 자료

    2003 연천 신답리고분

한양대학교 박물관

    2000 이성산성(제8차 발굴조사보고서)

    2001 단양 사지원리 태장이묘 발굴조사 지도위원회 자료집

    2001 이성산성(제9차 발굴조사보고서)

    2002 이성산성(제10차 발굴조사보고서)

    2005 풍납과 이성 : 한강의 백제와 신라문화 : 한양대학교 개교 66주년 기념 특별전

한양대학교 문화재연구소

    2007 경기도 용인시 기흥구 보정동 신축부지내 문화재발굴(확인)조사 지도위원회자료집

한얼문화유산연구원

    2008 김포 하성 근린공원(태산패밀리파크 포함) 문화재 지표조사 현장설명회 자료

황기덕·박진욱·정찬영

    1971 기원전 5세기-기원 3세기 서북조선의 문화, 고고민속논문집 3, 사회과학출판사

황용훈

    1974 양평군 문호리지구 유적발굴보고, 문화공보부 문화재관리국, 팔당·소양댐 수몰지구 유적 발굴 종합조사보고서, pp.327-378

徐光輝

    1993 高句麗積石墓研究, 吉林大學考古學係編,『吉林大學考古專業成立二十年考古論文集』北京, 知識出版社, pp.349-360

陣大爲

    1960 桓仁縣考古調査發掘簡報 考古 1期, pp.5-10

    1981 試論桓仁高句麗積石墓類型.年代及其演變, 遼寧省考古博物館學會成立大

    會會刊

曹正榕·朱涵康

    1962 吉林楫安楡林河流域高句麗古墓調査, 考古 11期, pp.572-574

楫安縣文物保管所

    1979 楫安兩座高句麗積石墓的淸理, 考古 1期, pp.27-32

福岡市立歷史資料館

    1986 早良王墓とその時代, 福岡: ダイヤモンド印刷株式會社

Rice Prudence M.

    1987 Pottery Analysis. Chicago & London: University of Chicago Press

백제 가림성에 대한 재조명

최병식(강남문화재단)

I. 머리말

가림성은 서동요에서 나오는 사랑나무, 즉 신목으로 주목을 받았다. 이후 드라마의 장면으로 여러 차례 등장하지만, 그 역사적 가치를 의외로 아는 이가 드물다. 사실 삼국시대 지명에 대한 위치 비정은 쉬운 일이 아니다. 특히 백제 역사 속에서 지명을 비정하는데 연구자들 간에 의견 일치를 보지 못하는 것이 비일비재하다. 백제가 나당연합군에 항복을 한 뒤 4년여 간 부흥운동의 중심지였던 주류성의 위치에 아직도 논란이 그치지 않는 것을 보면 짐작이 갈 것이다. 백제 가림성은 1963년 사적 제4호 부여 성흥산성으로 지정되었다가, 2011년 부여 가림성으로 명칭이 변경 고시되었다. 백제의 옛 명칭을 되찾은 것이다. 이는 가림성이 임천군의 성흥산성이라고 문헌으로 증명되고 지리나 지형적으로도 확인되기 때문이다. 이에 따라 가림성은 백제 역사를 연구하는 데 다방면으로 중요한 자료가 되어 커다란 기여를 하고 있다.

또한 가림성은 동성왕 대 초축된 이래 통일신라, 고려, 조선을 거치면서 지속적으로 활용되었다. 우리나라 산성은 삼한, 삼국시대부터 고려시대까지 나라를 방어하는데 중요한 역할을 하였으나 조선시대 들어서는 산성 방어 전략에서 평지 읍성 개념으로 바뀌어, 수많은 산성이 폐기되었다. 그럼에도 가림성은 산성 내에서 백제와 고려, 조선시대 유물이 다수 출토되어 산성이 위치한 장소와 구조를 이해하는 데 매우 중요한 단서를 제공하고 있다.

역사적으로도 가림성은 백제 때부터 금강을 따라 진입하는 적을 방어하고 웅진 왕도의 서쪽 영토를 관장하는 중요한 산성이었다. 가림성은 성왕이 사비로 천도한 후에는 도성을 방어하는 요충지가 되어 커다란 역할을 하였다. 백제가 660년 나당연합군에 항복을 한 후에는 이에 굴복하지 않고 백제 유민들의 부흥운동이 시작되면서 백제 부흥군의 거점 성이 되어 빼앗긴 사비 도성을 탈환하려고 시도하던 곳이었다. 663년 주류성이 함락될 때까지도 나당연합군의 공격을 잘 막아 건재하게 남아 있던 철옹성이었다.

이처럼 가림성은 문헌적으로나 고고학적으로나 역사적으로 많은 흔적이 남아 있어 시대적 변천상을 한 눈에 살필 수 있다. 그 중에서도 백제의 사비 천도를 전후로 한 시기부터 부흥운동기에 가림성이 가지는 역사적 의미는 매우 크다 할 수 있다. 이에 본고에서는 문헌과 고고자료를 통해 가림성의 현황을 살펴보고, 백제시대를 중심으로 그것이 가지는 역사적 의미를 고찰해보기로 하겠다.

Ⅱ. 문헌 속에 보이는 가림성

백제 가림성은 현재 성벽이 일부 남아있고, 여러 차례의 발굴 조사를 통해 그 실체가 점점 드러나고 있다. 여러 차례 개수를 하였기 때문에 그 변화 양상을 살펴볼 수 있는 것도 커다란 성과라 할 수 있다.

그림 1. 노출된 가림성 성벽(부여군문화재보존센터, 2013, 『성흥산성』II, 49쪽)

가림성에 대한 기록은 문헌 속에서도 확인된다. 그 기록은 동성왕 23년(501) 처음 보이고 있다. 그런데 등장부터 예사롭지 않다. 아래는 이와 관련된 자료이다.

A-1. 8월에 가림성을 쌓고 위사좌평 苗加에게 지키게 하였다(『삼국사기』 권26 백제본기 동성왕 23년조).
　-2. 봄 정월에 좌평 백가가 가림성을 거점으로 반란을 일으키니 왕이 군사를 거느리고 牛頭城에 이르러 한솔 解明에게 토벌을 명하였다. 백가가 나와 항복하자 왕이 그의 목을 베어 백강에 던졌다(『삼국사기』 권26 백제본기 무령왕 원년조).

위의 기록에 의하면 가림성은 백제 최고의 관직인 위사좌평(오늘날의 국방부 장관에 해당)을 보낼 정도로 비중이 있는 요충지였음을 알 수 있다. 또한 동성왕 시해 사건과

이후의 반란의 현장이 될 정도로 역사적 전개 상황이 매우 흥미롭다.[1]

　가림성의 위상과 구조 등 연혁에 대해서는 이후에도 계속적으로 많은 기록에서 엿보인다. 이에 대한 자료는 아래와 같다.

　　B. 가림군은 본래 가림군이었는데, 경덕왕이 加를 嘉로 고쳐썼다. 지금도 그대로 쓴다. 영현이 둘이었다. 馬山縣은 본래 백제의 현이었는데, 경덕왕이 州郡의 이름을 고칠 때 및 지금까지도 모두 그대로 쓴다. 翰山縣은 본래 백제 大山縣이었는데, 경덕왕이 이름을 고쳤다. 지금의 鴻山縣이다(『삼국사기』 권36 잡지5 지리3).

　위의 사료에 의하면 가림성은 통일신라시기에도 가림군이 설치될 정도로 위상이 높았음을 보여준다. 이는 백제 때의 중요성이 그대로 답습된 것으로 보이며, 속현으로는 마산현과 한산현이 있었다. 마산현은 현재의 서천군 한산면이며, 홍산면은 지금의 부여군 홍산면이다. 따라서 가림군은 부여 남부 지역과 서천 동부 지역의 금강가에 걸친 구역이었음을 알 수 있다.

　이후의 연혁을 살펴보면 『世宗實錄』과 『新增東國輿地勝覽』에 잘 정리되어 있다. 아래는 이와 관련된 사료이다.

　　C. 임천군은 원래 백제 가림군이고 신라가 가림의 加를 嘉로 바꾸었다. 고려 성종이 임주자사를 설치하였고, 현종이 다시 加林縣으로 불렀다. 충숙왕이 원나라 平章 阿孛海의 처 조씨의 고향이어서 임주로 올려 불렀으며 조선 태종 13년에 다시 가림군으로 고쳤다(『新增東國輿地勝覽』 卷17 林川郡 建置沿革條).

　위의 사료에 보이는 것처럼 가림군은 때론 자사가 설치될 정도로 위상이 높아지거나 반대로 현으로 떨어지기도 하는 등 변천을 거듭하였다.

---

1) 이에 대해서는 4장에서 살펴보고자 한다.

또한 가림성의 주요 시설물에 대한 기록도 존재한다. 『세종실록』 산천조에는 "가림성을 성흥산 석성이며 군의 북쪽으로 1리 떨어진 곳에 있으며 둘레가 534 보이며 험한 곳에 있다. 성내에 우물 1개와 샘이 3개 있다"는 기록이 있다. 이러한 내용이 『신증동국여지승람』에 역시 정리되어 있다.

D. 성흥산성은 석축으로 되어 있고 둘레가 2,705척이 되며 높이는 13척이다. 산세가 험하며 성안에 우물이 3개 있고, 군창고가 있다(『新增東國興地勝覽』 卷17 林川郡條).

위의 사료에 보이는 것처럼 조선시대에는 석축 산성으로 인식하였고, 성의 둘레와 높이 등 구체적인 실측 자료가 보인다. 우물 등과 군 창고가 있는 것도 사실적이다. 이러한 내용은 조선 후기 편찬된 『大東地志』 등에 그대로 답습되었다. 성의 연혁과 구조 등이 구체적으로 백제시대부터 조선 후기까지 기술되었다는 점에서 가림성의 중요성은 입증되며, 이에 근거해서 역사적 가치와 그 구체적인 실체에 접근할 수 있는 길이 열렸다. 그러면 장을 달리하여 실제 최근의 발굴 성과를 중심으로 성의 실체에 대하여 접근하기로 하자.

Ⅲ. 고고자료를 통해본 가림성

가림성은 최근까지 모두 7차례에 걸쳐 발굴되었다. 그 결과 가림성의 변천을 구체적으로 살펴볼 수 있다는 점에서 매우 의미가 있다 하겠다. 아래의 표는 현재까지의 발굴 조사된 현황을 표로 정리한 것이다.

<표 1>. 가림성 발굴조사 현황 일람표.

연도	조사명칭	조사기관	조사기간	조사 면적	조사 유형	조사결과	사유
1996	부여 성흥산성	충남발전연구원	1996.09.01.~ 1996.12.17	1,983㎡	발굴	내성의 동·남문지 축조형태, 문지 주변 성벽 축성법 확인	정비 사업
2011	부여 성흥산성 정비복원구간	부여군 문화재보존센터	2011.04.12.~ 2011.05.06	100㎡	발굴	내탁식 성벽 축조, 계단식 기저부 조성 확인	정비 사업
2015	부여 가림성 (3차)	백제고도문화재단	2015.04.27.~ 2015.06.17	108㎡	발굴	동성벽 내 백제 초축 성벽 확인	정비 사업
2016	부여 가림성 (4차)	백제고도문화재단	2016.08.18.~ 2016.10.13	1,200㎡	발굴	북성벽 내 백제~조선시대 개축 성벽 확인	정비 사업
2017	부여 가림성 (5차)	백제고도문화재단	2017.06.19.~ 2017.09.07	400㎡	발굴	내·외성 연접부 및 양호한 성벽 확인, 보축 성벽 확인	정비 사업
2018	부여 가림성 (6차)	백제고도문화재단	2018.08.13.~ 2018.12.06	1,275㎡	발굴	원삼국~조선시대 건축, 생활, 분묘유적 확인	정비 사업
2019	부여 가림성 (7차)	백제고도문화재단	2019.09.16. ~2020.10.12	602㎡	발굴	북성벽 내측부에서 통일신라~ 조선시대 집수지 2기 및 석렬유 구 확인	정비 사업

위의 <표 1>에 보이는 것처럼 가림성은 모두 7차례에 걸쳐 발굴되어 성의 구조와 변천을 알 수 있었고, 백제시대 처음 축조된 것도 확인하였다. 무엇보다도 우리의 상식과는 달리 사비시기 내성이 축조되었고, 통일신라 때부터 외성이 덧붙여져 현재의 모습에 이르렀으며 17~18세기 무렵 폐기된 것을 알 수 있었던 것은 커다란 성과라 할수 있다.

1996년 본격적인 발굴이 이루어지기 전부터 이미 연구자들에 의해 가림성의 관심이 높아져서 독자적인 지표 조사를 통해 개략적인 현황이 보고되었다. 홍사준이 처음 언급하였는데, 성흥산성을 가림성으로 비정하고, 부속된 소성이 있다고 추정하였다.[2] 이

---

2) 홍사준, 1971 , 「백제성지 연구」 『백제연구』2.

원근은 이를 토대로 내성과 외성을 구분하였고, 그 구조와 규모를 제시하였다.[3] 유원재는 보다 구체화하여 외성은 토성이며, 내성은 석성으로 축조하였다고 보았다. 또한 토성을 먼저 축조한 후에 석성으로 개축하였다고 주장하였다.[4]

이와 같이 가림성이 주목을 받자 1996년 충남발전연구원이 처음 발굴을 실시하였다.[5] 조사 범위는 내성 동·남문지와 그 주변 성벽이었다. 먼저, 문지는 백제에 초축된 이후 조선시대에 개축하였고, 단을 이루는 평문 형태로 문지를 파악하였다. 문지 주변의 성벽도 내외벽을 보강한 협축식 산성으로 보았다. 백제에 의해 축조되었고, 협축식 산성인 점을 확인한 것은 큰 성과라 할 수 있다.

이후 2009년에는 부여군문화재보존센터에서 유실된 동성벽 남쪽 구간 17.5m를 대상으로 성벽의 잔존 상태를 확인하였다.[6] 백제시대 축조된 구간은 대부분 유실되었으며, 이후 10월에 긴급으로 성벽 절개 부분을 조사한 결과 성벽이 축조 현황이 확인되었다. 이에 따르면 성벽을 경사면을 자연 암반까지 굴착한 후 외벽 쪽은 석축하고 안쪽은 흙으로 다진 것으로 드러났다. 후대 개축된 성벽은 출토된 유물을 통하여 여말에서 조선시대에 걸쳐 이루어졌음을 알 수 있었다. 2011년도에는 2009년 긴급 발굴된 구간을 이어서 동문지 방향으로 약 32.5m 구간에 대한 조사를 진행하였다. 조사 결과는 2009년도와 동일한 양상이었으며, 고려시대에 조성된 치도 확인하였다.[7]

2015년도에는 2011년도에 실시한 조사의 동쪽 끝부분부터 동문지까지 약 108m에 대한 성벽 조사를 진행하였다.[8] 그 결과 4차에 걸친 구지표면이 확인되어 백제시대부터 조선시대까지 수축된 성벽과 기단 보축이 드러나 단속적으로 사용하였음을 알 수 있었다.

---

3) 이원근, 1980, 『삼국시대 성곽 연구』, 단국대학교 박사학위논문.

4) 유원재, 1996, 「백제 가림성 연구」 『백제총서』5.

5) 충남발전연구원, 1996, 『성흥산성 문지 발굴조사보고서』.

6) 부여군문화재보존센터 , 2009, 『부여 성흥산성 정비공사·성벽노출조사-보고서』.

7) 부여군문화재보존센터, 2013, 『부여 성흥산성 성곽정비복원 사업(발굴) 성흥산성 II』. 2009년도 조사는 2013년 간행된 2011년도 발굴보고서에 같이 수록되었으며, 이를 합하여 가림성 2차 발굴조사로 보고 있다.

8) 백제고도문화재단 , 2017, 『부여 가림성 I -동성벽 노출조사』.

2016년도에는 동문지 부근 북성벽 곡간부에 대한 조사를 실시하였다.[9] 조사 결과 백제시대 초축된 성벽을 확인하였으며, 역시 백제시대부터 조선시대에 걸쳐 수축이 진행되는 동일한 양상임이 드러났다. 백제시대 초축 성벽을 확인하였다는 점에서 큰 성과라 할 수 있다.

2017년도에는 동문지 일대와 2016년 조사가 이루어진 지점 사이의 성벽 100m 구간에 대해 발굴이 이루어졌다.[10] 조사 결과 동일하게 백제에서 고려까지의 성벽이 확인되었다. 백제시대 성벽은 외벽 석축 안쪽은 흙으로 다짐한 양상이며, 기저부 위에 박석을 놓은 사실을 알 수 있었다.

2018년도에는 내성 정상부 일원에 대한 조사를 실시하였다.[11] 조사 결과 원삼국~조선시대 유구가 확인되었다. 원삼국시대는 유구가 확인되지 않았지만 백제시대 대지조성층 내부에서 유물이 다수 확인되었다. 이를 통하여 통일신라와 고려, 조선시대 건물지와 담장 등 시설물을 확인할 수 있었다.

2019년도에는 동문지 부근 북성벽 곡간부에 대한 조사를 진행하였다.[12] 조사 결과 조선시대 집수지 및 수 구와 통일신라시대 집수지 및 수로, 백제시대 석렬 및 성토층이 확인되었다. 다만 통일신라에서 백제시대 유구에 대한 발굴조사가 진행되지 못해 추후 진행할 예정이다. 이상을 정리하면 아래의 <그림 2>과 같다.

이상의 발굴을 통해 가림성은 웅진~사비시기에 축성되었음을 확인하였다. 하단부 급경사 지형에 대해 편평하게 성토한 대지조성층 내부에서 6세기 초로 추정되는 초두 손잡이 토제 용범편이 출토되어 웅진시기에 초축되었을 가능성이 크다. 다만 대부분의 유물이 사비시기 토기편이어서 사비시기에 본격적으로 운영되었음을 보여준다. 또한 가림성 정상부의 평탄면 확보를 위해 경사를 일부 메운 흔적이 드러난 것을 통해 이 시기에는 가림성의 내성 즉 테뫼식 석축성이 축조된 것으로 판단된다. 이후 통일신

9) 백제고도문화재단, 2018, 『부여 가림성 II -북성벽 조사-』
10) 백제고도문화재단, 2019, 『부여 가림성 III -북성벽 조사-』
11) 백제고도문화재단, 2020, 『부여 가림성 IV -정상부 평탄지-』
12) 백제고도문화재단, 2020. 10, 「부여 가림성(7차) 발굴조사 약보고서」

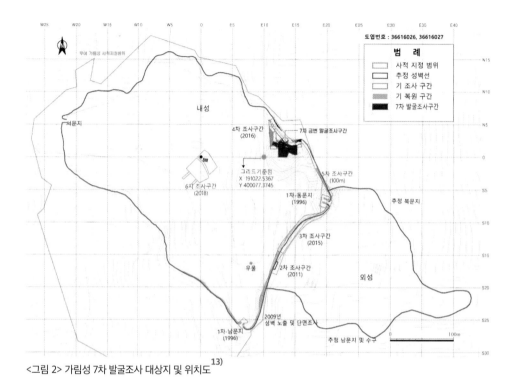

<그림 2> 가림성 7차 발굴조사 대상지 및 위치도[13)]

라시대에는 2차례에 걸쳐 대지조성이 이루어지고, 수로 2기, 건물지 2기, 추정 토루 등이 확인되었다. 이 단계에 가림성의 내성이 개축되고, 내성의 동성벽에 외성이 신설된 것으로 판단된다. 고려시대와 조선시대 역시 성의 운영의 모습을 확인할 수 있어 문헌의 기록과 일치하고 있다. 이처럼 가림성이 백제 웅진기 무렵 초축되어 조선 후기까지 사용되었음을 발굴조사를 통해 확인한 것은 커다란 성과라 할 수 있다.

현존하는 가림성은 석성인 서쪽 성이 둘레가 1.342m이고, 동편의 성은 724m로 전체 1,875m가 된다. 서쪽 석성 동벽 남쪽에 위치한 성벽은 백제 때 쌓은 것으로 보며 가로 줄눈을 맞춘 바른 층 쌓기로 하였고, 면석이 '品'자 형태로 되어 있다. 성돌의 크기는 가로 20-75cm, 세로 15-40cm 크기의 다양한 크기로 장방형 형태로 되어 있으며

---

13) 백제고도문화재단, 2020, 앞의 보고서, 26쪽.

재질은 화강암이다. 동벽 바로 남쪽에 고려시대 만든 치가 성벽 하단 부분에서 확인되었다. 동벽의 북쪽 구간에도 백제가 초축한 것이 보이며 통일신라, 고려, 조선 시대에 증축한 흔적이 있다. 동벽의 최대 높이는 약 8.5m, 초축 면석은 전체 15단계가 남아 있다. 동벽에서 백제가 축성한 위로 개축한 3단 토석 혼축 성벽이 발견되었다. 이 개축 성벽은 초축 산성과는 다른 양식을 보이고 성문의 크기도 줄어들었는데 조선시대 개축한 것으로 본다. 북벽은 내외 협축으로 축성되었다. 성벽 안쪽 높이는 약 2m 이다. 서쪽성 서벽 기초 부분에서는 동문지와 비슷한 초축 성벽이 확인 되었다. 서쪽 석성 북벽에서는 백제토기가 발견되어 초축을 백제가 하였음을 알 수 있고 고려, 조선시대까지 계속 사용한 것을 잔존한 성벽에서 확인 하였다.

서쪽 석성에는 문지가 3개 확인 되고 있다. 남문지에서는 동문지와 마찬 가지로 조선시대 만든 문루도 조사되었다. 문루의 문지 공석은 동서에서만 확인되었다. 남문지는 동벽과 남벽이 만나는 곳에 있고, 동문지는 동벽과 북벽이 만나는 곳에 있으며, 서문지는 서벽의 제일 높은 곳에 있다. 동문지에서는 백제가 조성한 흔적이 발견되며 성벽의 두께는 7.7m, 문길의 너비는 가운데 4.8m이다. 남문지와 북문지는 1996년 각각 발굴되었으며 남문지는 현재 주로 많이 사용하고 있다. 이처럼 가림성은 7차에 걸친 발굴로 어느 정도 실체가 파악되었으며, 백제 이후로 지속적으로 중요한 거점 성 역할을 하며 운영되었음을 알 수 있다.

Ⅳ. 역사속의 가림성

가림성은 웅진시기인 백제 동성왕 23년(501)에 처음 축조된 것으로 확인된다. 이를 축조한 배경을 살펴보면 가림성의 운영과 성격을 알아볼 수 있는 중요한 단서를 찾을 수 있을 것이다.

백제는 한성 전투에서 고구려에 패배한 후 웅진으로 천도하였지만 정세가 불안하여 문주왕에 이어 삼근왕도 의문의 죽음을 당하였다. 이에 왜국에 있던 동성왕이 웅진으

<그림 3> 가림성에서 바라 본 금강 하구 일대

로 귀환하여 즉위한 후 웅진 도성을 방어하기 위해 동성왕 8년 2월에는 백가를 위사좌평에 임명하고, 7월에 牛頭城을 축조하였다.[14] 12년 7월에는 웅진 북부에 15세가 넘는 사람들을 동원하여 沙峴城과 耳山城을 쌓았다.[15] 20년에는 웅진교를 가설하고 가을 7월에는 沙井城을 쌓고 扞率 毗陀로 하여금 지키게 하였다.[16] 23년 7월에는 신라의 침공에 대비하여 炭峴에 목책을 세우고 8월에가림성을 축조하였다.[17] 이처럼 가림성은 동성왕 때 전략적으로 많은 성이 축조되었음을 볼 때 군사적인 목적이 강함을 분명하게 알 수 있다.

가림성은 동편을 제외하고 북, 서, 남쪽의 산세는 험한 편이어서 산성으로서 천혜의 조건을 갖추고 있다. 또한 가림성 정상에서 보면 북쪽으로 부소산성이 잘 관측되고 동쪽으로는 금강 건너 석성이 있고, 남으로는 강 건너 용안이 있고, 멀리 익산까지 보인다. 서북쪽으로 홍산, 서남쪽으로는 한산이 잘 관찰된다. 가림성은 주변 산성들과 연계

---

14) 『삼국사기』 권26 백제본기 제4 동성왕 8년조.
15) 『삼국사기』 권26 백제본기 제4 동성왕 12년조.
16) 『삼국사기』 권26 백제본기 제4 동성왕 20년조.
17) 『삼국사기』 권26 백제본기 제4 동성왕 23년조.

하여 방어 전략을 펼 수 있는 위치에 있으며, 특히 백강과 인접하여 강으로 진입하려는 적을 차단할 수 있는 위치에 있다. 이처럼 가림성은 금강 하구에서 올라오는 적을 관찰하고, 동쪽에서 사비로 접근하는 적을 제어하여 사비를 방어할 수 있는 요충지이다. 이와 같이 가림성의 축조가 사비를 방어하기 위한 목적이었다면 사비 천도와 불가분의 관계에 있었을 것이다. 실제 동성왕 때 사비 천도를 계획하거나 실행하려는 움직임을 보였다고 하는 견해는 가림성의 역할에 주목한 것이다.

동성왕은 이곳에 신임하는 위사좌평 苩加를 보내 지키게 하였으나, 오히려 백가는 이에 불만을 품고 가림성으로 가는 것을 피하려 했다. 백가는 그의 세력 기반이 웅진이었기 때문에[18] 사비로 전출되는 것은 달갑지 않았을 것이다. 이에 반하여 동성왕은 사비에 많은 관심을 가졌기 때문에 그가 믿을만한 사람을 보낼 수밖에 없었다. 실제 동성왕은 백가를 보낸 두 달 후인 10월에 사비 동쪽 벌판에서 사냥을 하였다. 또한 11월에는 사비 서쪽 벌판에서 사냥을 하는 등 사비에 대한 관심도가 최고조에 달했다. 이처럼 동성왕과 백가는 사비에 대해 서로 다른 생각을 한 것이다.

이러한 두 사람의 틈은 급기야 동성왕 시해로 연결된다. 동성왕은 사비 서쪽 벌판에 사냥을 나갔지만 큰 눈에 막혀 馬浦村에서 묵었다. 마포촌은 현재의 충남 서천군 한산면의 옛 이름이 馬山·馬邑인 것에 미루어 볼 때 이를 서천군 한산면에 비정하는 견해[19]가 있으나 분명치 않다. 다만 사비의 서쪽 방면이라는 점에서 부여와 서천군 일대라는 점은 크게 어긋나지 않는다.

백가는 강제로 가림성 성주로 임명된 후 이 기회를 틈타 자객을 보내 동성왕을 시해하였다. 이 사실을 통해 가림성은 한산면 일대를 관할하였던 사실을 알 수 있으며, 이는 앞서 살펴본『삼국사기』지리지에서도 확인된다.

백가는 무령왕이 즉위하자 이듬해 정월 가림성에서 반란을 일으킨다. 가림성은 이제 반란의 거점이 된 것이다. 백가가 동성왕을 시해한 것은 동성왕이 말년에 민심을 얻지

---

18) 李基白, 1978, 「熊津時代 百濟의 貴族勢力」 『百濟研究』9, 18쪽. 구체적으로는 최근 발굴된 공주 수촌리유적의 피장자로 보는 견해(강종원, 2005, 「수촌리 백제고분군 조영세력 검토」 『百濟研究』42, 48~54쪽)도 있다.

19) 李丙燾, 1977, 『國譯 三國史記』, 乙酉文化社, 401쪽.

백제 가림성에 대한 재조명   **123**

못했기 때문이라 판단한 듯하다. 백가가 동성을 시해한 이유로 동성왕 말기 무리한 정국 운영에 민심이 이반하자 반동성왕 세력의 이탈 조짐이 일어나고, 백가가 이에 가담하여 실행에 옮긴 것으로 보는 견해[20]도 있다. 이에 동성왕 말년의 상황을 살펴볼 필요가 있다.

『삼국사기』 백제본기에 의하면 동성왕 21년 여름에 크게 가물어 백성들이 굶주려 서로 잡아 먹을 정도였다. 또한 도둑이 많아져 신하들은 창고를 열어 양식을 나누어 주자고 진언하였으나 동성은 듣지 않았다. 이에 한산 사람들이 고구려로 2천여 명이 도망갈 정도로 국내 분위기 좋지 않았다. 더욱이 10월에는 전염병이 크게 돌았다. 그런데도 불구하고 동성왕은 재위 22년 봄에는 대궐 동쪽에 임류각을 세우고 연못을 파고 진기한 새를 기르고 신하와 더불어 밤늦도록 잔치를 하였다. 23년에는 탄현에 목책을 세웠다. 이처럼 동성왕은 백성들의 고생은 생각하지 않고 많은 산성을 축조하고 가뭄과 홍수가 교차하면서 많은 백성들이 고구려와 신라로 달아나는 것을 막지 못하였다. 굶어 죽는 백성을 방치하여 구휼미를 풀지 않았으며, 더욱이 임류각에서 향응을 베풀자 이를 반대하는 신하의 충언이 많은데도 이를 무시하고 대궐의 문도 잠그니 신하와 백성들은 왕을 원망했다. 이처럼 백성들이 동성왕에 대한 원망이 심할 때 백가는 위사좌평인 자신을 가림성 성주로 보내니 백가 자신도 피해자로 생각하고, 동성을 시해하더라도 백성들이 호응해줄 것이라고 생각하였던 것 같다.

백가는 왕을 시해한 후 웅진에서의 호응을 바랬지만 별다른 변화가 없어 가림성에 고립되었을 것이며, 시해가 오래전부터 계획된 것이 아니어서 장기간 먹을 군량을 비치 못하였을 것이다. 그래서 시간이 지남에 따라 성내에 보유하고 있는 군수물자도 부족했을 것으로 본다. 백가는 가림성에서 반란을 일으키기 전 두 달여간 농성을 벌이면서 향후 거취에 대한 고민을 했을 것이다. 아마도 주위로부터 지지 세력을 규합하려 했을 것으로 생각된다. 만약 성에서 농성할 수 있는 물자가 여유가 있었다면 백가는 얼마간 더 잔류하면서 저항했을 것이며, 가림성은 쉽게 공격하기 어려운 철옹성이기에 백

---

20) 정재윤, 1997, 「東城王 23年 政變과 武寧王의 執權」『韓國史研究』99·100집, 117~119쪽.

가는 쉽게 항복하지는 않았을 것이다. 무령왕은 친히 군대를 이끌고 우두성에 가서 해명에 토벌을 명령하니 이를 인지한 백가는 스스로 성에서 나와 항복하였다. 왕은 백가를 참수하여 백강에 던졌다. 이렇게 동성왕과 그 측근이었던 백가는 가림성 전출에 대한 문제로 사이가 벌어졌고, 급기야 두 사람 모두 제거되었다. 가림성이 역사에 등장하면서 남긴 강렬한 이미지는 이렇게 시작되었다.

백제 성왕은 538년 사비로 천도하였다. 사비에 대한 관심은 동성왕 때부터 비롯되었지만 사비 천도에 대한 의구심으로 귀족들의 반발이 거세지고, 급기야 왕이 시해되는 지경에 이르렀다. 동성왕의 시해 이후 집권한 무령왕은 점진적으로 사비 지역을 개발하고, 성왕은 귀족들에게 사비 천도의 당위성을 충분히 설명하면서[21] 큰 무리없이 천도를 단행할 수 있었다.

웅진이 수도로 결정된 것은 방어상 유리한 지형이었기 때문이다. 하지만 어느 정도 안정을 찾게 되자 웅진은 협소하여 수도로서 너무 비좁았다. 이에 동성왕은 넓은 지역에 주목하여 사비 지역에 관심을 가진 것 같다. 동성왕 이후에도 무령왕과 성왕 역시 지속적으로 사비에 관심을 가진 것을 볼 때 사비 천도는 거스를 수 없는 대세였음이 분명하다.

문제는 사비가 넓은 지역이지만 편평한 지역이어서 방어상 매우 취약하다는 점이다. 사비 천도 후 평지성에 피난왕성인 부소산성이라는 이원적인 왕성 체제가 만들어지고, 또 그 외곽을 성곽으로 두른 나성이 만들어진 것도 이를 보완하기 위한 것이다. 이러한 맥락에서 보면 동성왕이 가림성을 축조하여 사비를 방어하고자 하는 의도를 알 수 있을 것이다.

가림성 주변에는 장암면의 이목치산성과 시랭이산성, 임천면의 학동산성, 양화면의 누르개재산성, 세도면의 토성산성이 있다. 이들 산성들은 규모가 작고, 위치 등을 고려할 때 가림성이 사비 남쪽의 거점성 역할을 하였을 것이다. 이러한 거점성으로는 북고리의 증산성과 석성면의 석성산성, 부여읍의 청마산성 등이 잘 알려져 있고, 이처럼 외

---

21) 정재윤, 2018, 「사비 천도의 배경과 시행 과정에 대한 고찰」 『先史와 古代』 55.

곽에는 주요 거점성을 개축하여 사비도성을 2중, 3중으로 방어하고자 하였다. 이러한 점에서 가림성의 축조가 가지는 중요성은 사비가 가지는 방어상의 문제점을 보완하고 자 하는 데 있었음을 알 수 있다. 이후 도성을 둘러싼 거점성을 차례로 축조하여 이를 체계적인 방어망을 구축한 것이다.

사비 천도 이후 가림성은 기록에 보이지 않는다. 이는 가림성이 갖는 성격상 평시에 는 크게 부각되지 않는 것과 관련이 있는 듯하다. 그러나 백제 멸망기에 이르러서는 다 시 가림성이 역사의 전면에 부각되었다. 아래는 이와 관련된 자료이다.

> E. 손인사가 중도에서 (부여 풍의 군대를) 맞아 쳐서 깨뜨리고 마침내 인원의 군사와 합치니 군사의 기세가 크게 떨쳤다. 이에 여러 장수들이 어디로 갈지를 의논하였 는데, 어떤 이가 말하길 "가림성이 수륙의 요충이니 먼저 쳐야 한다"고 하였다. 인 궤가 말하길 "병법에서는 튼실한 곳을 피하고 빈 곳을 치라고 하였다. 가림은 험하 고 견고해서 공격하면 군사들을 다치게 할 것이며, 지킨다면 날짜가 오래 걸릴 것 이다. 주류성은 백제의 소굴로서 무리들이 모여 있으니, 만일 (이곳을 쳐서) 이기 면 여러 성이 스스로 항복할 것이다"라고 하였다(『삼국사기』 권28 백제본기 용삭 2년 7월조).

백제는 660년 나당연합군의 침공에 의해 멸망하였다. 나당군은 방어의 허를 찔린 백제를 효과적으로 제압하기 위하여 수도인 사비를 집중 공략하였기 때문에 도성인 사비와 그리고 웅진을 제외한 다른 산성들은 건재하였다. 이에 거세게 백제 부흥운동 이 일어났다.

백제 유민들은 예산 임존성에서 흑치상지가 거병을 하니 열흘이 안 되어 3만여 명이 모였다 한다. 흑치상지가 중심으로 나오나 실제 임존성에는 부흥운동 지도자인 복신 이 거병한 것을 볼 때 흑치상지 또한 이에 참여한 것으로 보이며, 3만 명과 200여 성이 가담하였다는 표현도 전성기를 말하지 거병 당시는 아닐 것이다. 또한 두시원악에선 좌평 정무가 거병을 하였는데, 가림성 또한 같은 시기에 거병하였다고 생각되지만 가림성에 대한 자료는 전혀 나타나 있지 않다.

백제부흥운동과 관련하여 왕흥사 또한 주목된다. 왕흥사는 백제 무왕이 준공한 사찰로서 왕흥사 잠성에서 백제부흥군이 맹활약을 하자 김춘추가 직접 나서서 제압을 하였다. 왕흥사잠성은 사비에서 서쪽으로 강에 인접해 있고, 남쪽에 있는 석성 또한 사비와 지척에 있어 부흥운동 초기에 포로로 잡혀 있는 유민들을 구출하기도 하고 나당연합군을 공격하여 구국 전쟁을 계속적으로 수행하였다. 가림성도 사비 주변의 인근 성과 함께 부흥운동을 동참하였을 것이다. 부흥운동은 대부분 도성에서 그다지 멀지 않은 곳에서 진행됨을 알 수 있다. 부흥군은 나당군이 점령하여 주둔하는 사비와 웅진의 인근에 있어야 공격하기 유리하기 때문이다.

그런데 『신증동국여지승람』에 의하면 가림성이 위치한 임천군과 인근 현과의 거리는 동으로는 29리에 석성이 있고 은진은 31리, 남쪽으로 용안은 22리, 함열 16리, 한산은 27리, 홍산은 16리, 사비도성인 부여현과는 16리가 되어 가림성은 인근 제성과 함께 백제 도성인 사비를 지키기도 하고, 백제부흥전쟁 시에는 사비를 공격하기 쉬운 거점 지역임을 알 수 있다.[22] 이러한 점을 고려하면 가림성은 백제 부흥운동 때 거점성으로 주변의 산성들을 지휘하여 사비 도성을 공격하기도 하고 웅진강으로 진입하는 적들을 차단하는 역할을 함으로서 수륙 요충지로서 중심적인 역할을 하였다고 보인다. 이에 외곽 성들은 백제를 구국하기 위해 일제히 항거하여 백제부흥운동을 펼치기 시작하였다. 이때 가림성은 커다란 역할을 하였는데, 가림성이 사비성의 인근에 있기 때문이었다. 특히 백강과 멀지 않아 백강구를 통하여 진입하는 적을 방어하기 좋은 위치여서 부흥군들은 가림성에 주둔하면서 전쟁 동안 나당연합군을 잘 막았다.

백제부흥군이 내분에 휩싸이면서 복신이 도침을, 그리고 부여풍이 복신을 죽이자 백제부흥운동은 급격하게 몰락하였다. 나당연합군은 이 기회를 틈타 총공세에 나섰고, 663년 신라 품일이 지휘하는 군사들의 공격을 받아 백제부흥군의 남방과 동방의 거점인 거열, 거물, 사평, 덕안 등이 함락되었다. 이 여세를 몰아 유인궤의 당군은 제장들이

---

22) 林川郡 東至石城縣界 二十九里 恩津縣界三十一里 至全羅道龍安縣界二十二里 南至同道咸悅縣界一十六里 至韓山郡界 二十七里 西至鴻山縣界一十六里 北至扶餘縣界一十六里 距京都四百九十里(『新增東國輿地勝覽』卷17 林川郡條).

백제 가림성은 수륙의 요충지로 중요하기 때문에 공격이 필요하다고 제안했으나 인궤는 가림성이 산세가 험하고 산성이 견고해서 이를 치면 군사들이 커다란 피해를 볼 것이고, 성을 포위하여 백제부흥군을 고립시키어 성안의 백제군이 항복을 받으려면 장시간을 기다려야 한다. 차라리 백제부흥군의 본부인 주류성을 공격해서 항복을 받으면 다른 백제 부흥군이 주둔하고 있는 다른 산성들도 따라서 항복할 것이라 언급하고 있다. 이같은 판단에 의해 나당연합군은 가림성을 그대로 두고 백제 부흥군의 중심지인 주류성 공격에 들어갔다. 이러한 사실을 통해 가림성이 주류성으로 가는 길목임을 알 수 있으며, 백제부흥군에게 얼마나 중요한 산성인지를 잘 보여주고 있다.

663년 백제 주류성이 함락된 후 여러 성들이 백제부흥 전쟁을 포기하고 항복하자 당은 장안으로 포로로 데려간 의자왕 아들 융을 웅진 도독으로 임명하여 백제 유민들을 회유하였다. 전쟁으로 파괴된 가옥을 수리하고 죽은 자의 해골을 수습하여 묻어주어 민심을 달래준 것은 그 일환이다. 백제 융과 신라의 김인문을 데리고 1차에 이어 2차 회맹을 당 유인궤는 강행하였지만 회맹 후에도 백제 유민과 신라는 계속적으로 충돌하였다.

백제유민들은 웅진의 백제 여인을 신라의 한성 도독 박도유에 시집을 보내 환심을 산후 병기를 탈취하여 신라군을 공격하려 했으나 사전에 발각되어 실패한 사건도 있다. 당이 결정해준 백제와 신라의 경계를 몰래 바꾸기도 하고, 신라 군민을 포로로 잡아 두기도 했다. 이에 신라는 당의 웅진도독부 하에 백제유민들이 점거하고 있는 여러 성들을 공격하여 차례로 함락시키면서 가림성을 공격하였다. 아래는 이와 관련된 자료이다.

F-1. 6월, 장군 죽지 등에게 군사를 주어 백제 가림성의 벼를 짓밟게 하였다. 그 때 마침 당 나라 군사와 석성에서 전투가 벌어져 5천 3백 명의 머리를 베었으며, 백제 장군 두 사람과 당 나라 果毅 여섯 사람을 포로로 잡았다(『삼국사기』 권7 신라본기 문무왕 11년조).

-2. 봄 정월, 왕이 장수를 보내 백제 고성성을 공격하여 승리하였다. 2월에 백제 가

림성을 공격하였으나 승리하지 못했다(『삼국사기』 권7 신라본기 문무왕 12년
조).

위의 사료에 보이는 것처럼 가림성은 백제부흥운동이 실패로 돌아간 후에도 신라
쪽의 기록에서 보인다. 신라와 웅진도독부간의 치열한 싸움에 다시 가림성이 등장하
고 있는 것이다. 671년 신라군은 웅진도독부를 공격하려고 가림성의 벼를 짓밟고 있
다. 이는 가림성의 군량 확보를 사전에 막으려는 조치로 보인다. 이어 석성에서 전투가
벌어지고, 여기에도 백제 장군이 당의 군대로 참여하여 신라군과 싸우고 있다. 또한 이
듬해에는 가림성을 공격하였으나 이기지 못하였다. 이처럼 가림성은 요충지이면서 산
세가 험하여 철옹성이어서 함락이 어려웠음을 보여준다. 가림성이 신라에 함락된 기
록은 보이지 않지만 신라군이 사비를 함락하고 소부리주를 설치한 기사를 볼 때 이 무
렵 가림성 또한 더 이상 버티지 못하였을 것으로 보인다.

이상 살펴본 것처럼 가림성은 백제의 도성이었던 사비를 지키는 요충지였으며, 난공
불락의 요새였다. 이러한 전략적 가치 때문에 신라는 삼국을 통일한 이후에도 가림성
을 금강의 거점으로 삼아 지속적으로 관리한 것으로 보인다. 이러한 중요성은 고려와
조선시대를 거치면서도 왜적의 침입을 방어하는 거점성 역할을 하였다. 가림성이 계
속해서 전 시대에 걸쳐 운영되었던 것은 바로 이러한 필요성 때문이었음은 두말할 필
요가 없겠다.

Ⅴ. 맺음말

가림성은 부여의 임천에 위치한 산성으로 성흥산에 자리잡았기 때문에 성흥산성이
라 하였으나 최근 고대 지명을 따라 가림성이라고 개명하였다. 산성의 구조가 이중구
조로 되어 있고 초축은 백제 동성왕이 501년 축조한 것이며 통일신라, 고려 조선시대
를 거치면서 여러 차례 개축되어 그 중요성을 잘 보여주고 있다.

문헌에 의해 초축 연대가 밝혀진 매우 드문 사례이며, 이후에도 여러 문헌에 등장하여 그 변모와 역할과 기능 등을 살펴볼 수 있었다. 동성왕은 가림성을 쌓아 금강을 따라 올라오는 적들을 막아내었다. 대전·논산 방면에서 다가오는 적들의 동향도 살필 수 있으며, 도성인 사비성과도 육안으로 관찰될 수 있는 전략적으로 매우 중요한 위치였기 때문에 그가 신임하는 위사좌평 백가를 이곳에 보내 지키게 하였다. 이는 바로 사비 천도를 염두에 둔 행위라 할 수 있다. 위사좌평이 파견된 점에 비추어볼 때 매우 비중이 있는 성이었으며, 『삼국사기』 지리지를 통해서도 부여 남부 지역과 서천 동부 지역 등 금강가를 관할하는 군 단위 이상의 위상을 가졌음을 확인할 수 있었다.

조선 중기에 편찬된 『신증동국여지승람』에서도 석축산성이며, 성의 둘레와 높이 등 구체적인 실측 자료가 기술되었다. 이는 그만큼 국가에서 비중있게 관리하고 있다는 점을 반증해준다. 이러한 관심도에 따라 가림성은 최근까지 모두 7차례에 걸쳐 발굴 조사를 실시하였다. 그 결과 백제시대에 처음 축조된 사실도 확인하였으며, 통일신라 때부터 외성이 덧붙여져 현재의 모습에 이르며, 17~18세기에 이르러 폐기되었음을 알 수 있었다. 초축 시기는 웅진시대로 볼 수 있으나 본격적인 운영은 사비시기이며, 백제 시대에는 내성 즉 테뫼식 산성 형태였던 것으로 보인다. 통일신라 때에도 가림성의 중요성이 인식되어 2차례에 걸쳐 대지 조성이 이루어져 외성과 건물지 등이 개축되었다. 이후 고려와 조선시대에 지속적으로 개축되어 조선 후기까지 사용한 흔적을 확인할 수 있었다.

가림성의 중요성이 크게 부각된 시점은 백제 멸망기 때이다. 백제부흥운동이 거세게 일어났을 때 가림성은 인근의 여러 성들과 함께 백제부흥운동에 참전하여 거점성 역할을 하였다. 백제부흥운동의 중심지인 주류성이 함락될 당시에는 가림성이 난공불락의 요새임을 언급하며 공격을 하지 못하였다. 또한 웅진도독부와 신라와의 전쟁 때에도 가림성은 철옹성으로 신라가 함락시키지 못하였다. 이처럼 가림성은 금강의 요로 이면서도 함락시키기 어려운 거점성으로 매우 중요시되는 성이었음을 역사상에서 알 수 있었다.

이처럼 가림성은 처음 축조될 당시에 이에 대한 이견으로 동성왕이 시해될 정도로 주목을 받았으며, 백제 멸망기와 웅진도독부 시기에도 큰 주목을 받았다는 점에서 여느 성보다 중요하였다는 점을 재조명한 것은 본고의 성과이다. 다만 주류성의 함락 당시 가림성의 공격 여부가 언급되고 있다는 사실에서 추후 주류성의 위치 비정과 관련하여 면밀한 검토가 요망된다. 또한 웅진강과 백강 등이 언급되면서 가림성도 밀접하게 관련이 있기 때문에 이에 대해서도 살펴볼 필요가 있겠다. 웅진강구에 복신이 양책을 설치한 곳을 비정해 본다면 백강구는 서천포 부근으로, 이곳은 강폭이 너무 넓어 선박을 이용하여 들어오는 유인궤를 백제가 수군 없이 육군만으로는 막기 어렵다. 또한 당시 백제 부흥군이 백강에 수군을 배치할 여력은 없었다고 본다. 그러므로 백강을 진입하는 유인궤를 막을 수 있는 곳은 강폭이 좁아야 육군이 작전을 할 수 있다는 점을 고려하면 복신이 양책을 설치한 곳은 강폭이 넓지 않은 곳에서 찾아야 한다. 또한 부흥군이 퇴각할 때 다리를 건너가다가 다리가 좁아 익사자가 많았다는 것을 볼 때 양책을 세운 근처에 교량이 있었다고 추측할 수 있다. 당시의 교량을 만들 때 선박 여러 대를 엮어 만든 부교일 것이며, 설치하는 장소 역시 강폭이 좁은 곳을 이용하였을 것이다. 따라서 복신이 양책을 세운 곳은 백강을 지나 사비와 웅진을 가는 강폭이 좁은 강가에서 찾아보는 것이 바람직하다. 소정방이 백제를 침공할 때와 부흥운동 초기에 당 유인궤가 사비로 진입하는 것을 볼 때 백강과 웅진강은 강의 지류는 하나이지만 구역을 나누어 다르게 호칭할 가능성이 많다고 본다. 백제부흥군이 유인궤의 진입을 저지하지 못하여 임존성으로 후퇴할 때 사비도성을 포위하고 있던 부흥군도 같이 포위를 풀고 임존성으로 갔다. 이는 유인궤의 진입을 막던 곳과 사비가 인근이기 때문에 동시에 작전할 수 있었고 웅진구에서 대패할 때에 큰 영향을 받아 사비를 포위하던 부흥군도 임존성으로 함께 퇴각한 것으로 생각한다. 따라서 당의 백제 침공 때 소정방과 전투를 벌인 곳과 유인궤의 진입 때 웅진구에서 양책을 세워 막은 곳은 같은 장소로서 백강구 즉 군산 서천 부근이 아니고 백강 깊숙이 들어온 강경 부근이 아닐까 추측한다. 백강을 서천포에서 내륙으로 들어와 사비로 북상하는 강경부근까지로 볼 수 있다면 가림성의 백가를 참수하여 버린 곳이 가림성의 남쪽 강가임이 확인된다.

참고문헌

강종원, 2005, 「수촌리 백제고분군 조영세력 검토」, 『百濟硏究』42.

백제고도문화재단 , 2017, 『부여 가림성 Ⅰ -동성벽 노출조사』.

백제고도문화재단 , 2018, 『부여 가림성 Ⅱ -북성벽 조사-』.

백제고도문화재단 , 2019, 『부여 가림성 Ⅲ -북성벽 조사-』.

백제고도문화재단, 2020a, 『부여 가림성 Ⅳ -정상부 평탄지-』.

백제고도문화재단, 2020b, 「부여 가림성(7차) 발굴조사 약보고서」.

부여군문화재보존센터 , 2009, 『부여 성흥산성 정비공사·성벽노출조사-보고서』.

부여군문화재보존센터, 2013, 『부여 성흥산성 성곽정비복원 사업(발굴) 성흥산성 Ⅱ』.

유원재, 1996, 「백제 가림성 연구」, 『백제총서』5.

李基白, 1978, 「熊津時代 百濟의 貴族勢力」, 『百濟硏究』9.

李丙燾, 1977, 『國譯 三國史記』, 乙酉文化社.

이원근, 1980, 『삼국시대 성곽 연구』 , 단국대학교 박사학위논문.

정재윤, 1997, 「東城王 23年 政變과 武寧王의 執權」, 『韓國史硏究』99·100집.

정재윤, 2018, 「사비 천도의 배경과 시행 과정에 대한 고찰」, 『先史와 古代』55.

충남발전연구원, 1996, 『성흥산성 문지 발굴조사보고서』.

홍사준, 1971 , 「백제성지 연구」, 『백제연구』2.

인천 문학산성의
보존 관리 방안
-사적 및 기념물을 중심으로-

백종오(한국교통대학교)

I. 머리말

문학산성은 인천지역의 鎭山인 문학산의 8~9부 능선을 중심으로 축조된 테뫼식 석축산성이다[1]. 삼국시대 축성되어 조선시대까지 연용되었으며 조선 중기 이후에는 연변봉수인 성내 봉수대가 중점적으로 운영되었다. 체성부 축성은 장방형이나 세장방형의 화강암 면석을 이용하여 하부에서 5~7단까지는 3~5cm 안물림한 후 그 위로는 수직에 가깝게 쌓아올린 전형적인 삼국시대 축조기법을 보여주고 있다.

조선시대 실학자인 안정복은 『東史綱目』에서 백제 초기 도읍지인 沸流城으로 비정하였고, 이외 각종 조선시대 기록에는 이미 '古城' 함께 봉수대 운영이 나타나고 있다. 『宣祖實錄』에는 임진왜란시 인천의 土民이 왜병을 격퇴하였으며 『肅宗實錄』에는 문

※ 본 고는 '한국성곽문화재의 보존 관리의 방안과 과제'(한국외국어대학교 역사문화연구소. 2016, 『역사문화연구』60.)를 일부 재정리하여 수록하였음을 밝혀둠.
1) 白種伍, 2011, 「文鶴山城의 現況과 變遷」 『博物館誌』13, 仁荷大學校 博物館.
   백종오, 2020, 「인천 문학산성의 연구성과와 역사적 가치」 『역사문화연구』76, 한국외국어대학교 역사문화연구소.

학산성의 수축 논의가 이루어진 사실이 기록되어있다. 『邵城陣中日誌』에는 1871년 신미양요 당시 문학산성에 진지를 설치하고 강화도의 전쟁 상황을 살핀 내용이 남아있다. 해방이후 1949년 인천시립박물관의 조사와 1958년 향토사학자들이 동문 복원과 '十濟古都文學山城'의 표석을 설치하기도 하였다. 그러나 1959년 미군지지 건설이 발의되고 1960년부터 문학산성내 정상부와 서문지를 헐어내는 작업이 진행된 후 1962년부터 미군부대, 1977년부터 국군이 주준하고 있었다. 1986년 인천시 기념물 제1호로 지정되었으며 1997년 실측(지표)조사, 2009~2010년 성벽 보수 정비 및 탐방로 설치, 2015년 국방부와 협의하여 문학산성을 조건부로 개방하는데 합의하게 되었다.

이글에서는 문학산성의 보존관리방안을 수립하는데 필요한 기존 산성의 복원 및 보존사례를 국가 사적과 지방 기념물로 나누어 살펴보고자 한다. 국가 사적은 그간 정비 복원이 꾸준히 진행된 보은 삼년산성, 단양 온달산성, 영월 정양산성, 충주 장미산성 등이고 지방 기념물은 현재 국가 사적 승격을 준비하는 안성 죽주산성, 청주 부모산성, 인제 한계산성, 인천 계양산성 등이다. 이들 유적의 사례 제시 후 효율적이고 체계적인 보존 관리 방안에 대해 학술조사, 종합정비기본계획, 정비 복원, 관리 및 활용 순으로 사적 승격을 위한 제언을 언급하고자 한다. 이글의 제언은 지극히 일반론적일 수밖에 없다. 그러나 이러한 일반론적인 조사와 연구, 보수와 정비, 관리 및 활용 등이 현장에서 체계적으로 진행될 때 진정성과 원형 고증에 충실한 문학산성으로 거듭날 수 있다고 생각된다.

Ⅱ. 산성 복원 및 보존 사례

1. 사적

1) 보은 삼년산성 (사적 제235호, 1973년 5월 25일 지정)

① 현황

삼년산성은 해발 326.2m의 남쪽 봉우리를 포함하여 주변 봉우리가 능선을 따라 조성된 栲栳峯形으로 중앙이 오목한 형태이다. 성벽 둘레는 1.7km에 달하고 내외를 돌로 쌓아올린 협축식으로 축조하였다. 외벽의 높이가 최대 20여 미터로 거대한 위용을 자랑하고 있으며, 전 구간에 걸쳐 보축성벽이 확인된다. 능선을 따라 둥글게 성벽을 돌출시킨 곡성이 14개소 가 있고 성문은 동서남북에 모두 위치해 있다. 북문을 제외하고 모두 처음 축성될 당시의 것이며, 그중 남문과 동문은 懸門式 구조로 밝혀졌다. 서문의 경우는 특이하게 밖으로 열리는 구조이다.

도1) 보은 삼년산성 모습

도2) 보은 삼년산성 서문지 부근 성벽 복원 모습

도3) 보은 삼년산성 서남곡성 발굴조사 모습

도4) 보은 삼년산성 동문지 발굴조사 모습

② 문헌자료

삼년산성 축조 이전의 보은지역은 蛙山城으로 추정된다. 이 곳을 확보하기 위한 신라와 백제 두 나라간의 치열한 공방전이 기록에 보이고 있으며[1], 신라는 북진의 전초기지로서 자비왕 13년(470)에 이곳에 삼년산성을 축조하여 백제와의 국경을 이루었다. 산성을 쌓는데 3년이 걸렸다 하여 삼년산성이라 하였다. 지증왕 3년(502)에 州縣制를 실시하면서 三年山郡이 되었다.

삼년산성은 백제 공격을 위한 전략 거점으로서 중요한 기능을 수행하였다. 또한 백제를 멸망시킨 직후인 660년 9월 28일에 당나라의 사신인 王文度가 唐 皇帝의 조서를 신라의 태종 무열왕에게 전달하는 의식을 행한 곳이기도 하다. 그러나 삼년산성은 신라의 삼국통일 이후 청주에 서원경이 설치되면서부터 그 기능이 약해진 것으로 보인다.

③ 학술조사 및 정비 이력

삼년산성은 1979년 기초조사[2]가 실시된 후 1980년 서문지 발굴조사[3]·1982년 추정 연못터 및 수구지 발굴조사[4]·1987년 성벽구조 및 서북치 발굴조사[5]·2003년 아미지·우물터 발굴조사[6]·2004년 동문지·북문지·남문지·건물지에 대한 발굴조사[7]·2005년 아미지 정비구역에 대한 발굴조사[8]·2006년 남쪽성벽과 동쪽성벽의 내측 성벽에 대한 발굴조사[9]·2007년 서남곡성 발굴조사[10]·2011년 동문지 추가발굴조사

1) 成周鐸, 1976,「新羅 三年山城 硏究」,『百濟硏究』7, 忠南大學校 百濟硏究所.

2) 報恩郡, 1979,『報恩 三年山城』-基礎調査報告書-.

3) 忠淸北道.報恩郡, 1980,『三年山城 西門址 調査槪報-1980年度』.

4) 忠北大學校 博物館, 1983,『三年山城 - 推定연못터 및 水口址 發掘調査 報告書-』.

5) 報恩郡, 1987,『三年山城 城壁構造 및 西北雉 調査槪報』.

6) 忠北大學校 中原文化硏究所, 2005,『報恩 三年山城 -2003年度 發掘調査 報告書-』.

7) 中原文化財硏究院, 2006,『報恩 三年山城 - 2004年度 發掘調査 報告書-』.

8) 中原文化財硏究院, 2006,『報恩 三年山城 - 2005年度 蛾眉池 整備區域 內 發掘調査-』.

9) 中原文化財硏究院, 2009,『報恩 三年山城 - 2006年度 內側 城壁 發掘調査 報告書-』.

10) 中原文化財硏究院, 2009,『報恩 三年山城 - 2006年度 內側 城壁 發掘調査 報告書-』.

[11)]가 이루어졌다. 이러한 학술조사 외에 2001년[12)]과 2005년[13)]에 발굴 및 정비계획이 수립되었다.

정비는 1970년대 말부터 무너진 서쪽 성벽에 대한 복원으로부터 시작되었다. 그러나 2000년대 이전까지 삼년산성 성벽에 대한 복원은 정확한 학술조사가 동반되지 않은 채 이루어져 많은 문제점을 노출시켰다. 즉, 기존 성벽과 다른 축성방법을 비롯하여 복원에 사용된 석재가 기존의 성벽축조에 사용된 석재와 전혀 다른 석재를 사용함으로써 기존 성벽과의 이질감이 심하다. 때문에 삼년산성은 우리나라 성곽복원 실패의 대표적인 사례로 종종 거론되고 있는 안타까운 실정이다.

2) 단양 온달산성(사적 제264호, 1979년 7월 26일 지정)

① 현황

이 산성은 남한강 상류 충북 단양군 영춘면 하리 남쪽 해발 427m 성산의 정상부와 남한강변의 북쪽 사면을 둘러쌓은 둘레 682m의 석축산성이다. 온달산성은 남한강이 크게 휘감아 곡류하는 남안에 경상도 지역과 소백산맥의 嶺路와 연결되는 곳에 입지하고 있다.

성벽은 기반암인 석회암과 사암 계통의 석재를 이용하여 수평 눈줄을 맞추어 정연하게 축조하였다. 성벽의 높이는 6~7.5m 내외로 확인되었다. 성문은 남문·동문·북문 3개소가 모두 현문식이며, 성벽 부대시설로 북쪽 치성·남쪽 치성이 확인되었다. 또한 가장 낮은 지점을 통과하는 북쪽 성벽에는 수구가 설치되어 있다.

② 문헌자료

온달산성은 산성의 명칭에서 알 수 있듯이 고구려의 온달장군과 깊은 관련이 있는

---

11) 中原文化財研究院, 2011, 「보은 삼년산성 동문지 추가 발굴조사 약보고서」.

12) 忠北大學校 中原文化研究所, 2001, 『三年山城 - 기본 자료 및 종합 보존·정비계획 안 -』.

13) (재) 중원문화재연구원, 2006, 『보은 삼년산성 -발굴정비 기초설계 보고서』.

도5) 온달산성 모습

도6) 단양 온달산성 동문부근 성벽 모습

산성으로 알려져 있다. 또한 산성의 주변에는 온달과 관련된 전설이 광범위하게 전해지고 있기도 하다. 이러한 사실을 바탕으로 온달산성이 고구려가 영춘지역을 점령한 후 설치한 을아단현의 치소성으로 축조되었을 가능성이 제기되기도 하였다.

③ 학술조사 및 정비 이력

온달산성에 대한 학술조사는 지금까지 2차례에 걸쳐 진행되었다. 먼저 산성에 대한 정밀 지표조사는 1989년 실시하였으며,[14] 2003년 북문지 및 북쪽 치성과 수구에 대한 시굴조사[15]·2011년 서벽과 남벽에 대한 발굴조사[16]·2012년 북벽수구지 부근 발굴조사[17]가 실시되었다.

온달산성에 대한 정비는 1989년 지표조사를 바탕으로 일부 무너진 성벽에 대한 복원이 이루어졌다. 북문과 북치성이 복원되었으며, 다른 구간에 비해 붕괴가 심한 서쪽 성벽에 대한 복원이 연차적으로 진행되었다. 온달산성에 대한 정비에 있어 가장 큰 문제점은 정확한 학술조사가 동반되지 않은 채 정비가 이루어졌다는 점이다. 특히, 북문지의 경우 시굴조사 후 더 이상의 조사를 진행하지 않은 채 복원정비가 이루어져 초축

14) 忠北大學校 湖西文化研究所, 1989, 『溫達山城 地表調査 報告書』.
15) 忠北大學校 博物館, 2003, 『溫達山城-北門址·北雉城·水口 試掘調査 報告書』.
16) 충주대학교 박물관, 2011, 「단양 온달산성 서문지 일원 발굴조사 약보고서」.
17) 충청북도문화재연구원, 2012, 「단양 온달산성 북벽수구지 부근 학술발굴조사 자문위원회 자료」.

도7) 단양 온달산성 서쪽 성벽 복원 모습　　　　도8) 단양 온달산성 온달관광지 조성 모습

당시의 모습은 영원히 밝힐 수 없는 상태이며, 서쪽 성벽의 경우에도 대부분 신재를 사용함으로써 기존 성벽과의 이질감이 발생하였다.

3) 영월 정양산성(사적 제446호, 2003년 6월 2일 지정)

① 현황

정양산성은 강원도 영월군 영월읍 정양리 산 1-19번지 일원에 위치하며, 남한강을 통한 수운뿐만 아니라 영월 일대로 통하는 교통로를 공제하기 좋은 입지에 해당된다. 산성은 당초의 성곽인 내성과 보다 후대에 쌓여진 외성으로 크게 구분된다. 내성의 둘레는 1,060m이며, 그 서남쪽 외곽을 두른 외성의 길이는 570m로서 성벽의 총 연장은 1,630m이다.

내성의 형태는 상대적으로 고도가 높은 동북쪽은 좁고, 서쪽은 넓은 형태로 능선을 따라 축조된 성벽은 긴 사다리꼴과 같은 형태이다. 해발은 내성에서 가장 높은 동쪽이 564.9m, 북쪽은 476.6m, 서남쪽은 453.3m 이다. 성내의 지형은 북동쪽과 서북쪽 그리고 남쪽 성벽에서 낮아진 안부를 가지고 있어서 사방이 높고 성안이 움푹 들어간 栲栳峯形이다.

체성은 협축으로 축조되었으며, 성벽의 평균 높이는 8m, 평균 너비는 7m이다. 성벽 외측 하단에는 다양한 형태의 기단보강축조부를 마련하고 있다. 그리고 성벽이 꺾이

도9) 영월 정양산성 성벽 모습

도10) 영월 정양산성 성벽 모습

도11) 영월 정양산성 곡성 모습

도12) 영월 정양산성 동문지 모습

는 지점의 외측에는 치성 1개소, 곡성 2개소를 조성하였으며, 현문의 구조를 이루는 개구부 3개소가 있다.

② 문헌자료

영월 정양산성은 대개 "王儉城"이라 알려져있다.[18] 그러나 『世宗實錄』地理志에는 正陽山石城이라 하였으며, 둘레가 798步이고 성내에 샘 하나와 倉庫 5間이 있다고 기록[19]되어 있다. 『新增東國輿地勝覽』에는 "石築이며 둘레는 2,314척 높이는 19척"[20]이라 기록되어 있으나, 이미 古跡條에 기재되어 있는 점으로 보아 16세기 중반 이전에 이미

---

18) 충북대학교 중원문화연구소, 2000, 『寧越 王儉成』.
19) 『世宗實錄』卷153 地理志 江原道 寧越郡.
20) 『新增東國輿地勝覽』江原道 寧越郡 古跡.

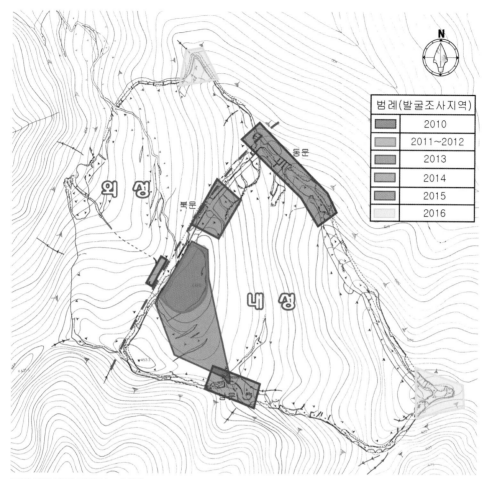

범례(발굴조사지역)

	2010
	2011~2012
	2013
	2014
	2015
	2016

외 성

내 성

동문

복문

남문

도13) 영월 정양산성 발굴조사 현황

폐성된 것으로 보인다.

③ 학술조사 및 정비 이력

정양산성은 2000년에 지표조사가 진행되었고, 이 조사를 통하여 5~6세기 삼국시대 산성의 가능성이 제시되었다.[21] 이를 바탕으로 정양산성의 중요성이 인식되어 2003

---

21) 충북대학교 중원문화연구소, 2000, 『寧越 王儉城』.

년 6월 2일에 사적 제446호로 지정되었으며, 영월군은 이 유적을 특성화된 역사 학습의 장과 관광자원으로 활용하고자 2007년에 체계적인 복원 및 보존을 위한 종합정비계획[22]을 수립하였다. 이러한 영월군의 체계적이고 장기적인 계획에 맞춰 2010년 1차 발굴조사(시굴)를 시작으로 2014년 현재 5차 발굴조사가 진행되고 있다. 1차부터 5차 발굴조사는 (재)강원고고문화연구원에서 발굴조사를 실시하였다[23]. 내성 북벽 일대의 입수구 시설, 집수정, 내부건물지, 북문지 및 주변 수혈주거지, 남문지 및 출수구, 남문지 주변 곡성 및 신라 및 고려 수혈주거지, 성벽 여장시설 등 다양한 성벽 축성방식 및 문지, 내부시설물 등을 확인하였다. 특히 내성 북문지 주변으로 고려시대 대대적인 수축이 있었음이 밝혀졌다. 출토유물은 삼국시대 유물부터 조선시대 초기의 유물까지 확인되고 있어 문헌기록이 부족한 정양산성의 운영시기를 알 수 있게 하고 있다.

최근 정비자료를 확보하기 위하여 지표조사를 바탕으로 성내 가장 낮은 지역을 통과하는 성벽과 평탄지, 동문지에 대한 발굴조사가 진행되고 있다. 산성으로 오르는 탐방로가 잘 정비되어 있으며, 성내 각 유구별 안내판이 마련되어 있다.[24]

---

22) 寧越郡, 2007, 『寧越 正陽山城 綜合整備 및 資源化 方案 計劃』.

23) 강원고고문화연구원, 2013.09, 『영월 정양산성(사적 제446호) 4차 정밀발굴조사 약식보고서』.
_____, 2014.10, 『영월 정양산성(사적 제446호) 5차 발굴조사 약식보고서』.
_____, 2014, 『寧越 正陽山城 I -사적 제446호 영월 정양산성 1~3차 발굴조사보고서』.

24) 寧越郡, 2007, 『寧越 正陽山城 綜合整備 및 資源化 方案 計劃』.

표1. 영월 정양산성 1차~11차 발굴조사 현황[25]

구분	발굴기간	면적 (㎡)	발굴성과	사진
1차 (2010)	2010.5.17 ~ 2010.10.30	11,000	· 시굴조사로 정양산성 내성 내 유구 확인 · 남문 외벽에 성벽 확인	
2차 (2011)	2011.5.11 ~ 2011.10.24	1,500	· 1차조사 확장조사 · 통일신라시대 저온저정시설, 입수구시설, 초석건물지 등 확인 · 고려시대 건물지, 석축, 수혈 주거지 등 확인 · 世宗實錄地理志 기록에 부합되는 건물지 확인	
3차 (2012)	2012.5.23 ~ 2012.7.25	1,000	· 2차조사의 하층유구조사 · 입수구시설 확인 · 통일신라 집수정 확인 · 고려시대 수혈유구 확인	
4차 (2013)	2013.5.13 ~ 2013.9.12	1,000	· 북문지 발굴조사 · 외벽 체성벽, 1차보축, 2차 보축성벽 확인 · 내벽 축조 방법 확인	
5차 (2014)	2014.5.22 ~ 2014.10.02	2,000	· 남문지 발굴조사 · 출수구 확인 · 내성 외벽 확인 · 남문지 주변 곡성 및 시설물 확인	
6차 (2015)	2015.04.01. ~ 2015.08.21.	2,500	· 북문지 구조 및 성벽 확인 · 곡치, 석환무지 확인 · 수혈유구 2기 확인	
7차 (2016)	2016.03.15. ~ 2016.09.30.	3,000	· 내성 북동쪽 곡성 확인 · 외성 북서쪽 회절부 확인 · 2호 저수시설 확인	

25) 강원고고문화연구원, 2014.10, 『영월 정양산성(사적 제446호) 5차 발굴조사 약식보고서』, p.8의 표를 필자가 수정 정리함.

8차 (2017)	2017.08.31. ~ 2017.11.14.	320	· 3호 저수시설 확인 · 저수시설 주변 유구 유무 확인	
9차 (2018)	2018.06.18. ~ 2018.12.13.	1,535	· 내성 남서쪽 회절부 및 내성, 외성 확인 · 내성 서쪽 내벽 기저부 확인 · 외성문지 구조 확인 · 외성 계곡부 구들시설 확인	
10차 (2019 ~ 2020)	2019.10.07. ~ 2020.05.29	750	· 내성 서쪽 외벽 체성벽, 보축 성벽 재확인 및 추가 확인 · 내성 서쪽 외벽 함몰 구간 확인 · 출수구 재확인	
11차 (2021)	2021.05.17. ~ 2021.09.10.	920	· 내성 서벽 내벽 일부 확인 · 남문지 부근 평탄면 내부시설 물 확인(건물지2동, 석축4기, 석렬유구 3기, 침사지, 목재구 조물 1기 등) ·암반을 굴착한 도수로, 침사지 등 유수 관리 모습 확인	

4) 충주 장미산성 (사적 제400호, 1997년 11월 11일 지정)

① 현황

이 유적은 충주시 가금면 장천리 산45번지 해발 337.5m의 장미산을 중심으로 남한
강변으로 이어지는 능선과 남동쪽 계곡을 둘러싸고 축조된 紗帽峯形 석축산성이다.
전체적인 평면형태는 남북으로 긴 장방형에 가까우며 전체 둘레는 내측 성벽을 기준
으로 2,940m이다.

성벽	길이(m)	높이(m)	시설물
동벽	990	3~4	동망대지, 건물지 1·2·7
북벽	390	5~6	북문지, 연못지1, 목책치성
서벽	1,060	2~4	서문지, 연못지2
남벽	500	1~3	남문지, 남망대지, 건물지 8·9·10·11
전체둘레	2,940		

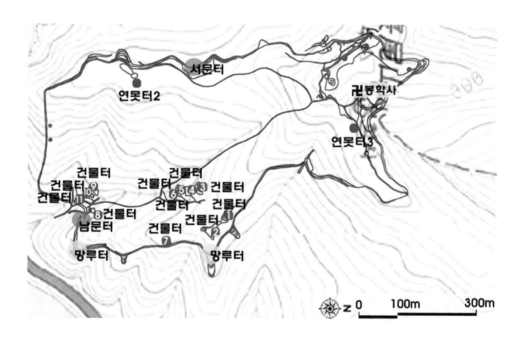

성벽은 기반암을 계단상을 이루도록 정지한 다음 외측 기저부로부터 내탁으로 내측의 기저부의 높이까지 수평을 이루도록 쌓아 올린 후 내벽 기저부로부터는 내외겹축으로 축조하였다. 석축성벽은 기본적으로 별도의 기단을 설치하지 않고 생토면과 암반을 다듬은 다음 곧바로 아랫단부터 철저히 수평 눈줄을 맞추어 성벽을 축조하였다. 기저부의 생토면과 암반은 역 L자형으로 단이 지게 다듬어 성벽의 외측 기초가 밖으로 밀려나가는 것을 방지하였다. 성벽의 윗면 너비와 높이는 일정하지 않으나 대체로 너비 4.5m, 높이 6m의 규모를 보이고 있으며, 보다 낮은 곳은 너비 3m, 높이 6m로

도14) 충주 장미산성 성벽 내측 배수로 모습　　도15) 충주 장미산성 회절부 목책 치성 모습

축조되었다.

② 학술조사 및 정비 이력

성벽 안쪽에는 지금까지 보고된 예가 없던 투석용 석환을 비축한 석곽시설과 성벽 안쪽에서 석축 배수구가 확인되었다. 고대산성에서 투석용 석환이 종종 발견되었으나 석환을 비축하는 석곽시설은 장미산성에서 처음으로 확인되었다. 배수로는 석축성벽의 안쪽으로 30cm 너비의 측구를 사용하였으며 내측성벽으로부터의 거리는 1~3.3m로 일정하지는 않다. 이밖에 능선 회절부에는 목책으로 된 치성의 흔적이 확인되었다.

정비사업은 2004년 성벽에 대한 1차 발굴조사 이후 동쪽 성벽으로부터 복원이 이루어지고 있다. 장미산성의 복원 성벽 또한 신재의 과도한 사용과 성벽 두께의 차이 등 기존성벽과 이질감을 극복하지 못하고 있다.

2. 기념물

1) 안성 죽주산성(경기도기념물 제69호, 1973년 7월 10일 지정)

① 현황

죽주산성은 죽산 분지의 북쪽에 위치하고 있다. 이 산성은 죽산의 진산인 비봉산(해

도16) 충주 장미산성 성벽 모습　　　　　　　도17) 충주 장미산성 복원 성벽 모습

발 372m)에서 동남쪽 약 1km 지점에 있는 해발 229m의 봉우리를 중심으로 내성·중성·외성의 3중구조로 되어있는 복합식 산성이다. 성은 성내의 정상부(해발 250m)에 구축된 테뫼식의 내성과 내성을 둘러싼 중성, 그리고 동북쪽으로 형성되어 있는 골짜기를 능선을 따라 성벽이 감싸고 있는 외성으로 구성되어 있다.

시설물로는 성문, 치성, 각루, 포대, 우물 등이 남아 있고, 장대지를 비롯한 여러 건물지가 남아 있다. 문터는 중성에 3개소, 외성에 2개소 설치되었으며, 대부분의 문지는 성벽의 중간부에 두었으나 남문은 중앙부가 완만한 경사의 능선지점이라는 것을 감안하여 서벽 가까이에 시설하였고, 서문은 본성을 약 20m 정도 벗어난 지점의 외성에 설치하였다. 성벽이 회절하는 지점에는 각루를 두었으며, 여러 지점에 치성과 포대를 설치하였다.[26]

산성의 내성에서는 청동기 시대 무문토기와 삼국시대 토기·기와류, 외성에서는 고려~조선시대의 토기·자기·기와류가 출토되었다. 기와는 '官草'명 평기와, 어골복합문 기와와 자기는 고려시대 청자가 출토되었다.

---

26) 단국대학교 매장문화재연구소, 2002, 『안성 죽주산성 지표 및 발굴조사 보고서』.
　　―――――――――――――, 2006, 『안성 죽주산성 남벽정비구간 발굴조사 보고서』.
(재)한백문화재연구원, 2011, 『안성 죽주산성 성벽 보수구간 내 유적-동벽·남벽 일부』.
　　―――――――――――――, 2012, 『안성 죽주산성 2~4차 발굴조사 보고서』.

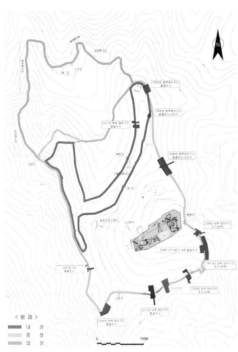

도19) 죽주산성 모습

도18) 죽주산성 발굴조사지역 및 정비구간 현황   도20) 죽주산성 동벽 절개 모습

② 문헌자료

『新增東國輿地勝覽』에는 「竹州古城」이라 기록되었으며 그 내용은 다음과 같다.

죽주고성 : 현 동쪽 5리 태평원 북쪽에 있다. 돌로 쌓았으며 둘레가 3천8백74척인데 지금은 없어졌다. 고려 고종 13년 宋文胄가 竹州防護別監이 되었는데 몽고가 竹州城에 이르러 항복을 권유하므로 성안에서 사졸이 나아가 싸워 쫓았다. 몽고가 다시 포로 성의 사방을 공격하자 성문이 곧 무너졌다. 성중에서도 또한 포를 가지고 공격하자 몽고가 감히 가까이 오지 못하였다. 몽고는 또 사람의 기름을 준비하여 짚에 불을 놓아 공격함으로 성안에서도 포를 가지고 마주 공격하자 감히 가까이 오지 못하였다. 성안에서 사졸이 일시에 문을 열고 돌격하니 몽고군 중 죽은 자가 셀 수 없이 많았다. 몽고는 여러 방법으로 성을 공격하였으나 마침내 함락시키지 못하였다. 문주가 귀주

에 있을 때 몽고가 성을 공격하는 술책을 익히 알고 있었기 때문에 그 계획을 먼저 알지 못하는 것이 없어서 문득 군사들에게 고하기를 "오늘은 적이 반드시 아무 기계를 쓸 것이니 우리는 마땅히 아무 기계를 준비하라"하였다 과연 그 말과 같으니 성안에서는 모두 귀신이라 일렀다(『新增東國輿地勝覽』권 8 죽산현 성지조).

죽주산성은 임진왜란 때에도 수축되어 사용되었던 것으로 보인다. 『大東地志』에 의하면, 죽주고성 : 동쪽으로 5리에 있다. 둘레가 3,874척으로 圻湖大路의 요충지에 해당한다. 선조시에 중수되었으나 지금은 폐하여졌다. 성 동쪽에는 明의 부장 吳惟忠의 仁勇清德碑가 있다.(『대동지지』권 4 죽산 성지조.)

『여지도서』, 『죽산부읍지』, 『죽산읍지』, 『죽산군읍지』 등은 『신증동국여지승람』의 송문주 관련 기록만을 옮겨 적어 놓아 『대동지지』의 기록과 차이가 있다. 한편 죽주산성의 명칭에 대하여 한말에 편찬된 『죽산군읍지』, 『죽산읍지』 등의 고적조에는 「梅城」이라는 명칭으로 기록되어 있다.

③ 학술조사

표2. 안성 죽주산성 1-9차 발굴조사 현황

연번	조사명	위치	조사기간	조사기관	조사내용	조사 후 현황
1	안성 죽주산성 지표 및 발굴조사	산성 전체 및 남치성 인근 서벽붕괴구간	2001. 3. 23 ~2001. 5. 4	단국대학교 매장문화재연구소	산성 지표조사 서벽 내·외부 노출 및 절개	복원
2	안성 죽주산성 동벽정비구간 시굴조사	포루 인근 동벽 붕괴구간	2003. 11. 24 ~2003. 12. 10	단국대학교 매장문화재연구소	동벽 내·외부 노출 및 절개	복원
3	안성 죽주산성 남벽정비구간 발굴조사	남치성 및 주변 성벽	2004. 5. 23 ~2004. 9. 4	단국대학교 매장문화재연구소	남치성 성벽 및 상부조사 남치성과 인접한 남벽과 서벽 내·외부 조사	서벽 복원
4	안성 죽주산성 동벽정비구간 문화재 발굴조사	동문지 북쪽 동벽 붕괴구간	2006. 7. 5 ~2006. 9. 29	재)한백문화재연구원	동벽붕괴구간 2개소 성벽 내·외부 노출 및 절개	복원
5	안성 죽주산성 성벽보수구간 내 유적 발굴조사	동문지 남쪽 동벽 및 남벽붕괴구간	2009. 4. 3 ~2009. 6. 30	재)한백문화재연구원	동벽 및 남벽붕괴구간 2개소 성벽 내·외부 노출 및 절개	복원
6	안성 죽주산성 북벽정비구간 발굴조사	포루 인근 북벽	2011. 7. 12 ~2011. 8. 16	재)한백문화재연구원	북벽붕괴구간 성벽 내·외부 노출 및 절개	복원
7	안성 죽주산성 남벽정비구간 발굴조사	남문지 동쪽 남벽 붕괴구간	2012. 6. 8 ~2012. 6. 30	재)한백문화재연구원	남벽 붕괴구간 성벽 내·외부 노출 및 절개	복원
8	안성 죽주산성 동벽정비구간 발굴조사	동벽 회절부	2013. 9. 23 ~2013. 11. 22	재)한백문화재연구원	동벽 회절부 붕괴구간 성벽 내·외부 절개	복원
9	안성 죽주산성 남벽정비구간 발굴조사	남벽	2015. 6. 12 ~2015. 6. 26	재)한백문화재연구원	남벽 붕괴구간 성벽 내·외부 절개	조사지역

2) 청주 부모산성(충청북도 기념물 제121호, 2002년 1월 11일 지정)

① 현황

부모산성은 충청북도 청주시 흥덕구 비하동과 지동동의 경계를 이루는 부모산(해발 231m)에 축조된 삼국시대 석축산성이다. 이 유적은 부모산 정상부와 동쪽과 북쪽으로 이어지는 계곡 상단부를 둘러싼 본성과 부모산에서 동쪽과 북쪽 및 서쪽으로 이어지는 능선 상에 위치하고 있는 3개의 보루성 및 제1보루에서 서쪽으로 이어지는 능선 정상부에 축조된 학천산성으로 명명된 산성 등 모두 5개소의 성으로 이루어져 있다.

부모산의 남쪽에서는 직선거리 5km의 팔봉산이 보이며, 약 10km의 문의와 경계를

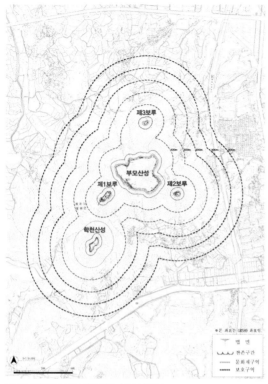

도 21) 부모산성 및 보루 현황 실측 평면도

이루는 봉무산과 부강과 경계를 이루는 복두산까지 바라다 보인다. 또한 남동쪽으로는 봉무산을 거쳐 문의의 작두산성과 연결된다. 동쪽으로는 무심천 건너의 우암산성과 그 배후에 있는 상당산성도 조망된다. 북동쪽으로는 미호천 강안에 있는 평지의 정북동토성을 지나 강 건너 북쪽의 목령산성과 더 멀리 이성산성 및 낭비성이 보인다. 서쪽으로는 조치원 방면의 병마산성 등이 조망되고 있다.

② 문헌자료

　　부모산성이 문헌기록에 처음 등장하는 것은 『新增東國輿地勝覽』으로 券15 淸州牧 古蹟에 "父母城은 州의 서쪽 15리에 있다. 석축으로 둘레가 2427척이며, 성안에 큰 연못[大池]이 있는데 지금은 폐성되었다."[27] 라고 기록되었다. 이러한 기록은 부모산성이 언제 축성되었는지는 알 수 없으나 조선시대 이전에 축성되고 경영된 산성이었다는 사실을 알려준다 할 수 있다. 이후 조선시대 역대 지리지에는 『新增東國輿地勝覽』의 내용을 거의 동일하게 기록하고 있다. 한편, 조선 후기의 『忠淸都邑地』券8 淸州牧 古蹟에는 "주의 서쪽 15리에 있고, 석축이며, 성안에 못(池)이 있어 가뭄에는 비를 빈다. 둘레가 2,427척인데 지금은 폐하였다."라고 하여 성안에는 못이 있고 기우제가 있었던 것을 전하고 있다.

---

27) 『新增東國輿地勝覽』 卷 15 淸州牧 古跡 "父母城 在州西十五里 石築 周二千四百二十七尺 內有大池 今廢"

③ 학술조사 및 정비 이력

학술조사는 정밀지표조사[28]를 비롯하여 6차례의 시·발굴조사[29]가 이루어졌다. 정밀지표조사는 1999년 충북대학교 중원문화연구소에서 실시하여 부모산성의 구체적인 규모와 현황파악이 이루어졌다. 또한 부모산성 본 성 외에 동쪽과 서쪽으로 이어지는 능선상에 각각 3개의 보루가 위치하고 있다는 사실이 처음으로 확인되었다. 시굴조사는 2004년·2010년에 2차례 실시되었다. 2004년 시굴조사는 부모산성의 가장 낮은 지역에 해당하는 동쪽 계곡부 성벽 안쪽에 위치한 연화사 대웅전 증축과 관련하여 실시되었다. 연화사 대웅전부지는 당초 기록에 보이는 大池가 있었을 것으로 추정되는 유력한 후보지였는데, 시굴조사를 통하여 계단상을 이루는 대지의 池岸石築 2~3단이 확인되었다. 2010년 시굴조사는 부모산성 내 소화전 설치공사와 관련하여 실시되었다. 이 조사의 1구덩에서 부모산성 동벽과 연관된 것으로 추정되는 석축시설 확인되었다. 발굴조사는 북문지 일대에 대하여 1·2차 발굴조사가 진행되었으며, 서문지와 제1보루 및 학천산성에 대하여 3·4차 발굴조사가 진행되었다.

부모산성이 위치하고 있는 부모산을 포함한 산줄기는 해발 231.6m의 그리 높지 않은 산으로 우암산성이 위치하고 있는 우암산 및 상당산성과 함께 청주시민들이 휴일은 물론 아침저녁으로 등산하기에 아주 적합한 조건을 갖추고 있다. 부모산성은 성벽 내측을 따라 산성을 일주할 수 있는 등산로가 개설되어 있으며 이 등산로는 능선부를 통과하는 성벽을 넘어 부모산 주변의 각 마을로 연결되어 있다. 이 성벽을 넘나드는 등산로에는 아무런 시설이 없어 지속적으로 성벽이 붕괴될 가능성이 있다. 부모산성에서 주변이 각 마을로 이어지는 등산로는 모두 산성 주변에 위치하고 있는 3개의 보루와 학천산성까지 연결되어 있다.

---

28) 忠北大學校 中原文化研究所, 1999, 『淸州 父母山城 地表調査 報告書』.
29) 中原文化研究院, 2006, 『淸州 父母山 蓮華寺地 -大雄殿 增築敷地 試掘調査 報告書』.
　　中原文化研究院, 2008, 『淸州 父母山城 Ⅰ -1·2차 발굴조사 종합보고서』.
　　충북대학교 박물관, 2012, 「청주 부모산성 발굴조사 약보고서 - 서벽구간 - 모유정 및 제1보루-」.
　　충북대학교 박물관, 2013, 「청주 부모산성 발굴조사 현장설명회 자료」.

3) 인제 한계산성(강원도 기념물 제17호, 1973.07.31. 지정)

① 현황

한계산성[30]은 강원도 인제군 북면 한계리에 위치해 있다. 이곳은 설악산 내설악으로 원통에서 한계산성으로 올라가는 골짜기 입구에 있는 옥녀탕에서 동쪽 능선을 따라 약 1km 떨어진 지점이다. 한계산성은 가장 낮은 곳이 해발 700m, 가장 높은 지역이 1,200m으로 고저 차이가 500m이른다. 산성의 한가운데 계곡부가 형성되어 있으며, 성벽이 그 둘레를 감싸고 있다. 산성의 동쪽과 서쪽은 해발 1,000m 이상 되는 산맥이 가로막고 북쪽의 뒤로는 해발 1,430m의 안산에서 뻗어내는 험산준령이 병풍처럼 둘러쳐져 있다.

한계산성은 상성(내성)과 하성(외성)의 이중구조로 되어 있다. 산골짜기와 양쪽 산의 좁은 능선을 가로막아 그 안의 계곡을 거점으로 산의 가파른 능선을 이용하여 성을 지키고 적의 침입에 대비한 유리한 지형을 가지고 있다. 성은 전체 둘레가 6.6㎞이며 이 중 상성 1.9㎞, 하성 4.7㎞이다. 성벽은 전체적으로 자연능선을 그대로 성벽으로 이용하였고 석축성벽은 상성과 하성 남쪽 성벽의 극히 일부에 불과하다. 성문은 상성에 동문지와 서문지가 있으며, 하성에는 남문지가 있다. 건물지는 상성에 대궐터라 일컬어지는 곳과 하성에 3개소가 있다. 기타 내부시설물로써 하성에 천제단이 있다. 외부 시설물로는 상성과 하성에 망대지가 각각 1개소가 있다.[31]

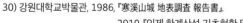

30) 강원대학교박물관, 1986,『寒溪山城 地表調査 報告書』.

ㅤㅤㅤㅤㅤㅤㅤㅤㅤㅤ, 2010,『인제 한계산성 기초현황 및 성벽 안전성 검토 학술조사 보고서』.

ㅤㅤㅤㅤㅤㅤㅤㅤㅤㅤ, 2012,『인제 한계산성 종합정비 기본계획』.

강원대학교박물관·한국성곽학회, 2012.5,『인제 한계산성의 역사문화적 가치와 정비·활용방안』. 인제 문화유산 가꾸기 학술심포지움.

인제군·강원문화재연구소, 2015,『한계산성의 역사적 성격과 조사·보존방안』.

강원문화재연구소, 2014,『한계산성 문화재 발굴(시굴)조사 약식보고서』.

ㅤㅤㅤㅤㅤㅤㅤㅤㅤㅤ, 2015,『인제 한계산성(상성) 문화재 발굴(시굴)조사 약식보고서』.

31) 김호준, 2012,『고려 대몽항쟁기의 축성과 입보』. 충북대 박사학위논문, pp.177~178.

② 문헌자료

한계산성이 처음 축조된 시기는 명확하지 않지만,『高麗史』에 의하면 몽고침입 시기인 1259년 몽고군의 공성(攻城)을 막아내고 오히려 한계산성 방호별감(防護別監)을 맡고 있던 안홍민(安洪敏)이 군사를 거느리고 출격하여 몽고군을 섬멸한 곳이다. 또한 공민왕 때의 반원정책으로 압록강 북쪽 8참(站) 지역 공격과 쌍성총관부 무력 수복, 홍건적의 홍기 등 몽고와의 전쟁 이후 가장 군사적 긴장이 높아진 시기에 한계산성을 다시 크게 수리하였다는 기록을 갖고 있다.[32]

③ 학술조사 및 정비 이력

한계산성은 1986년 강원대학교 박물관에 의해 지표조사가 실시되었다. 이후, 2009년에 인제 한계산성 기초현황조사 및 성벽안전성 검토 학술용역과 2011년 정밀 지표조사를 통한 성곽의 정확한 현황파악과 측량 및 도면을 작성하여 종합정비계획에 활용한바 있다. 또한, 강원문화재연구소에서 한계산성에 대한 종합정비 기본계획 및 활용방안을 강구하면서 유적의 성격 규명, 원형 고증 및 유적 정비에 필요한 자료를 수집하기 위한 발굴조사가 진행되었다. 2014년 하성 내 건물지에 대한 시굴조사를 시작으로 2015년에 상성의 성벽과 건물지에 대한 발굴조사를 진행하였다. 이러한 학술조사와 연계하여 한계산성의 역사적 성격과 가치를 연구하고자 2012년도와 2015년도에 학술대회가 개최되었다. 학술대회를 통해 성곽의 내용과 구조적 성격뿐만 아니라 역사적 의미에 대한 검토가 이루어졌다.

---

32) 유재춘, 2015, 「한계산성의 역사와 축성사적 특징」,『한계산성의 역사적 성격과 조사·보존방안』, p.54.

인제 한계산성의 가치와 의의

a. 인제 한계산성은 2차례의 지표조사와 1차례의 종합정비계획, 2차례의 발굴 조사 등의 학술조사와 3차례의 학술대회를 통해 역사적·학술적 가치가 밝혀졌다.

b. 한계산성의 역사적 위상은 대몽항쟁기 한계산성 전투의 승리를 들 수 있다. 이 전투는 강도정부의 적극적 지원에 힘입어 한계성 인근 지역의 입보민들이 참여하여 적을 격퇴한 의미 있는 전투였다고 할 수 있다. 그리고 30년 여몽전쟁의 최후 전투를 승리로 이끌었다는 점에서 의의가 있다. 동시에 몽골이 쌍성총관부의 설치와 함께 조휘 등의 부몽세력을 이용하여 남쪽으로 지배력을 확대하려는 책동을 저지한 싸움이었다. 또한 6차 침입기의 강도정부 무인집권층의 변화 속에서 동북면 일대 방어체계 정책과 방호별감(안홍민)의 파견, 김윤후의 행적을 찾아 볼 수 있는 역사자료라 할 수 있다.

c. 한계산성에 대한 축성사적 위상은 대몽항쟁기 5차와 6차 침입기 험산대성의 입보용 성곽이 짧은 시간 속에서 평면구조와 축성방식, 성벽 부속시설물이 변화되는 양상을 살필 수 있는 중요한 자료라고 할 수 있다. 더불어 입보용 성곽에 의지한 백성들의 신앙처였을 천제단 시설이 잘 남아 있어 이에 대한 연구의 폭을 넓혀 줄 수 있는 성곽 중에 하나라고 할 수 있다.

d. 이 밖에 고려말 조선초 공민왕의 반원정책과 동해안 일대의 왜구 침략을 대비하기 위해 성곽을 수축했던 자료들을 비교 연구할 수 있는 점에서 강원도 지역에 대한 국방체계에 변화와 축성사적 변화과정을 찾을 수 있는 역사 및 고고학적 자료로써 가치가 높다.

e. 한계산성은 설악산국립공원의 내설악에 위치하고 있으며, 산성으로 올라오는 골짜기 입구에 옥녀탕이라는 경관적으로 아름답고 관광자원으로 활용하기에 유리한 입지조건을 갖추고 있다. 한계산성은 역사적·학술적 가치가 뛰어나며, 주변의 빼어난 경관과 어울려 관상적 가치가 높다.

f. 한계산성은 우리 역사 속에서 매우 큰 국난이었던 몽골의 침입을 막아낸 최후의 險山大城의 입보용산성이라는 점에서 매우 가치가 높다. 따라서 향후 지속적인 조사와 연구가 필요하며, 보존과 활용을 통해 우리의 후손들에게 국난극복의 역사교육의 장으로서 남겨 줄 필요가 있다.

4) 인천 계양산성(인천시 기념물 제10호, 1992년 5월 15일 지정)

① 현황

유적은 인천시 계양구 계산동 10-1번지 일원으로 해발 395m의 계양산 정상에서 동쪽으로 뻗어 내린 해발 202m 지점의 작은 봉우리에 위치하고 있다. 형태는 북서-남동을 장축으로 하는 장타원형이며, 성벽의 둘레는 1,184m이다.

성벽이 축조된 지형은 서문지 주변이 해발 201m 정도로 제일 높고, 동문지 주변이 109m 정도로 낮아 서고동저의 지형을 보이고 있다. 성벽은 서벽 일대의 봉우리를 감싸며 동쪽으로 이어지는 능선을 따라 진행하다가 동벽 일대의 계곡을 막아 석축으로 축조되었다. 해발 202m 봉우리와 동쪽의 188.4m 봉우리에서 발달한 능선과 계곡의 상단부를 가로지르며 축조되었기에, 능선 상단부에서는 밖으로 돌출되었고 곡간부에서는 안쪽으로 오목하게 축조하였다.

② 문헌자료

계양산성은 『三國史記』 지리지에서 "장제군은 본래 고구려의 주부토군인데 신라 경덕왕대에 개명되었다"[33]는 기록에서 고구려에 의해 사용되었을 가능성이 있다. 그리고 조선시대 기록 중 『新增東國輿地勝覽』, 『增補文獻備考』, 『大東地志』 등에서 성에 대한 기록은 미비하며, 다만 『大東地志』에서 "古城으로 안남산(安南山)의 동남쪽에 둘레가 1천 9백 37척"이라고 적혀 있다. 선성은 이미 조선 초기 이후부터 폐성된 것으로 추정되며 적어도 19세기에 해당되는 권의성과 권대응의 무덤이 조성되는 점으로 미루어 산성으로써의 기능은 이미 사라진 것으로 볼 수 있다.

③ 고고학적 조사

계양산성은 1997년 인천시에서 복원정비계획을 목적으로 실시한 지표조사[34] 이후, 2001년 선문대학교 고고연구소에서 계양산성 주변 유적에 대한 지표조사가 실시되었다.[35] 이후, 2003년부터 2015년까지 7차례에 걸쳐 시·발굴조사가 이루어졌다.

1차~3차 발굴조사는 선문대학교 고고연구소에 의해 실시되었다. 1차 조사는 2003년도에 계양산성 서북쪽 육각정 일대 성벽에 대해 실시되었고, 2차 조사는 2005년도에 동문지 추정 지역에 대한 성벽조사와 이 일대의 집수시설에 대해 조사가 진행되었다.

---

33) 『三國史記』권37, 잡지4, 지리2. "長堤郡 本高句麗主夫吐郡 景德王改名 今樹州".

34) 인천광역시, 1997, 『桂陽山城 地表調査 報告書』.

35) 이형구·김영수, 2001, 『계양산 일대 문화유적 지표조사 보고서』, 선문대학교 고고연구소.

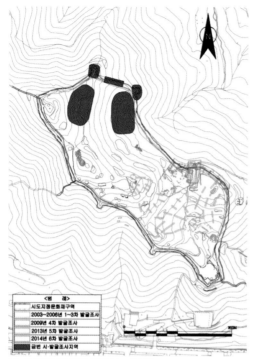

<병 례>
시도지정문화재구역
2003~2006년 1~3차 발굴조사
2009년 4차 발굴조사
2013년 5차 발굴조사
2014년 6차 발굴조사
금변 시·발굴조사지역

도23) 계양산성 현황 및 발굴조사 현황

3차 조사는 2006년도에 제1·제3 집수정에 대한 조사가 진행되었다.[36]

4차~7차 시·발굴조사는 겨레문화유산연구원에서 진행하였다. 4·5차는 시굴조사로 4차는 2009년도에 북문지 조사 및 주변,[37] 5차는 2013년도에 성 내부의 곡간부(북문지 남쪽)에 대한 조사가 실시되었다.[38] 6차는 2014년도에 5차 조사에서 확인된 건물지를 중심으로,[39] 7차에서는 2015년도에 산성의 북벽 일대 2개의 치성과 성 안쪽의 추정 건물지 2개소가 조사가 진행되었다.[40]

인천 계양산성은 조사를 통해, 백제를 비롯한 삼국 및 통일신라, 고려시대, 조선시대에 이르는 전시기에 걸쳐서 이 일대의 중요한 성곽으로 경영되었던 사실들이 밝혀지게 되었다. 아래 표는 인천 계양산성에서 실시된 1차에서 6차 발굴조사에 대한 성과를 정리한 것이다.

36) 선문대학교 고고연구소, 2008,『桂陽山城 發掘調査報告書』.
37) 겨레문화유산연구원, 2011,『계양산성 II-4차 시·발굴조사보고서』.
38) 겨레문화유산연구원, 2013,『계양산성 5차 발굴(시굴)조사 약보고서』.
39) 겨레문화유산연구원, 2014,『계양산성 6차 발굴조사 약보고서』.
40) 겨레문화유산연구원, 2015.6,『인천 계양산성 7차 시·발굴조사 1차 학술자문회의 자료』.

표3. 인천 계양산성 1차~10차 발굴조사 현황

구분	기관	기간	면적(㎡)	발굴성과	사 진	비고
1차	선문대학교 고고연구소	2003. 8.12 ~2003. 10.30	28,306	·육각정 일대의 서벽 외벽 및 보축성벽, 내벽 조사		
2차		2004. 12.15 ~2005. 6.11	3,000	·동벽의 내외벽 조사 ·'主夫十夫口大'명문기와 ·제1 집수정 조사 ·백제 원저단경호 및 목간 출토		백제관련 유구 및 유물 확인
3차		2006 .5.16 ~2006. 9.15	2,300	·제1집수정추가조사 ·제3집수정 조사 ·연화문 수막새 ·'主夫十'명문기와 및 6세기경신라기와		백제 및 신라, 나말여초 유구 및 유물 확인
4차	겨레문화유산연구원	2009. 5.18 ~2009. 8.31	4,655	·북문지발굴조사 (2차변화확인,임진왜란 정비, 현문식구조,배수로및문확석) ·북문지 외부성벽 및 보축성벽,치성 확인, ·성 내부에서 건물지 흔적 확인 ·삼국~고려명문기와 및 토기류 ·고구려(계) 토기 및 기와(통쪽흔 및 음각 부호)		고구려(계) 관련 토기 및 기와 확인, 임진왜란 당시 왜군의 점유 확인(?).
5차		2013. 10.21 ~2013. 12.22	10,810	·북문지 남쪽 일대의 성내부 시굴조사 ·건물지,석축,수혈, 소성유구 등 확인 ·19세기 안동권씨 묘지석2매(권의성, 권대응)		
6차		2014. 6.18 ~2014. 12.22	2,699	·북문지 남서쪽 일대의 4차 조사에 이은 발굴조사 ·건물지9동,집석유구3기,수혈유구19기, 구들2기 등 확인 ·6세기말~9세기동안 증개축		건물지등은 6세기말~ 9세기 동안 증개축

구분	기관	기간	면적 (㎡)	발굴성과	사 진	비고
7차	겨레문화유산연구원	2014.05.20.~2015.08.31.	6,570	·토심석축으로 조성된 치성 2개소 확인 ·시굴조사를 통해 다수의 건물지 관련 유구 잔존 확인		치성의 조성시기는 나말여초기 또는 그 이후로 추정됨
8차		2016.05.30.~2017.01.17.	2,418	·7차 조사 당시 존재가 확인된 건물지들에 대한 발굴조사를 통해 1동의 대형 대벽건물지 및 제의시설, 집수시설 등 확인 ·제의유구는 노출된 자연암반의 노두 주변을 계단상으로 굴착한 후 소형 기종인 고배·완 등의 토기를 매납했으며, 그 주변으로 파쇄된 토기편이 산포하고 있음		유물을 통해 8~9세기를 중심으로 사용된 것으로 판단됨
9차		2017.04.25.~2017.10.25.	8,380	·8차조사에서 확인된 집수시설에 대한 정밀조사 실시 ·4호 집수시설의 평면형태는 장방형으로, 2차례의 개축이 이루어졌음. 개축은 무너지지 않은 하단부 벽을 그대로 쓰면서 점차적으로 안쪽으로 공간을 좁혀가며 석축을 다시 축조했음이 확인됨		자연과학분석을 통해 개축시기 간의 차이점과 주변 식생에 대한 기초자료를 확보
10차		2019.09.25.~2020.05.31.	1,200	· 성벽은 석재를 사용하여 협축식으로 조성되었음. 내성벽에서 확인된 내탁부의 층위는 역경사식으로 조성됨. · 외성벽의 기저부에서는 보축시설이 확인되었음		

Ⅲ. 보존 관리 방안 -사적 승격을 위한 제언

앞 장에서 살펴본 국가 사적 및 지방 기념물의 보존 관리 현황을 정리하면 다음의 표 4)와 같다.

표4. 사적 및 기념물 보존 관리 현황과 문학산성 (2015.12.31. 현재)

지정종류	유적명	지표조사	시·발굴조사	학술대회	정비계획	정비 복원
사적	보은 삼년산성	지표·측량	10차	·	2회	성벽·성내시설물
	단양 온달산성	지표	3차	·	1회	성벽
	영월 정양산성	지표	6차	1회	1회	진입로
기념물	안성 죽주산성	지표	9차	1회	1회	성벽·성내시설물
	청주 부모산성	지표	6차	1회	·	탐방로
	인제 한계산성	지표 2차	2차	2회	1회	탐방로
	인천 계양산성	실측	7차	1회	1회	성벽·진입로
	인천 문학산성	실측	·	·	·	성벽·탐방로

먼저, 국가 사적 중 보은 삼년산성은 1977년 기초조사를 시작으로 모두 10차례의 발굴조사가 진행되었다. 정비는 여타 성곽에 비해 상당히 이른 시기부터 실시되었다. 1970년대 말부터 서벽부에 대한 복원을 추진하였으나, 2000년대 이전에는 원형고증을 위한 학술조사 없이 보수 정비가 이루어져 많은 문제점을 야기 시키고 있다. 즉 기존 성석과는 다른 석재를 사용하여 이질감이 심하며 성곽 복원의 실패 사례로 거론되는 실정이다. 그리고 단양 온달산성은 1989년 지표조사만 거친 후 북문과 북치성이 복원되었고 서벽부에 대해서 연차적 정비가 진행되었다. 온달산성 역시 삼년산성과 마찬가지로 학술조사 없이 정비가 이루어진 사례이다. 이중 북문지는 한 차례 시굴조사 후 정비 복원이 이루어져 초축 유구는 복원 공사시 훼손될 수밖에 없었다. 서벽도 기존

성벽과 이질감이 드는 신재를 사용하였다.

영월 정양산성은 2000년 지표조사, 2003년 사적 제446호 지정, 2007년에 종합정비기본계획 수립하였다. 2010년부터 모두 6차의 발굴조사 등 체계적인 조사와 사적지정, 종합정비계획, 발굴조사, 학술대회 개최, 정비 복원 등을 순차적으로 진행한 매우 모범적인 사례로 들 수 있다. 특히 발굴조사는 강원고고문화연구원에서 첫 발굴부터 현재까지 연차적으로 진행하고 있다. 이는 발굴조사의 전문성과 연계성을 보장한다는 장점이 있다. 즉 조사단의 효율적 운영, 조사 경험 및 성과의 집적, 보존 관리와 활용방안의 체계적인 확립 등을 들 수 있다. 그리고 산성의 진입로와 탐방로가 우선적으로 정비되었으며 성내는 유구별 안내판이 잘 마련되어 있다. 충주 장미산성은 1992년 지표조사, 1997년 사적400호 지정, 2004년 북벽과 북서회절부에 대한 1차 발굴조사가 이루어진 후 동벽과 북벽의 정비 복원이 진행된 바 있다. 이들 복원 성벽도 기존 사례와 마찬가지로 과도한 신재 치환으로 인한 21세기 축대를 보는 느낌이다. 앞서 예시한 정양산성과는 상반되는 결과를 가져오는데 이는 해당 문화재를 관리하는 기초자치단체의 의지와 의식도 한 몫을 차지한다고 여겨진다.

다음으로 지방 기념물 중 안성 죽주산성은 1970년대부터 전국 승첩지 성역화 사업의 일환으로 지속적인 정비 복원이 진행되었다. 첫 학술조사인 2001년 지표 및 발굴조사 이외에는 모두 8차례의 발굴조사가 성벽 정비에 따른 사전조사였다는 점이 특이하다. 조사는 단국대학교 매장문화재연구소(1~3차)와 한백문화재연구원(4~9차)에서 연계성을 유지하였다는데 의미가 있으나 대부분 성벽에 국한된 제한적 조사였다는 점에서는 많은 아쉬움이 있다. 또 청주 부모산성은 주변 3개 보루와 학천산성 등 부모산 소재 관방유적까지 포함하여 발굴조사와 정비계획을 추진하는 독특한 사례에 해당한다. 1999년 지표조사, 2004년부터 시·발굴조사가 실시되고 있다.

다음으로 인제 한계산성은 1986년 지표조사, 2009년 기초현황 및 성벽 안전성 검토, 2011년 정밀 지표조사와 측량조사, 종합정비계획 수립에 기초한 발굴조사를 순차적으로 진행하였다. 또한 2012년과 2015년에는 학술대회를 개최하여 한계산성의 구조와 성격 그리고 역사적 의미에 대한 검토도 이루어졌다. 앞서 언급한 영월 정양산성과 마찬가지로 체계적인 계획을 꾸준히 추진하는 모범사례로 평가된다.

마지막으로 인천 계양산성은 문학산성과 동일한 실측(지표)조사부터 시작하였으나, 연차적인 발굴조사와 종합정비계획 수립, 성벽 보수 및 성내 민묘군 이장, 학술대회 개최 등 지속적인 조사 연구, 정비 보수 등이 돋보이는 사례이다. 최근 진입로 초입에 중장기계획에 따라 계양산성 박물관 건립을 준비 중인 점이 인상적이다. 또한 2015년 검단선사박물관에서 산성 출토유물 전시회를 개최하며 전시도록을 발간하였는데 이는 지역주민과 학계에 계양산성의 중요성을 홍보하는 중요한 장이 되었다. 그간 일련의 과정을 볼 때 사적 승격에 긍정적인 결과가 기대된다.

다음으로 문화재 보존과 활용방안의 설정, 그리고 학술조사, 종합정비계획 수립, 정비 복원, 관리 및 활용 등으로 사적 승격을 위한 몇 가지 제언을 언급하고자 한다.

표5. 문화재 보존과 활용 방향의 설정

	계획지표	계획방안
학술조사 및 연구 계획	- 원형 보존을 위한 성곽 훼손 요인을 파악한 후 방지 방안 제시 - 원형 고증 및 유적 정비의 기초자료 확보를 위한 발굴조사 실시. 발굴조사단의 의견을 수렴 및 반영 - 발굴조사 시 조사과정 및 유구 탐방이 가능하도록 하여 역사 교육의 장으로 활용	- 정밀실측조사, 안전점검, 자연 생태환경조사 - 발굴조사계획 수립 - 학술대회 및 세미나 개최
문화재보호 구역 검토	- 유적보호와 관리를 위한 문화재보호구역 검토 - 역사문화환경 개념을 도입하여 주변 환경까지를 고려한 확대 지정안 및 협의구역 일부 지역 조정안 제시 - 문학산성에 위치하는 관련 유구의 분포 가능성에 따라 문화재 보호구역을 확대하는 방안 요구 - 유구매장 가능성에 따른 문화재보호구역 확대지정 방안	- 지형과 성내 시설물 보존 - 현상변경처리기준안
정비 계획	- 유구 노출에 따른 훼손을 최소화하는 방안 강구 - 원형 보존에 입각한 보존, 정비, 복원 계획 수립 - 효율적인 유적 활용을 위한 최소한의 시설 계획 수립	- 성내외 일정구간 수목 제거 - 안전펜스 및 데크 설치 - 유구별 보존, 정비, 복원 - 단기계획 유적 탐방센터, - 장기계획 유적 전시관 - 교육 홍보시설 및 주차장 등 부대시설 설치
보존 관리 계획	- 유적 훼손 요인에 대한 지속적 점검 - 군당국과의 협조하에 유적정비 계획 수립	- 배수시설 및 수목 관리 - 관리자 및 전문가에 의한 정기 점검 실시
활용 계획	- 역사문화 공간 조성 - 고대 유적 성격에 맞는 활용 방안 제시 - 주변 문화유적과 연계방안 마련	- 자연환경을 이용한 생태역사 체험교육 - 주변 문화재와 연계된 문화탐방 코스 정비

1. 학술조사

학술조사에는 지표조사, 시·발굴조사, 현황측량조사, 식생조사, 생태조사 등이 포함된다. 여기에서는 학술조사의 중심인 발굴조사를 중심으로 기본 방향을 비롯해 조사방법 체계화, 전문성과 연계성 확보, 발굴후 정비 복원안 제시 등에 대해 정리하고자 한다.

발굴조사의 기본방향은

a. 문학산성의 현재 상황을 정확히 파악·분석하여 그 현황에 따라 발굴 및 보존 활동 정도와 정비방안의 수준을 결정하여 조사·발굴·연구를 진행한다.

b. 발굴 후 원형보존의 수위를 결정하여 보존단계를 설정하고 보존 및 복원함으로써 호국 및 관방 역사 문화의 교육 장소로 활용한다.

c. 고대 삼국의 역사와 문화를 전파하고 직접 커뮤니케이션하는 활동을 통해 호국의 역사 문화 보존과 계승의 중심적 장소로 부각시킨다.

1) 조사 연구 방법의 체계화

그동안 많은 학자들에 의해 성곽 연구가 진행되었으나 성곽 조사 과정에서 혹은 출토 유구의 해석 등에 대한 표준적인 절차나 방법론적인 접근은 이루어지지 못하고 있는 실정이다. 다시 말해 성곽의 조사 연구에 있어서 반드시 고려되어야 할 문제가 무엇인가에 대한 학계의 공감대가 형성되어야 한다는 것이다. 또 성곽 조사의 전문성 확보는 물론 지역간 성곽의 상호 비교, 시기별 변천과정 분석을 통한 국가별 공유관계의 검토 등 연구의 다양화와 수준 제고의 기폭제가 필요할 것으로 생각된다.[41]

2) 조사단의 전문성 확보

인천시는 문학산성에 대한 발굴조사를 장기적이고 항시적으로 진행할 필요가 있다. 이와 더불어 조사기관을 부득이한 사정이 없을 경우에는 교체해서는 안 된다. 뒤에서

---

41) 白種伍, 2007, 「仁川沿岸의 古代城郭에 대하여」『文化史學』27, 文化史學會, 179~180쪽.

거론하겠지만 경쟁입찰 등으로 발굴기관이 빈번하게 바뀐다면 조사의 진행뿐만 아니라 성곽에 대한 보존대책과 활용방안을 수립하는데 혼선이 야기될 것은 자명하다.

조사기관은 조사계획의 수립과 운영 전반, 조사내용에 대한 학술적 연구 및 대외홍보와 발표, 향후의 보존 및 활용방안에 대한 전반적인 참여와 주도를 하는 것이 바람직하다. 또한 조사단은 성곽 전공자(석사급 이상)를 현장조사에 참여하게 하며, 유구의 특성에 맞은 전공자가 참여할 수 있도록 조사단을 구성할 필요가 있다고 생각된다. 왜냐하면 성곽조사는 특히 성벽이나 문지, 건물지에 대한 정비나 복원을 위한 기초자료를 수집하는데 목적이 있는 경우가 많기 때문에 정비나 복원에 중요한 원형을 최대한 찾고 분석할 수 있어야 하기 때문이다.[42]

한편으로 조사단은 유구가 여러 시기에 걸쳐 중복된 경우, 분석과 검토를 통해 변화양상을 최대한 보여줄 수 있는 방안을 찾아야 하며, 조사 이후 공개 및 복구, 정비공사에 필요성에 대해서도 정리할 필요가 있다.

3) 발굴조사 연계성 보장

문학산성의 기초자료 확보 및 보존·정비의 방향 설정을 위해서는 올해 진행될 학술조사와 후에 언급할 종합정비계획을 연관하여 진행할 필요가 있다. 발굴조사 순위는 문학산성의 특징을 잘 나타낼 수 있는 성곽시설물 뿐만 아니라, 원형을 고증할 수 있는 지역에 대해 선별하여 집중적으로 조사할 필요가 있다. 또한 산성 내 배수로와 건물지, 탐방로 추가 개설 지역 등 우선 정비가 필요한 지역에 대해서 조사를 진행하여야 한다.

그러나 필자가 우려하는 것은 지자체별로 행정 담당자가 교체되면서 산성과 관련된 학술조사를 경쟁 입찰하게 하여 발굴기관이 교체되는 경우이다. 최근에 어느 지자체에서는 경쟁입찰을 통해 학술조사 대상자 선정의 투명성과 조사비를 절감하고자 하는 사례도 종종 있다. 이러한 경우, 새로이 조사에 참여하는 기관은 앞선 조사자료의 인수인계 및 사전 검토하는데 시일이 걸리고, 성곽에 대한 지형 분석 및 기조사지역에 대한

---

42) 서영일, 2013,「경주 월성 연구조사 및 유적활용방안」,『경주월성의 보존과 활용』, 경주 월성 보전정비정책연구 결과보고회, 50~51쪽.

유구의 위치 및 출토유물에 대한 층위를 판단하는데 어려울 수가 있다. 이외에도 단순히 정해진 조사지역에 대한 조사만 충실히 진행할 수밖에 없게 될 것이다.

이러한 행정 편의는 학술조사의 원활한 진행과 조사성과의 분석과 집적, 성곽에 대한 보존대책과 활용방안을 수립하는데 혼선이 야기될 것으로 예상된다.

4) 발굴조사時 정비 복원 방안 제시

인천지역의 많은 성곽들이 정비와 복원이 진행되었으나, 그 결과에 대해서는 누구나 만족하지 못하고 있다. 이는 보수와 복원 과정에서 비전문가들이 깊숙이 개입하거나 정비를 위한 사전 조사 과정에서 발생하는 오류들이 오랫동안 시정되지 못하고 단순히 답습하는 과정을 되풀이 하면서 섣부른 유적정비가 이루어져 왔기 때문이다. 이러한 문제점은 무엇보다도 유적의 원형 훼손이라는 심각한 문화적 손실을 가져왔다. 앞으로 제 분야 연구자들의 참여와 연구가 보장되어 성곽 보존 정비에 대한 신뢰를 회복해야 할 것이다.[43]

2. 종합정비기본계획

성곽유적의 종합정비계획의 현황과 실태조사는 2008년 문화재청의 「성곽정비 및 보존·관리 활용방안 연구」에 다루어 졌다. 이 당시 조사대상 성곽 16곳의 종합정비계획의 수립현황을 살펴본 결과, 2003년 이전에 작성된 종합정비계획의 대부분은 기초조사와 연계하거나 보수를 위한 정비계획으로 각 성곽들은 보수·정비 공사를 진행 중이면서 필요에 따라 종합정비계획이 수립되는 양상을 보였다. 이러한 계획 내용에는 '일괄적 복원계획의 수립', '중장기 연차별 세부계획의 부재', '형식적인 기초조사' 등의 문제점이 부각되었다.[44]

이를 보완하기 위해 2009년에 제정된 「사적 종합정비계획의 수립 및 시행에 관한

---

43) 白種伍, 2007, 앞의 글, 179~180쪽.

44) 金弘坤, 2011, 「성곽유적의 整備復元구간 선정을 위한 평가지표 연구」 서울시립대 석사학위논문, 13~14쪽.

지침」[45)]의 제9조 정비계획의 수립 시 유의사항에서는 유적의 정비계획에 있어 유적의 진정성과 활용 가능성, 제반여건 등을 종합적으로 검토하여 정비계획의 타당성과 실효성을 확보할 것을 규정하고 있다. 즉 원형 고증조사를 비롯한 성곽의 현황 및 기초조사가 이루어진 다음 이를 토대로 유적의 보전정비계획의 수립 이전에 보존방향 설정을 제안한 것이다. 여기서 보존방향의 설정이란 성곽의 유적으로서 진정성의 가치와 현실적 가치를 종합적으로 판단하여 유적의 보존대상과 범위를 결정할 것을 의미한다.

이상의 사적 및 성곽 보존지침에서 나타나는 보전계획의 제안 및 세부지침의 내용을 정리하면 다음과 같다.

표6. 사적 및 성곽 보존지침에서 나타나는 보전계획 제안 및 세부지침[46)]

성곽보존지침사례	보존계획 제안 및 지침 내용
사적 종합정비계획의 수립 및 시행에 관한 지침(2009.09)	· 학술연구와 고증을 바탕으로 문화재의 진정성 및 가치가 유지되도록 보수·정비를 실시 · 보존계획수립에 있어 문화재의 진정성과 활용 가능성 그리고 제반여건 등을 종합적으로 검토하여 정비계획의 타당성·적절성과 함께 실효성을 확보.
성곽 정비 및 보존관리 활용 방안지침 마련 연구(2008)	· 유적의 진정성과 현실적 가치판단을 기준으로 보존 범위를 결정 · 성곽의 보존가치와 원형고증범위까지 복원수위 결정 · 성곽의 시대별·유형별 사례가 상이하므로 다양한 보존방법을 적용
성곽 보존·정비 및 관리를 위한 일반지침47)(2009.05)	· 기초조사 결과를 바탕으로 고증 및 학술조사를 하며 보존 계획에 반영 · 하나의 성곽에서도 시대적, 지형적 조건에 따라 축조방식에 차이가 있다는 점을 감안하여 일률적인 축성을 지양 · 수리는 고증에 의하며, 보존계획은 원형고증의 정도와 유실상태를 고려하여 차등적으로 적용

45) 문화재청, 2009, 「사적 종합정비계획의 수립 및 시행에 관한 지침」

46) 金弘坤, 2011, 앞의 글, 42쪽 표 2-2 일부 수정.

47) 1. 기초조사 : 성곽 보존·관리의 기초자료로 활용하기 위한 성곽 및 관련 시설물의 현황조사, 지표·발굴조사, 수리실적 조사 등을 말한다.
　　2. 보존(保存) : 문화재의 가치를 유지하기 위하여 행하는 제반조치를 말한다.
　　3. 수리(修理) : 문화재의 가치를 유지하기 위하여 훼손된 부분을 원상대로 고치는 행위를 말한다.
　　4. 보강(補強) : 문화재의 가치를 유지하기 위하여 현재의 상태를 견고히 하는 행위를 말한다.
　　5. 수복(修復) : 문화재의 원형을 부분적으로 잃거나 훼손된 경우 고증을 통해 원래의 모습으로 되돌리는 행위를 말한다.
　　6. 복원(復原) : 문화재의 가치 또는 원형이 멸실된 경우, 고증을 통해 문화재를 원래 모습이나 특정시기의 모습으로 전체 또는 그 일부를 되찾는 행위
　　...중략...
　　11. 표본성곽 : 원형이 잘 보존된 기존의 성벽구간을 말한다.
　　12. 시축성곽 : 잔존성곽 및 원형고증 등을 통하여 수리하고자 하는 구간의 성벽을 시범적으로 축조한 성벽을 말한다.

사적 종합정비계획의 수립 및 시행에 관한 지침(2009.09)	· 사적의 지정 고시가 있는 날부터 1년 안에 해당 문화재의 성격 및 제반여건 등을 고려하여 5년 또는 10년 단위의 정비계획을 수립. · 문화재의 원형 보존에 중점, 학술연구와 고증을 통하여 문화재의 진정성 및 가치가 유지되도록 보수·정비 · 문화재의 특성과 관계법령, 주변상황 및 재정여건 등 제반환경을 종합적으로 고려, 중장기적으로 정비사업의 실행이 가능하도록 노력
사적 종합정비계획의 수립 및 시행에 관한 지침(개정 2011.04)	· 중장기 계획을 수립할 때 사업 시행 전에 필요한 경우에는 문화재청장과 협의 · 문화재청장은 제1항의 정비사업 추진을 위해 정비계획의 타당성과 실효성을 검토한 후 법 제51조에 따라 보조금의 일부를 연차적으로 보조

　　2009년도의 「성곽 보존·정비 및 관리를 위한 일반지침」 제12조에는 보존·정비 방향의 설정에 대해서 기술되었다. 여기에는 해당 성곽의 보존·정비의 방향 설정은 기초조사의 내용을 토대로 관계전문가의 검토와 자문을 거쳐 정하며, 성곽의 재료·기술·환경·양식·기능·역사·문화 등을 종합적으로 고려하여 대상 성곽의 진정성을 유지할 수 있는 기본 방향을 설정하고 있다. 그리고 기본 방향은 성곽에 대한 접근성·연계성·편의성·교육성·경제성·활용가능성·개발가능성 등도 함께 고려하여 설정할 것을 요구하고 있다.

표 7. 성곽유적 보존관리계획 개선방향[48]

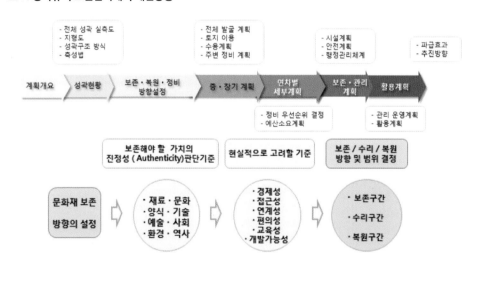

---

48) 문화재청, 2008, 「성곽 정비 및 보존 관리 활용방안 지침마련 연구」.

결국 문학산성의 보존·보수·복원의 방향설정은 기초조사를 토대로 하여 성곽의 전체에 대한 종합정비계획을 수립할 수 있도록 진정성(Authenticity)을 확보하여, 원형에 대한 고증이 가능할 수 있게 하여야 한다. 이를 바탕으로 보존 및 활용방안의 가치 및 파급효과 등을 파악하여 성곽의 가치를 높일 수 있는 방안을 모색하여야 한다. 세부적으로 들어가서는 진정성의 확보와 현실적인 가치판단의 기준을 만족하는 방향으로 설정하여야 하며, 그 어떤 논리로도 원형의 파괴를 통한 무분별한 보수·복원은 지양되어야 한다. 또한 보존·보수·복원의 과정에서는 폭넓은 전문가의 의견 수렴이 필요하며, 각각의 보존·보수·복원 구간의 정비계획을 철저하게 수립하여야 한다.[49]

3. 정비 복원

문학산성은 2009년과 2010년 두 차례에 걸쳐 성벽 보수와 주변 탐방로 설치가 진행되었다.[50] 문화 유산의 조사와 연구, 보존 관리의 목적은 궁극적으로 정비·복원을 통해 국민들에게 조상의 지혜와 슬기를 직접 체험하는데 있기 때문에 그 작업은 지극히 당연하다고 할 수 있다. 다만 현재까지 진행된 정비 공사에는 원형고증과 진정성을 담보하지 않았다는 점에서 우려되는 면이 적지 않다. 이는 비단 문학산성 만이 아니라 전국적으로 벌어지는 우리 문화재 행정의 부끄러운 단면이라 하겠다. 정비·복원의 몇 가지 문제점을 언급하면 다음과 같다.

① 성벽은 다른 유적과 달리 지상에 드러난 육축 구조물로 가시적인 효과가 큰 유적이다. 그렇기 때문에 전시효과를 노린 복원을 위한 복원이 전국적으로 횡행하고 있는 것도 사실이다. 문학산성의 경우도 전체 성벽 중 어느 구간을 우선적으로 정비·복원해야할지 명확한 기준없이 성벽이 잔존한 구간은 모두 '보수'라는 미명하에 삼국시대 초축 성벽, 고려와 조선시대 수·개축 성벽 위에 천편일률적인 석축을 올리고 마감하는 실정이다.

---

49) 고용규, 2011,「여수 석창성의 보존 정비 및 활용방안」『여수 석보의 종합적 검토』, 한국성곽학회, 143쪽.
　　白種伍, 2015,「高敞 茂長邑城의 保存 및 活用方案」『文化史學』44.
50) 혁지종합건설, 2010, 『문학산성 성벽보수 및 탐방로 조성공사 수리보고서』.

도24) 문학산성 남벽부 복원 성벽1

도25) 문학산성 남벽부 복원 성벽2

도26) 문학산성 남벽부 복원 성벽3

도27) 문학산성 북벽부 복원 성벽

② 성벽의 복원에만 치중한 나머지 성벽을 구성하는 면석과 뒷채움석, 내탁부 등에 대한 시대별 원형고증 없이 축대를 쌓고 있다는 점이 가장 큰 문제로 지적된다. 면석의 암질과 치석방법, 축조기법 등이 각 산성 그리고 시기별 특징을 제대로 반영하진 못하고 있다. 이는 탐방객으로 하여금 고대 국방유적이라는 느낌보다는 '21세기의 축대'라는 감성을 자극하는 결과를 가져왔다.

③ 성벽 주변의 가시권을 확보해야 한다. 성곽은 군사 방어시설인 만큼, 성내와 성벽에서 주변 일대를 한눈에 조망할 수 있어야 하며 이때 시계의 확보는 무엇보다도 중요할 수밖에 없다. 하지만 성벽 보수 및 복원에 치중할 뿐 주변지역을 감제할 수 있는 환경조성에는 별다른 관심을 보이지 않는다. 이를 위해 성벽에서 일정거리를 두고 잡목이라도 제거하는 최소한의 배려가 필요하다.[51]

51) 이훈, 2003, 「충청남도 성곽문화재의 보존관리방안연구」.

그렇다면 이들 정비·복원의 문제점을 해결할 수 있는 대안은 무엇일까? 이다. 우선 제도적인 개선이 뒤따라야겠지만, 문화재 수리를 그 결과물로 평가하는 방법도 하나의 대안으로 제시가 가능하다고 판단된다. 즉 정비·복원이 끝난 후 제출되는 수리보고서의 충실한 내용을 통해 정비·복원의 완성도를 높일 수 있다고 생각된다. 현재의 수리보고서는 간략한 도면과 사진을 수록해 행정 처리를 편리하게 해주는 용도의 성격이 강하다. 그렇다보니 내용의 충실성은 기대하기 어렵고 형식적인 체재 안에 간략한 내용과 도면, 사진을 복사지에 출력해서 제본하는 경우가 대부분이다. 이러한 결과물보다는 현재 발굴조사보고서와 같이 정식 출판물로 간행하여 일반에 공개하면 그 내용의 완성도가 높아지는 만큼, 정비·복원의 수준도 향상될 것으로 믿어의심치 않는다. 아래의 표는 우리나라와 일본의 수리보고서를 목차만을 비교한 것이다. 향후 정비·복원의 대안으로 설정될 수 있다고 하겠다.

표8. 한국과 일본의 수리보고서 비교

한국의 사례 문학산성	일본의 사례1 史跡上野城跡 石垣補修修理工事報告書	일본의 사례2 特別史跡彦根城跡石垣総合調査報告書

Ⅰ. 개요
 1. 공사명
 2. 지정별
 3. 소재지
 4. 예산
 5. 연혁
 6. 현황
 7. 보수대상현황
 	
Ⅱ. 수리과정
 1. 사업개요
 2. 가설공사
 3. 토공사
 4. 성벽보수공사
 5. 기술자문회의
 6. 설계변경
 7. 각 구간별 시공
 8. 탐방로 정비공사
 9. 운반공사
 10. 공사추진현황
 	
Ⅲ. 부록
 1. 준공도면
	第1章 事業槪要
	 1. 築城 沿革
	 2. 史跡 指定
	 3. 石垣修理事業實施
	   經過
	 4. 工事의 經過
	 5. 事業實積
	 6. 工事의 組織
	
	第2章 施工
	 1. 石垣修理計劃
	 2. 工事 方法
	  ① 現況調査
	  ② 撤去工
	  ③ 石積工
	
	第3章 調査
	 1. 石垣遺構確認
	 2. 地質調査
	 3. 石垣 特色
	 4. 石積 特長
	 5. 石材 特色
	 6. 出土遺物
	
	第4章 附圖
	
	參考 寫眞
		第Ⅰ章 特別史跡彦根城砧の槪要
		 第1節 位置と環境 (林 昭男)
		 第2節 彦根成の歴史 (谷口 徹)
		 第3節 彦根成の縄張り(中井 均)
		
		第Ⅱ章 石垣総合調査の槪要
		 第1節 調査の目的 (志萱 昌貢)
		 第2節 調査の方法 (志萱 昌貢)
		 第3節 各調査区の槪要
		    と石垣の現況 (林 昭男)
		 第4節 石垣の分類と分布 (中井 均)
		 第5節 石垣の刻印と転用材 (中井 均)
		
		第Ⅲ章 危険石垣とその保存修理
		 第1節 危険石垣の分布 (中井 均·志萱 昌貢)
		 第2節 江戸時代の石垣修理 (渡辺恒一)
		 第3節 近年の石垣保存修理 (池田準人)
		 第4節 今後の石垣保存修理計劃(池田準人)
		
		第Ⅳ章 考察
		 第1節 彦根城石垣の巖石記載と石材産地
		           (先山 徹)
		 第2節 彦根城の石垣とその特徴 (中井 均)
		
		石垣調査票

4. 관리 및 활용

① 관리는 유적의 역사, 문화, 환경을 종합적으로 고려하여 과거, 현재, 미래를 연결하는 하나의 역사적인 매개체로 성격을 통합하는 역사문화공간으로 조성한다. 이때 복합용도 공간구조(Multiful Use Module)개념을 도입하여 보존과 이용의 조화를 도모한다.

즉 문학산성을 핵심보전지역(Core preserve)에 두고 그 외곽에 제1완충지역, 제2완충지역을 배치하여 보존과 이용의 강도와 밀도를 조정한다.

표9. 공간 구상의 기준

지역설정	핵심보전지역	제1완충지역	제2완충지역
적용지역	산성 내부	문화재보호구역	개발제한구역
중심기능	문화재 보존기능	문화재 보존 및 활용기능	활용기능

핵심보전지역은 수준별 산성 보존 및 활용방안을 적용하여 보전 및 복원방향을 최우선적인 목표로 설정하며, 제1완충지역은 산성과 시설지역(등산로) 사이의 완충 역할을 담당하는 곳으로, 등산객의 동선에 방해되지 않는 범위에서 등산로를 우회한다. 또 제2완충지역은 등산로 진입부에서부터 유적에 이르는 지역까지 이용자의 편익 도모를 위한 편의시설을 설치한다.

그리고 상위계획 및 관련계획의 보존 관리방안 수렴하여 문화재 보존방향을 설정하고 활용한다. 그리고 인위적, 자연적으로 발생하는 산성의 훼손 원인을 파악하여 산성의 추가 훼손의 감소 방안 수립한다. 산성의 보존방향을 중심으로 산성의 특성을 최대한 활용한 물리적 특성을 고려한 시설을 도입하며 자연적인 현상 및 인위적인 파손에 의한 문화재 보호에 최선을 다한다. 또한 배수체계 미비로 인한 성벽의 유실 등 자연적인 현상에 대한 보호와 등산로 우회로 및 펜스 등을 설치하고 문화재임을 알리는 안내판을 설치하여 문화재임을 주지시켜야 한다.

② 문화재 활용이란 문화재를 그 자체로 이용하는 것이 아니라 그것이 지닌 가치와

기능을 잘 살려 지속적으로 이용가능하게 하는 행위를 말하며 동시에 이를 보존· 관리하는 역할도 포함된다. 특히 산성의 활용은 보존·관리를 소홀히 하거나 활용만을 위한 개념이 아니라 유적의 발굴→복원→보존→관리→활용의 순환구조를 재인식하고 그 가운데 활용 가능한 대상과 상태에 따라 다양한 부가가치를 창출하는데 목적이 있다. 이처럼 활용은 보존의 적극적인 개념으로 원형보존을 원칙으로 삼는다.[52]

세부적인 활용방안은 다음과 같다.

① 활용 프로그램 및 콘텐츠 개발(역사적 이야기의 발굴, 역사적 인물과 연관된 프로그램 개발, 산성의 시설물 활용 프로그램-성곽 및 시설물, 성외 유적 등)

② 탐방 방안(산성 내외측 순환 탐방, 단계별 또는 주제별 탐방 방안 등)

③ 산성 주변 공원화 방안(도심공원 활용, 산성 내외공간 특성 차별화 등)

④ 연계방안(지역 문화유산과 연계, 산성과 봉수 또는 인천도호부와 연계, 지역축제와 연계, 산성 내외측 보행 네트워크 구성 등)

⇒ 비류국설화, 칠대어향, 임진왜란, 신미양요, 시산제 등

---

52) 문화재청, 2014, 『읍성의 보존관리 매뉴얼』 170~179쪽.

본 장에서 언급한 내용을 표로 정리하면 다음과 같다.

표10. 성곽문화재의 관리활용 추진 단계[53]

추진내용		1단계	2단계	3단계	4단계
조사	지표조사	■	■		
	시·발굴조사	■	■	■	
	기타 학술조사		■	■	
연구	학술 연구논문 발표		■	■	■
	학술대회		■	■	■
지정	기념물		■	■	
	사적		■	■	■
정비 복원	정비기본계획	■	■		
	보수·정비 (역사문화환경복원)		■	■	■
관리	관리계획			■	
	연차적 관리			■	■
활용	기본계획			■	
	관광, 역사체험		■	■	■
	체육, 휴식공간		■	■	■

IV. 맺는말

지금까지 문학산성의 보존 관리 방안을 강구하기 위해, 먼저 국가 사적과 지방 기념물로 나누어 타 사례를 비교한 후 이를 통해 학술조사, 종합정비계획, 정비·복원, 관리 및 활용 등의 방안을 구체적으로 살펴보았다.

문학산성은 1997년 한 차례의 실측(지표)조사를 진행하였고 2009~2010년에 성벽 잔존 구간의 정비·복원을 실시한 바 있으며, 2015년 군사지역에 대한 조건부 개방을 거쳐 오늘에 이르고 있다. 무언가 중간 과정이 과감하게 빠졌음을 어렵지 않게 알 수

---

53) 이훈, 2003, 앞의 글, 71쪽.

있는데, 이는 성내에 50여 년간 군부대 주둔이라는 특수 상황에서는 불가피한 선택?
이었다고 할 수도 있다.

하지만 정비·복원에는 변하지 않는 하나의 원칙이 있다. '원형 고증과 진정성 확보'
가 전제되어야 한다는 것이다. 이러한 과정과 절차 상의 질곡은 향후 국가 사적으로 승
격하는데 또 하나의 교훈이 될 것으로 여겨진다.

문학산성에 대한 학술조사는 이제 시작이다. 지표조사와 시·발굴조사 만이 아니라
식생조사, 생태조사도 병행하여 고대유적에서 새 소리와 풀 내음도 느끼게 되기를 바
란다. 또 정비·복원시 그 전 과정을 일목요연하게 볼 수 있는 수리보고서도 기대해 본
다. 이러한 노력들이 인천시민과 국민들의 '문화적 정체성(Cultural identity) 확립'에
도움이 되며 이와 함께 '역사 교육의 장'이 되기를 간절히 염원한다.

부록 1. 문학산성 안전점검 양식

문화재명		문학산성	점 검 자	백종오 (인) 서명
점검일자		2016.4.1	입 회 자	서명

번호	점검항목	확 인 내 용	점검결과
① 시설물	구조적 안전관리	· 기둥, 벽, 보, 마감재의 손상균열이 있는가?	☐적합, ☐부적합
		· 지반침하 등에 따른 구조물이 위험한가?	☐적합, ☐부적합
		· 절개지 및 낙석 위험지역 방지망 등의 안전시설이 설치되었나?	☐적합, ☐부적합
		· 노후 축대·옹벽 등 위험시설의 보수·보강 등의 조치는 잘 되었는가?	☐적합, ☐부적합
① 소화설비	소화기	· 소화기 설치 위치 및 수량은 적합한가?	☐적합, ☐부적합
		· 소화기의 압력계 지침은 녹색범위에 있는가? (샘플링 검사)	☐적합, ☐부적합
		· 소화기는 설치된 장소에 적응성이 있는가? (샘플링 검사)	☐적합, ☐부적합
		· 소화기 외형의 변형, 손상, 부식 등은 발생하지 않았는가?	☐적합, ☐부적합
	옥내·외소화전, 호스릴소화전, 방수총, 수막설비 등	· 수원의 부패, 이물질 등이 부유하지 않았는가?	☐적합, ☐부적합
		· 소화전함 내에 호스 및 노즐, 밸브 개방기구 등이 적정하게 비치되었는가?	☐적합, ☐부적합
		· 소화설비의 동작에 영향을 주는 장애물은 없는가?	☐적합, ☐부적합
		· 소화설비의 누수발생 부분은 없는가?	☐적합, ☐부적합
		· 펌프실에 가압송수장치 및 부속장치는 적절하게 관리되고 있는가? (엔진펌프의 연료게이지, 동파방지 등)	☐적합, ☐부적합
		· 소화설비의 외형의 변형, 손상, 부식 등이 발생하지 않았는가?	☐적합, ☐부적합
② 경보설비	자동화재속보설비	· 경보설비 외형의 변형, 손상, 부식 등이 발생하지 않았는가?	☐적합, ☐부적합
		· 감지기와의 연동 및 관할소방관서, 관계인(소유자,관리자,점유자)에게 정상적으로 통보되는가?	☐적합, ☐부적합
	자동화재탐지설비	· 화재수신기는 관리자가 상주하는 장소 또는 경보 확인이 가능한 장소에 설치되어 있는가?	☐적합, ☐부적합
		· 화재수신기의 조작스위치는 '자동' 또는 '연동' 위치에 있는가?	☐적합, ☐부적합
		· 화재수신기의 화재표시 내용을 쉽게 확인할 수 있도록 표 또는 도면이 비치되어 있는가?(화재수신기 인근)	☐적합, ☐부적합
		· 발신기, 감지기 등의 설치위치는 적합한가? (발신기: 위치확인 및 동작이 용이한 곳에 위치하는가? / 감지기: 초기감지가 가능한 위치인가?)	☐적합, ☐부적합
		· 화재감지기의 정상작동 및 경종, 사이렌 등 경보설비가 정상작동하는가?	☐적합, ☐부적합
	단독경보형감지기	· 단독경보형 감지기의 테스트버튼을 누른 경우 동작이 되는가?	☐적합, ☐부적합
③ 자체소방안전관리	안전관리상태	· 소방안전관리자의 선임여부 및 안전관리업무 수행은 양호한가?	☐적합, ☐부적합
		· 비상연락망은 비치되어있으며, 현행화 되어있는가?	☐적합, ☐부적합
		· 화재대응매뉴얼은 비치되어있으며, 현행화 되어있는가?	☐적합, ☐부적합
		· 안전경비원 근무일지는 비치되어있으며, 적절하게 관리되고 있는가?	☐적합, ☐부적합
		· 소방시설에 대한 자체점검은 정기적으로 실시하고 있는가?	☐적합, ☐부적합
	화기취급안전	· 건물 내부 또는 주변에 가연물의 취급 및 적재 상태는 적정한가?	☐적합, ☐부적합
		· 화기 취급 시설의 설치상태 및 관리상태는 적합한가?	☐적합, ☐부적합
	CCTV	· CCTV 및 모니터링은 정상작동하고 있는가?	☐적합, ☐부적합
	전기설비	· 당해문화재의 전기설비는 적절하게 관리되고 있는가?	☐적합, ☐부적합
기타사항 및 점검자 의견		금번 문학산성의 안전점검 결과, 산성의 체성부는 전반적으로 안정화된 상태임을 확인함. 다만 일부 남벽부(수리보고서 성벽2구간, 4구간)의 하부에서 미미한 상태의 배부름 현상이 관찰되고 있음. 추후, 이들 구간에 대해서는 별도의 체크리스트를 만들어 주기적인 점검이 요구됨.	

부록 2. 성곽 정비대상구간 설정을 위한 가치 평가항목별 기준 및 등급내용

(김홍곤·최기수, 2012,「성곽유적의 정비복원(整備復元) 대상구간 선을 위한 평가지표 연구」,『한국전통조경학술지』, 한국전통조경학회, 10~11쪽. 전재)

평가항목			내용
유적의 역사적 가치	유적의 유존상태	평가기준	·유적의 현존상태를 평가 ·유적의 현존도가 높을수록 정비복원가치가 높을 것으로 전제 ·유적의 현존유형에 따른 등분포분류를 적용할 수 있음
		평가등급 1등급	·해당구간의 성곽유적이 원형을 유지하는 경우
		평가등급 2등급	·해당구간의 성곽유적이 부분적으로 원형을 유지하는 경우
		3등급	·해당구간의 성곽유적이 전체적으로 멸실된 경우
	원형고증의 정도	평가기준	·지표조사와 발굴조사를 통하여 정비복원에 있어서의 자료수집의 정도를 판단하는 것으로 조사의 정도와 범위가 높을수록 전비복원 가치 역시 높을 것으로 전제
		평가등급 1등급	·해당구간이 발굴조사 및 시굴조사가 이루어져 정비복원을 위한 원형고증(위치 및 물리적 내부구조)이 이루어진 경우
		2등급	·해당구간이 지표조사가 이루어져 성곽유적의 위치 및 존재 가능성을 확인한 경우
		3등급	·해당구간이 원형고증을 위한 지표조사 및 시발굴조사가 이루어지지 않은 경우
	역사유적의 군집도	평가기준	·성곽구간 내 성곽유적 및 유물의 포함 정도가 높을수록 수복가치 역시 높을 것으로 판단 ·성곽구간 내 성곽유적(치성·해자·장대·포루·성문·수구 등) 및 유물을 포함현황에 따른 평가
		평가등급 1등급 2등급 3등급	·해당구간 내 성곽유적(치성·해자·장대·포루·성문·수구 등)의 분포 및 포함개소를 최소값과 최대값을 등 분포 분류법으로 분류 ·해당구간 내 성곽유적의 포함 빈도가 높을수록 높은 등급으로 분류
활용적 가치	성곽유적으로의 접근성	평가기준	·유적의 접근성에 대한 평가 ·유적의 접근경로가 갖추어지고 접근이 용이할수록 활용가치가 높을 것으로 전제 ·성곽구간에 통행경로의 유무와 접근로와의 거리에 따른 평가
		평가등급 1등급	·해당구간 내외부의 도로 및 보행로와 같은 접근경로에 직접적으로 접하는 경우
		2등급	·해당구간이 내외부의 보행경로를 통해 간접적으로 접하는 경우
		3등급	·해당구간으로의 경로가 차단되거나 개설되지 않아 접근이 불가한 지역
	주변 역사문화자원과의 연계성	평가기준	·성곽구간과 인접 유적 및 관광자원의 연계성을 평가 ·인접지역에 연계할 수 있는 유적 및 관광자원이 많을수록 활용의 가치가 높을 것으로 전제 ·해당구간 또는 연접구간에 유적 또는 관광자원의 위치 여부에 따른 평가
		평가등급 1등급 2등급 3등급	·해당구간이 관련 역사유적 또는 사적, 관광자원이 경로의 연계 여부와 인접거리의 최소값과 최대값의 등분포 분류법으로 분류 ·해당구간 내 주변 역사문화자원의 경로의 직접적인 경로로 연계되며, 거리가 근접할수록 높은 등급으로 분류
	주요 조망점으로부터의 가시성	평가기준	·성곽 주변의 주요 조망점에서의 시각적 노출도가 높아 조망기회와 외부에서의 인지가 높을수록 성벽 복원의 효과가 높을 것으로 전제 ·성곽 외부 조망점에서 성고가으로의 가시노출도에 따른 평가
		평가등급 1등급	·해당구간이 주요 조망점으로부터 시각노출도가 70%이상인 경우
		2등급	·해당구간이 주요 조망점으로부터 시각노출도가 35~70%이상인 경우
		3등급	·해당구간이 주요 조망점으로부터 시각노출도가 35%이하인 경우
개발의 가능성	토지매입의 가능성	평가기준	·대상구간의 지적의 소유주체와 구조물 현황에 대한 평가 ·대상구간의 지적의 소유주체가 국가와 지자체이면서, 별도의 구조물이 없을 때 수복사업 가능성이 높으며, 사유지이면서 구조물이 위치할수록 개발 가능성이 낮을 것으로 전제로 함. ·대상구간의 지적등록부 상의 소유주체와 대지현황을 토대로 평가
		평가등급 1등급	·해당구간의 토지유형이 국공유지(國公有地)이니 경우
		2등급	·해당구간이 사유지이면서 대지 또는 공지(空地)인 경우
		3등급	·해당구간이 사유지이면서 건축물 또는 구조물이 위치한 경우
	시공의 용이성	평가기준	·해당구간의 경사도가 낮고 통행로에 연결될수록 유적의 시공과정에서 재료의 수급과 인력 및 장비의 공급이 용이하여 사업의 용이성이 높을 것으로 전제
		평가등급 1등급	·해당구간의 지형이 평지 또는 완경사지(경사지15°이하)에 해당하거나 통행로가 인접하여 재료의 수급과 인력 및 장비공급이 용이한 경우
		2등급	·해당구간이 경사지(경사도15°~20°)또는 현준지(25°~30°)에 해당하여 재료의 수급과 인력 및 장비공급이 용이하지 못한 경우
		3등급	·해당구간이 급경사지(경사지20°~25°)또는 험준지(25°~30°)에 해당하여 재료의 수급과 인력 및 장비공급이 용이지 못한 경우
	토지 이용현황	평가기준	·필지 상의 지목유형에 따른 평가 ·임야 및 전·답·나대지 등이 경우 개발가능성이 높고, 도로·하천·각종 용지에 위치하느 경우는 개발가능성이 낮을 것으로 전제 ·해당 성곽의 지적 상의 필지·지목의 유형을 근거로 판단
		평가등급 1등급	·해당구간이 임야 및 전, 답, 나대지, 사적지에 위치하는 경우
		2등급	·해당구간이 대지에 위치하는 경우
		3등급	·해당구간이 도로, 하천, 각종용지(공장, 학교, 체육, 철도 등)에 위치하는 경우

부록3. 성곽문화재 안전점검표

구분	점검 항목	상세 항목	점검 내용	비고
보호 구역	지정구역	지번, 지목, 지적, 수량, 소재지, 소유자		
	보호구역	지번, 지목, 지적, 수량, 소재지, 소유자		
	매입 우선구역	지번, 지목, 지적, 수량, 소재지, 소유자, 소요예산		
측량 기준점	기준점 설치 및 보호	기준점 위치, 재료, 기준점의 기록관리		
성문 및 부대시설	성문	위치별 성문 보존현황		
	문루	규모, 형식, 현존상태		
	육축	형식, 규모, 폭, 특징, 바닥, 천장형식		
	개구부	통로 폭, 출입형식		
	문비	위치, 규격, 철엽, 둔테석, 장군목흠 등		
	등성계단	위치, 규모, 잔존형식		
	옹성	형식, 규모, 잔존현황		
	적대	위치 형식, 잔존현황		
	기타시설	성문 및 부대시설의 특기사항		
체성 및 부대시설	체성구역별 잔존현황	잔존성곽둘레, 폭, 높이, 축성재료, 기초형식, 성벽기울기, 축조형식 (위치별로 언급)		
	지대석, 면석	형식, 크기, 축조수법 (기초형식 포함)		
	치	기록상과 현존수량, 형식, 규모, 위치, 잔존상태		
	여장 및 미석	기록상과 현존수량, 규모, 형식, 잔존상태		
	사혈 등	형식, 종류, 잔존상태, 사혈의 크기		
성내 시설물	건물지	건물지 위치(추정지 포함), 용도, 규모, 형식, 현존상태		
	우물지	기록상 우물숫자, 위치, 규모, 현존상태(추정지 포함)		
	장대지 등 기타	위치, 유구현황 (추정지 포함), 출토유물 (와편, 석탄 등)		
성외 시설물	해자, 기타	위치, 규모, 잔존상태		
수구	수구, 수문	수구위치, 형식, 규모, 배수체계, 주변배수로		
성내외 문화유적	주변 문화재	위치, 유적종류, 연혁 등 (간단히)		
성내외 지장물	성곽 지장물	유구주변 지장잡목현황, 구역내 분묘, 경작지, 사태지 (위치, 현존상태)		
관람 통로	성곽관리용 통로확보	성 내외주변통로, 성내관리통로, 성곽의 접근도로의 길이규모		
편의 시설	성곽문화재 편의시설현황	주차장, 화장실, 벤치, 음료 시설 안내판, 통로 등		

부록4. 손상 유형과 관련하여 이코모스의 기준을 따라 선 수행한 업체의 보고서

<표 3.3.1> 한양도성 구성암석에서 관찰되는 손상유형의 분류

그룹명	손상유형	Description
균열과 변형 (Crack & Deformation)	균열 (Crack)	한 부위가 다른 부위로부터 분리된 결과로 발생, 육안으로 명확히 식별 가능한 틈을 말하며 미세한 균열은 포함시키지 않는다.
분리이탈 (Detachment)	박리 (Scaling)	석재 표피가 석재구조와 상관없이 넓결의 비늘처럼 평행하게 벗겨지는 현상. 일반적으로 mm에서 cm까지 표피의 두께가 다양하지만 표층 두께에 비해서 아주 얇게 형성된다.
	분해 (Disintegration)	단일한 입자 혹은 입자 집합체의 분리이탈, 입상분해는 석재 표면뿐만 아니라 석재 내부까지 영향을 미칠 수 있다. 손상은 주로 표면부터 발생한다. 결정질대리의 경우 입상분해가 수 cm깊이까지, 때로는 그 이상까지 발생할 수 있다.
	괴상분리 (Fragmentation)	석재 전체 혹은 일부가 불규칙한 형태의 두께, 부피를 지니고 있는 여러 개의 조각으로 파손되는 현상.
변색과 퇴적물 (Discolouration & Deposit)	흑색피각 (Black Crust)	일반적으로 도시환경에서 비나 물의 흐름으로부터 보호되는 부위에 발달된 피각의 종류. 흑색피각은 일반적으로 기층에 단단히 고착된다. 흑색피각은 주로 석고와 그 속에 포획된 대기 입자로 구성된다.
	염피각 (Salt Crust)	염도가 높은 경우 염발되는 용해성 염으로 구성된 피각. 습윤과 건조과정이 반복되어 형성된다.
생물정착 (Biological Colonization)	조류/지의류/선태류 (Alga/Lichen/Moss)	-초류(Alga):현미경적인 크기의 식물로 줄기나 잎이 없으며 주외는 물론 실내에서도 관찰된다. 분말 혹은 점성을 가지고 있는 퇴적물의 형태로 녹색, 적색, 갈색, 검정색 막처럼 보이는 층을 형성한다. -지의류(Lichen):수 mm~수 cm 크기의 둥근 형태의 식물로, 군체군에 접집 결가나 작은 다발 형태로 생장한다. 지의류가 분포하는 부위는 가죽 느낌이 나기도 한다. 보통 근물의 외부에 서식하며서, 대부분 회색, 활색, 주황색, 녹색, 흑색을 띠며 뿌리, 줄기, 잎의 구분이 있다. -이끼(Moss):작고 부드러운 털모양단 형태의 식물로서 cm 크기나다. 선태류는 보통 mm이하~mm크기의 미세 일들이 서로 빽빽하게 엉켜 있는 것 같이 보인다. 주로 석재 표면의 열린 공간, 균열부가, 지측적으로 혹은 자주 축축한 부분 항상 그늘진 부분에서 생장한다.
	식물 (Plant)	완전한 뿌리, 줄기, 잎을 가진다. 때로는 잎이 있는 한 개의 가지로 구성되는 경우도 있다. (예 : 목본식물, 양치류, 초본식물)
보수물질 (Repair Material)	림돌 (Support Stone)	큰 석재 틈이나 손상된 부위에 크고 작은 돌을 사용하여 임시적으로 메운 돌을 의미한다.
	신석 (New Stone)	수리 시에 구조적인 안전성 확보를 위해서 원래 부재를 교체 혹은 결손된 부재를 보강한 새로운 석재.
	모르타르 (Mortar)	수리 시에 구조적 안전성과 부재의 외형적 완결성을 확보하기 위해서 사용된 시멘트 혹은 그와 유사한 무기질 모르타르나 유기질 모르타르.

<표 3.3.2> 한양도성 과임구간별 구성암석에서 관찰되는 손상유형 사진

손상유형	혜화동 시점공관	백악산 정문대
균열 (Crack)		
박리 (Scaling)		
분해 (Disintegration)		
괴상분리 (Fragmentation)		
흑색피각 (Black Crust)		
염피각 (Salt Crust)		
조류/지의류/선태류 (Alga/Lichen/Moss)		
식물 (Plant)		
림돌 (Support Stone)		
신석 (New Stone)		
모르타르 (Mortar)		

부록 5. 문학산성 안전 정검에 대한 자문의견서 (필자)

자 문 의 견 서

안 건	국가안전대진단 해빙기분야 안전점검(문학산성)
위 치	인천 남구 문학동 164-69
문안	○ 문학산성은 인천지역의 鎭山인 문학산의 8~9부 능선을 중심으로 축조된 테뫼식 석축산성이다. 삼국시대 축성되어 조선시대까지 연용되었으며 조선 중기 이후에는 연변봉수인 성내 봉수대가 중점적으로 운영되었다. 옛 문헌을 보면, "석축의 외성과 토축의 내성으로 구성되었으며 외성은 200m, 내성은 100m 정도 잔존한다"고 기록되었으나, 현재는 50년간 군부대가 주둔한 탓에 성내부 평탄지는 대부분 현상 변경된 상태이다. 즉 문헌과 고지도 등 각종 기록에 등장하는 시설물이나 구조물의 잔존 양상을 기대하기는 힘든 편으로 생각된다. 체성부 축성은 장방형이나 세장방형의 화강암 면석을 이용하여 하부에서 5~7단까지지는 3~5cm 안물린 후 그 위로는 수직에 가깝게 쌓아올린 전형적인 삼국시대 축조기법을 보여주고 있다.

○ 금번 문학산성 안전점검은 남벽부를 기점으로 동벽부, 북벽부, 서벽부 순으로 진행하였으며, 특히 2009~2010년 성벽보수 및 탐방로로 조성된 남벽부를 집중적으로 살펴보았다. 이 구간(수리보고서 성벽1~4구간)은 당시 성벽 보수와 함께 통나무계단, 로프난간, 데크, 종합안내판, 개별안내판, 통나무벤치 등이 설치된 바 있다. 그리고 미공개구간인 동벽과 북벽부에 대해서도 상세한 인목관찰을 병행하여 실시하였다.

○ 그 결과 문학산성의 체성부는 전반적으로 안정화된 상태임을 확인하였으며 일부 남벽부(수리보고서 성벽2구간, 4구간)의 하부에서 미미한 상태의 배부름 현상이 관찰되고 있다. 구조적인 문제는 관찰되지 않으나, 이들 구간에 대해서는 별도의 체크리스트를 만들어 주기적인 점검이 요구된다.

○ 또한 남벽부는 경사가 급한 지역에 해당하고 체성부 하부에 탈방로가 개설된 만큼, 우기 혹은 해빙기에 각별한 관찰과 점검이 필요하다고 판단된다. 현재 연수구나 남구에서 파견된 문화재안전정비원의 활용도 고려할 만하다. 한편 성벽2구간의 체성 접근로는 일부 로프난간과 목재계단이 부식된 상태이기에 탐방객의 안전을 위해 시급히 수리가 이루어져야 하겠다.

○ 이외 동벽과 북벽부는 미공개지역에 해당하는데 점검 결과, 체성부 |

의 잔존상태도 양호한 것으로 판단된다.

○ 그리고 현지조사 중 두 가지 특이 구조를 확인하였다. ① 문학산성 체성부의 곡간부와 능선 접합부를 제외한 대부분의 지역은 성 외측으로 암반을 굴착하여 경사진 단을 별도로 형성하고 있다는 점이다. 체성 외측 외환도 밖으로 또 하나의 암반 성벽이 돌아가는 현상처럼 보인다. 이는 체성부의 방어력을 외측에서 한번 더 보강하는 역할로 추정된다. ② 북벽회절부(동벽 회절부, 남벽 중간부도 동일)는 체성과 능선이 접하는 지점인데, 이곳 외측에 형성된 평탄대지의 경우 排臺와 같은 구조물을 설치하는 것이 일반적인 현상이다. 하지만 외견상 놀출된 석축 구조물이 관찰되지 않는 상황으로 보아 기존 치성과는 다른, 목책이나 토축 치성(인천 계양산성, 충주 장미산성 등)의 가능성도 제기되므로 향후 이들 지점에 대해서는 학술조사를 통해 그 유무를 확인할 필요가 있다.

○ 아울러 현재까지 문학산성에 대한 학술조사는 단 한 차례도 진행된 바가 없으며, 이로 인해 성락의 정확한 현황과 성격을 파악하는 것은 상당한 무리가 있다. 이에 추후 지표조사(2016년 실시 예정)와 발굴조사 등의 학술조사를 연차적으로 진행하여 문학산성의 역사적 성격과 가치를 규명해야하겠다. 또 종합정비기본계획 수립, 현상변경처리기준안 작성 등을 통해 산성의 보존과 활용, 역사교육의 장으로 재탄생되기를 기대한다.

상기와 같이 성곽시설에 대한 점검의견을 제출합니다.

2016년 4월 1일

소속(직급): 한국교통대학교   교수   성명: 백종오 (인)

부록6. 일본의 예1

石垣の保存修理の手順 (彦根市特教育委員會, 平成22年, 特別史跡彦根城跡石垣総合調査

報告書, 84쪽)

① 保存修理着工前

② 石垣番付

③ 仮設工 (土のう工)

④ 石垣解体

⑤ 裏込栗石解体

⑥ 解体完了後の発掘調査

⑦ 委員との現地立会 (立会は解体前など、適宜実施する。)

⑧ 栗石投入による背面土圧の軽減

⑨ 石垣積直

⑩ 新規補足の石材への墨による刻印

⑪ 天端処理

⑫ 天端処理

⑬ 保存修理完了 (写真測量の実施)

부록7. 일본의 예2

近年の石垣保存修理 フロー図 (彦根市特教育委員會, 平成22年, 特別史跡彦根城跡石垣 総合調査報告書, 85쪽)

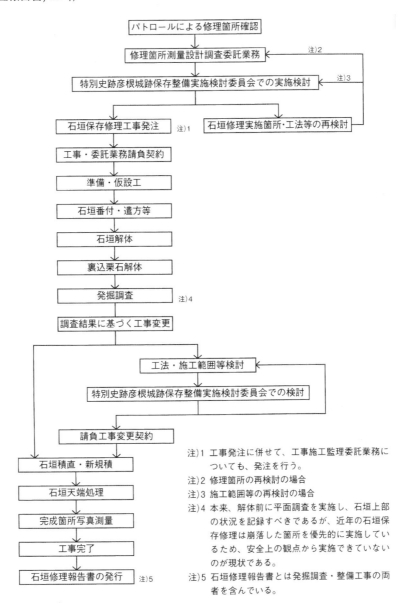

パトロールによる修理箇所確認	
修理箇所測量設計調査委託業務	注)2
特別史跡彦根城跡保存整備実施検討委員会での実施検討	注)3
石垣保存修理工事発注 注)1 / 石垣修理実施箇所・工法等の再検討	
工事・委託業務請負契約	
準備・仮設工	
石垣番付・遣方等	
石垣解体	
裏込栗石解体	
発掘調査 注)4	
調査結果に基づく工事変更	
工法・施工範囲等検討	
特別史跡彦根城跡保存整備実施検討委員会での検討	
請負工事変更契約	
石垣積直・新規積	
石垣天端処理	
完成箇所写真測量	
工事完了	
石垣修理報告書の発行 注)5	

注)1 工事発注に併せて、工事施工監理委託業務についても、発注を行う。
注)2 修理箇所の再検討の場合
注)3 施工範囲等の再検討の場合
注)4 本来、解体前に平面調査を実施し、石垣上部の状況を記録すべきであるが、近年の石垣保存修理は崩落した箇所を優先的に実施しているため、安全上の観点から実施できていないのが現状である。
注)5 石垣修理報告書とは発掘調査・整備工事の両者を含んでいる。

その他　文化財保護法に基づく書類については、法に基づき執行するものとする。
　　　　補助金等に係る予算の執行の適正化に関する法律に基づく書類についても、同様とする。

부록8. 일본의 예3

近年の石垣保存修理一覧(彦根市特教育委員會, 平成22年, 特別史跡彦根城跡石垣総合調査報告書, 86쪽)

箇所番号	年度	施工箇所	施工範囲
1	昭和48	本丸東側石垣修理	1箇所
2		暗渠排水管設置に伴う中堀石垣一部撤去	1箇所
3-4	49	表門・玄宮園前内堀石垣修理	113.92㎡
5		京橋東側中堀外側石垣修理	27.43㎡
6	50	黒門東側内堀内側石垣修理	43.20㎡
7-9		表山道・内堀・船町口石垣修理	81.00㎡
10-12	51	山崎口東側内堀内側（3箇所）石垣修理	102.00㎡
13	54	鐘の丸石垣修理	253.06㎡
14-15	56	大手橋左右付近	2箇所
16	59	いろは松石垣修理	1箇所
17	60	大手山道石垣修理　　　※昭和60～64年	214.80㎡
18		表門橋南側石垣修理（登り石垣付近）	1箇所
19	平成1	事故に伴う内堀石垣修理	10石
20	2	事故に伴う中堀石垣修理	2石
21	7	博物館裏石垣修理	1箇所
22	10	玄宮園琴橋修理に伴う石垣修理	1箇所
23	12	玄宮園前石垣修理	45.93㎡
24		玄宮園龍臥橋修理に伴う石垣修理	1箇所
25-27	13	内堀（2箇所）・表門橋下石垣修理	159.23㎡
28	15	黒門周辺石垣修理	11.31㎡
29	16	楽々園船着場石垣修理	17.74㎡
30-31	17	楽々園船着場・天秤櫓横石垣修理	39.64㎡
32-40	18	内堀（9箇所）石垣修理	130.70㎡
41-43	19	内堀（3箇所）石垣修理	57.68㎡
44-46	20	内堀・井戸曲輪・太鼓門櫓下石垣修理	77.87㎡
47-51	21	彦根城内（5箇所）石垣修理	114.24㎡

부록9. 일본의 예4

近年の石垣保存修理および崩落未施工位置図

(彦根市特教育委員會, 平成22年, 特別史跡彦根城跡石垣総合調査報告書, 87쪽)

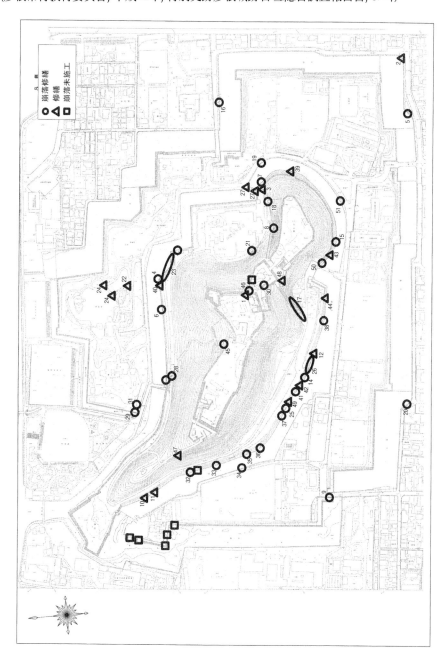

부록10. 일본의 예5

特別史跡彦根成砅石垣 구간별 수리 보고 대장 1

(彦根市特敎育委員會, 平成22年, 特別史跡彦根城跡石垣総合調査報告書, 118쪽)

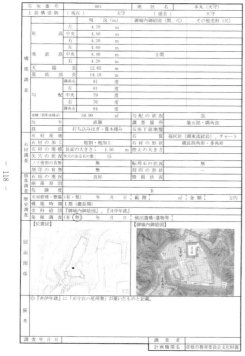

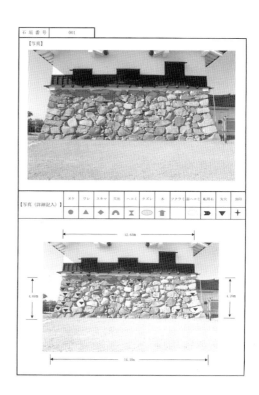

부록11. 일본의 예6

特別史跡彦根成砆石垣 구간별 수리 보고 대장 2

(彦根市特敎育委員會, 平成22年, 特別史跡彦根城跡石垣総合調査報告書, 126쪽)

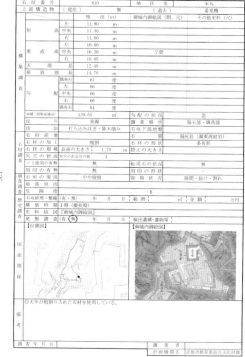

참고문헌

원서

『三國史記』

『世宗實錄』

『新增東國興地勝覽』

단행본

(재)중원문화재연구원, 2006, 『보은 삼년산성 -발굴정비 기초설계 보고서』.

(재)한백문화재연구원, 2011, 『안성 죽주산성 성벽 보수구간 내 유적-동벽·남벽 일부』.

(재)한백문화재연구원, 2012, 『안성 죽주산성 2~4차 발굴조사 보고서』.

강원고고문화연구원, 2013. 09, 『영월 정양산성(사적 제446호) 4차 정밀발굴조사 약식보고서』.

강원고고문화연구원, 2014, 『寧越 正陽山城Ⅰ-사적 제446호 영월 정양산성 1~3차 발굴조사보고서』.

강원고고문화연구원, 2014. 10, 『영월 정양산성(사적 제446호) 5차 발굴조사 약식보고서』.

강원대학교박물관, 1986, 『寒溪山城 地表調査 報告書』.

강원대학교박물관, 2010, 『인제 한계산성 기초현황 및 성벽 안전성 검토 학술조사 보고서』.

강원대학교박물관, 2012, 『인제 한계산성 종합정비 기본계획』.

강원대학교박물관·한국성곽학회, 2012. 5, 『인제 한계산성의 역사문화적 가치와 정비·활용방안』, 인제 문화유산 가꾸기 학술심포지움.

강원문화재연구소, 2014, 『한계산성 문화재 발굴(시굴)조사 약식보고서』.

강원문화재연구소, 2015, 『인제 한계산성(상성) 문화재 발굴(시굴)조사 약식보고서』.

겨레문화유산연구원, 2011, 『계양산성Ⅱ-4차 시·발굴조사보고서』.

겨레문화유산연구원, 2013,『계양산성 5차 발굴(시굴)조사 약보고서』.

겨레문화유산연구원, 2014,『계양산성 6차 발굴조사 약보고서』.

김재근, 2004,『생태조사방법론』, 보문당.

김종원·이율경, 2006,『식생조사와 평가방법』, 월드사이언스.

김호준, 2012,『고려 대몽항쟁기의 축성과 입보』, 충북대 박사학위논문.

단국대학교 매장문화재연구소, 2002,『안성 죽주산성 지표 및 발굴조사 보고서』.

단국대학교 매장문화재연구소, 2006,『안성 죽주산성 남벽정비구간 발굴조사 보고서』.

문화재청 고도보존과, 2007,『문화재·문화재 보호구역 현황측량업무 처리지침』.

문화재청, 2005,『문화재수리표준시방서』.

문화재청, 2008,『성곽 정비 및 보존 관리 활용방안 지침마련 연구』.

문화재청, 2009,『사적 종합정비계획의 수립 및 시행에 관한 지침』.

문화재청, 2014,『읍성의 보존관리 매뉴얼』.

報恩郡, 1979,『報恩 三年山城』-基礎調査報告書-.

報恩郡, 1987,『三年山城 城壁構造 및 西北雉 調査槪報』.

사방사태기술협회, 2010,『토석류 재해대책을 위한 조사법』, 씨아이알.

선문대학교 고고연구소, 2008,『桂陽山城 發掘調査報告書』.

寧越郡, 2007,『寧越 正陽山城 綜合整備 및 資源化 方案 計劃』.

이형구·김영수, 2001,『계양산 일대 문화유적 지표조사 보고서』, 선문대학교 고고연
　　　구소.

인제군·강원문화재연구소, 2015,『한계산성의 역사적 성격과 조사·보존방안』.

인천광역시 남구·인하대학교박물관, 2012,『원(原)인천지역 민속제의에 대한 기억과
　　　전승』.

인천광역시, 1997,『桂陽山城 地表調査 報告書』.

中原文化研究院, 2006,『淸州 父母山 蓮華寺地 -大雄殿 增築敷地 試掘調査 報告書』.

中原文化研究院, 2008,『淸州 父母山城 Ⅰ -1·2차 발굴조사 종합보고서』.

中原文化財研究院, 2006,『報恩 三年山城 - 2004年度 發掘調査 報告書-』.

中原文化財研究院, 2006, 『報恩 三年山城 - 2005年度 蛾眉池 整備區域 內 發掘調査-』.

中原文化財研究院, 2009, 『報恩 三年山城 - 2006年度 內側 城壁 發掘調査 報告書』.

忠北大學校 博物館, 1983, 『三年山城 - 推定연못터 및 水口址 發掘調査 報告書-』.

忠北大學校 博物館, 2003, 『溫達山城-北門址·北雉城·水口 試掘調査 報告書』.

忠北大學校 中原文化研究所, 1999, 『淸州 父母山城 地表調査 報告書』.

충북대학교 중원문화연구소, 2000, 『寧越 王儉成』.

忠北大學校 中原文化研究所, 2001. 『三年山城 - 기본 자료 및 종합 보존·정비계획 안 -』.

忠北大學校 中原文化研究所, 2005, 『報恩 三年山城 -2003年度 發掘調査 報告書-』.

忠北大學校 湖西文化研究所, 1989, 『溫達山城 地表調査 報告書』.

忠淸北道·報恩郡, 1980, 『三年山城 西門址 調査槪報-1980年度』.

혁지종합건설, 2010, 『문학산성 성벽보수 및 탐방로 조성공사 수리보고서』.

논문

고용규, 2011, 「여수 석창성의 보존 정비 및 활용방안」, 『여수 석보의 종합적 검토』, 한국성곽학회.

권혜정, 2011, 「산성의 가시성을 고려한 식생경관정비에 관한 연구」, 강릉원주대 석사논문.

金弘坤, 2011, 「성곽유적의 整備復元구간 선정을 위한 평가지표 연구」, 서울시립대 석사학위논문.

白種伍, 2007, 「仁川沿岸의 古代城郭에 대하여」 『文化史學』27, 文化史學會.

白種伍, 2011, 「文鶴山城의 現況과 變遷」 『博物館誌』13, 仁荷大學校 博物館.

白種伍, 2015, 「高敞 茂長邑城의 保存 및 活用方案」 『文化史學』44.

백종오, 2020, 「인천 문학산성의 연구성과와 역사적 가치」 『역사문화연구』76, 한국외국어대학교 역사문화연구소.

서영일, 2013, 「경주 월성 연구조사 및 유적활용방안」, 『경주월성의 보존과 활용』, 경주 월성 보전정비정책연구 결과보고회.

成周鐸, 1976, 「新羅 三年山城 硏究」, 『百濟硏究』7, 忠南大學校 百濟硏究所.

유재춘, 2015, 「한계산성의 역사와 축성사적 특징」, 『한계산성의 역사적 성격과 조사·보존방안』.

윤소영, 2011, 「일본 사적지정책과 역사문화자원의 활용 현황」 『한국독립운동사연구』 39.

이선·송호경, 2011, 「백제 고도 부여 성흥산성의 식생구조 및 관리방안」 『한국환경복원기술학회지』 14(3).

이선·이동혁·이지혜·송호경, 2009, 「부여 석성산성의 식생구조 및 관리방안」 『한국환경복원기술학회지』 12(4).

이훈, 2003, 「충청남도 성곽문화재의 보존관리방안연구」.

정석·김택규, 2015, 「세계유산으로 등재된 성곽유산의 등재기준 분석」 『서울학연구』 LVⅢ.

한성기 백제의 도성, 풍납토성과 몽촌토성

신희권(서울시립대학교)

백제는 도읍의 변천을 중심으로 한성기, 웅진기, 사비기의 3시기로 구분하며, 한성기는 '한성'을 도읍으로 한 백제시대를 가리킨다. 『삼국사기』등 문헌 기록에 의하면 백제는 시조인 온조왕 때 처음 '(하남) 위례성'에 도읍을 정해 정착하였으나 4세기 비류왕대 이후 '한성'이란 명칭으로 도성이 변화된 것을 알 수 있다.

이러한 한성기 도성 변화 과정에 대해 필자는 최초 풍납토성에 도읍을 정한 후 3세기 중후반경 왕권 강화와 체제 정비를 도모한 백제가 고구려와 낙랑, 말갈 등 주변국으로부터의 침입에 대비하기 위한 방비의 목적으로 전략적 요충지로서의 몽촌토성을 추가로 축조하는 등의 정비가 이루어졌다고 보았다. 이로부터 한성은 위례성을 확대 정비한 도성으로서 위례성과 별개의 왕성이 아닌 위례성을 포괄하는 도시의 개념으로 이해함이 바람직하다. 『삼국사기』에는 이를 왕도(王都) 한성이라 기록하고 있다.

이와 관련하여 개로왕대 고구려가 백제를 침공할 당시의 『삼국사기』기사에 따르면, 백제의 왕도 한성은 '북성(北城)'과 '남성(南城)'의 양성 구조를 띠고 있었던 것으로 생각된다. 이를 현재 남아 있는 유적에 대비해 보면 한성기 도성 체계는 위례성인 풍납토성이 단독으로 존재하다가 몽촌토성이 추가로 축조되면서 한성으로 변화되었고, 풍납토성과 몽촌토성의 양궁성이 바로 475년 웅진 천도 직전 한성을 이루었던 북성과 남성으로 생각된다.

I. 위례성이자 한성의 정궁인 풍납토성

1. 풍납토성의 현상 및 연혁

풍납토성은 북서쪽으로 한강을 끼고 약간 동쪽으로 치우친 남북 장타원형의 순수한 평지토성이다. 현재 서벽 일부를 제외하고 북벽과 동벽, 남벽 등 약 2.1km 정도가 남아 있으며, 유실된 서벽과 최근 발견된 잔존 서성벽 등을 포함한다면 대략 둘레 3.7km 정도의 거대한 규모였을 것으로 추정된다. 서쪽으로는 한강을 자연 해자로 삼고 북쪽과 동쪽에 한강의 지류를 이용한 해자(垓子)를 설치하여 한강의 범람과 외적으로부터의 침입해 대비하였다.

지형적으로 풍납토성은 서북쪽에 한강이 흐르고 있고, 동쪽의 평야와 얕은 구릉 끝으로 이성산과 검단산 등의 높은 산이 첩첩이 가로막혀 있다. 서쪽은 평야지대가 펼쳐진 가운데 서해로 이르며, 남쪽으로는 몽촌토성 등 남한산의 잔구를 제외하면 방이동, 가락동을 거쳐 성남에 이르기까지 드넓은 평야지대가 펼쳐져 있어 도성의 입지 조건으로서는 더없이 훌륭한 입지를 갖추고 있다.

풍납토성이 학계의 주목을 받기 시작한 것은 을축년(1925) 8월 대홍수 때 중국제 청동초두를 비롯하여 이식금환, 동노, 백동경, 과대금구, 자감색 유리옥, 4구획 원문수막새 등 중요 유물이 다량 출토되면서이다. 성 내부에서 이렇듯 중요한 유물이 출토됨으로 해서 당시의 일본인 학자들은 일찍부터 풍납토성을 한성백제시대의 왕성으로 주목하게 되는데, 그 중에서 특히 아유카이 후사노신(鮎貝房之進)은 풍납토성을 『삼국사기』백제본기 온조왕조의 정도 기록에 견주어 '하남위례성(河南慰禮城)'으로 비정하였다. 그러나 이후 이병도 선생이 풍납토성의 지명을 근거로 하남위례성이 아닌『삼국사기』책계왕 원년조의 '사성(蛇城)'으로 비정함에 따라 우리 학계에서는 사성으로 인정하는 경향이 우세하였다.

그러던 중 1964년 서울대학교 김원룡 선생에 의해 풍납토성 내부 포함층에 대한 첫 조사가 이루어져 백제시대의 주거면 2개층과 풍납리무문토기를 비롯한 다양한 유물 등이 발굴되었다. 그 결과로부터 풍납토성은 서기 1세기경 위례성과 거의 동시에 축성되어 475년까지 존속된 반민반군적 읍성으로서, 개로왕 21년(475)에 고구려군이 남하하여 7일 동안 공격한 '북성(北城)'으로 규정되기에 이른다.

풍납토성은 이후 어떠한 조사도 이루어지지 않은 채 서울시의 대규모 성장과 함께 급속한 개발의 시련을 겪게 된다. 그러나 1997년 아파트 재건축 공사 현장에서 백제토기 등 유물이 발견되어 국립문화재연구소에서 긴급 발굴조사를 실시한 것을 계기로 풍납토성에 대한 발굴조사가 진행되어 오고 있고, 결과적으로 한성백제의 역사를 새로 조명할만한 중요한 사실들이 속속 밝혀지게 되었다.

2. 거대한 성벽의 축조

1999년 동벽 2개 지점에 대한 발굴조사 결과 풍납토성은 거대한 판축토성으로 밝혀졌다. 성벽은 우선 생토층을 정지한 후 약 50cm 두께의 뻘흙을 깔아 기초를 다지고 하부 폭 7m, 높이 5m 정도의 사다리꼴 모양으로 중심부를 쌓은 것으로 확인되었다. 기저부의 정지작업과 중심토루의 축조가 완료된 후에는 안쪽으로 사질토(II토루)와 모래(III토루), 점토다짐흙(IV토루)과 뻘흙(V토루)을 위주로 한 판축토루를 비스듬하게 덧붙여 내벽을 축조하였다. 내벽 마지막 토루(VI) 상면에는 강돌을 한 겹씩 깔아 3단으로 만들고, 그 안쪽으로는 할석을 1.5m 이상 쌓아 마무리하였다. 이러한 석렬 및 석축은 토사의 흘러내림과 밀림을 방지하는 한편 배수의 기능도 겸했던 것으로 추정된다.

내벽 일부 구간에서는 식물유기체를 얇게 깐 것이 10여 겹 이상 확인되는데, 뻘흙을 10cm 정도 두께로 가져다 부은 후 나뭇잎이나 나무껍질 등을 1cm 정도 깔고, 다시 뻘흙을 까는 과정을 10여 차례 이상 반복하여 토루를 축조한 것이다. 이렇게 성벽의 축조에 식물유기체를 이용한 방법은 지금까지 확인된 예 중 가장 이른 시기의 것으로서 백제 고지인 김제 벽골제와 부여 나성 등에서 확인될 뿐 아니라 일본 규슈의 미즈키(水城), 오사카의 사야마이케(狹山池) 등 제방 관련 유적에서도 발견된 바 있어 백제 토목 기술의 일본 전파과정을 직접적으로 보여주는 자료라 할 수 있다. 또한 식물유기체 4~5겹에 한 번씩 3단에 걸쳐 성벽의 횡방향으로 각재목을 놓고 수직목을 결구시켜 지탱한 구조물도 출토되었는데, 종간격 110cm 정도로 8렬이 확인되었다. 현재의 상태로 볼 때 이러한 목재는 보강재로서의 목심 역할 정도로 보는 것이 타당할 듯하다. 또한 V토루 하단부 4단째의 석축이 시작되는 지점에서 성벽의 종방향을 따라 85cm 간격의 수직목이 확인되기도 하여 성벽 축조의 구획선 역할을 하였음을 추정할 수 있다.

중심토루 외벽으로는 경사지게 떨어지는 자연층 위에 정지작업을 거쳐 판축법으로 토루를 쌓고, 내벽과 마찬가지로 상부에 할석 또는 강돌을 깔아 마무리하였다. 내벽과 외벽의 석렬은 중심토루로부터 거의 동일한 거리에 축조되어 있어 계획된 축성 의도를 볼 수 있다. 이상 확인된 규모만 보더라도 성벽의 너비가 43m, 높이 11m가 넘는 대규모이고, 조사 구간이 협소하여 내외부로 확장 조사하지 못한 것을 감안하면 하부로 내려가면서 그 규모가 더 커질 것으로 생각된다.

한편 토성의 외곽에는 성벽을 방어할 목적의 해자가 존재하였을 것으로 추정되어 왔는데, 2015~2016년에 2011년에 절개 조사했던 성벽 외곽에 대한 발굴조사를 실시한 결과 최소 3개 이상의 외황(外湟) 시설이 확인된 것으로 보고되었다. 외측 성벽에서 3차례 이상의 인공 해자가 만들어졌다는 점은 그동안 성벽 축조 공정의 논란을 종식시킬 수 있는 결정적 단서라 할 수 있다.

또한 풍납토성 서성벽 유실 구간에 대한 잔존 상황 및 구조 등을 파악할 목적으로 2017년부터 현재까지 실시하고 있는 발굴조사 결과 서문지(西門址)가 최초로 발굴되는 성과를 거두었다. 너비 7m가 넘는 대규모의 문지가 발견되어 한강변에 설치된 문지의 존재에 대해서 명확히 인지할 수 있었다. 또한 성 안쪽으로 가면서 八자 모양으로 벌어지게 만든 점이나 문의 양쪽을 석축으로 마감한 점 등은 풍납토성 문지의 구조를 파악할 수 있는 결정적 자료라 할 수 있다. 게다가 석축 마감부에서 문지의 수축 내지

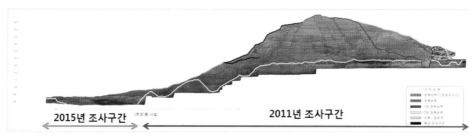

그림 1. 풍납토성 동성벽과 해자(외황) 관계도(국립문화재연구소)

그림 2. 풍납토성 서문지 위치(국립문화재연구소)　　　그림 3. 풍납토성 서문지 전경(국립문화재연구소)

그림 4. 풍납토성 서성벽 판축 단위 전경(국립문화재연구소)

그림 5. 풍납토성 서성벽 판축토 내 부엽 전경

는 증축 증거도 확인되어 향후 발굴조사 결과에 따라 풍납토성의 축조 분기를 연구하는 데 결정적 자료가 될 수 있을 것으로 기대된다.

2020~21년에는 성벽의 평면조사를 실시하여 토루별로 성벽을 쌓아 올린 판축 단위의 흔적과 그와 관련하여 시설한 나무기둥 등을 발견하는 획기적 성과를 이룩하였다. 이로 보건대 토루 하단부터 켜켜이 나무기둥을 박고 구간별로 판축 단위에 따라 흙을 쌓아 올린 것으로 추정된다. 1토루 내에서는 나무기둥을 88~162㎝ 간격으로 박아 시설하였으며 총 6단에 걸쳐 나무기둥이 확인되고 있다. 2토루와 3토루 내에서도 나무기둥이 박혀 있는 것이 확인되었는데, 2토루와 3토루 경계에는 성벽 경사 방향과 반대 방향의 나무기둥이 발견되기도 하였다. 추가 조사를 실시하면 풍납토성의 축조 방법과 공정을 밝힐 수 있을 것으로 기대한다.

3. 예제 건축의 건립

궁전과 관청, 도로 등은 궁성 내에서도 가장 핵심적인 건축물로서 이들의 존재를 통해 궁성 또는 도성의 여부를 판가름할 수 있는 결정적인 지표이다. 즉, 이들은 국가 및 왕조의 상징물로서 도성 내에서도 가장 중요한 지점에 최상의 기술과 공력을 동원하여 축조하는 게 일반적이다.

풍납토성에 대한 연차적인 발굴조사 결과 궁전 또는 제사 건물로 추정되는 특수한 건물지의 발견이 잇따르고 있다. 토성 내부 중앙에서 약간 북쪽으로 치우친 '경당연립' 재건축부지에서는 동-서 너비 16m, 남-북 길이 18m 이상의 呂자형 건물지(44호)가 발견되었다. 북쪽 건물의 외곽은 口형의 도랑이 감싸고 있는데 폭 1.5~1.8m, 깊이 1.2m 정도로 일정하며 바닥에 2~3중의 대형 판석이 깔려 있다. 발굴단은 이 유구가 치밀한 설계와 공력이 투입된 대형 구조물이란 점, 건물의 내부와 외부를 도랑으로 차단한 점, 도랑 바닥에 판석과 정선된 숯을 깐 점, 화재로 폐기된 점, 유물이 거의 전무한 점 등을 들어 이를 제의와 관련된 공공건물로 보았다.

이 대형 건물지와 인접한 남쪽에서는 9호, 101호 등의 구덩이가 발견되었다. 길이 13.25m, 폭 5.5cm, 깊이 2.4m에 달하는 9호 구덩이는 수 차례의 퇴적이 이루어지면서 인위적으로 파손시킨 고배, 삼족기, 뚜껑 등의 제기류가 집중적으로 출토되었고, 제사와 관련이 있을 것으로 추정되는 "大夫"와 "井"자명 직구단경호와 12마리분의 말 머리 뼈 등도 확인되었다. 조사단은 이 구덩이들을 기우(祈雨)를 목적으로 한 국가나 왕실의 제사 유구로 보고 있다.

의례적 성격과 관련하여 44호 건물지 남쪽의 우물이 주목된다. 우물은 약 10m 가량의 방형 구덩이를 깊이 3m 정도로 파낸 후 바닥은 방형으로 판재를 결구하고, 그 위에 할석을 원형으로 정연하게 쌓아올린 형태이다. 우물 내부는 흙을 채운 후 할석과 천석을 채워 폐기하였는데, 그것들을 제거하자 바닥에서 4단으로 결구한 판재 내에 230여 점의 토기를 층층이 가지런하게 매납한 것이 발견되었다. 토기는 주로 호와 병이 압도적으로 많은데 대부분 의도적으로 구연부를 깨트린 상태였고, 개중에는 충청도와 전라도 지방의 것들도 섞여 있다. 토기의 연대가 대체로 5세기대에 해당하는 것으로 보여 왕궁 내에서 사용했던 어정(御井)이 475년 고구려레 의해 한성이 함락당할 즈음에 폐기된 것이 아닌가 하는 의문이 들어 향후 이를 둘러싼 해석이 주목된다.

이밖에 풍납동 197번지(미래마을 재건축부지) 일대에서는 2010년 초석과 적심을 갖춘 건물지 4동이 발굴되었다. 라-1호와 2호 건물지에서 확인된 적심시설은 너비 1.8m, 깊이 0.5~0.6m 내외로 땅을 파낸 후 흙과 강자갈들을 섞어 채워 넣고 그 위를 황색 점토로 단단하게 다진 양상을 띠고 있다. 마-2호 건물지의 초석은 지하에 위치하고 있는데, 성토층을 되파기한 후 초석을 놓았으며, 되파기한 공간을 되메우기하여 기둥을 고정하였던 것으로 추정된다. 마-1호 건물지는 동벽에 할석으로 3단 이상 쌓은 기단석이 정연하게 남아 있어 완전한 지상 건물지임을 증명해주고 있다. 더욱이 이 건물이 주저앉으면서 지붕에 얹었던 수천 점의 기와가 고스란히 노출된 채로 발굴되어 그 중요성을 더하고 있다.

197번지 발굴조사에서는 이전에도 직경 16m, 깊이 1.2m의 원형 구덩이가 발견된 바 있다. 여기서는 와당 30여 점을 비롯한 기와류가 5천점 이상 출토된 것을 비롯하여 십각형 초석 장식, 토관, 중국제 도기편 등이 함께 출토되었다. 이 수혈 동편에서는 길이 21m, 너비 16.4m, 잔존 면적 약 344.4㎡(105평)이 넘는 현재까지 알려진 한성백제기 수혈 건물지 중 가장 큰 규모의 건물지가 발견되기도 하였는데, 그 규모로 미루어 공공건물지일 가능성이 높다.

이 일대에서는 남-북 방향과 동-서 방향의 교차 도로도 발견되었다. 남-북 도로의 경우 현재까지 확인된 길이는 110m 남짓 되는데, 조사구역 밖으로도 계속 연장되고 있어 규모는 더 커질 것으로 보인다. 도로의 너비는 7.5~8m이고, 깊이 20~30cm 정도로 기초를 굴착한 후 가운데 부분에 너비 4.5~5m 가량의 잔자갈을 볼록하게 깔아서 노면을 만들었다. 동-서 도로는 남-북 도로의 중간 지점에서 동편으로 연결되는 양상으로 22m 가량 확인되었고, 조성 방법은 남-북 도로와 동일하다. 이러한 도로는 궁성 내 중요 공간을 분할하거나 관청과 같은 중요 시설을 감싸던 핵심 도로이거나 한강변에 인접해 있는 서쪽 성벽을 따라 조성된 물자의 운송로였을 것으로 추정된다. 최근 국립강화문화재연구소에서 실시한 서문지 안쪽에서는 성벽의 진행 방향을 따라 북쪽으로 뻗어 있는 도로와 수레바퀴 흔적이 발견되기도 하였는데, 조사단은 이 도로가 197번지의 남-북 도로와 연결되는 도로로 추정하고 있다.

그림 6. 풍납토성 197번지 발굴 유적 현황도(국립문화재연구소)

이로부터 당시 도시 구획의 일면을 엿볼 수 있으며, 후대의 조방제 확립에 영향을 미쳤을 가능성도 배제할 수 없다. 또한 구상유구 안쪽으로 29기가 군집을 이루는 장방형 수혈군이 열을 맞춰 발견되었는데, 이 일대는 궁전으로 물품을 조달하기 위해 궁전 외에 조성한 창고 구역으로 추정된다.

이밖에 풍납토성 발굴조사에서 가장 특징적이고 중요한 유구를 들자면 바로 성벽을 따라 그 안쪽에서 집중적으로 발견된 대형의 주거지를 꼽을 수 있다. 소위 평면 6각형의 '풍납동식 주거지'로 이름붙일 수 있는 이들 주거지는 풍납토성에서 집중적으로 발견된 이후 최근 한강유역 전역과 임진·한탄강유역에서 계속적으로 발견됨으로 해서 백제 한성기 고위 지배 계층이 영유하였던 전형적인 주거지로 평가되고 있다. 따라서 풍납토성에서 발견된 주거지들 또한 당시 도성 내에 거주하던 고급 관리들의 거주지로 볼 수 있다. 이러한 주거구역의 존재는 사회 계층의 분화를 입증하는 동시에 상당히 체계화된 궁성의 구조를 보여주는 중요한 자료이다.

그림 7. 풍납토성 내부 구획도(신희권 2007)

4. 대외 교류의 중심지

풍납토성은 한강을 끼고 발달한 도시로 성 내에서는 당시 활발한 대외 교류의 흔적을 보여주는 다양한 유물들이 발견되고 있다. 대표적으로 경당지구에서는 중국제 시유도기가 집중적으로 출토되었다. 특히 196호 수혈은 길이 11m, 너비 5.5m 가량의 장방형 판재 창고로 추정되었는데, 33점의 중국제 시유도기가 발견된 것 외에 백제토기 대용 또한 여러 점이 정치된 상태로 주저앉아 출토된 것으로 보아 저장용 항아리를 보관한 시설로 보인다. 보고자는 시유도기를 서진대의 것으로서 중국과의 교섭과정에서 사여받은 위세품들을 담았던 용기로 보았다. 따라서 풍납토성이 당시 중국과의 대외 교섭의 중심지였음을 추측할 수 있다.

풍납토성에서는 시유도기 외에도 동진제 초두, 낙랑계 토기 등 중국과의 교역을 암시하는 유물뿐만 아니라 왜계, 가야계 토기도 출토되고 있다. 이는 풍납토성이 당시 외교의 중심지임을 말해주는 또 하나의 근거이다. 또한 197번지 일대의 최근 발굴조사에서는 낙랑계 청동 포수, 부여계 은제 이식 장식과 복골, 추정 북위계 연화문 와당과 월주요 계통의 청자 완 등 외래계 유물이 속속 출토된 것으로 알려져 있다. 이는 당시 백제가 한반도 내 뿐만 아니라 오늘날의 중국, 일본 땅에 이르기까지 활발한 대외 교류를 유지하였으며, 특히 정궁인 풍납토성이 북방과 남방을 넘나드는 교역의 중심지였음을 보여주는 증거이다.

Ⅱ. 한성 별궁 몽촌토성

1. 몽촌토성의 조사 연혁

1970년대부터 주목받기 시작하여 한때 하남위례성으로 지목되기도 하였던 몽촌토성은 88 서울올림픽 개최를 계기로 1983년부터 1989년까지 발굴조사가 진행되었다. 비록 시굴조사 성격이 강하였지만 발굴조사에서 전형적인 백제토기의 일종으로 알려진 삼족기와 직구단경호, 기대 등의 토기가 다량 출토되었고, 드물게도 중국제 도자기와 금동제 과대금구, 뼈로 만든 갑옷 등의 희귀한 유물도 출토되었다. 군사들의 막사로 추정되는 수혈주거지를 비롯하여 돌로 만든 적심 건물지와 판축대지, 온돌 건물지 등의 유구와 연못지 등이 발견되었는데, 이러한 성격의 유구들은 다른 유적에서는 거의 발견된 바 없던 것들로서 몽촌토성을 백제 초기의 왕성으로 보는 견해에 힘을 더하게 되었다.

이후 몽촌토성 남쪽 소마미술관 야외 조각공원 부지에 대한 조사 등이 간헐적으로 이루어지긴 하였으나, 토성 내부에 대한 학술적인 조사는 거의 이루어지지 못하다가 2012년 한성백제박물관 건립을 계기로 2013년부터 백제학 연구소에서 북문지 일대를 중심으로 연차적인 발굴조사를 실시하여 괄목할 만한 성과를 내고 있다.

2. 성벽과 중요 시설의 축조

몽촌토성은 남한산에서 뻗어 내려 온 표고 44.8m의 잔구상에 구축한 토성으로, 구지형이 다른 지점보다 낮거나 자연구릉이 연결되지 않은 지점에 판축기법 또는 판축기법과 유사한 성토법으로 축조하였다. 토성은 남북 최장 730m, 동서 최장 570m의 마름모꼴 형태로 되어 있으며, 성벽의 길이는 성벽 정상부를 기준으로 서북벽 617m, 동북벽 650m, 서남벽 418m, 동남벽 600m로 전체 길이 2,285m 가량된다. 성벽의 규모는 지역에 따라 얼마간의 차이가 있으나, 절개 조사된 서북벽과 동북벽 등 2개 지점을 살펴보면 기저부 폭 50~65m, 높이 12~17m, 상부 폭 7.5~10.5m 정도이다.

성벽과 관련된 주요 방어 시설로 성 외곽을 따라 물을 가둔 垓子가 발견되었다. 해자는 서북벽과 동남벽 아래에서 발견되었는데, 성벽 외측 기부의 지표하 3m 지점에서 뻘흙이 노출됨으로써 확인된 것이다. 이들은 성벽 정상부로부터 약 30m 떨어져 있었으나 해자의 너비나 깊이 등에 대해서는 밝혀진 것이 없다. 그러나 몽촌토성의 해자는 인공으로 축조된 것이라기보다는 성 주위를 감싸는 성내천의 유로를 이용하여 일부 개착한 것으로 추정된다.

문지는 북문지, 동문지, 남문지 3개가 발견되었는데, 약 10m 내외의 폭에 부분적으로 할석을 깐 것이 확인되었으며, 통로와 배수구의 역할을 겸했던 것으로 보고 있다. 또한 마름모꼴 성벽의 각 변에 하나씩 3~5m 정도로 판축 성토하여 만든 망대지가 4기 확인되었다. 이들은 성벽 가운데 본래의 지형이 가장 높은 곳을 선택하여 일부 인위적인 성토를 한 土壇 형태로 되어 있으며, 각각 사방을 조망하기 가장 좋은 고지대에 세워져 몽촌토성 주위를 관망하던 곳으로 볼 수 있다.

성벽과 관련된 구조물 외에 발굴조사를 통해 밝혀진 주요 내부 시설물로는 적심석을 갖춘 지상 건물지 1기, 판축성토대지 1개소, 연못지 2개소, 수혈주거지 9기 내지는 10기, 저장혈 31기, 적석유구 7기 등이 있다.

지상건물지는 서남지구의 고지대에서 집중 확인되었다. 그 중 적심 기초의 지상건물지는 지름 5~10㎝ 가량의 작은 강자갈을 2~3겹 다져서 기단 및 기둥의 적심으로 만든 특이한 기초로 되어 있으며, 정면 3칸 이상, 측면 2칸의 동향 건물로 판단된다. 이 건물지의 아래에서도 장방형의 건물지 기단 일부로 추정되는 석렬이 확인되었는데, 단변이 3m, 장변이 최소 15m 가량 되는 지상 건물로 추정된다. 판축 성토대지는 적심 기초 건물지로부터 동쪽으로 약 25m 가량 떨어진 지점에 있으며, 평면형태는 동서 및 남북 방향이 각각 10m 가량되는 방형이다. 사변의 방향이 앞의 적심 기초 건물지

각 변과 평행하게 배치되어 있어 서로 마주 보도록 배치된 것으로 이해된다. 이 일대는 몽촌토성 내에서는 상당히 중요한 지점이라 볼 수 있는데, 지대가 높은 점을 감안할 때, 여기서 발견된 건물지들이 일반적인 생활공간이 아닌 군사적인 목적의 지휘소 같은 곳으로 생각된다.

몽촌토성에서 발견된 주거지들은 대부분 고지대의 성벽과 성문에 인접해 있어 군인들의 거처로 추정되는데, 내부에서 철모, 철준(창물미), 철도 등의 무기류가 다수 출토되는 것으로 그러한 가능성을 높여주고 있다.

이상의 지형적 요인과 토성의 구조 등을 종합해 보면 몽촌토성은 앞서 살펴본 평지의 풍납토성에 비해 방어력이 훨씬 뛰어난 성임을 알 수 있다. 또한 내부에서 발견된 유구와 유물의 특성을 보더라도 평상시의 활동을 위주로 한 거성(居城)이라기보다는 전쟁 등에 대비하기 위한 방어성(防禦城)으로서의 역할이 더 컸을 것으로 생각된다.

3. 계획 도시의 일면을 보여주는 도로와 집수지

한성백제박물관은 2013년부터 북문지 주변 발굴을 통해 백제를 함락하고 몽촌토성에 주둔한 고구려군이 시설한 도로와 방형의 집수시설을 발견하고 한창 발굴조사를 진행하고 있다. 여기서는 백제, 고구려, 신라의 문화층이 차례로 발굴되었다.

475년 고구려의 침공에 의해 한성이 함락되고 웅진으로 천도한 백제는 호시탐탐 고토 회복을 꿈꾸다가 급기야 551년 나제동맹을 맺은 백제와 신라가 연합하여 고구려를 물리치고 한강유역을 되찾았다. 그러나 기쁨도 잠시 대중국 외교의 핵심 루트인 한강하류역의 중요성을 인식한 신라 진흥왕이 553년 백제를 배신하고 한성지역에서 다시금 백제를 몰아내고 진정한 한강유역의 패자로 군림하게 되었다.

한강을 둘러싸고 백제, 고구려, 신라가 차례로 쟁패했던 드라마틱한 각축 양상이 이곳 몽촌토성에서 고스란히 드러나 당시의 긴박했던 양상이 여실히 입증되었다. 신라의 취락과 도로 하부에서는 고구려와 백제의 도로는 차례로 발견되었는데, 도로는 단단하게 성토하고 다지는 과정을 반복하며 엄청난 공력을 들여 만들었음을 보여주고 있다. 특히나 이들 도로는 네모 반듯하게 구획한 양상으로 확인되어 당시 몽촌토성 내

그림 8. 몽촌토성 북문지 발굴조사 현황도(한성백제박물관)

그림 9. 몽촌토성 북문지 집수시설 발굴조사 전경

부가 풍납토성과 마찬가지로 계획적인 설계에 따라 조성되었음이 밝혀졌고, 북문 밖
으로는 풍납토성으로 향하는 대로가 발견되기도 하여 도성 내 기반 시설의 일면을 엿
볼 수 있게 해주었다.

그리고 네모난 도로로 구획된 안쪽에 백제와 고구려가 연이어 사용한 집수시설이
발굴되고 있다. 백제는 자연 지형을 이용하여 연지와 같은 양상으로 집수지를 이용한
반면 고구려는 방형으로 틀을 짜고 나무를 덧대어 보다 짜임새 있는 구조물로 집수시
설을 개량한 것으로 밝혀지고 있다. 아직 발굴조사가 진행 중이지만 다양한 목기과 목
제품 등이 출토되고 있고, 최근의 보도에 의하면 백제에서 가장 연대가 올라갈 가능성
이 있는 목간이 발견되었다고도 한다. 향후 발굴조사 성과가 기대된다. 이러한 성과가
축적된다면 몽촌토성의 성격을 이해하는 데 큰 도움이 될 것임에 틀림없다.

이상과 같은 증거들을 종합해 볼 때, 풍납토성은 평소 왕이 거주하던 거성으로서의
정궁(正宮)으로, 몽촌토성은 비상시를 염두한 방어성으로 정궁에 대한 별궁(別宮)으로
기능하였을 것임에 틀림없다고 판단된다. 또한 이를 뒷받침하는 별궁이 존재한 것으

로 볼 수 있는 기사가 주목된다. 아신왕 즉위년조(392)의 "침류왕의 원자가 한성 별궁에서 태어났다…"는 기록이 그것이다. 필자는 이 기사의 '漢城 別宮'을 바로 몽촌토성으로 보는 편이 합리적이라는 견해를 제시한 바 있다. 당시 풍납토성이 종교, 정치, 경제, 대외 교류의 중심지로서 평상시 왕이 정사를 돌보는 것은 물론 귀족들과 상인, 외국 사신들이 드나들며 번화한 도시의 기능을 수행하였을 것을 감안하면, 왕과 왕족들을 위한 별도의 독자적 생활 거처도 필요하였을 것이고, 몽촌토성은 이러한 목적의 별궁 역할을 하였을 것으로 추정된다.

III. 왕릉의 조영과 산성의 축조

한성백제시대의 도성을 구성하는 요소로서 앞서 살펴본 양 궁성 외에 왕릉의 존재도 빼놓을 수 없다. 풍납토성과 몽촌토성의 남쪽으로는 방이동고분군, 석촌동고분군, 가락동고분군 등이 조사되었거나 복원, 정비되어 있어 궁성과 가까운 위치에 왕족의 무덤이 함께 조성되어 있었음을 추정할 수 있다.

일제강점기만 해도 80기 이상의 고분(그 중 '石塚'이 66기)이 남아 있는 것으로 보고된 석촌동고분군은 비록 많은 수의 고분이 조사되지는 못했지만 묘제는 크게 적석총과 토광묘 계통으로 나눌 수 있으며, 그밖에 봉토분이나 즙석봉토분, 화장유구 등이 있다. 그 중에서도 3호분은 전형적인 고구려계 기단식 적석총으로 제1단의 규모가 동서 50.8m, 남북 48.4m로 集安의 최대 적석총인 太王陵과 거의 비슷한 규모이다. 이 고분은 대규모인 데다 축조 연대가 4세기 정도로 추정되어 그 피장자를 근초고왕으로 비정하기도 한다. 또한 3호분 동쪽의 조사에서 확인된 하층의 대형 토광묘는 폭 2.6~3.2m, 길이 10m 이상의 대형 구덩이에 8기의 목관을 나란히 안치하였는데, 이러한 구조의 무덤은 그 유례를 찾을 수 없는 것이다. 한편 최근에는 일제강점기에 작성된 석촌동 일대의 고분 분포도와 항공사진, 지적도, 행정문서 등을 검토하여 일부 고분의 위치와 성격을 추론함은 물론 당시 이 일대에 290여기의 고분이 밀집돼 있었다는 새로운 연구 성과도 소개되었다.

가락동고분군은 지금까지 3차례에 걸쳐 발굴조사가 이루어졌는데, 2~3세기 경의 방대형 토광묘, 매장시설을 할석과 천석으로 깔고 덮은 즙석식 봉토분, 4~5세기 경의 횡혈식 석실분 등 다양한 묘제가 확인되었다. 또한 방이동고분군은 표고 40m 남짓 되는 얕은 능선에 조성되어 있는데, 조사 당시에 알려진 것이 8기였다. 고분은 대체로 직경 10m 내외의 원형 봉토 안에 경사면을 파고 석실 또는 석곽을 만들어 시신을 안치하고 부장한 형식의 석실 봉토분이라 할 수 있다. 매장 주체부를 이루는 석실은 각기 조금씩 다른 형식을 취하고 있는데 1·4호분은 궁륭상의 천장을 하고 있고, 5호분은 장방형의 석곽 형태를, 6호분은 주실과 부곽이 분리된 터널형의 횡혈식 석실분이다.

왕릉 외에도 이들을 보호하기 위한 외곽의 방어유적은 도성 구성의 핵심 요소 중 가장 중요한 시설 가운데 하나이다. 특히 한성을 방어하기 위한 시설로는 한강변을 따라 삼성동~암사동에 이르는 구간에 축조된 제방 성격의 토성과 한강 이남의 배후 산성 곳곳에 배치된 산성을 들 수 있다. 전자의 예로는 암사동토성과 구산성지, 삼성동토성 등이 있는데, 이들은 한강의 범람으로 인한 홍수의 피해를 방지하는 한편, 한강을 타고 침략해 오는 적군으로부터 왕성을 방어하기 위해 축조하였을 것임을 추정할 수 있다.

한편 한강변의 넓은 평야지대의 배후에 위치한 이성산성, 남한산성 등은 비록 백제 한성기에 축조된 것이라는 명확한 증거는 발견되지 않았지만 지금까지의 발굴조사 결과를 볼 때, 그러할 개연성은 충분하다고 판단된다. 이성산성은 1986년부터 계속된 발굴조사 결과 통일신라시대를 중심연대로 한 방어 유적으로 알려져 있지만 근래의 발굴조사에서는 고구려식의 축조기법으로 쌓여진 성벽과 고구려 척 등의 유물이 나와 고구려의 점유 흔적을 엿볼 수 있다. 또한 오히려 그 이전에 축조된 것으로 추정되는 성벽도 발견되어 백제의 초축 가능성은 물론 근초고왕대의 임시 도성인 '漢山'에 비정하는 설도 제기된 바 있다. 이러한 삼국의 점유 흔적은 전략적 우월성을 바탕으로 한 이성산성의 입지적 장점을 입증하는 것으로, 백제 한성기에도 도성의 후방에서 왕성을 방어하기 위한 군사 요새로서의 역할이 충분히 기대되는 곳이다.

또한 강동·송파 일대의 가장 남쪽에 위치한 최대 규모의 산성으로서 줄곧 문헌기록

그림 10. 한성백제 도성 유적 분포도(신희권 2014)
(①풍납토성 ②몽촌토성 ③삼성동토성 ④아차산성 ⑤석촌동고분군 ⑥방이동 고분군 ⑦가락동 고분군(멸실) ⑧미사리유적
⑨이성산성 ⑩남한산성)

상의 논란이 되어 왔던 남한산성 역시 그동안의 조사에서는 주로 조선시대의 유구만
이 확인되었으나 근래의 발굴조사에서 백제시대 토기편이 출토됨으로써 백제 한성기
의 도성과 관련된 최후의 방어 유적이었을 가능성을 배제할 수 없게 되었다.

　이 밖에 이들 유적과 한강을 사이에 두고 북쪽에 위치한 아차산성 등의 유적들도 당
시 도성 구조와 관련지어 중요하게 다루어져야 마땅하다. 문헌기록에 의하면 아차성
은 사성과 더불어 위례성을 보호하기 위한 방어용 성곽으로 인식되지만 현재로서는
백제와 관련된 뚜렷한 발굴조사 성과가 제시된 바가 없다. 다만, 한강 북안의 유적 역
시 고구려 장수왕의 남하 정책으로 고구려의 수중에 들어가기 전까지는 명백히 백제
의 영토로서 한강 이남의 도성을 방어하기 위한 중요 군사기지였을 가능성이 높음을
명확히 해 둘 필요가 있다. 또한 지금까지 발굴된 사례가 없어 확증할 수는 없다 하더
라도 도성 외곽 어딘가에 건립되었을 것임에 틀림없는 불교 관련 사찰 등의 자료도 조
속히 발굴될 수 있기를 고대한다.

참고문헌

국립강화문화재연구소, 2021, 「2021년 풍납토성 서성벽 복원지구 조사성과」, 『풍납토성 축성기술을 풀다』

권오영, 2012, 「한국고고학 연구에서 풍납토성의 가치」, 『동북아시아 속의 풍납토성』, 학연문화사

김원용, 1967, 『風納里土城內包含層調査報告』, 서울大學校考古人類學叢刊 第3冊

동양고고학연구소, 2000, 『風納土城〔百濟王城〕研究論文集』

박순발, 2001, 『漢城百濟의 誕生』, 서경문화사

서울특별시, 2011, 『풍납토성 합리적 관리방향 및 추진전략』

신희권, 2002, 「風納土城 築造年代 試論」, 韓國上古史學報 37

-----, 2002, 「風納土城 발굴조사를 통한 河南慰禮城 고찰」, 鄕土서울 62

-----, 2003, 「百濟 漢城期 都城制에 대한 考古學的 考察」, 『백제도성의 변천과 연구상의 문제점』, 서경문화사

-----, 2007, 「風納土城의 都城 構造 研究」, 『風納土城, 500년 백제왕도의 비전과 과제』, 국립문화재연구소 국제학술대회.

-----, 2008, 「都城의 출현과 百濟의 형성」, 『국가 형성의 고고학』, 한국고고학회편, ㈜사회평론

-----, 2010, 「百濟 漢城時代 都城制度에 관한 一考察 -兩宮城制度를 中心으로-」, 鄕土서울 76

-----, 2014, 「백제 한성도읍기 도성 방어 체계 연구」, 鄕土서울 86

-----, 2015, 「중국의 고대 왕성과 풍납토성」, 『고대 동아시아의 왕성과 풍납토성』, 풍납토성의 성격 규명을 위한 학술세미나

-----, 2016, 「개로왕대 한성의 도성 경관과 토목공사」, 『개로왕의 꿈, 대국 백제』, 백제학연구총서 쟁점백제사 8, 한성백제박물관

-----, 2017, 「中國 都城과의 比較를 통한 漢城百濟 都城의 形成과 發達」, 百濟學報 19,

百濟學會

-----, 2017, 「백제왕도 한성과 풍납토성 조사·연구 성과」, 『백제왕성 풍납토성의 현재
　　　와 미래』, 2017 백제왕성 풍납토성 발굴조사 20주년 기념 국제학술회의

-----, 2017, 「풍납토성과 하남위례성」, 『위례와 주류성』, 광진문화원

-----, 2018, 「2017년 서울·경기·강원 지역 원삼국·백제 고고학 조사·연구 성과와 과
　　　제」, 百濟學報 24, 百濟學會

余昊奎, 2002, 「漢城時期 百濟의 都城制와 防禦體系」, 『百濟研究』36, 忠南大學校 百濟
　　　研究所

이병도, 1939, 「廣州風納里土城과 百濟時代의 蛇城」, 震檀學報 10號

李炳鎬, 2011, 「日帝强占期 百濟 故地에 대한 古蹟調査事業」, 『한국고대사연구』61

이형구, 1997, 『서울 風納土城〔百濟 王城〕實測調査研究』, 百濟文化開發研究院

鮎貝房之進, 1934, 「百濟古都案內記」, 朝鮮 234號

한성백제박물관, 2021, 「몽촌토성 -2021년 몽촌토성 북문지 일원 발굴조사 자료-」

한성백제 산성의 축성과 연구 검토

김병희(한성문화재연구원)

I. 머리말

성(城)은 적을 막기 위하여 목책이나 흙, 돌 따위로 높이 쌓아 만든 담, 또는 그런 담으로 둘러싼 일정한 구역을 일컫는다. 보통 성벽(城壁)을 두른 주거지를 말하며 처음에는 흙을 파서 도랑(環濠)을 만들어가 흙으로 담을 쌓았으며, 사람들의 지혜가 발달하면서 나무로 만든 울짱(木柵)과 돌로 쌓은 석축(石築), 벽돌로 쌓은 전축(塼築)도 나타났다.[1]

국가 주도에 의한 대규모 토목공사에 해당하는 성곽의 축성은 국가 지배계급의 권위를 상징하며 자기 보호를 위한 안전 보장에 그 목적이 있다. 축성 계획과 공사 과정 및 완료, 지속적인 수·개축과정 등을 통하여 통치제도 강화와 지방의 행정체계 정비 및 결속력 강화, 당시 토목기술력의 집약 및 발전이 이루어지게 된다.

---

1) 國立文化財硏究所, 2011, 『韓國考古學專門事典』城郭·烽燧篇, 675쪽.

『三國史記』에 의하면 신라는 기원전 37년, 백제는 기원전 11년, 고구려는 기원후 3년에 각각 성곽을 축성한 기사가 처음 확인된다.[1] 삼국이 본격적인 성장과 영역 전쟁을 위한 각축전이 벌어지면서 한반도 전 지역에 많은 수의 성곽이 축성된다. 이러한 역사적 배경 속에서 성곽은 흙으로 다짐하여 쌓은 토축성(土築城), 돌을 이용하여 쌓은 석축성(石築城), 내부 다짐은 흙으로 하고 바깥쪽에 돌로 쌓은 토심석축성(土深石築城) 등이 등장하게 되었다. 또한 지형 조건에 따라 평지성(平地城)·산성(山城)·평산성(平山城) 등 다양한 형태로 축성술의 발전을 가져오게 되었다.

백제는 한국의 고대국가 중 하나로『삼국사기』에 고구려 동명왕의 아들인 온조가 기원전 18년에 건국하였다고 기록되어 있다. 북쪽 부여 계통의 이주민 세력과 한강 유역의 선주민들이 결합하여 형성된 국가로, 한강 유역에 도읍 위례성을 쌓고 마한의 여러 소국을 병합하며 고대국가로 성장하였다. 기원전 18년부터 기원후 475년 고구려 장수왕에게 수도였던 하남위례성이 함락당하고 웅진성 공주로 천도하기 이전까지 백제가 한강 유역에 자리하였던 시기를 한성백제(漢城百濟)라고 한다.

한성백제의 성장과 발전은 한강 유역의 경략(經略)과 궤를 같이한다. 말갈(靺鞨)·낙랑(樂浪)·예(濊)·마한(馬韓) 등 초기 국가들을 정복하는 과정에서 북으로 예성강, 남으로 안성천, 동으로 춘천에 이르는 강역을 확보하고, 한강 유역 전체지역을 포괄하였다. 강성해진 한성백제는 북으로 고구려 평양성까지 이르게 되었다.

500년 가까이 백제의 왕도가 있던 한성백제에는 초기 국가단계부터 5세기 후반까지의 시기에 해당하는 도성을 비롯한 성곽·고분 유적·주거 마을 유적 등이 분포하고 있다. 고대국가의 확장과 함께 영토를 정복하고 확장하는 과정에서 점령지역을 통치하고 외적을 방어하기 위한 목적으로 성곽이 축성된다. 한성백제는 왕성으로 비정되는 풍납토성과 몽촌토성을 비롯하여 수도를 중심으로 하여 각 지방 거점지역에 해당하는 곳에 다수의 산성이 축조되며 방어체계를 갖추었다.

이 글은 먼저 한성백제기 성곽의 축성과 토축산성에 대하여 정리하고, 다음으로 한

---

1) 『三國史記』卷1 新羅本紀 1 始祖 赫居世居西干 21年, "築京城 號曰金城…",『三國史記』卷23 百濟本紀 1 溫祚王 8年, "秋七月 築馬首城 竪甁山柵…",『三國史記』卷13 高句麗本紀 1, 琉璃王 22年 "冬十月 王遷都於國內 築尉那巖城"

성백제기에 축성되었다고 보고된 석축산성에 관하여 그 사례와 축조기법의 특징을 살펴보고자 한다. 그리고 한성백제 축성사 연구에 있어 여러 가지 문제들에 대하여 검토하고자 한다.

II. 한성백제 성곽의 축성

한성백제는 백제가 한성을 도읍으로 삼았던 시기이다. 고고학적으로 현재 원삼국말 한성백제기의 물질 물화가 시작되었던 3세기 후반부터 475년 고구려에 의하여 웅진으로 천도하던 시기까지를 말한다. 한성백제는 이때 경기·충청도 지역 대부분과 전라·강원·황해도 일부 지역을 포함하고 있었다.

한성백제는 한강 유역을 기반으로 하여 강국으로 성장하면서 도성 체제가 완성되었다. 백제는 기존의 위례성을 바탕으로 남성(南城)과 북성(北城)이라는 양성(兩城) 제도를 통해 도성 체제를 정비하였던 것으로 추정된다. 백제 개로왕 21년(457)에 한성백제는 고구려 장수왕의 침공을 받아 도성이 함락당하고 개로왕과 주변 인물들이 참살당하는데 이때 "처음에는 북성을 치니 7일 만에 함락하고 다시 남성을 포위하였다"라는 기록[2]이 있어 백제의 도성이 양성제를 채택하고 있음을 알 수 있다. 당시 북성이 풍납토성이고 남성이 몽촌토성이었을 것으로 추정된다. 풍납토성은 가용면적이 넓고 한강 유역을 접하고 있는 평지성이며, 몽촌토성은 높지 않지만 구릉에 자리하고 있어 방어상에 유리한 위치를 점하고 있다. 풍납토성이 평상시 수도로서 기능을 하다가 전쟁 등으로 위급한 상황이 벌어질 때 몽촌토성과 함께 방어하는 이원적 체계를 이루었을 것이다.

풍납토성과 몽촌토성은 모두 흙을 다져서 단단하게 쌓아 올리는 판축(版築) 기법 또

---

2) 『三國史記』券25 百濟本紀 第3 蓋鹵王 21年 가을 9월
"고구려의 대로 제우, 재증걸루, 고이만년 등이 군사를 거느리고 와서 북쪽 성을 공격한 지 7일 만에 함락시키고, 남쪽 성으로 옮겨 공격하자 성안이 위험에 빠지고 왕은 도망하여 나갔다."

는 이와 유사한 성토(盛土) 기법을 사용하여 성벽을 쌓아 올렸다. 평지 또는 구릉에 축성한 평지토성은 한강 유역 외에 임진강에 파주 육계토성과 충북 청주의 정북동토성 등이 있으며 평지 방형 토성으로서 행정적 기능을 갖춘 성곽으로 주목된다.

1. 한성백제 도성 풍납토성과 몽촌토성

1) 풍납토성(風納土城)

풍납토성은 한강 남안(南岸)의 자연제방에 축조된 판축토성으로 한성백제 국가의 왕성인 하남위례성으로 비정된다. 한강변의 충적대지 상에 축조한 평지토성(平地土城)으로 중앙부 쪽이 볼록한 육각형을 띠고 있어 평면 모습이 배 모양을 하고 있다. 규모는 잔존 약 2,250m가 남아 있으며 유실된 서벽을 포함하면 3.5km에 이르는 대규모의 성이었을 것으로 추정된다.

풍납토성의 초축성벽은 기원후 3세기 중후반~4세기 초의 어느 시점에 착공하여 늦어도 4세기 중반 이전에 완공하였으며, 이후 성 내벽으로는 4세기 중후반과 5세기 전반을 중심으로 하는 두 차례의 증축이 이루어진 것으로 파악하고 있다. 성벽의 규모는 기저부 너비가 43m, 높이는 최소 12m 이상이다.

축조공정은 먼저 1단계 기초공사로 지표면을 정리하고, 성벽을 축조하는 너비 11m 구간에 대하여 최대 0.9m 높이로 성토하여 기저부를 조성한 다음 그 위로 성벽을 쌓게 된다. 성벽은 먼저 기저부 위에 5.6m 가량의 토루를 쌓고, 이 토루의 성토면을 가파르게 절취한 후 이것을 골조(framework)로 하여 내벽에 2번, 외벽에 한 번 덧쌓기를 하여 완성하였다. 내·외 벽면은 강돌을 덧붙여 쌓아 보강하였다. 초축성벽의 규모는 기저부 너비 37.4m, 구 지표면에서의 잔존높이 5.4~9.5m이다.

성벽은 1999년과 2011년에 실시한 동쪽 성벽 조사를 통하여 그 양상이 파악되었다. 성벽의 축조는 판축공법에 따라 축조되었는데, 중심토루에 2차례 정도 토루를 덧붙이는 방식이다. 2011년 조사에서는 4세기 전반~중반 사이에 초축된 이후 내벽쪽은 2차례 증축이 이루어졌음을 알 수 있다.

초축성벽은 이후 내벽 쪽으로 2차례 증축이 이루어졌으며, 외벽 쪽은 일부 보수 흔적이 있지만 증개축의 양상은 없었던 것으로 파악된다. 내벽쪽의 1차 증축은 초축성벽의 내벽면에 덧쌓기를 하여 성벽의 너비와 높이를 확대하였다. 이 과정에서 성벽의 기저부 너비는 41.2m로 3.8m가 확대되었으며, 내부 구 지표면도 55cm 가량 높게 조성하여 내벽 하단을 보강하였다. 그리고 너비 108cm, 깊이 90cm의 정형화된 배수시설을 설치하였다. 1차 증축에 사용된 흙은 초축성벽에 비해 점성이 많은 흙을 사용하였다.

  2차 증축은 구 지표면을 기준으로 높이 2.6m까지는 1차 증축성벽과 유사하게 성토하였지만, 그 위로는 다양한 크기의 점토 덩어리(Block)를 성토재로 사용하여 1차 증축과 차이를 보이며, 특히 내벽 기저부에 내벽면 하단을 최소 3.4m 높이까지 계단상으로 깎아 내고 깬 돌을 이용하여 석축하고 그 내부를 냇돌로 뒤채움한 석축 시설을 축조하였다.[3]

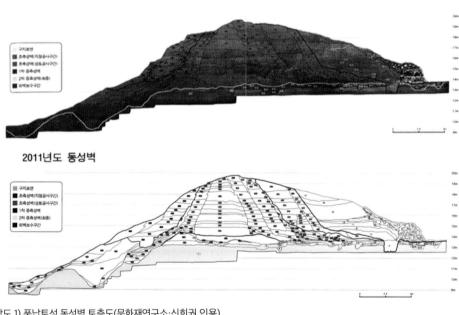

삽도 1) 풍납토성 동성벽 토층도(문화재연구소·신희권 인용)

3) 국립문화재연구소, 『風納土城 XⅠ』(2009)·『風納土城 XⅢ』(2012)·『風納土城 XⅣ』(2012)·『風納土城 XⅤ』(2013)·
  『風納土城 XⅥ』(2014).
  한신대학교박물관, 2015, 『風納土城 XⅦ』.
  신희권, 2014, 「판축토성 축조기법의 이해:풍납토성 축조기술을 중심으로」, 『문화재』 47, 국립문화재연구소.

2) 몽촌토성(夢村土城)

몽촌토성은 송파구 방이동 올림픽공원 내에 있으며 한강 변에 떨어져 야트막한 구릉 상에 자리하고 있는 산성이다. 둘레는 약 2.7km이며, 성벽의 높이는 6~7m이다. 출토유물을 통해 볼 때 약 3세기 초에 축조가 시작되었다. 2014년 한성백제박물관 조사에서 기존 목책 구간에 대하여 목책 구덩이는 울타리를 설치하기 위한 구덩이의 흔적이 아니고 판축성벽에 사용되는 영정주였던 것으로 보고되었다.

몽촌토성 북서벽 구간 성벽 조사에서 확인된 축조방법은 1. 기반토 계단식 지정 → 2. 토제(土堤) 또는 토괴(土塊) 등을 이용한 기초 성토작업 → 3. 판축공법에 따른 성벽 축조의 순서로 이루어진 것으로 파악하고 있다.[4]

2. 한성백제 토축산성

한성백제는 고대국가 가운데 성곽의 재료로 흙을 주로 사용하여 축성하였다. 한강 유역에는 풍납토성을 비롯한 백제 왕성을 비롯하여 20여개소의 토성들에 대하여 조사가 이루어졌다. 서울 삼성동토성[5], 고양 멸절산토성[6], 화성 길성리토성[7], 음성 망이산성[8], 증평 추성산성 등에서 발굴조사를 통하여 축조기법을 이해할 수 있다.

백제 토축성곽의 축조공정은 '입지선정→기저부 조성→체성축조→피복 마감'순으로 이루어졌다. 공정별로 세부 내용을 살펴보면 기저부 조성은 기저부 정지면을 정리한 후 그 위에 수평상 또는 순차적으로 경사지게 성토하여 수평면을 마련(사면부)하는 것이다. 이 공정에서 주목되는 토목 기술은 토성벽의 바깥면을 따라 볼록한 돌출부(土堤)를 구축하는 것이다.

체성 축조는 성토기법과 판축기법 등으로 나누어볼 수 있다. 성토기법은 판축 구조물을 이용하지 않고 중심토루를 쌓는 축조기법으로 '非 판축' '유사판축' '교호성토' 등

---

4) 한성백제박물관, 2016,『夢村土城 Ⅱ -2014년 몽촌토성 북서벽 구 목책 설치구간 발굴조사 보고서-』

5) 한성백제박물관, 2018,『삼성동토성 추정지 시굴조사보고서』

6) 중앙문화재연구원, 2014,『고양 멸절산 유적 1차보고서』

7) 중부고고학연구소 2013,『화성 길성리토성』

8) 단국대학교 중앙박물관, 1996,『안성 망이산성Ⅰ』

으로 불려 왔다. 성토기법의 특징은 판축 구조물 없이 토제나 암반 돌출면에 기대어 성토가 이루어지며, 물성이 다양한 흙을 혼합하여 사용하고 있다. 성토기법은 먼저 기저부를 정지하고 기초성토를 한 후, 한성백제 토성의 특징이라 할 수 있는 바깥쪽 토제시설 또는 표토블록을 설치한다. 그 위로 반복하여 아래부터 성토하여 벽체를 완성하게 된다. 성토기법이 확인된 한성백제 산성은 서울 삼성동토성, 화성 길성리토성, 증평 추성산성 등이다.

판축기법은 목주와 판재를 결구하여 판축 틀(거푸집)을 짜고 내부에 중심토루를 쌓아 성벽을 구축한 후 외피 토루를 덧붙여 보강하는 기술이다. 축조공정은 기초를 마련하고 나서 영정주와 협판, 보조 기둥을 조립하여 판축틀을 세우고 내부에 흙을 켜켜이 다짐하여 중심토루를 일정 높이까지 쌓게 된다. 이후 판축 구조물은 해체와 재설치를 하여 다시 높게 벽체를 올려 완성한 후 바깥면에 외피 토루를 피복하는 과정을 거치게 된다. 이러한 판축기법은 동시에 상단부까지 올라가는 판축기법에 비하여 선행하는 양식으로 여겨진다. 판축틀 재설치는 목주(영정주)를 엇갈리게 세워 중심토루의 토층 양상은 品 자형의 입체적 조합을 이루고 있다. 판축기법이 확인되는 한성백제 산성들은 화성 소근산성, 고양 멸절산토성, 증평 추성산성 북성, 음성 망이산성 등이다.[9]

---

9) 이혁희, 2013, 「漢城百濟期 土城의 築造技法」 한신대학교대학원 석사학위논문.
　　이혁희, 2016, 「백제 토성 축조기법의 특징과 변천」 『유리건판으로 보는 백제의 성곽』 국립중앙박물관.

증평 추성산성 토루 성토기법

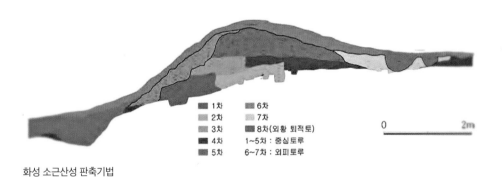

1차		6차	
2차		7차	
3차		8차(외황 퇴적토)	
4차		1~5차 : 중심토루	
5차		6~7차 : 외피토루	

0 ────────── 2m

화성 소근산성 판축기법

삽도 2) 한성백제 토축산성 토축기법

Ⅲ. 한성백제 석축산성 발견과 축조기법 검토

1. 포천 반월산성[10]

'한성백제 석축산성 축성'은 90년대 후반 단국대학교 학술조사단에 의하여 제기되었다. 1994년 포천 반월산성에 대한 1차 발굴조사에서 남문지와 서치성이 확인되었다. 반월산성은 지표조사와 첫 발굴조사에서 백제 토기 조각이 수습되었지만, 당시에는 잔존하고 있는 석축 성벽이 기단보축성벽 등 신라의 특징적인 요소가 보이며, 신라에 의하여 제작된 기와류나 토기류가 집중적으로 출토되어 초축국에 대한 인식을 할 수 없었다.

1998년 포천 반월산성 4차 발굴조사에서 동쪽 체성벽 조사를 진행하였는데 잔존하고 있는 체성벽과 이에 덧붙여 쌓아진 보축성벽이 동시에 축조되지 않았음을 파악하였다. 보축성벽은 기저 암반층 위로 신라 기와가 포함된 다짐층이 있고, 그 위로 석축을 쌓았는데, 보축성벽 축조 이전 기반암을 정지하고 쌓은 초축성벽이 드러났다. 체성벽은 암반층 위로 적갈색 점토와 깬 돌로 다져 수평면을 조성한 후 그 위에 성벽을 쌓아 올렸다. 성벽에 축조된 석재는 면과 모를 다듬어 틈새 없이 맞물리게 하였으며, 매단 수평을 맞추어 열을 쌓아 올렸다. 성벽 바깥쪽으로는 체성부 보강구조물은 확인되지 않았다.

5차 및 6차 발굴조사에서는 초축성벽과 함께 기저부 보강 다짐으로 또는 보강석축이 확인되었다. 가장 특징적인 면은 뒤채움 방식으로 점토를 이용하였다. 2단으로 정지한 암반면을 기준으로 하단까지는 돌을 이용하여 뒤채움하지만 상단과 상하단 사이의 경사면에는 점토를 채워놓았다. 내부를 점토로 축조하고 외부에 돌을 쌓는 방식으로 토성 축조 방식과 석성 축조 방식을 결합한 과도기적인 축조 방식이라 할 수 있다.

초축 체성벽과 연결되는 남치성은 정남향으로 전면 길이는 10.5m이고(잔존높이 7단 1.7 m), 체성에서 돌출된 길이는 동쪽이 2m, 서쪽이 2.6m이다. 축조방법은 자연 암반

---

10) 단국대학교 매장문화재연구소, 2004, 『포천 반월산성』-종합보고서-.

삽도 3) 포천 반월산성 초축구간과 개축구간

위에 적갈색 점토와 잡석으로 다진 후 대형 석재로 기단석을 놓고 그 위에 면을 다듬
은 장방형의 화강암 석재를 쌓아 올렸다. 치성 1단은 두께가 얇은 장대석을 놓았으며,
2단부터는 가로와 세로의 비가 2 : 1 ~3 : 1의 장방형 석재를 이용하였고, 성벽의 단면
은 현저하게 안으로 들여쌓은 되물림 기법으로 축조하였다. 치성과 체성과의 연결부
가 서로 맞물려 있어 초축부터 치성이 계획에 따라 축조되었다. 백제 산성에서는 치의
존재가 발견된 예가 적고 평면 형태가 길고 돌출부가 짧은 횡장방형 치성의 축조는 백
제 산성 구조물의 선행 사례라 할 수 있다.[11]

---

11) 김병희, 2021, 「백제 사비도읍기 금산 백령성의 위상」 『충청학과 충청문화』30, 충청남도역사문화연구원.

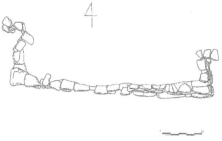

삽도 4) 반월산성 남치성 2 (초축구간)

2. 이천 설봉산성[12]

1998년 이천 설봉산성에 대해 지표조사가 시행되면서 성곽에 대한 전체 현황이 파악되었고 연차적인 발굴조사 계획이 수립되었다. 1차 발굴조사는 산성의 정상부가 있는 칼바위 주변에 대하여 진행되었는데 백제에 의하여 조성된 토광 저장시설과 저수시설이, 통일신라 8세기경에 건립된 장대지 건물에 대한 조사가 이루어졌다. 체성벽에 대한 조사에서 전체 50m에 이르는 구간에 대하여 성벽 기저부를 확인할 수 있었다. 기저부는 암반 또는 풍화암반층을 지형에 맞게 정지한 후, 면과 모를 잘 다듬은 장방형의 화강암 석재를 이용하여 상·하단의 성돌이 서로 엇물리게 하는 '品'자형 쌓기이며, 하단에 별도로 보강한 시설이 없음이 밝혀졌다. 또한 기저부 바깥쪽으로 일정한 간격에 따라 목주를 세웠던 주공 흔적이 발견되었다. 이러한 성벽의 축조 방법은 소백산맥 일원에서 주로 확인되는 신라의 기단보축성벽과 성돌의 가공과 크기에 있어 확연한 기술적 차이를 보여주었다.

---

12) 단국대학교중앙박물관, 1998, 『이천 설봉산성 지표조사보고서』
   단국대학교중앙박물관, 1999, 『이천 설봉산성 1차 발굴조사보고서』
   단국대학교 매장문화재연구소, 『이천 설봉산성 2차 발굴조사보고서』(2001), 『이천 설봉산성 3차 발굴조사 보고서』
   (2002), 『이천 설봉산성 4·5·6차 발굴조사 보고서』(2006).

삽도 5) 이천 설봉산성 초축성벽 모습

　　고고학적 층위와 함께 유구와 유물이 본격적인 확인된 한성백제 초축성벽은 1999년 실시된 이천 설봉산성 2차 발굴조사이다. 3월부터 시작된 발굴조사는 정상부 주변의 평탄 대지와 서쪽 계곡부에 대한 체성벽 조사로 나누었는데, 먼저 평탄대지에서는 기반암을 굴착하여 조성한 토광이 확인되고, 내부에서 수많은 한성백제기의 대형 옹과 고배류 등이 집중적으로 출토되었다. 토광은 1차 발굴조사에서도 백제 토기류와 함께 확인되었으며, 전체 30여기로 평면 타원형으로 지하를 굴착하였는데 단면에서 위아래가 좁고 중간부가 넓은 형태의 복주머니 모양을 하고 있다. 지하 저장시설로 추정되며 한성백제기에 주로 조성되었던 시설이다. 또한 지하를 굴착하여 석축으로 조성한 저수시설도 함께 확인되었다.

삽도 6) 이천 설봉산성 대형 옹 출토 모습 및 석축 저수시설 전경

서쪽 계곡부의 성벽 구간 조사에서는 신라가 축조한 서문지 구간과 그 아래 한성백제기에 초축된 성벽이 차례로 확인되었다. 서문지는 매몰된 성벽을 노출하는 과정에서 체성벽이 연결되지 않고 평면 '二'형으로 단절되어 노출되어 어긋문 형태의 성문시설이 설치되었음을 파악하였다. 서문지는 양쪽 모두 내외 겹축으로 이루어진 석축성벽이 존재한다. 출입구 바깥쪽은 석재를 이용한 계단시설이 있으며, 문구부에 이르면 좌우에 차단 석축이 있고, 바닥은 성토 다짐층으로 이루어져 있다. 문지 바닥층에 경질의 선조문 계통의 신라 기와류가 속하여 있고, 이단 투창 뚫린 고배 등의 토기류가 출토되어 유물 양상으로 볼 때 서문지는 신라가 한강 유역으로 진출한 6세기 후반에서 7세기 초반에 축조되었다.

서문지 아래 초축성벽의 확인은 문지 바닥에 대한 pit 조사에서 1m 아래에 석축 성벽의 뒤채움이 다시 확인되고 이를 정리하는 과정에서 수구시설의 입구부가 노출되면서 시작되었다. 입수구는 호안 석축을 가진 암거 형태로 호안 주변으로 뻘층과 모래층이 있으며, 이곳에서 다량의 백제 토기류가 수습되었다. 따라서 서문지는 입수구가 있던 초축성벽을 매몰한 후 6세기 후반 이후 신라에 의하여 개축되었음을 알 수 있다.

서문지 아래에 대한 초축성벽 조사는 문지 바닥 성토층과 바깥쪽 계단시설에 대하여 해체작업을 하여 앞선 시기에 축조된 것을 확인하였다. 조사 결과 설봉산성의 초축성벽은 수구를 중앙에 두고 양측 체성벽이 서로 엇물리지 않은 형태로 석축 평면 '一'과 'ㄴ'가 결합한 구조이다.

설봉산성 서쪽 계곡부는 수구부가 있는 초축성벽이 있으며, 후대 서문지가 개축되었다. 유구 층위와 공반 유물이 확인되어 한성백제기 성곽과 신라 한강 유역 진출기 개축 성곽으로 명확하게 구분된다.

표 1. 이천 설봉산성 서문지 및 수구부 층위 및 출토유물

	층위	출토유물
1층	흑갈색점토+모래 표토층, 산성 폐기 후 퇴적층	
2층	암갈색 모래 산성 폐기 후 퇴적층	
3층	암갈색 점토+모래층 서문지 붕괴 후 퇴적층	통신~고려 기와류와 토기류
4층	개축 서문지 적갈색 점토다짐층 (30cm) 서문지 바닥층, 어긋문 통로부. 점토로 다짐하여 성문 바닥 조성	선조문 회청색 경질기와, 단각 및 투창 표현 신라 고배와 호, 완편 등
5층	암갈색점토+굵은모래층 (60cm) 서문지 개축 때 형성된 성토층, 입수구 상면 퇴적층	4층 출토유물과 백제 토기류 일부 출토, 기와류 없음
6층	초축성벽·축조이후 퇴적층 흑갈색부식토+회갈색 뻘층 (40cm) 입수구 호안석축 퇴적층	고배류, 호류, 병편, 심발형토기, 접시, 완, 시루편, 삼족기편 등 백제 토기류만 출토
7층	암갈색 굵은 모래층 (30~50cm) 초축성벽·수구부 퇴적층 초축성벽의 뒤채움부	삼족기와 고배류의 백제토기편 출토.
8층	흑갈색 점토+모래층 (50cm) 초축성벽 기저부. 성벽 축조 이전 형성층	
9층	풍화암반층	

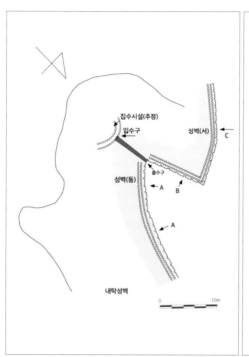

한성백제 초축 성벽

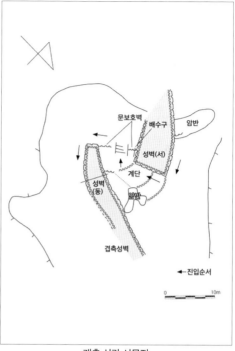

개축 신라 서문지

삽도 7) 이천 설봉산성 초축 및 개축 성벽

3. 이천 설성산성[13]

이천 설성산성은 발굴조사에서는 성내 평탄지에서 수혈식 건물지를 비롯하여 토광, 목곽고 등이 확인되었다. 특히 저장 및 폐기용 토광에서 다량의 백제시대 토기들이 출토되었다. 저장시설인 토광은 모두 28기이며 완만한 경사면에 있다. 토광 내부에서는 백제시대에 제작된 대형 토기 옹들이 가지런히 출토되었다. 각종 토기 등이 완전한 형태로 출토된 토광의 모습은 대형 토기는 아가리를 지면으로 향해 엎어진 상태이고, 각각의 토기는 열을 맞춘 듯이 배치되었다. 대형 토기 사이에는 부피가 작은 고배류나 소형 호가 놓여 있어 발 디딜 틈이 없이 가득하다. 토광은 토기를 보관하던 시설로 추정된다.

삽도 8) 이천 설성산성 토광 내부 백제 토기들

백제 토기는 기종별로 기대류, 시루류, 고배류, 호·옹류, 접시류, 완류, 장란형토기류, 심발형토기류, 단지류 등으로 분류된다. 주요 토기는 토광에서 출토된 완전한 형태의 기대와 대부 용기이다. 기대는 전체높이 45cm이며 양식은 위의 그릇받침 부분은 우묵한 접시형이고, 저부는 펑퍼짐한 치마처럼 원통형이다. 고대(高臺) 가운데에 5개의 동전과 같은 형태로 두께 1.5cm 정도의 돌대가 돌려져 있다. 밑바닥에는 2cm 내외의 원형 투공이 뚫려 있다.

---

13) 단국대학교 매장문화재연구소, 『이천 설성산성 지표·시굴조사 보고서』(2000), 『이천 설성산성 1차 발굴조사 보고서』(2002), 『이천 설성산성 2·3차 발굴조사 보고서』(2004), 『이천 설성산성 4차 발굴조사보고서』(2006).

배면을 대칼로 정리한 원추형 경질 고배, 장란형토기편, 심발형 토기편과 각종 연질 토기편 등이 다수를 차지하고, 조족문이 시문된 토기편도 출토되었다. 유물은 몽촌토성Ⅱ기, 풍납토성Ⅳ기, 설봉산성Ⅱ기와 비슷한 양상을 보인다.[14]

건물지는 백제시대 수혈 건물지로 평면 형태는 원형, 타원형, 육각형 등의 다양한 형태이다. 일부 건물지에서는 난방이나 취사에 사용했던 것으로 보이는 온돌시설이 노출되었는데 아궁이부에서 백제 토기들과 철제무기류가 출토되었다. 토기류는 대체로 조리용과 배식용으로 사용되던 기종들로 이 건물지의 성격이 산성에 주둔하던 병사의 막사로 이용되었을 것으로 추정된다.

저수시설(목곽고)은 풍화 암반을 깎아서 방형의 굴광을 축조한 후, 깬 돌로 석축을 쌓고 그 안에는 암갈색 점토를 약 1m 이상 두껍게 덧대었다. 규모는 동서 6m. 남북 6.3m~7.7m이다. 물을 가두었던 부분은 5m×3m×(0.8m~120cm)로 저수용량은 15㎥ (15t, 15,000ℓ) 정도로 산정된다. 물을 가두었던 부분에서는 백제 경질호를 비롯한 다양한 백제 토기 조각이 출토되었다. 바닥에서는 폭 13cm~15cm의 다듬어진 목재 2개가 남북으로 나란히 배치되어 있다. 동쪽에 있는 목재 중간에 폭 8cm 목재가 직교하

삽도 9) 이천 설성산성 출토 기대와 저수 목곽시설

14) 방유리, 「이천 설봉산성 출토 백제토기 연구」, 2001, 단국대학교석사학위논문.

고 있다. 목재의 연결 부분에는 홈이 패여 있다. 이렇게 결구된 목재는 바닥 시설의 일부이거나 천장 가구가 붕괴한 것으로 볼 수 있으나, 노출된 형태가 정형을 이루고 있어 목곽 바닥 시설로 생각된다.

IV. 한성백제 석축산성에 대한 연구 검토

이천 설봉산성·이천 설성산성·포천 반월산성·하남 이성산성 등 1990년대 후반에 제기된 '한성백제 석축산성 축성'[15]은 학계의 주목과 함께 논란을 가져왔다. 한성백제 도성인 몽촌토성과 풍납토성, 웅진기의 공산성, 사비기의 부소산성이 토성이란 이유로 웅진기 이후 6세기 후반에 가서야 석축산성이 축조된다는 한성백제기 석축성곽 부재론에 고고학적 발견과 연구는 비판과 재검토가 이루어졌다.

성곽의 발달과정은 축조재료에 있어 목책 → 토축 → 석축 과정으로 진행된다는 것이다. 축성 재료에 있어 평지와 산세라는 지리적 입지와 주변에서 쉽게 구할 수 있고 방어력과 보수성의 효율성을 가질 수 있는 환경 요소가 중요하다. 평지에서 판축토성, 토심석축 형태가 발달하였고, 지리적으로 석재를 채취하고 운반하기 쉬운 산성에서는 석축 성곽이 주로 축조되었다.[16]

한성백제 석축산성 부재론은 이천 설봉산성 등 고고학적 조사 결과를 신뢰할 수 없다는 것에서 시작된다. 1. 순환논리의 오류 : 각 성이 백제성이라는 것을 입증하기 위해 서로서로 참조하는 순환논리에 빠짐 (반월산성은 설봉산성을, 설성산성은 반월산성을, 설

---

15) 심정보, 2001, 「百濟 石築山城의 築造技法과 性格에 대하여」 『韓國上古史學報』 제35호, 한국상고사학회.
    박경식, 2002, 「이천 설봉산성 발굴조사의 성과와 의의」 『제45회 전국역사학대회 고고학부 발표자료집』, 한국고고학회.
    서영일, 2004, 「한성백제시대 석축산성의 築造 배경연구」 『文化史學』 23호.
    김호준, 2005, 「이천 설봉산성 성벽 축조방식 일고찰」 『한국성곽학보』 7집.
    김호준, 2007, 「한성 백제시대 산성 축조방식에 대하여」 『학예지』 14집, 육군박물관.
16) 중세 고려시대에 이르면 이러한 양상은 뚜렷하게 확인되는데 점차 거점 성곽들이 평지 또는 평산성 형태로 축조되면서, 판축토성이 집중적으로 축조되며, 산성은 입보형 성곽으로서 크기와 모양이 일정하지 않은 석재들을 사용한 산성들이 등장한다.

봉산성은 설성산성을 예로 제시) 2. 성벽 기저부 다짐토에서 백제토기편이 출토된 것은 축성 시점의 상한을 제한할 뿐. 3. 기저부에서 발견되는 백제 연질토기와 성내의 경질토기의 차이점을 들고 있으나 성의 초축시기라고 여겨지는 4세기 후반경에는 이미 연질토기와 경질토기가 공반되고 있음. 4. 성벽 절개 결과 토성의 흔적이 발견되지 않고 처음부터 석축성으로 만들어졌다는 점이 백제성이라는 것을 입증한다는 점은 성 내부 유물과 축성집단을 연계시키기 위한 명확한 연결고리가 있어야 함. 또한 유적 해석에 있어 설봉산성에서 신라 성벽의 특징인 보축성벽이 확인되지 않는다는 이유로 백제성이라는 견해를 제기하고 있지만 반월산성과 설성산성의 보축성벽은 개축 또는 신라 성벽과는 다른 형태이기 때문에 백제성이라고 주장. 보축성벽은 신라성의 특징이 아니라 경사가 급하거나 지반이 취약한 곳에 한하여 보축성벽을 쌓았으며 보축성벽을 쌓는 방법은 여건에 따라 다양한 형태로 나타난다는 점을 들고 있다.[17]

또한 한성백제 석축산성들이 하남 이성산성, 충주 충주산성, 함양 사근산성, 함안 성산산성 등 신라 산성에서 확인되는 축조기법과 비슷하며, 유적에서 수습되는 백제유물 역시 초축성벽과의 관련성이 없다고 보고 백제초축설 논지를 반박하고 있다.[18]

이러한 한성백제 석축성곽 부재론에 대하여 재비판으로 한성백제 석축산성의 축조기법과 성격에 논의가 계속 이루어지고 있다.[19]

성곽에 대한 초축과 개축에 대한 국가를 시기적으로 나누고, 축조방법을 밝혀내는 것은 하강 및 절개 조사에 의해서만 확인될 수 있으며, 개축 때 붕괴가 심하게 이루어지면 찾아내기가 매우 어렵다. 기존의 성곽 중 신라에 의하여 축조되었다고 보고된 성곽들에 대하여 축조방법 등을 통하여 명확한 시기 설정이 필요하다. 출토유물이 통일기 이전의 유물이 출토되었다고 하여 유적의 연대를 모두 신라 한강유역 진출기인 6

---

17) 심광주, 2002, 「서울·경기지역의 삼국시대 연구현황과 과제」 『고고학』1. 심광주, 2004, 「한성시기 백제산성」 『한성기 백제고고학의 제문제』 서울경기고고학회.

18) 김영, 2010, 「경기지역 백제초축설 제고」 고려대학교 석사학위 논문
　　김영, 2011, 「백제초축설이 있는 경기지역 일부 산성의 재검토」 『영남고고학』58, 영남고고학회.

19) 김호준, 2017, 「한성기 백제 석축산성의 축조기법과 성격」 단국대학교 중앙박물관, 경기지역 백제산성 학술대회 자료집.
　　김병희, 2017, 「경기지역 백제 석축산성의 축조와 신라의 개축과정 검토」 『2017년 한국성곽학회춘계학술대회 자료집』.

세기 후반경으로 추정하는 것은 적절치 않다.

신라 한강유역 진출기에 해당하는 유적으로는 용인 할미산성이 있다. 할미산성의 외벽은 장방형의 할석재를 사용하여 바른층쌓기의 모습을 보이며 보축성벽은 기저부 외벽 앞에 암반을 정지한 후 그 위로 대형의 할석을 이용하여 3~4단 정도 더 쌓아 붙인 모습이다.

여주 파사산성 7차 발굴조사에서는 내면 수평 토축부 + 내외 겹축의 높은 석축성벽 + 외면 삼각형의 보축(성돌 외면 사선형 가공과 뒷심 기울이기 수법)의 단면 구조를 지닌 성벽이 확인되어 신라 석축 성벽의 전형적인 모습을 보인다. 이러한 성벽은 평택 자미산성, 안성 죽주산성의 석축 성벽 등에서도 확인할 수 있다. 보축성벽은 외면 석축성벽의 하단부가 토압에 밀려 보강하기 위한 구조물로 5~6세기경에 축조된 소백산맥 일원의 신라 산성에서 뚜렷하게 확인된다.

양주 대모산성과 서울 아차산성의 현재 확인되고 있는 석축 성벽은 통일기를 전후하여 축조된 석축 성벽으로 다듬은 장방형 성돌을 이용하여 바른층쌓기하였으며, 외면에 높은 층단을 이루는 보축성벽이 축조되어 있다.

하남 이성산성 후대성벽, 안성 망이산성에서는 보축성벽 없이 잘 다듬어 가공한 성돌을 이용하여 기단석을 놓고 성벽을 축조하고 있어 통신 이후 가장 늦은 시점에 축조한 것으로 파악된다.

이천 설봉산성에서는 초축성벽과 수구부가 함께 확인되었고, 이와 연결되는 문화층에서 다량의 백제유물이 출토되었다. 신라 개축된 서문지 바닥층과 하부에 남아있는 초축성벽과의 높낮이 차이는 약 1.8m에 이르고 있으며, 출토유물의 양상으로 볼 때 뚜렷하게 문화층으로 구분된다. 서문지가 축조된 시기가 6세기 후반으로 아래에서 확인되고 있는 성벽은 그 보다 앞선 시대에 축조되었음은 명확한 고고학적 사실이다. 서문지 아래에서 확인되고 있는 초축성벽(수구부 일원)은 이천 설봉산성에서 전체에서 확인되고 있는 석축 성벽과 같은 축조기법을 보인다. 연구자들에 따라 관점을 다르게 해석하고 있지만 바깥쪽에 신라적 요소라고 할 수 있는 외면에 덧대어 붙인 보축성벽이 확인되지 않으며 외벽 기단부에 암반층을 삭토 또는 그렝이하여 성돌을 그대로 놓거나, 하부에 기단보축이라 할 수 있는 낮은 보강시설물을 축조한 사례가 확인된다. 또한 편축 형태로 기저부 암반에 붙여 성벽을 내탁하면서 토축부를 조성하였음이 성벽 절개조사를 통하여 확인되었다.

한성백제 석축 성곽은 1. 바깥쪽 성벽 하단에는 신라와는 전혀 다른 기저부 보강 형태의 시설을 하거나, 암반을 그대로 정지하고 성벽을 축조하였으며, 비교적 면과 모를 다듬은 장방형 형태의 성돌을 사용하였다. 2. 뒤채움부는 내탁식으로 하여 암반을 삭토한 후 바깥쪽에 석축을 쌓아 올리면서 내부에 토축부를 함께 축조하였다. 토심석축 성벽과 유사한 형태로 암반층에 기대어 흙 다짐층이 있고 바깥쪽에 다듬은 돌로 석축을 쌓아 성벽을 이루고 있는 구조이다. 석축산성 뒤채움의 내탁 토축부는 이천 설봉산성, 포천 반월산성 등의 성벽 절개 구간에서 확인되고 있어 한성백제 석축성곽 축조기법의 중요 요소라 할 수 있다.

축성재료와 지리적 입지에 따라 고구려 토심석축 성곽, 한성백제 내탁식의 석축산성

설봉산성, 반월산성 성벽 단면

삽도 10) 한성백제 석축산성 단면

설봉산성 성벽 토축부

과 평지 판축토성, 신라 사다리꼴의 석심석축과 외면 보축성벽을 가진 산성으로 성벽 단면 구조에 있어 뚜렷한 축성술의 차이를 보인다.

성곽의 축조기법을 알 수 있는 것으로는 체성벽의 단면 구조(편축·겹축·내탁 등), 기저부 모습, 보축성벽, 뒤채움 조성방식, 외면 성돌 크기와 모양·다듬기 등이 있다. 성곽은 짧은 기간 운영되어 폐기되는 일도 있지만 장기간 사용되거나 후대에 재사용하여 수개축이 이루어지게 된다. 따라서 성벽에 대한 발굴조사에서 전면 개축이 이루어진 경우를 제외하면 초축성벽 그리고 수개축된 성벽의 차례로 상하 층위별로 또는 덧대어진 형태로 남게 된다. 성벽을 조사하면서 초축성벽의 존재와 구조를 밝히는 것은 매우 어려운 과정이다. 역사적 맥락을 통해 볼 때 한성백제에 의하여 축조된 것으로 추정되는 산성 대부분에 대하여 고고학적 결과, 출토유물에 대한 층위와 유구 관련성 문제, 축조기법에 대한 해석 등 많은 논란이 있었다. 문화재로 지정된 산성들에 대하여 소극적인 발굴조사, 지형에 의한 조사의 어려움 등이 있지만 성곽 방법론 개발과 전문적인 연구자의 조사, 적극적인 해체와 절개 조사, 순차적이고 지속적인 발굴조사 등을 통하여 한성백제 석축 성곽의 모습을 밝힐 수 있기를 기대한다.

漢城百濟 土築城郭 門址의 연구방향

김호준(국원문화재연구원)

한성백제기 백제 토축성곽에 대한 연구는 대체로 성곽의 입지조건과 축조방식에 대한 논의가 진행되었을 뿐, 성곽의 문지에 대한 연구와 고고학자료는 매우 부족하다. 성문의 構造와 型式은 축성재료와 축성시기, 축성의도 등에 따라 다양하기에 성문의 위치, 출입의 방법, 통로의 형태, 문루의 구조와 형식 등의 관점을 포함하여 검토할 필요가 있다.

본고에서는 최근에 조사된 청주 정북동토성의 서문지와 북문지, 증평 추성산성의 남성 외성 남문지, 남성 내성 북동문지, 북성 내성 남문지를 중심으로 검토하여 성격과 개략적인 형식 분류의 가능성을 열어보고자 하였다. 한성백제 토축성곽에서 문지가 확인된 성곽은 2개소로 조사사례가 적으나, 하나의 성곽에서도 각기 다른 城門의 構造가 調査되고 있으므로, 典型이 될 수 있는 城門의 構造를 바탕으로 다시 資料自體를 檢討하고, 檢討된 問題에 의해 城門構造의 대략적 變化過程을 살펴볼 필요가 있다.

한성백제 토축성곽의 문지에 대한 특징은 4가지로 정리될 수 있다.

첫째, 토축성곽 문지의 형식 분류는 성문이 위치한 지형상의 차이가 형식구분의 기

232   百濟 城郭研究와 韓國考古學

준이 될 수 있다. 평지성(정북동토성)의 경우는 입면형태가 평문이며, 평면형태가 일자형(서문지)과 어긋문(북문지)으로 나눌 수 있다. 산성(추성산성)의 경우는 '八'자형이 확인되었다. 둘째, 평지성의 일자형은 해자의 중첩성과 문지와 평행하게 조성된 점과 해발고가 낮은 곳에 위치하고 있다. 어긋문형은 해자가 단절된 공간을 통해 성안으로 진입할 수 있으며, 비교적 해발고가 높은 곳에 위치하고 있다. 셋째, 산성의 계곡부 문지는 일부 수문의 기능을 겸하고 있으며, 능선부 문지는 축조 후 방어의 취약성으로 사용기간이 짧았다. 넷째, 토축성곽 문구부 상면에 성문을 고정하거나 보호하기 위한 구조물의 존재는 문구부 바닥의 기둥 구멍을 통해 유추해 볼 수 있다. 그러나 문루에 올렸던 기와와 기둥을 세웠던 초석, 門扉柱[軸柱]가 돌아가기 위한 확쇠, 문확석, 문을 제작했던 철정 등은 확인되지 않았다.

필자는 본고를 통해 한성백제기 토축성과 문지는 입지조건, 구조와 규모, 통행방식, 기능으로 구분하여 검토할 필요성을 제시하였다. 이러한 연구방향이 향후 백제성곽 문지의 조사 및 연구에 있어서 최소한의 지침이 될 수 있을 거라 판단한다.

주제어 : 한성백제기, 토축성곽, 성문, 立地, 構造, 型式

Ⅰ. 머리말

한성시대 백제의 영역에 해당되는 한국 중서부 지역에는 많은 성곽유적이 확인되지만, 축성주체와 축조방식에 대해서 불분명한 것이 대부분이다.

1980년대에 이르러 부여 부소산성, 몽촌토성, 천안 목천토성, 직산 사산성 등이 발굴조사되면서 한성기 백제 토축성곽에 대한 관심이 높아졌다. 그리고 이러한 조사를 바탕으로 백제 토축성곽 축조방식의 특징을 보여주는 版築法에 대한 연구가 진행되었다.[1] 그 후 1990년대에 풍납토성 등 도성과 백제성곽 발굴조사가 증가하면서 입지조

---

1) 차용걸, 1988, 「百濟의 築城技法-版築土壘의 調査를 中心으로」 『百濟研究』 19.

건과 산성의 기능변화, 다양한 축성기법에 대한 자료가 축적되었다. 2000년대에 들어서면서 이러한 연구성과를 바탕으로 우리나라 중부지방의 백제토성 축조기법에 대한 연구가 진행되었다.[2] 이 연구에 의하면 평지성은 내측 보완토루 + 중심토루 + 외측 보완토루, 구릉이나 산성은 중심토루+외측 보완토루 혹은 내측 보완토루 만으로 축성되었다는 견해를 제시하였다. 그 후 2013년도에는 백제토성의 입지 선정, 기저부 조성, 축조방식, 관련시설, 증축 및 보수 등 공정별로 면밀히 분석하여 이전의 백제토성 축조기법을 판축과 성토기법에 의한 축조 단계를 설정하였고, 또한 성토기법에서 주로 확인되는 土堤, 盛土材, 사방향의 성토층을 중심으로 古墳, 堤防과의 공통점을 지적한 바있다.[3] 또한 충청북도의 미호천 유역의 백제토성의 현황을 파악하고, 새로운 조사자료를 통해 토축재료와 축조방식에 대한 검토 및 특징을 제시한 연구도 있다.[4]

그러나 그간의 한성백제기 백제 토축성곽에 대한 연구는 대체로 성곽의 입지조건과 축조방식에 대한 논의가 진행되었을 뿐 성곽의 문지에 대한 연구는 미비하다고 할 수있다.[5] 그간의 연구는 백제 산성의 문지에 대한 사례에 대한 소개[6]와 백제 산성 성문의 위치와 종류에 대한 검토,[7] 백제 석축산성은 문지의 型式을 고구려와 신라와 비교하여 삼국의 문지의 특징을 밝힌 연구와[8] 성문구조와 변천과정에 대한 연구[9]도 진행된 바 있다. 이에 반하여 토축산성은 증평 추성산성의 성격을 종합적으로 검토하면서 조사된 문지에 대한 성격 및 형식을 정리하고 분류한 기초적인 연구[10]가 있다.

2) 한병길, 2001, 「中部地方 百濟土城의 築造技法」 충북대 석사학위논문.

3) 이혁희, 2013, 「漢城百濟期 土城의 築造技法」 한신대 석사학위논문.

4) 김호준, 2013, 「美湖川 中上流의 百濟土城 現況과 特徵」 『百濟學報』 제10호, 백제학회, pp.105~141.

5) 한국 고대 산성의 문지에 대한 형식분류는 일본인 학자인 佐藤興治(佐藤興治, 1981, 「朝鮮古代の山城」 『日本城郭大系』 別卷 1, 城郭研究入門(新人物往 社), 350-351頁.)와 龜田修一(龜田修一, 2002, 「朝鮮半島古代山城의 見方」 『韓半島考古學論叢』(西谷正編), 545-575頁.) 등이 진행 한 바 있다고 한다.(車勇杰, 2008, 「韓國 古代山城 城門構造의 變化」 『中原文化財研究』 2, pp.62~64.)

6) 심정보, 2004, 위의 책, pp.136~138.

7) 서정석, 2002, 『百濟의 城郭-熊津.泗沘時代를 中心으로』 학연문화사, pp.227~233.

8) 車勇杰, 2008, 「韓國 古代山城 城門構造의 變化」 『中原文化財研究』 2, pp.72~79.

9) 최병화, 2007, 「錦山 栢嶺山城의 構造와 性格」 『호서고고학』 17집, pp.160~193. ; 2015.7, 「百濟 石築山城의 城門構造와 變遷過程」 『야외고고학』 제23호, pp.37~79.

10) 차용걸, 2013, 「증평 이성산성의 성격과 특징」 『증평 이성산성의 조사 성과와 사적화 방안』.

城郭의 城門은 성벽에 일정한 開口部를 마련하고, 거기에 門口部를 만들어 開閉施設을 마련한 것으로써 平常時의 通行을 위한 것과 非常時에 이용하는 暗門, 그리고 넓게는 水門이나 水口도 포함된다고 할 수 있다.[11] 그리고 방어적 측면에서 유일하게 외부와 연결되는 구조물로써 적 침입시 가장 먼저 공격대상이 되며, 이곳이 함락되면 성곽은 방어시설로서 기능을 대부분 상실하기도 한다. 그러나 한성기 백제성곽과 관련하여 성문의 구조와 형식을 판단할 수 있는 고고학자료는 매우 부족하다. 성문의 構造와 型式은 축성재료와 축성시기, 축성의도 등에 따라 다양하기에 성문의 위치, 출입의 방법, 통로의 형태, 문루의 구조와 형식 등의 관점을 포함하여 검토할 필요가 있다.[12]

본고에서는 한성기 백제성곽에서 확인된 제한된 자료이지만, 최근에 조사된 토축성곽의 城門을 검토하여 성격과 개략적인 형식 분류의 가능성을 열어보고자 한다.

Ⅱ. 한성백제 토축성곽 문지의 현황

백제의 토축성곽은 1980년대 이후 조사된 내용을 바탕으로 연구가 진행되었다. 2001년도에 한반도 중부지방의 백제토성 축조기법에 대한 연구[13]에서는 서울 風納土城·夢村土城, 청주 井北洞土城, 음성 望夷山城 土城, 공주 公山城, 천안 白石洞土城, 부여 扶蘇山城·東羅城 등 8개소가 선정되었다. 그리고 2013년도에 한성백제기 토성의 축조기법에 대한 연구에서는 서울 風納土城·夢村土城, 화성 길성리토성 · 소근산성, 당진 성산리산성, 이천 효양산성, 안성 망이산성 토성, 충주 탄금대 토성, 증평 이성산성, 고양 멱절산토성 등 10개소가 선정되었다.[14]

본고에서는 발굴조사된 백제의 토축성곽 중에서 문지가 발굴조사된 청주 정북동토

---

11) 車勇杰, 2008, 위의 글, p.61.

12) 손영식, 2009, 『한국의 성곽』 주류성, p.477.

13) 한병길, 2001, 앞의 글.

14) 이혁희, 2013, 「漢城百濟期 土城의 築造技法」 한신대 석사학위논문.

성과 증평 추성산성[15] 남성과 북성의 문지에 대해서 발굴성과를 바탕으로 살펴보겠다.

1. 청주 정북동토성

井北洞土城[16](사적 415호)은 충북 청주시 상당구 정북동 351번지 일원의 미호천 남쪽 충적대지에 입지하고 있다. 정북동토성이 위치하고 있는 곳은 북쪽으로 금강의 최대 지류인 미호천이 동에서 서로 흐르고 있으며, 남서쪽으로는 청주시의 중심을 남쪽에서 북쪽으로 흘러 까치내에서 미호천에 합류하는 무심천이 흐르고 있는 넓은 평야지대에 해당한다.

정북동토성은 미호천 평야지대의 단구성 자연제방에 축조된 방형의 토성으로, 성벽의 길이는 675m이다. 곡성은 곧게 뻗은 성벽의 모서리와 문구부 사이마다 하나씩 있다. 성벽의 높이는 내부에서는 3.5~4m, 외부에서 6.5m 내외이다. 성벽의 폭은 중심토루와 내외측 토루를 포함하여 약 12m 정도이다.

토성의 문지는 동서남북 네 방향에 모두 개설되어 있으며, 동문과 서문은 일자형인데 반하여 남문과 북문은 성벽이 서로 어긋나 있는 어긋문 형식으로 차이를 보이고 있다. 정북동토성의 전체 단면을 통해 성 내부의 기울기를 비교해 봤을 때, 동문지 일대가 1~2m 정도 낮다. 따라서 성 내부의 우수 등의 배수는 동문지가 담당했을 가능성도 있다.

---

15) 曾坪 杻城山城은 증평 이성산성으로 통용되고 있었으나, 2014년 1월 22일에 사적 제527호로 지정되었다. 본고에서는 사적으로 지정된 명칭을 따라 추성산성으로 명칭을 변경하여 사용하겠다.

16) 충북대학교 중원문화연구소, 1999, 『淸州 井北洞土城 Ⅰ』
_____, 2002, 『淸州 井北洞土城 Ⅱ』
(재)중원문화재연구원, 2013, 『淸州 井北洞土城 Ⅲ』
충북대학교 박물관, 2018. 『청주 정북동토성Ⅳ- 해자 터 발굴조사-』

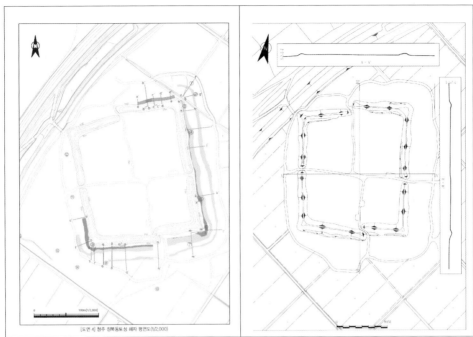

도면 1. 정북동토성 해자 분포[17] 및 성벽 단면도[18]

　　출토유물은 청동기시대의 무문토기 및 홍도편, 十字立柱形 劍把頭飾과 원삼국시대의 토기편, 삼국시대의 호.평저옹·적갈색 연질 및 회청색 경질의 타날문 토기편 등이 출토되었다. 주거지 등에서 출토된 유물과 성벽 및 축성시기를 밝힐 수 있는 토층에서의 AMS 측정자료가 1~3차 조사까지 크게 다르지 않는 점으로 미루어 4세기 단계 청주지역의 독자적인 지역집단이 축성설에 근거가 되었다. 그리고 8~10세기(통일신라~고려)경의 주름무늬 병, 목에 파상문 혹은 돌대가 돌려진 회청색 경질의 대형 옹, 굽이 달린 황갈색 혹은 암갈색 연질의 완 조각들은 성 외곽 해자 매몰 이후 문화층에서 출토되었다. 해자가 메워진 이후에는 통일신라 후기부터 고려시대에 이르기까지 건물들이 해자 상면에 축조되었다. 「上黨山城古今事蹟記」에 의하면, 후삼국시기에 궁예가 거처하던 상당산성을 후백제의 견훤이 빼앗고, 이 토성을 축조하여 양식을 저장하여 상

17) 충북대학교 박물관, 2018, 앞의 보고서, p.9의 도면 4를 전재함.

18) 필자가 정북동토성의 전체 단면을 처음으로 검토해 본 결과 동문지 일대가 지형적으로 낮은 곳에 해당된다.

당산성으로 수급하였다고 되어 있다. 이러한 기록은 정북동토성이 9세기 말에서 10세기 초에 축조된 것으로 볼 여지도 있으나[19], 해자에 대한 고고학조사를 통해 보면 해자를 메운 상면이 이 시기에 생활면으로 사용된 것으로 판단된다. 이러한 출토유물의 양상은 토성이 축조되기 이전과 토성과 해자가 만들어져 사용되던 시기, 해자가 매몰된 상면이 생활면으로 사용되면서 건물들이 축조되어 활용되던 시기, 그 후 토성의 기능이 상실된 이후의 시기의 변천과정을 보여준다고 할 수 있다.[20]

1) 서문지

서문지는 서벽의 중간지점에 위치하며, 이 곳을 중심으로 남쪽으로 30m와 북쪽으로 40m 정도 떨어져서 각각의 곡성부의 흔적이 있다. 중심토루는 단면이 사다리꼴 형태이다. 규모는 기저부 너비 6.3m이다. 내외측 토루의 폭은 1.5~1.6m 정도이다.

서문지는 축조 후 1차례의 변화를 보이는 것으로 보고 있다. 1차(최초) 문지는 굴립주 기둥으로 문구부를 조성한 것이고, 2차 문지는 굴립주 혹은 적심을 세운 기둥으로 조성된 것으로 보고 있다. 그러나 2차 문지의 흔적은 훼손된 부분이 많아 판단하기 어렵다.

성문의 위치는 문구부의 내측에 조성되었을 것으로 추정된다. 통행방식은 성벽 외부조사가 진행되어 확인할 수 없지만, 동문지의 사례를 보면 내측과 외측 해자 사이의 통로를 통해 내측 해자에 접근하며, 내측 해자 상단을 걸치는 교량과 같은 구조물이 동문지까지 연결되었을 가능성을 유추할 수 있다. 서문지의 경우는 문지 외곽이 경사가 급하고, 논으로 사용된 점으로 미루어 볼 때, 서문지 외곽에 해자가 존재한다면 문지로 진입할 수 있는 교량 혹은 등성시설 등의 구조물이 존재했을 것으로 판단된다.

---

19) 林淳發, 2004, 「湖西地域 平地.野山城에 대하여-築造時點 및 性格을 中心으로-」 『湖西考古學報』 10輯 , 湖西考古學會, pp.45~61.
20) 충북대학교박물관, 2018, 앞의 보고서.

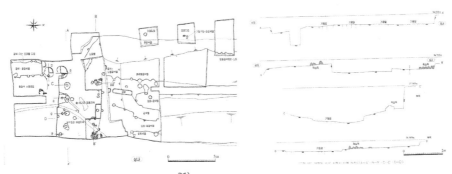

도면 2. 청주 정북동토성 서문지 평면도 및 단면도[21]

2) 북문지

북문지는 2011년 3차 발굴조사에서 확인되었다. 북문지는 북벽의 성벽 중 동벽에서 연결되어 오는 성벽을 밖으로, 서벽에서 연결되어 오는 성벽은 안쪽으로 15.5~15.8m 정도 서로 엇갈리도록 축조되었다. 그리고 엇갈린 성벽 사이를 통해 통행이 가능하도록 된 구조이다. 보고서에 따르면 북문지 개구부의 규모는 너비 3.4~7.0m, 길이 15.5~15.8m로 보고 있으며, 문구부는 개구부의 동쪽 내측에 너비 3.4m, 길이 6.0~6.4m, 높이 2m 정도 규모에 존재했을 것으로 추정하고 있다.

북문지는 직선방향의 성벽과 사선 방향의 성벽을 구분하여 축조한 것으로 보인다. 직선방향과 사선방향 성벽과 그 외곽의 해자 사이를 개구부 겸 통로로 조성하였다. 문구부는 개구부의 오른쪽으로 누운 '八'자 평면 형태의 끝 부분 즉 성 내측 부분과 북문지 내측의 강돌 등의 돌무지 앞 서쪽에 위치했을 것으로 보인다. 성벽 상면에 문지를 방어할 수 있는 방어시설물 혹은 이를 연결하는 구조물이 존재했을 가능성이 있다. 문구부 바닥은 흑갈색 점질토와 황갈색, 적갈색, 회갈색 점질토를 교대로 다져서 조성하였다.

통행방식은 서쪽에서 직선방향의 성벽 해자 밖으로 이동하는 경우와 동문지 외곽의 내측과 외측 해자 사이의 통로를 통해 북문지와 이동하여 성벽이 어긋나 있는 공간과 해자가 단절된 공간을 통하여 큰 'S'자 형태로 통행했을 것으로 판단된다.

---

21) 충북대학교 중원문화연구소, 1999, 『淸州 井北洞土城 Ⅰ』, p.97의 도면 13과 p.102의 도면 16을 전재 함.

북문지의 성격은 어긋문의 특성 상 중첩되는 부분의 바깥 성벽으로 인해 외부에서 문의 존재를 확인하기 어렵고, 바깥 성벽이 옹성과 같은 기능을 함으로써 방어력이 높다. 그리고 문구부의 바닥이 완만하게 경사를 이루며 성안에서 밖으로 이어지며, 문 외부에 해자가 직접적으로 연결되지 않는 점으로 미루어 성내의 우수가 문구부 및 성 외곽 통행로를 훼손할 우려가 적었던 것으로 보인다.

표 1. 정북동토성 문지 현황표[22)]

명 칭	차수	규 모(m)			평면형태	관련 유구	비 고
		길이	너비	높이			
서문지	1차	11.9	4.2	2~2.5	'Ⅱ'자형	문구부는 남북 폭 3.2m, 동서 길이 4.2m, 높이 2~2.5m 정도 성 내측에 조성	門道 측면에 4개의 굴립주 1.6m의 간격
	2차	11.9	4.2	2~2.5			1차 문지와 비슷, 초석 설치 가능성.
북문지	1차	15.5~15.8	3.4~7	1~1.5	어긋문 문구부 안쪽이 좁은 '八'자형	문구부는 남북 폭 3.4m, 동서 길이 6~6.4m, 높이 2m 정도 성 내측에 조성	성 내부에 석환 무더기 암문으로 기능

사진 1. 정북동토성 및 북문지 일대 성벽(2013년 보고서 전재)

22) 차용걸, 2013, 「증평 이성산성의 성격과 특징」『증평 이성산성의 조사 성과와 사적화 방안』 p.20의 표 1을 전재하였음.

2. 증평 추성산성

曾坪 추성산성(사적 제527호)[23]은 충청북도 증평군 증평읍 미암리와 도안면 노암리의 경계에 위치하고 있다. 해발 259.1m의 이성산 정상부에 北城과 해발 242m인 남쪽 지봉에 南城이 배치된 토축산성이며, 각 산성은 외성과 내성이 결합된 구조이다. 남성은 이성산에서 남쪽으로 이어지는 지봉에 축조되었고, 정상부를 에워싼 내성과 계곡을 포함하여 가지능선을 연결하는 외성으로 이루어져 있다. 전체 평면형태는 부정형을 이루고 있다. 내성의 둘레는 741m, 외성은 1,052m로 내외성의 공유벽은 191m이다. 공유벽을 제외한 전체 둘레는 1,411m이다. 북성은 이성산 정상부에 축조된 북성은 내성과 외성 그리고 자성으로 이뤄진 복잡한 구조를 갖추고 있으며, 전체 평면형태는 장방형이다. 그리고 규모는 내성 219m, 외성이 310m로 내외성의 공유벽 100m로 공유벽을 제외한 전체 둘레는 429m로 파악되었다.

추성산성에서는 남성에서 2기, 북성에서 1기 총 3기의 문지가 발굴조사되었다. 추성산성의 남성 외성의 남수문과 북성 내성의 남문은 둘 다 계곡 중심부로 자연적으로 물이 빠지는 위치인 곡부 중심에 위치한다. 추성산성의 남성 내성 북동문은 성벽이 능선을 에워싸며 回折하는 능선 중심부에 위치한다.

증평 추성산성의 축조시기는 남성 내성 동벽 1의 석곽시설 내부의 발형토기와 보수된 내측 석축시설 출토유물, 소토층 목탄 측정 AMS 측정결과와 북성 내성의 남벽 1·2

---

23) 충청대학박물관, 1997, 『曾坪 二城山城』.

(재)중원문화재연구원, 2011, 『曾坪 二城山城』—南城 南水門址—』.

_____, 2011, 『증평 이성산성 정비·활용방안을 위한 기초학술세미나』.

_____, 2012, 『曾坪 二城山城 Ⅱ—南城 北東門址—』.

_____, 2012, 『증평 이성산성 4차(북성) 발굴조사 완료약보고서』.

_____, 2013, 『曾坪 杻城山城-南城 1·2·3次 發掘調査 綜合報告書-』.

_____, 2014, 『曾坪 杻城山城-北城 1次 發掘調査報告書-』.

_____, 2016, 『曾坪 杻城山城-5次(北城 2次)發掘調査報告書-』.

_____, 2017, 『曾坪 杻城山城-6次(南城 4次)發掘調査報告書-』.

(재)중원문화재연구원.(사)한국성곽학회, 2013, 『증평 이성산성의 조사 성과와 사적화 방안』.

(재)충청북도문화재연구원, 2018, 『증평 추성산성-7차 발굴조사 보고서-』.

(재)미래문화재연구원, 2021, 『증평 추성산성-8차 발굴조사 보고서-』.

성벽 하부 주거지 및 출토 토기를 들 수 있다[24].

남성의 출토 토기는 성정용[25]에 의하면 대체로 원삼국기 이래 재지적인 전통을 잇고 있으며, 그 제작·사용시기가 4세기 전·중반이라는 견해가 있다. 남성과 북성의 토기를 비교 분석한 박중균[26]은 원삼국기~백제 한성기에 해당하는 토기들로 이 지역 원삼국기 이래의 재지적 요소를 갖고 있는 토기들이 주를 이루고 있으며, 중심시기는 4세기 대에 해당한다는 견해를 제시하였다.

북성의 주거지는 내성 남벽 축조 이전에 조성되었으며, 3호 주거지는 성벽을 파괴하고 조성하여 성벽 축조시기 보다 후행하는 것으로 확인되었다. 이들 주거지의 조성시기는 5호 주거지가 원삼국기 마한 주거지이며, 1호와 4호 주거지가 4세기 후엽 혹은 중·후엽의 어느 시점, 3호 주거지는 5세기 전반에 해당하는 것으로 판단된다. 따라서 북성 내성의 축조시점은 대략 4세기 후엽의 늦은 시점(4세기 4/4분기)에 축조된 것으로 판단된다.[27]

추성산성 북성은 주거지 출토 이외 원삼국~백제시대 유물로는 토기류와 철제류가 있다. 백제토기 기종은 短頸壺類, 大甕, 甑, 장란형토기, 동이형토기, 鉢形土器, 흑색마연토기, 兩耳附壺 등이 있으며, 이 중 호와 옹이 대부분을 차지하고 있다. 북성의 토기류는 남성과 같은 출토양상을 보이고 있다. 그러나 남성에서 출토된 경질무문토기가 확인되지 않는 점, 토기류의 중심시기가 4세기 중·후엽으로 남성보다 다소 늦은 점, 남

---

24) 조사단은 2012년 북성에 대한 발굴조사 당시 주거지 내부의 목탄과 내성 남문지 내부 출토 목탄에 대한 AMS 연대측정을 의뢰했다. 현재 4차 보고서가 작성 중이기에 이에 대한 자료는 향후 보고서가 발간된 이후에 비교해 볼 수 있을 것으로 판단된다.

25) 성정용, 2011, 「曾坪 二聖山城 出土 土器樣相 檢討」 『증평 이성산성 정비·활용방안을 위한 기초학술세미나』 중원문화재연구원·증평군청, pp.41~56.
　　　　, 2012, 「曾坪 二聖山城 出土 土器樣相과 그 性格」 『湖西考古學』 27, 湖西考古學會. pp.44~65.

26) 박중균은 남성과 북성에서 출토된 토기 중에 광구소호, 평저광구호, 대부파수부완, 원형 압인문 토기, 고배 등 가야지역, 충남 서해안 및 영산강유역의 토기기종으로 판단되는 외래기종 토기류가 출토되고 있다고 한다. 그리고 이들 외래기종 토기류는 대체로 4세기 후엽의 시기에 집중되고 있는데, 가야와 영산강 유역권과의 교류상을 엿볼 수 있는 유물로 생각된다며, 이성산성은 백제에서 왜로 통하는 교류루트로서 가야 및 영산강유역으로 통하는 중간지역에 위치하기에 백제와 가야 및 영산강유역의 세력을 연결하는 중요한 기능을 수행하였던 것으로 조심스럽게 추정해 본다고 한다.(박중균, 2013, 「증평 이성산성의 출토 토기 및 주거지 성격과 편년」 『증평 이성산성의 조사 성과와 사적화 방안』 pp.61~86.)

27) 박중균, 2013, 앞의 글.

성에서 출토되지 않았던 백제 중앙양식의 흑색마연토기가 출토되고 있는 점은 남성보다 늦은 시기에 축조되었을 가능성이 있다. 북성도 남성과 같이 아마도 5세기 전반경에 활용빈도가 낮았던 것으로 보인다.

부가적으로 북성에서는 광구소호, 兩耳附壺, 대각편, 臺附把手附盌, 高杯, 把手片, 臺附土器 底部片, 頸部突帶圓底直口壺 등 대략 10점 가량의 외래기종 토기류가 출토되었다. 외래 기종의 토기류들은 영남지역, 금강 중하류지역을 비롯하여 충남 서해안지역 및 호남지역에서 주로 확인되는 토기 기종들로 대체로 시기가 4세기 후반에 집중되어 있어 4세기 후반 이들 지역과의 교류상을 보여주는 유물이라 생각된다.[28]

도면 4. 추성산성 북성과 남성 현황   사진 2. 추성산성 전경

1) 남성 외성 남문지

남성 외성 남문지는 외성의 남쪽 성벽 계곡부의 정중앙으로 성내에서 가장 낮은 곳

28) 박중균, 2013, 앞의 글.

에 위치하고 있다. 문지의 평면은 '八'자형이다. 개구부의 안쪽의 석축시설의 축조방식을 통해 1차례 정도의 개축 또는 증축이 이루어진 것으로 확인되었다.

추성산성의 내성과 외성의 지형을 살펴보면, 먼저 내성에서 발생한 우수는 내성의 북쪽성벽으로, 외성에서 발생하는 우수는 남쪽성벽 중앙에 위치하고 있는 남문지로 배수되는 구조를 가지고 있다.

남수문지는 남성 외성의 남쪽 성벽 계곡부의 정중앙으로 해발 약 200m 정도로 성내에서 가장 낮은 곳에 위치하고 있다. 또한 추성산성에서 가장 큰 계곡부로 성내에서 발생하는 우수가 집중되는 곳이다. 장마철과 같이 갑자기 성내에서 많은 우수가 발생하면 남문지가 훼손될 수 있는 구조이다. 또한 성 안쪽에는 단기간 또는 장기간에 걸쳐 충전된 침전물 등을 통해 퇴적과 충전이 반복되었다.

남수문지 조사 결과 개구부와 문지 외측의 석축시설이 확인되었다. 개구부는 초축 이후 1차례의 개축 내지 증축이 이루어진 것으로 밝혀졌다. 1차 문지는 양쪽 토축 성벽에 석재를 잇대어 축조한 석축문지로 확인되었다. 개구부의 안쪽에서 1/3 지점에서 덧댄 석축의 흔적이 확인되며, 석축시설의 축조방식을 통해 1차례 정도의 개축 또는 증축이 이루어진 것으로 확인되었다.

1차 문지는 토축성벽 양단에 'ㄱ ㄱ' 모양의 석축렬을 덧붙여 조성하였다. 석축 사이의 개구부는 성 내측으로부터 외측으로 약간 벌어지는 형태로 내측의 너비가 좁고 외측이 넓다. 간격은 2.35m~3.48m 정도이다. 동쪽 측벽은 남북 길이 8.0m, 잔존높이 2.6m, 27층으로 남아 있으며, 서쪽 측벽은 남북 길이 8.4m, 잔존높이 1.8m, 15층 정도 남아 있다. 바닥은 측벽 하부는 부석시설, 중앙부는 잡석층 위로 소토와 점질토를 다져 배수하였다.

2차 문지는 1차 문지의 양쪽 측벽에 새로운 측벽을 덧대어 조성하였다. 1차 문지에 덧댄 측벽은 각각 동쪽 측벽에서 50㎝, 서쪽 측벽에서 45~50㎝ 안쪽에 축조하였다. 석축 사이의 개구부는 1차 문지와 같이 성 내측으로부터 외측으로 약간 벌어지는 형태이다. 간격은 1.65m~2.4m 정도이다. 동쪽 측벽은 남북 길이 4.8m, 잔존높이 2.6m, 20층으로 남아 있으며, 서쪽 측벽은 남북 길이 4.8m, 잔존높이 1.9m, 15층 정도 남아 있다.

바닥은 잡석층 위로 소토와 점질토를 다졌다. 바닥은 측벽 하부는 부석시설, 중앙부는 잡석층 위로 소토와 점질토를 다져 바닥을 조성하였고, 그 위로 배수하였다.

남수문지의 성벽 바깥쪽에는 배수를 위한 석축시설이 잔존하고 있다. 석축시설의 길이는 동측 길이 3.4m, 서측 길이 8.1m가 확인되었다. 양쪽 석축시설은 3.7~4.1m의 간격을 유지하며 나란하게 이어지다 서쪽 성벽이 회절하는 구간에서 점차 성벽의 하부를 따라 점차 넓어진다.

성 안쪽은 자연적으로 성내의 물을 저장하도록 지형이 낮은 공간이 형성되었고, 그 위쪽으로는 4개의 도수시설이 확인되었다. 이 도수시설은 외성 내 평탄지 상단부에서만 확인되었고, 이와 관련된 집수시설은 확인되지 않았다. 도수로는 자연구 형태(1차 도수로)와 석축(2차 도수로), 자연구에 석재 채움(3차와 4차 도수로)의 3종류이며, 계곡부의 유수의 흐름을 유도하여 남수문지를 통해 배출하기 위한 용도로 조성된 것으로 보고 있다.

사진 3. 남성 외성 남수문지 및 도수시설(①성 안에서, ②성 밖에서, ③ 1호 도수시설)

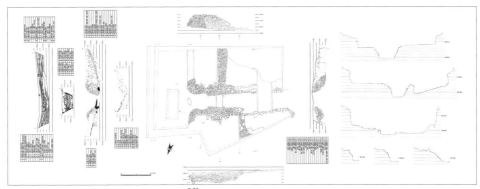

도면 5. 추성산성 남성 외성 남문지 평면도 및 단면도[29]

2) 남성 내성 북동문지

남성 내성 북동문지는 남성 내성의 북벽과 동벽이 회절하는 지점의 능선 정중앙에 위치하고 있다. 북동문지는 토축성벽에 석축으로 측벽을 만들어 개구부를 조성하였고, 바닥에는 할석재로 바닥면을 조성하였다. 그러나 동쪽의 측벽은 남아 있으나 서쪽의 측벽은 유실이 심하여 남아있지 않다.

문지의 규모는 지 바닥석에 남아 있는 대형 할석재를 근거로 최소 폭 2~2.5m로 추정된다. 문지의 길이는 문구부 동쪽 측벽과 바닥석의 규모를 통해 약 8.3m로 보인다. 문구부 폭이 좁고 길이가 긴 형태인데 장단축의 비율이 거의 4:1에 해당된다. 측벽은 동쪽에 유일하게 남아 있으며 잔존 규모는 높이 약 1m, 6~7단이 확인된다. 측벽과 바닥시설 사이에는 약 10cm 정도의 사이 공간이 있는데, 이 측구는 배수시설일 가능성도 있다.

북동문지의 축조공정은 토축성벽을 조성하면서 문지 측벽의 가장 아랫단과 함께 갈색 사질토를 이용하여 다졌다. 그리고 그 위로 측벽을 쌓아 올리면서 개구부 겸 문구부를 조성하였다. 문구부 바닥에 석재를 편평하게 시설하면서 적갈색 사질점토를 이용하여 바닥을 다졌다. 그리고 측벽까지 사질점토로 다져 올렸다. 그 후 오래지 않은 기간에 문구부 내부를 토사로 채워 성벽으로 사용하였다.

---

29) (재)중원문화재연구원, 2013, 앞의 책, p.47의 도면 14를 전재 함.

통행방식은 남성 내성 북벽과 동벽이 회절하는 부분의 능선을 따라 문구부에 진입하여 편평한 바닥을 통해 성안으로 진입했을 것으로 보인다. 한편으로 문구부 바닥을 인위적으로 높이 다지고 敷石하여 세굴을 방지하고 暗渠식 배수로를 설치한 점으로 미루어 문지 외부에 성안으로 진입하기 위한 등성시설이 존재했을 가능성도 있다.

북동문지는 능선의 정중앙에 위치하고 있는 입지적인 요건으로 보아 원활하게 출입을 위한 목적이 더 컸을 것으로 판단된다. 그리고 開距式으로 남아있지만, 목재로 된 문루 및 방어용 문 상면의 교량 등의 시설을 만들었을 가능성이 있다.

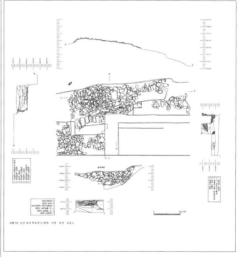

도면 6. 추성산성 남성 내성 북동문지 위치도와 평면도 및 단면도 [30]

3) 북성 내성 남문지

북성 내성 남문지는 내성 남벽의 내만된 중앙 부분에 위치함으로써 문지 주변 성벽은 외곽으로 돌출된 것처럼 '八'자형으로 성벽이 배치되었다.

---

30) (재)중원문화재연구원, 2013, 앞의 책, p.126의 도면 51과 p.127의 도면 52를 전재 함.

내성 남문지는 남성 외성 북동문지와 같이 토축성벽에 석재로 측벽을 만들어 개구부를 조성하였고, 바닥은 성 안에서 성 밖으로 암반을 5° 정도 경사를 두면서 조성하였다. 바닥은 암반면 위에 점토를 깔아 조성하였다. 동쪽 측벽은 잔존 높이 160cm(12단), 남북 길이 400cm 정도이다. 서쪽 측벽은 잔존 높이 150cm(12단), 남북 길이 800cm(460cm 서쪽 측벽+340cm 석재열) 정도이다. 양측 벽면을 따라 지름 20cm 크기의 주공이 약 100cm 간격으로 5개 배치되었다. 서쪽 측벽면에는 2열의 주공 열이 확인되었다. 서쪽 측벽면을 따라 배치된 주공열을 기준으로 문구부는 외부 폭 250cm, 내부 폭 300cm, 남북 길이 400cm 정도이다. 그 앞쪽의 기둥열을 통해 보았을 경우, 내외부 폭이 250cm, 남북길이 400cm 정도이다. 기둥열을 통해 보았을 때 문지 통로부는 후대 개축되면서 성 안쪽의 폭이 넓어 진 것으로 볼 수 있다.

양 측벽 축조방식과 문지 통로부 내부 토층으로 보아 축조 후 1차례의 변화가 있었던 것으로 보인다. 또한 측벽 전면의 기둥 열을 통해 보면 통행로의 성 안쪽 부분이 확대된 것으로 보인다. 따라서 문지는 축조 후 최소한 1차례 이상의 수개축이 이뤄진 것으로 보인다.

문구부의 규모는 초축 당시 남북이 긴 장방형 형태로 동서 폭 250cm, 남북 길이 400cm, 성벽 높이까지 추정한다면 문구부 측벽 높이는 200~250cm 정도였을 것으로 추정된다. 문지 통로부 양측벽을 따라 기둥을 세워 문루를 조성했던 것으로 보인다. 2차 문지는 성 안쪽이 넓은 '八'자형 형태로 성 안쪽의 측벽간 간격으로 외부 폭 250cm, 내부 폭 300cm, 남북 길이 400cm 정도이다.

남문지의 축조공정은 토축성벽을 조성하면서 문지 개구부 바닥 암반면을 지정하였고, 주변 성벽의 외측토루와 같이 축조하였다. 그리고 측벽을 쌓아 올리면서 개구부 겸 문구부를 조성하였다. 문구부 바닥에 지름 20cm 크기의 주공이 약 100cm 간격으로 5개 배치하여 문루와 같은 성벽 방어시설을 설치한 것으로 보인다. 그리고 성문은 성 안쪽에 설치한 것으로 보인다. 그 후 문구부 바닥을 점토로 다졌다. 그 후 문도부 내측과 접하는 집수시설을 굴착하여 내성 내부의 우수를 성 밖으로 배출하도록 유도한 것으로 보인다.

통행방식은 문지 동쪽과 서쪽 성벽의 외측을 따라 문구부를 통해 내성으로 진입하도록 한 것으로 보인다. 다만 문구부 남쪽은 지형적으로 급하고, 성 내부의 우수가 흘러내리는 곳으로 비가 온 뒤에는 질퍽거려 통행로로 사용하기에는 불리한 점이 있다. 문지가 내성 남벽의 중앙에 내만한 곳에 위치하고 있어 성벽의 양 끝 부분이 돌출되어 적대와 같은 기능을 하고 있으며, 문지 진입로가 성벽을 따라 조성되어 문지로 진입하는 인마를 통제하기 유리하게 조성된 것으로 보인다.

남문지의 기능은 人馬의 통행과 물자의 운반 같은 일반적 기능 이외에도 문지 통행로 바닥이 성 안에서 성 밖으로 경사를 이루는 점으로 미루어 배수의 기능도 있었던 것으로 보인다. 또한 통로부의 바닥과 그 위의 퇴적토에서 목탄층이 전체에 노출되는 점으로 미루어 문루와 같은 시설이 화재로 인하여 전소되었던 것으로 추정된다. 문지는 통로부의 바닥에서 확인된 유물을 통해 4세기 후반 경에 폐쇄된 것으로 판단된다.

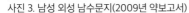

사진 3. 남성 외성 남수문지(2009년 약보고서)   사진 4. 북성 내성 남문지(2012년 약보고서)

이상으로 추성산성의 문지를 살펴보았다. 외성 남수문과 북성 내성의 남문은 성문인 동시에 성내의 빗물과 하수가 배수되어야 하는 위치에 있다. 이에 반해 남성 내성의 북동문은 배수와 크게 관련이 없는데도 문구부 바닥을 인위적으로 높이 다지고 바닥에 敷石하여 세굴을 방지하고 暗渠식 배수로를 설치하였다. 추성산성 문지의 공통점은 양 측벽을 석축한 점이다. 이러한 축조방식은 추성산성이 조성된 다른 시기의 토축성벽에서 확인된 사례가 드물다.

표 2. 이성산성 남성과 북성 문지 현황표[31]

명 칭	차수	규 모(m)			평면형태	관련 유구	비 고
		길이	너비	높이			
남성 외성 남수문	1차	15.4	2.5	2.6	문구부 안쪽이 좁은 '八'자형으로 수축됨	수문 안쪽은 하수의 세굴로부터 문지 보호하는 석축, 문 바깥쪽은 도수로 시설	문도(門道) 측벽 석축
	2차	15.4	2.3	2.6			1차 문지보다 문도 폭을 줄여 덧쌓음.
남성 북동성문	1차	7.5	2	1~1.5	'Ⅲ'자형	성문바닥 암거식 배수로	문도 측벽과 바닥 석축 문지 폐쇄 후 성벽으로 축조
북성 내성 남문	1차	4	2.5	2~2.5	'Ⅲ'자형	성문 안쪽에 집수시설	문도 측벽 석축 전면으로 목주 구멍 5개씩, 주혈(柱穴) 간격 100cm내외.
	2차	8	2.5~3	2~2.5	성문 안쪽이 넓은 '八'자형	성문 안쪽에 집수시설 및 성문 측벽 세굴방지 보호 석축	1차 성문과 주혈 배치 형식은 같으나 성문 안쪽으로 넓힘.

Ⅲ. 한성백제 토축성곽 문지의 특징

백제성곽의 유형은 입지한 위치에 따라 山城, 丘陵城, 平山城, 平地城, 長城의 5가지로 구분 된다고 한다.[32] 이러한 구분에 의하면 한성백제 토축성곽의 문지가 확인된 청주 정북동토성은 평지성, 증평 추성산성은 산성에 해당된다고 할 수 있다. 문지가 확인된 성곽이 2개소로 전체 백제 토축성곽에 비해 조사사례가 적으며, 백제성곽의 입지지형별로 문지 특징을 전체적으로 보여주기에는 다소 무리가 있다. 그러나 하나의 성곽에서도 각기 다른 城門의 構造가 調査되고 있으므로, 典型이 될 수 있는 城門의 構造를 바탕으로 다시 資料自體를 檢討하고, 檢討된 問題에 의해 城門構造의 대략적 變化過程을 살펴볼 필요가 있다.[33]

여기에서는 한성백제 토축성곽의 조사된 문지를 바탕으로 평지성과 산성에 한정하

---

31) 차용걸, 2013, 「증평 이성산성의 성격과 특징」 『증평 이성산성의 조사 성과와 사적화 방안』 p.20의 표 1을 전재하였음.
32) 孔錫龜, 1993, 「百濟城郭의 類型과 築造技法」 『大田의 城郭』.
_____, 1994, 「百濟 테뫼식 山城의 型式分類」 『百濟硏究』 24輯, 충남대학교백제연구소.
33) 車勇杰, 2008, 「韓國 古代山城 城門構造의 變化」 『中原文化財硏究』 2, pp.62~64.

여 특징과 변화과정을 살펴보고자 한다. 성곽이 입지 및 지형상의 차이를 통한 형식 분류의 기준을 제시하면서 세부적으로 문구부의 구조 및 기능에 대해서도 검토해 보겠다. 한성백제 토축성곽에서 조사된 문지는 입지한 지형이 평지와 산지로 구분되며, 산지 지형은 곡부와 능선부로 나눌 수 있다.[34]

1. 평지 토성

문지가 위치한 지형이 평지인 경우는 정북동토성의 서문지와 북문지가 해당된다. 서문지와 북문지는 입면형태가 평문이지만, 평면형태는 서문지가 일자형, 북문지가 어긋문 형식이다. 이들의 문구부는 성 내측에 위치한다. 서문지의 문구부는 길이 방향이 긴 장방형 형태이며, 북문지는 내측이 좁은 '八'자형이다. 그리고 상부구조는 확인이 되지 않지만, 서문지의 경우 문구부 양측의 주공의 배치와 간격으로 보았을 때, 문구부 양측의 성벽을 연결하는 교량 및 문구부의 성문을 보호하기 위한 시설이 되어 있었을 것으로 보인다. 북문지는 측벽의 주공이 확인되지 되지 않지만, 문구부의 폭을 안쪽과 바깥쪽의 성벽 내측토루 부분을 고려했을 경우 보고서의 3.2m 보다 적었을 것으로 판단된다. 이러한 경우 성벽 상면을 연결하는 교량 등의 구조물에 매달린 성문이 존재했을 가능성도 있다. 문구부 바닥은 점토를 다져 조성하였고, 서문지의 경우는 편평하지만, 북문지의 경우는 성 안에서 밖으로 완만하게 경사를 이루고 있다. 서문지는 외곽에 해자가 존재할 경우 통행을 위한 釣橋, 혹은 弔橋式으로 다리를 얹거나, 들어 올린 다리를 내리는 懸垂式 구조물과 외곽의 경사도를 고려한 등성시설이 존재했을 것으로 보인다. 북문지는 정북동토성에서 지형적으로 높고, 성안에서 밖으로 완만한 경사와 문지 외부에 해자가 연결되지 않는 점으로 미루어 등성시설과 관련된 구조물은 없었던 것으로 보인다.

---

34) 백제 석축산성의 문지의 입지와 관련하여, 최병화는 ① 주능선, ② 주능선 측면, ③ 비탈진 경사면 등으로 구분되며 ①→②→③ 순서로 변화할수록 진입방식이 어려워지고, 출입구 형태 또한 다양해지며 적의 침입에 대한 방어의 효율성이 높아진다고 보고 있다.(최병화, 2015, 앞의 글, p.60.)

2. 산성

문지가 위치한 지형이 산지인 경우, 계곡부는 추성산성 남성의 외성 남문지와 북성의 내성 남문지가 있으며, 능선부는 남성의 내성 북동문지가 해당된다.

1) 계곡부

계곡부에 조성된 문지는 성벽 중앙부에서 성 안쪽으로 내만한 지점에 위치하고 있어 주변 성벽이 돌출되어 적대와 같이 문지를 방어하기 유리한 위치를 차지하게 된다. 특히 남성 외성의 남수문은 문구부의 길이를 길게 만들 뿐만 아니라 석축으로 보강된 측벽(側壁)의 내측 너비보다 외측 너비를 좁게 만들어 문구부에서의 호구(虎口)를 좁고 길게 보완한 듯하다.[35] 입면형태가 평문이며, 평면형태가 내만형이다. 문구부는 남성 외성의 남문지가 1차와 2차 문지 모두 내측이 좁은 '八'자형이다. 그리고 북성 내성의 남문지가 1차 문지는 길이 방향이 긴 장방형이며, 2차 문지는 외측이 좁은 '八'자형이다. 그리고 상부구조는 확인이 되지 않지만, 북성 내성 남문지의 경우 문구부 양측의 주공의 배치와 간격으로 보았을 때, 문구부 양측의 성벽을 연결하는 교량 및 문루가 조성 되었을 것으로 보인다. 문구부 바닥은 남성 남문지의 경우 1차 문지는 점토다짐에서 2차 문지로 개축되면서 석재로 바닥을 깔았던 것으로 보인다. 그리고 성 안쪽에는 집수시설은 확인되지 않았지만 남문지로 연결된 배수시설이 4차례에 걸쳐 정비된 흔적이 있다. 북성 내성 남문지의 바닥은 암반을 성안에서 밖으로 완만한 경사면을 이루도록 정지한 위에 점토로 다짐을 하였다. 그리고 성 안쪽에는 문지 바닥보다 낮은 곳에 집수시설을 설치하여 흐르는 우수 및 지하수를 배출하기 위해 점토를 다져 조성하였다. 다만 문지 외측에 해자가 없고, 성 내에서 배출된 우수는 계곡을 통해 빠져나가도록 되어 있었다. 남성 남문지의 경우는 계곡의 중단부에 위치하며, 지속적인 우수를 배출하는 수문의 기능이 크다고 할 수 있다. 이러한 구조는 현재까지 조사된 사례가 드물다.

---

35) 차용걸, 2013, 「증평 이성산성의 성격과 특징」, 『증평 이성산성의 조사 성과와 사적화 방안』.

추성산성과 같이 4세기를 전후한 시기에 백제에 의해 축성된 토축산성의 계곡부에 조성된 문지 및 배수시설에 대한 조사사례는 드물다. 다만 최근에 조사된 강릉 강문동 신라토성의 남동문지[36]에서 선대 · 후대 문지 및 주변 배수시설의 현황이 확인된 바 있다. 1차 문지의 경우는 계곡부의 많은 양의 유수를 배출하기 위한 배수 및 출입시설과 같은 기능 즉 추성산성의 남수문지와 같은 역할을 했던 것으로 보고 있다. 그러나 후대 문지가 근대 건축물 축조와 관련하여 훼손이 심하여 추성산성과 직접적으로 비교하기 어렵다.

사진. 강릉 강문동 신라토성 남동문지 및 배수시설[37] (①성 안에서, ②성 밖에서)

결론적으로 삼국시대 토축산성에서 계곡부의 우수 처리 문제는 현재까지 다음과 같이 정리할 수 있다. 계곡부의 연약지반 상면에 토사 등으로 다져서 대지를 조성하였고, 그 위에 유수를 유도하는 도수 및 석렬, 유도석축을 축조하였다. 그러나 성 내측에는 집수시설을 조성하여 우수를 배출하는 구조물은 확인할 수 없었다. 한편 대형 계곡부 중앙에는 배수와 출입시설을 겸한 수문지(추성산성 남성 외성의 남수문지, 강릉 강문동 토성 남동문지)를 조성하여 개구부를 통해 우수가 배출되었고, 성 밖으로도 우수를 배출하는 석축시설이 조성되었다. 작은 계곡부에는 배수를 위한 'V'자 형태 혹은 좌우 대칭을 이루며 나팔형태로 벌어지는 배수유도 석축을 조성하였고, 성 밖으로는 개방

36) 국강고고학연구소, 2015, 『강릉 경포대 현대호텔 신축부지내 유적 발굴조사보고서 강릉 강문동 신라토성』
37) 국강고고학연구소, 2015, 위의 책, 122쪽 사진 157을 전재함.

식 석축 및 암거형의 배수시설을 통해 우수를 배출하였다.

2) 능선부

능선부에 조성된 문지는 능선의 상단면을 가로지르는 상면 위에 위치하고 있다. 입면형태가 평문이며, 평면형태가 일자형이다. 문구부는 길이방향이 긴 장방형이다. 북동문지는 축조공정과 문루 등의 시설이 존재했을 것으로 추정되는 점은 다른 토축성벽과 크게 다르지 않다. 그러나 특이한 점은 문지바닥을 석재를 깔고 점토로 다졌으며, 측벽에 붙여서 배수구를 설치한 점이다. 이러한 특징은 토축성벽에서 이러한 구조가 조사된 사례가 없어 추정하기 어렵지만, 보고서와 같이 주 통행로로 사용되다가 축조된 지 얼마 안 된 시점에 사용되지 않은 점은 고려해 볼 만하다. 능선부에 조성된 북동문지는 평지성의 문지와 계곡부의 성벽과 같이 문지 주변보다 방어시설이 부족한 점으로 인해 용도 폐기되었을 가능성이 존재한다.

3. 소결

이상으로 한성백제 토축성곽의 문지에 대한 형식적 특징을 살펴보았다. 이를 정리하면 다음과 같다.

첫째, 토축성곽 문지의 형식 분류는 성문이 위치한 지형상의 차이가 형식구분의 기준이 되고 있음을 알 수 있다. 평지성의 경우는 입면형태가 평문이며, 평면형태가 일자형과 어긋문으로 나눌 수 있다. 산성의 경우는 계곡부에 축조될 경우 입면형태가 평문이며, 평면형태가 내만형에 가깝다. 문구부는 장방형과 외측 혹은 내측이 좁은 '八'자형이 확인된다. 대체로 배수를 염두에 둔 경우 즉 수문의 성격이 강한 경우에는 내측이 좁은 '八'자형이 확인된다. 능선부에 축조될 경우 입면형태가 평문이며, 평면형태가 일자형이다. 문구부는 장방형이다. 그러나 능선부의 이러한 형식은 방어상 취약하기에 사용시기가 길지 않다.

둘째, 평지성의 문지 평면형태상 일자형과 어긋문형은 성 내부의 해발고와 성 외곽의 해자와의 연관성을 두고 고려해 볼 필요가 있다. 일자형 문의 경우 해자의 중첩성과 문지와 평행하게 조성된 점과 해발고가 낮은 곳에 위치하고 있다. 어긋문형은 해자가 단절된 공간을 통해 성안으로 진입할 수 있으며, 비교적 해발고가 높은 곳에 위치하고 있다.

셋째, 산성의 계곡부 문지는 일부 수문의 기능을 겸하고 있으나, 조사사례가 적어 그 특징과 변화과정을 밝히기에는 고려해 볼 필요가 있다.[38] 능선부 문지는 축조 후 방어하기에 취약성 때문에 사용기한이 짧기 때문에 이를 보완한 문지에 대해서도 검토할 필요가 있다.

넷째, 토축성곽 문구부 상면에 성문을 고정하거나 보호하기 위한 구조물의 존재는 문구부 바닥의 기둥 구멍을 통해 유추해 볼 수 있다. 그러나 문루의 지붕 올렸던 기와와 기둥을 세웠던 초석, 門扉柱[軸柱]가 돌아가기 위한 확쇠, 문확석, 문을 제작했던 철정 등은 확인되지 않았다. 따라서 한성백제 토축성곽의 세부적 형식분류를 위해서는 좀 더 많은 조사사례가 필요하다.

IV. 맺음말

한성백제 토축성곽의 문지는 청주 정북동토성의 서문지와 북문지, 증평 추성산성의 남성 외성 남문지, 남성 내성 북동문지, 북성 내성 남문지가 발굴조사 되었다. 한성백제 토축성곽에서 문지가 확인된 성곽은 2개소로 전체 백제 토축성곽에 비해 조사사례가 적으며, 백제성곽의 문지의 입지조건, 구조와 규모, 통행방식, 기능으로 구분하여 문지 특징을 전체적으로 보여주기에는 다소 무리가 있다.

그러나 앞서 한성백제 토축성곽의 문지에 대한 특징을 살펴 보았듯이, 토축성곽 문지의 형식 분류는 성문이 위치한 지형상의 차이가 형식구분의 기준이 될 수 있다. 평

---

38) 한성백제 4~5세기경에 축조된 토축산성의 계곡부 문지 중 수문의 기능을 하는 사례는 추성산성 남성 외성 남문지가 유일하다. 향후 조사사례를 기다려야 하지만, 이보다 늦은 5세기 후반 이후의 것으로 편년되는 강릉 경포대의 신라토성에서 계곡으로 배수되는 수문을 가진 성문 유구가 확인되고 있어 입지 및 구조적인 부분에서 상호 비교 연구될 필요가 있다.(차용걸, 2013, 앞의 글, p.21.)

지성(정북동토성)의 경우는 입면형태가 평문이며, 평면형태가 일자형(서문지)과 어긋문(북문지)으로 나눌 수 있다. 산성(추성산성)의 경우는 계곡부에 축조될 경우 입면형태가 평문이며, 평면형태가 내만형에 가깝다. 문구부는 장방형과 외측(남성 외성 남문지) 혹은 내측(북성 내성 남문지)이 좁은 '八'자형이 확인된다. 대체로 배수를 염두에 둔 경우 즉 수문의 성격이 강한 경우(남성 외성 남문지)에는 내측이 좁은 '八'자형이 확인된다. 능선부에 축조될 경우(남성 내성 북동문지) 입면형태가 평문이여, 평면형태가 일자형이다. 문구부는 장방형이다. 그러나 능선부의 이러한 형식은 방어상 취약하기에 사용시기가 길지 않다.

평지성의 문지는 평면형태상 일자형과 어긋문형은 성 내부의 해발고와 성 외곽의 해자와의 연관성을 두고 고려해 볼 필요가 있다. 반면 산성의 계곡부 문지는 일부 수문의 기능을 겸하고 있다. 능선부 문지는 방어를 위한 시설물에 대한 사례확보와 이에 대한 검토도 필요다.

필자는 본고를 통해 토축성곽 문지는 입지조건, 구조와 규모, 통행방식, 기능으로 구분하여 검토할 필요성을 제시하였다. 이러한 연구방향은 향후 백제성곽 문지의 조사 및 연구에 있어서 최소한의 지침이 될 수 있을 거라 판단된다.

참고 문헌

1. 단행본

서정석, 2002,『百濟의 城郭-熊津.泗沘時代를 中心으로』, 학연문화사.

손영식, 2009,『한국의 성곽』, 주류성.

심정보, 2004,『백제 산성의 이해』, 주류성.

2. 보고서

국강고고학연구소, 2015,『강릉 경포대 현대호텔 신축부지내 유적 발굴조사보고서 강릉 강문동 신라토성』.

(재)미래문화재연구원, 2021,『증평 추성산성-8차 발굴조사 보고서-』.

全北文化財硏究院, 2009,『井邑 古阜舊邑城』.

_____, 2009,『全州 東固山城』.

전영래, 1997,『홀어미(大母)山城 地表調査報告書』, 순창군.

(재)중원문화재연구원, 2011,『曾坪 二城山城 Ⅰ —南城 南水門址—』.

_____, 2011,『증평 이성산성 정비·활용방안을 위한 기초학술세미나』.

_____, 2012,『曾坪 二城山城 Ⅱ —南城 北東門址—』.

_____, 2012,『증평 이성산성 4차(북성) 발굴조사 완료약보고서』.

_____, 2013,『曾坪 栭城山城-南城 1·2·3次 發掘調査 綜合報告書-』.

_____, 2013,『淸州 井北洞土城 Ⅲ』.

_____, 2014,『曾坪 栭城山城-北城 1次 發掘調査報告書-』.

_____, 2016,『曾坪 栭城山城-5次(北城 2次)發掘調査報告書-』.

_____, 2017,『曾坪 栭城山城-6次(南城 4次)發掘調査報告書-』.

(재)중원문화재연구원·(사)한국성곽학회, 2013,『증평 이성산성의 조사 성과와 사적화 방안』.

충북대학교 박물관, 2018.『청주 정북동토성Ⅳ- 해자 터 발굴조사-』.

충북대학교 중원문화연구소, 1999, 『淸州 井北洞土城 Ⅰ』.

_____, 2002, 『淸州 井北洞土城 Ⅱ』.

忠淸南道歷史文化院, 2007, 『錦山栢嶺山城 - 1·2次発掘調査報告書 - 』.

(재)충청북도문화재연구원, 2018, 『증평 추성산성-7차 발굴조사 보고서-』.

충청전문대학박물관, 1997, 『曾坪 二城山城』.

(재)호남문화재연구원, 2004, 『淳昌 大母(홀어머니)山城』.

3. 논문

孔錫龜, 1993, 「百濟城郭의 類型과 築造技法」, 『大田의 城郭』.

_____, 1994, 「百濟 테뫼식 山城의 型式分類」, 『百濟硏究』 24輯 , 충남대학교백제연
     구소.

김병희·이규근·김호준·백영종·이원재, 2011.11, 「古代 石築山城 懸門 調査硏究」, 『야
     외고고학』 12호.

김호준, 2013, 「美湖川 中上流의 百濟土城 現況과 特徵」, 『百濟學報』 제10호, 백제학회,
     pp.105~141.

朴淳發, 2004, 「湖西地域 平地.野山城에 대하여-築造時點 및 性格을 中心으로-」, 『湖
     西考古學報』 10輯, 湖西考古學會, pp.45~61.

박중균, 2013, 「증평 이성산성의 출토 토기 및 주거지 성격과 편년」, 『증평 이성산성의
     조사 성과와 사적화 방안』.

성정용, 2011, 「曾坪 二聖山城 出土 土器樣相 檢討」, 『증평 이성산성 정비.활용방안을
     위한 기초학술세미나』.

_____, 2012, 「曾坪 二聖山城 出土 土器樣相과 그 性格」, 『湖西考古學』 27, 湖西考古
     學會. pp.44~65.

윤무병, 1993, 「高句麗와 百濟의 城郭」, 『백제사의 비교연구』, 忠南大學校 百濟硏究所.

이혁희, 2013, 「漢城百濟期 土城의 築造技法」, 한신대 석사학위논문.

차용걸, 1988, 「百濟의 築城技法-版築土壘의 調査를 中心으로」, 『百濟研究』 19.

_____, 2008, 「韓國 古代山城 城門構造의 變化」, 『中原文化財研究』 2.

_____, 2013, 「증평 이성산성의 성격과 특징」, 『증평 이성산성의 조사 성과와 사적화 방안』.

최병화, 2007, 「錦山 栢嶺山城의 構造와 性格」, 『호서고고학』 17집, pp.160~193.

_____, 2015.7, 「百濟 石築山城의 城門構造와 變遷過程」, 『야외고고학』 제23호, pp.37~79.

한병길, 2001, 「中部地方 百濟土城의 築造技法」, 충북대 석사학위논문.

百濟 木柵에 대한 考察

황보 경(세종대학교 박물관)

Ⅰ. 머리말

목책(木柵)은 인류가 생명과 생활터전을 야생동물이나 침입자들로부터 지켜내기 위해 나무로 만든 방어시설(防禦施設)의 하나이다. 나무를 활용하여 적은 수의 인력으로 신속하게 구축(構築)할 수 있다는 장점 때문에 오랫 동안 시설되어 왔다. 우리 나라에서는 목책이 청동기시대(靑銅器時代)부터[1] 조선시대(朝鮮時代)까지 줄곧 만들어진 것으로 알려져 있는데, 최근에 이르러 목책은 물론 조성방법에 따라 목책성이나 목책도니성, 녹각성, 목익(木杙),[2] 수중목책 등이 있는 것으로 보고되고 있다. 그중에서도 목

---

1) 진주 대평리 옥방1지구의 D·G환호는 내부에 목책이 설치된 예로 목책과 환호가 결합된 형태이다. 한편, 부여 송국리 유적에서 목책렬이 발굴되었다는 보고가 있었지만, 최근 발굴조사를 통해 50, 54~57지구의 목책렬은 목주열로 밝혀졌고, 환호로 추정되던 유구는 삼국시대 분구묘 또는 시대미상의 구상유구로 밝혀지기도 했다(東亞大學校 博物館, 1999, 『南江流域文化遺蹟發掘圖錄』; 慶南考古學研究所, 2002, 『晋州 大坪 玉房 1·9地區 無文時代 集落』; 國立扶餘博物館, 2000, 『松菊里Ⅵ』; 김경택·이동희, 2016, 「최근 송국리유적 조사 성과와 과제」 『世界史속에서의 韓國』 주류성, 279~313쪽).

2) 홍성 석택리 유적에서는 원삼국시대 환호 내부에서 목익으로 추정되는 흔적이 확인되어 주목된다. 환호는 A-2지구 1지점의 해발 52~54m 구릉 정상부의 등고선을 따라 내환호와 외환호가 장타원형으로 둘러져 있다. 외환호는 둘레 약 400m, 장축 155m, 단축 70~90m이고, 내환호는 외환호와 4~6m 이격되어 있다. 목익은 외환호 서쪽 지역 탐색Pit-1과

책성은 주변에 산재한 수목을 활용하여 방어를 위한 목적으로 마련한 울타리 형식의 시설로서,[1] 전 시기적으로 사용되었을 것으로 추정된다.[2]

고려(高麗)와 조선시대 기록을 보면, 고려 문종(文宗) 8년에는 장주(長州)의 지형이 높고 험하다하여 남문 밖에 백성을 옮기기 위해 목책을 세우기도 했고,[3] 공민왕(恭愍王) 때 홍건적의 침입이 있던 1361년 10월에 삭주로 침입한 적을 방어하기 위해 절령(岊嶺)에 목책을 구축하기도 했다.[4] 임진왜란(壬辰倭亂) 때는 왜병들이 경상도를 거쳐 전주로 쳐들어 왔을 때, 정담·변응정 등이 웅령(熊嶺)에서 맞서 싸웠는데, 이 때 목책을 세워 산길을 막고 군사들을 격려해서 종일토록 싸워 큰 전과를 올렸다고 전한다.[5] 따라서, 우리 역사에서 목책은 선사시대부터 조선시대에 이르기까지 수시(隨時)로 만들어 활용되어 왔음을 알 수 있다.

이 글은 삼국시대(三國時代) 목책에 관한 문헌과 고고학적인 조사내용 중 백제(百濟)를 중심으로 축조배경과 목적을 살펴보고, 남한 지역에서 발굴된 몇 군데 유적을 통해 규모나 구조적 특징 등을 탐구(探究)해 보고자 한다. 목책은 이제까지 성곽의 한 분야로 자리매김을 하지 못한 상태로 성곽발달사와 전쟁사에서 필요에 따라 언급되었을 뿐 본격적인 연구가 이루어지지 못하였다. 특히 매장문화재 발굴조사가 활발하게 진행되면서 연천 호로고루(사적), 전곡리토성, 서울 배봉산 보루(서울특별시 기념물), 화성 길성리토성, 안성 도기동산성(사적 제536호), 부강 남성골산성(세종특별자치시 기념물), 대전 월평동 유적, 아산 갈매리 목책 유적(사적), 완주 배매산성 등이 조사되어 목책성에 대한 새로운 자료가 확보되어져 보다 심도 있는 연구가 필요한 상태이다. 따라서, 이 글은 목책에 대하여 시론적인 접근을 해 보고자 마련하였음을 일러둔다.

동쪽 탐색Pit-3 등에서 확인되었다(한얼문화유산연구원, 2015,『홍성 석택리 유적-1~3권-』).

1)『後漢書』권85, 東夷列傳 夫餘國條와『三國志』권30, 魏書30 夫餘傳條에 원형의 목책으로 城을 삼았다거나 城柵을 둥글게 만들어 마치 감옥과 같다고 하였다.

2) 孫永植, 1988,「목책시설의 소고」『文化財』21, 국립문화재연구소; 한국문화재조사연구기관협회, 2013,『성곽 조사방법론』, 사회평론아카데미, 232쪽.

3)『高麗史』권7, 世家 7, 文宗 8년조.

4)『高麗史』권39, 世家 39, 恭愍王 10년조.

5) 柳成龍,『懲毖錄』권1 참조.

II. 문헌에 기록된 목책

목책에 대한 기록은 많지 않아 구조나 위치 등에 대하여 파악하기가 어려운 형편인데, 『삼국사기(三國史記)』 백제본기(百濟本紀)에 가장 많이 남아 있고 신라본기(新羅本紀)와 고구려본기(高句麗本紀)에도 일부 전해지고 있다. 여기에서는 백제본기에 수록된 목책 관련 기록을 정리해 보고자 하며, 시간상으로는 기원전 11년부터 백제가 멸망하고 부흥군이 활동하던 때인 662년까지 해당된다.

순서	왕력(연대)	내용(원문)	출처
사료-1	온조왕 8년 (기원전 11)	7월에 마수성을 쌓고 병산책을 세웠다. (秋七月 築馬首城 竪甁山柵)	『三國史記』 권23, 百濟本紀 1
사료-2	온조왕 11년 (기원전 8)	4월에 낙랑이 말갈을 시켜 병산책을 쳐부수고 백여 명을 죽이거나 혹은 사로잡았다. (夏四月 樂浪使靺鞨襲破甁山柵 殺掠一百餘人)	"
		7월에 독산과 구천의 두 책을 세워 낙랑과의 통로를 막았다 (秋七月 設禿山拘川兩柵 以塞樂浪之路)	"
사료-3	온조왕 13년 (기원전 6)	7월에 한산 아래에 책을 세우고 위례성의 민호를 옮기었다. (秋七月 就漢山下立柵 移慰禮城民戶)	"
사료-4	온조왕 24년 (6)	7월에 왕이 웅천책을 세우니…왕이 부끄러이 여겨 책을 헐었다. (秋七月 王作熊川柵 … 王慙壞其柵)	"
사료-5	다루왕 7년 (34)	10월에 (말갈이)또 병산책을 엄습하였다 (冬十月 又襲甁山柵)	"
사료-6	구수왕 4년 (217)	2월에 사도성 옆에 두 책을 설치하였는데, 동서의 거리가 10리였다. 적현성의 군졸로 나누어 지키게 하였다. (春二月 設二柵於沙道城側 東西相去十里 分赤峴城卒戍之)	『三國史記』 권24, 百濟本紀 2
사료-7	아신왕 7년 (398)	8월에 왕이 고구려를 치려고 군사를 내어 한산 북책에 이르렀는데 … 중지하였다. (秋八月 王將伐高句麗 出師之漢山北柵 … 乃止)	『三國史記』 권25, 百濟本紀 3
사료-8	개로왕 15년 (469)	10월에 쌍현성을 수리하고, 청목령에 대책을 세우고 북한산성의 사졸을 나누어 지키게 하였다. (冬十月 葺雙峴城 設大柵於靑木嶺 分北漢山城士卒 戍之)	『三國史記』 권25, 百濟本紀 3
사료-9	동성왕 23년 (501)	7월에 탄현에 책을 설치하고 신라에 대비하였다. (七月 設柵於炭峴以備新羅)	『三國史記』 권26, 百濟本紀 4
사료-10	무령왕 3년 (503)	9월에 말갈이 마수책을 태우고, 고목성으로 진공하매 왕이 군사 5천을 보내어 격퇴하였다. (秋九月 靺鞨燒馬首柵 進攻高木城 王遣兵五千 擊退之)	『三國史記』 권26, 百濟本紀 4
사료-11	무령왕 7년 (507)	5월에 고목성 남쪽에 두 책을 세우고, 장령성을 쌓아 말갈에 대비하였다. (夏五月 立二柵於高木城南 又築長嶺城 以備靺鞨)	"

사료-12	성왕 4년 (526)	10월에 웅진성을 수리하고, 사정책을 세웠다. (冬十月 修葺熊津城 立沙井柵)	〃
사료-13	661년	…복신 등이 웅진강구에 두 책을 세우고 막았다. 인궤가 신라병과 합치어 이를 치니 아군이 퇴각하여 책으로 들어와 강으로써 막았는데… (福信 等立兩柵於熊津江口以拒之 仁軌與新羅兵合擊之 我軍退走入柵 阻水橋狹)	『三國史記』 권28, 百濟本紀 6
사료-14	662년	2년 7월에 인원·인궤 등이 웅진 동쪽에서 복신의 잔당을 크게 깨뜨리고 지라성 및 윤성과 대산·사정 등의 책을 함락시키어 죽이고 사로잡은 것이 매우 많았다 (二年 七月 仁願仁軌等大破福信餘衆於熊津之東 拔支羅城及尹城大山沙井等柵 殺獲甚衆)	〃

위의 사료 중 목책 명칭은 7곳으로 병산책, 독산책, 구천책, 웅천책, 마수책, 사정책, 대산책이 있고, 지명이나 성 주변에 설치된 책으로는 6곳 한산, 사도성, 청목령, 탄현, 고목성, 웅진강구가 있다. 이밖에도 고구려의 책성(柵城)과 압록책(鴨綠柵)이 있고, 신라에도 대령책(大嶺柵)·장령책(長嶺柵)·마두책(馬頭柵)·혈책(穴柵) 등이 『삼국사기』에 전해지고 있다.

III. 목책의 축조배경과 목적

백제가 목책을 설치하게 된 배경과 목적은 각기 상황에 따라 다르기 때문에 이를 자세하게 살펴보고자 한다.

먼저, <사료-1·2>의 병산책은 백제 북쪽에 접해 있는 말갈과[6] 낙랑을[7] 방어하기 위

---

6) 『三國史記』권23, 百濟本紀 1, 溫祚王 2년조에는 왕이 신하들에게 말갈이 백제의 북경에 연접해 있어서 침입에 대비한 방어계획을 세우도록 지시한 것으로 보아 말갈 침입이 잦았음을 알 수 있다("春正月 王謂群臣曰 靺鞨連我北境 其人勇而多詐 宜繕兵積穀 爲拒守之計"). 그리고 백제를 침략한 말갈은 '貊系靺鞨'로 남한강과 북한강 유역에 거주했던 집단으로 이해되고 있다(文安植, 1998, 「《三國史記》羅·濟本紀의 靺鞨 史料에 대하여」 『韓國古代史硏究』 13, 한국고대사학회).

7) 온조왕 5년에 북쪽 국경지대를 순무하고, 8년에 말갈이 위례성을 내침하자 수성을 하고 있다가 말갈을 쫓아 왕이 대부현(大斧縣)까지 추격하여 직접 물리쳐 승리를 거두었다. 그리고 <사료-1>에서 보듯이 마수성을 쌓고 병산책을 세워 말갈 침입을 막고자 했던 것인데, 낙랑 태수가 항의하자 온조왕은 국경을 살핀 정보와 말갈을 물리친 경험을 바탕으로 낙랑과의 일전도 불사하겠다는 의지로 두 성을 구축하였다. 그만큼 백제로서는 낙랑과 말갈, 마한 사이에서 영역을 넓히기 위해 적극적으로 목책을 활용하였는데, 마한과의 국경에도 <사료-4>처럼 웅천책을 세워 마한왕의 반응을 살피기도 했다.

해 설치한 것으로 백제사에서 처음 보이는 목책 기록이다. 이 병산책은 <사료-5>다루왕 7년에 말갈이 마수성을 공격한 다음 달에 다시 공격한 일이 있어서 지리적으로 말갈·낙랑과 인접한 국경지대에 있었음을 알 수 있다. 또한, 독산책과 구천책도 낙랑으로 통하는 교통로상에 설치하여 통제와 방어를 위한 목적이 있었다. 참고로 병산책과 마수(책)성, 독산책,[8] 구천책은 '樂浪之路'와 관련되어 양주-포천·연천-철원·삭녕-토산 등으로 포천(연천), 철원 일대에 위치했던 것으로 추정되고 있다.[9]

<사료-3>의 한산 아래에 세운 책은 위례성의 백성을 옮기기 위한 목적으로 축조되었다. 이 목책은 한산을 배후로 삼아 커다란 울타리 형태 즉 『後漢書』에 전하는 부여(夫餘)의 목책성과 흡사한 구조로 구축되었을 것이며, 백성들이 많았기 때문에 규모도 상당히 컸을 것으로 추정된다. 같은 해 9월에 성궐을 세웠다고 하므로 처음에는 백성들을 보호하기 위한 목적으로 설치했지만, 성과 궁궐을 지은 후에는 방어시설로 활용했을 것이다.

<사료-4>에 보이는 웅천책은 온조왕이 마한(馬韓)과의 국경을 획정하기 위해 세웠지만, 이를 마한왕이 항의하자 허문 사건과 관련이 있다. 웅천책은 웅천[10] 주변에 설치되었던 목책으로 단순히 교통로를 막기 위한 것보다는 목책성으로 구축하여 병사를 주둔시켰던 것으로 여겨진다. 마한왕은 백제에게 1백 리의 땅을 주어 살 수 있도록 해주었는데, 크게 성지(城池)를 만들어 우리의 강역을 침범했다고 하면서 항의를 했던 것

---

8) 독산책은 나중에 독산성으로 개축한 것으로 추정되며, 위치는 문안식의 경우 황해도와 강원도의 道界를 이룬 마식령산맥의 고갯길로 지목하고 있다(문안식, 2016, 「백제의 평양성 공격로와 마식령산맥 관방체계 구축」 『韓國古代史探究』 22, 韓國古代史探究學會, 159쪽).

9) 徐榮一, 2004, 「漢城時代의 百濟 北方交通路」 『文化史學』 21, 韓國文化史學會, 228쪽.

10) 웅천의 위치에 대해서 '안성천'설은 이병도와 문안식 등이 주장하고 있으며, '금강'설은 천관우와 전영래 등이 주장하고 있다(李丙燾, 1976, 『韓國古代史研究』 博英社; 문안식, 2002, 『백제의 영역확장과 지방통치』 신서원; 강종원, 2013, 「백제의 서남방면 지출」 『근초고왕때 백제영토는 어디까지였나』 한성백제박물관; 千寬宇, 1976, 「三韓의 國家形成(下)」 『韓國學報』 3, 일지사; 全榮來, 1985, 「百濟南方境域의 變遷」 『千寬宇先生還曆記念 韓國史論叢 I』 正音文化社; 李道學, 1995, 『백제 고대국가 연구』 一志社; 김기섭, 2000, 『백제와 근초고왕』 학연문화사). 이밖에도 임기환의 경우 지명 이동설을 주장하고 있기도 하다(임기환, 2013, 「『삼국사기』 온조왕본기 영역 획정 기사의 성립 시기」 『역사문화연구』 47, 한국외국어대학교 역사문화연구소). 필자는 한성기의 웅천이 안성천이라고 생각하고 있으며, 동성왕대 기록된 웅천은 금강을 지칭하는 것으로 이해하고 있다(황보경, 2021, 「3~6세기 삼국의 정세와 도기동산성」 『東洋學』 83, 단국대학교 동양학연구원, 92쪽).

이다. 이러한 내용으로 보아 웅천책은 마한과 경계를 이루고 있는 웅천변에 축조되었고, 군사를 주둔시켰기 때문에 마한왕으로부터 항의를 받았던 것이다. 그러나, 결국 백제는 서기 8~9년 사이에 마한을 침공하여 점령하였는데,[11] 처음 웅천책을 축조했던 곳이 마한과의 국경이자 군사적 요충지였음을 알 수 있다.

<사료-6>의 구수왕 4년 사도성 옆에 목책 두 군데를 설치했는데, 이는 구수왕 3년 (216)에 말갈이 적현성을 포위하여 공격해 온 것을 성주가 방어하고, 왕이 퇴각하는 말갈병을 추격하여 사도성 아래에서 격파한 일과 관련이 있다.[12] 사도성과 적현성은 초고왕 45년(210)에 축성된 것으로 동부지역의 주민을 옮겼다고 전해지며, 같은 해 10월에 말갈이 사도성에 쳐들어 온 일이 있다.[13] 따라서, 말갈이 빈번하게 공격해 오던 곳에 성을 2곳이나 축성한 뒤 성만으로 방어가 힘들게 되자 이를 보완하기 위해 목책도 두 곳에 축조했음을 알 수 있다. 특히 사도성은 적현성에 비해 방어하기에 불리했기 때문인 것으로 여겨지며, 두 목책은 서로 연결된 것이 아닌 작은 규모의 성으로 구축되었을 가능성이 높다. 그리고 두 성의 위치는 동부지역의 주민을 옮겼다는 것으로 볼 때 한강 본류역의 북동쪽 방면일 가능성이 높은데, 회양이나 김화로 추정되기도 한다.[14]

<사료-7>의 아신왕이 고구려를 공격하기 위해 군사를 이끌고 한산 북책에[15] 이르렀다가 중지한 일이 있는데, 이 목책은 도성의 외곽지대를 방어하는 동시에 교통로를 통제하기 위해 설치했던 것으로 생각된다. 아신왕이 이끈 백제군이 여기에서 군영을 쳤다는 것으로 보아 상당한 규모였던 것으로 추정되는데, 한산의 북쪽에 위치해 있다는

---

11) 『三國史記』권23, 百濟本紀 1, 溫祚王 26·27년조 참조.

12) 『三國史記』권24, 百濟本紀 2, 仇首王 3년조, "秋八月 靺鞨來圍赤峴城 城主固拒 賊退歸 王帥勁騎八百追之 戰沙道城下 破之 殺獲甚衆".

13) 『三國史記』권23, 百濟本紀 1, 肖古王 45년조, "春二月 築赤峴沙道二城 移東部民戶 冬十月 靺鞨來攻沙道城 不克 焚燒 城門而遁".

14) 문안식, 2016, 앞의 논문 참조.

15) 이도학은 '한산 북책'을 온조왕 13년에 설치했던 '한산 하책'과 같은 곳으로 보고 있다(이도학, 2013, 「백제 왕궁과 풍납 동토성」『한성백제의 왕궁은 어디 있었나』 한성백제박물관, 51쪽).

점에서 방원령로에[16] 해당하는 서울-의정부-양주로 이어지는 곳일 가능성이 있다.[17]

<사료-8>개로왕 15년 백제가 청목령에 큰 목책을 세운 것과 쌍현성 수리는 고구려의 침략에 대비하여 취한 일로 여겨진다. 청목령에 구축된 목책은 373년 근초고왕 때 축성된 청목성을 중심으로 설치되었을 것인데, 이곳은 그 이전부터 말갈이나 고구려군과 전투를 벌였던 요충지였다.[18] 청목성은 개로왕 이전에 축성되어 있었지만, 청목령 일대를 지켜내기 위해 대규모의 목책을 구축하고자 했던 것이며, 북한산성에 있던 병력을 이동시켜 통제와 경계를 강화한 것으로 여겨진다. 쌍현성은 523년(무령왕 23)에 축성한 것으로 기록되었지만, 한성기 때인 398년(아신왕 7)에 축성된[19] 것을 개로왕대 수리한 것이다. 아울러 청목령의 위치에 대해서는 개성에서 북쪽으로 12㎞ 거리에 있는 청석동의 고갯길로 지목되고 있고,[20] 쌍현성은 장단군의 망해산 부근 쌍령이나 강상면 구화리의 임강산성 또는 백치 부근 철마산성 등으로 비정되고 있다.[21]

<사료-9>동성왕 23년 신라에 대비해서 탄현(炭峴)에 설치한 목책도 교통로와 적의

---

16) 방원령로는 재령강 유역을 거치지 않고 임진강 유역과 대동강 유역을 직접 연결하는 지름길이기 때문에 기동력을 극대화하는 군사작전에 있어서는 매우 유용한 교통로로 알려져 있다(徐榮一, 2004, 앞의 논문, 225쪽).

17) 참고로 양주나 포천에서 남하하면, 의정부 천보산 남쪽 금오동에서 길과 하천이 합쳐져 호원동 주위에서 도봉산과 수락산 사이로 흐르는 중란천을 따라 남-북 길이 약 6㎞, 넓이 약 0.6~1.3㎞의 병목구간을 지나야 서울로 진입할 수 있다. 따라서, 한산 북책의 위치는 천보산 남쪽에서 서울 상계동 주변일 가능성이 높다고 생각되는데, 특히 호원동과 상계동 사이의 병목구간은 적은 병력으로 많은 적을 상대하기에 유리하며, 주위에 상계동성지, 불암산성, 수락산보루, 사패산보루, 장암동보루, 천보산보루가 위치해 있기도 하다. 특히 상계동성지는 주위가 약 180m이며, 바깥쪽 사면의 높이가 약 1.5m인 토축으로 된 성으로 곳곳에 자연석이 놓여 있는 것으로 보고되기도 했다(文化財管理局, 1977, 『文化遺蹟總覽』). 그리고 1942년 조선총독부에서 간행한 『朝鮮寶物古蹟調査資料』에는 상계동과 중계동 지역에 모두 3개의 성지가 있다고 했다. 그 중 상계동에 있는 2개의 성지는 둘레가 각각 270m, 234m인데, 모두 토축이며 석축으로 쌓은 곳이 있다고 기술하고 있어서 주목된다(서울특별시, 2003, 『서울소재 성곽조사 보고서』, 271쪽 재인용).

18) 『三國史記』百濟本紀에는 온조왕 10년(기원전 9)에 말갈과 전투를 벌였고, 진사왕 2년(386)에 청목령에서부터 팔곤성, 서해까지 관방을 설치했다고 한다. 근초고왕 28년(373)에는 청목령에 성을 쌓았다고 했고, 아신왕 4년(395)에는 왕이 직접 군사 7천을 이끌고 청목령까지 진군한 적이 있다.

19) 『三國史記』卷25, 百濟本紀3 阿莘王 7年條 "三月 築雙峴城."

20) 청목산의 위치에 대해서 이도학은 개성의 청석동(靑石洞)과 관련지어 보기도 하며, 서영일도 청목산과 봉현은 모두 개성에서 금천으로 연결되는 청석동(關)이나 백치 주변에 위치했던 것으로 보고 있다(이도학, 1997, 「고대국가의 성장과 교통로」 『국사관논총』 74, 국사편찬위원회, 164쪽; 徐榮一, 2004, 앞의 논문, 227쪽). 문안식은 『東史綱目』과 정약용의 『大東水經』을 참조하여 청석동의 고갯길이 "두 벼랑 사이가 300보에 불과하며, 북쪽 입구는 목책 등의 관문을 설치하는 데 유리한 지형을 갖추고 있다"고 하였다(문안식, 2016, 앞의 논문, 158쪽).

21) 서영일, 2008, 「한성 백제의 교통로 상실과 웅진천도」 『鄕土서울』 72, 58쪽; 문안식, 2016, 「백제의 평양성 공격로와 마식령산맥 관방체계 구축」 『韓國古代史探究』 22, 172쪽.

침입을 막기 위한 목적에서 비롯되었다. 그러나, 이 시기는 나제동맹기(羅濟同盟期)였기 때문에 성곽을 축성하기에는 부담스러웠을 것이다. 따라서, 단순히 교통로를 통제하기 위한 목적에서의 목책 설치는 신라에게도 큰 반감을 사지 않았을 것이다. 더구나, 백제가 멸망할 때 성충과 흥수가 신라군을 이곳에서 방어해야 나라를 지킬 수 있다고도 했다는[22] 점에서 이 고개는 험하면서도 좁아 적은 병력으로 많은 적을 상대하기에 적합한 지형이었다는 것을 알 수 있다. 탄현의 위치는 충북 옥천군 군서면 오동리와 군북면 자모리의 경계인 식장산(食藏山) 또는 전북 완주군 운주면 삼거리, 금산군 교촌리 일대로 지목하는 설이 있다.[23]

<사료-10·11>은 무령왕대 말갈과 고구려가 침략해 오자 이를 방어하기 위해 벌어진 전투와 축성 기록이다. 무령왕 3년(503)에 말갈이 마수책을[24] 태우고 고목성으로 쳐들어오자 군사를 보내어 격퇴했다. 이 기사는 말갈이 백제의 국경을 침범하여 마수책을 불태웠다는 것으로 보아 지키던 군사가 많지 않은 소규모 목책성이었음을 알 수 있다. 무령왕 6년(506)에는 말갈이 고목성을 함락하고 6백여 명을 죽이거나 잡아갔다는 것으로 보아 마수책이 복구가 되지 못한 상태에서 고목성이 함락된 것으로 볼 수 있다.[25] 결국 507년에 백제는 고목성 남쪽에 두 군데 책을 세우고, 장령성을 쌓아 말갈에 대비하였다. 이는 4년동안 2회의 말갈 침략에 적지 않은 피해를 입은 백제로서는 한성기(漢城期) 때에도 침략을 받았던 곳이었기 때문에 추가로 목책 2곳과 장령성을 축조한 것으로 보인다. 고목성의 위치는 말갈이 온조왕대부터 침략해 온 경로상에 있는 것으

---

22) 『三國史記』 권28, 百濟本紀 6 義慈王 16·20년조.

23) 대전과 옥천사이의 '식장산'설은 이병도, 지헌영, 이기백·이기동, 서정석이 주장하고 있으며, 전북 완주군 운주면 삼거리의 '炭峴'설은 小田省吾를 비롯한 홍사준, 전영래, 정영호, 조성욱이, 충남 금산군 교촌리설은 성주탁이 견해를 제시한 바 있다(李丙燾, 1959, 『韓國史-古代篇-』 震檀學會; 池憲英, 1970, 「炭峴에 對하여」 『語文硏究』 6, 어문연구학회; 李基白·李基東, 1982, 「統一新羅와 渤海의 社會」 『韓國史講座Ⅰ』 一潮閣; 徐程錫, 2003, 「炭峴에 대한 小考」 『中原文化硏究』 7, 忠北大學校 中原文化硏究所; 小田省吾, 1927, 「上世史」 『朝鮮史大系』; 洪思俊, 1967, 「炭峴考」 『歷史學報』 35·36合輯, 歷史學會; 全榮來, 1982, 「炭峴에 關한 硏究」 『全北遺蹟調査報告』 13, 全羅北道 文化財保護協會; 鄭永鎬, 1972, 「金庾信將軍의 百濟 攻擊路硏究」 『史學志』 6, 檀國大學會 史學會; 조성욱, 2003, 「백제 '탄현'의 지형 조건과 관계적 위치」 『문화역사지리』 15-3, 한국문화역사지리학회; 成周鐸, 1990, 「百濟 炭峴 小考」 『百濟論叢』 2, 百濟文化開發硏究院).

24) 마수책은 마수성 주위에 위치한 목책성으로 여겨지는데, 마수성은 이미 온조왕 8년에 축성되었기 때문이며, <사료-12>의 사정책도 동성왕 20년(498)에 축성된 사정성 부근에 축조된 목책성일 가능성이 높다.

25) 『三國史記』 권26, 百濟本紀 4, 武寧王 6년조, "秋七月 靺鞨來侵 破高木城 殺虜六百餘人".

로 보아 병산책, 마수책과 가까운 연천 일대일 가능성이 있으므로,[26] 고목성 남쪽에 구축된 두 곳의 목책도 장령성과 연결된 교통로에 위치했을 가능성이 높겠다.

<사료-12>성왕 4년에 웅진성을 수리하고, 사정책을 세웠다고 했는데, 이 시기는 백제와 고구려가 여러 곳에서 충돌하고 있던 때여서 동성왕와 무령왕대에 이어 금강의 북쪽이나 동쪽지역 교통로상에 구축되었을 것으로 추정된다. 백제는 한성기부터 고구려의 침략에 대하여 큰 위협을 느꼈기 때문에 왕성을 중심으로 한 관방체계를 공고히 하고자 했다. 따라서 사정책도 웅진성으로 이르는 주요 교통로를 통제하기 위한 대비책의 일환으로 축조되었다고 생각된다. 이 사정책은 <사료-14>에서 보듯이 662년 복신이 이끈 백제 부흥군과 당군이 웅진 동쪽에서 전투를 벌여 지라성과 윤성, 대산책과 더불어 함락된 곳이기도 하다. 사정책은 약 100년간 운용되었으며, 그 위치는 대전광역시에 있는 사정성이거나 그 주변에 있었던 것으로 추정된다.[27]

Ⅳ. 목책 유적 현황과 특징

『三國史記』고구려본기에는 고구려의 지세에 대하여 "고구려는 산이 험하고 길이 좁으니, 이야말로 한 사람이 관에 당하여도 만사람이 이를 당하지 못하는 것이다"라고[28] 하였다. 그만큼 한반도의 지형은 산이 많아 험하고, 강이나 하천으로 인해 교통로가 제한적이어서 산고개나 구릉, 하천 및 해안 주변을 잘 방어하면 침입한 적을 어렵지 않게 물리칠 수 있었다.

앞에서 살펴보았듯이 백제를 비롯한 삼국은 초기부터 목책을 중요 요처(要處)마다

---

26) 徐榮一, 2004, 앞의 논문, 229~230쪽.

27) 사정성(대전광역시 기념물 제14호)은 대전광역시 중구 사정동 산62번지 일원에 있는 테뫼식 석축성으로 둘레가 약 350m이지만 현재는 대부분 붕괴되어 있다. 이 성은 대전과 진산으로 통하는 교통로상에 위치하며, 흑석동산성과 월평동산성 등과 연결되어 있다(문화재청 홈페이지 참조). 사정성에 대한 조사와 연구는 성주탁에 의해 이루어진 바 있다(成周鐸, 1974, 「大田附近 古代城址考」『百濟研究』 5, 忠南大學校 百濟研究所).

28) 『三國史記』권16, 高句麗本紀 4, 新大王 8년조 "且我國山險而路隘 此所謂一夫當關 萬夫莫當者也".

구축하여 통제와 방어를 효과적으로 하였고, 때에 따라서 성의 무너진 부분을 목책으로 막거나 성 주위에도 목책(성)을 축조하여 방어력을 증대시켰다. 이처럼 목책은 주위에서 구할 수 있는 수목(樹木)을 활용하여 적은 인력으로 신속하게 구축할 수 있다는 장점이 있었기 때문에 시간이나 경제적으로도 효율성이 뛰어났다. 그러나, 화공(火攻)이나 투석전(投石戰)에 약하고, 여름이나 겨울이 지나면서 목책으로 사용된 나무가 부식(腐蝕)되는 등 여러 단점도 있어서 장기적인 운용이 어렵다. 그럼에도 불구하고 삼국은 오랜 기간 동안 목책을 활용하였고, 단점을 보완하기 위해 흙이나 돌을 사용하여 보강하기도 했다. 점차 축성술이 발달됨에 따라 목책은 토성(土城)이나 석성(石城)의 부수적인 방어시설로서 활용되었다.[29]

여기에서는 앞에서 살펴본 목책 관련 기사를 바탕으로 발굴조사된 목책 유적을 서로 비교하여 몇 가지 특징을 간략하게 살펴보고자 한다.

1. 목책 유적 현황

이제까지 발굴된 목책 유적으로는 연천 호로고루성,[30] 전곡리토성,[31] 서울 배봉산 보루,[32] 안성 도기동산성, 세종 남성골산성, 대전 월평동유적, 아산 갈매리 목책,[33] 옥천 이성산성,[34] 청주 봉명동 유적(Ⅱ),[35] 석화리 목책성,[36] 완주 배매산성 등이 있다. 이들 유적을 통해 목책의 면모를 어느 정도 파악해 볼 수 있으므로, 여기에서는 배봉산 보루와 도기동산성, 갈매리 목책, 남성골산성, 월평동유적, 배매산성에 대하여 간략히

---

29) 백제 성으로 알려진 길성리토성이나 탄금대토성의 성벽 위에 목책이 시설되었을 가능성도 확인되거나 제기되었다(中部考古學硏究所, 2013, 『華城 吉城里土城』; 中原文化財硏究院, 2009, 『忠州 彈琴臺土城Ⅰ』).

30) 한국토지주택공사 토지주택박물관, 2014, 『漣川 瓠蘆古壘Ⅳ』

31) 한양대학교 문화재연구소, 2010, 『연천 전곡리성』

32) 서울문화유산연구원, 2018a, 『배봉산 보루유적』

33) 錦江文化遺産硏究院, 2017, 『牙山 葛梅里 木柵 遺蹟』

34) 한국선사문화연구원, 2021.7, 『옥천 이성산성 2차 정밀발굴조사 4차 학술자문회의 자료집』

35) 忠北大學校 博物館, 2005, 『淸州 鳳鳴洞遺蹟(Ⅱ)』

36) 이 유적은 충청북도기념물 제166호로 2017년에 지정되었는데, 백제 사비기인 6~7세기에 축조된 목책성으로 알려져 있다. 조사결과, 저장공과 목책열이 중심을 이루어 저장과 관련된 시설을 방어하기 위해 만들어진 것으로 보이며, 백제가 금강(미호천)을 지키기 위한 거점으로 활용되었을 것으로 추정되고 있다.

살펴보고자 한다.

1) 서울 배봉산 보루

배봉산 보루는 지표조사를 통해 '배봉산 토루지'로 알려져 왔으나, 군사시설이 있어서 철조망 내부를 조사하기는 어려운 실정이었다.[37] 다행히 군사시설이 2015년에 철거되었고, 동대문구에서 생태공원을 조성하기 위해 2016년 3월에 지표조사를 거쳐,[38] 발굴조사가 이루어졌다.[39] 이 보루는 배봉산(해발 109.9m)의 정상부에 축조되어 있어서 동쪽과 남쪽 일대가 조망되며, 홍련봉과 용마산 보루군이 잘 보인다. 아울러 중랑천과 인접해 있기 때문에 천변을 따라 발달한 교통로 통제에 유리한 입지적 조건을 갖추고 있다.

보루의 평면형태는 북서-남동방향의 타원형이고, 잔존 둘레 약 106m, 추정 둘레가 약 120m이며, 장축 약 50m, 단축 약 35m인 것으로 조사되었다. 조사결과, 전체적으로 2열의 주공군과 석축부가 나란하게 배치되어 있다. 주공군 1열은 정상부 쪽으로 2열보다 잔존상태가 불량하고, 1열의 주공간 간격 평균은 55~70㎝, 주공 크기는 평균 50~70㎝, 기둥 크기는 평균 21㎝이다. 2열의 주공간 간격은 평균 45~55㎝, 주공 크기는 평균 45~55㎝, 기둥 크기는 평균 19㎝로 1열 주공의 기둥과 비슷하다. 석축부는 지형상 구릉 정상부 평탄지와 정상 사면부가 만나는 정상부 최외각 범위를 'L'자형으로 굴착한 다음, 사질점토를 이용하여 정지하거나 생토면 위에 할석 3~4단을 쌓았다. 그리고 석축부 중에서도 동쪽 구간인 C구간을 중심으로 주공이 확인되었는데, 큰 주공과 작은 주공이 연접해 있는 양상이다. 조사자는 석축부에서 확인된 주공이 경사가 심한 동쪽 지형을 보수하기 위한 기둥일 가능성을 제기한 상태이다.

출토유물은 모두 36점에 불과하고, 그중에 토기가 33점이다. 토기 중에는 점토대토

---

37) 마침 필자가 휘경동에 거주했을 때, 답사를 할 기회가 있어 배봉산 지형과 수습유물에 대하여 논고를 작성하여 발표한 바 있다(황보경, 2013, 앞의 논문: 2016, 『역사자료로 본 삼국과 한강』, 주류성).

38) 서울문화유산연구원, 2016, 『서울 동대문구 전농2동 산32-20번지 일대 생태공원 조성부지 내 배봉산 토루지 유적 주변 지표조사 보고서』.

39) 서울문화유산연구원, 2018a, 앞의 보고서.

기와 무문토기도 있지만 대부분 삼국시대 토기편이며, 주로 고구려와 신라 토기로 보인다. 다만, 토기편이 작기 때문에 백제의 것이 없다고 보기는 어렵다. 따라서, 이 보루는 배봉산 정상부를 둘러싼 목책성으로 볼 수 있고, 최소한 고구려와 신라가 5세기 중후반부터 7세기경까지 사용했던 것으로 추정된다. 그러나, 보루의 입지상 중랑천의 서편에 위치하고, 교통로 통제에 용이하기 때문에 의정부쪽에서 내려오는 적군을 감제하여 아차산으로의 정보전달을 하는 통신경유지로서의 기능도 겸했을 것이라 생각된다.[40] 고구려와 신라도 아차산과 용마산의 보루군을 운용하기 위해서는 배봉산 보루도 운영이 필요했기 때문에 삼국시대 상당기간동안 유지되었던 것으로 봐도 무리가 없겠다. 또한, 주공군 1열과 2열이 동시에 조성되었을 가능성이 높지만, 주공군3열과 석축부는 시기를 달리하여 축조되었을 가능성이 있다고 생각된다. 그리고 점토대토기가 주변에서도 수습된 만큼 일찍부터 사람들이 거주하면서 목책을 구축하여 사용했을 가능성도 있으나, 목책 내부시설이 멸실되어 현재로선 주위에 대한 학술조사를 통해서 추가로 밝혀져야 하겠다.

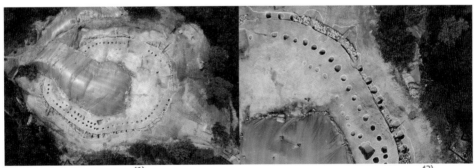

<사진1>서울 배봉산 보루 전경[41]   <사진2>서울 배봉산 보루 C구역(동벽) 전경[42]

2) 안성 도기동산성

도기동산성은 발굴조사과정에서 백제와 고구려가 축조하여 사용한 것으로 밝혀졌

---

40) 황보경, 2016, 앞의 책, 132~133쪽.
41) 서울문화유산연구원, 2018a, 앞의 보고서, 64쪽(사진30② 전재).
42) 서울문화유산연구원, 2018a, 앞의 보고서, 89쪽(사진44① 전재).

다.[43] 이와 관련하여 최근에도 지속적인 조사가 이루어졌는데, 이제까지 밝혀진 바에 의하면, 백제가 먼저 목책과 토성을 축조하였고, 나중에 고구려가 점령하면서 이중의 목책을 구축한 것으로 파악되었으나 다른 구간에 대한 조사결과 이전까지 조사된 바와 다소 다른 내용도 확인되었다. 즉 북쪽과 동쪽 성벽 구간에 대한 조사결과, 백제 한성기 때 외목책성에서 고구려 남진기에 이중목책성으로 변모한 것으로 보고되었다. 초축성벽은 구릉의 경사면을 단이 지게 굴토한 후 성토하여 높은 토루를 조성하고 상부에 목책을 설치하였다. 고구려가 점령한 뒤에는 초축 성벽의 상부를 정지한 후 이중목책 구조로 바깥 목책에 점토를 두텁게 바른 석축을 덧대고 외부에 성토하여 목책을 보강한 구조적 특징을 나타내는 소위 '목책도니성(木柵塗泥城)'으로 보고 있다.[44]

최근 도기동 산57번지에 대한 조사결과, 토루1(성토토성)·목책성·석축성벽 등이 발굴되었다. 목책성은 성토부를 조성한 후 목책을 설치한 구조임이 재확인되었으나, 수축되거나 다양한 공정으로 축조되었으며, 보수도 이루어졌음이 확인되었다. 석축성벽은 목책성이 폐기된 이후 목책성의 성토부를 최대한 활용하여 시설하였고, 목책성의 진행방향과 유사하며, 고구려계 토기가 출토되어 고구려가 한시적으로 사용하다 폐기한 것으로 파악되었다[45]

43) 겨레문화유산연구원, 2016, 『안성 도기동 436-1번지 유적』; 세종대학교 박물관, 2016, 『안성 도기동 산51-3번지 건물신축부지내 유적』; 김진영, 2016, 「안성 도기동 성곽유적의 발굴조사 성과와 과제」『삼국시대의 토성과 목책성』 한국성곽학회; 하문식·황보경, 2016, 「안성 도기동 삼국시대 유적의 조사성과와 성격 고찰」『世界史속에서의 韓國』 주류성; 기남문화재연구원, 2018, 『安城 道基洞 山城』; 서울문화유산연구원, 2018b, 『안성 도기동 465번지 유적』; 한양문화재연구원, 2021, 『安城 道基洞 山城』.

44) 기남문화재연구원, 2018, 앞의 보고서, 320쪽.

45) 한양문화재연구원, 2021, 앞의 보고서, 235~236쪽.

<사진3>도기동산성 북벽 4·5전경[46]   <사진4>도기동 산57번지 토성잔존구간2 전경[47]

3) 아산 갈매리 목책 유적

이 유적은 곡교천과 회룡천 사이의 해발 72.9m의 야산(갈매리 산56-1번지)에 위치해 있다. 조사결과, 원삼국시대 목책 유구를 비롯하여 수혈 1기, 구상유구 8기, 주공렬 4기가 발굴되었다. 목책열은 야산의 북동사면 상단부에 '一'자 형태로 뻗어 산 정상부를 테뫼식으로 감싸는 구조로 추정되고, 확인된 길이만 동-서방향 약 77m이다. 목책의 구조는 'U'자 형태로 구(溝)를 너비 230~418㎝로 굴착하고, 내부에 2열의 주공을 파고 목주를 세웠다. 조사는 4구간으로 나눠서 이루어졌는데, 동쪽의 1구간이 가장 규칙적으로 조성되었고, 2구간에서 4구간으로 가면서 불규칙적이거나 유실되었다. 특히 1구간에는 문지로 추정되는 부분도 있다. 그리고 이 목책렬은 처음 축조한 이후에 전면적인 보수가 이루어졌던 것으로 파악되었는데, 목주가 있는 상태에서 성토를 하여 대지정비 및 목주 보강이 진행되었다. 주공의 간격은 104~184㎝, 주공 지름은 20~48㎝, 깊이 9~47㎝이며, 내외곽 목책렬 간격은 170~200㎝이다.

갈매리 목책 유적의 조성시기는 목책렬 바닥층과 퇴적층에서 수습된 토기편이 주를 이루는데, 경질무문토기, 원저단경호, 장란형토기, 심발형토기, 대호, 시루, 동이 등이다. 문양은 동체에 격자문이 주로 타날되어 있고, 백제 한성기 토기가 출토되지 않아 3~4세기 초사이에 운영된 것으로 추정된다. 아울러 이 유적의 북쪽 약 200m 거리에

---

46) 기남문화재연구원, 2018, 앞의 보고서, 원색사진5 전재.

47) 한양문화재연구원, 2021, 앞의 보고서, 원색사진1.

아산 갈매리 유적이 위치해 있는데, 그 유적에서 원삼국~백제시대 고상 건물지와 수혈, 구상 유구 등이 대규모로 확인되어 목책 유적과 시기나 거리상으로 밀접한 관련이 있을 것으로 여겨진다.[48]

<사진5>갈매리 목책성 전경[49]   <사진6>갈매리 목책성 1구간[50]

4) 청원 남성골산성

이 산성은 토축과 내·외곽 이중(二重) 목책으로 이루어진 구조임이 확인되었고, 내곽 둘레는 약 360m이다. A~C지구에서는 치(雉)가 확인되었고, 문지도 동·서 2곳이 있으며, 성 바깥쪽에서 환호도 여러 기 발견되었다. 성벽 외부에는 기초부를 보강하기 위해 돌과 점토를 섞어 쌓았고, 내외 목책렬 간격 250~300㎝, 목주 간격 150~180㎝, 목주 지름은 20~30㎝이다. 성 안쪽에서는 주거지 8기, 원형수혈 251기, 수혈유구 25기, 토기가마 14기, 목곽고 1기 등이 조사되었고, 태환식 귀걸이 1점을 비롯한 다양한 종류의 토기와 철기류가 출토되었다.[51] 이 성에서는 백제와 고구려 유구와 유물이 출토된 것으로 보아 두 나라가 번갈아 사용한 것으로 추정되고,[52] 보루의 성격이 강한 것으로 보기도 한다.[53]

---

48) 錦江文化遺産研究院, 2017, 앞의 보고서.

49) 錦江文化遺産研究院, 2017, 앞의 보고서(표지사진 전재).

50) 錦江文化遺産研究院, 2017, 앞의 보고서, 95쪽(사진5 전재).

51) 忠北大學校 博物館, 2004, 『淸原 南城谷 高句麗遺蹟』; 中原文化財研究院, 2008, 『淸原 南城谷 高句麗遺蹟』

52) 정운용, 2013, 「淸原 南城谷 高句麗 山城의 築造와 運用」 『동북아역사논총』 39, 동북아역사재단.

53) 白種伍, 2014, 「中原地域 高句麗 遺蹟 遺物의 檢討」 『高句麗渤海研究』 50, 高句麗渤海學會, 243쪽.

5) 대전 월평동유적

이 유적에서는 목책과 석축 성벽, 호, 목곽고 등이 발굴되었다. 목책①은 구릉 정상부에서 북쪽방향으로 뻗은 능선에 축조되어 있고, 남은 길이 85m 정도이며, 목책공은 평면이 방형, 직경 100㎝, 깊이 약 110㎝, 목주 간격은 90㎝이다. 호는 목책의 바깥쪽으로 3~5m 간격을 두고 너비 5m 정

<사진7>부강 남성골 산성 목책렬(D-Ⅱ지구)[56]

도의 규모로 남아 있다. 목책②는 구릉의 동쪽 경사면에 2열로 축조되어 있으며, 목책렬 간격은 5m이다. 축조방법은 'U'자형으로 구를 좁고 길게 파고, 110㎝ 간격으로 목주를 세운 후 보조기둥을 둔 구조이며, 구 너비가 약 80㎝, 깊이 약 85㎝이다.[55] 목책 사이에는 흙을 다졌는데, 남성골산성의 축성법과 비슷하여 '목책도니성'의 구조로 보고 있으며, 산성에 부속된 보루일 가능성도 있다.56) 그러나, 목책도니성은 목책을 골조로 마련한 다음 진흙을 발라 마치 토벽과 같은 형태로 만든 책성이며, 왜구의 침범이 빈번하였던 전라도 남해안지방에 주로 활용된 시설로 알려져 있기 때문에[57] 앞으로의 조사와 연구를 통해 보다 명확한 개념정리가 필요해 보인다.

6) 완주 배매산성

배매산성은 전북 완주군 봉동읍 용암리와 둔산리 경계를 이루는 배매산의 8부 능선

54) 中原文化財研究院, 2008, 앞의 보고서, 4쪽(원색사진3 전재).

55) 국립공주박물관·충남대학교 박물관, 1999, 『大田 月坪洞遺蹟』.

56) 박태우는 목책②를 남성골산성의 축조기법과 같은 목책도니성으로 보았고, 양시은도 남성골산성을 목책도니성으로 보고 있는데, 심광주는 목책도니성에 대한 이해가 부족한 것으로 세 가지 이의를 제기하기도 했다(朴泰祐, 2006, 「月坪洞山城 城壁 築造技法과 時期에 대한 檢討」『百濟文化』35, 공주대학교 백제문화연구소; 梁時恩, 2013, 『高句麗 城 研究』 서울大學校 大學院 博士學位論文; 심광주, 2014, 「고구려 성곽 발굴조사 성과와 축성기법」『아차산 일대 보루군의 역사적 가치와 보존 방안』 광진구, 32~33쪽).

57) 한국문화재조사연구기관협회, 2013, 앞의 책, 233쪽.

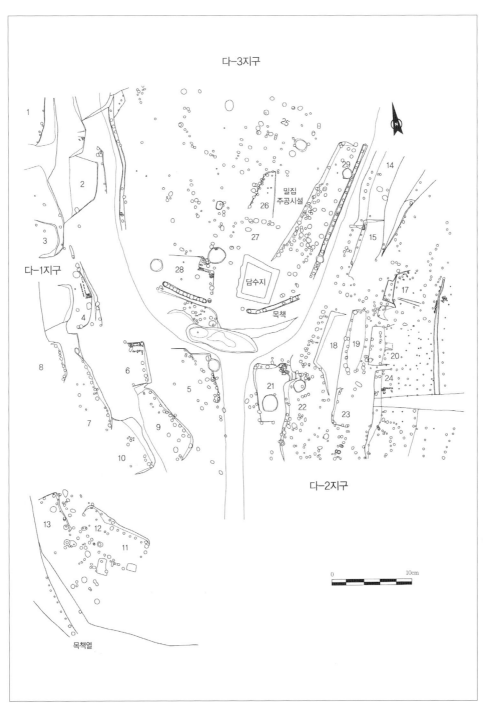

다-3지구

1

25

29 14

2 밀집
주공시설

26 27 15

다-1지구

3 28 담수지

4 목책

8 6 17

5 18 19

20

24

21

7 9 22 23

10

다-2지구

13 12

11

0 10cm

목책열

<도면>완주 배매산성 다지구 유구배치도

을 따라 축성된 테뫼식 산성이다. 최근까지 3차례 발굴조사가 진행되었는데,[58] 외성은 토축성이고, 내성은 목책성인 것으로 파악되었다. 특히 2017년과 2018년에는 서성벽을 대상으로 발굴조사를 실시하여 판축기법으로 축성된 5~6세기대 백제 성곽임을 알 수 있게 되었다. 축성 주체는 서울 몽촌토성과 화성 길성리토성 등 중부지방 백제 성곽의 것과 유사해 백제 중앙세력에 의한 것일 가능성이 제기된 상태이다.[59]

목책은 산성 남쪽에 시설된 배수지에서 총 길이 약 63.1m가 확인되었다. 목책렬은 남쪽 중앙에 폭 425㎝의 출입구를 중심으로 각각 동·서방향으로 약간 이어지다가 산 정상부를 따라 북쪽으로 방향을 틀어 위가 벌어진 'U'자형을 하고 있다. 목책 시설은 능선을 따라 폭 60㎝, 깊이 50㎝의 구를 파낸 후 70~100㎝ 간격으로 직경 30~50㎝의 구덩이를 파내어 기둥을 세웠던 것으로 보인다. 출입지점에는 문주를 세웠던 주공과 주공 내부에 할석이 남아 있다. 유물은 삼족기와 기대, 고배 등 백제 토기가 주로 출토되었다. 목책 안쪽으로 건물지와 담수지, 목책과 관련된 주공들이 있다.[60]

2. 목책의 몇 가지 특징

1) 주둔 병력 수

먼저, 목책에 주둔한 병력 수를 짐작할 수 있는데, <사료-2>에 말갈이 병산책을 함락했다는 내용 중 백제인 1백여 명을 죽이거나 포로로 잡아갔다고 한 것으로 보아 목책성에는 1백여 명 정도가 주둔했을 것이다. 참고로 다루왕 39년(66) 기록에는 백제가 와산성을 공취하고 2백 명을 주둔시켰으며,[61] 고국양왕 7년(390)에 백제가 도압성을 쳐서 2백 명을 포로로 잡아갔다고 전한다.[62] 그리고 내물왕 18년(373)에 백제 독산성

---

58) 全北大學校 博物館, 2002, 『배매산』; 전라문화유산연구원, 2017,『완주 배매산성』; 2020,『완주 배매산성 Ⅱ 』.

59) 박영민, 2020,「완주 배매산성의 축성과 백제의 만경강유역 진출 과정 검토」『湖南考古學報』64, 湖南考古學會, 45쪽.

60) 全北大學校 博物館, 2002, 앞의 보고서.

61) 『三國史記』권23, 백제본기 1, 다루왕 39년조.
   『三國史記』권1, 신라본기 1, 탈해니사금 10·20년조.

62) 『三國史記』권18, 고구려본기 6, 고국양왕 7년조, "秋九月 百濟遣達率眞嘉謨攻破都押城 虜二百人以歸".

성주가 3백 명을 이끌고 내투하였다는 것으로 볼 때,[63] 목책성이나 소규모 산성에 주둔하던 병력의 수가 100~300명 정도인 것으로 추산해 볼 수 있겠다.[64]

2) 목책의 설치 위치

다음으로 목책이 설치되는 위치 즉 어떤 지형에 주로 설치되었던 것이지 살펴볼 필요가 있다. 목책의 설치장소는 기록이나 지금까지 발굴된 조사지역의 지형으로 볼 때, 하천과 산정상부, 산고개, 구릉, 해안가인 것으로 보인다. 기록에서 보이는 설치 위치를 보면, 하천이나 강변에 설치된 예로는 웅천책과 압록책, 웅진강구 등이 있고, 크고 작은 산고개에 세워진 예로 청목령과 장령, 대령, 남령 등이 있다.

실제로 발굴조사를 통해 확인된 목책성의 예를 보면, 서울 배봉산보루는 나지막한 배봉산 정상부(해발 108.9m)를 에워싼 형태로 중랑천의 서쪽에 있고,[65] 서울 홍련봉 1·2보루는 아차산 남쪽 봉우리에 있으면서 남쪽으로 한강, 서쪽으로 중랑천이 흐르고 있다. 안성 도기동산성은 안성천 남변의 얕은 야산(해발 52~78.5m) 전체를 둘러싼 형태이며, 월평동유적은 갑천 동편 구릉, 남성골산성(세종특별자치시 기념물 제9호)도 낮은 산의 정상과 경사면에 있으면서 백천이 흐르고 있다. 아산 갈매리 목책 유적과 배매산성도 산의 정상부를 감싸는 테뫼식으로 추정되고 있다. 따라서, 목책이 하천변과 산고개, 해안가 등의 주요 교통로상에 구축되었다는 점을 기록과 유적을 통해 알 수 있다.

---

63) 『三國史記』 권3, 신라본기 3, 내물니사금 18년조.

64) 한강 유역에 분포한 아차산·용마산, 홍련봉 1·2보루, 구의동보루, 배봉산보루의 경우 규모가 획일적이지 않아 주둔군사의 수를 파악하기 쉽지 않으나, 출토된 무기와 토기류 수량, 면적 등으로 보아 적게는 10여 명에서 많게는 100여 명까지 생활했던 것으로 추정된다.

65) 황보경, 2013, 「三國時代 한강 유역 堡壘遺蹟의 현황과 성격」 『馬韓百濟文化』 22, 마한백제문화연구소; 서울문화유산연구원, 2018a, 앞의 보고서.

<사진8>서울 배봉산보루와 중랑천 전경[66]   <사진9>안성 도기동산성과 안성천 전경[67]

3) 목책 축조 목적

목책이 축조된 목적과 병력 배치에 대해서는 <사료-6> 말갈의 침략을 방어하기 위하여 사도성 옆에 목책을 두 군데 설치했고, 동-서 거리가 10리였다고 한다. 이 기록으로 알 수 있는 것은 목책성 사이의 거리가 약 3.9㎞라는 것과 주둔 군사를 적현성 즉 사도성과 가까이에 있는 성의 병사들을 분산 배치했다는 점이다. 따라서, 두 목책은 서로 연결된 것이 아니라 독립된 목책성으로 구축되었고, 적현성에서 분산되었다는 점으로 보다 주둔 군사는 적게는 30명에서 많게는 100명 정도까지였을 것으로 추정된다. 이와 같이 목책성은 성과 성 사이에도 방어를 위해 설치되기도 했고, 병력은 거점성에서 나누어 배치되었다.

또, <사료-7>아신왕 7년조를 보면, 고구려를 정벌하기 위해 한산에 있는 북책에 이르렀다는 기록이 있다. 이는 한산을 둘러싼 요소(要所)마다 목책을 구축하여 방어했음을 짐작케 해 준다. 그리고 '북책'이라는 명칭은 '동책'이나 '서책'의 존재도 있었음을 암시하는 동시에 한산이라는 넓은 지역을 방어하기 위해 목책을 설치하여 평상시에는 교통로를 통제 및 감제하고, 전시(戰時)에는 1차적인 방어선 역할을 하도록 했던 것으로 이해된다. 또한, 660년의 백제와 나당연합군의 전투 기록을 보면, 대책(大柵)과 소

---

66) 서울문화유산연구원, 2018a, 앞의 보고서, 61쪽(사진27 전재).

67) 세종대학교 박물관, 2016, 『안성 도기동 산51-3번지 건물신축부지내 유적』 26쪽(사진1 전재).

책(小柵)이 있었다는 것과 사비 남령에 4~5책을 세웠다는 것으로 볼 때,[68] 백제인들은 7세기 중반 무렵에도 험한 곳을 선택하여 짧은 시간 안에 신속하게 목책을 만들어 활용했으며, 적에게 상당한 타격을 주었다. 이외에도 나당연합군이 사비도성을 공격할 때, 먼저 외책을 파괴하여 군수물자를 탈취했다는 것으로 보아 성 외곽에도 목책을 이용한 방어시설이 있었던 것으로 여겨진다.[69]

4) 목책의 구조적 특징

앞에서는 목책 유적의 현황과 몇 가지 특징을 살펴보았는데, 여기에서는 조사를 통해 밝혀진 목책의 구조적 특징을 정리해 보고자 한다.

먼저, 목책의 구조는 비교적 간단한 편인데, 목책열이 1열과 2열 즉 외목책과 이중목책으로 나누어진다. 2열일 경우 내외 목책열 간격이 250~500㎝ 정도로 넓은 것과 거의 맞붙어 있는 경우가 있다. 2열로 구축된 목책열은 내외 목책 사이의 공간이 비어 있기 때문에 종장목과 횡장목으로 영정주를 연결하여 고정시키듯이 내외 목책열의 상단부를 목재로 연결하여 목책 상부에 이동공간을 확보해야 한다. 그리고 외측 목책열의 높이는 여장 높이만큼 안쪽 목책열보다 높게 하여 몸을 보호하면서 적을 공격할 수 있도록 했을 것으로 추정되고 있다(<사진 11> 참조).[70] 이중목책의 대표적인 예로는 배봉산 보루와 도기동산성, 남성골산성, 갈매리 목책 유적에서 찾아볼 수 있다. 1열 즉 외목책인 예로는 길성리토성과 배매산성이 있다. 전자는 낮은 토성벽의 상단부에 목책이 세워져 있는 것으로 파악되었고,[71] 후자는 목책열이 토성벽 내측에 위치하며 암반층에 구를 파고 원형의 주공을 굴착해서 축조했다. 또한, 출입시설로 추정되는 부분에는 문주자리가 있고, 목책열 안쪽에 담수지가 있어 화재시 진압용으로도 사용했음을 알 수

---

68) 『三國史記』 권5, 新羅本紀 5, 太宗武烈王 7년조 "八月二十六日 攻任存大柵 兵多地嶮 不能克 但破小柵…九月二十三日 百濟餘賊入泗沘 謀掠生降人 留守仁願出唐羅人 擊走之賊退上泗沘南嶺 竪四五柵 屯聚伺隙 抄掠城邑 百濟人叛而應者二十餘城."

69) 『三國史記』 권7, 新羅本紀 7, 文武王 11년조, "… 大軍廻後 賊臣福信起於江西 取集餘燼 圍逼府城 先破外柵 摠奪軍資 復攻府城 幾將陷沒 …".

70) 한국토지주택공사 토지주택박물관, 2014, 앞의 책; 심광주, 2014, 앞의 논문, 33~34쪽.

71) 中部考古學研究所, 2013, 앞의 보고서.

있다.

목책공의 평면은 방형, 장방형, 원형 등 다양하고, 단면은 수직으로 내려가는 원통형, 아래로 내려갈수록 직경이 줄어드는 역제형이 있으며, 깊이는 얕은 것을 제외하면 100~150㎝ 정도까지 굴착했다. 목책공의 깊이로 볼 때, 목책으로 사용된 나무 길이는 350~450㎝ 내외였을 것으로 추정되므로 지상에 드러난 목책 높이는 250~350㎝ 정도였을 것이다. 특히 목책을 2열로 배치하는 경우에는 보강목을 덧대거나 바깥쪽에 석축을, 목책 사이에는 흙으로 다짐을 했다. 그리고 목책 바깥쪽에 호(濠)나 구(溝)를 1~3m 깊이로 굴착하여 목익 등의 장애물을 둠으로써 방어력을 높이는 경우도 있는데, 홍성 석택리 유적에서 확인되었다. 참고로 고려시대인 1253년(고종 40)에 몽고군이 춘주성을 포위하고 공격할 때, 목책을 이중으로 세우고 깊이가 길[丈]이 넘는 참호를 파 놓고 여러 날 공격하였다.[72] 이 전투에서 몽고군이 산성 주위로 목책을 이중으로 세우고 참호를 깊게 파 놓았다는 점에서 위의 목책렬들과 비슷한 방법으로 구축했음을 엿볼 수 있다.

<사진 10> 일본 요시노가리유적 북내곽 복원추정도[73]   <사진 11> 이중 목책 개념도[74]

한편, 목책성은 전투의 횟수 증가와 교통로의 중요성, 주둔군 외 거주민들의 증가에

72) 『高麗史』 권121, 列傳 34, 曹孝立條 참조.

73) 사가현교육위원회, 2000, 『사가현 요지노가리유적(한글판)』 23쪽 전재.

74) 한국토지주택공사 토지주택박물관, 2014, 앞의 책, 427쪽(도면1 전재).

百濟 木柵에 대한 考察   **281**

따라 토성이나 석성으로 개축되었을 개연성이 크다고 생각된다. 한 예로 <사료-2>에 보이는 독산책이 나중에 독산성으로 개축되었고,[75] 청목령에는 373년 성이 축조되지만, <사료-8>에서 보듯이 469년에 대책(大柵)을 세우기도 하였다. 그리고 고구려의 책성과[76] 신라 혈책의[77] 경우 원래는 목책성이었던 것을 나중에 토성이나 석성으로 증·개축되었을 개연성이 높다. 실제로 호로고루성의 경우에도 동벽이 축조되기 전에 목책이 먼저 있었음이 확인되기도 했다.

이와 관련하여 삼국 초기에는 동원 가능한 군사 수가 많지 않았고, 경제적 비용의 부담 그리고 적은 병력으로 운용하기 위해 방어가 유리한 험지(險地)를 골라 작은 규모의 목책성을 축조했다. 그러나, 방어성으로서의 역할이 증대되거나 함락과 탈환을 반복할 경우 점령 주체자에 따라 증·개축이 이루어졌을 것이다. 따라서, 목책성의 둘레가 늘어나기도 했고, 견고함을 보완하기 위해 흙이나 돌로 보강을 했으며, 아예 토·석성으로 개축한 경우도 있다.[78] 물론 목책성은 방어력과 규모, 유지보수적인 면에서 한계가 있기 때문에 필요에 따라 가까운 곳에 성을 축성하여 병용(竝用)하는 경우도 적지 않았을 것이다.[79]

대체로 목책성에 변화가 생기기 시작한 시점은 문헌과 고고자료를 바탕으로 본다면, 삼국이 치열하게 전쟁을 벌인 4세기부터 6세기 사이로 보인다. 최근까지 중부지역에서 발굴조사된 유적의 초축은 주로 4~5세기대에 백제가 축성했고, 5세기 중~후반사이 고구려가 남진하면서 개축한 예가 많다. 목책성의 전형적인 구조를 파악하기에는 아직 어려움이 있지만, 아산 갈매리 목책 유적처럼 이중목책을 테뫼식으로 돌리는 예가 가장 시원적인 구조가 아닐까 한다. 물론 아직까지 이 목책성의 전모가 드러난 것은 아

---

75) 근초고왕 28년(373)에 독산성주가 3백명을 거느리고 신라로 달아난 일이 있었는데, 서영일도 독산책이 독산성으로 개축된 것으로 보았다(『三國史記』권24, 百濟本紀 2, 近肖古王 28년조).

76) 『三國史記』권15, 高句麗本紀 3, 太祖大王 46년조.

77) 『三國史記』권4, 新羅本紀 4, 眞平王 46년조.

78) 박태우는 월평동 유적의 목책②와 성벽①은 월평동산성에 딸린 보루로 보고 있다(朴泰祐, 2006, 앞의 논문, 92쪽).

79) 김호준은 4~5세기로 편년되는 산성이 내외 이중의 양상인 점과 토축산성에 작은 보루를 동반하는 구조라는 점도 주목할 필요가 있다고 지적하였고, 남성골산성이나 월평동유적의 목책이 보루의 성격이라는 견해가 제시된 것에 대하여 필자도 공감하는 바이다(김호준, 2013, 「美湖川 中上流의 百濟土城 現況과 特徵」『百濟學報』10, 백제학회, 126쪽).

니지만, 산의 정상부 둘레로 목책을 설치한 것으로 보아 앞서 언급한 부여(夫餘)가 목책을 원형으로 돌렸다는 기록과 부합된다고 생각된다. 그러다가 4세기부터는 서울 배봉산 보루나 배매산성처럼 목책열을 테뫼식으로 돌리거나, 도기동산성이나 옥천 이성산성처럼 산정상은 물론 계곡 지형에도 목책을 길게 구축하였다. 서울 배봉산 보루는 이중의 목책열을 테뫼식으로 돌리고, 필요에 따라 석축을 기저부에 시설한 후 토축을 쌓아 올렸으며, 배매산성의 경우 목책을 먼저 설치하고, 나중에 목책 바깥쪽에 토성을 쌓았으며, 남성골산성이나 월평동유적의 목책②, 도기동산성에서 확인된 목책열은 백제와 고구려가 주둔하면서 여러 차례 변화가 있었던 예로 볼 수 있다. 특히 이중으로 된 목책열 사이에 흙을 다진 것은 단순히 목책성 단계에서 토성이나 석성 단계로 변화한 것이 아니라는 것을 입증해 주고 있다. 또한 5세기 중반부터는 신라의 경우 자비마립간대에 성을 많이 쌓았다는[80] 것으로 보아 성곽 축성에 있어 많은 변화가 일어났던 것으로 이해된다. 그리고 7세기 초부터 중반사이 삼국은 물론 가야와 왜, 隋·唐과 벌어진 전쟁을 통해서 동북아시아의 축성술에도 많은 변화가 일어남에 따라 기존의 목책성도 점차 쇠퇴해 갔다. 그러나, 7세기 중반에도 백제는 위급할 때마다 목책을 활용하였고, 이후 고려나 조선시대에도 자주 쓰였다는 점에서 목책의 효율성은 지속되었다.

V. 맺음말

목책은 청동기시대로부터 조선시대에 이르기까지 구축이 용이하고, 경제적 비용도 적게 소요되기 때문에 많이 축조되었다. 문헌에는 백제가 가장 많이 축조한 것으로 기록되어 있고, 고구려와 신라는 상대적으로 적은 편이다. 그만큼 백제가 다른 나라보다 목책을 잘 만들었고, 요처마다 축조하여 효율적으로 운용했음을 알 수 있다. 또한 백제 초기기록에서 보듯이 낙랑, 말갈, 마한과 인접한 국경지역에 목책을 구축한 것은 교통

---

80) 470년 삼년산성을 비롯하여, 474년 일모성 등 6개 성을 축성했다는 것으로 볼 때, 이 시기에 이르러 신라의 축성기술이 본격적으로 발달하기 시작했음을 짐작할 수 있다.

로 통제와 적의 침입을 막기 위한 목적도 있었지만, 군사적으로 민감한 곳에 구축과 철거가 쉬운 목책을 의도적으로 설치했던 것으로 여겨진다. 그렇게 함으로써 적의 반응을 살필 수 있고, 국경지역에 대한 방어태세 및 군사력도 시험해 볼 수 있었을 것이다. 이러한 의도는 향후에 영역확장으로 이어지기도 하여 목책의 설치가 갖는 목적이 복합적이었다고도 볼 수 있다.

문헌자료와 몇 곳의 유적을 바탕으로 목책의 몇 가지 특징을 살펴본 결과, 입지는 문헌에 전해오는 명칭으로 보아 지명과 밀접한 관련이 있으며, 발굴된 유적으로 보아도 주요 교통로의 강이나 하천변, 산고개나 구릉, 산정상부 등에 축조되었다. 주둔군사는 100명에서 300명 내외일 것으로 추산되지만, 발굴된 목책의 규모에 따라 개별적으로 추정되어야 하겠다. 그리고 <사료-6>을 통해 목책성은 독립적으로 운용되기도 했고, 성과 성 사이에는 작은 규모의 목책성이, 성 주위와 성벽 윗부분에도 목책을 시설하여 방어력을 높였다. 목책의 외곽으로도 호나 구, 토루를 설치하여 2~3중의 방어체계를 갖추기도 했다. 목책성 사이의 거리는 10리 약 3.9㎞라는 것과 주둔 군사를 인근 거점성에서 분산 배치했다는 점도 알 수 있다.

삼국시대에 있어서 목책은 효과적인 방어시설이었기 때문에 처음에는 교통로 통제와 감제를 위한 단순 차단용으로 만들었지만, 국경지대가 형성됨에 따라 군사의 주둔용이나 주민을 보호하기 위한 목적으로도 축조되었다. 또한 성과 성사이의 방어가 취약한 곳에도 소규모로 방어용 목책성을 구축하였다. 그러나, 화공이나 투석전에 약하고, 계절적인 영향으로 장기간 유지가 어려워 점차 흙과 돌을 사용하여 보강한 것으로 파악되고 있다. 그리고 책성이나 독산책, 혈책 등의 경우 처음에는 목책성이었다가 성의 중요도와 점령주체자의 변화, 축성술의 발달에 따라 증축이나 개축이 이루어진 경우도 있다. 이제까지 발굴된 배봉산 보루, 도기동산성, 남성골산성, 배매산성 등의 예로 보아 4~5세기 백제와 고구려가 축조한 목책성이 증가하고 있으며, 갈매리 목책성처럼 삼국 초기에 구축된 유적도 확인되었다. 이러한 목책 유적을 통해서 축조기법의 특징이나 변화양상을 살펴볼 수 있게 되었다. 따라서, 앞으로의 발굴조사를 통해 보다 진척된 연구가 이루어지길 기대해 본다.

※이 글은 필자가 『白山學報』 106호에 게재했던 「삼국시대 木柵에 대한 考察」(2016, 白山學會)을 재편집한 것임을 밝혀두며, 목책 조사자료를 제공해 준 김호준 박사에게 고마움을 전한다.

참고문헌

1. 문헌자료

『高麗史』, 『舊唐書』, 『三國史記』, 『三國志』, 『新唐書』, 『新增東國輿地勝覽』, 『懲毖錄』,
　　『後漢書』

2. 단행본

김기섭, 2000, 『백제와 근초고왕』, 학연문화사.

東亞大學校 博物館, 1999, 『南江流域文化遺蹟發掘圖錄』.

문안식, 2002, 『백제의 영역확장과 지방통치』, 신서원.

사가현교육위원회, 2000, 『사가현 요시노가리유적(한글판)』.

(사)한국문화재조사연구기관협회, 2013, 『성곽 조사방법론』, 사회평론아카데미.

李道學, 1995, 『백제 고대국가 연구』, 一志社.

李丙燾, 1959, 『韓國史-古代篇-』, 震檀學會.

李丙燾, 1976, 『韓國古代史硏究』, 博英社

황보경, 2016, 『역사자료로 본 삼국과 한강』.

池內宏, 1960, 『滿鮮史硏究-上世2-』, 吉川弘文館.

3. 논문

강종원, 2013, 「백제의 서남방면 지출」 『근초고왕때 백제영토는 어디까지였나』, 한성
　　백제박물관.

김경택·이동희, 2016, 「최근 송국리유적 조사 성과와 과제」 『世界史속에서의 韓國』,
　　주류성.

김진영, 2016, 「안성 도기동 성곽유적의 발굴조사 성과와 과제」 『삼국시대의 토성과
　　목책성』, 한국성곽학회.

김호준, 2013, 「美湖川 中上流의 百濟土城 現況과 特徵」 『百濟學報』 10, 백제학회.

文安植, 1998, 「《三國史記》羅·濟本紀의 靺鞨 史料에 대하여」 『韓國古代史研究』 13, 한국고대사학회.

문안식, 2016, 「백제의 평양성 공격로와 마식령산맥 관방체계 구축」 『韓國古代史探究』 22, 韓國古代史探究學會.

박영민, 2020, 「완주 배매산성의 축성과 백제의 만경강유역 진출 과정 검토」, 『湖南考古學報』 64, 湖南考古學會.

박진석, 2008, 「高句麗 柵城 遺址 三考」 『東北亞歷史論叢』 20, 동북아역사재단.

朴泰祐, 2006, 「月坪洞山城 城壁 築造技法과 時期에 대한 檢討」 『百濟文化』 35, 공주대학교 백제문화연구소.

방학봉, 1999, 「고구려 책성의 위치에 대한 고찰」 『京畿史學』 3, 경기사학회.

白種伍, 2014, 「中原地域 高句麗 遺蹟 遺物의 檢討」 『高句麗渤海研究』 50, 高句麗渤海學會.

徐榮一, 2004, 「漢城時代의 百濟 北方交通路」 『文化史學』 21, 韓國文化史學會.

徐程錫, 2003, 「炭峴에 대한 小考」 『中原文化研究』 7, 忠北大學校 中原文化研究所.

成周鐸, 1974, 「大田附近 古代城址考」 『百濟研究』 5, 忠南大學校 百濟研究所.

成周鐸, 1990, 「百濟 炭峴 小考」 『百濟論叢』 2, 百濟文化開發研究院.

孫永植, 1988, 「목책시설의 소고」 『文化財』 21, 국립문화재연구소.

심광주, 2014, 「고구려 성곽 발굴조사 성과와 축성기법」 『아차산 일대 보루군의 역사적 가치와 보존 방안』, 광진구.

양시은, 2012, 「연변 지역 고구려 유적의 현황과 과제」 『東北亞歷史論叢』 38, 동북아역사재단.

梁時恩, 2013, 『高句麗 城 研究』, 서울大學校 大學院 博士學位論文.

余昊奎, 2008, 「鴨綠江 중상류 연안의 高句麗 성곽과 東海路」 『역사문화연구』 29, 한국외국어대학교 역사문화연구소.

尹明喆, 2003, 「국내성의 압록강 방어체제 연구」 『高句麗渤海研究』 15, 高句麗渤海學會.

李基白·李基東, 1982, 「統一新羅와 渤海의 社會」 『韓國史講座Ⅰ』, 一潮閣.

이도학, 1997, 「고대국가의 성장과 교통로」『국사관논총』 74, 국사편찬위원회.

이도학, 2013, 「백제 왕궁과 풍납동토성」『한성백제의 왕궁은 어디 있었나』, 한성백제 박물관.

李宗勳, 1998, 「高句麗 柵城遺址 一考」『先史와 古代』 10, 韓國古代學會.

이혁희, 2013, 「한성백제기 토성의 축조기법」, 한신대학교 대학원 석사학위논문.

임기환, 2012, 「고구려의 연변 지역 경영」『東北亞歷史論叢』 38, 동북아역사재단.

임기환, 2013, 「『삼국사기』온조왕본기 영역 획정 기사의 성립 시기」『역사문화연구』 47, 한국외국어대학교 역사문화연구소.

全榮來, 1982, 「炭峴에 關한 硏究」『全北遺蹟調査報告』 13, 全羅北道 文化財保護協會.

全榮來, 1985, 「百濟南方境域의 變遷」, 『千寬宇先生還曆記念 韓國史論叢 I』, 正音文化社.

鄭永鎬, 1972, 「金庾信將軍의 百濟 攻擊路硏究」『史學志』 6, 檀國大學校 史學會.

정운용, 2013, 「淸原 南城谷 高句麗 山城의 築造와 運用」『동북아역사논총』 39, 동북아 역사재단.

조성욱, 2003, 「백제 '탄현'의 지형 조건과 관계적 위치」『문화역사지리』 15-3, 한국문 화역사지리학회.

池憲英, 1970, 「炭峴에 對하여」『語文硏究』 6, 어문연구학회.

千寬宇, 1976, 「三韓의 國家形成(下)」『韓國學報』 3, 일지사.

하문식·황보경, 2016, 「안성 도기동 삼국시대 유적의 조사성과와 성격 고찰」『世界史 속에서의 韓國』, 주류성.

洪思俊, 1967, 「炭峴考」『歷史學報』 35·36合輯, 歷史學會.

황보경, 2013, 「三國時代 한강 유역 堡壘遺蹟의 현황과 성격」『馬韓百濟文化』 22, 마한 백제문화연구소.

황보경, 2016, 「삼국시대 木柵에 대한 考察」, 『白山學報』 106, 白山學會.

황보경, 2021, 「3~6세기 삼국의 정세와 도기동산성」, 『東洋學』 83, 단국대학교 동양학연 구원.

小田省吾, 1927, 「上世史」『朝鮮史大系』.

4. 보고서

겨레문화유산연구원, 2016,『안성 도기동 436-1번지 유적』.

경기문화재단 경기문화재연구원, 2008,『경기도 고구려 유적 종합정비 기본계획』.

慶南考古學研究所, 2002,『晋州 大坪 玉房 1·9地區 無文時代 集落』.

국강고고학연구소, 2015,『강릉 강문동 신라토성』.

국립공주박물관·충남대학교 박물관, 1999,『大田 月坪洞遺蹟』.

國立扶餘博物館, 2000,『松菊里Ⅵ』.

錦江文化遺産研究院, 2017,『牙山 葛梅里 木柵 遺蹟』.

文化財管理局, 1977,『文化遺蹟總攬』.

서울문화유산연구원, 2016,『서울 동대문구 전농2동 산32-20번지 일대 생태공원 조성
부지 내 배봉산 토루지 유적 주변 지표조사 보고서』.

서울문화유산연구원, 2018a,『배봉산 보루유적』.

서울문화유산연구원, 2018b,『안성 도기동 465번지 유적』.

서울특별시, 2003,『서울소재 성곽조사 보고서』.

세종대학교 박물관, 2016,『안성 도기동 산51-3번지 건물신축부지내 유적』.

전라문화유산연구원, 2017,『완주 배매산성』.

전라문화유산연구원, 2020,『완주 배매산성Ⅱ』.

全北大學校博物館, 2002,『배매산』.

中部考古學研究所, 2013,『華城 吉城里土城』.

中原文化財研究院, 2008,『淸原 南城谷 高句麗遺蹟』.

中原文化財研究院, 2009,『忠州 彈琴臺土城Ⅰ』.

忠北大學校 博物館, 2004,『淸原 南城谷 高句麗遺蹟』.

忠北大學校 博物館, 2005,『淸州 鳳鳴洞遺蹟(Ⅱ)』.

한국선사문화연구원, 2021.7,「옥천 이성산성 2차 정밀발굴조사 4차 학술자문회의 자료집」.

한국토지주택공사 토지주택박물관, 2014,『漣川 瓠蘆古壘Ⅳ』.

한양대학교 문화재연구소, 2010,『연천 전곡리성』.

한얼문화유산연구원, 2015,『홍성 석택리 유적-1~3권-』.

일제강점기 부여 부소산사지
출토 기와와 가람

윤용희(국립중앙박물관)

I. 머리말

부여 부소산사지(충청남도기념물 제161호)는 부소산(해발 96.4m) 서남쪽 기슭에 위치하는 백제의 절터이다. 행정구역으로는 충남 부여군 부여읍 구아리 산24번지 일대에 해당한다. 부소산사지는 일제강점기인 1942년에 요네다 미요지[米田美代治]와 후지사와 가즈오[藤澤一夫] 등 일본인이 처음 조사하였다. 하지만 일본 조사단은 정식으로 발굴보고서를 발간하지 않고, 조사 당시 확인하였던 금당, 목탑, 중문, 회랑과 각종 기와류 등의 유물이 출토되었음을 기록한 내용이 일지(日誌)만 남기고 떠나 버렸다. 이로 인해 1980년대에 재조사가 이루어지기 전까지 절터의 규모는 물론 정확한 위치조차 확인되지 못한 채 막연히 부소산 서록(西麓)에 있는 백제의 사찰유적으로만 알려져 왔다. 부여 부소산사지는 1980년에 이르러서야 문화재관리국의 "백제문화권 중요유적 보존정비 사업계획"의 일환으로 문화재연구소가 주축이 되어 우리 손으로 처음 발굴조사되었다. 거의 40년만에 이루어진 재조사는 절터의 정확한 위치를 확인하고, 그 규모와 성격을 파악하는 것이 주된 목적이었다. 당시의 발굴조사 내용은 『부소산성』 발굴보고서(1996)에 수록되었으며,[1] 1942년 조사에서 출토된 유물도 함께 수록하여 일제강점기 조사의 미흡한 부분을 조금이나마 해소하고자 하였다. 이러한 성과를 바탕으로 부여 부소산사지는 2004년 4월 10일 부소산사지 일대 3,531㎡가 충청남도 기념물 제161호로 지정되어 현재에 이르고 있다.

본고에서는 일제강점기인 1942년 8월 30일부터 9월 23일까지 25일간 진행된 부여 부소산사지 발굴조사에서 출토된 1,000여 점의 기와[2] 중에서 선별한 수막새 93점과 인각와 44점, 평기와 15점에서 확인되는 문양과 제작기법상의 특징을 검토하였다. 1942년에 조사된 부소산사지 출토 기와는 그동안 몇몇 논문과 보고서, 도록 등에 일부 소개되기도 하였으나 그 수량은 미미한 수준이었다.[3] 또한 1980년 재조사 이후 발간된 발굴보고서에도 많은 양의 기와가 소개되어 있지는 않다. 그러므로 일제강점기에 조사되어 국립부여박물관에 소장되어 있는 부소산사지 출토 기와에서 엄선한 152점을 정리하여 살펴보는 것은 부소산사지 출토 기와는 물론 가람의 성격을 이해하는 데 큰 도움이 될 것이다.

---

* 이 글은 국립부여박물관이 2017년에 발간한 일제강점기 자료조사보고 24집 『부여 부소산사지』에 수록된 필자의 논고 「일제강점기 부여부소산사지 발굴조사 출토 기와 고찰」을 수정, 보완한 것이다.
1) 국립문화재연구소, 1996, 「부소산성 폐사지 발굴조사보고」, 『부소산성』.
2) 후지사와의 일지에는 일자별로 7엽 연화문수막새 633점, 8엽 연화문수막새 104점, 파문 1점의 출토 현황이 기록되어 있다. 현재 국립부여박물관에 소장된 수량은 7엽 863점, 8엽 129점, 파문 1점이다. 잔편이 대부분이며, 이 가운데 형태와 묵서가 잘 남아 있는 수막새 93점이 선별되었다.
3) 신광섭, 1994, 「부여부소산폐사지고」, 『백제연구』24.
　　국립부여박물관, 2008, 『백제의 절터와 가마터 지표조사보고서』.
　　-----------, 2009, 『백제 가람에 담긴 불교문화』.
　　-----------, 2010, 『백제와전』.
　　국립문화재연구소, 2008, 『백제 폐사지 학술조사보고서』.

II. 수막새 검토

1942년 부여 부소산사지 출토 수막새의 문양은 연화문 2종, 파문 1종으로 구분되며, 연화문은 7엽과 8엽으로 나뉜다. 1942년 부소산사지 출토 수막새의 수량은 거의 1,000점에 달하지만 잔편을 제외하고, 형태와 묵서명이 잘 남아 있는 개체 93점을 선별하였다.

본고에서 다루는 수막새 93점을 문양별로 살펴보면 연화문 92점, 파문 1점이다. 연화문을 연판 개수에 따라 분류하면 7엽은 68점, 8엽은 24점이다. 여기에서는 7엽 연화문, 8엽 연화문, 파문의 순으로 자료를 검토해 나가려고 한다.

1. 7엽 연화문수막새

7엽 연화문수막새는 후지사와의 일지에 중문지에서 34점, 탑지에서 130점, 금당지에서 380점, 서회랑지를 포함한 회랑지에서 11점이 출토된 것으로 기록되어 있다. 당시 파악된 수막새 전체 수량 738점 가운데 7엽 연화문수막새는 633점(85.8%)을 차지한다. 이 가운데 금당지가 448점(70.8%)로 가장 많고, 탑지에서도 127점(20.1%)이 출토되어 높은 비중을 차지한다. 이밖에 중문지, 회랑지 등 나머지 장소에서도 고르게 출토되었다. 이러한 양상은 7엽 연화문수막새가 사찰을 처음 세울 때 올린 창건와(創建瓦)임을 보여준다.(표 2)

표 2. 7엽 연화문수막새 건물지별 출토 현황

	중문지	탑지	금당지	회랑지	불명	계
수량(점)	34	127	448	11	13	633
비율(%)	5.4	20.1	70.8	1.7	2.0	100.0

7엽 연화문수막새는 막새 중앙의 커다란 자방 위에 1+8과의 굵은 연자가 있으며, 자방 주위 꽃술대 위에 과립형 주문이 3줄로 배치되었다. 7엽의 연판은 굵은 테두리로

구획되며, 연판 끝부분이 하트형으로 반전되었고, 연판 내부에 꽃술이 장식되어 있다. 주연부는 1단의 돌출된 턱을 두고 있으며, 연주문은 없다.(도판 1) 이와 같은 형식의 연화문수막새는 부여 관북리유적(도판 2)과 부소산성(도판 3)에서도 출토되었다. 부여 궁남지(도판 4)에서 출토된 연화문전의 문양도 이와 동일하므로 같은 계통의 와범(瓦范)을 사용한 것으로 보인다.

사비시기 백제 연화문수막새는 1개의 꽃잎으로 이루어지고 연판 내부에 장식이 없는 단판소판(單瓣素瓣)이 중심을 이룬다. 국립부여박물관의 『백제와전』도록(2010)에서는 연판 끝부분의 변화에 따라 크게 융기형, 첨형, 원형, 원형돌기형, 삼각반전형, 곡절형, 능각형, 능선형, 장식형, 복판형 등으로 구분하였다.[4] 이 기준에 의하면 부소산사지 출토 7엽 연화문수막새는 연판 내부에 꽃술을 장식한 '장식형'에 포함된다. 이를 좀 더 세분화한 국립부여문화재연구소의 『백제 사비기 기와연구VI(2014)』분류안을 기준으로 하면 부소산사지 출토 7엽 연화문수막새는 단판유문꽃술형 2식(113I-2형)에 해당한다.[5]

이처럼 연판 내부에 꽃술이나 인동자엽과 같은 장식이 시문되는 것은 부여 지역보다는 익산 미륵사지나 제석사지처럼 주로 익산 지역을 중심으로 발전한다. 또한 백제 연화문수막새에 점차 장식적인 요소가 가미되면서 수막새 문양이 화려해지는 방향으로 변화되는 모습은 7세기 백제문화에 나타나는 전반적인 경향과 일치하는 것으로 이해된다.

한편 부소산사지 출토 7엽 연화문수막새는 부여의 부소산을 중심으로 인근의 관북리유적, 부소산성 등에만 한정되어 분포한다.[6] 백제 왕실의 정원으로 제30대 무왕(600~641)이 조성한 궁남지 출토 연화문전을 포함하면 이러한 형식의 수막새는 사찰보다는 왕궁이나 왕실과 직접 관련된 공공시설 등에 주로 사용되었던 것으로 생각된다.

---

4) 국립부여박물관, 2010, 『백제와전』 p. 406~407 수막새 분류기준.

5) 국립부여문화재연구소, 2014, 『백제 사비기 기와연구VI』 p. 108.

6) 이 막새 형식 중 일부는 종래 '정림사지' 출토 수막새로 등록되어 있는 개체도 있으나, 막새 뒷면의 묵서명과 후지사와 가즈오의 조사일지에 기록된 날짜를 기준으로 볼 때 부소산사지 출토품으로 보는 것이 합리적이다.

그렇다면 이와 같은 형식의 수막새는 어디에서 제작되어 공급되었을까? 그에 대한 해답은 부여 현북리가마터(도판 5)에서 같은 형식의 수막새가 확인되는 것에서 단서를 찾을 수 있다. 현북리가마터는 아직 정식으로 발굴조사가 이루어지지는 않았지만 수습된 유물을 통해 6~7세기에 운영되던 백제의 기와가마터로 인식되고 있다. 유적의 입지는 부여 동나성 외곽의 금강 동쪽 강변과 인접한 곳에 자리 잡고 있어서 수운을 통한 기와 조달에 유리한 지리적 조건을 갖추고 있다. 가마터 인근에는 7세기 대의 백제 사찰로 추정되는 부여 임강사지(충청남도 기념물 제34호)가 위치한다.

도판 1. 부소산사지	도판 2. 관북리유적	도판 3. 부소산성	도판 4. 궁남지	도판 5. 현북리가마터

제작기법 측면에서 막새 성형과 정면, 수키와와의 접합 방식 등에서 특징이 관찰된다. 와범에 문양을 찍고 둥근 형태로 성형하면서 주연 외측은 회전물손질로 정면하였으며, 내측은 와도로 깎기 조정하여 주연부와 연판 외측에 깊은 홈이 생겼다. 막새 뒷면은 물손질 정면하였으며, 가장자리 부분은 회전물손질로 정면한 흔적이 보인다. 막새에 접합된 수키와는 외면에 태선문이 확인되는 경우가 많다. 막새와 수키와의 접합 방식은 큰 틀에서 보면 막새 뒷면 상단과 수키와 접합부를 가공하여 부착하는 방식으로 분류된다. 세부 속성으로 보면, 막새 주연 단부부터 사선으로 깎아 가공된 수키와와 접합하는 방식과 막새 뒷면 상단을 'ㄴ'자로 깎고 수키와 접합부를 'ㄱ'자로 가공하여 접합하는 2가지 방식이 사용된 것으로 보인다. 『백제 사비기 기와연구Ⅵ(2014)』에 제시된 막새 접합 방식 분류안을 기준으로 하면 앞의 것은 D식이고, 뒤의 것은 F식에 해당한다.[7] (도면 1)

---

7) 『백제 사비기 기와연구Ⅵ(2014)』에서는 막새 접합기법을 크게 9가지(A~I) 방식으로 분류하고, 세부 속성에 따라 16가지

도면 1. 7엽 연화문수막새 접합 방식

D식	F식

2. 8엽 연화문수막새

8엽 연화문수막새(도판 6)는 후지사와의 일지에 중문지에서 6점, 탑지에서 90점, 금당지에서 7점, 서회랑지에서 1점이 출토된 것으로 기록되어 있다. 1942년 발굴 당시 발굴자가 직접 작성한 이 일지는 수막새의 건물지별 출토 현황을 파악하는 데 중요한 자료이다.

당시 파악한 수막새 전체 수량 738점 가운데 8엽 연화문수막새는 104점(14.1%)을 차지한다. 건물지별로는 탑지에서 90점(86.5%)이 출토되어 다른 건물지에 비해 압도적인 비율을 보인다. 앞서 살펴본 7엽 연화문수막새의 건물지별 출토비율이 탑지 127점(20.1%), 금당지 448점(70.8)인 것과 비교해 보면 8엽 연화문수막새의 비율이 탑지에서 현격하게 높아지고 금당지는 7점(6.7%)에 불과하다는 것을 알 수 있다. 이것은 처음에 사찰이 조성될 때 7엽 연화문수막새가 각 건물에 고르게 사용되다가 나중에 탑을 중수(重修)할 때 8엽 연화문수막새가 보수와(補修瓦)로 사용되었음을 시사한다.(표 1)

로 세분하고 있다. 하지만 아무리 숙련된 와공이라 하더라도 기와 제작의 모든 공정이 수작업으로 이루어지는 점을 감안하면, 자칫 지나치게 세분화된 기계적 구분이 의미 없는 형식만을 양산할 가능성을 배제할 수 없다. 따라서 막새 접합기법은 분류를 위한 분류가 아닌 기와 제작기법의 개량 혹은 간소화 같은 방향성을 견지하면서 관찰하고 기술할 필요가 있다. 예를 들어 막새 뒷면 상반부에 가공하지 않은 수키와를 그대로 붙이는 방식, 막새 뒷면 상반부를 사선 혹은 'ㄱ'자로 깎고 수키와를 가공하여 접합하는 방식, 막새 상반부를 절개하고 가공하지 않은 수키와를 접합하는 방식 정도로 유형을 나누고 변화의 추이를 살펴보는 것도 하나의 방법이 될 것이다.

표 1. 8엽 연화문수막새 건물지별 출토 현황

	중문지	탑지	금당지	서회랑지	계
수량(점)	6	90	7	1	104
비율(%)	5.8	86.5	6.7	1.0	100.0

막새 중앙의 작은 자방 위에 1+7+14과의 연자가 불규칙한 모습으로 서로 잇닿아 있는 모습으로 배치되었다. 8엽의 연판은 끝부분이 예리하게 반전되었다. 주연부는 1단의 턱을 두고 있으며, 연주문은 없다.

이와 같은 형식의 연화문수막새는 부여 관북리유적(도판 7), 구아리사지(도판 8), 정림사지(도판 9)에서 출토되었으며, 익산 왕궁리유적(도판 10)에서도 확인된다. 『백제와전』도록(2010)의 분류 기준에 따르면 삼각반전형에 포함되며, 『백제 사비기 기와연구Ⅵ(2014)』분류안을 기준으로 하면 단판소문삼각돌기형 9b식(111D-9b형)에 해당한다.

| 도판 6. 부소산사지 | 도판 7. 관북리유적 | 도판 8. 구아리사지 | 도판 9. 정림사지 | 도판 10. 왕궁리유적 |

이 형식의 가장 큰 특징은 자방의 연자 배열이 매우 불규칙하다는 점인데 본래 사용되던 와범을 수선하면서 자방 부분을 개범(改范)한 흔적인 것으로 판단된다. 개범하기 전의 와범을 사용하여 제작된 것으로 추정되는 연화문수막새는 부여 관북리유적(도판 11)과 익산 미륵사지(도판 12), 왕궁리유적(도판 13)에서 확인된다. 자방 부분을 제외하면 연판의 수와 형태가 동일하다. 『백제 사비기 기와연구Ⅵ(2014)』분류안을 기준으로 하면 단판소문삼각돌기형 9a식(111D-9a형)에 해당한다.

부소산사지 출토 8엽 연화문수막새는 큰 틀에서 보았을 때 연꽃잎 끝부분이 안으로 말려 올라간 모습의 이른바 '반전수법(反轉手法)'이 표현된 삼각반전형에 속한다. 이와 같은 문양은 사비시기에 가장 유행하였으며, 백제 연화문수막새를 대표하는 문양 가운데 하나이다. 위의 개범 사례에서 알 수 있듯이 와범 일부를 수선하여 같은 문양의 막새를 계속 생산하였다는 것은 그만큼 그 문양이 가진 생명력이 길었다는 것을 반증하는 것으로 생각된다.

| 도판 11. 관북리유적 | 도판 12. 미륵사지 | 도판 13. 왕궁리유적 | 도판 14. 쌍북리북가마터 |

위의 111D-9b형 수막새는 아직 기와가마터 출토 사례가 없지만 개범 전의 선행 형식인 111D-9a형 수막새는 부여 쌍북리북가마터(도판 14) 출토 연화문수막새에서 확인된다. 이 가마터는 부소산 남쪽 사면에 있는 오늘날의 부여여고 정문과 부여도서관 사이에 자리 잡고 있다. 7엽 연화문수막새가 출토된 부여 현북리가마터가 부여 동나성 외곽에 위치하는 것과 달리 이 가마터는 사비도성 안쪽의 도성 내에 자리 잡은 가마터이다.[8] 위의 출토지 가운데 부여 관북리유적에 공급되던 기와를 생산한 곳으로 추정된다. 만일 개범 이후에도 이 가마터가 계속 유지되었다고 가정한다면 구아리사지나 정림사지에도 공급되었을 가능성이 있다. 익산지역은 익산 연동리 기마가와터[9]가 알려져 있지만 익산 연동리 석불사의 부속가마로 측정되므로 미륵사지나 왕궁리유적에 사용된 기와의 공급처가 어디인지는 아직 확실치 않다.

제작기법 측면에서 보면, 와범에 문양을 찍고 둥근 형태로 성형하면서 주연 외측을 회전물손질로 정면하고 내측을 와도로 깎기 조정한 것은 7엽 연화문수막새와 같다. 막새 뒷면은 물손질 정면하였으며, 가장자리 부분을 회전물손질로 정면한 흔적도 관찰된다. 이 막새의 형태에서 가장 두드러지는 특징은 단면상으로 보았을 때 막새 하반부 하단이 곡면이 되도록 둥글게 처리하였다는 점이다. 모든 개체에 적용되는 것은 아니

8) 윤무병, 1982,「부여 쌍북리유적 발굴조사보고서」,『백제연구』13, 충남대학교 백제연구소.
9) 원광대학교 마한 · 백제문화연구소, 2013, 『익산 연동리 유적』

지만 이런 방식으로 처리한 개체가 상당수 확인된다. 막새에 접합된 수키와는 외면에 태선문이 확인된다. 막새와 수키와의 접합 방식은 막새 상반부를 절개하고 가공하지 않은 수키와를 접합하는 방식과 막새 뒷면 상반부의 상단 일부를 남기고 나머지 부분을 사선으로 깎아 수키와 끝부분을 사선으로 가공하여 접합하는 방식이 사용된 것으로 보인다. 『백제 사비기 기와연구Ⅵ(2014)』에 제시된 접합 방식 분류안을 기준으로 하면 앞의 것은 A식이고, 뒤의 것은 E식에 해당한다.(도면 2)

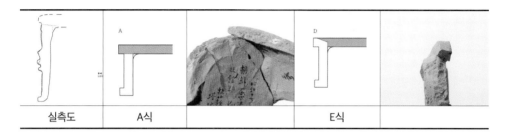

실측도	A식	E식	

도면 2. 8엽 연화문수막새 실측도 및 접합 방식

3. 파문수막새

파문수막새(도판 15)는 서회랑지 북단에서 1점 출토되었다. 파문(巴文)은 막새 중앙의 둥근 원을 중심으로 반시계방향으로 소용돌이가 회전하는 형상이다. 파문은 무문과 더불어 7세기 무렵 새롭게 출현하는 막새 문양으로 기존에 유행하던 연화문과 계통을 달리하며, 삼국 가운데 백제에서만 나타나는 점이 특징이다. 연화문이 불교를 상징한다면 파문은 무문(無文)과 더불어 7세기 백제문화에 나타나는 도교적 경향이 기와 문양에 반영된 것으로 생각된다.[10]

---

10) 백제의 도교문화가 가장 상징적으로 표현된 것은 부여 능산리사지에서 출토된 백제금동대향로이다. 특히 향로의 뚜껑에 표현된 박산(博山)은 중국 한(漢) 대에 유행한 박산로와 맥을 같이 한다. 또한 부여 능산리 1호분의 벽화에 사신도(四神圖)가 표현된 것도 백제문화의 도교적 경향을 잘 보여준다. 백제 근구수왕과 무왕 관련 문헌기록에도 백제 사회에 뿌리 내린 도교의 영향을 살펴볼 수 있다.
"…至於水谷城之西北. 將軍莫古解諫曰, 嘗聞道家之言, 知足不辱, 知止不殆. 今所得多矣, 何必求多. 太子善之止焉.…"(『三國史記』卷第二十四 百濟本紀 第二 近仇首王 一年)
"三月, 穿池於宮南, 引水二十餘里, 四岸植以楊柳, 水中築島嶼, 擬方丈仙山."(『三國史記』卷第二十七 百濟本紀 第五 武王 三十五年)

파문과 무문은 연화문이 이른바 '연화화생(蓮華化生)'의 불교적 세계관을 피어나는 연꽃으로 형상화한 데 비해 도교적 세계관, 즉 '무(無)'에서 시작된 우주에 움직임이 생성되고 만물(萬有)이 형성되는 모습을 추상적으로 표현한 것으로 이해된다.[11]

파문은 크게 드림새 면을 4개로 구획하는 돌대선 안쪽의 형태에 따라 평면적인 것(Ⅰ), 양감이 있는 것(Ⅱ), 능각이 있는 것(Ⅲ), 파형동기처럼 축에 결합된 날처럼 표현된 것(Ⅳ)으로 구분하며, 세부 요소에 따라 세분하기도 한다.(표 3)

| Ⅰ형식 | Ⅱ형식 | Ⅲ형식 | Ⅳ형식 |

표 3. 파문수막새 형식분류표

부소산사지 출토 파문수막새는 양감이 있는 형태로 Ⅱ형식에 해당한다. 부여 부소산성(도판 16), 구아리사지(도판 17)와 익산 제석사지(도판 18), 왕궁리유적(도판 19)에서 같은 형식의 수막새가 출토되었으며, 공주 공산성에서도 확인된다.

| 도판 15. 부소산사지 | 도판 16. 부소산성 | 도판 17. 구아리사지 | 도판 18. 제석사지 | 도판 19. 왕궁리유적 |

파문 Ⅱ형식 수막새가 출토된 기와가마터는 아직 발견되지 않았으나 Ⅰ형식 파문수막새는 부여 정동리가마터(도판 20)와 쌍북리북가마터(도판 21)에서 확인된다. 정동리

---

11) 무문수막새는 형태가 약간 다르긴 하지만 서울 풍납토성에서도 출토되었으며, 중국 남경대학에 소장된 중국 남조(南朝)의 두 번째 왕조인 남제(南齊, 479~502)의 수막새에서도 확인된다. 파문 수막새는 동주(東周, BC771~BC256) 우왕성(禹王城)에서 출토되는데 형태는 반원막새이며, 유금와당박물관에도 1점이 소장되어 있다. 무문과 파문 도상에 내포된 의미에 대한 자세한 설명은 본고의 목적에 맞지 않으므로 추후 다른 지면을 통해 소개하려고 한다.

가마터는 아직 정식으로 발굴조사가 이루어지지 않았지만 쌍북리북가마터는 1982년에 충남대학교박물관이 발굴 조사하였다. 파문수막새가 제작되어 수요지로 공급되는 유통 경로를 파악하는 데 기준이 되는 중요한 자료가 될 것으로 기대된다.

도판 20. 정동리가마터	도판 21. 쌍북리북가마터

제작기법 측면에서 부소산사지 출토 파문수막새는 와범에 문양을 찍고 둥근 형태로 성형하면서 주연 외측은 회전물손질로 정면하였으며, 내측에서는 별다른 정면 흔적이 확인되지 않는다. 막새 뒷면은 물손질 정면하였으며, 가장자리 부분에는 회전 흔적이 관찰된다. 수키와와의 접합은 막새 상반부의 주연 전체를 절개한 후 가공하지 않은 수키와를 접합하고, 막새 뒷면 접합부에 보토를 바르는 방식이 사용되었다. 『백제 사비기 기와연구Ⅵ(2014)』에 제시된 접합 방식 분류안을 기준으로 하면 A식에 해당한다.(도면 3)

도면 3. 파문수막새 접합 방식

A식		

이상 일제강점기인 1942년 부소산사지 출토 수막새의 종류와 출토 현황, 문양과 제작기법과 관련된 주요 내용을 간략히 살펴보았다.

다음으로는 1942년 발굴조사 이후 확인된 자료를 검토할 필요가 있다. 1980년 문화재연구소는 부여 부소산사지를 재조사하였는데 조사 내용은 국립문화재연구소가 1996년 발간한 『부소산성』 발굴조사보고서에 1942년 출토유물과 함께 수록되어 있다. 그런데 보고서에는 이미 1942년에 확인된 바 있는 위의 연화문수막새 2종만 소개될 뿐 재조사에서 출토된 수막새가 마찬가지로 2종류인지, 수량은 얼마인지 명확하지 않다.

이밖에 국립부여박물관 소장품 가운데 유적명이 부소산사지로 등록된 수막새가 여러 점 있다. 그 중에는 이미 알려진 2종의 수막새 외에 무문을 비롯하여 몇 종의 연화문수막새가 추가로 확인된다. 입수 경위는 구입품이거나 지표 수집품인 경우가 많다. 국립부여박물관은 2010년 『백제와전』도록을 발간하면서 출토지가 부소산사지로 등록된 수막새를 각 문양별로 1점 이상씩 수록하였다. 여기에는 1996년 『부소산성』 보고서에서 부소산사지 북쪽의 향교밭사지에서 출토된 수막새 2점도 포함시켰다. 이 보고서에서는 부소산사지 북쪽에 인접한 향교밭사지가 부소산사지의 강당지일 가능성이 있다고 언급하였다. 도록에 수록된 수막새는 총 17점이며, 문양별로 보면 무문 1점, 파문 1점, 연화문 15점이다. 연화문은 위의 2가지 형식을 포함하여 12가지 형식으로 구분된다. 꽃잎 끝부분의 변화에 따라 융기형, 원형돌기형, 삼각반전형, 곡절형, 장식형, 복판형 등 다양한 유형이 확인되며, 제작 시기는 대체로 6세기 후반에서 7세기 중반으로 편년된다.

III. 인각와 검토

인각와는 도장을 찍은 기와를 말하며 인장와라고 부르기도 한다. 인각와는 문자기와의 한 종류로 백제기와에서 많이 사용되었다. 인각와는 기와를 성형한 후 마르기 전에 글자를 파 놓은 도장을 찍어서 기와 표면에 문자나 부호를 새기는 방식으로 제작된다.

인각와는 도장이 찍힌 수에 따라 2개의 도장이 세트로 인각되어 있는 조합형과 1개의 도장이 인각된 개별형으로 크게 구분된다. 조합형 인각와의 명문 내용은 천간(天干)과 명문이 결합된 것, 지지(地支)와 명문이 결합된 것, 천간이나 지지 이외에 글자와 명문이 결합된 것으로 나눌 수 있다. 개별형 인각와의 명문은 천간 한 글자만 찍은 것, 지지 한 글자만 찍은 것, 다른 글자와 조합되지 않고 독자적으로만 사용된 것으로 나뉜다. 개별형 문자기와는 대개 명문의 직경이 비교적 크며, 암키와에서 많이 발견되는 특징이 있다.

백제 인각와를 생산하였던 대표적인 유적은 청양 왕진리가마터이다. 왕진리가마터는 부여군과 청양군이 경계를 이루는 금강 하류의 서북안에 위치하며, 강변을 따라 대규모 가마터군이 밀집 분포한다. 1971년 국립박물관이 가마터 6기를 발굴하였으며, 국립중앙박물관과 국립부여박물관이 2008년 『청양 왕진리 가마터』 발굴보고서를 발간하였다.[12]

1942년 부여 부소산사지에서 출토된 인각와는 총 44점으로 그 가운데 수키와는 19점이고 암키와는 25점이다. 인각와는 금당지와 중문지 일부를 제외하면 대부분 탑지와 그 주변에서 출토되었다. 2개의 도장이 세트로 인각된 조합형은 28점이며, 1개의 도장만 확인되는 단독형은 16점이다. 조합형 인각와의 명문 내용은 '午-助(助), 午-斯, 午-○, 戊(戈)-○, ○-止, ○-助(助), 午-止, ○-毛(?), 巳-助(助)' 등이며, 판독이 불가능한 '○-○'도 있다. 명문 구조는 앞에 '戊', '巳, 午' 등의 간지(干支)명이 있고, 뒤에 '助 혹은 助, 斯, 止, 毛(?)' 등의 글자가 있는 형태이다. 단독형 인각와의 명문은 '午, 雜(?), 辰, 止, 斯, 巳' 등이며, 판독이 불가능한 '○'도 있다. 지지명을 뜻하는 '辰, 巳, 午'와 '雜(?), 止, 斯' 등의 글자가 있다. 단독형 인각와의 내용도 조합형의 범주에서 크게 벗어나는 것은 아니기 때문에 완형 기와에 단독으로 글자가 들어간 경우가 아닌 경우를 제외하면 본래 조합형 인각와였을 가능성이 있다. 지지명은 제작 시기 등을 뜻하는 시간적 개

---

12) 국립부여박물관, 2008, 『청양 왕진리 기와가마터』.

념을 담고 있는 것으로 판단되며, 나머지 글자는 공급자를 표지하는 내용인 것으로 추정된다. 이밖에 의미를 알 수 없는 부호가 새겨진 기와도 일부 확인된다.(표 5)

부소산사지 출토 인각와와 동일한 글자 형태와 규격, 제작기법을 공유하는 인각와가 출토되는 유적은 부여 부소산성과 관북리유적이며, 익산 왕궁리유적과 미륵사지에서도 출토되었다. 앞의 수막새 출토지 분포에서도 살펴보았듯이 인각와가 주로 출토되는 유적은 왕궁 혹은 왕실과 직접 관련이 있는 공공기관이 중심이 된다. 사찰인 경우 익산의 미륵사처럼 왕이나 왕비가 사찰의 창건이나 중창에 직접적으로 연관되어 있어서[13] 해당 시기에 정치적 혹은 문화적으로 중요한 의미를 가지는 장소였던 것으로 판단된다.

인각와 명문에 대한 판독은 이미 여러 연구자들에 의해 이루어지고 있지만 인각와 명문이 담고 있는 내용에 대한 해석은 여전히 명쾌하게 밝혀져 있지 않다. 대개는 생산자 혹은 특정한 공인집단을 나타내는 표식일 것으로 추정하고 있다. 다시 말해 청양 왕진리의 가마에서 생산된 특정한 표식이 있는 인각와가 백마강을 타고 직선거리로 약 6㎞ 밖에 위치하는 부여 부소산성이나 관북리 일대로 공급되었던 것으로 볼 수 있다. 또한 아직까지 익산지역에서 인각와가 출토된 가마터 발견 사례가 없는 것으로 볼 때 익산지역에도 왕진리에서 생산된 기와가 공급되었을 가능성을 배제할 수 없다. 이 경우 유통 경로는 금강 하구에서 만경강을 타고 익산지역으로 공급하는 루트를 상정해 볼 수 있다.

한편으로 백제가 인각와 수급 시스템은 중앙의 통제와 관리 감독을 철저히 받았던 관영생산체계가 아니었을까 생각한다. 이와 대조적으로 백제 사비시기의 정림사지나 능산리사지 같은 대규모 사찰유적에는 기와가마터가 동반되는데, 해당 사찰의 창건이나 보수를 위해 운영되던 사찰 전용 가마일 가능성이 높다. 이에 비해 인각와는 특정 시기에 특정한 가마에서만 생산되어 왕궁이나 국가적으로 중요한 의미가 있는 시설에만 한정되어 공급되었을 가능성이 높다고 볼 수 있다.

---

13) 무왕은 미륵사 창건에 직접 관련되어 있으며, 2009년 미륵사지 서탑에서 나온 사리봉안기(舍利奉安記)를 통해 사택왕후(砂宅王后)의 존재가 알려지게 되었다.

연번	등록번호	명문1	명문2	출토지	비고
1	부여1303(임1)	午	-	탑지	
2	부여1303(임2)	雜(?)	-	탑지	左書
3	부여1306(임1)	雜(?)	-	-	左書
4	부여1306(임2)	午-助	午-助	-	
5	부여1315(임1)	○	-	탑지	판독 불능
6	부여1315(임2)	辰	-	탑지	
7	부여1315(임3)	午-斯	-	탑지	
8	부여1315(임4)	午-助	午-助	탑지	글자 눌림
9	부여1315(임5)	○	-	탑지	글자 지워짐
10	부여1315(임6)	午-○	-	탑지	글자 지워짐
11	부여1315(임7)	戊-○	戈-○	탑지	글자 눌림
12	부여1315(임8)	午-斯	-	탑지	글자 눌림
13	부여1315(임9)	午-○	-	탑지	글자 눌림
14	부여1315(임10)	✿	-	탑지	부호
15	부여1315(임11)	○-止	-	탑지	글자 지워짐
16	부여1321(임1)	午-○	-	중문지	판독 불능
17	부여1336(임1)	○-○	-	금당지	판독 불능
18	부여1336(임2)	午-○	-	금당지	글자 지워짐
19	부여1336(임3)	止	-	금당지	
20	부여1336(임4)	○-止	-	금당지	
21	부여1361(임1)	午-助	午-助	-	글자 눌림
22	부여1361(임2)	○-止	-	-	글자 눌림
23	부여1361(임3)	午-斯	-	-	글자 눌림
24	부여2012(임1)	○-助	○-助	탑지	
25	부여2012(임2)	午-止	-	-	
26	부여2012(임3)	午-止(?)	-	-	글자 눌림
27	부여2012(임4)	午-助	午-助	-	글자 잘림
28	부여2012(임5)	午-止	-	금당지	
29	부여2012(임6)	止	-	금당지	
30	부여2012(임7)	○-毛(?)	-	탑지	글자 잘림

31	부여2012(임8)	止	-	-	
32	부여2012(임9)	午-止	-	탑지	
33	부여2012(임10)	午-○	-	-	글자 잘림
34	부여2012(임11)	午-助	午-助	-	글자 눌림
35	부여2012(임12)	午-止	-	-	글자 눌림
36	부여2012(임13)	雜(?)	-	탑지	글자 눌림
37	부여2012(임14)	巳-助	巳-助	-	
38	부여2012(임15)	○-○	-	금당지	글자 지워짐
39	자료333(임1)	○	-	탑지	글자 지워짐
40	자료333(임2)	○-止	-	-	글자 잘림
41	자료333(임3)	午	-	탑지	
42	자료341(임1)	午	-	탑지	
43	자료341(임2)	斯	-	탑지	글자 잘림
44	자료460	巳	-	-	
계					

표 4. 부소산사지 출토 인각와 현황

Ⅳ. 평기와 검토

1942년 부여 부소산사지에서는 총 15점의 평기와가 출토되었으며, 수키와 4점, 암키와 11점이다. 대부분 길이 10㎝ 내외의 잔편이지만 기와의 전체 길이가 37.6㎝임을 알 수 있는 개체도 1점 확인된다. 기와 내면과 외면에 묵서로 조사일과 출토 위치가 기록되어 있어서 출토 현황을 이해할 수 있다. 수키와는 탑지와 금당지에서 각각 2점씩 출토되었다. 암키와는 금당지에서 6점 출토되었으며, 나머지 5점은 출토 위치를 알 수 없다.(표 5)

	탑지	금당지	기타	계
수키와	2	2	0	4
암키와	0	6	5	11

표 5. 부소산사지 출토 평기와 출토 현황

수키와는 단판(短板) 타날판으로 두드려 성형하여 외면에 세로 방향으로 태선문(太線文)이 시문되었으며, 물손질로 매끈하게 정면하였다. 내면은 세로 방향으로 물손질 정면한 흔적이 일부 보이지만 전면적인 물손질이 이루어진 것은 아니어서 포목흔이 비교적 뚜렷하게 남아 있다. 색조는 회색 계통이고, 니질 태토를 사용하였으며, 소성도는 부드러운 연질이다. 두께는 1.5~1.7㎝ 내외로 암키와에 비해 얇은 편이다. 또한 방형 못 구멍이 있는 개체가 2점 확인되는데, 지붕에 기와를 고정시키기 위해 와정(瓦釘)을 사용하기 위한 것이다. 와정을 사용하는 기와는 지붕의 가장자리인 처마 끝에 놓이게 되므로 못 구멍이 있는 기와 하단에 수막새가 부착되어 있었을 가능성이 높다. 수키와 내면 끝부분에 수막새를 부착하였던 흔적이 관찰되는 개체도 1점 존재한다.

암키와도 외면에서 단판 타날판으로 두드린 태선문이 보이지만 물손질로 정면하여 문양이 나타나지 않는 경우도 있다. 내면은 일부 물손질 정면하였지만 포목흔이 잘 남아있는 편이다. 또한 내면에서는 통쪽와통으로 성형한 개체가 6점 확인된다. 색조는 회색 계통이고, 니질 태토를 사용하였으며, 소성도는 부드러운 연질이다. 두께는 1.7~2.3㎝ 내외로 수키와에 비해 다소 두꺼운 편이다.

제작기법 측면에서 보면, 부소산사지 출토 암키와 9점 중 6점에서 통쪽흔이 확인되는 점이 주목된다. 통쪽와통을 사용하여 성형한 흔적인 통쪽흔은 대개 암키와 내면에 세로방향의 요철 흔적을 남긴다. 고구려와 백제에서 많이 확인되는 이 지역 특유의 제작기법이며, 신라기와 중에도 드물게 확인되는 경우가 있다.[14] 평기와 제작기술은 와

---

14) 옛 신라의 영역으로 간주되는 현재의 영남지역에서도 통쪽와통으로 제작된 기와가 간혹 발견된다. 통쪽와통 기와가 확인된 유적은 거창 거열성, 함양 사근산성, 하동 고소성과 장성 등인데 백제의 은화관식이 출토된 남해 남지리유적을 포함하면 공교롭게도 현재의 경상남도 서부벨트에 해당한다. 지리적으로 백제와의 접경지역에 해당하는 이 지역에서 백제기와 제작기술이 다른 지역보다 일찍 도입된 것으로 추정된다.

통을 사용하지 않고 받침모루와 두들개 등의 도구를 사용하는 이른바 '무와통기법'에서 와통을 사용하는 단계로 넘어가는 과정을 거치게 된다.[15] 와통은 다시 길고 좁은 나무판을 연결한 형태인 통쪽와통과 둥근 나무통을 사용하는 원통형와통으로 나눌 수 있는데 통쪽와통을 선행형식으로 본다. 통쪽와통을 사용하던 백제에서는 적어도 6세기 후반 경 원통형와통이 사용되었을 것으로 이해된다. 그러므로 유적의 중심연대가 7세기로 추정되는 부소산사지에서 통쪽와통으로 제작된 기와가 출토되는 것은 원통형와통이 사용된 이후에도 백제 지역에서는 여전히 통쪽와통이 널리 사용되고 있었음을 보여준다.[16]

V. 맺음말

위에서 1942년 부여 부소산사지에서 출토된 기와를 수막새, 인각와, 평기와로 나누어 각각 검토하였다. 여기에서는 앞서 검토한 내용을 차례로 정리하면서 부소산사지 출토 기와의 특징과 성격, 나아가 부소산사지가 가지는 역사적 위치에 대해 살펴보고자 한다.

1. 수막새

수막새는 연화문 2종과 파문 1종으로 구분되며, 연화문은 다시 7엽과 8엽 2종으로 나뉜다. 1942년에 조사된 부소산사지 출토 수막새는 현재 국립부여박물관에 993점이 소장되어 있는 것으로 파악된다. 그렇지만 잔편이 차지하는 비중이 매우 높기 때문에

---

15) 동양에서 가장 일찍 기와를 사용한 중국 서주(西周)시대 초기(BC11C중엽~BC10C중엽)의 섬서성(陝西省) 봉추(鳳雛) 유적에서 '무와통기법'으로 제작된 기와가 확인된다. 와통으로 제작된 기와 중 가장 오래된 것은 그동안 전한(前漢)대의 역양궁(櫟陽宮, BC205~BC200)에서 출토된 기와로 알려져 있으나 최근 섬서성 두부촌(豆腐村)의 전국시대(戰國時代) 진(秦)의 옹성(雍城, BC677~BC383)에서도 확인되었다는 보고가 있어 연대는 더 올라갈 가능성이 있다.

16) 청양 왕진리가마터는 부소산사지에 인각와를 공급하는 등 7세기에 활발한 조업활동을 한 것으로 추정된다. 이 가마터에 대한 발굴조사에서는 통쪽와통으로 제작한 기와가 다수 확인된다. 그러므로 백제 특유의 통쪽와통을 사용한 기와 제작기술 전통은 늦은 시기까지 계속 이어지는 것으로 생각된다.

어느 정도 형태가 갖추어져 있고 묵서가 남아 있는 개체 152점을 선별한 수막새 152점을 실견하고 검토하여 본고를 작성하였다. 다만 1942년 조사에 참가하였던 후지사와 가즈오가 남긴 일지에 날짜별로 수막새 738점이 출토되는 현황을 정리한 자료는 비록 실견하지 않았지만 각 건물지별로 출토되는 양상을 파악하기 위해 활용하였다.

1) 문양

8엽 연화문수막새는 백제 사비시기 전 기간에 걸쳐 크게 유행한 이른바 '삼각반전형' 연화문으로 분류된다. 자방에는 연자가 매우 불규칙한 모습으로 배치되었는데, 이것은 와범(瓦范)을 재사용할 때 자방 부분을 고쳐서 사용한 흔적으로 판단된다. 따라서 개범(改范) 이전의 형식과 이후 형식 간에는 일정한 시간적 차이가 발생할 수밖에 없으므로 막새의 편년에 이러한 점이 고려되어야 할 것이다. 한편 개범 이전의 선행 형식이 개범하여 사용할 정도로 문양으로서의 생명력이 길었다는 것을 알 수 있다.

7엽 연화문수막새는 8엽과 마찬가지로 연판의 형태로만 보면 '삼각반전형'이지만 연판 내부에 꽃술이 장식되어 '장식형' 연화문수막새로 분류된다. 큰 틀에서 보면 '장식형'은 미륵사지 등 익산지역에서 주로 나타나는 7세기 백제 수막새의 대표적인 유형으로 '단판소판(單瓣素瓣)'과 이른바 '반전수법(反轉手法)'으로 상징되는 사비시기 백제 연화문수막새의 문양이 점차 장식화(裝飾化)되어 가는 경향을 단적으로 보여준다. 익산지역의 '장식형' 연화문수막새는 새로 인동문이 추가되는 등 부여지역에 비해 한층 장식적인 요소가 많이 도입된 발전적인 형태이다. 그러므로 부여지역의 관북리유적, 부소산성, 부소산사지 등 특수한 성격을 갖는 일부 유적에서 시작된 문양 변화가 7세기에 본격적으로 익산지역의 미륵사지, 제석사지 등을 중심으로 연화문의 새로운 유형인 '장식형' 문양이 발달하는 데 선도적 역할을 하였다고 볼 수 있다.

파문은 기존의 연화문이 연꽃이라는 구상적(具象的) 실체를 섬세하고, 다양한 방식으로 표현한 것에 비해 매우 단순하고, 추상적(抽象的)인 도안으로 표현되었다. 파문의 도상은 중앙의 둥근 점을 중심으로 소용돌이가 반시계방향으로 회전하는 동적(動的)인 형상으로 구성된다. 파문과 함께 살펴보아야 하는 것은 바로 무문(無文)이다. 둥근 주연부 안쪽 드림새 면에 아무런 문양이 없이 편평한 형태인 무문은 위의 파문과 대비하여 정적(靜的)인 상태가 표현된 것으로 볼 수 있다. 도상학(圖像學)적으로 무문과 파문은 별개의 문양이 아니라 서로 연결되어 있는 하나의 개념으로 생각된다. 즉, 연화문이 이른바 '연화화생(蓮華化生)'의 불교적 세계관을 나타낸다면 무문과 파문은 고요함(靜)으로 가득한 '무(無)'에서 시작된 우주에 움직임(動)이 생성되고 만물(萬有)이 형성된다는 도교적 세계관의 원리를 담고 있는 것으로 이해된다. 따라서 무문과 더불어 파문은 7세기 백제문화에 부각되는 도교적 요소가 막새의 문양으로 채택된 결과로 해석된다.

2) 출토 현황과 분포

8엽 연화문수막새는 후지사와의 일지에 보고된 104점 중 90점(86.5%)이 탑지에서 출토되었으며, 다른 건물지를 모두 합쳐도 14점뿐이다. 또한 부소산사지 수막새의 다른 형식인 7엽 연화문수막새가 금당지와 탑지를 비롯한 건물지에서 고르게 출토되는 점을 감안하면 창건 이후에 탑을 중수(重修)하면서 올린 보수와(補修瓦)로 추정된다. 같은 형식의 8엽 연화문수막새는 부여 관북리유적, 구아리사지, 정림사지와 익산 왕궁리유적에서도 출토된다. 아직 이 형식의 수막새를 생산한 유적은 확인되지 않고 있지만 개범 이전 형식으로 추정되는 수막새는 부여 현북리가마터와 쌍북리북가마터에서 확인된다. 사비도성 내부의 부소산 자락에 위치하는 이 가마터들은 부여 관북리유적 등에 기와를 공급하였을 것으로 추정된다.

7엽 연화문수막새는 후지사와의 일지에 보고된 633점 중 448점(70.8%)이 금당지에서 출토되고, 탑지에서도 127점(20.1%)가 출토되어 유적 내에 고르게 분포한다는 특징이 있다. 탑지에 집중적으로 분포하는 8엽 연화문수막새의 출토 현황을 고려할 때 먼저 7엽 연화문수막새가 사용되고 8엽 연화문수막새는 후대에 탑을 보수할 때 사용한 것으로 보는 것이 합리적이다. 그러므로 7엽 연화문수막새는 부소산사지가 창건될 때 올린 창건와(創建瓦)로 추정된다. 같은 형식의 수막새는 부여 관북리유적, 부소산성, 궁남지에서도 출토되었는데, 이 유적들은 모두 왕궁이거나 왕실과 직접적으로 관련이 있는 공공시설에만 한정되기 때문에 이러한 형식의 수막새가 왕실을 상징하는 문양으로 새롭게 만들어져서 매우 특별한 용도로 사용되었다는 추정이 가능하다. 덧붙여 부소산사지 또한 왕실과 매우 밀접한 관련이 있는, 예를 들어 백제 왕실의 기복사찰(祈福寺刹)일 가능성을 검토해 볼 필요가 있다. 같은 형식의 연화문수막새는 부여 현북리가마터에서 확인된다. 이 가마터는 앞의 8엽 연화문수막새가 나온 가마터와 달리 부여 동나성 외곽의 금강 동쪽 강변에 입지하므로 수운을 통해 부소산 주변의 소비지에 기와를 공급한 것으로 추정된다.

3) 제작기법

제작기법 측면에서 살펴보면, 8엽 연화문수막새의 가장 두드러진 특징은 막새 뒷면 하단부를 물손질을 통해 곡면으로 처리하였다는 점이다. 이러한 방식은 막새 뒷면 가장자리 부분을 회전물손질 정면한 것에 비해 다소 간소화된 제작기법으로 판단된다. 수키와와의 접합 방식도 막새 뒷면 상반부 상단을 일부 남기고 사선으로 깎아 사선으로 가공한 수키와와 서로 접합하는 방식(E식)과 막새 상반부를 절개하고 가공하지 않은 수키와를 접합하여 막새 상반부의 주연을 이루도록 하는 방식(A식)이 확인된다. 7엽 연화문수막새는 연판 외측에 주연부를 따라 깊은 홈을 냈기 때문에 문양이 더욱 도드라지게 만든 특징이 있다. 막새 뒷면은 기본적으로 물손질 정면하였지만 가장자리 부분은 회전물손질 정면하여 다소 오목한 형태를 보인다. 수키와와의 접합기법은 큰 틀에서 막새와 수키와를 모두 가공하는 방식에 속한다. 막새 뒷면 상반부를 사선으로 깎거나(D식) 'ㄱ'자 형태로 깎고(F식) 수키와 접합부도 그에 맞게 가공하는 2가지 방식이 사용되었으며, 막새 상반부를 아예 절개하고 가공하지 않은 수키와를 접합하여 주연부로 삼는 후행 접합기법은 방식은 확인되지 않는다. 파문수막새는 8엽 연화문수막새 일부에서 나타나는 것과 마찬가지로 막새 상반부를 절개하고 가공하지 않은 수키와를 접합하여 막새 상반부의 주연을 이루도록 하는 접합 방식을 사용하였다. 전체적으로 막새 뒷면 처리 방식이나 수키와와의 접합 방식에서 파문수막새나 8엽 연화문수막새가 7엽 연화문수막새 사이에 제작기법 상의 변화가 나타나고 있음을 알 수 있으며, 점차 기와 제작기법이 간소화되어 가는 경향으로 이해된다.

2. 인각와

인각와는 1942년 출토된 44점을 대상으로 검토하였으며, 수키와 19점, 암키와 25점이다. 금당지와 중문지 일부를 제외하면 대부분 탑지와 그 주변에서 출토되었다. 2개의 도장이 세트로 인각된 조합형은 28점이며, 1개의 도장만 확인되는 단독형은 16점이다.

1) 명문 내용과 구조

조합형 인각와의 명문 내용은 '午-助(肋), 午-斯, 午-○, 戊(戈)-○, ○-止, ○-助(肋), 午-止, ○-毛(?), 巳-助(肋)' 등이며, 판독이 불가능한 '○-○'도 있다. 명문 구조는 앞에 '戊', '巳, 午' 등의 간지(干支)명이 있고, 뒤에 '助 혹은 肋, 斯, 止, 毛(?)' 등의 글자가 있는 형태이다. 단독형 인각와의 명문은 '午, 雜(?), 辰, 止, 斯, 巳' 등이며, 판독이 불가능한 '○'도 있다.지지(地支)명을 뜻하는 '辰, 巳, 午'와 '雜(?), 止, 斯' 등의 글자가 있다. 현재 남아 있는 상태에 따라 조합형과 단독형을 구분하기는 하지만 확연히 1개의 글자만 들어가는 경우가 아니면 내용상 2개의 도장이 함께 찍히는 조합형으로 볼 수 있는 개체는 조금 늘어날 것으로 생각된다.

조합형을 기준으로 명문 구조를 살펴보면, 앞의 문자에는 '戊', '巳, 午'가 있으며, 뒤의 문자는 '助(肋), 斯, 止, 毛(?)' 등이다. 내용상 앞의 문자는 간지(干支)를 나타내는 시간적 개념으로 이해되며, 뒤의 글자는 공급자를 표시하는 내용으로 보는 것이 일반적이다. 그렇지만 사비시기(538~660)를 통틀어 간지명이 가리키는 시간적인 폭이 워낙 넓기 때문에 다른 측면에서 생각해볼 여지가 있다. 예를 들어, 지지가 가지는 방위의 개념, 즉 동쪽은 '寅, 卯', 서쪽은 '申, 酉', 남쪽은 '巳, 午', 북은 '亥, 子', 중앙은 '辰, 戊, 丑, 未'라는 관점에서 새롭게 살펴볼 필요가 있다.[17] 단독형 가운데 지지명이 있는 것

---

17) 지지가 나타내는 뜻에는 이밖에도 색(色)과 수(數)를 들 수 있다. 동쪽을 나타내는 寅과 卯는 청색(靑色), 서쪽을 나타내는 申과 酉는 백색(白色), 남쪽을 나타내는 巳와 午는 적색(赤色), 북쪽을 나타내는 亥와 子는 흑색(黑色), 중앙을 나타내

은 본래 조합형일 가능성이 있으며, '雜(?), 止'명은 단독형일 가능성이 높다. 이밖에 의미를 알 수 없는 부호가 새겨진 기와도 일부 확인된다.

2) 인각와의 분포와 성격

부소산사지 이외에 인각와가 출토되는 유적은 부여 부소산성과 관북리유적, 익산 왕궁리유적과 미륵사지 등이다. 인각와가 주로 출토되는 유적은 왕궁 혹은 왕실과 직접 관련이 있는 공공기관이 중심이 되므로 공교롭게도 7엽 연화문수막새와 거의 일치한다. 익산 미륵사지의 경우 사찰이긴 하지만 그 규모나 성격이 단지 왕실에 한정된다고 보기는 어려우며, 국가적인 성격이 더욱 강하다고 볼 수 있다. 그래서 왕실의 원찰(願刹) 개념인 부소산사지와는 다른 보다 확장된 개념으로 이해되어야 할 것이다.

앞서 살펴보았듯이 인각와 명문에 대한 판독은 어느 정도 정리가 이루어지고 있지만 명문이 담고 있는 내용에 대한 해석은 여전히 명쾌하게 밝혀져 있지 않다. 대개는 생산자 혹은 특정한 공인집단을 나타내는 표식일 것으로 추정하고 있다. 왜냐하면 현재의 시점에서 볼 때 하나의 가마에서 다수의 수요처로 공급되는 시스템으로 생각되기 때문이다. 다시 말해 청양 왕진리의 가마에서 생산된 특정한 표식이 있는 인각와가 백마강을 타고 직선거리로 약 6km 밖에 위치하는 부여 부소산성이나 관북리 일대로 공급되었던 것으로 볼 수 있다. 또한 아직까지 익산지역에서 인각와가 출토된 가마터 발견 사례가 없는 것으로 볼 때 익산지역에도 왕진리에서 생산된 기와가 공급되었을 가능성을 배제할 수 없다. 이 경우 유통 경로는 금강 하구에서 만경강을 타고 익산지역으로 공급하는 루트를 상정해 볼 수 있다.

한편으로 백제가 인각와 수급 시스템은 중앙의 통제와 관리 감독을 철저히 받았던 관영생산체계가 아니었을까 생각한다. 이와 대조적으로 백제 사비시기의 정림사지나 능산리사지 같은 대규모 사찰유적에는 기와가마터가 동반되는데, 해당 사찰의 창건이

는 辰, 戌, 丑, 未는 황색(黃色)이다. 역법(曆法)에서 말하는 지지가 갖고 있는 선천수(先天數)와 후천수(後天數) 개념에 따르면, 子(9와 1), 丑(8과 10), 寅(7과 3), 卯(6과 8), 辰(5와 5), 巳(4와 2), 午(9와 7), 未(8과 10), 申(7과 9), 酉(6과 4), 戌(5와 5), 亥(4와 6)라고 한다.

나 보수를 위해 운영되던 사찰 전용 가마일 가능성이 높다. 이에 비해 인각와는 특정 시기에 특정한 가마에서만 생산되어 왕궁이나 국가적으로 중요한 의미가 있는 시설에만 한정되어 공급되었을 가능성이 높다고 볼 수 있다.

3. 평기와

평기와는 1942년 부소산사지에서 15점이 출토되었다. 평기와는 수키와 4점, 암키와 11점으로 구분된다. 기와의 규격은 대개 잔편이지만 전체 길이를 확인할 수 있는 개체를 통해 37.6㎝임을 알 수 있다. 기와의 두께는 암키와가 1.7~2.3㎝, 수키와가 1.5~1.7㎝로 다소 차이가 있다. 수키와는 탑지와 금당지에서 각각 2점 출토되었으며, 암키와는 금당지에서 6점 출토되었으며, 나머지는 확실하지 않다.

문양은 암키와와 수키와 모두 태선문이 시문되었으나 물손질 정면하여 문양이 뚜렷하게 드러나지는 않는다. 내면에는 전면적으로 물손질 정면이 이루어지지 않아서 포목흔이 뚜렷하다. 색조와 태토, 소성도는 여타 백제기와에서 보이는 것처럼 회색 계통이고 고운 니질 태토를 사용하였으며, 부드러운 연질 소성되었다.

기와 제작에는 통쪽와통이 사용되었다. 이 기법은 고구려와 백제에서 많이 확인되는 이 지역 특유의 제작기법이며, 거창, 함양, 하동 등 백제와의 접경지역인 경남 서부지역의 유적에서 확인되고 있다. 평기와 제작기술은 중국에서의 기와 제작기술 발전단계로 볼 때 와통을 사용하지 않고 받침모루와 두들개 등의 도구를 사용하는 이른바 '무와통기법'에서 와통을 사용하는 단계로 넘어가는 과정을 거치게 된다. 와통은 다시 길고 좁은 나무판을 연결한 형태인 통쪽와통과 둥근 나무통을 사용하는 원통형와통으로 나눌 수 있는데 통쪽와통을 선행형식으로 본다. 통쪽와통을 사용하던 백제에서는 적어도 6세기 후반 경 원통형와통이 사용되었을 것으로 이해된다. 그러므로 유적의 중심연대가 7세기로 추정되는 부소산사지에서 통쪽와통으로 제작된 기와가 출토되는 것은 원통형 와통이 사용된 이후에도 백제 지역에서는 여전히 통쪽와통이 널리 사용되고 있었음을 보여준다.

이상 수막새와 인각와 검토에서 확인하였듯이 부소산사지 출토 기와의 성격은 백제의 중앙과 밀접한 관련이 있는 것으로 생각된다. 사비시기 백제 왕궁터로 추정되는 관북리유적과 내성에 해당하는 부소산성, 인근의 구아리사지와 정림사지, 백제 왕실의 궁원이었던 궁남지까지 부소산사지에서 출토된 기와가 확인되는 유적 모두가 백제의 왕실과 깊은 연관이 있다. 익산지역으로 확대해도 익산지역의 왕궁터로 추정되는 왕궁리유적, 왕실과 직접 연관된 창건설화를 간직한 미륵사지나 제석사지 등 백제의 중앙과 떨어뜨려 놓고 생각할 수 없는 유적이 대부분이다. 이런 관점에서 볼 때 부여 부소산사지에서 출토된 기와가 보여주는 부소산사지의 성격은 새롭게 조명될 필요가 있다.

검토 내용을 기와 자체에만 국한시키더라도 부소산사지 출토 기와는 6세기 후반에서 7세기 중반 백제문화의 내용을 보여주는 자료로서 손색이 없다. 예를 들어, 8엽 연화문수막새는 사비시기 막새 문양으로서 이른바 '삼각반전형'이 가지는 대표성과 생명력을 보여주고 있다. 7엽 연화문수막새는 익산지역에 유행하던 장식형 문양과 연결되며, 7세기 대에 이루어진 막새 문양의 변화를 상징한다. 파문 수막새는 제30대 무왕으로 대표되는 도교적 경향이 막새 문양에 반영된 것으로 해석된다. 인각와는 공급처과 수요처가 극도로 제한된 양상을 보여주기 때문에 인각와 생산과 공급이 '관영시스템'에 의해 이루어졌음을 알려 준다. 평기와에서 보이는 통쪽와통의 흔적은 아마도 삼국시대 어느 시기인가에 도입되었을 원통형 와통 사용과 함께 백제의 전통적인 통쪽와통에 의한 기와 생산이 7세기까지 이어지고 있는 모습을 보여주는 것으로 생각된다.

고구려 안시성의 위치와
안시성주 전승의 추이

정호섭(고려대학교)

서론

고구려의 안시성은 요하 부근에 위치하면서 당군의 침략을 1차적으로 받았던 군사적 요충지 가운데 하나였던 것으로 보인다. 요하 방면의 가장 중요한 거점성이었던 요동성이 함락된 후 당군은 백암성을 공격하여 항복을 받았고, 이어 안시성과 건안성이 다음 목표였다. 645년 당나라 태종이 직접 친정한 고구려 원정에서 당시 많은 성들이 함락당했음에도 불구하고 안시성만은 굳건히 방어되면서 당군이 철군하게 된 계기가 되기도 하였다. 고구려가 당나라 태종의 친정을 물리친 대표적인 성이라는 점 때문에 안시성과 안시성주에 대한 관심은 오래전부터 지속되어 왔던 것이다. 그러나 현재 안시성의 위치가 어디인지, 안시성주는 누구였는지는 명확하지 않은 실정이다.

우선 안시성의 위치에 대해서는 많은 사료에 보이는 단편적인 기록들을 통해 그 위치를 추정해오고 있다. 이를 기반으로 하여 이미 오래 전부터 많은 설들이 제기된 바 있다. 전통시대 사서에서는 北湯池城說[1], 遼陽市說[2], 鳳凰山城說[3] 등이 거론되었고, 20세기 후반부터는 英守溝城[4], 英城子山城說[5], 海龍川山城說[6] 등이 제기되었으며, 최근에는 建安城으로 지목되기도 했던 高麗城子山城說[7]과 海城市說[8]도 나왔다. 이 가운데에서 英城子山城說이 1970년대부터 제시되어 온 가장 유력한 학설로 남아있지만, 21세기에 들어와 고구려 산성에 대한 고고학적 조사가 진행되면서 비판을 받기도 하였다. 이에 대한 대안으로 海龍川山城說이 제기되었으나, 이 역시도 한계가 지적되어 근래에는 건안성으로 지목되기도 하였던 高麗城子山城說과 함께 海城市說도 나오게 되었다. 이러한 논란이 주로 중국측 연구자들에 의해 지속되어 왔는데, 국내에서 이를 전면적으로 다룬 연구가 단 1편도 없다는 사실은 안시성에 대한 관심을 감안하면 다소 의외의 점이다. 여기서는 1차적으로 여러 문헌에 기록된 안시성 전투의 전개 과정을 면밀하게 살펴보고자 한다. 아울러 문헌상에 기록을 토대로 안시성 위치를 충족시키는 여러 조건들에 대해서도 재검토해 보고 안시성의 위치에 대해 그 범위를 대략적으로 한정해 보고자 한다.

한편 안시성과 안시성주와 관련하여 조선 시대의 문헌 기록에 많이 등장한다. 우리측 기록 가운데 조선 시대의 사서나 문헌에서는 안시성주를 梁萬春 혹은 楊萬春으로

1) 『遼史』地理志 권38 東京道 鐵州條, 『遼東志』권1 古迹 安市縣條 등에 근거하여 漢의 안시현을 이 곳으로 비정한 것이다. 이 성은 遼代의 성으로 확인된 바 있다. (崔德文, 1992, 「遼代鐵州故址新探」『北方文物』1992-2)

2) 宋나라 때의 『武經總要』前集 권22, 『地理叢考』등에 근거한 것이다.

3) 15세기 이후 조선 시대의 일반적 인식이었고, 특히 明과 淸을 오가는 조선의 사행에서 봉황산성을 안시성으로 인식했음이 여러 문집, 연행록 등에 나타나고 있다. 물론 여기에 이의를 제기한 몇몇 기록도 동시에 확인되지만, 이러한 기록들은 『大明一統志』에 근거한 것일 뿐이다. 이와 관련한 자세한 사항은 다음의 글이 참고된다. (이승수, 「燕行路上의 공간 탐색, 鳳凰山城-安市城說과 관련하여-」『정신문화연구』29-2, 2006 ; 김락기, 「17~19세기 고구려 안시성 인식과 '城上拜'」『역사민속학』42, 2013 ; 김세호, 「연행을 통해 되살아난 安市城과 梁萬春/楊萬春」『漢文學報』31, 2014)

4) 閻萬章, 「漢代安市縣與高句麗安市城非一地考」『地名學研究』1984-1 ; 崔艶茹, 「對英守溝漢城址觀點的商榷」『東北亞歷史地理研究』中州古籍出版社, 1998

5) 金毓黻이 가장 먼저 제기한 바 있는데, 이후 유력한 설로 거론되어 왔다.(島田好, 「高句麗の安市城の位置に就て」『歷史地理』49 - 1, 1927 ; 金毓黻, 『東北通史』洪氏出版社, 1976)

6) 冯永谦 主編, 『营口市文物志』遼寧民族出版社, 1996 ; 王咏梅, 「关于安市城址的考察与研究」『北方文物』2000-2 ; 王綿厚, 『高句麗古城研究』文物出版社, 2002

7) 王禹浪, 「营口市青石岭镇高句丽山城考察报告」『黑龙江民族丛刊』2009-5 ; 王天姿, 「高句麗遼東安市城, 建安城研究」中國 延辺大學 博士學位論文, 2018

8) 张士尊, 「高句丽"安市城"地点再探」『鞍山师范学院学报』15, 2013

거론하고 있다. 이와 관련하여 조선 시대에 왜 안시성과 안시성주가 관심의 대상이 되었는지를 밝히는 사학사적인 검토는 있었다.[9] 그렇지만 안시성주 양만춘에 대한 전승은 중국의 여러 사서에서도 발견할 수 없고, 『삼국사기』나 『삼국유사』 등 고려 시대의 기록에서도 찾아볼 수 없다. 안시성주로 양만춘의 이름은 明代의 소설이나 조선 시대의 여러 문헌기록 등에서 전하고 있다. 안시성주 양만춘이라는 전거가 무엇인지는 확실하지는 않지만, 현재까지 확인할 수 있는 가장 빠른 기록은 국내 문헌의 경우에는 윤근수의 『月汀漫筆』이다.[10] 이어 조선 시대 문헌 기록에 등장하는 양만춘에 대한 성명의 출처 양상을 고증하는 연구도 이루어져 그 전거에 대한 확인이 대략적으로 이루어진 바도 있다.[11] 다만 안시성주가 양만춘으로 기록된 것이 어떤 전거에서 작성된 것인지를 분명하게 파악할 수 없었기에 조선 시대에 여러 기록들에서도 안시성주로 양만춘이 의문시되기도 하고, 반대로 양만춘이 안시성주로 고착화되기도 하는 등 여러 가지 다른 양상을 보이고 있다. 그리고 조선 시대의 문헌들에서 밝힌 전거도 명확하지 않고 때로는 오류도 있는 듯하다. 때문에 조선 시대의 문헌 기록에 나타난 안시성주 양만춘에 대한 인식의 추이를 보다 상세하게 검토해보고자 한다.

본고에서는 이러한 상황과 문제의식에 기반하여 기존 연구에서 나타난 문제점을 문헌 기록을 통해 비판적으로 살펴보고 이를 통해 고구려 안시성의 위치와 안시성주에 대한 전승의 추이를 상세하게 검토해 보고자 한다.

2. 안시성 전투와 안시성의 위치

고구려 안시성은 高唐 전쟁이 벌어진 공간으로 천산산맥 북부 지역이면서 요하 부근에 있었던 고구려의 교통의 요충지이면서 군사 전략적으로 중요한 산성이라고 할

---

9) 한명기, 「조선시대 韓中 지식인의 高句麗 인식 -고구려의 '强盛'과 조선의 고구려 계승 인식을 중심으로-」 『한국문화』 38, 2006 ; 허태용, 「임진왜란의 경험과 고구려사 인식의 강화」, 『歷史學報』 190, 2006 ; 허태용, 「17세기 후반 중화회복 의식의 전개와 역사인식의 변화」, 『韓國史研究』 134, 2006 ; 김락기, 「17~19세기 고구려 안시성 인식과 '城上拜'」 『역사민속학』 42, 2013

10) 정호섭, 「백암 박은식의 고구려사 서술」 『백암 박은식의 고대사 서술』 백암 박은식 서거 88주년기념 학술회의, 2013 ; 정호섭, 「백암 박은식의 고구려사 서술에 대한 비판적 검토」 『한국사학보』 54, 2014

11) 남재철, 「安市城主의 姓名 '양만춘' 考證(Ⅰ) -姓名의 出處 樣相 檢討를 中心으로-」 『동아시아고대학』 35, 2014

수 있다. 이미 오래 전부터 안시성에 대해서는 많은 관심이 있어 왔지만, 정확한 안시성의 위치를 명확하게 밝히지 못하고 있는 실정이다. 특히 중국 역사상 3대 황제 가운데 한 사람으로 추앙받고 있는 唐 太宗이 645년에 親征한 전쟁에서 수개월 동안 공격을 막아낸 성이었고, 중국 및 국내의 여러 문헌들에서 언급할 정도로 역사적 근거도 명확한 편이다. 그럼에도 불구하고 안시성의 위치에 대한 논란이 많을 정도로 위치를 확정하지 못하는 현실은 다소 의외의 점이기도 한 것이다. 앞서 언급한 바와 같이 그동안 안시성으로 거론되어 왔던 여러 성들이 있지만, 문헌 기록 상의 내용을 통해 유추할 수 있는 조건들을 모두 충족시키는 성은 확정되지 못하고 있다.

안시성의 위치 비정에 있어 가장 중요한 것은 문헌 기록과 실제 성의 모습과의 합치 여부이다. 그 합치 여부에 앞서 가장 먼저 안시성에 관한 문헌 기록부터 비판적으로 살펴볼 필요가 있다. 당나라 태종의 고구려 공격과 안시성 전투를 전하고 있는 기록은 『舊唐書』, 『新唐書』, 『資治通鑑』, 『冊府元龜』, 『太平御覽』, 『通典』, 『唐會要』, 『玉海』, 『太平寰宇記』 등이다. 『통전』, 『당회요』 등의 사료는 그 내용이 『구당서』, 『신당서』, 『자치통감』과 유사하거나 상대적으로 소략한 편이다.[12] 여기에 중국 정사를 기반으로 하였지만 거기서 기재되지 않았던 다른 내용을 추가 기술하였거나 국내 전승을 일부 기록하고 있는 『三國史記』도 있다.[13] 이처럼 다양한 기록들이 있지만 그 내용은 대동소이하며 일부 세부적인 내용상 약간의 차이도 발견된다. 하지만 전체적으로 보면 안시성 전투에 대한 복원은 어느 정도 가능한 편이다.

A-1) (6월 20일) 六月丙辰 師至安市城

---

12) 안시성 전투와 관련한 기록은 『舊唐書』, 『新唐書』, 『資治通鑑』 이외에도 『冊府元龜』 117 帝王部, 『冊府元龜』 453 將帥部, 『太平御覽』 109 皇王部 34 唐太宗文皇帝, 『太平御覽』 783 四夷部 4 東夷 4 高句驪, 『玉海』 194 兵捷紀功碑銘附 唐駐蹕山紀功破陣圖漢武臺紀功 , 『玉海』 191 兵捷露布 3 唐遼東道行臺大總管李勣俘高麗獻俘昭陵檄高麗含元殿數, 『通典』 186 邊防 2 東夷 下 高句麗, 『唐會要』 95 高句麗, 『太平寰宇記』 173 四夷 2 東夷 2 高句驪, 『三國史記』 21 高句麗本紀 9 寶藏王 上 등에 보인다.

13) 삼국사기에 사론에 인용된 유공권의 소설과 관련하여 이에 대한 문제를 밝힌 연구가 있다. 이에 의하면 劉餗의 隋唐嘉話라는 책에 삼국사기 사론에 실린 내용이 제일 먼저 나타나고 있다고 한다. 김부식이 이 책을 보지 못하고 이 기록을 담고 있는 후대인의 유공권의 이름을 빌려 출간한 '유공권 소설'을 참고하여 사론에 인용한 것이라고 한다.(김정배, 「三國史記 寶藏王紀 史論에 보이는 '柳公權 小說' 문제」 『한국사학보』 26, 2007)

(6월 21일) 丁巳 高麗別将高延壽高惠眞 帥兵十五萬 來援安市 以拒王師 李世勣率兵 奮擊 上自高峰引軍臨之 高麗大潰 殺獲不可勝紀 延壽等以其衆降 因名所幸山爲駐蹕山 刻石紀功焉 賜天下大酺二日

秋七月 李世勣進軍攻安市城 至九月不剋乃班師

(10월 21일) 冬十月丙辰 入臨渝關皇太子自定州迎謁[14]

A-2) 車駕進次安市城北 列營進兵以攻之

高麗北部傉薩高延壽 南部傉薩高惠貞 率高麗靺鞨之衆十五萬 來援安市城 賊中有對盧 年老習事 謂延壽曰 吾聞中國大亂 英雄並起 秦王神武 所向無敵 遂平天下 南面爲帝 北夷請服 西戎獻款 今者傾國而至 猛將銳卒 悉萃於此 其鋒不可當也 今爲計者 莫若頓兵不戰 曠日持久 分遣驍雄 斷其饋運 不過旬日 軍糧必盡 求戰不得 欲歸無路 此不戰而取勝也 延壽不從 引軍直進

太宗夜召諸將 躬自指麾 遣李勣率步騎一萬五千於城西嶺爲陣 長孫無忌率牛進達等精兵一萬一千以爲奇兵 自山北於狹谷出 以衝其後 太宗自將步騎四千 潛鼓角 偃旌幟 趨賊營北高峯之上 令諸軍聞鼓角聲而齊縱 因令所司張受降幕於朝堂之側曰 明日午時 納降虜於此矣 遂率軍而進

明日 延壽獨見李勣兵 欲與戰 太宗遙望無忌軍塵起 令鼓角並作 旗幟齊擧 賊衆大懼 將分兵禦之 而其陣已亂 李勣以步卒長槍一萬擊之 延壽衆敗 無忌縱兵乘其後 太宗又自山而下 引軍臨之 賊因大潰 斬首萬餘級

延壽等率其餘寇 依山自保 於是命無忌勣等引兵圍之 徹東川梁以斷歸路

太宗按轡徐行 觀賊營壘 謂侍臣曰 高麗傾國而來 存亡所繫 一麾而敗 天佑我也 因下馬再拜以謝天

延壽惠眞率十五萬六千八百人請降 太宗引入轅門 延壽等膝行而前 拜手請命 太宗簡傉薩以下酋長三千五百人 授以戎秩 遷之內地 收靺鞨三千三百盡坑之 餘衆放還平壤 獲

---

14) 『舊唐書』3 本紀 3 太宗 下

馬三萬疋 牛五萬頭 明光甲五千領 他器械稱是

高麗國振駭 后黃城及銀城並自拔 數百里無復人烟 因名所幸山爲駐蹕山 令將作造破
陣圖 命中書侍郎許敬宗爲文勒石以紀其功

授高延壽鴻臚卿 高惠眞司農卿

八月 移營安市城東

李勣遂攻安市 擁延壽等降衆營其城下以招之 城中人堅守不動 每見太宗旄麾 必乘城
鼓譟以拒焉 帝甚怒 李勣曰 請破之日 男子盡誅 城中聞之 人皆死戰

乃令江夏王道宗築土山 攻其城東南隅 高麗亦埤城增雉以相抗

李勣攻其西面 令抛石撞車壞其樓雉 城中隨其崩壞 卽立木爲柵

道宗以樹條苞壤爲土 屯積以爲山 其中間五道加木 被土於其上 不捨晝夜 漸以逼城

道宗遣果毅都尉傅伏愛領隊兵 於山頂以防敵 土山自高而陟 排其城 城崩 會伏愛私離
所部 高麗百人自頹城而戰 遂據有土山而塹斷之 積火縈盾以自固

太宗大怒 斬伏愛以徇 命諸將擊之 三日不能剋[15]

위의 『구당서』 기록들을 보면 당 태종이 요동성에서 출발하여 안시성에 도착한 것은
645년 6월 20일이었다. 6월 11일에 요동성을 출발한 당군은 6월 20일 안시성 북쪽에
도착한 후 안시성 전투는 철수하는 9월 18일 이전까지 3개월 정도 전개되었다. 안시성
에 도착하자마자 당군은 안시성을 바로 공격하였으나 아무런 성과를 달성하지 못하였
다. 다음 날인 6월 21일부터 전투는 안시성에 대한 직접적인 공격이 아니라 안시성을
구원하기 위해 파견된 고연수, 고혜진이 이끄는 고구려군과의 안시성 외곽에서의 전
투였다. 이것이 소위 주필산 전투이다. 주필산 전투가 종료된 이후부터 약간의 소강 기
간을 거쳐 7월부터 9월 18일 이전까지에 걸쳐 안시성을 당군이 직접 공격하는 전투가
전개되었다. 때문에 안시성 전투는 엄밀하게 말하면 당나라 본진이 도착하자마자 안
시성을 공격한 1차 전투와 고구려의 안시성 구원병이 안시성 외곽에서 벌인 2차 전투

---

15) 『舊唐書』199上 列傳 149上 高麗

(주필산 전투), 그리고 7월부터 다시 안시성을 직접 공격한 3차 전투로 나누어 살펴볼 수 있다. 안시성의 위치도 이러한 점이 고려된 상태에서 검토되어야 한다.

『신당서』와 『자치통감』의 기록도 『구당서』 기록과 그 대략은 유사하다. 『구당서』와 마찬가지로 『신당서』 본기의 내용은 소략하고 열전의 내용이 상대적으로 많은 사실을 전하고 있다. 다만 『구당서』와는 일부 기록이 추가된 것이 있고, 내용상 약간의 차이도 있기도 하다. 때문에 『구당서』의 기록뿐만 아니라 『신당서』와 『자치통감』 등에서 보이는 각 사료상 차이가 있는 부분까지도 고려해야 할 필요는 있다.

B-1) <u>己未 大敗高麗於安市城東南山</u> 左武衛將軍王君愕死之[16]

B-2) 有大對盧爲延壽計曰 吾聞中國亂 豪雄並奮 秦王神武 敵無堅 戰無前 遂定天下 南面而帝 北狄西戎罔不臣 今掃地而來 謀臣重將皆在 其鋒不可校 今莫若頓兵曠日 陰遣奇兵絶其饟道 不旬月糧盡 欲戰不得 歸則無路 乃可取也 延壽不從 <u>引軍距安市四十里而屯</u>[17]

B-3) (6월 11일) <u>丁未 車駕發遼東</u>
上猶恐其低佪不至 命左衛大將軍阿史那社爾將突厥千騎以誘之 兵始交而僞走 高麗相謂曰 易與耳 競進乘之 <u>至安市城東南八里 依山而陳</u>

<u>(7월 5일) 秋七月辛未 上徙營安市城東嶺</u>

<u>(8월 10일) 丙午 徙營於安市城南</u> 上在遼外 凡置營 但明斥候 不爲塹壘 雖逼其城 高麗終不敢出爲寇抄 軍士單行野宿如中國焉
上之克白巖也 謂李世勣曰 吾聞安市城險而兵精 其城主材勇 莫離支之亂 城守不服 莫離支擊之不能下 因而與之 建安兵弱而糧少 若出其不意 攻之必克 公可先攻建安 建安下則安市在吾腹中 此兵法所謂城有所不攻也 對曰 <u>建安在南 安市在北</u> 吾軍糧皆在遼東 今

---

16) 『新唐書』 2 本紀 2 太宗
17) 『新唐書』 220 列傳 145 東夷 高麗

蹂安市而攻建安 若賊斷吾運道 將若之何 不如先攻安市 安市下 則鼓行而取建安耳 上曰
以公爲將 安得不用公策 勿誤吾事

　築山晝夜不息 凡六旬 用功五十萬 山頂去城數丈 下臨城中

　上以遼左早寒 草枯水凍 士馬難久留 且糧食將盡

　(9월 18일) 癸未 敕班師

　先拔遼蓋二州戶口渡遼 乃耀兵於安市城下而旋 城中皆屛跡不出 城主登城拜辭 上嘉
其固守 賜縑百匹 以勵事君

　<u>命李世勣江夏王道宗將步騎四萬爲殿</u>

　<u>(9월 20일) 乙酉 至遼東</u>

　(9월 21일) 丙戌 渡遼水 遼澤泥潦 車馬不通 命長孫無忌將萬人 翦草塡道 水深處以車
爲梁 上自繫薪於馬鞘以助役

　凡征高麗 拔玄菟橫山蓋牟磨米遼東白巖卑沙麥谷銀山後黃十城 徙遼蓋巖三州戶口入
中國者七萬人 新城建安駐驆三大戰 斬首四萬餘級 戰士死者幾二千人 戰馬死者什七八

　上以不能成功 深悔之 歎曰 魏徵若在 不使我有是行也 命馳驛祀徵以少牢 復立所製碑
召其妻子詣行在 勞賜之

　(10월 11일) 丙午 至營州 詔遼東戰亡士卒骸骨並集柳城東南 命有司設太牢 上自作文
以祭之 臨哭盡哀 其父母聞之 曰 吾兒死而天子哭之 死何所恨 上謂薛仁貴曰 朕諸將皆
老 思得新進驍勇者將之 無如卿者 朕不喜得遼東 喜得卿也[18]

『구당서』와 『신당서』의 기록과 비교하면 『자치통감』이 기록은 안시성 전투와 관련
하여 그 내용이 가장 자세한 편이다. 특히 안시성 전투를 마감하는 기록들이 주목되는
데, 안시성의 위치도 이러한 기록에 대한 검토가 중요하다. 기존에는 주목하지 않은 사
실들 가운데 특히 주목해야 할 것은 9월 18일에 안시성에서 군사를 돌렸고, 9월 20일
에 요동에 이르렀다는 사실이다. 기존 연구에서는 요동성에서 안시성까지 진군하는데

---

18) 『資治通鑑』 198 唐紀 14 太宗 下之上

10일 가까운 시간이 걸린 점에 주목하였고, 철군한 상황은 주목하지 않았다. 이 점이 왜 중요한 점인지에 후술하고자 한다.

한편 중국측 기록과 비교하면 『삼국사기』는 일부 국내 전승의 기록이 추가되었을 뿐 기본적으로 위의 세 사서를 종합한 것으로 볼 수 있다. 특히 여타 기록보다는 『자치통감』의 기록이 대폭 전거로 활용되었된 것으로 보인다. 그것은 『자치통감』의 기록이 『구당서』,『신당서』 본기나 열전에 없는 내용도 많아 상대적으로 상세하기 때문이었을 것이다. 이상의 중국과 국내 사서에 기록된 내용을 종합하여 안시성 전투에 대한 정보를 종합하면 다음과 같은 내용을 추출 해낼 수 있다.

앞서 언급한 바와 같이 안시성 전투를 1차 전투와 2차 전투, 3차 전투로 나누어 살펴본다면 1차 전투는 645년 6월 20일에 당군이 안시성을 도착하자마자 벌인 전투라고 하겠다. 이 전투는 당군의 선제공격이라는 의미를 가지고 있으나, 고구려 구원군이 도착하면서 곧바로 중단되었던 것으로 보인다.[19] 2차 전투는 6월 21일부터 고구려 구원병들과 벌인 소위 '주필산 전투'라고 하겠다. 당 태종이 이끄는 당군이 안시성을 공격한 다음 날 안시성을 구원하기 위해 파견된 고연수와 고혜진이 이끄는 고구려 구원병이 6월 21일에 안시성 동남쪽 근교에 도착하였고 안시성 40리 지점에까지 이르렀다. 이후 고구려군은 당군의 유인책에 이끌려서 안시성 동남쪽 8리 지점에 산을 의지해 진을 쳤다고 한다. 그리고 6월 22일에는 본격적인 전투가 벌어졌던 것이다. 주필산 전투의 상황을 보면 이적의 군대가 西嶺에 포진하고, 장손무기의 정예병이 산의 북쪽에서 협곡으로 나와 고구려군의 후미를 쳤으며, 당 태종은 4천명의 군사를 거느리고 북쪽 산으로 올라가 있다가 3개로 나눈 군대가 고구려군을 공격하자 고구려군은 크게 패하여 안시성 동쪽으로 퇴각했다는 것이다. 이어 당군이 안시성 동쪽으로 퇴각한 고구려군을 포위하여 공격했고, 동쪽에 있었던 강의 다리를 끊어 고구려군의 퇴로마저 차단

---

19) 6월 20일의 상황은 구당서, 신당서 등 본기에는 안시성에 당군이 도착하여 주둔한 것으로 기록하고 있다. 구당서 열전 동이 고려조에는 "車駕進次安市城北 , 列營進兵以攻之"라고 하여 공격한 것으로 기록하고 있다. 자치통감, 책부원구 등에도 당군이 안시성에 도착한 후 성을 공격한 것으로 기록하고 있다.(丙辰 至安市城 進兵攻之 (『資治通鑑』 198 唐紀 14 太宗 下之上) ; 丙辰 次於安市城北 列營進兵以攻之 (『冊府元龜』 117 帝王部 117 親征 2)) 때문에 성을 공격하였는지의 여부는 기록이 서로 차이가 약간 있어서 명확하지는 않지만 선제공격이 있었던 것으로 볼 수 있을 듯하다. 때문에 이를 인정한다면 안시성 1차전투라고 할 수 있을 것이다.

했다고 한다. 결국 고구려군은 당군에 다음날이 6월 23일에 항복하면서 고구려 구원병은 안시성을 구원하지 못하였던 것이다.

여기서 안시성의 위치와 관련해서 살펴볼 것은 안시성 외곽의 상황이다. 일단 당군이 안시성 북쪽에 진을 친 상황이 주목되기에 당의 대군이 안시성 북쪽에 진을 칠 수 있는 조건이 되어야 한다. 아울러 안시성 외곽에서 벌어진 것으로 보이는 주필산 전투에는 西嶺, 山北 峽谷, 東川梁 등의 지형적 조건이 나타나고 있다. 때문에 안시성 주변의 이러한 지형적 조건들도 안시성의 위치를 비정함에 있어 같이 살펴보아야 할 내용이다. 안시성의 동쪽에 산이 있고, 그 산은 북쪽에서 이어지는 협곡이 있으며, 동쪽에 다리가 있는 하천이 있었음을 알 수 있는 것이다. 그렇다고 해서 이러한 조건들이 모두 안시성 그 자체의 입지조건은 아니다. 그동안 일부 연구들에서 이러한 지형조건이 마치 안시성의 입지조건인 것처럼 이해한 것은 잘못이다. 이것은 어디까지나 주필산 전투와 관련한 조건들이다. 주필산은 원래는 六山이었으나, 당 태종과 관련하여 주필산으로 이름이 바뀌었다.[20]

3차 전투라고 할 수 있는 안시성 전투는 645년 7월 5일부터 본격적으로 시작되었던 것으로 보인다. 주필산 전투에서 승리한 당군은 9월 18일 이전까지 고구려군과 치열한 접전을 벌였다. 7월 5일 당군은 안시성 동쪽 산으로 진영을 옮겼다가, 8월 10일 다시 공격을 위하여 진영을 남쪽으로 옮겼다. 안시성에 있었던 고구려군은 당군을 맞아 한 차례의 야간 기습전을 제외하고는 수성전을 전개하였다. 당군은 안시성의 서벽을 衝車와 石砲로 공격하기도 하였고, 성의 동남쪽 모퉁이에 토산을 쌓았다. 인공으로 쌓아 올린 토산은 60일 동안 50만명을 동원하였고, 성 안을 내려다볼 수 있을 만큼 안시성의 동남쪽 성벽보다 높이 쌓아 올렸던 것으로 보인다. 토산이 무너지면서 고구려군이 그 토산을 장악하게 되고 당군이 토산을 탈환하지 못하는 상황에서 당군은 추위가 다가오자 결국 철수하게 되었던 것이다.[21]

---

20) 『舊唐書』189上 列傳 139上 儒學 上 敬播
21) 안시성 전투와 관련하여 고구려 연개소문과 설연타의 연결로 인해 영향을 주었던 것으로 파악하기도 한다.(서영교, 「주필산 전투와 안시성」 『동국사학』 58, 2015)

문헌 기록을 자세히 살펴보면 안시성 위치와 관련한 여러 조건을 추출해 낼 수 있다. 먼저 대략적 위치 관계를 보면 안시성은 건안성보다는 북쪽에 있고, 요동성보다는 남쪽에 존재해야 한다. 세부적인 지형상 안시성 동남쪽에는 산이 존재해야 하고, 성 남쪽에는 대군이 진을 칠 수 있어야 하며, 서쪽은 공성전을 전개할 수 있는 어느 정도의 평탄한 지형을 갖추어야 한다. 아울러 동남쪽 모퉁이에는 인공토산이 존재하거나 그 흔적이 있어야 한다. 이것이 안시성이 위치한 입지조건이다. 대체로 안시성의 서쪽과 남쪽은 대체로 평탄한 지형이어야 할 듯하며, 동남쪽은 산이 있고, 성의 동남 모퉁이는 인공토산 혹은 그 흔적이 존재해야 하는 것이다. 그러나 인공토산의 경우 645년부터 후일 고구려 부흥운동기에도 사용한 기록이 보이기 때문에[22] 고구려가 무너진 토산을 그대로 둔 채 안시성을 사용했을지는 의문이다. 고구려의 입장에서는 당군이 쌓은 인공토산이 무너지면서 안시성 성벽도 훼손된 상태였기에 이를 보수하였을 것으로 생각된다. 당군이 재차 공격해올지 모르는 상황에서 적에게 유리할 수 있는 인공적 지형물을 그대로 놓아두었다고 생각하기는 어렵다. 고구려의 입장에서는 토산을 쌓은 흙을 이용하여 안시성 성벽을 보강하였거나 혹은 토산을 새로운 성벽으로 활용하였을 개연성이 높다. 이런 정황을 생각하면 안시성의 조건으로 동남쪽 모퉁이에 반드시 토산이 그대로 남아있어야만 하는 것은 아니다.

또 하나 살펴보아야 할 문제는 당군이 요동성에서 안시성으로 진군할 때와 당군이 요동성으로 철군할 때의 상황이다. 당군은 요동성에서 안시성으로 진군을 시작한 것은 6월 11일이었고, 안시성에 도착한 것은 6월 20일이었기에 10일 가까운 시간이 걸렸다. 이와 같은 시간 때문에 요동성에서 안시성 사이의 거리를 비교적 멀게 인식한 경향이 있다.[23] 고대 사회에서 대규모 병력과 식량, 그리고 공성무기 등을 운반한 정황을 보면 하루 진군한 거리는 길지 않았을 것으로 보인다. 특히 당군이 안시성으로부터 철

---

22) 秋七月乙未朔 高侃破高麗餘衆於安市城 (『資治通鑑』 202 唐紀 18 高宗)
　　이 사건이 있은 해는 671년으로 고구려 부흥군이 안시성에 주둔하다가 당나라에 의해 격파당한 것이다. 때문에 당군이 물러간 645년부터 671년까지 안시성의 상태에 대한 고려가 필요하다.
23) 요동성에서 안시성까지의 거리를 270리로 보기도 하였는데, 이것은 전혀 사료적 근거가 없는 것이다.(王咏梅, 「关于安市城址的考察与研究」『北方文物』 2000-2)

군을 시작한 9월 18일부터 요동에 도착한 것이 9월 20일이었다. 여기서 요동은 요동 성을 가리키는 것으로 보인다. 그것은 위의 자치통감에는 요동성에서 출발할 때에도 遼東이라고 썼고, 안시성에서 요동성으로 이동한 상황에서도 遼東이라고 기록하고 있 다. 요동성에서 안시성으로 출발할 때나 안시성으로 되돌아올 때에 모두 遼東이라고 표현한 것은 요동성 이외에 다른 것은 생각하기 어렵다. 요동성에서 안시성으로 가는 길로 진군했던 당군은 철군도 동일한 길을 이용했던 것이다. 요동성에 이른 다음 날에 당군이 요하를 건너고 있는 점도 이를 뒷받침한다. 태종은 철군하면서 이세적과 도종 으로 하여금 보기 4만을 이끌고 후군을 맡게 하였다고 한다. 혹여 쫓아올지도 모르는 고구려군을 경계하면서 철군하였던 것이다. 때문에 그 철군 속도가 매우 빨랐을 것으 로 보기는 어렵다. 당군은 안시성에서 시위를 한 후 불과 2일 내지는 길어야 3일 사이 에 안시성에서 요동성까지 도착하였는데, 전쟁과 관련한 물자가 소모된 상황을 감안 하더라도 3일 미만의 기간 동안 요동성까지 철군한 것이 된다. 때문에 요동성과 안시 성 사이의 거리는 철군할 때의 상황을 더 주목해야 한다. 비록 전쟁과 직접적으로 관련 한 것은 아니지만, 평상시의 행정 체계와 관련한 내용도 참고가 되는데,『唐六典』에서 규정하고 있는 行程은 육로의 경우에는 말은 하루에 70리를 가고, 도보나 나귀로는 50 리, 수레는 30리를 간다고 하였다. 대체적으로 고대 사회의 전쟁에서 병력의 하루 동 안 이동 거리는 30리 정도이고, 무장한 기병도 말을 타고 이동하였다고 하여도 하루에 60리 정도 이동이 가능하다고 한다.[24] 이러한 점을 참고하면 두 성 사이의 거리는 2-3 일 사이를 행군했다고 했을 때 대략 최소 20여km에서 최대 70여km 범위 안에 있는 셈이다. 당군이 철군할 때 일정한 시위도 하였고, 보병도 다수를 점했다는 점에서는 꼬 박 3일 동안 행군한 것으로 보기는 어려워 70km보다는 가까운 거리였을 것으로 짐작 된다. 이러한 점은 안시성의 위치를 비정할 때 반드시 고려해야 한다. 때문에 전통시대 사서에서 거론되었던 北湯池城說, 遼陽市說, 鳳凰山城說 등은 거리상으로나 여러 역사 적 정황상으로 안시성이 될 수 없는 것은 자명하다. 구글 지도상으로 보면 직선거리로

---

24) 김주성,「7세기 삼국 고대 전투 모습의 재현」『軍史』81, 2011

만으로 산정하였을 때 요양시의 요동성지에서 鞍山市까지가 약 24km이고, 海城市까지가 약 60km이며, 大石橋市까지는 약 90km, 蓋州市까지는 약 120km이다. 당시 도로가 직선거리로 계산할 수 없는 상황임을 감안하면 거리는 이 보다는 더 늘어날 것이다. 거리상으로 보면 안시성의 위치는 안산시에서 해성시 일대를 약간 넘어서는 범위에 해당될 수 있다. 반면 대석교시나 개주시 인근의 영수구성, 해룡천산성, 북양지성, 고려성자산성 등은 거리상으로 해당될 가능성은 거의 없다. 특히 영수구성과 북양지성은 고구려 성으로 확인된 바도 없다. 이러한 정황들을 종합하면 안시성의 위치는 요동성에서 대략 60-70km 내외에 있는 성이어야만 한다.

또 한가지 검토해 볼 것은 『資治通鑑』과 『冊府元龜』에는 당 태종과 신하들이 7월초에 안시성 공격과 오골성 직행을 두고 작전회의를 할 때, "비사성에 있는 장량의 군대를 부르면 2일만 자고 도착할 수 있다"는 내용이다.[25] 장량은 개전 초에 수군으로 비사성을 함락시켰지만, 이 때 장량은 비사성에 있었던 것이 아니라 건안성 인근에 머물고 있었다. 당시 당군 지휘부는 건안성을 공격하고 있던 장검의 군대를 안시성으로 불러들이고 장량으로 하여금 이를 대신하도록 하였다. 사료에 기록된 바대로라면 비사성에서 안시성까지는 2-3일만에 올 수 있는 거리는 아니지만, 여러 정황을 감안해서 보면 건안성에서 안시성까지는 2일만 자고 도착할 수 있는 거리인 것이다. 즉 건안성으로 비정되고 있는 개주시 고려성자산성에서 2-3일 행군하는 거리에 안시성이 있었던 것이다. 해성시에서 개주시까지의 직선 거리가 대략 60km인 점을 감안하면 영성자산성이 거리적으로 보면 가장 부합하는 것이다.

기존의 연구에서 거론되었던 대부분의 성은 이러한 거리를 따져보았을 때 범위를 벗어나 있는 성이 많기 때문에 현재의 해성시 일대만이 이 조건과 부합된다. 결국 기존의 제기된 학설 가운데 남게 되는 것은 해성 인근의 해성시내설과 영성자산성설 뿐이다. 해성 시내는 요동성으로부터 직선거리로 약 60km 지점에 위치한다. 海城은 遼河平原과 遼東丘陵 結合部에 위치하고 있는 남북 교통의 중요한 지점인 점은 분명하다.

---

25) 張亮兵在沙城 召之 信宿可至(『資治通鑑』198 唐紀 14 太宗 下之上)

　　張亮水軍 在卑涉城 召之 信宿相會(『冊府元龜』991 外臣部 36 備禦 4)

해성시는 漢代의 安市縣으로 비정되고 있는 곳으로『한서』지리지에 "安市縣은 본래 遼東郡에 예속되었다." 혹은 "遼水는 서쪽으로 안시현을 거쳐서 바다로 들어간다"라는 기록에서처럼[26] 요동군의 속현이었고, 요수가 지나는 지점으로 되어있다.『진서』와『위서』에도 요동군의 속현으로 안시가 보인다.[27] 그러나 안시현의 위치를 이러한 기록만으로 정확하게 고증하는 것은 사실상 불가능하다. 현재 해성시 일대가 한대의 안시현이라는 것이 통설이긴 하지만 그것은 영성자산성을 안시성으로 비정하고서 그에 기반해 추측한 것으로 명확하다고 볼 수는 없다. 고구려가 요동을 점령한 뒤 한대의 안시현 일대에 안시성을 쌓았던 것으로 보는 것은 순리적이라고 하겠다. 그것은 안시현과 안시성이 완전히 다른 지역이기보다는 대체로 동일 지역이었을 개연성이 높을 것이다. 문제는 해성 시내에 안시성 전투를 벌인 만한 입지조건을 갖춘 고구려성의 흔적이 확인되는지 여부이다. 그러나 현재로선 해성시 시내에 어떤 특별한 유적을 확인할 수 없기 때문에 이 곳도 안시성이 위치하기는 어렵다.

한편 영성자산성은 海城市 동남쪽으로 8㎞에 위치하고 있기 때문에 이곳은 요동성에서 약 70km 내외의 거리이다. 거리로 보면 가장 부합하는 성이라 할 만하다. 특히 영성자산성이 위치한 곳은 요동지역에서 岫巖으로 통하는 교통로상이고, 평지에서 산악지대로 들어가는 입구에 해당하기 때문에 전략적 위치가 중요한 곳으로 보인다. 앞서 언급한 바 있는 안시성이 가지고 있는 조건인 요동성 남쪽, 건안성 북쪽에 위치하고 있고 서쪽이 상대적으로 평탄한 지형임도 들어 맞는다. 다만 동쪽에 산이 있고, 다리가 있는 하천이 있는지, 그리고 성의 동남쪽 모퉁이에 인공토산을 만들 수 있는 조건이 되는지에 대한 구체적인 확인이 필요하다. 영성자산성 동쪽에는 산지가 있고, 서북에서

---

26) 遼東郡 秦置 屬幽州 戶五萬九千八百七十二 口二十七萬二千五百三十九 縣十八 襄平 有牧師官 莽曰昌平 新昌 無慮 西部都尉治 望平 大遼水出塞外 南至安市入海 行千二百五十里 莽曰長說 房 候城 中部都尉治 遼隊 莽曰順睦 遼陽 大梁水西南至遼陽入遼 莽曰遼陰 險瀆 居就 室偽山 室偽水所出 北至襄平入梁也 高顯 安市 武次 東部都尉治 (『漢書』志 凡十卷 卷二十八下 地理志 第八下 遼東郡)

27)『晉書』志 二十卷 卷十四 志第四 地理上 平州 遼東國조에 "遼東國秦立爲郡 漢光武以遼東等屬青州後 還幽州 統縣八 戶五千四百 襄平東夷校尉所居汶居就樂就安市西安平新昌力城"와『魏書』志 凡十卷 卷一百六上 地形志二上 第五 安州 安樂郡조에 "安樂郡延和元年置交州 真君二年罷州置 領縣二 戶一千一百六十六 口五千二百一十九 土垠真君九年置 安市二漢 晉屬遼東 真君九年倂當平屬焉" 등의 내용이 보인다.

동남으로 흐르는 하천도 멀지 않은 거리에 있어서 다리가 있었을 개연성도 있다. 아울러 동남쪽으로 8리 지점에 주필산으로 비정할 만한 산이 있는지도 살펴야 하는데 동남쪽도 대체로 산지이기 때문에 이 점도 부합된다고 할 수 있다. 때문에 현재로선 영성자 산성이 가장 안시성의 조건에 부합되는 성이라 할 것이다.

3. 안시성주 '양만춘'에 관한 전승의 추이

당 태종의 친정군을 물리친 안시성 전투와 더불어 그 전투를 이끈 안시성주에 대한 관심도 오래전부터 있었다. 안시성주에 대한 기록은 중국 정사 등 여러 문헌에 나타나지만, 정작 그 성명은 기록되어 있지 않다. 『삼국사기』나 『삼국유사』 등 고려 시대 기록에서도 성주의 이름을 전혀 찾아볼 수 없다. 양만춘이 안시성주로 인식된 것은 중국은 명대의 문헌에서, 우리측 기록은 조선 시대에 처음으로 등장한다. 기존에 우리측 기록 가운데 안시성주로 양만춘이라는 이름이 처음으로 전하는 문헌은 송준길(1606-1672)의 『同春堂先生別集』으로 알려져 오기도 하였다[28] 『동춘당선생별집』에도 언급되어 있듯이 송준길이 말한 바에 따르면 윤근수가 중국 조정에서 듣고 온 것을 기록한 것이라고 한다.

C) 上이 말하기를 "安市城主는 이름이 무엇인가?" 浚吉이 대답하기를 "梁萬春입니다. 그는 능히 태종의 군대를 막았으니 가히 善守城者라 할 수 있습니다."고 하였다. 성상이 이르기를 "그런 사실이 어디에 보이는가?"하니, 준길이 아뢰기를 "故 府院君 尹根壽가 중국 조정에서 듣고 와서 기록하였습니다." 하고, 또 아뢰기를 "수나라와 당나라는 모두 명분 없이 군대를 일으켰으므로 끝내 공을 이루지 못하였으니, 모든 일은 명분이 바른 뒤에야 뜻을 이룰 수 있는 것입니다."[29]

이러한 기록에 기반하여 조선시대 문헌을 검토해 보면 안시성주로 양만춘이 처음으

---

28) 이병도, 『국역 삼국사기』 1986
29) 『同春堂先生別集』 卷6 經筵日記 己酉 四月 二十六日

로 기록된 문헌은 윤근수의『월정만필』이 가장 이르다.[30] 다만『월정만필』의 저작 연대는 확실하지 않은데, 내용 중에서 윤근수 자신이 네 차례나 중국을 왕래한 사실을 언급하면서 마지막으로 燕京에 갔던 1594년이었음을 기술하고 있는 것을 보면, 이 해가 가장 늦게 볼 수 있는 시점임을 알 수 있다. 이에 대해『大東野乘』의 기록을 근거로 萬曆 25년 정유년(1597)을 편찬연대로 보고 있기도 하다.[31]『月汀集』에도 만필이 포함되어 있는데, 이것과『월정만필』을 대조해 보면 다소 차이가 있다.

　　D) 安市城主가 唐 太宗의 精兵에 항거하여 마침내 외로운 성을 보전하였으니, 공이 위대하다. 그런데 성명은 전하지 않는다. 우리나라의 서적이 드물어서 그런 것인가? 아니면 고구려 때의 史籍이 없어서 그런 것인가? 임진왜란 뒤에 중국의 將官으로 우리나라에 援兵 나온 呉宗道란 사람이 내게 말하기를, "안시성주의 성명은 梁萬春이다. 唐 太宗 東征記에 보인다."고 하였다. 얼마 전 감사 李時發을 만났더니 말하기를, "일찍이 唐書衍義를 보니 안시성주는 과연 양만춘이었으며, 그 외에도 안시성을 지킨 장수가 무릇 두 사람이었다."고 하였다.[32]

　　위의 기록에 따르면 임진왜란 후에 명나라 사람인 呉宗道로부터 안시성주 이름은 양만춘이고 태종 동정기에 보인다는 사실을 들었으며 이후 이시발로부터 당서연의에 성주가 양만춘이었고, 장수가 2인이었다는 것도 전해 들었던 것으로 적고 있다. 여기에 따르면 오종도는 태종 동정기를 보고 말한 것으로 볼 수 있다. 그 동안 태종 동정기에 대해서는『당서지전통속연의』로 추측하기도 하였고[33], 최근에는『당서지전통속연의』라고 확정적으로 이해하고 있다.[34] 오종도가 조선왕조실록에 처음 등장하는 시기

---

30) 정호섭,「백암 박은식의 고구려사 서술에 대한 비판적 검토」『한국사학보』54, 2014
31) 前間恭作의『古鮮冊譜』는 1944년에 1책, 1956년에 2책, 1957년에 3책이 차례로 東洋文庫에서 간행되었다.
32)『月汀漫筆』
33) 이승수,「燕行路上의 공간 탐색, 鳳凰山城-安市城說과 관련하여-」『정신문화연구』29-2, 376-377쪽, 2006.
34) 남재철은 '태종동정기'는 당서연의를 염두에 두고 그 일부 내용을 가지고 표현한 것으로 이해하였다. (남재철,「安市城主의 姓名 '양만춘' 考證(Ⅰ)-姓名의 出處 樣相 檢討를 中心으로-」『동아시아고대학』35, 132-133쪽, 2014)

는 1593년이고, 1603년 기록에는 오종도가 조선에 없다는 기록도 보인다.[35] 때문에 윤근수가 오종도로부터 양만춘에 대해 들은 시점도 1593년부터 1603년 사이인 것이다. 위에서 언급된 바 있는 태종 동정기는 당서연의와 동일한 것으로 당서연의 가운데 7권과 8권의 당 태종이 고구려와의 전쟁을 통칭하여 표현한 것으로 보인다. 또한 이시발이 당서연의를 직접 보고서 안시성주가 양만춘이었음을 확인하였을 가능성이 높고, 또한 다른 장군들 2인을 거론하고도 있다.[36] 이시발이 감사로 있었던 시기는 1601년부터 1609년까지이고, 1593년부터 接伴官으로 明의 장수들과 교유하였으므로 이시발이 당서연의속에 등장하는 안시성주 양만춘을 알게 된 것은 1593년부터 1609년 사이라고 한다.[37] 때문에 조선에 안시성주로 양만춘에 대한 정보가 들어 온 가장 빠른 시점은 임진왜란 직후였던 것으로 보인다.

그런데 한가지 짚고 넘어 갈 것은 유한준(1732-1811)이 남긴 『自著』와 『著菴集』의 기록이다.

E) 楊君은 안시성주 楊萬春이다. 萬春이란 이름은 東史에는 전하지 않는데, 윤두수가 중국 사신으로 갔다가 중국인이 기록한 자가 있어 마침내 기록하여 돌아와 전하게 되었다.[38]

윤근수의 형인 윤두수가 明에 謝恩使로 간 시기가 1577년임은 분명하고, 5개월 정도

---

35) "상이 新安館에 거동하여 명나라 장수 黃應暘·吳宗道·兪俊彦을 접견하였다."(『宣祖實錄』 34권 /26년 1월 23일 무인 3번째 기사)와 "비변사가 아뢰기를 '廣寧의 李總兵은 우리 나라의 일에 자못 유의하여 우리 나라의 通事를 보면 반드시 왜적의 정세를 묻습니다. 우리 나라가 한 委官을 얻어 邊境의 聲勢로 삼기를 바란다는 말을 듣고 말하기를 '그것은 참으로 마땅한데 차출되어 가는 자는 반드시 마땅한 사람이라야 너희 나라에 폐단이 없고 실효가 있을 것이다. 葉靖國같은 자를 얻는다면 후회가 있을 것이고 吳宗道같은 자가 참으로 마땅하나 지금 이 곳에 있지 않다.' 하였습니다."(『宣祖實錄』 166권 /36년 9월 28일 신사 3번째기사)

36) 『唐書志傳通俗演儀』의 내용에 따르면 정황상으로 언급된 두 장수는 추정국과 이좌승이라 할 수 있다.

37) 남재철, 「安市城主의 姓名 '양만춘' 考證(Ⅰ) -姓名의 出處 樣相 檢討를 中心으로-」 『동아시아고대학』 35, 118-119쪽, 2014.

38) 『自著』 卷之一 廣韓賦幷序와 『著菴集』에 보인다.

明에 머문 것으로 보인다.[39] 윤두서가 이미 명에서 중국인을 통해 안시성주의 성명이 양만춘임을 인지하였고, 윤두서와 윤근수의 관계가 형제지간이어서 윤근수가 형의 전언을 통해 이것을 알았을 것으로 보면서 임란 이전에 많은 조선의 지식인들이 그러한 사실을 인지하였을 가능성이 큰 것으로 이해하기도 한다.[40] 그러나 앞서『월정만필』의 기록을 보면 윤근수가 형으로부터 전해 들은 말이라는 것은 전혀 없고 중국인 오종도로부터 직접 들었으며, 이시발로부터도 들었음을 적고 있다. 유한준이 이러한 사실을 어디로부터 확인했는지는 전혀 알 길이 없고, 비교적 이른 시기에 나온 윤근수의『월정만필』에서도 이런 내용이 없어서 유한준의 기록을 그대로 인정하기는 어려울 듯 하다. 특히『동춘당선생별집』에서는 윤근수가 중국 조정에서 듣고 왔다고 적고 있기도 하여 기록마다 차이를 보이기도 한다. 후대의 기록을 신빙하기보다는 기록의 당사자이기도 한 윤근수와 이른 시기의『월정만필』등을 신뢰하는 것이 더 타당할 것이다. 또한 현재 윤두수의 글을 모은『梧陰遺稿』에도 이러한 언급이 전혀 없는 점에서도 마찬가지이다. 결국 안시성주로 양만춘에 대해 최초로 기록하고 있는 우리의 역사서는 윤근수(1537-1616)의『月汀漫筆』[41]이고 여기에 수록된 유사한 내용이『月汀集』[42]에도 전하고 있다.

한편『월정만필』에 이어 양만춘에 대한 전승을 전하고 있는 기록은『休翁集』이다. 여기에서는 '麗史抄'를 전거로 城將이 梁萬春임을 기록하고 있다.

F) 城上拜 英雄豪傑曠世一有 而姓名不傳 可惜也哉 麗史抄城將梁萬春云 未知是否

---

39) 『宣祖實錄』11卷, 선조 10년 4월 1일 戊午 2번째기사(사은사 尹斗壽·金誠一 등을 파견하여 宗系의 개정에 대한 일을 주청하였다. 이때 勅諭에 대한 사은과 辯誣하는 일을 겸하여 보낸 것이다)와『宣祖實錄』11卷, 선조 10년 9월 1일 甲寅 3번째기사(사은사 尹斗壽 등이 京師에서 돌아왔다)를 통해 알 수 있다.

40) 남재철,「安市城主의 姓名 '양만춘' 考證(Ⅰ) -姓名의 出處 樣相 檢討를 中心으로-」『동아시아고대학』35, 120쪽, 2014

41) 安市城主抗唐太宗精兵。而卒全孤城。其功偉矣。姓名不傳。我東之書籍鮮少而然耶。抑高氏時無史而然耶。壬辰亂後。天朝將官出來我國者有吳宗道謂余曰。安市城主姓名梁萬春。見太宗東征記云。頃見李監司時發言曾見唐書衍義。則安市城主果是梁萬春。而又有他人。守安市之將凡二人云(『月汀漫筆』)

42) 世傳高勾麗時唐文皇征東。旣克遼陽。而安市城主以孤軍抗文皇親征之師。延壽惠直來救其城。乃覆十五萬衆而請降。城主不少動。相持六十餘日。文皇竟以遼左早寒。解圍班師。賜縑百匹。以勵事君。中朝執此。至今猶謂高麗長於守城。何今日之不然也。且也安市城主獨全孤城。名聞天下。而麗史顧逸其名。文獻無徵。一至於此。中朝小說乃謂梁萬春其人。因此得其姓名。豈非千古之一快乎(『月汀先生集』卷 5)

唐太宗伐高句麗 大破高延壽惠眞軍十五萬衆於安市城下 仍攻其城 城主堅守不下 凡留五十餘日 帝班師 城主拜辭於城上 帝嘉其固守 賜絹二百疋 牧隱貞觀唫 玄花新逢白羽箭 諺傳太宗攻安市 流矢中目云 而中國史諱不直書固宜 三國史亦不載 未知牧老何從得此言也

孤城月暈五十日 大唐天子親臨戰 草枯遼左難久留 玄花新逢白羽箭 將軍介冑七尺身 城上拜辭屬車塵 久抗天威罪當誅 賜絹特勵爲人臣 姓名恨不傳千春 所以吾東善戰善守名中國 賴有此及薩水文德龜州朴

乙支文德敗隋兵於薩水 高麗朴犀守龜州 蒙兵來攻 固守三年 終不下 蒙將歎其善守

비교적 이른 시기의 기록인 『休翁集』에 기록된 麗史抄가 무엇인지는 알 수가 없다. 이에 대해 고구려사와 관련한 기록들을 여러 문헌에서 選抄한 것으로 임진왜란 이후부터 1617년 사이 누군가에 의해 만들어진 野史的 성격의 문헌으로 추측하기도 하였으나, 그 역시 정확한 실체를 파악할 수 없다고 하였다.[43] 현재로선 '麗史抄'를 고증하는 데에는 한계가 있는데, 이 기록 외에 이러한 책을 확인할 수 있는 기록이 전무하다. 때문에 '麗史抄'는 특정한 문헌이 아닐 개연성도 있어 보인다.

이러한 여러 정황상으로 보면 역사서는 아니지만 양만춘에 대한 전거로 지목되었던 중국측 기록인 당서연의에 대한 확인이 필요하다. 당서연의는 明의 熊大木이 지은 『唐書志傳通俗演義』를 가리킨다. 웅대목은 그 생몰년에 대해서는 정확하게 알 수 없으나, 嘉靖 연간(1522~1566년)과 萬曆 연간(1573~1620년)에 활동한 통속소설가였다. 그는 대체로 역사서를 기반으로 한 연의식 소설을 주로 썼는데, 『唐書志傳通俗演義』는 『唐書』를 기반으로 한 연의식 소설이다. 이 밖에 저술한 소설로는 『全漢志傳』과 『大宋中興通俗演義』, 『南北兩宋志傳』 등이 있다. 『唐書志傳通俗演義』는 전체 8권으로 구성되었고, 그 가운데에 7권과 8권의 내용이 대체로 당 태종이 벌인 고구려와의 전쟁을 담고 있다. 『唐書志傳通俗演義』는 4종의 간본이 전하는데, 대체로 내용은 유사하다. 이

---

43) 남재철, 「安市城主의 姓名 '양만춘' 考證(Ⅰ)-姓名의 出處 樣相 檢討를 中心으로-」 『동아시아고대학』 35, 142-143쪽, 2014.

가운데 가장 앞선 시기인 嘉靖 32년인 1553년에 간행된 간본44)에 따르면 8권에 바로 안시성 전투가 서술되어 있다. 8권의 제 83절부터 87절까지 그리고 마지막 90절에 양만춘에 대한 기록이 보인다.

G-1) 第八十三節　李世勣兵進安市城　薛仁貴智取黃龍坡

守安市城者 卻是高麗國 左右親衛軍官鎭守 各分絶奴灌奴等部 絶奴部主帥梁萬春鄒定國李佐升 灌奴部主帥歐飛曁武張猴孫 共六員猛將 虎踞於安市城中 (중략) 梁萬春曰 此計大妙 與君精兵五萬 先截住唐軍 我隨後亦有人馬來應

G-2) 第八十四節　高延壽列陣戰唐兵　薛仁貴奪圍救主將

安市城絶奴部梁萬春哨馬報 歐飛等守黃龍坡 被唐將用計出隘後 殺死歐飛等三人 部下麗兵擒捉去大半 即日唐兵逼於安市城下 主帥急爲提備 梁萬春大驚 謂鄒定國曰 唐兵已過了黃龍坡 殺死灌奴部歐飛等三員大將 今已來到安市城 爾眾人有何高見 定國曰 幾時聞得唐兵善戰 所向無敵 今壹連取了高麗數個大郡 果的不虛 我兵先輸了壹陣 又折了三員大將 若復出兵對陣 定不能取勝 城中只管預備軍器 城上插起戰旗 主帥壹邊遣人漏夜上高麗見國王 急調軍馬救應 然後出兵未爲晚矣 梁萬春依其議 即吩咐三軍緊守城池 準備戰具 壹邊遣人上高麗取救不題 (중략) 高延壽謂惠眞曰 唐兵易爲破耳 乃驅兵鼓噪而進 直至安市城下 城中梁萬春見高麗兵馬來 率眾將在敵樓上擂鼓助喊

G-3) 第八十五節　高延壽納降李世勣　蓋蘇文保舉束頂漢

梁萬春見麗兵戰敗 與部下鄒定國李佐升等議曰 唐兵日夕打攻城池 百民各懷內俱 高延壽損折兵馬 走入銀城 何以退得敵兵 李佐升曰 安市城濠塹堅固 縱唐兵攻打 無奈我何

---

44) 이 간본이 당서연의 간본 가운데 가장 앞선 시기의 것이기는 하나 이는 결코 최초 판본이 아닐 것으로 이해하면서 웅대목이 편집한 것으로 '薛居士的本' 등을 그 원본으로 보기도 한다. 웅대목이 新刊京本秦王演義唐國志傳을 저본으로 삼아 당서지전통속연의를 편집하였고, 新刊京本秦王演義唐國志傳도 다른 판본을 저본으로 삼았을 가능성을 제시하기도 하였다. (남재철, 「安市城主의 姓名 '양만춘' 考證(Ⅰ)-姓名의 出處 樣相 檢討를 中心으로-」『동아시아고대학』35, 133-138쪽, 2014)

復遣人入高麗取救 我只顧準備戰守之具 敵人自退也 梁萬春依其議 壹面遣使再來高麗取救 壹面吩咐軍士嬰城而守

G-4) 第八十六節　王道宗築土攻安市　程名振持兵出綠水

麗將梁萬春知此消息 城中亦預備火箭火炮之具 次日平明 世勣推進雲梯 軍中鼓聲如雷 三軍四面競進 將近壕邊 麗將火箭齊發 燒死軍兵墜地 雲梯盡被燒之 城頂矢石如雨 唐兵不能前進 (중략) 梁萬春急令運石盤石磨 用藤繩穿 擊沖車 其車皆折 又不得進 晝夜相攻二十余日 無計可施

G-5) 第八十七節 盧漢三建安死節 蓋蘇文鐵勒征兵

張亮既取了建安城 調人鎮守 提水軍艨艟俱進 直趨平壤 由鴨綠水進發 所過郡縣 望風逃避 將近安市 早有人報知太宗 今有張亮壹連贏了麗將 取其建安城 即日大軍出平壤 太宗大喜 即敕李世勣諸將 攻打東西南門陸路 張亮攻打北門水路 兩下合勢 務要取了城池 二處總兵得旨 晝夜攻擊 梁萬春終日與鄒定國李佐升等議論戰守 聽的唐兵各門攻打甚急 李佐升曰 唐兵屢攻我不下 徒弊精神 主將可出兵殺他壹陣 以挫其鋒 鄒定國曰 唐人已被吾奪了土山 又得壹重堅固 今水陸並進 人馬三十萬 長驅而來 其勢甚盛 若出戰必爲所破 急差人求救於高麗 又作計較 梁萬春依其議 遣人星夜入高麗求救 城中只是深溝高壘 相守不出

G-6) 第九十節 長孫臣勸回鑾駕 唐太宗坐享太平

且說李世勣已早吩咐東西二營兵馬 披掛已備 人各刀槍出鞘 弓弩離弦 次日於城下依隊伍而行 但見旌旗蔽日 盔甲鮮明 兩下金鼓齊鳴 都將安市城圍了壹匝 早有守軍報入城中 唐天子已回鑾駕 各營班師 麗將梁萬春率眾將登城觀望 見城下人馬整齊 衣袍燦映 各依隊伍而行 繩然不亂 麗兵暗暗喝采 梁萬春曰 久聞秦王之兵所向無敵 今日見其威儀 果的不虛也 忽中軍風卷起壹面龍鳳日月旗 旗下開展黃羅傘 眾將前擁後湧 簇住壹道鑾駕 金鼓聲近 將至城濠邊 梁萬春等知是唐天子過來 眾人城上各跪下 齊聲拜辭聖駕 前後報

入中軍 太宗知的 命有司取絹縑壹百匹 以賜梁萬春等 不移時 有司官即遞過絹嫌 令城
上縋木板而下受之 有司乃日 此絹天子賜汝等事君之忠 守城誌堅者也 麗兵得賜 城頂拜
謝之聲 振動禦前 太宗兵馬前後離了安市 至白巖城屯紮 因敕下各營 集將士大賞三日

　　위에서 보이는 바와 같이 양만춘의 출신 部까지 자세하게 기록하고 있고, 양만춘과
더불어 장수 5명의 성명까지 나열되어 있다. 특히 絶奴部의 主帥로 梁萬春이 거론되
었고 그 예하 장수로 鄒定國과 李佐升이 있었으며, 灌奴部의 主帥로는 歐飛, 暨武, 張
猴孫이 있었던 것으로 서술되어 있다. 전체적인 내용상 안시성 내에서의 명령 체계로
보면 안시성주는 양만춘이었던 것으로 묘사하고 있다. 왜냐하면 구비 등은 안시성 밖
의 전투에서 싸우다 전사한 사람으로 사서에 언급된 '城上拜'의 성주는 아니기 때문이
다. 아울러 이 책에는 건안성을 지키던 장수로 盧漢二, 盧漢三, 張鼎石, 王朝奉 4명도
서술되어 있다.[45] 이 기록의 史的 전거는 전혀 알 수 없는 바, 여타의 어떠한 문헌 기록
에서도 이들의 성명이 단 한 명도 확인되지 않기 때문에 작가에 의한 창작의 소산이라
할 것이다. 여러 장수의 성명도 그러하거니와 7세기에는 보일 수 없다고 생각되는 절
노부, 환노부 등의 옛 부의 명칭이 기술된 점도 점도 어색하다. 이러한 점에서도 창작
의 소산이라고밖에 볼 수 없다. 웅대목은 『唐書』를 기본으로 한 연의식 소설을 쓰면서
『唐書』에 등장하는 실제 인물들도 소설 속에 등장시켰지만, 역사서에 보이지 않는 다
수의 가상의 인물들을 창작하면서 안시성과 건안성과 관련된 전투를 묘사했던 것이
다. 이는 소설의 구성상에 필요한 인물 설정이었던 것으로 전쟁의 극적인 전개를 위해
인물들의 성명을 창작하였던 것이다.

　　이와 같이 『唐書志傳通俗演義』에 의해 안시성주는 梁萬春으로 설정되었다고 할 수
있다. 이는 실제 역사적 근거는 전혀 확인할 수 없는 것이기 때문에 많은 문제가 있다.
그런데 다른 사서에 기록이 없는 상황에서도 안시성과 안시성주에 대한 많은 관심이
존재하였던 것이다. 이에 대한 관심으로부터 시작하여 조선 시대 사람들이 중국인으

---

45) 是時 建安守將盧漢二盧漢三張鼎石王朝奉四員鎮守 (『唐書志傳通俗演儀』 第八十六節 王道宗築土攻安市 程名振持兵出
　　綠水)

로부터 안시성주에 대한 정보를 전해 들었던 것으로 보인다. 후에 그 정보가 기록되고 전승되면서 조선시대 기록에서 『唐書志傳通俗演義』를 직접 확인하지 않고 양만춘에 대한 기록의 출발을 太宗東征記, 唐書衍義, 唐書演儀 등으로 표현하기도 하였다.

H-1) 城主의 姓名이 東史에는 전하지 않는데, 太宗의 東征記에 梁萬春이라 하였다. 이것이 金荷譚의 破寂錄에서 나왔는데, 經世書補編에도 그러하다. 상고하건대 혹은 鄒定國이라 하였다.[46]

H-2) 帝進攻安市城 城險兵精 城主亦材勇 圍城六旬堅守不下 帝以遼左早寒 勅班師 安市城主 史失其名 中原人相傳以爲梁萬春鄒定國云[47]

위의 안정복이 언급한 내용 가운데 태종 동정기는 『唐書志傳通俗演義』를 가리킨다. 전거로 언급하고 있는 김시양의 『荷潭破寂錄』에는 양만춘에 관한 내용이 확인되지 않는다.[48] 또 하나 전거로 언급하고 있는 『經世書補編』은 신익성의 『康節先生皇極經世書東史補編通載』을 말하는 것으로 보이는데, 여기에는 梁萬春이 확인되며, 鄒定國도 같이 기술하고 있다. 그 전거는 中原人들이 서로 전하는 것으로 서술하고 있어서 구체적이지는 않다. 안정복이 『동사강목』의 주석에 안시성주가 양만춘 이외도 추정국이라는 점도 기록한 것은 아마 『皇極經世書東史補編通載』를 보고 쓴 것 같고, 『唐書志傳通俗演義』를 직접 확인한 것은 아닌 듯 하다. 『唐書志傳通俗演義』를 직접 보았다면 여러 명의 장수 이름을 확인하였을 것이기 때문에 이러한 주석을 붙이진 않았을 것이기 때문이다. 적어도 『皇極經世書東史補編通載』가 간행될 즈음의 17세기 전반의 조선에는

---

46) 『東史綱目』 附錄 上卷 上 考異
47) 『康節先生皇極經世書東史補編通載』 卷之四 六十七
48) 唐의 儒家名將인 雷萬春(?-757)에 대해 언급한 기록이 보이는데, 혹여 이것을 양만춘으로 잘못 기억한 것이 아닌가 한다. (昌黎張中丞傳後敍云 閱家中舊書 得李翰所爲張巡傳 翰以文章自名 爲此傳頗詳密 尙恨有闕者 不爲許遠立傳 又不載 南霽雲事首尾 遂敍許遠南霽雲事甚詳 而無一言及雷萬春者 旣以不載雷萬春事首尾爲有闕 則傳後書不應復沒沒如此也 余 嘗疑南霽雲三字傳寫者 誤作雷萬春 每與土友語次及之 或言八大家文抄註 亦有此論 八大家文抄註余未及見 不知果然否)

『唐書志傳通俗演義』의 내용 가운데 안시성을 지킨 장군으로 양만춘과 추정국 정도는 알려져 있었던 셈이다.

한편 조선 시대에 안시성주가 양만춘으로 고착화되는 상황에서 당서연의의 기록에 대해 의문을 제기한 견해도 동시에 다수 확인할 수 있다.

I-1) 安市城主는 조그마한 외로운 성으로 천자의 군대를 막아냈으니, 세상에 드문 책략가일 뿐만 아니라, 성에 올라가 절하고 하직하는데 말이 조용하여 예의의 바름을 얻었으니, 진실로 道를 아는 군자이다. 아깝게도 역사에서 그의 이름을 잃었는데, 명나라 때에 이르러 唐書衍義에 그의 이름을 드러내어 梁萬春이라고 하였다. 어떤 책에서 찾아냈는지는 알 수 없으나 안시성의 공적이 책에서 찬란히 빛나고 있다. 진실로 그의 이름이 잃어지지 않고 전하였더라면 通鑑綱目과 東國史記에 응당 모두 유실되지는 않았을 것이다. 어찌 수백 년을 기다려서야 비로소 衍義에 나오겠는가. 거의 믿을 수 없다.[49]

I-2) "안시성이 遼陽 開州 지방에 있으니 여기서 70리라."고 하나 대저 잘못 전해진 의논이라. 세상이 전하되, "안시성주를 楊萬春이다"하니 이 말이 唐書衍義라 하는 책에 있으나, 史記에 나타난 일이 없으니, 족히 취하여 믿지 못하리라 하니, 이는 분명한 의논이라.[50]

I-3) 三淵이 燕京으로 가는 老稼齋를 전송한 시에, '天秋大膽楊萬春 箭射虯髥落眸子'라고 하였는데, 상고하건대 安市城 城主가 양만춘이라는 것은 唐書演義에서 나온 말로, 好事者가 그런 姓名을 만든 것이니 믿을 만한 것이 못 된다. 이는 月汀雜錄과 徐居正의 四佳亭集에 자세히 보인다 한다. 牧隱의 貞觀吟에, '謂是囊中一物耳 那知玄花落白羽'라고 하였는데, 玄花는 눈을 말하고 白羽는 화살을 말한다. 세상에서 전해 오기로

---

49) 『涪溪記聞』
50) 『戊午燕行錄』 제1권 戊午年(정조 22) 11월

는 당 태종이 高句麗를 치기 위하여 안시성까지 왔다가 눈에 화살을 맞고 돌아갔다 하는데, 唐書와 通鑑을 상고하여 보아도 모두 실려 있지 않았다. 이는 당시의 史官이 반드시 중국을 위하여 숨긴 것이리니 기록하지 않은 것을 괴이하게 여길 것이 없다. 이는 金富軾의 三國史記에도 실려 있지 않은데, 목은은 어디서 이 말을 들었는지 모르겠다.[51]

I-4) 우리나라의 姓名 異同에 대하여는 아직 자세히 상고해 보지 못하였다. 이를테면 李芝蘭의 자를 式馨, 庾黔弼의 자를 官佼라 하는 등 姓苑에 적지 않게 보이는가 하면, 신라 때 金生의 이름을 玖라고 한 이는 坯窩 金相肅이고, 고구려때 안시성주를 楊萬春이라 한 말은 唐書演義에 보이는데, 믿을 수 없다.[52]

위의 『부계기문』에서는 양만춘이 당서연의에 나오는 내용이긴 하지만, 그 전거에 대해 확인할 수 없어서 믿을 수 없다고 하고 있다. 안정복도 『무오연행록』에서도 당서연의를 직접 확인하고 쓴 것은 아닌 듯하고, 안시성주가 양만춘이라고 하는 내용은 역사서에 나타나지 않아 믿을 수 없는 것으로 보고 있다. 이덕무는 안시성 양만춘은 당서연의에서 나온 말이지만, 호사자가 그런 성명을 만들어낸 것으로 믿을 수 없다고 썼다. 또한 전거로 삼았던 『월정잡록』과 『사가정집』은 직접 확인하지 않았던 것으로 여겨진다. 목은 이색이 쓴 '정관음'에 당 태종이 눈에 화살을 맞고 돌아갔다는 것은 사서에 실려 있지 않지만, 당시 사관이 숨긴 것으로 여기고 있다. 그렇지만 목은이 이러한 말을 어디서 알았는지에 대해서는 의문을 제기하고 있다. 이규경도 안시성주를 양만춘이라고 한 것은 당서연의에 보이지만, 믿을 수 없다고 했다. 양만춘의 성명을 楊萬春으로 표기한 것을 보면 당서연의를 직접 본 것은 아닌 듯하다.

이 밖에 몇 가지 검토해 볼 사항이 있다. 성호 이익도 안시성주를 양만춘으로 인식하였는데 당서연의가 아닌 다른 구체적인 전거를 밝히고 있다. 즉, 명나라 문인이었던 何

---

51) 『靑莊館全書』 第32卷 淸脾錄一
52) 『五洲衍文長箋散稿』 인사편 1 인사류 2 氏姓

孟春(1474 - 1536)의『餘冬序錄』을 양만춘에 대한 전거로 기록하고 있는 것이다.

J-1) 고려의 金富軾이 柳公權의 소설을 인용하여, "주필의 전역에 고구려와 靺鞨의 연합군이 사방 40리에 뻗쳤으므로, 태종이 바라보고 두려워하는 기색이 있었다." 하였고, 또 "六軍이 고구려에게 제압당하여 자못 앞으로 떨쳐나가지 못하게 되었을 때, 척후병이 '英公의 군사가 포위되었다.'고 고하자, 帝가 크게 두려워하였다. 마침내 스스로 벗어나가기는 하였지만 두려워함이 이와 같았다. 그러나 新唐書, 舊唐書와 司馬光의 通鑑에 이 사실을 말하지 아니한 것은, 어찌 나라를 위하여 말하기를 꺼려한 것이 아니겠는가?" 하였다. 또 "태종이 英明하고 신무한 불세출의 임금으로서 오랫동안 안시성을 포위하고 온갖 계책을 다하여 쳤지만 이기지 못하였으니, 그 성주도 역시 비상한 사람이었다고 할 수 있는데, 애석하게도 역사에 그의 성명이 누락되었다."고 하였다. 내가 何孟春의 餘冬序錄을 상고해 보니, "安市城將은 곧 梁萬春이다." 하였다. 牧隱의 시에, '誰知白羽落玄花' 하였는데, 세상에서 "당 태종이 流失에 맞아 失明했기 때문에 이렇게 말한 것이다." 하니, 이에 모두 상고할 수 있는 것이다.[53]

J-2) 寶藏王 4년에 唐 황제가 安市城을 공격하였는데 성을 단단히 지키는지라 함락시키지 못하니, 군사를 돌릴 것을 명하였다. 먼저 遼州와 蓋州 두 주의 戶口를 징발하여 遼水를 건너게 한 뒤, 안시성 아래에서 군대의 위용을 보이고는 회군하였다. 성안 사람들은 모두 자취를 감추고 나오지 않았다. 城主가 성에 올라 절을 하며 전송하니, 황제가 이에 그가 성을 단단히 지킨 것을 가상히 여겨 비단 100필을 하사하여, 임금을 잘 섬긴 것을 격려하였다.

城上拜 帝有九伐軍 臣亦七里郭 九伐非不壯 七里堅如石 天時爭似地利勝 匹夫不容皇威克 遼陽千里休久勞 此心有如丁令鶴 三軍捲退玉趾迴 束帛留賜金湯國 帝似三旬振旅禹 聲同秦王破陳樂 臣如河上在舟孟 向風折腰波濤隔 君王以四海爲家 一征一舍皆恩澤

53)『星湖僿說』卷27 經史文 安市城主

巫閭山色碧崢嶸 梁萬春名位倚薄[54]

　　이익은 성호사설에서 『餘冬序錄』을 통해 안시성장이 양만춘이라고 했으나, 현재 확인 가능한 『餘冬序錄』은 何孟春 撰述한 것을 何仲方 編輯한 전체 13권으로 구성된 것으로 台北 藝文印書館에서 1966년에 原刻影印한 것이다. 『여동서록』이 16세기 전반경의 기록임은 분명하지만, 현재 남아있는 간본에서는 안시성과 양만춘에 대한 기록은 찾을 수 없다. 혹여 『餘冬序錄』의 판본상의 문제일 여지도 있기에 그 핵심적인 것을 줄인 적초본인 『餘冬序錄摘抄內外篇』을 확인해봐도 양만춘에 대한 기록을 찾아 볼 수 없다. 이것에 대해 이익이 안시성주의 성명이 전하지 않은 것에 대한 큰 아쉬움을 갖고서 그 성명을 신빙할 만한 문헌을 바탕으로 고증하고자 하는 강한 의지가 반영되어 실증적 고증에서 착오가 생긴 것으로 추정하기도 한다.[55] 그런데 이것은 이익의 기억상 오류일 개연성이 높다. 당시 문인들이 기억을 통해 글을 쓰는 경향이 많은 만큼 개인의 기억상 오류일 것으로 보인다. 이익은 전집에 남긴 '城上拜'라는 시에서도 안시성주를 양만춘으로 기록하기도 하였다. 때문에 안시성주의 실체에 대해 당서연의를 제외하고 중국측의 전거를 확인하는 것은 역사적 문헌 기록상으로는 불가능하다.

　　또한 비록 후대의 기록이긴 하지만, 1921년에 간행된 『續陰晴史』에서 김윤식은 안시성주로 양만춘에 대한 첫 기록은 四佳詩話, 즉 서거정(1420~1488)의 시화였던 것으로 인식하기도 하였다.

　　K) 安市城主姓名不見於史 見於徐四佳詩話 姓楊名萬春 泉盖蘇文旣弑君自爲離支兼吏兵部官 원주徵召諸城主 二已者殺之 安市城主獨不就徵 繕兵自守 盖蘇文遣將攻之不下 及唐師至 城主竭力守禦 能拒天下之兵 蓋盡忠所事 死於官守之人 然唐師旣退 泉賊

---

54) 『星湖全集』 第7卷 海東樂府 城上拜
55) 남재철, 「安市城主의 姓名 '양만춘' 考證(Ⅰ) -姓名의 出處 樣相 檢討를 中心으로-」 『동아시아고대학』 35, 141-142쪽, 2014.

之權愈固 是則城主之固守 爲泉氏 非爲高氏也 夫盡力於泉氏 豈城主之本心哉[56]

위의 기록에 보이는 四佳詩話는 아마 『東人詩話』를 가리키는 것으로 생각되는데, 『東人詩話』는 1474년(성종 5)에 서거정이 지은 詩話集으로 상·하 2권 1책으로 된 목판본이다.[57] 『東人詩話』에는 당 태종이 눈에 화살을 맞은 이야기와 관련해서 적고 있을 뿐이어서 『속음청사』의 기록도 신뢰하기는 어렵다.[58] 이와 관련하여 『東人詩話』가 전거로 언급된 또 하나의 문헌이 있는데 尹愭의 『無名子集』이다.

L) 玄花白羽牧詩眞 無怪諱書謹史臣 獨嘆城主忠如彼 不表姓名梁萬春

李穡詠貞觀詩曰 謂是囊中一物耳 那知玄花落白羽 徐居正東人詩話云 當時史官必爲中國諱 無怪其不書也 城主 梁萬春 見於太宗東征記[59]

여기서 성주 양만춘에 대한 것은 태종동정기에서 보인다는 것으로 앞서 언급한 바와 같이 태종동정기는 당서연의를 가리킨다. 『無名子集』에 보이는 내용은 결국 목은 이색의 시를 읽고 『東人詩話』를 본 후에 그 감회를 시로 표현한 것이라고 하겠다.

한편 안시성주의 성명이 문헌기록에 梁萬春 혹은 楊萬春으로 다르게 나타나는데, 대체로 위의 초기 기록들을 보면 梁萬春이었던 것으로 보인다. 다만 성명을 楊萬春으로 쓴 최초의 기록은 관찬으로는 『承政院日記』, 사찬으로는 조위한의 『玄谷集』에서 확인된다.

M-1) 以恭曰 安市(三四字缺)失其名 中國則以楊萬春傳之 而出於雜(三四字缺)信實矣 瑞鳳曰 高麗有遼東地方 (三四字缺)於三國 隨·唐之所不能就勝 其地平原廣闊 一望(數字

56) 『續陰晴史』卷四 高宗 二十六年 己丑 六月 十六日
57) 현재 서거정의 시화가 수록된 것으로 『四佳集』 『東文選』 등도 있으나 이러한 책들에서도 양만춘에 대한 기록을 전혀 확인할 수는 없다.
58) 정호섭, 「백암 박은식의 고구려사 서술에 대한 비판적 검토」 『한국사학보』 54, 2014.
59) 『無名子集』 詩稿 册六 / 詩 其二百二十一

缺)形如此 故多出雄豪之人 如麗史所稱蓋(一字缺)文者 雖是篡逆之賊 亦是梟雄無敵之人 唐太宗與群臣 論當世雄傑 而蘇文在七人之中 可想其爲人矣 上曰 蘇文之才 似不下於曹操矣 今奴賊所據有 皆(一字缺)地乎 瑞鳳曰 三叉河以東 皆爲所據 此皆高麗(一字缺)有之地矣 (二字缺)我國文獻 不如中原 不知安市城之在何地 而又不知(一字缺)城主爲何如人 篇冊短缺 不能傳記 使當時守城(三四字缺)一國之忠義雄豪 名字泯滅無傳 其可歎(三四字缺) 講訖[60)]

M-2) 鳳凰城 或曰安市城 或曰莒州城 安市則楊萬春之所守 莒州則盍蘇文所據也[61)]

이러한 두 기록 이후에도 지속적으로 안시성주는 楊萬春으로 표기되기도 하였던 것이다. 그것은 『唐書志傳通俗演義』나 『월정만필』 등에는 梁萬春으로 동일하게 표현하고 있었다. 그런데 실제 그 기록을 보지 못한 누군가에 의해 처음으로 중국인들에게 많이 나타나는 姓인 楊으로 인식되면서 楊萬春으로 표기되었고, 그것이 이후 지속적으로 전승되기도 하였던 것이다.

또 하나 살펴볼 것은 당 태종이 눈에 화살을 맞아 부상당했다는 내용이다. 당 태종이 눈에 화살을 맞아 회군한 이야기도 중국 정사의 기록에도 전하지 않는 사실이고, 국내의 『삼국사기』나 『삼국유사』 등에도 전하지 않는다. 다만 이러한 이야기의 실제 사실 여부를 떠나 적어도 고려 말부터 이러한 전승은 존재하였던 것으로 보인다.[62)] 이색 (1328-1396)의 『牧隱集』에 수록된 '貞觀吟'이라는 시가 남아있고, 서거정의 『東人詩話』와 『東文選』 등에도 같은 기록이 있다. 이 기록은 이후 조선시대 여러 문집들에도 전하고 있다.

N-1) 목은 이색이 지은 정관 연간을 읊은 시는 호쾌하면서도 건장하다.(중략) 현화는

---

60) 『承政院日記』 27冊 仁祖 7年 8月 7日 己未 9/11 기사 (1629년)

61) 『玄谷集』 卷之五 詩 七言律詩 一百十首

62) 민족문화대백과사전 등에 고려말 李穀의 『稼亭集』에도 당 태종이 눈에 화살을 맞은 이야기를 전하고 있다고 하나, 『稼亭集』에는 그러한 내용을 찾을 수 없고 唐太宗六駿圖라는 詩만 전하고 있다.(『稼亭集』 제14권 古詩 唐太宗六駿圖)

당 태종의 눈을 말하고 백우는 화살을 말한다. 세상에 전하기를 당 태종이 고구려를 정벌할 때 안시성에 이르렀는데 화살이 그의 눈을 명중시켜 돌아갔다고 한다. 그러나 당서와 통감을 상고하면 이 사실이 모두 기재되어 있지 않다. 비록 있었던 사실이라도 당시의 사관이 필경 중국을 위하여 숨겼을 것이니, 그 기록이 없더라도 이상할 것은 없다. 다만 김부식이 편찬한 삼국사기에도 기재되어 있지 않은데, 목은 노인이 어디에서 이 사실을 알았는지 모르겠다.[63]

N-2) 세상이 전하는 말에, 唐 太宗이 安市를 치다가 流矢에 눈을 맞았다고 하는데, 중국 역사가 이를 숨기고 바로 쓰지 않은 것은 실로 당연한 일이겠으나, 우리 나라 역사에도 보이는 곳이 없다. 李牧隱의 貞觀吟에, "주머니 속에 든 하나의 물건으로 보았는데(謂見囊中一物耳) 어찌 화살이 눈에 떨어질 줄 알았으랴(那知玄花落白羽)" 하였다. 목은이 당세의 儒宗이 되었으니 그 말이 망령되지 않았을 것이다. 資治通鑑에 의하면 태종이 遼東으로부터 돌아와 악성 종기를 앓았다고 하였으니, 이것이 어찌 流矢에 상처입은 것을 역사에서 숨기고 말하지 않는 것이 아니겠는가?[64]

N-3) 文靖公 李穡의 貞觀吟에 이르기를, "이것은 주머니 속의 한 물건이라 여겼으니(謂是囊中一物耳) 어찌 현화가 백우에 떨어질 줄 알았으랴(那知玄花落白羽)"라고 하였다. 현화는 눈을 말하고, 백우는 화살을 말한 것이다. 세상에 전하기를, "唐 太宗이 고려를 정벌할 적에 안시성에 이르렀다가 눈에 화살을 맞고 돌아갔다." 하는데, 唐書와 通鑑에 모두 실려 있지 않고, 다만 柳公權의 小說에, "태종이 처음 고구려의 延壽와 惠眞이 渤海의 군사를 인솔하고, 陣을 40리 거리에 뻗치어 포진한 것을 보고 두려워하는 빛이 있었다." 하였으나, 역시 화살을 맞아 부상했다는 내용은 없다. 나는 생각하기를, "당시에 비록 이러한 일이 있더라도 史官이 반드시 중국을 위하여 숨겼을 것이니, 쓰지 않은 것은 괴이할 것이 없다. 다만 김부식의 三國史記에도 기재되어 있지 않으니,

---

63) 서거정저·권경상 역주, 2003, 『原典對照 東人詩話』
64) 『東史綱目』 附錄 上卷 上 考異

목은 옹이 어디에서 이것을 얻었는지 알 수 없는 일이다." 하였다.[65]

N-4) 東夷善守城 遼東道遠 糧運難繼 帝不以爲然 及還 每稱麗人守城之堅 帝還京問 諸將曰吾以天下之衆 困於小夷何也 李靖曰 此道宗所解 帝問道宗 具陳駐蹕時 乘虛取平 壤之言 帝帳然曰 當時恩恩吾不憶也 名將傳曰 安市城主史失其名 或曰楊萬春也 安市城 距娘子店百餘里 野人流傳 唐文皇攻安市城 兵敗日暮迷失道 聞山上鷄聲 尋聲而往 有婦 人開門出迎 具飯濟飢 帝困甚就睡 天明視之 乃空山無人 而面前有石 如鷄冠距天成 愕 然心異之 謂有神助 命建寺其地 名曰鷄鳴寺 距娘子店十餘里 佛榻上 安一木鷄刻 鏤如 生 有碑敍實 明人所著也[66]

N-5) 麗代無邦此有門 迷茫往蹟野乘聞 兩界蓼繪姦寶泄 千年皮弊孔途奔 山河也識檀 王轍 烟火今成滿代村 白髮西風緣底事 吾家舊路在中原 門以西 山勢雄峻 路頭屈曲 經 二十二窟 始見鳳凰山 立雲中山下 局面平開 鳳凰城在焉 說是句麗安市城麗人呼大鳥 爲安市 故名云 或云城南數十里 別有安市城 城主楊萬春 射唐帝李世民 中其目 李牧隱 稿詩 從敎白羽集玄花者也 眼前只有一般辮髮滿族 一般荷鎗日兵 欲求前代影響而無地 矣[67]

위의 기록들은 고려 말의 서적부터 조선 시대의 문헌에 이르기까지 당 태종이 화살 을 맞았음을 전하고 있는 기록들이다. 물론 조선 시대 문인들이 모두 이러한 인식을 보 인 것은 아니지만, 당 태종이 눈에 화살을 맞은 내용은 어느 정도 사실로 받아들이는 분위기는 있었다. 역사에 기록되지 않는 이유는 당시 사관들이 중국을 위해 숨긴 것으

---

65) 筆苑雜記, 曰李穡高麗人 貞觀吟, 曰謂是囊中一物耳, 那知玄花落白羽, 金昌翕詩曰千石大膽楊萬春箭射虬髯次臨子 世傳 唐宗伐高麗, 至安市城箭中其目, 而還考唐書通鑑皆不載, 但柳公權小說, 駐驛之戰, 帝望麗陣, 有懼色, 及戰, 候者急告英公, 麾黑旗被圍, 帝大恐, 六軍爲麗兵所乘, 幾乎不振, 此新舊史所不載, 亦未有言其傷目者, 史官蓋爲國諱之, 但金富軾三國史 亦不載, 未知牧老何從 (『大東野乘』 筆苑雜記)
66) 『東史約』 上 紀年東史約卷之二 朝鮮茅亭亭李源益編 新羅高句麗百濟紀 乙巳
67) 『韓溪遺稿』 一 / 五九九 高麗門 · 『韓溪遺稿』 七 / 四四 高麗門

로 이해한 것이다. 당시 문인들 가운데 목은 이색의 시에 보이는 표현을 사실로 받아들이고 있었는데, 이것은 목은 이색에 대한 믿음에서 연유한 것으로 볼 수 있다. 목은 이색이 시를 남길 정도로 고려 말에 이러한 이야기가 있었다는 사실에 대한 문인들의 믿음이 곧 사관들이 중국을 위해 사실을 숨긴 것으로 받아들인 것이다. 이것은 주류적 견해라고는 볼 수 없으나 이러한 흐름이 고려 말에서 20세기 초반까지 지속되었다는 것은 문인들의 고구려 인식이라는 점에서 의미를 둘 수 있는 것이다.

이러한 내용을 종합하여 조선시대 전체에 기록된 안시성주에 관한 표기를 정리하면 다음의 <표 1>과 같다.

<표1 조선시대 문헌들의 안시성주 기록>

저자	서적명	안시성주 성명표기	인용 전거 표현	비고
윤근수 (1537-1616)	月汀漫筆/月汀集	梁萬春	吳宗道(太宗東征記) 李時發(唐書衍義)	明人 吳宗道와 監司 李時發로부터 들은 말
심광세 (1577-1624)	休翁集	梁萬春	麗史抄	麗史抄가 무엇인지 확인 불가
인조 7년 (1629년)	承政院日記	楊萬春	中國	
김시양 (1581-1643)	涪溪記聞	梁萬春	唐書衍義	직접 당서연의를 확인했는지는 확실하지 않음, 책명의 한자가 다름
신익성 (1588-1644)	皇極經世書東史補編通載	梁萬春	中原人相傳	당서연의를 직접 본 것은 아님. 梁萬春과 鄒定國을 언급함.
조위한 (1567-1649)	玄谷集	楊萬春		
송준길 (1606-1672)	同春堂先生別集	梁萬春	尹根壽가 중국 조정으로부터 들음	근거 확인 불가
박세채 (1631-1695)	南溪集	梁萬春		
홍만종 (1643-1725)	東國歷代總目	梁萬春	太宗東征記	당서연의를 직접 본 것은 아닌 듯함.
김창흡 (1653-1722)	三淵集	楊萬春	들은 말(以愚所聞)	
이기지 (1690-1722)	一菴集	楊萬春		
이관명 (1661-1733)	屛山集	楊萬春	世傳	세상에 떠돌던 이야기중 하나로 보임.

안중관 (1683-1752)	悔窩集	楊萬春	中州雜記	특정한 책으로 보이진 않고 임의로 쓴 표현인 듯함.
이 익 (1681-1763)	星湖僿說 星湖全集	梁萬春	餘冬序錄	餘冬序錄에는 기록이 없음
신경 (1696-?)	直菴集	楊萬春	中國小說	당서연의를 직접 보지 않은 듯함
이광사 (1705-1777)	圓嶠集	梁萬春		
이영익 (1740-1780)	信齋集	梁萬春		
안정복 (1712-1791)	東史綱目	梁萬春	破寂錄, 經世書補編	太宗東征記를 언급하면서 거론한 荷潭破寂錄에는 내용이 없음. 皇極經世書東史補編通載에 梁萬春과 鄒定國이 보임. 鄒定國도 거론되나 당서연의는 보지 않고 皇極經世書東史補編通載를 통해 인용한 듯함.
	戊午燕行錄		唐書衍義	당서연의를 직접 보지 않은 듯함.
이덕무 (1741-1793)	靑莊館全書	楊萬春	唐書演義	당서연의, 月汀雜錄, 四佳亭集을 직접 보진 않은 듯함.
윤행임 (1762-1801)	碩齋稿	楊萬春	中國史記	특정한 책을 가리키는 것은 아니고 임의로 쓴 표현인 듯함.
홍양호 (1724-1802)	耳溪集	楊萬春		
박지원 (1737-1805)	熱河日記/燕巖集	楊萬春	世傳, 三淵의 詩	
유득공 (1748-1807)	冷齋集	梁萬春		
유한준 (1732-1811)	自著/著菴集	楊萬春	尹斗壽가 중국 사행에서 들은 말	사실로 보이지 않음.
이해응 (1775-1825)	薊山紀程	楊萬春		
윤기 (1741-1826)	無名子集	梁萬春	太宗東征記	東人詩話 언급
박사호68) (1829년)	心田稿/燕薊紀程	楊萬春		

---

68) 박사호의 생몰년은 현재 명확하게 확인하기가 어렵지만, 대체로 18세기 후반에 태어나 19세기 전반에 활동한 인물인 듯하다. 심전고는 1828년(순조 28) 10월 청나라에 갔다가 이듬해 4월에 돌아와 그 동안에 겪은 일과 보고들은 바를 적어 간행한 것이다.

성해응 (1760-1839)	研經齋全集	梁萬春		
홍경모 (1774-1851)	冠巖存藁	楊萬春		
김경선 (1788-1853)	燕轅直指/出疆錄	楊萬春	世傳, 三淵의 詩	
이원익 (1792-1854)	東史約	楊萬春		
이규경 (1788-1856)	五洲衍文長箋散稿	楊萬春	唐書演義	당서연의를 직접 보지 않은 듯함.
서경순 (1804-?)	夢經堂日史	楊萬春		
고종 19년 (1882년)	承政院日記	梁萬春		
송근수 (1818-1902)	宋子大全隨箚	梁萬春		
이승희 (1847-1916)	韓溪遺稿	楊萬春		
김윤식 (1835-1922)	續陰晴史	楊萬春	徐四佳詩話	徐居正의 시화가 수록된東人詩話, 四佳集, 東文選 등에 기록이 없음
박은식 (1859-1925)	泉蓋蘇文傳	楊萬春		

　　조선시대 문인들이 제시한 전거나 문헌에 등장하는 전거가 명확하지 않은 것을 다수 확인할 수 있다. 인용한 전거를 따라 그 내용을 확인해보면 기록이 확인되지 않거나 어떤 경우에는 임의로 가져다 붙인 것으로 보이는 것도 있는 듯하다. 대부분은 직접 『唐書志傳通俗演義』를 직접 찾아 보지 않은 기록이 대다수인데, 인용구도 唐書衍義, 唐書演義 등으로 차이를 보인다. 결론적으로 보면 중국측의 최초의 기록은 『唐書志傳通俗演義』에서 파생된 듯하며 그것이 太宗東征記, 唐書衍義, 唐書演義, 中國小說 등으로 표현되었다. 조선시대 문헌 가운데에서 안시성주의 성명이 양만춘으로 기록된 최초의 문헌이 『月汀漫筆』이고, 이어 『休翁集』, 『承政院日記』, 『涪溪記聞』, 『皇極經世書東史補編通載』, 『同春堂先生別集』 등에서 차례로 보인다. 다만 양만춘의 姓에 대한 표기가 다소 차이가 있는 바, 梁萬春과 楊萬春으로 나타난다. 원래 『唐書志傳通俗演義』 등에서는 梁萬春이었지만, 중국에서 흔한 姓인 楊으로 인식하게 되면서 楊萬春으로

기록하게 된 것이 이후 문헌들에 전승되면서 그 비중은 더욱 늘어나게 된 것으로 생각된다.

4. 결론

본고에서는 안시성 전투의 정황을 문헌기록에서 분석하여 안시성의 위치문제에 대한 안시성의 범위를 한정해 보았다. 지금까지 안시성의 연구에서는 요동성에서 안시성으로 진군하는 기일을 주목한 듯 하다. 그러나 당군이 안시성에서 요동성으로 퇴각하는 정황을 보면 불과 2-3일 사이에 안시성에서 요동성까지 퇴각하고 있다. 때문에 고대사회에서 하루 진군하는 거리를 감안할 때 안시성과 요동성의 거리는 약 70km 내외를 벗어나지는 않을 것 같다. 그동안 안시성의 위치에 관한 다수의 학설이 존재하였지만, 현재 海城市 일대와 海城市 부근의 영성자산성을 제외하고 다른 여타의 성들은 거리상으로 부합되지 않는다. 현재로선 안시성의 여러 조건에는 영성자산성이 가장 부합하기는 하지만, 향후 해성시 일대와 그 부근에서 안시성의 여러 조건과 부합하는 고구려 성을 구체적으로 확인하는 작업이 필요하다.

안시성주 양만춘에 전승을 알아보기 위해 明대 소설인 『唐書志傳通俗演義』를 직접 확인해 본 결과 거기에 등장하는 인물들은 창작의 소산으로 이해된다. 『唐書志傳通俗演義』의 내용이 임진왜란 즈음에 조선으로 전해졌고, 그것에 대한 최초의 기록은 윤근수의 『月汀漫筆』인 것이다. 특히 이러한 내용은 명나라 사람 吳宗道로부터 윤근수가 전해들은 것이고, 또한 조선인으로는 이시발이 직접 『唐書志傳通俗演義』를 보고 거기에서 확인한 성주가 양만춘임을 윤근수에게 말한 것 같다. 이 같은 정황으로 보면 조선시대에 『唐書志傳通俗演義』를 처음으로 구해 본 것은 이시발이고, 양만춘 전승이 이후 지속된 것은 조선인 가운데 최초의 기록자인 윤근수 등 16세기와 17세를 걸쳐 살았던 조선의 문인들에 의해 시작된 것이었다고 할 수 있다. 물론 원래 전거는 太宗東征記, 唐書衍義, 唐書演義, 中國小說 등으로 표현된 『唐書志傳通俗演義』라고 할 것이다. 『唐書志傳通俗演義』는 통속적인 소설로 비록 『唐書』를 기본으로 한 연의식 소설로 여기에 등장하는 역사서에 보이지 않는 인물들은 작가에 의한 상상력의 산물이다. 조선시대 많은 문헌들에서 안시성주 양만춘과 관련해서 인용하고 있는 전거 가운데 일부는 확인할 수 있으나, 확인되지 않는 기록도 발견된다. 이것은 당시 어떤 책을 읽고 기억하였던 분위기에서 개인적 기억에 의한 오류이거나 타인으로부터 전해 들은 바가 잘못된 내용상의 오류일 가능성이 높다. 또한 인용 전거에 대한 표현도 中國, 世傳, 中原人相傳, 中州雜記, 中國史記, 以愚所聞(들은 말) 등 구체적이지 않거나 전거가 아님에도 불구하고 임의적으로 기록한 것도 다수 확인할 수 있다. 아울러 양만춘의 姓에 대한 표기가 다소 차이가 있는 바, 梁萬春과 楊萬春으로 나타난다. 원래 『唐書志傳通俗演義』나 『월정만필』 등에서는 梁萬春이었지만, 이러한 책을 직접 보지 못한 사람들에 의해 중국에서 흔한 姓인 楊으로 인식하게 되면서 楊萬春으로 기록하게 된 것이 이후 문헌들에도 전승되었던 것이다.

참고문헌

1. 사료

『漢書』,『晉書』,『魏書』,『舊唐書』,『新唐書』,『資治通鑑』,『冊府元龜v,『太平御覽』,『玉海』,『通典』,『唐會要』,『太平寰宇記』,『三國史記』,『月汀漫筆』,『月汀先生集』,『同春堂先生別集』,『自著』,『著菴集』,『唐書志傳通俗演義』,『宣祖實錄』,『梧陰遺稿』,『休翁集』,『荷潭破寂錄』,『東史綱目』,『康節先生皇極經世書東史補編通載』,『涪溪記聞』,『青莊館全書』,『五洲衍文長箋散稿』,『餘冬序錄』,『星湖全集』,『戊午燕行錄』,『星湖僿說』,『續陰晴史』,『四佳集』,『東文選』,『無名子集』,『承政院日記』,『玄谷集』,『稼亭集』,『東人詩話』,『東史綱目』,『大東野乘』,『東史約』,『韓溪遺稿』,『南溪集』,『三淵集』,『屛山集』,『直菴集』,『耳溪集』,『熱河日記』,『燕巖集』,『薊山紀程』,『心田稿』,『燕轅直指』,『出疆錄』,『夢經堂日史』,『宋子大全隨劄』

2. 저서 및 논문

島田好, 1927,「高句麗の安市城の位置に就て」,『歷史地理』49 - 1

金毓黻, 1976,『東北通史』, 洪氏出版社

閻萬章, 1984,「漢代安市縣與高句麗安市城非一地考」,『地名學研究』1984-1

이병도, 1986,『국역 삼국사기』

崔德文, 1992,「遼代鐵州故址新探」,『北方文物』1992-2

冯永谦 主編, 1996,『营口市文物志』, 遼寧民族出版社

崔艷茹, 1998,「對英守溝漢城址觀點的商榷」,『東北亞歷史地理研究』, 中州古籍出版社

王咏梅, 2000,「关于安市城址的考察与研究」,『北方文物』2000-2

王綿厚, 2002,『高句麗古城研究』, 文物出版社.

이승수, 2006,「燕行路上의 공간 탐색, 鳳凰山城–安市城說과 관련하여–」,『정신문화연구』29-2

한명기, 2006,「조선시대 韓中 지식인의 高句麗 인식 -고구려의 '强盛'과 조선의 고구

려 계승 인식을 중심으로-」,『한국문화』 38

허태용, 2006, 「임진왜란의 경험과 고구려사 인식의 강화」,『歷史學報』190

허태용, 2006, 「17세기 후반 중화회복 의식의 전개와 역사인식의 변화」,『韓國史研究』
　　　134

김정배, 2007, 「三國史記 寶藏王紀 史論에 보이는 '柳公權 小說' 문제」,『한국사학보』
　　　26

王禹浪, 2009, 「营口市青石岭镇高句丽山城考察报告」,『黑龙江民族丛刊』 2009-5

王天姿, 2018, 「高句麗遼東安市城, 建安城研究」, 中國 延辺大學 博士學位論文

김주성, 2011, 「7세기 삼국 고대 전투 모습의 재현」,『軍史』 81

张士尊, 2013, 「高句丽安市城地点再探」,『鞍山师范学院学报』15

김락기, 2013, 「17~19세기 고구려 안시성 인식과 '城上拜'」,『역사민속학』 42

정호섭, 2013, 「백암 박은식의 고구려사 서술」,『백암 박은식의 고대사 서술』, 백암 박
　　　은식 서거 88주년기념 학술회의

정호섭, 2014, 「백암 박은식의 고구려사 서술에 대한 비판적 검토」,『한국사학보』 54

남재철, 2014, 「安市城主의 姓名 '양만춘' 考證(Ⅰ)-姓名의 出處 樣相 檢討를 中心으
　　　로-」,『동아시아고대학』 35

김세호, 2014, 「연행을 통해 되살아난 安市城과 梁萬春/楊萬春」,『漢文學報』 31

서영교, 2015, 「주필산 전투와 안시성」,『동국사학』 58

몽촌토성 북문지 일원
통일신라 도로의 구조와 사용시기

박중균(한성백제박물관)

I. 머리말

몽촌토성(사적 297호)은 한강 동남안(東南岸)의 낮은 구릉에 축조된 백제 토성으로 1980년대에 이루어진 발굴조사 결과 고배·삼족기·기대·합 등 한성백제 중앙양식의 토기들과 함께 당시 주변국과의 교류를 보여주는 중국 육조시대 청자와 진(晉)식 대금구(帶金具), 왜의 스에키 등 중요유물이 출토되어 풍납토성과 더불어 한성백제의 왕성으로 비정 되어 왔다.

이후 2013년부터 몽촌토성 북문지 일원에 대한 연차 발굴조사를 진행한 결과 몽촌토성은 백제문화층 위에 고구려부터 조선시대에 이르는 문화층이 층서를 이루며 분포하고 있는 것으로 확인되었다. 이로 인해 몽촌토성은 475년 고구려 장수왕의 한성 함락으로 인해 폐성이 되었던 것이 아니라 그 이후에도 점유 주체의 변천을 겪으면서 지속적으로 활용되었다는 것을 알게 되었다. 특히, 최근 발굴조사에서는 백제문화층에서 '궁(宮)'자명 백제 직구호와 폭 10m의 '회(回)'자형 교차로에서 남북도로와 동서도로, 성내 순환도로(회곽도)가 뻗어 나가는 도로망 등이 확인되어 몽촌토성이 처음부터 계획적으로 조성된 백제 왕성일 가능성을 좀 더 높여주고 있다. 또한 고구려의 성토대지와 그 위에 조성된 건물지·수혈유구, 고구려가 백제 도로를 수·개축하여 활용한 양상, 폭 14m의 고구려 목곽집수지 등 고구려가 한성을 함락한 이후 몽촌토성을 일정 시기 동안 점유하여 중요하게 활용하였음을 보여주는 고고학 자료들이 확인되었다. 또한 고구려 문화층 위에서는 30여기의 통일신라 주거지를 비롯하여 통일신라 도로·굴립주건물지 및 주혈군·우물 등 통일신라 유구가 확인되었다.

이글에서는 몽촌토성 북문지 일원에 대한 최근의 발굴조사 성과 중 통일신라 문화층에서 확인된 통일신라 도로의 구조와 사용시기를 살펴보고, 나아가 통일신라기의 몽촌토성의 성격을 추정해보고자 한다.

II. 통일신라 도로의 구조와 성격

1. 도로의 현황

몽촌토성 북문지 일원 발굴조사를 통하여 확인된 통일신라 도로는 통일신라 하층(1차) 생활면과 상층(2차)생활면에서 각기 2개의 도로가 조사되어 총 4개의 도로가 확인되었다. 북문지 내측에서는 문지를 향하여 남-북방향에 가깝게 남서-북동 방향으로 진행하는 두 시기의 도로(1·2호 도로)가 확인되었으며, 북문지 외측에서도 동-서 방향에 가깝게 남동-북서방향으로 진행하는 역시 두 시기의 도로(3·4호 도로)가 조사되었다(그림 1). 몽촌토성 북문지 일원에서 확인된 통일신라 도로의 현황을 정리하면 <표 1>과 같다.

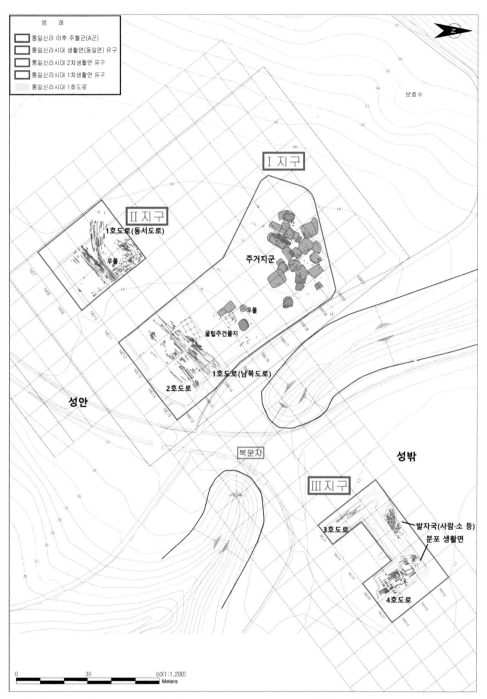

I 지구

II 지구

1호도로(동서도로)

우물

주거지군

우물

굴립주건물지

1호도로(남북도로)

2호도로

성안

북문지

성밖

III 지구

3호도로

발자국(사람·소 등)
분포 생활면

4호도로

0   30   60(1:1,200)
Meters

그림 1. 몽촌토성 북문지 일원 통일신라 유구 현황도(한성백제박물관 2019, 도면 40 수정전재)

<표 1> 몽촌토성 북문지 일원 통일신라 도로의 속성표

| 위치(지구) | 유구 | 진행방향 | 조성방법 | 노면(㎝) | | | | 배수시설(㎝) 상부폭/깊이 | 규모(m) | | 비고 |
				노면시설	車輪(너비/깊이)	車輪간격	보수(補修)		길이	너비	
북문지 내측 (I·II지구)	1호도로	남북도로 (남서-북동) 北門址向	구상(溝狀)굴착	×	6~10 / 4~14	200㎝	부분적으로 자갈충전·포장	노면 양측 50~80/ 10~17	74	2.6~3.4 내외 *문지쪽 5.0	1차 생활면 *II지구 남북도로에서 Y자 형태로 분기함(선후관계 불명확함)
		동서도로	성토	×	6~8 / 6 내외	–	전면에 걸쳐 1차례 성토	중앙도랑 100~120 /35 내외	18	6.5	
	2호도로	남북도로 (남서-북동) 北門址向	생활면 활용	×	12~22/ 5~15	–	부분적으로 황갈색 점토+잡석 다짐	×	74	9.0 (최대)	2차 생활면
북문지 외측 (III지구)	3호도로	동서도로 (북서-남동)	성토	×	10~25 /4~16	120~150㎝	전면에 걸쳐 1차례 이상 성토	×	17.3	8.5	1차 생활면
	4호도로	동서도로 (북서-남동)	생활면 활용	×	10 내외 /5~7	120㎝	–	×	12	3.2	2차 생활면

2. 도로의 구조

위의 <표 1>을 통해 보면, 몽촌토성 북문지 내·외측 일원에서 조사된 통일신라 도로는 도로의 조성방법, 노면 양상, 배수시설의 유무, 규모 등의 속성에 의해 몇 가지 유형으로 구분해 볼 수 있다.

1) 도로의 조성방법

몽촌토성 북문지 일원에서 확인된 통일신라 도로의 조성방법은 굴착식 도로, 성토식 도로, 무시설식 도로(지면 활용식 도로) 등 세가지 유형으로 구분된다. 굴착식 도로는 북문지 내측 1호도로의 남북도로이다. 이 도로는 너비 450~600㎝, 깊이 20~45㎝의 규모로 단면형태가 역제형을 띠는 얕은 구상(溝狀)으로 굴착하여 그 바닥면을 노면으로 사용하였다. 성토식 도로는 1호도로의 동서도로와 북문지 외측의 동서도로인 4호도로가 이에 해당한다. 무시설식 도로는 북문지 내측의 2호도로와 북문지 외측의 3

호도로가 이에 해당되는데, 별도의 도로 노체를 조성하지 않고 생활면을 그대로 노면으로 활용하였다.[1]

이를 통해 보면, 시기적으로 늦은 시기에 해당하는 통일신라 1문화층의 도로(상층 생활면 도로)는 당시 생활면을 노면으로 활용한 형태이며, 앞선 시기에 해당하는 통일신라 2문화층의 도로(하층 생활면 도로)는 당시 생활면을 굴착하여 도로면을 조성하거나 성토를 하여 도로면을 조성하였다는 특징을 보이고 있다.

지금까지 조사된 삼국시대~남북국시대에 해당하는 도로의 조성방법은 대체로 기반층을 굴착하고 천석, 잔자갈 등을 깔아 노면을 조성하거나, 점토(혹은 사질점토)와 사질토를 층층이 다져 올린 후 잔자갈과 토기편 등을 깔아 노면을 조성한 경우가 있으며, 이외에 노면을 포장하지 않고 당시 지면에 수레가 지나다녀 수레바퀴 흔적만 확인되는 무시설식 도로도 확인되고 있다.[2] 따라서 몽촌토성 북문지 일원에서 확인된 통일신라도로의 조성방법은 지금까지 조사된 삼국시대~남북국시대의 도로조성방법과 큰 차이를 보이지 않는다.

몽촌토성 북문지 통일신라 도로의 조성방법과 유사한 방법으로 조성된 다른 지역의 도로 사례를 살펴보면 다음과 같다.

첫째, 1호도로의 남북도로(그림 2-1)와 같이 기반층 혹은 당시 생활면을 구상(溝狀)으로 굴착하여 조성한 굴착식 도로는 선행연구의 도로 분류안을 따르면 각각 박상은·손혜성의 Ⅲ유형, 박진혜의 Ⅰ형, 박정환의 Ⅱ형에 해당한다.[3] 이러한 유형의 도로는 백

---

1) 특별한 도로의 시공 흔적이 없이 수레바퀴 자국만 확인되더라도 일정한 방향성을 가지고 통행이 지속적으로 이루어진 사용 흔적이 확인된다면 도로로 보는 것이 일반적인 견해이다(박상은·손혜성, 2009, 「도로유구에 대한 분석과 조사방법」 『야외고고학』7, 33쪽 ; 朴晟煥, 2013, 『삼국·통일기 慶南地域의 道路 硏究』釜山大學校 大學院 碩士學位論文, 28쪽 ; 박진혜, 2018, 「삼국~통일신라시대 울산지역 도로 연구」 『고고광장』23, 부산고고학연구회, 88쪽).

2) 도로의 조성방법에 따른 도로의 유형은 대체로 4가지 유형으로 분류하고 있다. 박상은·손혜성은 노면을 지면 위에 성토하여 축조한 도로(Ⅰ유형 : 지상식)·기반층을 그대로 노면으로 이용한 도로(Ⅱ유형 : 지면식)·기반층을 굴착하여 노면을 축조한 도로(Ⅲ유형 : 지하식)·지면을 노면으로 사용한 수레바퀴자국 도로로 구분하였으며(박상은·손혜성, 2009, 앞의 논문, 109~113쪽), 박진혜는 Ⅰ(지하식)·Ⅱ(지상식)·Ⅲ(지면식)·무시설식(Ⅳ)으로 구분하고 있다(박진혜, 2018, 앞의 논문, 91쪽). 한편, 박정환은 지형과 단면형태(축조방법)에 따라 Ⅰ형(경사가 심한 구릉 도로 : 굴착노면식a-단면ㄴ자형)·Ⅱ형(경사가 약한 구릉 도로 : 굴착노면식b-단면U자형-)·Ⅲ형(평지도로)·Ⅳ형(저지도로 : 성토노면식)·Ⅴ형(수레바퀴흔만 잔존한도로)으로 구분하고 있다(朴晟煥, 2013, 앞의 논문, 25~28쪽).

3) 이러한 유형의 도로는 도로의 입지가 주로 구릉 경사면에 해당하는 구간에 조성(朴晟煥, 2013, 앞의 논문, 27쪽 ; 박진혜,

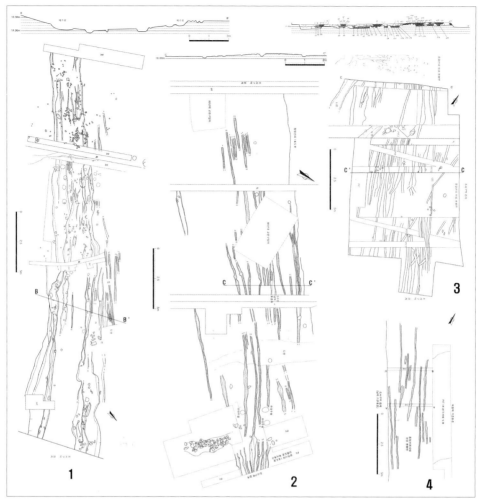

그림 몽촌토성 북문지 일원 통일신라 도로 평·단면도
(1. 1호도로 남북도로 2. 2호도로 3. 3호도로 4. 4호도로)

제의 경우 한성기에 해당하는 연기 나성리 C지점 4호도로가 있으며,[4] 신라~통일신라

시기에 해당하는 것은 청주 미원 황청리유적, 울산 매곡동 신기유적Ⅰ·위량리유적·화

2018, 앞의 논문, 92쪽.)되고 있으나, 몽촌토성의 북문지 내측 1호도로의 남북도로는 울산 위양리 417-1유적 5호도로
와 같이 구릉사면의 곡부에 해당하는 지점을 통과하고 있다. 특히 몽촌토성 1호도로의 남북도로 입지는 남서쪽에서 북문
지 쪽인 북동쪽으로 완만한 경사면을 이루고 있으나 거의 평탄면에 가까운 지형이다.

4) 한국고고환경연구소, 2010, 『연기 나성리유적』.
李妊姬, 2015, 『百濟道路의 築造技術 研究』 충북대학교 석사학위논문, 12·13쪽.

봉동유적, 경전선 삼랑진 진주 제3공구유적 등이 있다. 따라서 구상으로 굴착하여 조성한 도로는 삼국시대부터 통일신라시기에 걸쳐 확인되고 있으며, 현재까지는 울산지역을 비롯한 영남지역의 신라~통일신라 도로에서 다수 확인되고 있는 양상이다.

발굴조사가 이루어진 신라~통일신라시기 굴착식 도로의 구체적인 양상을 살펴보면 아래와 같다. 청주시 미원면 황청리유적에서는 신라 5소경의 하나인 서원경의 남동부 외곽지역인 현재의 보은·미원 방면에서 서원경의 치소가 위치하였던 청주로 통하는 것으로 추정되는 통일신라 도로 1기가 확인되었다. 도로의 조성은 너비 4~6.4m, 깊이 75~88㎝ 규모로 지면을 단면 역제형의 구상으로 굴착하여 그 바닥면을 노면으로 사용하였다. 노면은 너비가 150~190㎝ 정도이며, 별도의 시설 없이 굴착된 바닥면을 그대로 사용하였다. 노면의 양변을 따라서는 너비 10~20㎝, 깊이 5~15㎝의 여러 조(條)의 수레바퀴 자국이 중복되어 확인되고 있으며, 수레바퀴가 지나간 자리에는 자갈을 깔아 보수한 흔적이 확인된다. 한편, 황청리유적의 도로에서는 도로를 따라 시설된 배수시설(측구)은 확인되지 않아 별도로 시설하지 않은 것으로 추정된다.[5]

울산 매곡동 신기유적 I 에서 확인된 통일신라 1호도로는 지면을 너비 2.5~4.5m, 깊이 30~65㎝ 규모로 역시 단면 역제형의 구상으로 굴착하여 바닥면을 노면으로 사용하였다(그림 3-3). 노면의 양 변을 따라서는 수레 1대가 지나다닐 수 있는 수레바퀴 홈이 패여 있으며, 홈의 거리는 200㎝정도 이다.[6] 수레바퀴 홈의 너비는 15~20㎝이며, 두 수레바퀴 홈의 간격(차폭)은 160㎝ 내외로 확인되었다. 노면은 별도의 시설 없이 사용되었는데, 기와편과 마사토를 부분적으로 깔아 사용이 용이하도록 하였다. 울산 위양리417-1유적에서는 통일신라 도로 4기가 확인되었는데, 이중 3~5호 도로가 구상으로 굴착하여 그 바닥면을 노면으로 사용한 도로이다. 도로의 조성은 최대너비 430~450㎝, 깊이 20~80㎝ 규모로 지면을 단면 'U'자상의 구상으로 굴착하여 조성하였다. 노면은 별도의 시설 없이 생토면을 이용하였다. 노면의 양 변을 따라 수레 1대가 지나다닐

5) 김화정, 2011, 「청원 황청리유적의 통일신라시대 도로에 관한 일고찰」 『중원문화재연구』5, 중원문화재연구원 ; 김화정·소준섭·김진희, 2012, 『淸原 黃淸里 遺蹟』 중원문화재연구원.

6) 황창한·김영록, 2006, 『울산 매곡동신기유적 I 』 (재)울산문화재연구원, 88쪽.

수 있는 수레바퀴 자국이 형성되어 있는데, 수레바퀴 자국의 중심간격은 180㎝ 내외이다(그림 3-4).[7] 위양리유적의 도로 사용 시기는 도로에서 출토된 종장연속문이 시문된 대부완(臺附盌) 등을 근거로 7세기 중·후반으로 편년[8]하거나 도로의 서쪽에 위치한 통일신라 1호 우물에서 출토된 종장연속점열문이 시문된 호(壺)를 근거로 도로 사용 시기의 하한을 8세기 초엽으로 보고 있다.[9]

울산 화봉동유적에서는 3기의 도로가 확인되었는데, 3기 모두 지면을 구상으로 굴착하여 그 바닥면을 노면으로 사용한 도로이다. 1호도로는 지면을 너비 3.7m의 구상으로 굴착하였으며, 노면 너비는 2m 내외이다. 노면의 양변을 따라 수레바퀴자국이 확인되었으며, 수레 너비는 170㎝로 추정된다. 도로의 사용 시기는 고배 대각편, 편병편 등을 근거로 6세기 중반~9세기 이전으로 편년하고 있다.[10]

둘째, 1호도로의 동서도로 및 3호도로(그림 1-3)와 같이 성토다짐을 통해 노체를 조성한 성토식 도로는 서울 풍납토성, 몽촌토성에서 확인된 도로 등 삼국시대 도로에서부터 통일신라 도로에 이르기까지 일반적으로 확인되는 도로의 조성방식이다. 다만, 몽촌토성 북문지 일원에서 확인된 성토방식에 의해 축조된 통일신라 도로는 별도의 노면 시설이 없으며, 노체의 시공에 있어서도 자갈이나 할석의 사용 없이 사질 점토와 사질토 위주로 축조된 양상이다.

셋째, 2·4호 도로와 같이 지면을 별도의 시설 없이 그대로 이용한 무시설식 도로는 원삼국~백제의 경우 용인 고림동유적에서 원삼국기 말~백제 한성기에 해당하는 도로가 확인되었으며,[11] 백제 한성기에 축조된 것으로 추정되는 청주 정북동토성의 남벽 바깥쪽의 성 밖 평탄부 일대에서 해자 사이에 수레바퀴 흔적과 발자국 흔적이 있는 도로가 확인된 바 있다. 그리고 부여 궁남지유적 북편 일대에서는 정확한 시기는 알 수

---

7) 보고서에는 4호도로와 5호도로의 차륜폭을 220㎝로 보고하였는데(울산문화재연구원, 2016, 앞의 보고서, 80쪽), 차륜폭으로 보고한 220㎝는 차륜의 최대간격이며, 중심간격은 3호도로와 동일한 180㎝로 계측된다.

8) 이수홍·황대일·정대봉, 2016,『蔚山渭陽里417-1遺蹟』(재)울산문화재연구원, 177쪽.

9) 박진혜, 2018, 앞의 논문, 84·85쪽.

10) 박진혜, 2018, 앞의 논문, 82쪽.

11) 龍仁大學校博物館, 2011,『龍仁 古林洞 原三國時代 生活遺蹟』.

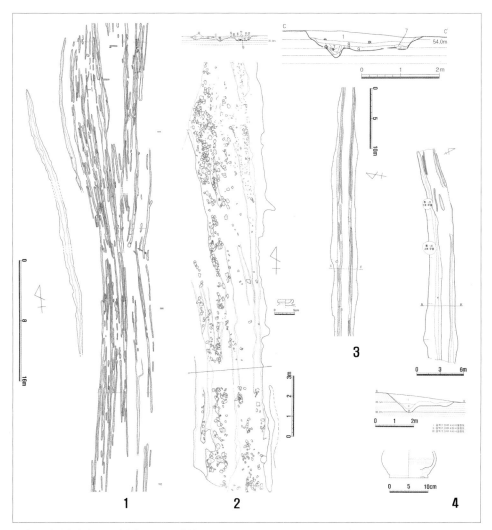

그림 3 . 영남지역 삼국~통일신라 도로유구(축척부동)
(1. 달성죽곡리9-2번지유적 도로유구 2. 대구봉무동365-9번지유적 도로4 3. 울산매곡동신기유적Ⅰ 1호도로 4. 울산위양리417-1유적 3호도로)

없지만, 흑색 점토층 위에 특별한 시설 없이 동서 방향으로 진행하는 수레바퀴 흔적이 확인되었다.[12] 광주 동림동유적에서도 5세기대의 수레바퀴 흔적이 있는 도로가 확인

12) 國立扶餘文化財硏究所, 2001,『宮南池Ⅱ-現 宮南池 北西便一帶-』; 李姃姫, 2015, 앞의 논문, 29·30쪽.

되었으며, 고창 봉산리 황산유적에서는 정확한 시기는 알 수 없지만 일정한 방향성을 가진 수레바퀴 흔적이 있는 도로가 확인되었다.[13]

한편, 영남지역의 삼국~통일신라시기에 해당하는 무시설식 도로는 경주 덕천리 1구역 도로, 대구 달성 죽곡리 9-2번지유적 도로(그림 3-1),[14] 울산 활천리 열백들유적(7지구)·굴화리유적B·백천유적A·B, 울산 반구동유적 Ⅲ지구 2호도로·송정동유적(C-2-2구역)·매곡동신기유적 I (2호도로)·중산동약수유적Ⅲ(B구역)·중산동약수유적Ⅳ(Ⅶ지구 3호도)·신하동유적 I (C지구 45호 도로)·위양리417-1유적 7-2구간 7호도로 등이 있다.[15]

2) 수레바퀴[車輪]흔의 양상과 차륜 간격[車幅]

몽촌토성 북문지 일원에서 확인된 통일신라 도로의 노면 상에는 모두 수레바퀴 흔적이 대체로 노면의 전면에 걸쳐 확인되고 있다. 수레바퀴 홈의 크기는 너비의 경우 좁은 것이 6~10㎝, 넓은 것이 22~25㎝이며, 깊이는 얕은 것이 4~7㎝, 깊은 것이 14~16㎝이다.

수레의 너비를 알 수 있는 수레바퀴 홈의 간격은 수레바퀴 흔적이 대체로 조밀하게 나타나고 있어 이를 파악할 수 있는 경우는 매우 제한적이다. 다만, 1호도로의 남북도로와 3·4호도로에서는 일정한 간격을 이루며 진행하는 두 줄의 수레바퀴 자국이 일부 확인되고 있는데, 이를 살펴보면 다음과 같다. 북문지 내측 1호도로의 남북도로는 수레바퀴 간격이 200㎝ 내외로 수레의 크기가 비교적 대형에 속하는 것으로 보이며, 북문지 외측 3호도로의 수레바퀴 간격은 120~150㎝, 4호도로(그림 2-4)는 120㎝의 간격을 보이고 있어 소형의 수레가 지나다녔던 것으로 추정된다.

수레의 크기를 알 수 있는 한 쌍의 수레바퀴 간격이 조사된 삼국시대~통일신라 시기의 도로유구는 현재까지 다수의 유적에서 확인되고 있다. 이를 표로 정리하면 아래의 <표2>와 같다.

---

13) 이밖에 별다른 시설 없이 지면을 노면으로 사용하여 수레바퀴 흔적만 확인된 도로는 나주 평산리·광이리, 오량동, 장산리유적 등 전라도 일대에 위치한 유적에서 확인되었다(李姃姬, 2015, 앞의 논문. 43·44쪽).

14) 하진호·장용석, 2007, 『대구 죽곡택지개발 사업지구내 達城 竹谷里 9-2番地遺蹟』, 영남문화재연구원.

15) 박진혜, 2018, 앞의 논문, 86쪽.

<표 2> 삼국~통일신라 도로유구에서 확인된 수레바퀴 간격[車幅]

지역	시대	유적명	유구명	수레바퀴 간격 (車幅)	비고
중서부·호남	한성기	용인 고림동유적	1호도로	120~180㎝	
			2호도로	170㎝	
		연기 나성리유적	B지점 1~4호	190~230㎝	5세기대
			C지점 1~5호	150~180㎝	
		광주 동림동유적	III구간 도로	120~140㎝	5세기 중반
	웅진·사비기	부여 궁남지유적	동서도로	120~130㎝	
		부여 사비 119 안전센터 신축부지	남북도로 1	120~130㎝	
		부여 쌍북리 280-5번지 유적	동서도로	109~121㎝	7세기 전반
		부여 쌍북리 현내들·북포유적	현내들 4호도로 (동서도로)	160㎝ 123~129㎝	6세기 3/4분기 이전 개설
		부여 정동리 506-2·3번지 유적	1차도로	150㎝	
			2차도로	150㎝	6세기 4/4분기
			3차도로	170㎝	
		부여 능산리 동나성 내·외부유적	II구간 남북도로	120㎝	6세기 전반 개설
			III구간 동서도로	130㎝	
			IV구간 남북도로	130㎝	
	통일신라	청주 황청리유적	도로유구	180㎝	
영남	삼국	대구 사월동 600번지 유적	바퀴흔 1,2,3	170~220㎝	
		부산 고촌유적(I지구)	도로	170㎝	
		진주 평거동유적	아래쪽 도로	220㎝	
		진주 중천리유적	도로	160㎝	
		대구 봉무동 365-9번지유적	도로 1호	150㎝	6세기 후엽~[16] 8세기중엽 (중심시기 7세기대)
			도로 4호	120~150㎝	
		대구 봉무동 이시아폴리스유적	도로 1호	180~220㎝	삼국~고려
		울산 입암리48-10유적	3호도로	150~200㎝	삼국~?
		울산 반구동유적	III지구 2호도로	150~170㎝	7세기 중엽~말
		울산 장현동유적	II지구 8호도로	200㎝	7세기 중엽~?

16) 윤천수, 2006, 『大邱 鳳舞洞 365-9番地遺蹟』영남문화재연구원, 262쪽.

영남	삼국	울산 화봉동유적	1호도로	170㎝	6세기 중엽~통일신라
			3호도로	180㎝	삼국~?
		울산 송정동유적	C-2-2구역 도로	180㎝	삼국~?
		울산 중산동798-2유적	1호도로	150㎝	
	통일신라	경주 황성동 950-1·7번지유적	남북도로	160~200㎝	왕경도로
		국립경주박물관부지내 유적	남북도로	110㎝	
			동서도로	110㎝	
		경주 충효동유적	남북도로	170~180㎝	
		경주 덕천리유적 (5구역)	1-1호	180~200㎝	
			1-2호	180~200㎝	
		달성 죽곡리 9-2번지유적	도로	140㎝	7세기 후엽[17]
		경부고속철도 대구도심구간 (Ⅳ구역)유적 -대구 가천동-	도로1	150㎝	
			도로2	250㎝	
		울산 위양리유적	도로	180㎝	
		울산 위양리417-1유적	3호도로	180㎝	
			4호도로	180㎝	
			5호도로	180㎝	
		울산 길천유적	도로	160~170㎝	?~8세기 초~?
		울산 굴화리유적A	도로B	200㎝	통일신라~고려
		울산 매곡동 신기유적 I	1호도로	180㎝	통일신라~고려
			2호도로	180㎝[18]	
		울산 매곡동 신기유적 II ('나'지구)	도로	180~200㎝	
		울산 신천동유적(A구역)	도로	180㎝	
		울산 중산동798-2유적	1호도로	150㎝	
		울산 중산동약수유적Ⅷ지구	3호도로	140㎝	

17) 보고자는 도로의 주 사용시기를 7세기 후엽으로 파악하였다(하진호·장용석, 2007, 앞의 보고서, 영남문화재연구원, 121·122쪽).

18) 발굴 보고서에는 輪距가 200㎝로 기록(황창한·김영록, 2006, 앞의 보고서, 106쪽.)되어 있으나, 수레바퀴의 중심간격은 180㎝로 확인된다.

위 <표 2>를 통해보면, 백제 한성기의 수레 너비는 120㎝(2), 140~150㎝(2), 170~180㎝(3), 190~230㎝(1)로 나타나고 있어[19] 작은 깃(小)은 120㎝, 큰 것(大)은 230㎝의 편차를 보이고 있다. 이를 동진척(1척≒25㎝)으로 환산하면, 수레 너비가 120㎝인 것은 약 5척, 150㎝는 6척, 170~180㎝인 것은 7척, 190~230㎝는 8~9척의 범위에 해당한다. 수레너비를 파악할 수 있는 표본 수가 많지 않아 단정하기에는 무리가 있지만, 백제 한성기 때의 수레 너비는 5~7척이 일반적이었던 것으로 추정된다. 다음으로 사비기[20]의 수레 너비는 120~130㎝(7), 150㎝(2), 160㎝(1), 170㎝(1)로 나타나고 있어 한성기와는 달리 소형의 수레가 일반적으로 사용되었던 것으로 추정되며, 180㎝ 이상의 것은 확인되지 않고 있는 특징을 보이고 있다.[21]

한편, 영남지역의 삼국시대 수레 너비는 150㎝(5), 160㎝(1), 170~180㎝(7), 200㎝(2), 220㎝(3)의 분포를 보이고 있으며, 이 중 150㎝와 170~180㎝의 크기가 다수를 차지하고 있다. 그리고 영남지역 통일신라 도로유구에서 확인된 수레의 너비는 110㎝(2), 140~150㎝(4), 160~170㎝(2), 180㎝(11), 200㎝(5), 250㎝(1)의 분포를 보이고 있으며, 이 중 180㎝가 가장 많은 수를 차지하고 있고 그 다음으로 200㎝, 140~150㎝ 순으로 나타나고 있다. 이러한 영남지역의 삼국~통일신라 도로유구에서 확인된 수레 너비는 백제지역과 비교하여 볼 때, 수레 너비가 120㎝의 소형 수레는 국립경주박물관부지 내 유적을 제외하고는 거의 확인되지 않는 점과, 200㎝ 이상의 대형 수레가 확인되고 있다는 점이 특징이다. 또한 영남지역의 통일신라 수레 너비 중 다수를 차지하고 있는 140~150㎝, 180㎝, 200㎝를 당척(29㎝)[22]으로 환산하면, 140~150㎝는 5척, 180㎝는 6

---

19) ( )안의 수는 빈도수이다.

20) 도로의 개설시점은 웅진기까지 올라가는 것도 있지만, 사용시기는 사비기까지 계속된다고 판단되므로 본 검토에서는 사비기로 일괄하여 다루고자 한다.

21) 백제의 수레너비는 한성기의 하나의 사례에 불과한 연기 나성리 유적 B지점 도로에서 확인된 190~230㎝의 수레바퀴 간격과 사비기의 부여 현내들 4호도로의 160㎝로 나타난 수레바퀴 간격을 제외하면 120~130㎝(小), 150㎝(中), 170~180㎝(大)로 구분된다. 또한 한성기의 수레너비는 크기가 고르게 분포하는 반면, 사비기의 부여지역에서는 소형의 수레가 다수를 보이고 있다.

22) 부여 쌍북리유적에서는 1척이 29㎝ 혹은 29.5㎝로 파악되는 자가 출토되었는데, 이 자는 당척의 영향을 받아 만들어진 것으로 보고 있다.(이강승, 2000, 「백제시대의 자에 대한 연구-부여 쌍북리유적 출토 자를 중심으로-」『한국상고사학보』43, 209·210쪽; 盧重國, 2005, 「백제의 度量衡과 그 運用-척도의 변화를 중심으로-」『韓國古代史研究』40,

척, 200㎝는 약 7척으로 환산되며,[23] 5척은 소형, 6척은 중형, 7척은 대형 수레로 구분
해 볼 수 있겠다.

이상 살펴본 바를 몽촌토성 북문지 일원의 통일신라 도로유구에서 나타난 수레바퀴
간격과 비교하면, 몽촌토성 1호도로의 남북도로는 200㎝로 대형급 수레에 해당하며,
3호도로의 경우는 120~150㎝로 소형 수레, 4호도로의 120㎝는 영남지역의 통일신라
수레보다도 작은 수레에 해당하는 것으로 추정된다. 이러한 양상은 1호도로의 남북도
로의 경우 북문지를 통하여 성 안팎으로 통행하는 중심도로인 것과 무관하지 않다고
생각되며, 이 중심도로를 통하여 차폭이 200㎝가 되는 대형수레가 물자를 수송하였던
것으로 추정된다. 그리고 북문지 밖의 4호도로는 도로를 인위적으로 조성하지 않고 지
면을 그대로 노면으로 사용한 도로이기 때문에 가장 작은 소형 수레가 통행하였던 것
으로 추정된다.

3) 배수시설(도랑)

도로의 배수시설은 대체로 도로의 진행방향과 나란하게 시설된 배수로와 도로의 진
행방향과 직교하게 시설된 암거로 구분된다. 몽촌토성 북문지 일원의 신라 이후 도로
유구에서는 1호도로의 남북도로와 동서도로에서만 배수로가 확인되었으며, 이외의
2~4호도로에서는 배수시설이 확인되지 않았다.[24]

지금까지 삼국~남북국시대의 도로유구에서 확인된 배수로는 그 설치된 위치에 따라
노면의 한쪽 혹은 양쪽 가장자리에 설치되거나[25] 노면의 중앙에 설치된 경우로 분류
되는데, 몽촌토성 1호도로의 남북도로는 노면의 양쪽 가장자리에 있는 형태이며, 1호

110·11쪽). 노중국은 이 자의 제작 시기를 7세기 전반 이전으로 보아야 하며, 백제가 29㎝의 자를 사용하게 된 시기를
위덕왕대와 연결시켜 보고 있다(盧重國, 2005, 앞의 논문, 113~117쪽).

23) 영남지역의 통일신라 도로에서 확인된 수레바퀴의 간격은 29~30㎝의 배수로 떨어지는 양상을 보이고 있어 통일신라
의 척도는 당척을 사용했을 가능성이 있다고 여겨진다. 이러한 가능성은 석굴암건설용척이 당대척 29.706㎝라는 점
(金尙寶·羅永雅, 1994, 「古代 韓國의 度量衡 考察」『東아시아 食生活學會誌』4, 5쪽.)을 통해서도 엿볼 수 있다.

24) 영남지역의 도로유구에서 배수로의 설치는 경주(왕경) 도로의 경우 일반적이나 울산을 비롯한 지방의 도로에서 드물게
확인되며, 축조방법의 기술적 수준 차이도 크다고 한다(박진혜, 2018, 앞의 논문, 88쪽).

25) 이렇게 노면의 가장자리에 설치된 배수로를 일반적으로 측구(側溝)라는 용어를 사용하고 있다.

도로의 동서도로는 중앙에 있는 형태이다. 이를 구체적으로 살펴보면, 당시의 지면을 굴착하여 조성한 1호도로의 남북도로는 부분적으로 끊긴 부분이 있으나 노면의 양 측에 너비 50~80cm, 깊이 10~17cm 규모를 보이는 단면 'U'자형의 배수로가 시설되어 있다. 배수로의 바닥면에는 자갈이 깔려 있고 내부에는 모래가 채워져 있는 양상이다. 이처럼 지면을 구상으로 굴착하여 만든 도로는 대체로 배수로가 시설되지 않는 것이 일반적인데,[26] 1호도로의 남북도로와 같이 굴착식 도로이면서 노면의 가장자리에 배수로를 시설한 도로는 경산 대평동유적 도로 1이 있다.

다음으로 노면의 중앙에 배수로를 시설한 1호도로의 동서도로는 전술한 바와 같이 성토에 의해 도로를 조성한 도로인데, 노면의 중앙에 너비 100~120cm, 깊이 35cm 내외 규모의 배수로를 시설하였다. 배수로의 단면형태는 'V'자형에 가깝고 내부에는 1호도로의 남북도로와 같이 바닥면에 자갈이 깔려 있으며, 전체적으로 모래가 퇴적되어 있다. 1호도로의 동서도로와 같이 성토에 의해 조성된 도로에서 중앙에 배수로가 시설된 사례는 경주 동촌동 우방아파트부지유적 통일신라 남북도로, 대구 시지지구 생활유적 Ⅲ의 삼국시대 도로 등의 사례가 있다.

한편, 배수시설이 확인되지 않은 2~4호도로 중 북문지로 향하는 2호도로는 노면이 남동측으로 약간 경사를 이루고 있어 자연적으로 노면 배수가 이루어지도록 노면을 시설한 것으로 추정된다.

4) 도로 노면의 보수

몽촌토성 북문지 일원에서 확인된 통일신라 도로의 노면 보수는 도로의 시공 없이 지면을 노면으로 이용한 북문지 밖의 4호도로를 제외하고는 모든 도로에서 확인되었다. 노면의 보수양상은 부분 보수와 전면 보수로 구분하여 볼 수 있다. 우선, 부분 보수가 이루어진 도로는 북문지 내측에서 확인된 1호도로의 남북도로와 2호도로이다. 1호도로의 남북도로는 수레의 통행에 의해 노면의 움푹 파여진 곳을 자갈을 채워 보수하

---

26) 청주 황청리 도로유구에서도 노면의 가장자리에 시설한 배수로가 확인되지 않았으며, 울산지역의 삼국~통일신라시기의 지하식 도로 16기 중에 배수로가 시설된 것은 2기에 불과하다.

였으며, 2호도로는 문지쪽 일부 구간에서 황갈색점토와 자갈을 섞어 20㎝ 정도의 두께로 다져서 보수하였다. 1호도로의 남북도로와 같이 구상으로 굴착하여 그 내부를 노면으로 사용한 도로의 경우 노면의 움푹 파여진 부분을 자갈 혹은 자갈과 모래를 섞어 보수한 양상은 청주 황청리 통일신라 도로유구나 영남지역의 통일신라 도로유구에서 일반적으로 확인되고 있다.

다음으로 노면을 전면 보수한 도로는 성토기법으로 시설된 1호도로의 동서도로와 3호 도로에서 확인된다. 1호도로의 동서도로는 갈색 사질점토, 목탄과 기반암풍화토가 혼입된 황갈색 사질점토 등을 10~20㎝ 두께로 전체적으로 성토하여 한 차례 보수하였다. 또한, 북문지 밖의 3호도로는 4개의 Pit를 설치하여 단면조사를 실시한 결과 전체적으로 2개 이상의 노면이 확인되었는데, 남동에서 북서방향으로 부여된 Pit 1~3에서는 상·하 2개 층의 노면이 확인되었으며, 가장 북서쪽에 설치한 Pit 4에서는 3개 층에서 노면이 확인되었다(그림 4). 이를 통해 볼 때, 3호도로는 적어도 한 차례 이상 노면을 전체적으로 보수하여 사용한 것으로 판단된다. 그리고 보수된 노면은 기존 노면 위에 10㎝ 내외의 두께로 성토 다짐을 하여 조성하였다.

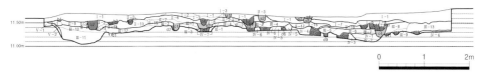

그림 4. 3호도로 Pit 4 단면 토층도

5) 도로의 성격

몽촌토성 북문지 일원에서 확인된 통일신라 도로의 규모는 도로 너비를 기준으로 4호도로가 3.2m 내외, 1호도로의 남북도로가 3.4~5m 내외, 1호도로의 동서도로가 6.5m, 2호도로와 4호도로가 8.5~9m로 구분된다. 가장 규모가 작은 4호도로의 경우 당시의 생활면을 도로면으로 사용한 도로로서 노면에서 확인된 수레바퀴 자국의 간격도 가장 좁은 120㎝로 확인되었다. 따라서 4호도로는 물자를 수송하는 수레가 아닌 소형수레가 왕래하였던 도로로 보이며, 이러한 도로는 별도의 노동력과 시간, 경제적 비용을 투입하여 도로를 시공하지 않고 낭시의 생활면인 지면을 그대로 노면으로 사용한 것으로 추정된다.

다음으로 도로의 너비가 3.4~5m의 규모를 보이는 1호도로의 남북도로는 지면을 굴착하여 만든 도로로 북문지를 통하여 성 내·외로 연결되는 도로이며, 앞서 살펴본 바와 같이 노면에는 수레바퀴의 간격이 200㎝인 대형수레가 통행한 것으로 파악되었다. 따라서 1호도로의 남북도로는 몽촌토성 북문지를 통하여 성 내·외를 연결하는 중심도로이며, 이 도로를 통하여 성 내·외로의 물자의 운송이 빈번하게 이루어졌던 것으로 추정된다.[27]

도로의 너비가 6.5m 이상의 비교적 규모가 큰 도로는 성토식 도로인 1호도로의 동서도로와 3호도로이며, 특히 최대 너비가 9m인 2호도로(그림 2-2)는 비록 당시 생활면을 도로면으로 사용하였으나 문지로 연결되는 중심도로이기 때문에 도로 너비가 넓은 것으로 판단된다.[28]

Ⅲ. 도로의 사용시기와 통일신라의 몽촌토성 활용양상

1. 도로의 사용시기

몽촌토성 북문지 일원에서 확인된 통일신라 도로의 사용시기는 층서상 1호도로와 3호도로는 통일신라 하층(1차) 생활면, 2호도로와 3호도로는 통일신라 상층(2차) 생활

---

27) 장용석은 신라 왕경유적 내의 도로유구에서 확인된 수레바퀴자국의 간격을 70~110㎝와 160~200㎝로 구분하고, 전자는 귀족 등 당시 높은 지위에 있었던 사람들이 타던 소형수레 또는 농사용 수레로, 후자는 물자의 수송과 관련된 수레로 추정하였다(張容碩, 2006, 「신라 도로의 구조와 성격」, 『嶺南考古學』38, 126쪽).

28) 발굴조사 당시 뚜렷한 도로의 축조와 관련된 흔적을 확인하지 못했으나 문지쪽인 도로의 북동부에 잔자갈과 점토를 혼합하여 다진 보수흔적이 확인되므로 관리가 이루어졌던 도로로 판단되며, 노면의 하부층이 도로를 조성하기 위한 인위적인 성토층임을 배제할 수 없다.

면 단계에 해당한다. 이를 구체적으로 살펴보면, 1호도로의 남북도로는 층서상 고구려 집수지 폐기 이후의 상부 성토층 위에 10~20㎝ 두께로 인위적인 성토부(암황갈색 사질 점토층)를 조성하고 이 성토부의 상면을 굴착하여 조성하였다. 집수지 폐기 이후의 집 수지 상부에 성토부를 조성한 시점은 성토층 내에서 출토된 토기편이 고구려 토기편 이 주를 이룬 가운데, 일부 백제 토기편이 포함되어 있는 것을 통해 볼 때, 고구려 이후 ~통일신라 이전 시기에 해당하는 것으로 판단된다. 그리고 이 성토부 위에 인위적으 로 조성된 1호도로의 조성층은 현재까지의 북문지 일원에 대한 조사결과 삼국시대 문 화층에서 뚜렷하게 신라 생활면과 유구가 확인되지 않은 점, 6세기 후반~7세기 중엽 의 신라유물은 극소수이며, 모두 잔편으로 생활면이나 퇴적층에서 출토된 점, 신라 이 후 시기의 유물인 완·대부완·호·병 등이 통일신라 주거지 등에서 출토된 통일신라 토 기들이라는 점, 80년대 몽촌토성에 대한 6차례의 발굴조사에서도 신라 토기들이 거의 확인되지 않은 점 등을 고려하면 7세기 후반 이후의 통일신라 시기에 조성된 것으로 판단된다.[29]

이러한 점은 1호도로의 남북도로와 동일 생활면에 조성된 1호도로의 북서쪽 인접하 여 위치한 1호 굴립주건물지 목주의 탄화목에 대한 방사성탄소연대 측정값이 1370± 40BP(연대 눈금 맞춤 결과 A.D.660)로 나온 것과 어느 정도 부합한다고 생각된다.

1호도로의 남북도로에서 출토된 유물을 살펴보면, 고배편·기대편·뚜껑편·장란형토 기편 등의 백제 토기편과 호 구연부편, 저부편, 대상파수편 등 고구려 토기편, 완편·토 기동체부편 등 신라 토기편(그림 5-1·2), 토기 뚜껑편·완편·기와편 등 통일신라 토기· 기와편(그림 5-3~10), 중국 육조시대의 시유도기편 등이 출토었다. 이들 유물 중 도로 의 조성 및 사용시기와 관련된 것으로 판단되는 신라 이후의 유물은 6세기 중엽이후 의 신라토기편의 경우 선행 시기의 백제와 고구려 유물의 수량보다도 적은 2점에 불과 한 반면, 통일신라 토기·기와편은 11점이다. 또한 통일신라 토기·기와편의 양상은 도 로의 북서부 공간에 분포하는 통일신라 주거지에서 출토되는 유물과 궤를 같이하고

---

29) 박중균·이혁희, 2018, 「몽촌토성 북문지 일원 삼국시대 考古資料의 양상과 성격」 『백제학보』 269·300쪽.

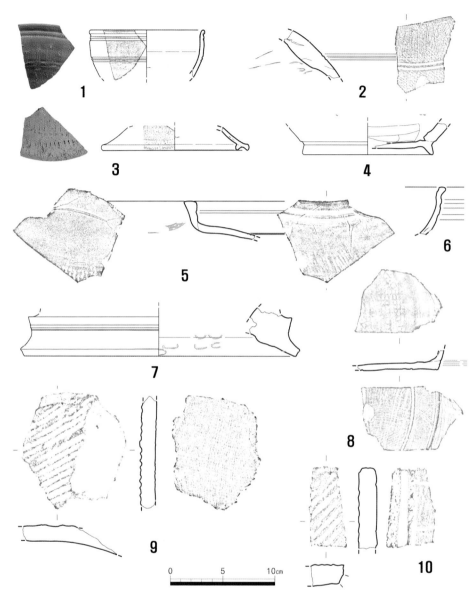

그림 5. 1호도로 남북도로 출토 신라~통일신라 토기·기와류

있어,[30] 통일신라 건물지와 주거지군이 운영되던 시기와 같은 시기에 1호도로의 남북도로도 사용되었던 것으로 추정된다. 따라서 1호도로 남북도로의 조성 시기는 신라가 한강유역을 차지한 6세기 중엽 이후의 어느 시점인 통일신라 이전 시기에 축조되었을 가능성을 배제할 수 없으나, 신라가 삼국통일을 전후한 시점인 7세기 후반에 조성된 것으로 판단되며, 주된 사용 시기는 통일신라 1차 생활면에 조성된 건물지와 주거지군이 운영되던 시기인 7세기 후반에서 8세기 전·중반으로 추정된다.

한편, 북문지에서 성 안의 남서방향으로 90m 정도 들어온 지점에서 1호도로의 남북도로에서 서쪽으로 분기하여 개설된 1호도로의 동서도로는 남북도로와 조성시기의 정확한 선후관계를 파악하기 어려우나 북문지에서 성 안쪽으로 일직선으로 개설된 남북도로가 먼저 조성되고 이후 동서도로가 개설되면서 같이 사용된 것으로 추정된다.

다음으로 2호도로는 연대를 파악할 수 있는 자료가 전무하여 정확한 조성 시기를 알 수 없지만 층서상 1호도로의 남북도로보다 후행하는 통일신라 2차 생활면에 조성되어 있어 1호도로 보다 늦은 시기에 조성된 것으로 파악되며, 그 사용 시기는 몽촌토성 북문지 안쪽의 통일신라 2차 생활면에서 확인된 주거지들의 시기와 병행하는 8세기 전·중반에서 9세기대에 해당하는 것으로 추정된다.

끝으로 북문지 밖의 평탄부에 동서방향으로 가깝게 진행하는 3호도로와 4호도로는 층서상 하층 생활면에 조성된 3호도로와 상층 생활면에 조성된 4호도로로 구분된다. 따라서 정확한 조성 및 사용 시기를 파악할 수는 없지만 3호도로의 경우는 북문지 내측의 1호도로, 4호도로는 2호도로와 비슷한 시기에 사용된 도로로 추정된다.

2. 도로유구를 통해 본 통일신라의 몽촌토성 활용양상

몽촌토성 북문지 일원의 문화층은 모두에 언급한 바와 같이 백제 한성기 문화층, 고구려 점유시기의 문화층, 신라가 한강하류 지역을 점유한 시점 이후의 통일신라 문화

---

30) 1호도로 출토 종장연속 점열문이 시문된 인화문토기 뚜껑편은 개신이 드림단으로 가면서 완만한 곡면을 이루며 외반하고, 드림내턱이 짧게 돌출한 형태로 통일신라 1차생활면에 조성된 28호 출토 인화문토기 뚜껑편과 유사한 형식을 보이고 있다. 그리고 사방향의 선조문이 타날된 기와편은 2014년도에 조사된 통일신라 주거지(2·4~8·11·14호)에서 출토된 기와편들과 동일한 양상을 띠고 있다.

층, 조선시대 문화층이 중층(重層)으로 분포하고 있다. 대체로 최근의 몽촌토성 북문지 일원에 대한 현재까지의 조사결과는 80년대 조사결과와 대제로 부합하고 있는데, 백제 한성기에 왕성의 하나로 기능하였던 시기가 몽촌토성이 가장 중요하게 활용되었고 이후 고구려→신라이후~통일신라→조선시대로 이어지면서 몽촌토성 활용의 중요성은 점차 낮아지는 것으로 확인되고 있다. 즉, 출토된 유구와 유물의 수량이 백제 한성기 > 고구려 > 통일신라 > 조선 순으로 나타나고 있어 이러한 양상은 몽촌토성의 시기별 활용양상을 반영하는 것으로 판단된다.

그런데, 지금까지 몽촌토성 발굴조사를 통하여 확인된 고고자료의 양상에서 주목되는 부분은 신라가 한강유역을 점유한 시기인 6세기 중엽 이후부터 신라가 삼국통일을 달성하기 직전인 7세기 중엽까지의 고고자료가 거의 확인되지 않고 있다는 점이다. 이러한 점은 고구려가 한강 이북으로 철수하고 신라가 한강유역을 점유한 시점부터 통일신라 직전까지는 신라에 의한 몽촌토성의 활용이 극히 미약했던 것을 보여주는 것으로 여겨진다. 이러한 고고자료의 양상이 시사하는 비는 신라가 진흥왕 14년(553)에 백제동북비(百濟東北鄙)를 취하고 지금의 광주에 신주(新州)를 설치하였다가 4년 뒤인 진흥왕 18년(557)에 신주를 폐한 다음 한강 이북의 북한산주(北漢山州)를 설치하였으며, 이후 진흥왕 29년(568) 북한산주를 폐하고 남천주(이천)를 설치[31]하였다가 다시 진평왕 26년(604)에 북한산주가 설치[32]되어 문무왕 4년(664) 한산주가 설치[33]될 때까지 치소의 역할을 하였던 것과 무관치 않다고 생각된다. 즉, 신라가 한강 하류 지역을 차지하고 이 지역을 다스리는 치소를 몽촌토성 등 백제 한성의 왕도유적이 자리한 광주 지역에 설치한 것은 신주가 설치되었던 약 4년간의 기간에 불과하고 이후 치소가 한강 이북 → 경기도 이천 → 다시 한강 이북지역으로 옮겨졌기 때문에 몽촌토성을 지속적으로 개발하고 활용할 필요성이 낮았던 것으로 보인다.

이와 같은 몽촌토성의 활용도는 문무왕 4년(664년)에 북한산주 대신 경기도 광주(지

---

31) 『三國史記』권4, 眞興王 14~29년.

32) "廢南川州 還置北漢山州"(『三國史記』권4, 眞平王 26년).

33) "以阿湌軍官 爲漢山州都督"(『三國史記』권6, 文武王 4년).

금의 하남시)에 한산주가 설치되어 신라 하대까지 운영되면서부터 다시 중요하게 부각되었던 것으로 판단된다. 즉, 한산주의 치소는 지금의 하남시 이성산성으로 비정하는 것이 일반적인데, 몽촌토성은 이성산성에서 서쪽으로 불과 5㎞의 거리에 위치하고 있으며, 한강과 인접하여 물류의 운송이 용이하고, 방어시설인 기존의 성벽을 갖추고 있는 점 등은 치소인 이성산성이 한강과 다소 떨어져 있으며 물자의 운송 등 산성으로서 지니는 여러 가지 취약성을 보완·극복할 수 있는 이점으로서 몽촌토성의 활용가치가 높았을 것으로 추정된다.

따라서 몽촌토성은 이성산성이 한산주와 한주[34]의 치소로 운영될 때, 주치(州治)에서 소용되는 물자의 운송과 보관의 기능을 담당하는 물류기지로서 중요하게 활용되었던 것으로 보인다. 바로 몽촌토성의 북문지를 통하여 성 내·외로 물자를 운송하였던 것을 보여주는 1호 도로에서의 수레 너비가 200㎝인 대형수레가 통행한 것이 확인된 점, 성 내에서 창고터로 추정되는 통일신라 굴립주건물지 및 다수의 주혈군, 그리고 30여기의 주거지와 우물 등이 확인된 점 등은 이를 방증하는 고고자료라 생각된다.

IV. 맺음말

몽촌토성 북문지 일원에 대한 최근 발굴조사에서는 몽촌토성이 한성백제의 왕성으로 계획적으로 조성되었으며, 475년 고구려에 의한 백제 한성의 함락 이후에도 고구려와 통일신라를 거쳐 조선시대까지 지속적으로 재활용되었음을 보여주는 고고학 자료들이 확인되었다.

이글에서는 최근 발굴조사를 통해 확인된 몽촌토성 북문지 일원의 중층으로 분포하는 여러 문화층 중에서 통일신라 문화층의 취락이 조성되어 있던 시기에 활용되었던 통일신라 도로의 구조와 사용시기, 그리고 통일신라의 몽촌토성 활용양상을 살펴보았다.

---

34) 한산주는 경덕왕 16년(757)에 한주(漢州)로 고쳤다(『三國史記』권9, 景德王 16년).

몽촌토성 북문지 일원의 통일신라 도로는 4개의 남북도로와 동서도로가 확인되었다. 이들 도로는 조성방법상에서 굴착식, 성토식, 무시설식으로 구분되고 있는데, 굴착식과 성토식 도로가 당시 지면(구지표면)을 그대로 활용한 무시설식에 비해 도로의 규모가 크고, 짐을 실을 수 있는 큰 수레가 왕래하였던 것으로 파악되었다. 특히 통일신라 1차 생활면에 굴착식으로 조성된 1호도로의 남북도로는 수레의 폭을 보여주는 두 수레바퀴의 간격이 200㎝로 확인되어 북문지를 통하여 성 안팎으로 물자를 운송하는 수레가 왕래하였던 중심도로로 추정된다.

도로의 사용 시기는 도로 노면의 지속적인 보수가 이루어진 것을 통해 볼 때 장기간 사용된 것으로 보인다. 특히 성토식 도로인 1호도로의 동서도로는 전면적인 보수에 의해 노면이 상·하층으로 구분되는데, 하층 노면은 통일신라 1차 생활면과 대응되고 상층 노면은 2차 생활면과 되응되고 있는 양상을 보이고 있다. 따라서 그 시기는 몽촌토성 북문지 안쪽의 통일신라 1·2차 생활면에서 확인된 통일신라 주거지 및 건물지 등의 시기와 평행할 것으로 보이며, 주거지 및 도로 출토유물의 편년, 방사성탄소연대 측정값 등을 고려할 때 7세기 후반에서 9세기대에 해당하는 것으로 추정된다.

끝으로 이와 같은 통일신라 시기 몽촌토성의 재활용 양상은 이성산성이 한산주의 치소로 활용되던 시기에 주치에서 소용되는 물자의 운송과 보관을 담당하는 물류기지로서 중요하게 활용되었던 것으로 보여진다.

참고문헌

『三國史記』

國立扶餘文化財硏究所, 2001, 『宮南池Ⅱ-現 宮南池 北西便一帶-』.

金尙寶·羅永雅, 1994, 「古代 韓國의 度量衡 考察」, 『東아시아 食生活學會誌』4.

김화정, 2011, 「청원 황청리유적의 통일신라시대 도로에 관한 일고찰」, 『중원문화재연구』5.

김화정·소준섭·김진희, 2012, 『淸原 黃淸里 遺蹟』, 중원문화재연구원.

盧重國, 2005, 「백제의 度量衡과 그 運用-척도의 변화를 중심으로-」, 『韓國古代史硏究』40, 한국고대사학회.

박상은·손혜성, 2009, 「도로유구에 대한 분석과 조사방법」, 『야외고고학』7.

박중균·이혁희, 2018, 「몽촌토성 북문지 일원 삼국시대 考古資料의 양상과 성격」, 『백제학보』26, 백제학회.

朴晶煥, 2013, 『삼국·통일기 慶南地域의 道路 硏究』, 釜山大學校 大學院 碩士學位論文.

박진혜, 2018, 「삼국~통일신라시대 울산지역 도로 연구」『고고광장』23, 부산고고학연구회.

龍仁大學校博物館, 2011, 『龍仁 古林洞 原三國時代 生活遺蹟』.

윤천수, 2006, 『大邱 鳳舞洞 365-9番地遺蹟』, 영남문화재연구원.

이강승, 2000, 「백제시대의 자에 대한 연구-부여 쌍북리유적 출토 자를 중심으로-」, 『한국상고사학보』43, 한국상고사학회.

이수홍·황대일·정대봉, 2016, 『蔚山渭陽里417-1遺蹟』, 재)울산문화재연구원.

李娃姬, 2015, 『百濟道路의 築造技術 硏究』, 충북대학교 석사학위논문.

張容碩, 2006, 「신라 도로의 구조와 성격」, 『嶺南考古學』38, 영남고고학회.

하진호·장용석, 2007, 『대구 죽곡택지개발 사업지구내 達城 竹谷里 9-2番地遺蹟』, 영남문화재연구원.

한국고고환경연구소, 2010, 『연기 나성리유적』.

황창한·김영록, 2006, 『울산 매곡동신기유적Ⅰ』, (재)울산문화재연구원.

세종시의 이성(李城)과 이도(李棹)

백영종(한성문화재연구원)

1. 머리말

세종 이성(李城)은 고려 태조 공신(功臣)인 태사(太師) 이도(李棹)가 성벽을 쌓았고 거처가 있었다는 기록이 내려져오는 곳으로 1989년 '연기 이성'이란 명칭으로 충청남도 기념물로 지정된 이후 2012년 세종특별자치시 기념물로 변경 지정되어 보존 및 관리되고 있다. 이성에 대한 기존 조사는 1985년 연기군 관내 고대산성의 분포조사를 시작으로 전의 지역에 위치하고 있는 산성에 대한 현황을 파악하는 기초적인 조사가 대부분이었다.[1] 이성은 이도와 관련이 있다는 기록을 통해 고려시대 축조된 것으로 보고 있으나 성내에서 수습되는 유물은 대부분이 사비기 백제의 것으로 보여 이성을 처음 축성한 것은 『삼국사기(三國史記)』의 기록에서 백제 동성왕이 축조한 이성(耳城)이 고려 초기에 개명된 것으로 보는 견해도 있다.

이후 이성에 대한 종합정비계획의 일환으로 기초연구자료와 문화재 보호구역을 확보하고자 전체 현황에 대한 실측조사가 이루어졌다. 성벽의 둘레는 성벽상단을 기준

---

1) 충남대학교 백제연구소, 1985,『연기군관내 고대산성지 분포조사』백제연구 제16집.
  황수영, 1986,「연기석불비상의 연구」『연기주류성고증』.
  최병식, 1999,『전의지역의 고대산성 조사연구』한양대학교대학원 석사학위논문.

으로 약 486m이고 성내 시설물로 문지와 수구지, 집수지, 그리고 장대지를 비롯한 건물지 등이 분포하고 있을 것으로 추정되었다.[1] 일제강점기 자료인 고적대장에는 성내에 이대사허지비(李大師虛地碑)라고 새겨진 비석이 있다[2]고 하였으며 현재에도 이 비는 이태사유허비(李太師遺虛碑)라는 이름으로 성내에 있어 이 비를 가리키는 것으로 추정된다. 이처럼 이성은 이도와 관련된 기록 및 전설이 현재에까지도 이어지고 있어 고려 초 지방호족과 관련되었을 가능성을 배제할 수 없다.

2020년 10월부터 11월까지 이성에 대하여 문화재 조사가 실시되었는데, 동벽 구간에서 고려 때 개축된 것으로 추정되는 성벽의 일부가 확인되었고, 이와 관련된 유물이 많지 않지만 일부가 출토되었다. 지금까지 이성은 그간의 조사된 내용과 출토된 유물로 미루어 사비기 백제에 의해 처음 축성되었다가 문헌기록에서 확인되는 이도에 의해 개축되었을 가능성이 높고 조선시대 이전에 폐성되었을 가능성이 높다.

이 글에서는 이성의 문헌기록을 살펴보고 이도와의 관련된 자료를 토대로 이성과 이도의 관련성에 대하여 소개해 보고자 한다.

2. 이성에 관한 문헌기록

이성에 대한 처음 기록은 『신증동국여지승람(新增東國輿地勝覽)』에서 확인되고 있는데 이 기록이 현재까지 확인된 가장 오래된 기록이다. 문헌에 의하면 이성은 운주산 북쪽 봉우리에 있으며 돌로 쌓았으며 둘레가 1,184척이라고 전한다. 또한 이도가 살던 곳으로서 성곽을 지칭하는 이성이라는 지명이 고려 개국공신이자 전의이씨의 시조인 이도와 관련이 있음을 말해준다. 우물은 1개소가 있었는데 폐(廢)하였다는 기록으로 미루어 조선 초기에 이미 성곽으로서의 기능이 다하였음을 알 수 있다.

李城 : 在雲住山北峰 石築世傳李棹故居中 寬敞周一千一百八十四尺 內有一井今廢

이성 : 운주산 북쪽 봉우리에 있으며 돌로 쌓았다. 세상에서 전하기를 이도(李棹)의

---

1) 백제고도문화재단, 2017, 『세종특별자치시 이성 종합정비 기본계획』.
2) 1916~1917년에 작성된 忠淸南道 古跡臺帳 연기군 편에 이성에 관한 내용이 기록되어 있다.

옛 집이 가운데 있다고 한다. 성 안이 넓어 둘레가 1천 1백 84척이다. 내부에 우물 하나가 있었는데 지금은 못쓰게 되었다.[3]

이도와 관련해서 같은 기록에서는 공(功)으로 인하여 이름을 하사받은 내용과 벼슬에 관하여 적고 있다.

高麗李棹 : 太祖南征至錦江水漲 棹護步有功賜名棹 官至太師三重大匡

고려이도 : 태조가 남으로 정벌하러 금강에 이르렀을 때 물이 범람하였는데, 이도가 태조를 보호해 건너는데 공이 있어 도라는 이름을 내려주었다. 벼슬은 태사삼중대광에 이르렀다.[4]

이후 1845년 간행된 『충청도읍지(忠淸道邑誌)』는 현존하는 충청도의 가장 오래된 도지(道誌)로서 헌종대에 간행된 것으로 보이는 『全義縣邑誌』의 성지조에 이성과 관련된 기록이 남아있다. 『신증동국여지승람』의 기록과 유사하지만, 이성 내에 살았다는 전의 이씨의 시조인 이도와 관련하여 좀 더 구체적으로 기술하고 있다.

李城 : 在李城山 山頂平廣 中有平壇 麗朝太師李棹所居有基 嘗增之南北各置一亭
　　　 冬則居南 夏卽居北亭云

이성 : 이성산에 있으며 산봉우리는 평탄하고 넓다. 그 가운데에 단이 있다. 여조태사 이도가 살던 터가 있는데 일찍이 남북각처에 하나씩의 정자를 두어 겨울에는 남쪽에서 지내고 여름에는 북쪽 정자에서 지냈다.[5]

이성 내에는 평탄지가 있으며, 그 내부가 단으로 이루어져 있음을 알 수 있다. 이는

---

3) 『新增東國輿地勝覽』제18권 全義縣 古跡條.
4) 『新增東國輿地勝覽』제18권 全義縣 人物條.
5) 『忠淸道邑誌』全義縣邑誌 城地條.

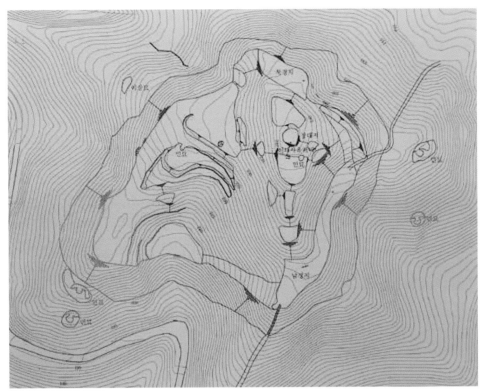

[도면 1] 이성 현황실측도

2020년 조사에서 유단식 평탄지로 명명된 곳이며, 이곳에서 삼국시대 장대지를 비롯한 집수 시설, 다각형 건물지 등이 있을 것으로 추정되는 곳이다.[6] 이러한 유단식 평탄지는 근래 만들어진 인위적인 시설이 아니라 과거에 이미 조성된 상태였다는 것을 의미하며, 여기에서 출토된 유물로 미루어 이도가 성벽을 개축하기 이전에 삼국시대에도 이미 존재하였을 가능성이 높다는 것을 말해주고 있다. 이밖에 이도와 관련하여 유단식 평탄지의 북쪽과 남쪽에는 북정지와 남정지로 비정되는 평탄지가 성벽 안쪽으로 남아있어 이곳이 이도와 관련된 시설물이 확인될 가능성도 매우 높은 지역이다.

유단식의 평탄지에 대해서는 1871년 간행된 『호서읍지(湖西邑誌)』에 비교적 자세하

6) 한성문화재연구원, 2020, 『세종 이성(李城) 복원정비를 위한 문화재 시굴조사 약식보고서』

[사진 1] 이성 북정지 전경　　　　　　　[사진 2] 이성 남정지 전경

게 기록되어 있는데 층단의 형식이며, 단의 남북으로 정자를 두어 이도가 그곳에서 계절에 따라 지내고 있다고 하였다.

李城 : 在李城山 山上頂平廣中有層壇 麗太師李棹所居遺地

　　　嘗於壇之南北各置一亭冬則居南夏則居北云

이성 : 이성산에 있다. 산꼭대기는 평평하고 넓으며 그 가운데에 층단이 있다. 여태사 이도가 살던 유지가 남아 있다. 일찍이 단의 남북으로 각처에 하나씩의 정자를 두어 겨울에는 남쪽에서 지내고 여름에는 북쪽에서 지냈다.[7]

1866년 간행된 『대동지지(大東地志)』에서는 이성을 운주산북성이라 일컬었으며, 둘레는 1,184척이라고 하여 『신증동국여지승람』의 기록과 일치하고 있다. 또한 우물 1개소의 존재와 고려태사 이도가 살던 터가 있어 이 성곽을 이성(李城)이라 칭하였음을 알 수 있다.

雲住山北城 在山之北峰 周一千一百八十四尺 井一 其中寬敞 高麗太師李棹所居古稱 李城

운주산 북성은 북쪽 산봉에 있으며 둘레는 1천1백84척이다. 우물이 1개소가 있으며

---

7) 『湖西邑誌』全義縣.

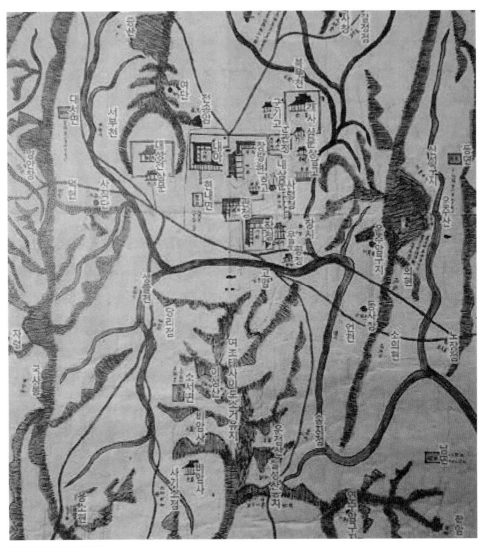

[도면 2] 1872년 지방지도

그 가운데는 앞이 탁 트여 넓다. 고려태사 이도가 살던 곳이며 예부터 이성이라 불렀다.[8]

---

8) 『大東地志』全義縣 城池條.

[사진 3] 이성 내 이태사유허비

그리고 1872년 제작된 지방지도 중 전의현 지역의 지도에는 이성과 관련된 내용이 기록되어 있는데, 다른 지도에서는 생략되었던 '이성산(李城山)'이 명기되어 있다. 또한 '麗祖太師 李棹 所居遺址(여조태사 이도 소거유지)'라는 내용이 병기되어 있어『신증동국여지승람』이나『충청도읍지』등을 뒷받침해주는 중요한 자료로서 의미가 깊다.

이렇듯 위의 기록에 의하여 이성에 관해 정리해 보면, 이성 내에 평탄지가 있으며 그 내부가 단으로 이루어져 있음을 알 수 있다. 또한 이도가 살던 터가 있었으며 남북 각처에 각각 하나씩의 정자(혹은 거처)를 두고 겨울과 여름에 옮겨 다니면서 거주하였음을 알 수 있다. 이를 통해 당시에도 이성의 성내에 정지(亭地)가 남아있던 것으로 여겨지나, 현재 이와 관련된 흔적은 확인할 수 없으며 후대에 조성한 이태사의 유허비만 남아있다.

우물은 1개소가 있었으나 당시에도 폐(廢)하였다고 기록되어 있는 것으로 보아『신증동국여지승람』의 편찬이 완료된 조선 초기 이전에 이미 이성은 폐성되어 그 기능을 잃었던 것으로 추정된다. 우물 외에 성내시설에 관한 기록은 남아있지 않아 그 모습을 추정하기에 어려움이 있다.

이성(李城)은 석축(石築)으로 쌓았으며 성곽의 둘레는 1,184척(약 544.6m)에 이르는 것으로 추정된다. 성 내부는 비교적 넓고 평탄한 지역이라고 전한다. 내부에 여러 단(壇)을 두어 공간을 구획하기도 했던 것으로 보인다. 그러나 이도에 대한 기록은 자세하지 못하며 이성과 관련되어 약간 언급만 될 뿐이다. 이는 이도가 삼한벽상공신의 한 명으로 지목되고 있지만 그의 업적을 자세하게 기록하지는 못하고 있다.

3. 삼한벽상공신(三韓壁上功臣) 이도

고려 태조는 고려 건국 이후 그의 재위기간 동안에 공신을 2차례에 걸쳐 책봉하였다. 즉 개국후와 후삼국 통일이후 각각 공신을 선정하였다. 전자의 경우 태조는 즉위 초에 고려 건국에 공이 있는 인물을 공신으로 선정하여 그들에게 충신의 절개와 복종을 강조하였다. 그는 공신들을 자신의 주변에 결집시켜 신왕조의 권력질서체계를 수립하였는데 개국공신(開國功臣)[9]이라 칭한다. 후자의 경우 태조는 후삼국 통일에 이르기까지 자신에 대한 충성과 군공을 세운 인물들을 삼한공신(三韓功臣)으로 책봉하였다. 특히 삼한벽상공신(三韓壁上功臣)은 태조를 섬겨 협력한 지방호족과 태조 23년 논공행상 이전에 이미 사망하여 경제적 대우와 정치적 우대를 받지 못한 인물들이었다. 이중에서 이성과 관련된 전의 이씨의 시조로 대표되는 이도라는 인물이 태조의 후삼국통일에 관여했던 삼한벽상공신의 한 사람이었다.

고려 개국 후 태조는 공신을 모두 3등급으로 나누어 선정하였는데 공신으로 임명된 인원은 1등공신 홍유, 배현경, 신숭겸, 복지겸 등 4명이고 2등공신은 견권, 능식, 권신, 염상, 김락, 연주, 마란의 7명이다. 그리고 3등공신은 2천여 명이다.[10] 이들은 태조의 즉위에 협력한 인물로서 왕건의 추대세력이 공신이 되었다. 공신의 선정기준은 태조의 즉위에 협력한 인물들의 공로 여부와 비중에 따라 선정되었을 것이다.

1등공신과 2등공신은 모두 11명으로 인물들을 구체적으로 알 수 있다. 그러나 3등공

---

9) 개국공신의 칭호는 경종 2년(977)에 처음 사용되었다.
   『高麗史』78 食貨 1 田制 功蔭田柴.
10) 『高麗史』2 太祖 1년 8월 辛亥.

신은 2천여 명이라는 인원만 밝혀질 뿐 그 인물들에 대해서는 정확히 알려진 바는 없다. 3등공신은 1등과 2등공신과 함께 태조에게 일정한 공헌을 한 세력이지만 그에 비하면 역할과 활동에 차이가 있을 것이다.

태조는 고려건국 19년만에 후삼국을 통일하였다. 그는 군사력으로 후백제를 멸망시킨 후 4년만에 후삼국 통일에 공이 있는 인물들을 위한 조처를 단행하였다. 즉 태조는 삼한공신을 위하여 신흥사에 공신당을 설치하였다.[11] 공신당은 삼한공신의 화상을 동서벽에 그려두고 후삼국통일에 기여한 사람들의 공을 기린 곳이다. 삼한공신은 후삼국의 통일에 공이 있는 인물들을 포상하기 위해 마련된 공신호로 주로 지방호족중에서 고려로 귀화한 세력을 일컫는다.[12] 또한 후백제에 대항해 싸운 호족도 포함되었을 가능성도 있다. 이들 세력에게는 사람의 성행, 선악, 공로의 대소를 보고서 차등있게 역분전을 지급하였다.[13]

삼한공신의 수는 정확히 몇 명인지는 알 수가 없으며, 인물에 대해서도 『고려사』와 『고려사질요』에 기록되이 있지는 않다. 그러나 문종 8년의 기록에서 태조의 공신이 3천 2백명이었다[14]는 기록을 통해 앞서 개국공신을 제외하더라도 족히 1천여 명이었을 것으로 생각된다. 이들 세력은 후백제를 공격하는데 있어 태조가 도움을 직간접적으로 받았을 것으로 보이기 때문에 후백제에 있거나 그 주변에 영향력을 행사하였던 세력이 중심이 되었을 것이다. 이 중에 전의현을 중심으로 지배력을 가지고 있었던 이도가 큰 공로를 세워 삼한벽상공신으로 선정되었다고 생각된다.

조선 전기에 발간된 『신증동국여지승람』18권 충청도 전의현의 인물조에 전의 이씨 시조인 이도(李棹) 외에도 그의 후손에 대해 기록이 남아 있는데 대대로 고려~조선 전기에 걸쳐 벼슬에 올랐던 기록이 있다. 다음의 기록은 이도 후손에 대한 기록이다.

이혼(李混) : 도(棹)의 7대손이다. 원종(元宗) 때에 과거에 급제하여 충선왕(忠宣王)까

---

11) 『高麗史』2 太祖 23년.
12) 김광수, 1973, 「고려태조의 삼한공신」『사학지』7.
13) 『高麗史』18 食貨 1.
14) 『高麗史』7 文宗 8년 12월.

지 계속 섬기면서 여러 벼슬을 역임하고 첨의정승(僉議政丞)으로 치사하였으며, 호는 몽암(蒙菴)이다. 일찍이 영해부(寧海府)로 좌천되어 바다 가운데 뜬 나무등걸을 가지고 무고(舞鼓)를 제작하였는데, 지금까지 악부(樂府)에 전해지고 있다.

이언충(李彦冲) : 이혼(李混)의 형의 아들이며, 과거에 올라 여러 벼슬을 거쳐서 정당문학(政堂文學)에 이르렀다.

이정간(李貞幹) : 이혼(李混)의 아우 이자화(李子華)의 증손이다. 어머니 김씨(金氏)의 나이 1백2세 때에 정간은 당시 80세였는데, 어머니 앞에서 새 새끼를 가지고 희롱하여 노래자(老萊子)와 같은 어리광을 부리니, 세종(世宗)이 글을 내려 표창하였다. 벼슬은 중추원사(中樞院使)에 이르렀으며, 시호는 효정(孝靖)이다.

이사관(李士寬) : 이정간(李貞幹)의 아들로 벼슬이 부윤(府尹)에 이르렀으며, 그 아들 지장(智長)·예장(禮長)·함장(諴長)·효장(孝長)·서장(恕長)은 문과에 오르고, 의장(義長)은 무과에 오르니 이는 세상에 드물게 있는 일로서 선비들이 영화롭게 여겼다.

이예장(李禮長) : 세조(世祖) 때의 정난좌익공신(靖難佐翼功臣)이고, 벼슬이 병조참의(兵曹參議)에 이르렀다.

이함장(李諴長) : 벼슬이 예조참판(禮曹參判)에 이르렀다.

이효장(李孝長) : 벼슬이 경상도관찰사(慶尙道觀察使)에 이르렀다.

이서장(李恕長) : 세조 때의 적개공신(敵愾功臣)이며, 벼슬이 한성부 좌윤(漢城府左尹)에 이르고, 전성군(全城君)에 봉해졌다.

이수남(李壽男) : 이함장의 아들로 문과에 등과하였다. 성종 때의 좌리공신(佐理功臣)이며, 전산군(全山君)에 봉해졌다.

이의흡(李宜洽) : 문과에 올라 벼슬이 중추원부사(中樞院副使)에 이르렀다. 아들 신효(愼孝)는 형조참의를 역임하였고, 원효(元孝)는 과거에 올라서 첨지

중추(僉知中樞)에 이르렀다.[15]

　그러나 전의 이씨 시조인 이도는 고려 태조의 개국공신으로 알려져 있으나, 정작 『고려사』, 『고려사절요』 등에서 확인할 수 없다. 이도에 대해서는 전의 이씨 족보, 그 후손의 묘표(墓表) · 묘갈명(墓碣銘)에 기록된 금석문, 고려 초기 이도와 함께 개국공신에 올려졌던 후손 등의 묘표 · 묘갈명에 일부 남아있다. 이러한 자료를 통해 전의이씨 석탄공파 종중에서는 이도의 내용을 자세히 정리하였다. 그 내용을 옮겨 놓으면 다음과 같다.

　"전의 이씨 시조는 고려 통합삼한개국익찬2등공신(高麗三韓開國翊贊二等功臣)이시고 삼중대광태사(三重大匡太師)이신 휘 도(棹) 할아버님이시다. 9년 고려 태조 왕건은 삼한통일에 크게 전공한 공신들에게 공신 등급을 부여하고 공신들은 시조가 되었다."

　"시조 태사공 휘 도(棹) 할아버지께서는 초명이 치(齒)이시고 웅진(공주) 금강 유역에서 선박 수백척을 보유하고 일본과 중국을 비롯하여 동남아와 해상무역을 하는 대세력가의 호족이다. 웅진지방의 행정권과 군사권을 장악하고 공주성과 금강유역을 수호하는 용맹이 뛰어난 지방 장군이며 전의성의 성주이셨다. 왕건은 송악(개성) 예성강 유역에서 해상 무역을 하는 호족으로 그 지방을 수호하는 장군이었다. 이치 장군과 성장과정이 비슷하였다.

　왕건 장군과 이치 장군은 군 세력을 합세하여 후백제를 공략하기로 동조하고 이치 장군은 후백제 금성(나주)에 은밀히 들어가 금성(나주) 호족세력들을 고려군에 동조하도록 포섭하였다. 그리고 공격 전술 해상계획을 수립하고 공격하여 금성(나주)을 쉽게 점령할 수가 있었다.

　918년 궁예가 몰락하고 왕건 장군을 신하들의 추대로 왕에 직위하자 국호를 고려라

---

15) 『新增東國輿地勝覽』 제18권 全義縣 人物條.

칭하고 왕건은 고려 태조가 되었다. 927년 백제 견훤이 신라를 침공하여 경애왕을 살해하였을 때에도 태조 왕건은 신라를 구원하기 위하여 대구 팔공산과 문경, 안동 등 여러 곳에서 후백제군과 싸웠다. 이 관동 전투에서 군사력이 강한 후백제군과의 싸움에서 고려군이 크게 패전하고 장수들이 희생되고 고려 왕건은 부하 병사들과 같이 후백제군에게 포위되어 전세가 어렵게 되었다. 포위망을 탈출하기 위해 고려 신숭겸 장군은 왕건의 갑옷을 바꿔 갈아입고 후백제군을 총 공격 중에 전사하고 많은 병사가 희생하였다.

이때에 이치 장군은 후백제군에게 포위된 태조 왕건을 포위지역에서 구해내기 위해 대공세 작전을 감행하여 탈출시키는데 성공하였고 태조 왕건의 목숨을 구했다. 이치 장군은 새로운 전술 계책을 수립, 대장군으로 고려군을 진두지휘하여 후백제군을 재공격하여 관동전투에서 크게 대승하였다. 이 관동전투에서 후백제군을 격파한 것을 계기로 고려가 통일의 주도권을 잡게 되었다. 태조 왕건이 크게 기뻐하며 이치 장군을 응양군 대장군으로 승품 및 승계시켰다."

"934년(고려 태조 17년) 이치 대장군은 군사를 진두지휘하여 고려 태조 왕건과 같이 운주(홍성) 전투에서 후백제군과 싸워 크게 승전하고 이어서 중부, 중서부의 아주(아산), 황산(논산), 충주, 청주, 웅주(공주)를 공격하게 되었다. 고려 태조는 5만 대군을 이끌고 금강에 이르니 폭우로 금강 물이 크게 범람하여 도강이 어렵게 되었다. 이치 장군은 선박 수백척을 동원하여 고려 태조와 고려군 5만 대군을 희생자 없이 무사히 금강을 도강하도록 주도하였다. 이 도강으로 웅진(공주) 이북의 30개 성을 공격하여 고려 영토를 충청도까지 넓혔다.

935년에 고려군에 패한 후 후백제 견훤은 넷째 아들 금강을 자신의 후계자로 삼으려 하였는데 이에 견훤의 큰아들 신검이 정변을 일으켜 자기 아버지 견훤을 폐위한 다음 금산사에 유폐하고 신검은 스스로 후백제 왕이 되었다. 금산사에 유폐되어 있는 견훤은 금산사를 몰래 빠져나와 고려 태조 왕건에게 항복하고 말았다.

그해 신라 경순왕 역시 때를 같이하여 신라를 송두리째 고려에 기부하였다. 936년

이치 대장군은 신검이 주둔하고 있는 경북 선산 싸움에서 후백제군을 크게 격파하고 계속 진주를 공격하여 점령하니 신검은 고려에 항복하고 후백제는 멸망하였다. 고려 태조 왕건은 삼한통일을 크게 기뻐하고 이 나라의 지주가 되어서 돛대 노처럼 저어 나가라고 치(齒) 장군의 휘를 도(棹)로 새로 지어 사명하였다."

"936년 고려 태조 왕건은 삼한통일에 크게 전공한 이도 대장군에게 고려통합삼한개국익찬2등공신(高麗統合三韓開國翊贊二等功臣)으로 책훈하였다. 그리고 벼슬을 삼중대광태사(三重大匡太師 -왕의 고문)로 최고 관직인 정1품관이 되시고, 전산후(全山候)로 봉작되었으며 성절공의 시호를 받으셨다."

위의 이도에 대한 기록과 함께 『사미헌집』 제10권 묘갈명(墓碣銘) 효자문공묘갈명병서〔孝子文公墓碣銘幷叙〕에서는 삼한벽상공신(三韓壁上功臣)과 관련한 내용을 담고 있다.

"삼한벽상공신(三韓壁上功臣) : 936년(태조 19)에 고려가 후삼국을 통일한 뒤 940년(태조23) 신흥사(新興寺)를 중수하고 이곳에 공신당(功臣堂)을 세우면서 동서 벽에다가 삼한공신의 모습을 그려 넣었으니, 이것이 삼한벽상공신(三韓壁上功臣)이다. 여기에 그려진 인물은 홍유(洪儒), 배현경(裵玄慶), 신숭겸(申崇謙), 복지겸(卜智謙), 유금필(庾黔弼), 김선궁(金宣弓), 이총언(李恩言), 김선평(金宣平), 권행(權幸), 장정필(張貞弼), 윤신달(尹莘達), 최준옹(崔俊邕), 문다성(文多省), 이능희(李能希), 의도(李棹), 허선문(許宣文), 구존유(具存裕), 원극유(元克猷), 금용식(琴容式), 김훤술(金萱術), 한란(韓蘭), 강여청(姜餘淸), 손긍훈(孫兢訓), 방계홍(房係弘), 나총례(羅聰禮), 이희목(李希穆), 염형명(廉邢明), 최필달(崔必達), 김홍술(金弘述), 김락(金樂)이다."

위의 기록을 보면 고려 태조가 삼한 벽상공신을 기리기 위해 신흥사 등의 절을 중수하고 공신당을 세워 이도의 초상화를 그려 벽에 걸었던 것을 알 수 있다. 그러나 앞서도 이야기 했듯이 『고려사』, 『고려사절요』에는 그 개국공신 대상이 한정적으로 표기된

[사진 4] 이성 동쪽 차수벽　　　　　　　　　　[사진 5] 이성 삼국시대 성벽

것을 알 수 있다. 전의이씨 석탄공파 종중에서는 全義 李氏의 시조인 이도에 대해서 뿌리찾기 일환으로 초상화와 묘역을 정비하였다.

이상을 정리해 보면, 전의 이씨 시조인 이도는 고려가 건국하는 과정에서 태조를 도와 큰 공을 세운 벽상공신은 분명하다. 다만 당시를 기록했던 역사서에는 그 내용이 소략화 되면서 조선전기의 지리지에 이도의 공적이 간략하게 기록되었다. 그 후손의 묘표(墓表) · 묘갈명(墓碣銘)에 기록된 금석문, 고려 초기 이도와 함께 개국공신에 올려졌던 후손 등의 묘표 · 묘갈명에서 자세한 내용을 정리할 수 있었다.

그러나 족보 등은 2차 역사서로 중요하지만, 역사는 사실을 기록해야 하기 때문에 이도의 행적에 대해서는 역사적 사실과 연표에 의해 검증될 필요는 있다. 따라서 이도에 대한 고려 건국의 공훈을 객관적으로 증명하기 위해서는 앞으로 다양한 학자들의 연구가 필요하며 이를 통해 점차 그 가치가 인정받을 수 있을 것으로 판단된다. 또한 이성에 대한 연차적인 고고학 조사를 통해 이에 대한 검증을 뒷받침하는 것이 필요하다.

4. 이성의 고려시대 성벽

이성의 2020년 조사에서는 백제 사비기에 축조된 성벽과 그 이후 수축된 통일신라시대 성벽, 그리고 이도와 관련되어 개축된 성벽이 동벽 조사구간에서 확인되었다. 먼저 가장 이른 시기의 백제 사비기 성벽은 협축식으로 축조되었고 이후 외벽과 내벽 일부 구간에서 보수를 하였던 것으로 보인다. 성벽 바깥쪽에서는 보축성벽의 모습은 보

[사진 6] 이성 유단식 평탄지 내 석축시설

이지 않았다. 지표상에서는 성벽 일부 구간에서 성돌이 확인되지 않는 곳도 있어 토축으로 성벽을 축조하였을 가능성도 배제할 수 없다.

동벽이 축조된 구간의 지형을 살펴보면 작은 곡간부가 형성되어 있는 곳으로 주변에서 발생된 우수가 모이는 곳이라고 할 수 있다. 곡간부는 협축식의 성벽으로 축조한 후, 그 안쪽에는 차수벽을 설치하여 많은 양의 물이 성벽에 직접 부딪히는 것을 막고 성벽을 보호하기 위함이다. 이러한 곳에서는 우수를 모으기 위한 집수시설이 발견되기도 하는데, 차수벽 안쪽에는 집수시설이 축조되었을 가능성도 있다.

동벽이 남벽으로 회절하기 직전 구간에서는 기존 성벽과는 다른 형태의 성돌을 이용하여 쌓은 성벽이 확인되었다. 백제 사비기의 성돌은 주로 다듬지 않은 할석을 이용하여 축조하였으나 수축된 성돌은 주로 방형의 형태이며, 가로와 세로의 비율이 거의 비슷하거나 가로 비율이 약간 길게 형성되어 있다. 대체로 고려시대의 성벽으로 분류되는 것들이다. 출토유물은 거의 확인되지 않지만 청자편 등의 유물이 소량 검출되었다.

[사진 7] 이성 동벽 구간 전경

[사진 8] 이성 고려시대 수축 성벽

[사진 9] 이성 마암

　성벽은 1~3단정도만 잔존하고 있으며, 잔존길이 또한 6~7m 정도로 잔존상태는 매우 불량하다. 성벽 축조에 사용된 성돌은 대부분 방형의 석재를 사용하였다. 성돌 사이에는 빈틈이 많이 보이는데 이는 대부분의 성벽이 바깥으로 밀려 나온 상태이기 때문이다. 대체로 수평을 맞추어 쌓아 올렸다. 기존의 성벽 축조에 사용된 성돌과는 규모와 현황에 있어 차이점을 보인다. 즉 백제 사비기 성벽은 두께 10㎝ 내의 장방형의 성돌을 주로 사용한 반면에 이 시기의 성돌은 두께 15㎝ 내외의 방형 성돌을 사용하였으며 대체로 품자형의 수평줄눈을 맞추어 쌓아 올렸다. 이러한 방식은 주로 통일신라시대

[사진 10] 이성 고려시대 성벽   [사진 11] 이성 고려시대 성벽 2

부터 나타나기 시작하는 축조방식으로 음성 망이산성, 평택 자미산성의 통일신라 성벽에서 보이는 수법이다. 이후의 고려시대 성벽까지도 일부가 나타난다.

또한 성벽 위쪽으로 지표상에 노출되어 있던 성벽도 고려시대 쌓은 성벽으로 추정되는데 허튼층쌓기로 축조한 모습이 확인된다. 이는 고대의 석축 쌓기방법과는 차이가 있는 것으로 보아, 고려시대 이후에 조성된 것으로 보인다. 이밖에도 북동쪽 성벽의 회절부에서 산성 바깥쪽으로 이어지는 등산로에서 마암(馬岩)으로 추정되는 자연 암반이 있다. 이는 전의태사 이도가 말을 묶어 놓았다는 시설물로 추정되는데 이곳에는 추정 동문지가 위치하고 있어 이곳을 통해 출입을 하였을 가능성이 있다.

5. 맺음말

지금까지 세종 이성과 관련하여 남아있는 문헌 기록에 대해 살펴보았고, 또한 이도와 관련된 흔적도 기록을 통해 살펴보았다.

고려 태조는 후삼국을 통일하는 과정에서 전의 지역의 호족이었던 이도의 도움을 받았고, 그 공으로 삼한벽상공신으로 추증되었다. 또한 이도는 전의 지역에 이성을 축성하였으나 이성은 최근의 고고학적인 조사를 통해 백제 사비기에 먼저 축성된 이후, 통일신라시대에 수축되었다가 이도가 개축하였을 가능성이 높다고 할 수 있다. 이도는 전의 지역의 세력을 결집하는데 이성을 중심으로 진행되었던 것으로 보인다. 이도의 세력은 북쪽이 차령산맥으로 막혀 있기 때문에 이북의 아산과 천안까지 지배권을 넘지 않았을 것이고 남쪽은 태조가 금강을 건너는데 도움을 주었다는 기록을 통해 금강 이북까지만 영역권을 산정해 볼 수 있다. 이는 현재의 세종시 행정구역을 포함하는 지역이라 할 수 있겠다.

이성내에는 이도와 관련된 흔적이 많이 남아있다. 유단식 평탄지를 중심으로 북쪽의 북정지와 남쪽의 남정지는 성벽과 인접한 안쪽에 평탄지가 조성된 곳으로 정자터가 있을 것으로 추정되는 곳이다. 북동쪽 회절부 성벽의 동문지 바깥쪽에서는 마암이 있으며, 성내에는 이태사유허비 등이 남아 있다. 또한 2020년 조사의 동벽 구간에서 고려 때 쌓은 것으로 보이는 성벽의 일부가 조사되었다. 향후 고고학적인 성과들이 발견된다면 이도와 관련된 흔적을 찾을 수 있으리라 생각한다.

일본 고대산성의 연구동향
- 2000년 이후를 중심으로

무카이 카즈오(일본 고대산성연구회)

번역: 송영진(경상국립대학교박물관)

들어가며

일본의 고대 산성 연구는 최근 몇 년간 안정세를 보이고 있다. 학계에서는 오랜 논쟁 끝에, 특히 2006년~2012년 오니노성(鬼ノ城)의 내부 조사를 통해 축성연대에 대한 논의가 실마리를 찾기 시작하면서 연구자 간의 합의가 이루어지고 있다.

필자는 1991년 졸고 「서일본의 고대산성 유적」을 『고대산성 연구』에 발표한 이후 줄곧 일본의 고대산성에 관한 논고를 발표해 왔는데, 축성연대와 축성주체에 대한 검토에 시간과 에너지를 쏟아 왔다. 일본 고대산성에 대한 관심이 '언제', '누가', '무엇을 위해' 쌓은 것인지 의문인 코고이시계산성(神籠石系山城)의 논의에 집중되어 있었기 때문이다.

학계에서는 논의가 정리되고 있지만, 민간 고대사론에서는 코고이시계산성이 재지세력에 의해 축성되었다고 하는 생각이 만연해 있다. 최근에는 당나라의 왜국 점령군이 쌓은 것이라고 하는 음모사관적인 진설(珍説)도 다시 제기되는 등[1] 고대산성 연구

---

1) 나카무라 슈야(中村修也)가 2015년에 『덴지조(天智朝)와 동아시아 - 당의 지배로부터 율령국가로』(NHK북스)에서 발표한 당 축성설은 1983년에 타나베 쇼죠(田辺昭三)가 『되살아나는 호도(湖都) - 오츠노미야(大津の宮)시대를 찾아서』

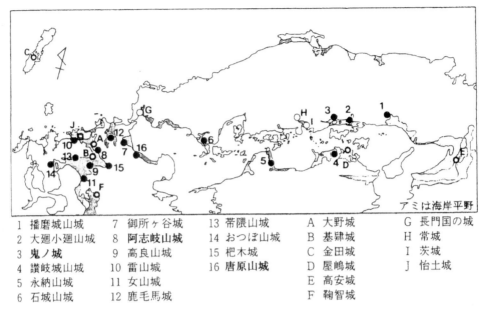

1	播磨城山城	7	御所ヶ谷城	13	帯隈山城	A	大野城	G	長門国の城
2	大廻小廻山城	8	阿志岐山城	14	おつぼ山城	B	基肄城	H	常城
3	鬼ノ城	9	高良山城	15	杷木城	C	金田城	I	茨城
4	讃岐城山城	10	雷山城	16	唐原山城	D	屋嶋城	J	怡土城
5	永納山城	11	女山城			E	高安城		
6	石城山城	12	鹿毛馬城			F	鞠智城		

<그림 1> 일본고대산성 분포도

를 둘러싼 논란은 끊임없이 이어지고 있는 상황이다.

본 글에서는 최근의 연구동향이 어떤 상황에 놓여 있는지 소개하고자 한다.

1. 사이메이조 축성설(斉明朝築城説)

1988년에 와타나베 세이키(渡辺正気)의 「사이메이천황서하시축성설(斉明天皇西下時築城説)」[1]이 발표되자 규슈의 연구자와 조사담당자들은 모두 이 설을 인용하고, 지지

(NHK북스)에서 발표한 설의 재탕이지만, 타나베 저서에 대한 언급은 없다. 1979년 후루타 다케히코(古田武彦)는 『여기에 고대왕조가 있었다 - 야마이치국(邪馬一国)의 고고학』(아사히신문사)에서 코고이시=규슈왕조 축성설을 발표하고 있다. 후루타는 1998년에도 「코고이시의 증명」『잃어버린 일본』(하라쇼보(原書房))에서 79년과 거의 같은 논지를 반복해서 주장했지만, 무슨 까닭인지 세토우치산성은 다루지 않았다. 만년의 후루타와 규슈왕조 지지자는 이 지적에 당황해 세토우치의 산성도 규슈왕조가 쌓았다고 주장하기 시작했다.(무카이 가츠오, 2019,「코고이시와 야마타이국」『계간 야마타이국(邪馬台国)』137호(창간 40주년 기념호)아즈사쇼인(梓書院)).

1) 통설에서 일본의 고대 조선식산성 도입은 ②의 기사였지만, 사이메이천황 축성설에서는 ①의 기사에 주목해 사이메이 6년(660년) 백제멸망을 계기로 서북반=큐슈에서 성책이 축조되었다고 한다.
①『日本書紀』齊明四年 是歲、或本云、至庚申年七月、百濟遣使奏言、大唐·新羅并力伐我. 既以義慈王·王后·太子、爲虜而去。由是、國家以兵士甲卒陣西北畔、繕修城柵斷塞山川之兆也.
②『日本書紀』天智三年 是歲、於對馬嶋·壹岐嶋·筑紫國等置防與烽。又於筑紫築大堤貯水、名曰水城.

하게 되었다. 코고이시유적(神籠石遺蹟)에서 토기 등 유물 출토가 적어 고고학자들이 연대를 추정하는 데 어려움을 겪고 있었기 때문에, 사이메이 4년 시세조 분주 혹본(是歲条 分注「或本」)은 오랜 문제를 해결해 주는 복음과 같은 것이었다. 와타나베설은 규슈의 코고이시유적에 한정된 것이었지만, 그 후 다른 연구자 - 니시타니 타다시(西谷正)와 오다 카즈토시(小田和利) 등에 의해 세토우치(瀬戸内)의 고대산성도 사이메이 시기에 축성된 것으로 확대 해석되었다.

80년대의 고대산성 연구는 세토우치의 산성 발견을 계기로 고대산성 유적을 재평가하는 것으로부터 시작되었다. 그러나 발굴이 충분히 이루어지지 않은 단계였기 때문에 축성연대를 좁히지 못하고 문헌기재 = 조선식, 문헌미기재 = 코고이시계로의 분류하는 것이 고착화되었다. 때문에 산성유적의 다양성을 살피는 관점을 잃어버렸고, 결국 문헌사료인 '사이메이 4년 시세조'기록에 축성연대와 계기를 가탁(仮託)하기에 이르렀다. 이러한 80년대의 연구로 인해 70년대까지 어느 정도 의견일치를 보였던 연대론·축성주체론이 다시 원점으로 되돌아와 버린 듯 했다. 코고이시의 명칭에 처음에는 없었던 '문헌에 기록되지 않은 산성'이라는 정의가 확산되면서 사누키성산성(讃岐城山城)과 오니노성(鬼ノ城)에 대해 일부에서는 '성산 코고이시(城山神籠石)', '오니노성산 코고이시(鬼城山神籠石)'로 부르기 시작했던 것도 이 시기다. '코고이시'의 분류명이 고고학적 의미를 잃어 버렸다.

90년대에 들어와 사적정비를 위해 각지에서 고대산성에 대한 조사가 이루어졌다. 세토우치에서는 1985~89년의 오메구리코메구리산성(大廻小廻山城) 조사 이후, 1994년부터 오니노성의 조사가 소샤시(総社市)에 의해 이루어져 큰 성과를 거두었다. 또 구마모토현(熊本県)에서는 1994년부터 키쿠치성(鞠智城)의 사적공원 계획이 시작되었고, 1993년부터는 가네다성(金田城)과 고쇼가타니성(御所ヶ谷城), 1994년에는 가케우마성(鹿毛馬城)의 조사가 시작되는 등 규슈에서도 산성 조사에 대한 열기가 높아져 갔다.

天智四年 秋八月、遣達率答火＋本春初、築城於長門國. 遣達率憶礼福留·達率四比福夫於筑紫國築大 野及椽（基肆）二城. 天智六年十一月 是月、築倭國高安城·讃吉國山田郡屋嶋城·對馬國金田城.

1987년의 하리마성산성(播磨城山城)의 발견과 1998년의 야시마성(屋嶋城)에서의 남령 석루(南嶺 石壘)의 발견, 그리고 1999년 아시키산성(阿志岐山城)과 토바루산성(唐原山城)의 발견 등 90년대는 새로운 유적과 유구의 발견도 계속되었다. 이러한 새로운 연구상황 아래에서 고대산성론에도 새로운 움직임이 나타났다. 1988년~92년에 걸쳐 야마가미 히로시(山上弘)와 노리오카 미노루(乘岡実), 필자 등에 의해 후출설(後出說)이 잇달아 발표된 것이다. 코고이시계산성의 연대를 조선식산성보다 늦다고 보는 후출설 자체는 이미 70~80년대에 오노 타다히로(小野忠熙), 다무라 고이치(田村晃一) 등에 의해 제창되었지만, 새로운 후출설은 유적의 입지와 성역, 성벽구조를 통해 유형화하고, 그 위에서 산성유적의 편년을 검토한다고 하는 특징을 가졌다. 아카시 요시히코(赤司善彦)도 2002년에 후출설에 찬동하는 논문을 발표하였으나, 학계는 사이메이조 축성설을 전제로 한 논설이 다수 발표되는 추세여서 후출설은 이단시되었고, 한동안 받아들여지지 않았다.

　산성유적이 여러 가지 유형으로 구분되는 것은 오랫동안 지적되어 왔는데, 후출설은 그것을 시기차와 기능차(대외방위→율령제화·지역지배)를 통해 단계적인 축조과정으로 추정하였고, 편년서열도 군사성이 저하되어 가는 방향으로 상정하는 등 고대산성 전체의 관점 에서 논지를 제기하였다. 여기에 대해 선행설(先行說)은 연대론의 근거를 사이메이 4년 시세조에 의거하고 있었기 때문에 편년서열 등 고고학적 논의가 빠져 있었다. 90년대의 산성론의 대립은 무라카미 유키오(村上幸雄)·노리오카 미노루(乘岡実) 공저 『오니노성과 오메구리코메구리』와 졸저 『되살아나는 고대산성』에서 상세하게 소개하고 있다.

2. 2000년대의 연구

　새로운 유적이 발견되었는데도 고대산성론에 뚜렷한 변화는 보이지 않았다. 특히 아시키산성은 석열이나 석루(石樓)의 구조가 규슈의 다른 코고이시계성과는 크게 달랐다. 추정 외곽선의 2/3가 결석구간(缺石區間)인 점은 지금까지의 산성론에서는 이해할 수 없는 구조였다. 다자이후(大宰府) 오노성(大野城)에 인접해 있어 다자이후 나성(羅

	I区	II区	III区	IV区	V区
縄文・弥生					
I期 710 7世紀後半～8世紀初頭	基壇状遺構 土器溜まり1	礎石建物群	鍛冶工房	土手状遺構	
II期 800 8世紀初頭～8世紀前半					
8世紀後半					
III期 900 9世紀	?	掘立柱建物1	?		
1000 10世紀		礎石建物5（再利用）			集石遺構 掘立柱建物2
1100 11世紀					
IV期 1200 12世紀					
1300 13世紀					

<사진 2> 오니노성내 각지구의 변천

城)으로 불리는 일련의 방위망을 보완하는 곳에 위치하고 있어 아사쿠라궁(朝倉宮)=코고이시식, 다자이후=조선식이라고 하는 도식과도 모순되었다. 이 때문에 치쿠시노시(筑紫野市)는 유적의 평가가 결정될 때까지 임의로 미야지다케 고대산성 유적(宮地岳古代山城跡)으로 불렀지만, 선행설론자인 아베 기헤이(阿部義平)는 논문 속에서 '미야지다케 코고이시'로 표기하고, '다자이후에 이렇게 가까운 곳에 전형적인 코고이시가 숨어 있었다'고 서술하였다. 독자는 코고이시의 유례가 하나 증가한 것에 지나지 않는다고 생각했을 것이다. 다자이후가 이곳에 건설되었던 것은 백촌강 전투 이후로 보기 때문에 아시키산성을 언급하지 않는 연구자도 많았다.

토바루 산성의 경우, 원래는 토바루 코고이시라고 불렀는데, 2005년 사적 지정 시에 '토바루 산성유적'으로 개칭하였다. 9개소의 코고이시에 대해서도 앞으로 개칭문제가 대두될 것으로 생각되는데, 코고이시에 관해서는 단순히 명칭 문제 뿐만 아니라 사적의 지정 구분 개정 문제까지 함께 놓여 있다. 국가사적의 지정, 등록, 선정 기준은 9개로 구분된다. 라이산(雷山) 코고이시의 지정 시에 어떠한 경위로 그렇게 되어는지는 알 수 없지만, 「1. 패총, 집락유적, 고분과 그 밖의 이러한 유형의 유적」으로 분류되었고, 그 후 8개소의 코고이시 유적 모두 이와 같은 구분으로 지정되었다(1972년의 하키(杷木) 코고이시까지). 고대산성의 사적구분을 재검토하기 시작한 것은 오니노성부터로 생각되는데, 그 후 모두 「2. 도성 유적, 국군청(國郡廳) 유적, 성 유적, 관공청, 전쟁 유적, 그 외 정치에 관한 유적」으로 분류되었다. 오니노성, 토바루 산성, 아시키 산성 등 고대산성의 유적 명명의 기준은 아직 유동적이지만, 어쨌든 향후 학술논문 등에서는 '○○ 코고이시'라는 표기는 삼가해야 할 것이다. 연구가 진전됨에 따라 학문상 호칭과 사적 명칭이 차이가 나는 경우는 시가라키노미야(紫香楽宮) 유적(시가현 코카시(滋賀県 甲賀市))과 기노와사쿠(城輪柵) 유적(야마가타현 사카타시(山形県 酒田市)) 등이 있다.

　오니노성 발굴조사의 진전은 기존의 생각에 재검토를 불러왔다. 소샤시의 외곽선 조사에 의해 오니노성의 외곽선과 성문 등의 구조면이 밝혀졌고, 또 오카야마현(岡山県)의 1999년 성내 시굴조사, 2006년부터의 본격조사에 의해 오니노성의 연대를 보여주는 토기가 다량으로 출토되었다. 오니노성이 고대산성으로서 조선식산성과 비교해 손색없는 구조를 가졌다는 점과 축성, 유지되었던 연대가 7세기 4/4분기를 중심으로 하고 있다는 점은 문헌미기재의 산성을 사이메이 4년 시세조에 근거하여 선행설을 주장하던 연구자에게도 무시할 수 없는 것이어서 재고가 요구되었던 것이다. 고쇼가타니성과 에이노산성(永納山城) 등 문헌에 기록되지 않은 산성에서도 7세기 후반의 토기가 출토되는 것에 대해 코고이시계 여러 성들이 미완성, 방기(放棄), 백촌강 전투 후 일부 수축, 조선식산성과의 병존 등 다양한 해석론과 절충안이 제기되었다.

　2008년에 발표된 야기 아츠루(八木充)의 논문은 사이메이조 축성설의 재고를 촉구하는 문헌사학으로부터의 경종(警鐘)이 되었다. 야기 논문의 요지는 사이메이 4년 시세조의 「국가」가 왜국이 아니라 백제이고, 이 기사의 '병사갑졸 진서북반(兵士甲卒、陣西北畔)', '선수성책(繕修城柵)'이 백제멸망 후의 부흥군의 활동을 보여준다는 것이다. 이러한 새로운 해석에 의하면 사이메이조 축성설은 논거를 뿌리째 잃을 수도 있다. 이듬해 개최된 「코고이시 서밋 구루메(久留米) 대회」에서는 야기 논문의 영향 때문인지 사이메이조 일색이었던 논조가 톤다운되었고, 그 이후 고고학자가 사이메이조 축성설

<사진 3> 아시키산성 석열

을 공개적으로 주장하는 경우는 사라졌다.

야기설에 대한 반론은 와타나베(渡辺)로부터는 나오지 않았지만, 2016년 호리에 키요시(堀江潔)가 반론을 발표했다. 호리에는 사이메이 4년 시세조의 '유시(由是)'이하의 문장은 왜국을 주어로 하여 읽어야 하고, 왜국의 서쪽과 북쪽의 국경지역(큐슈·호쿠리쿠 지방)에서 병사 배치와 방루(防壘)·목책 등을 갖춘 어떤 시설의 수리가 행해졌음을 알 수 있다고 하였다. 북부규슈 각지에서는 코고이시·산성의 축조·수축 등 방위체제 정비가 진행되었다고 하지만, 고고학적 근거는 거의 제시되지 않았다.

원래 이 사이메이 4년 시세조 기사는 658년(사이메이 4년) 이즈모(出雲)에서 작어(雀魚)의 대량표류에서 비롯된 징조 기사인데, 『일본서기(日本書紀)』편자는 불길한 작어의 이야기에서 2년 후 바다 건너 백제의 멸망을 예언하고, 백제 구원군의 파견과 그 후의 방위체제의 이야기를 이 기사에서 말하고 싶었을지도 모르겠다. 사이메이 4년 시

<사진 4> 오니노성 서문과 판축토루

세조의 해석에 의존하여 고고학적 검토를 등한시하고, 야기 논문으로 간단히 전향해 버린 고고학자들도 무책임하지만, 불확실한 문헌사료로 코고이시계산성의 축성연대를 해결할 수는 없다. 이 기사는 중시하면서도 538년 니치라(日羅山城)의 누새(壘塞)와 689년의 츠쿠시(筑紫)의 새로운 성, 699년의 미노성(三野城)·이나즈미성(稲積城)은 거론하지 않는다면 자의적인 해석이라는 비판에서 벗어날 수 없다. 사이메이 4년 시세조 '선수(繕修)'라는 표현을 그 이전에 성이 있었다는 증거로 해석하는 고고학자도 많지만, 고고학자가 연대를 결정하는 데 문헌사료에만 의지한다면 더 이상 고고학자라고 할 수 없다.

3. 2010년대의 연구

돌이켜보면 2010년은 연구사에서 큰 전환점이 되었다. 2010년 3월 조리제(条里制)

<사진 5> 오노성 북성벽 성문의 문초석과 확돌

·고대도시연구회의 「산성과 도시·교통」연구자들은 고대산성의 발굴조사 최신성과를 발표하면서 산성이 역로(駅路)·국군(国郡)의 경계 등과 관련된'지역편성(地域編成)'에 관한 유적이라 발표하면서, 역사지리학·문헌사학 연구자에게 고대산성에 대한 연구가 완전히 달라졌음을 알리게 되었다. 같은 해 9~10월에는 오카야마현립박물관(岡山県立博物館)에서 특별전 「오니노성, 수수께끼의 고대산성」전시가 개최되었는데, 오카야마현 고대키비문화재센타(古代吉備文化財センター)에서 2006년부터 조사한 성 내부의 발굴성과가 전시되었다. 또 『고대문화』61 - 4호, 62 - 2호에 「일본 고대산성의 조사성과와 연구전망」이라는 특집호가 수록된 것도 2010년이었다.

2012년 이나다 타카시(稲田孝司)는 『일본고고학』34호에서 산성 축조의 연대 범위를 덴지(天智)·덴무조(天武朝)를 중심으로 한 7세기 후반기에 있다고 하면서, 산성이 계통차를 넘어 3단계로 변천한다고 발표하였다. 같은 해 10월 일본고고학협회 후쿠오카대회의 문화회 심포지엄에서 구주의 고고학자 중에서는 아카시에 이어 오자와 요시노리(小澤佳憲)가 코고이시계산성의 후출설을 지지한다고 천명하였다.

고대산성은 문헌기록이 적어 문헌사학 연구자에 의한 연구는 활발하지 않는데, 문헌사학에서는 일본의 고대산성은 모두 백촌강 전투 이후에 일시에 만들어진 방어시설로 파악하는 논조가 많다. 그 가운데 스즈키 야스타미(鈴木靖民)는 2010년 9월 개최된

「오니노성 포럼」에서 고대산성에 대해 '다자이·소료(総領)와의 대응관계…로 볼 수 있어', '산성군(山城群)은 징병·무기집중, 민중파악의 시책과 밀접한 관련 속에서…대략 670~680년 이후의 시기에…축조되었다'고 하는 견해를 발표하였다. 니토 아츠시(仁藤敦史)도 같은 해 『일본역사』748호에서 '조선식산성 조영과 연동해서 「츠쿠시(筑紫)」 「스오(周防)」「이요(伊予)」「기비(吉備)」라고 하는 광역의 행정구역이 기능하고 있었던 것은 분명'하다고 밝히고 있다. 2015년에는 『이와나미강좌 일본역사(岩波講座 日本歷史)』 월보21에서 가노 히사시(狩野久)가 7세기 후반에 다자이·소료가 설치된 지역에 고대산성이 집중적으로 축조되었으며, 경오년적(庚午年籍)의 작성 계기를 산성축성에 따른 요정(徭丁)·군정(軍丁) 조달과 관련있다고 하는 논고를 발표하였다. 산성 축성이 단순히 방위망을 구축하였던 것만이 아니라 무기의 집중관리와 호적에 의한 민중파악을 통해 '군국체제(軍国体制)'를 구축하는 것과 연동된 사업이었다고 하는 점은 앞으로 특히 중요한 관점이 될 것이다.

2015년 9월, 고고학연구회 오카야마 9월 월례회가 「고대산성 연구의 새로운 시점 - 성벽구축기술·석축기술의 조사·연구에서 - 」라는 제목으로 오카야마대학에서 개최되었다. 이때 야시마성(屋嶋城) 성문의 복원 정비로 지견이 깊은 와타나베 마코토(渡邊誠)와 오노성 재해복구를 위해 성벽조사를 실시했던 오자와 요시노리(小澤佳憲)는 석루의 구축기술에 관심을 기울였다. 오자와는 문초석(석제 당거부(唐居敷))에도 관심을 두어 새로운 편년안을 발표하였다. 필자는 사물인 유구의 관찰에 기초한 연구를 제창해 왔는데, 젊은 연구자 중에서 그러한 움직임이 나왔다는 것은 분석과 편년안에 이론(異論)이 있다고 하더라도 앞으로의 연구 방향을 제시하는 것이라고 할 수 있다. 북부 규슈의 코고이시계산성에서 보이는 결석구간에 대해 2006년 필자는 '보여주기식 산성설(山城説)'을 발표했는데, 가메다 슈이치(亀田修一)는 2014년 '미완성설'을 제창하였다. 미완성설은 필자가 세토우치에 분포하는 'ㄷ'자형 문초석 구멍[軸摺穴]의 가공 유무를 검토하여 오니노성 이외의 3성이 정비과정에서 미완성되었다고 밝힌 바 있다(1999년).

2017년 이노우에 카즈토(井上和人)는 고대산성의 군사전략에 관한 논문을 발표하였고, 미나미 켄타로(南健太郎)도 같은 해 개최된 규슈국립박물관과 구마모토현(熊本県)

의 합동 심포지움에서 세토우치의 고대산성 축성연대에 대해 발표하였다(2019년에 『다자이후학연구』에 수록). 모두 기본적으로 축성연대는 후출설을 취하고 있지만, 이노 우에는 동시 축성을 주장하였고, 미나미는 필자와 노리오카, 이나다의 편년관과는 다른 안을 제기하는 등 후출설 중에서도 편년지표를 다루는 방법에 미묘한 차이를 보였다. 2018년 3월에는 오미 토시히데(近江俊秀)가 키쿠치성 유적「특별연구」성과보고회 강연에서 고대산성의 축성을 7세기 후반의 3단계로 나누고 역로(駅路)와의 관계 속에서 정리를 시도하였다. 오미는 같은 해 4월 간행한 『입문 역사시대의 고고학』 속에서 「백촌강 패전과 고대산성-역사시대의 고고학의 함정-」이라는 제목의 장을 설정해 문헌기사를 통해 고대산성의 축성목적을 해석하는 문제점을 지적하였다.

2015~2016년 기무라 다쓰오(木村龍生)와 가메다 슈이치는 고대산성에서 출토한 유물을 정리하였다. 기무라는 조선식산성은 백촌강전투 직후에 축성되었고, 코고이시계 산성은 약간 늦게 축성되는 경향이 보여 코고이시계산성은 백촌강 전투 직후나 조금 늦은 시기인 7세기 4/4분기~8세기 1/4분기에 축성되었다고 하였다. 가메나는 7세기 말~8세기초 유물이 많고, 유물이 많은 그룹(조선식과 일부의 코고이시계)과 유물이 극히 적은 그룹(코고이시계)로 나눌 수 있다고 하였다. 2017년의 규슈국립박물관과 구마모토현의 합동 심포지움에서는 출토유물의 연대에서 산성의 연대를 특정하려는 견해도 있었지만, 출토수량의 제약 때문에 어느 정도 감안해서 생각하지 않으면 안된다. 이를 보완할 수 있는 것이 유구의 관찰에 기초한 분류·편년연구인데, 고대산성을 연구하는데 있어서는 사용할 수 있는 모든 자료는 동원하는 자세를 잊지 말아야 할 것이다.

마무리

고대 일본열도에는 '성'이 없는 시대가 오랫동안 계속되었다. 그 때문에 연구자, 특히 고고학자들에게 성은 그다지 친숙한 연구대상은 아닌 게 사실이다. 이웃한 한국연구자들은 삼국시대라고 하는 이른바 전국시대(戰国時代)가 연구대상이어서 성에 대한 연구를 피할 수 없다고 하는 점과 대조적이다. 일본 고고학·고대사의 연구자에게 성은 까다로운 연구대상일 것이다.

산성 유구를 검토하는데 있어서 '입지·성역 계획'과 '성벽구조'는 2개의 수레바퀴와 같다. 80년대의 연구는 입지분류가 주류였지만, 최근은 성벽구조 연구가 두드러진다. 군사시설인 고대산성을 평가하기 위해서는 양쪽 모두를 검토하는 것이 중요하다. 산지의 고저(高低)와 성벽 개개의 비교에 머물지 않고, 중세성곽의 성역 연구와 동일한 관점으로 유구를 분석할 필요가 있다. 당연하지만, 고대산성을 연구하기 위해서는 넓은 의미에서의 성곽과 군사(전투·전쟁)에 관한 지식이 필수적이고, 최소한 공성(攻城)하는 쪽의 유도선 설정(수성 측에 유리하게 설정되어 있음)과 요코야(橫矢: 수성 측이 2방향 이상에서 공격할 수 있도록 고안되어 있음) 등 유구의 기능과 목적을 읽어내는 방법과 지식 등을 익혀야 한다. 일본의 중·근세 성곽의 연구는 오랜 연구 성과가 있으므로 성을 연구하는 데 있어 중·근세 성곽 연구에서도 많이 배워야 한다..

일본 고대산성의 축성연대를 7세기 후반으로 보는 필자는 먼저 '군사성'을 기준으로 하여 산성의 입지를 평가한다. 여기에 성역과 성벽구조의 편년을 조합해 - 군사성이 높은 성에서 낮은 성으로, 석열에 있어서는 원초적인 것에서 장식적인 것으로 변화한다고 본다 - 이 점에 관해서는 연구가 진행된 한국 측 자료와도 서로 대조해 편년서열을 크로스 체크하는 것도 잊지 말아야 한다. 일본열도에 고대산성이 전파된 시기는 백제·고구려의 멸망, 통일신라의 성립과 발해의 건국이라고 하는 격동의 시대 속에서 한국의 성곽이 크게 변화한 시기이기도 하다. 그 역동성을 파악하기 위해서도 일본의 고대산성 연구는 한국 측에서 주목하고 있다. 전쟁이라고 하는 양국 간의 아픈 역사 속에서 생겨난 유적이지만, 상호 간의 역사연구와 성곽연구에 기여하는 중요성 또한 크다.

일본에서는 고대산성이 '대외방위용', '피난하는 성(피난용)'이라고 하는 인상이 강하지만, 한국에서는 고대성곽을 국방시설보다는 삼국 간 상호 진출지역에서의 '지배거점'과 침공작전의 '군사기지'로 파악하는 경향이 강하다. 일본에서 말하는 피난용도의 성은 고려 이후의 보민용 산성이 기능적으로 유사한 것으로 알려져 있다. 이것은 일본의 고대산성이 백촌강 전투 패전을 계기로 만들어졌다고 기록되어 있는 점과 80년대에 한국의 산성이 일본에 소개될 때 '한반도의 성곽은 일본의 중세성곽과 달리 이민족의 침략으로부터 일반 주민을 피난 농성시키는 「피난성」이다'라고 강조되었기 때문일 것이다. 한국의 고대산성은 소형의 테뫼식산성이 압도적 다수를 차지하고 있다고 오래 전부터 지적되어 왔지만, 석열구조는 통일신라 이후에 보급하는 것처럼 일본의 고대산성 연구에서는 공통적으로 인식되지는 않는다.

고대산성은 규코쿠(旧国) 단위마다 1, 2개소씩 분포하기 때문에 하나의 유적만 검토하는 함정에 빠지기 쉽지만, 범서일본적인 분포는 국가적 차원의 유적임을 보여주는 것이어서, 다른 고대산성과의 비교를 통해 유적을 평가할 수 있다. 코고이시계산성에 비해 조선식산성은 문헌기록이 있기 때문에, 국방·유사농성(有事籠城)이라고 하는 고정관념 속에서 조사가 진행되어 왔지만, 성내의 대량 창고군의 존재 등 다른 고대산성에는 없는 특수성을 가지고 있어, 초축 당시의 구조와 율령기의 '성'으로서의 성격에 대해 재검토가 필요하다. 이제 고대산성 연구는 연대론과 축성주체론에서 다음 단계로의 성장이 요구되고 있다.

『계간 한국의 고고학』 창간 시에 최병식 선생님으로부터 의뢰 받아 「일본 고대산성 연구의 성과와 과제」라는 제목으로 연재 논고를 게재하는 기회를 얻었다. 소개하는 유적의 수가 당초 계획보다 조금 늘어서 2006년부터 2008년까지 7호에 걸쳐 총 13개의 성에 대한 최신 조사성과를 컬러사진과 함께 게재했다. 일본 고대산성의 조사성과가 한국 학회에서 상세하게 소개된 것은 이것이 처음이었다고 생각한다. 이번에 기념논문집에도 집필할 기회를 주셔서 다시 한 번 감사드린다.

참고문헌

小田富士雄 (編) 1983 『北九州瀬戸内の古代山城 (日本城郭史研究叢書10) 』名著出版

渡辺正気1988 「神籠石の築造年代」『考古学叢考』中、吉川弘文館向井一雄1991 「西日本の古代山城遺跡 - 類型化と編年についての試論 - 」『古代学研究』第125号, 古代学研究会

西谷正1994 「朝鮮式山城」『岩波講座日本通史』第3巻 (古代2) 岩波書店

小田和利1997 「神籠石と水城大堤 - 水城の築堤工法からみた神籠石の築造年代について」『九州歴史資料館研究論集』22, 九州歴史資料館

向井一雄1999 「石製唐居敷の集成と研究」『地域相研究』第27号, 地域相研究会

村上幸雄・乗岡実1999 『鬼ノ城と大廻り小廻り (吉備考古ライブラリー2) 』吉備人出版

小田富士雄2000 「日本の朝鮮式山城の調査と成果」『古文化談叢』第44集, 九州古文化研究会

赤司善彦2002 「筑紫の古代山城」『東アジアの古代文化』112号, 大和書房

小澤太郎2002 「北部九州における神籠石型山城の配置」『究班Ⅱ - 埋蔵文化財研究会25周年記念論文集 - 』埋蔵文化財研究会

阿部義平2002 「古代山城と対外関係」『人類にとって戦いとは4攻撃と防衛の軌跡』東洋書林

岡山県総社市教育委員会2005 『古代山城 鬼ノ城 - 鬼城山史跡整備事業に伴う発掘調査』

葛原克人2005 「鬼ノ城と東アジア」『古代を考える 吉備』吉川弘文館

行橋市教育委員会2006 『史跡 御所ヶ谷神籠石Ⅰ』

筑紫野市教育委員会2008 『阿志岐城跡 - 阿志岐城跡確認調査報告書』

八木充2008 「百済滅亡前後の戦乱と古代山城」『日本歴史』第722号, 吉川弘文館

久留米市教育委員会2009『第4回神籠石サミット久留米大会シンポジウム「神籠石の
　　　　成立とその背景」』

福岡県教育委員会　2010『特別史跡大野城跡整備事業Ｖ - 平成15年7月豪雨災害復旧
　　　　事業報告』下巻

村上幸雄2010「鬼ノ城 - 城門遺構の調査と出土土器による年代 - 」『古代文化』61-4, 古
　　　　代學協會

向井一雄2010「駅路からみた古代山城 - 見せる山城論序説」『地図中心』2010年6月号,
　　　　日本地図センター

仁藤敦史2010「七世紀後半の領域編成」『日本歴史』第748号, 吉川弘文館

鈴木靖民2011「第三章　七世紀後半の日本と東アジアの情勢 - 山城造営の背景 - 」『日
　　　　本の古代国家形成と東アジア』吉川弘文館

愛媛県西条市教育委員会　2012『史跡 永納山城跡Ⅱ - 内部施設等確認調査報告書 -
　　　　（ 平成21〜23年度調査 ）』

稲田孝司2012「古代山城の技術·軍事·政治」『日本考古学』第34号, 日本考古学協会

小澤佳憲「朝鮮式山城と神籠石系山城 - 築城技術の一端からみた分類試案」『日本考古
　　　　学協会2012年度大会 (西南学院大学)』

岡山県教育委員会2013『史跡　鬼城山2「甦る！古代吉備の国〜謎の鬼ノ城」城内確認
　　　　調査』

岡山県古代吉備文化財センター 2013『鬼ノ城発掘調査報告会　ここまで分かった鬼
　　　　ノ城』

小澤佳憲2014「古代山城出土唐居敷から見た鞠智城跡の位置づけ」『鞠智城と古代社
　　　　会』第2号,熊本県教育委員会

亀田修一2014「古代山城は完成していたのか」『鞠智城跡Ⅱ - 論考編 - 』熊本県教育委
　　　　員会

亀田修一2015「古代山城を考える - 遺構と遺物 - 」『平成27年度全国埋蔵文化財センタ
　　　　ー連絡協議会第28回研修会発表要旨集　古代山城と城柵調査の現状』全国埋

蔵文化財センター連絡協議会・岡山県古代吉備文化財センター

狩野久2015「西日本の古代山城が語るもの」『岩波講座21巻日本歴史』月報21 岩波書店

木村龍生2016「土器の様相からみた古代山城」『古代山城に関する研究会 築城技術と
　　遺物から見た古代山城 - 発表資料集 - 』熊本県教育委員会

渡邊誠2016『屋嶋城跡 城門遺構』高松市教育委員会

向井一雄2016「西日本山城の城門構造」小田富士雄 (編) 『季刊考古学』第136号 (特集
　　・西日本の「天智紀」山城) 雄山閣

向井一雄2016『よみがえる古代山城 - 国際戦争と防衛ライン (歴史文化ライブラリー
　　440) 』吉川弘文館

堀江潔2016「百済滅亡後における倭国の防衛体制 - 斉明紀「繕修城柵」再考」『日本歴
　　史』第818号, 吉川弘文館

井上和人2017「日本列島古代山城の軍略と王宮・都城」『日本古代学』第9号, 明治大学日
　　本代学教育・研究センター

近江俊秀2018『入門 歴史時代の考古学』同成社

南健太郎2019「瀬戸内沿岸における古代山城の築城年代」『大宰府学研究』第1集, 九州
　　国立博物館

向井一雄2019「日韓古代山城の年代論」『大宰府学研究』第1集, 九州国立博物館

한국
고고학

慶安川 反芻 :
廣州 驛洞 靑銅器時代 遺蹟

하문식(연세대학교)

머리말

2000년대 접어들면서 매장문화재의 보호와 관리에 대한 법적 제도의 강화는 전국적으로 대규모 발굴조사가 이루어지게 된 하나의 계기가 되었다. 이에 따라 수도권 일원에서도 긴급 발굴이 활발하게 이루어지는 동시에 넓은 지역에 대한 조사가 진행되었다.

이러한 발굴조사는 가끔 일정 범위에 걸쳐 대규모로 이어지면서 많은 유구와 유물이 찾아져 그 문화 성격을 규명하는 것은 물론 예상치 못한 새로운 자료가 발견되기도 하였다. 이렇게 조사된 여러 자료들은 기존의 고고학적 해석에 대하여 새로운 인식을 하게 되는 계기를 마련하면서 한편으로 주변지역의 자료와 비교·검토하여 지역간 문화의 연관성을 찾게 되었다.

경안천은 용인 호동의 남쪽에서 발원하여 북쪽으로 흐르면서 양지천, 능원천, 상미천, 초하천, 금어천, 목현천, 곤지암천과 합하여 광주 분원리에서 남한강에 흘러든다.

큰 물줄기에 흘러드는 작은 하천이 많아 주변지역에는 비교적 작은 골짜기와 들판이 많은 편이다. 따라서 경안천의 물줄기 옆에는 선사시대부터 초기 삼국시대의 많은 유적이 자리하고 있으며, 최근 활발한 조사가 이루어지고 있는 편이다.

이 글은 경안천의 가장자리에 위치한 광주 역동의 낮은 야산에서 조사된 청동기시대 유적의 조사 성과에 대한 몇 가지를 기존의 자료와 비교하면서 이 유적이 갖고 있는 성격을 설명하고자 한다.

Ⅰ. 유적의 위치

광주 역동 유적은 뒷가지산의 남쪽 기슭을 중심으로 하는 가지능선에 위치한다(지도 1). 이곳은 해발 91~100m 되는 얕은 야산으로 남북 방향으로 길게 뻗은 모습이다. 유적의 남쪽은 경안천의 샛강인 중대천이 흘러드는 곳으로 넓고 낮은 충적대지가 형성되어 있다. 바로 이곳에 청동기시대 팽이형 토기와 구멍무늬 토기가 출토되는 광주 장지동 집터 유적이 자리한다.[1]

한편 역동 유적의 동쪽인 경안천의 가장자리(자연 제방)에서는 청동기시대의 집터는 물론 초기 백제(한성 백제) 시기의 마을 유적이 대규모로 조사되고 있다. 이런 점으로 볼 때 역동 유적을 중심으로 한 경안천 주변지역에는 청동기시대부터 사람들이 터전을 잡고 대규모 마을을 이루면서 살았던 것으로 판단된다.

이 글에서 언급하고자 하는 역동 유적은 2010년 발굴조사에서 청동기시대의 집터 (31채)와 돌덧널무덤(1기)을 비롯한 점토띠 토기(원형과 삼각형)가 나오는 청동기시대의 늦은 시기(초기 철기) 집터와 구상 유구, 통일신라시대의 무덤 등 여러 시기에 걸친 상당히 다양한 유구와 유물이 발굴되었다.[2] 이 가운데 뒷가지산의 남쪽 기슭 꼭대기의 넓고 편평한 곳('마' 지점)에서 청동기시대의 집터와 무덤이 찾아졌다.

---

1) 기전문화재연구원, 2010. 『廣州 墻枝洞 聚落 遺蹟』
2) 한얼문화유산연구원·해남주택, 2012. 『광주 역동 유적』 참조(다음부터는 『이 책』으로 함).

II. 청동기시대 집터

역동 유적에서 발굴된 청동기시대 집터는 31채이다. 이들 집터를 평면 생김새, 화덕과 바닥 다짐 문제·기둥 구멍·저장 구덩 등 내부 구조에 따라 몇 가지 특징을 살펴보고자 한다.

1. 평면 생김새와 입지

발굴조사된 31채의 집터 가운데 평면 생김새를 알 수 있는 것은 27채이고 불분명한 것은 4채(6, 7, 14, 15호)이다.

이들 집터의 평면 생김새는 크게 방형, 장방형, 세장방형 등 3가지로 구분할 수 있다. 그런데 이 유적에서 발굴된 집터를 보면 평면 생김새에 따라 분포하는 지점의 차이를 알 수 있다. 이것은 이곳에 정착한 당시 사람들이 시기에 따라 점유하던 공간적인 차이를 보여주는 것으로 해석된다.

지도 1. 광주 역동유적 위치도

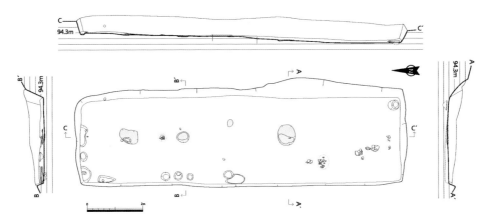

그림 1. 광주 역동 5호 집터 평·단면도

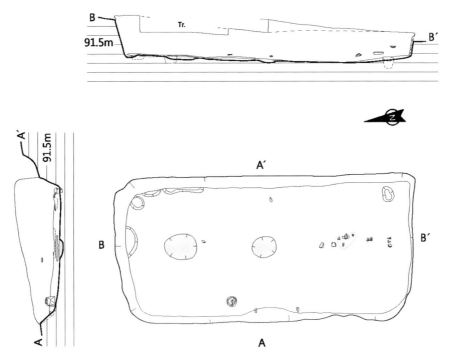

그림 2. 광주 역동 26호 집터 평·단면도

　　세장방형 집터는 모두 7기(1, 5, 8, 16, 23, 24, 29호)가 일정한 간격으로 가지능선의 꼭
대기에 한 줄로 자리하고 있는 모습이었다. 이 가운데 8호와 24호는 서로 겹쳐진 상태
다(그림 1).

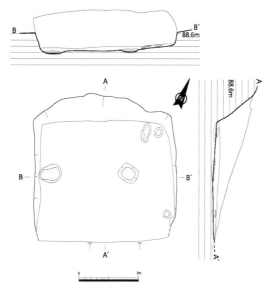

그림 3. 광주 역동 30호 집터 평·단면도

장방형 집터는 8기(2, 9, 9-1, 10, 12, 20, 22, 26호)가 조사되었는데 2~3기씩 집중하여 능선의 아래쪽에 분포하고 있는 점이 특이하다(그림 2).

방형 집터는 역동 유적에서 가장 많은 12기(3, 4, 11, 13, 17~19, 21, 25, 27, 28, 30호)가 조사되었다(그림 3). 이들 집터는 장방형처럼 2~3기가 군집을 이룬 상태로 능선의 남쪽이나 남동쪽 기슭에 자리하고 있는 점이 주목된다.

한편 이들 집터 사이에는 평면 생김새에 따라 집중적으로 자리하는 곳이 다르지만 몇몇 집터는 서로 겹쳐있는 것으로 밝혀졌다. 그 상황을 보면 3호 집터(방형)가 2호 집터(장방형)를 파괴한 다음 축조된 것을 비롯하여 17호 집터(장방형)가 16호 집터(세장방형) 위에 축조되었다. 이러한 점을 고려해 본다면 방형의 집터가 대체로 늦은 시기에 축조되었고 세장방형은 비교적 이른 시기에 해당하는 것으로 해석된다. 또한 겹쳐 있는 집터의 평면에 따른 축조 시기 문제는 방사성탄소 연대 측정값의 결과를 보아도 어느 정도 일관성 있는 것 같다.

이것은 집터의 평면 생김새에 따라 선·후 관계를 파악할 수 있을 뿐만 아니라 시기 차이에 따른 당시 사람들의 집터 입지 조건을 선정한 기준을 짐작해 볼 수 있다.

2. 내부 구조

청동기시대 집터는 그동안 활발한 발굴조사가 실시되어 많은 자료가 찾아져 여러 관점에서 연구가 이루어져 왔다. 농경과 붙박이 생활을 전제로 한 당시의 시대 배경을 고려해 보면 구조적인 측면에서 신석기시대와는 비교되지 않을 정도로 큰 발전과 변화가 있었던 것 같다.

여기에서는 이러한 점을 감안하여 집터의 구조적인 특징을 몇 가지 검토해 보고자
한다.

1) 화덕자리

청동기시대 집 안에 자리한 화덕의 쓰임새는 난방, 취사, 조명, 제습 등 여러 가지로
쓰였을 것이다. 이러한 화덕의 구조와 위치는 집의 구조가 다양화되면서 앞 시기와 여
러 면에서 차이가 있는 것으로 밝혀지고 있다.

역동 유적의 청동기시대 집터에서 조사된 화덕자리는 31채 가운데 19채에서 확인되
었으며 10채의 집터 안에서는 화덕의 흔적이 찾아지지 않았다.[3]

집터 안에서 화덕이 위치한 곳은 대체로 긴 축에서 한쪽으로 치우친 곳에 1~4기가
자리하는 모습이었지만 24호 집터는 양쪽의 단벽 쪽으로 각 1기씩 축조된 모습이었다.
이러한 위치 관계는 집의 중앙 부분에 대한 활용도를 높이기 위한 하나의 수단인 것으
로 해석된다. 화덕의 형태는 아무런 시설 없이 바닥을 그대로 사용한 '바닥식'과 특별
한 시설을 하지 않고 바닥을 완반하게 파서 이용한 '구덩식'으로 구분된다. 조사된 35
기의 화덕자리 가운데 바닥식이 32기(91.4%)로 대부분을 차지한다. 그리고 1호 집터의
경우는 한 집 안에 바닥식과 구덩식이 섞여 있었다. 바닥식 화덕의 경우 구덩식과는 다
르게 가장자리가 일정하게 정하여지지 않은 상태로 이용되었기 때문에 크기가 집의
규모에 비하여 비교적 큰 것으로 밝혀졌다.

화덕의 크기와 평면 생김새를 보면 서로 조금씩 차이가 있는 것 같다. 화덕의 크기는
지름 12~73cm로 상당히 다양한 편인데 30cm 이하는 중심적인 기능을 하였다기보다 일
시적으로 잠깐 사용한 보조 기능에 그친 것으로 해석된다.[4] 이런 경우 대부분 한 집에
복수의 화덕이 있고, 다른 화덕자리를 보면 제법 큰 규모이면서 상당히 오랫동안 불을

---

3) 청동기시대 집터 31채 가운데 2채는 파괴가 심하여 집터 안의 내부 시설을 알 수 없는 실정이다.
4) 이런 경우 대부분 한 집에 복수의 화덕이 있고, 다른 화덕자리를 보면 제법 큰 규모이면서 상당히 오랫동안 불을 이용하였
   던 것으로 밝혀지고 있기 때문이다.

이용하였던 것으로 밝혀지고 있기 때문이다. 화덕의 평면은 원형, 타원형, 일정한 꼴을 갖추지 못한 부정형으로 구분할 수 있는데 원형이 23기로 가장 많고 타원형과 부정형이 각각 6기씩이다. 한 집 안에 화덕이 복수로 있을 경우 평면 형태를 보면 서로 섞여 있어 일정한 규칙성은 없는 것 같다. 그러나 화덕자리의 불 먹은 정도의 차이는 조사되고 있기 때문에 이것은 사용 기간(시간)의 문제는 물론 쓰임새에 따른 차이로도 볼 수 있을 것이다.

집터의 평면 생김새와 화덕과의 관계를 보면 세장방형인 집터는 모두 복수의 화덕자리가 조사되었다. 이것은 집의 크기와 평면 범위가 고려되어 설치된 것으로 해석되며 열이나 빛의 효율성을 최대한 고려한 것 같다.

한편 13호 집터는 서쪽으로 조금 치우친 곳에서 평면이 일정한 꼴을 갖추지 못한 화덕자리(길이 84㎝) 1기가 조사되었다. 그런데 이 화덕자리는 역동 유적의 다른 집터에서 발굴된 것과 차이가 있다. 다시 말하여 화덕자리의 서쪽에 납작한 판자돌(길이 30㎝쯤) 1매를 세워 놓았다. 아마 동쪽에도 이러한 판자돌이 있었지만 후대에 빠져 나간 것으로 추론되며 이것의 쓰임새는 화덕의 양쪽에 세웠던 봇돌이었을 가능성이 높은 것으로 보인다. 그렇다면 이것은 당시 사람들의 화덕 이용 방법이나 불(열)의 효율적 이용에 관한 것을 짐작해 볼 수 있다.

2) 바닥 찰흙 다짐

역동 유적의 청동기시대 집터에서는 바닥에 부분적으로 찰흙을 깔고 다진 것이 확인되었다. "이색 점토 다짐" 또는 "부분 점토 다짐"이라고도 부르는 이러한 집터의 바닥 찰흙 다짐은 춘천 지역 천전리 유적에서[5] 조사된 이래 북한강 하류지역,[6] 남한강 유역(섬강),[7] 안성천 유역[8] 등 중부지역 전역에서 찾아지고 있다. 한때는 청동기시대

---

5) 김권중, 2020. 『嶺西地域 靑銅器時代 文化 硏究』 영남대학교 박사학위논문, 91~96쪽.

6) 민명기, 2020. 『북한강 중·하류지역의 청동기시대 문화 연구』 세종대학교 석사학위논문, 46~49쪽.

7) 한강문화재연구원, 2012. 『원주 문막리 유적』

8) 기전문화재연구원, 2006. 『平澤 土津里 遺蹟』: 고려문화재연구원, 2008. 『平澤 素沙洞 遺蹟』: 경기문화재연구원, 2011. 『烏山 內三美洞 遺蹟』

집터의 특이한 내부구조로 인식되어 왔지만 이제는 이러한 집의 내부구조에 대하여 지역적인 특수성보다는 당시 사회의 활용 문제에 접근하여 그 쓰임새를 살펴보아야 할 것으로 보인다.

역동 유적에서 발굴된 바닥 찰흙 다짐의 대개는 다음과 같다.

집터 호수	평면 생김새	위치	찰흙 두께(㎝)	찰흙 색깔	비고
13	장방형	단벽(동쪽)	1	황갈색	
18	방형	단벽(남쪽)	1~2	황갈색	
19	방형	집 바닥의 ½	1~2	황갈색	
20	장방형	장벽(동북쪽)	1~2	황갈색	황갈색+적갈색 찰흙
22	장방형	장벽(동쪽)	1~2	황갈색	

모두 5채의 집터에서 확인된 바닥 찰흙 다짐은 집터의 평면 생김새와는 차이 없이 장방형과 방형 모두에서 조사되었으며 세장방형에는 없었다. 집터 안의 위치도 상황에 따라 장벽과 단벽에 있었다. 그런데 19호 집터의 경우는 바닥의 ½쯤 되는 상당히 넓은 범위에 걸쳐 찰흙 다짐을 한 점이 주목된다(그림 4). 또한 이 집터의 찰흙 다짐을 한 동쪽 모서리에서는 작은 구덩이 2곳 찾아졌다.[9]

바닥 다짐을 한 흙은 모두 황갈

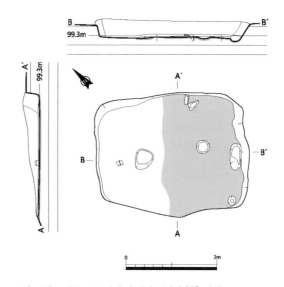

그림 4. 광주 역동 19호 집터 평·단면도(바닥 찰흙 다짐)

---

9) 이것을 집 안에 있었던 일과 관련된 작업 구덩(작업공)으로 보고 있다(『이 책』 295쪽).

색 찰흙이며, 20호 집터는 황갈색과 적갈색 찰흙을 섞어 사용하였다. 다짐을 한 흙의 두께는 1~2㎝ 정도인데 이것은 북한강 유역의 5㎝보다 얇아 지역에 따른 차이가 있는 것으로 보인다.[10]

20호 집터의 바닥 다짐은 다른 집터와 좀 차이가 있는 것으로 조사되었다. 다시 말하여 먼저 황갈색 찰흙을 깐 다음 사용하다가 부분적으로 패인 곳이 생기거나 파여 나감에 따라 2차로 이런 곳을 메우면서 1차 바닥 다짐 위에 다시 적갈색 찰흙으로 2차 다짐을 한 것으로 밝혀졌다. 이것은 집의 내부시설 가운데 하나인 찰흙 바닥 다짐이 지속적으로 필요하였기 때문에 보수를 한 것이다. 그렇다면 이 문제는 쓰임새와 깊은 관련이 있지 않을까?

한편 바닥 찰흙 다짐의 쓰임새에 관하여는 아직까지 뚜렷한 근거 자료는 제시되지 못한 채 집 안에서 있었던 작업과 관련된 시설물, 습기 차단 등 집의 구조적인 문제와 관련시킨 견해 등이 있다. 그런데 이러한 바닥 다짐이 조사된 집터는 거의 대부분 물줄기와 관련된 시점의 가장자리에 위치하고 있다는 점을 고려한다면 그 쓰임새를 집의 구조적인 관점에서 찾는 것이 보다 합리적일 것으로 판단된다. 그렇다면 찰흙 다짐은 집터 주변의 여러 환경 조건으로 인하여 생기는 바닥의 습기를 막기 위한 하나의 시설물로 해석되며 사람들이 주로 이곳을 잠자는 공간으로 활용하였을 가능성이 많다.

3) 기둥 구멍과 저장 구덩

역동 유적의 청동기시대 집터 가운데 집의 건축 과정이나 그 구조를 알 수 있는 자료로 활용할 수 있는 것은 기둥 구멍이다. 이 기둥 구멍의 위치나 크기를 통하여 집의 대체적인 윤곽을 복원할 수 있기 때문이다. 역동 유적의 집터 발굴 결과 기둥 구멍의 배치에 있어 어떤 정형성을 찾아보기는 어려운 것이 사실이다. 지금까지 조사된 집터의 기둥 구멍은 대부분 상당히 불규칙하게 집터 안에서 부분적으로 찾아졌다. 그렇다면 당시 집의 축조 과정에 기둥을 그냥 맨바닥에 그대로 세웠을 가능성을 유추해 볼 수도

---

10) 민명기, 2020. 「앞 논문」 47쪽.

있지만 유적이 입지한 곳은 상당히 습한 지역으로 이 경우에도 문제점은 있다.

지금까지 역동 유적의 청동기시대 집터에서 확인된 기둥 구멍을 보면 평면은 대부분 원형이고 9, 10, 12, 13호 집터처럼 가끔 타원형도 조사되었다. 구멍의 크기는 지름 10~41㎝, 깊이 6~44㎝로 차이가 상당히 큰 편이다. 이러한 기둥 구멍의 크기에 대한 문제는 발굴과정에 생길 수 있는 것으로 보다 치밀한 조사가 필요한 것으로 판단된다.

저장 구덩은 당시 사회의 성격과 관련된 것으로 집의 공간 활용에서 중요한 의미를 지닌다. 청동기시대는 일정 부분 농경이 이루어져 잉여 생산이 이루어지고 있었기 때문에 저장의 기능을 가진 구조물이 필요하였을 것으로 해석된다.

역동 유적의 집터에서 조사된 저장 구덩은 대부분 집터의 단벽이나 그 모서리 쪽에 위치한다. 하지만 1호와 22호는 장벽과 단벽, 4·15·17·29호는 장벽 쪽에서 저장 구덩이 조사되어 약간씩 차이가 있다.

이렇게 발굴된 저장 구덩은 평면이 원형이고 크기는 지름 30~60㎝, 깊이 10~26㎝쯤 된다. 이러한 크기나 평면 생김새는 청동기시대의 다른 집터에서 조사된 저장 구덩과 비교할 때 비슷한 것으로 나타난다.

한편 15호 집터의 저장 구덩 안에서는 민무늬토기의 바닥이 찾아졌다. 이것은 저장 구덩을 활용한 상태를 알 수 있는 것으로 저장 대상물을 저장 구덩에 직접 넣어 보존하지 않고 1차로 토기 안에 넣은 다음 그 토기를 저장 구덩에 놓은 것으로 보인다. 그렇다면 이러한 저장 구덩은 주로 곡물류를 보관하는 기능을 하였을 가능성이 많다. 또한 10호 집터는 불이 난 화재 주거지인데 저장 구덩의 바닥에서 숯이 조사되었다. 이것은 저장 구덩 안에 토기 이외의 다른 그릇(나무 ?)이 놓여 있었을 가능성도 고려해 볼 수 있다.

3. 출토 유물

집터에서 찾아진 유물은 크게 토기류와 석기류 그리고 가락바퀴 등으로 나누어진다. 토기는 (단순)민무늬토기가 대부분의 집터에서 조사되었으며, 역삼동 유형과 관련 있는 구멍무늬 토기, 구멍무늬 골아가리 토기, 골아가리 토기와 붉은 간토기 등이 출토되었다.

이들 토기의 무늬를 보면 시기가 이른 가락동 유형의 토기에서 찾아지는 빗금무늬나 겹아가리가 있는 것은 없는 것으로 보아 역동 유적의 청동기시대 집터는 역삼동 유형과 깊은 관련이 있는 것 같다.

한편 집터의 평면 생김새와 출토 유물과의 관계를 보면 30호 집터가 주목된다. 평면이 방형인 이곳에서는 다른 방형계 집터와는 달리 구멍무늬 토기는 물론 구멍무늬 골아가리 토기도 함께 찾아졌다. 구멍무늬 골아가리 토기가 평면이 세장방형과 장방형인 비교적 이른 시기의 집터에서 주로 찾아지고 있다는 점에서 30호는 이들 사이의 과도기적 성격을 지닌 것으로 보인다.

석기는 화살촉(삼각만입촉/슴베가 1단/슴베가 2단)과 간돌검, 돌칼, 돌도끼[柱狀偏刃石斧] 등이 있다.

9-1호 집터에서 찾아진 간돌검은 손잡이가 1단이며, 몸통과 손잡이의 길이가 거의 비슷하고 끝부분의 체감이 급격한 점으로 보아 부러진 것을 재가공한 것으로 보인다. 돌도끼는 길쭉한 외날인데 날이 아주 예리하고 몸통 부분을 보면 두드린 흔적이 있어 많이 사용한 것 같다.

위와 같이 역동 유적의 청동기시대 집터에서 출토된 유물은 종류와 수량이 그렇게 많지 않다. 그 이유는 조사 과정에서 불이 난 화재 집터도 조사되었지만 대부분 일정 기간 살림을 꾸리다가 다른 지역으로 옮겨가면서 살림살이에 필요한 연모를 옮겨 갔을 가능성을 시사한다.

Ⅲ. 청동기시대 돌덧널무덤

뒷가지산에서 남쪽으로 뻗어내린 해발 93m 되는 편평한 곳에 위치한다. 무덤의 북쪽(위쪽) 평탄지에는 같은 시기의 세장방형 집터가 줄을 지어 분포하며 아래쪽으로는 장방형이나 방형의 집터가 자리한다.

무덤은 유적 주변에서 구하기 쉬운 20~40㎝ 크기의 모난돌을 다듬지 않고 쌓은 돌덧널이다. 조사 당시 돌덧널은 맨 아래쪽의 1단만 확인되었고 그 위쪽은 이미 무너져 파괴된 상태였다. 평면 생김새는 긴 네모꼴이면서 북동쪽이 약간 돌출된 凸형이다. 바닥에는 10㎝ 안팎의 모난 작은 돌들이 깔려 있었으며 이 돌들을 제거하자 그 아래에 편평한 돌들이 자리한 상태였다(그림 5).

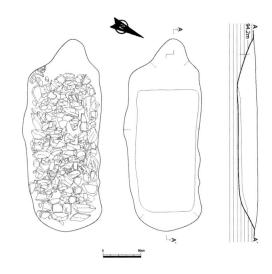

그림 5. 광주 역동 돌덧널무덤 평·단면도

무덤 구덩은 길이 230㎝, 너비 100㎝, 깊이 25㎝이며, 무덤방은 길이 190㎝, 너비 90㎝쯤 되고 긴 방향은 등고선과 나란한 동서쪽이다.

무덤방에서는 북서쪽 긴 벽 옆에서 묻힌 사람의 정강이뼈가 찾아졌고 머리뼈 조각이 여기저기 흩어진 채 조사되었다. 그리고 바닥의 모난돌 사이에서는 숯조각들이 발굴되었으며 무덤방을 이룬 돌들이 불에 탄 흔적도 확인되었다.

이렇게 사람뼈가 아주 작게 깨어진 점, 그 옆에 숯이 놓여진 점, 불탄 돌의 흔적 등으로 보아 무덤방 안에서 화장을 하였을 가능성을 시사하고 있다.

껴묻거리는 비파형동검(1점)을 비롯하여 둥근꼴의 청동 검자루 끝장식(1점), 삼각만입 화살촉(13점), 천하석제 구슬(3점) 등이 발굴되었다.

1. 돌덧널무덤의 묻기

역동 유적의 돌덧널무덤은 지금까지 중부지역에서 조사된 청동기시대의 무덤 가운데 그 구조, 묻기 등에 특이한 점을 지니고 있어 주목된다.

먼저 무덤의 구조에서 무덤방의 가장자리를 이루고 있는 4벽이 1단만 남아 있고 바닥에는 작은 모난돌과 납작한 돌을 구분하여 깔아 놓은 점이다. 이러한 무덤방의 구조를 중국 동북지역의 자료와 비교하고 있지만[11] 그 구조에서 기본적으로 차이가 있는 것으로 판단된다. 이것은 돌덧널의 일부가 후대에 무너졌을 가능성을 고려해 보아야할 것으로 여겨진다. 특히 발굴조사에 있어 무덤의 겉흙을 걷어내는 과정에 곧바로 모난 큰 돌들이 드러난 점으로 볼 때[12] 이러한 점도 염두에 두고 무덤방의 구조를 이해할 필요가 있다.

한편 묻기는 무덤방과 껴묻거리의 여러 정황으로 볼 때 화장을 하였을 것으로 판단된다.

화장은 선사시대부터 묻기의 한 수단으로 이용되어 왔으며, 중국의 고문헌에도 이와 관련있는 기록이 비교적 잘 남아 있다.

신석기시대의 유적 가운데 화장과 관련있는 자취가 조사된 예는 통영 연대도 6호와 산등 무덤, 진주 상촌리의 집티에서 발굴된 독무덤 등을 들 수 있다. 또한 중국에서도 내몽골 소조달맹(昭烏達盟)의 석붕산(石棚山)과 감숙성 사와(寺窪) 유적에서 조사된 예가 있다.

한국의 청동기시대 유적에서 발굴된 화장 관련 자료는 비교적 많은 편이다. 고인돌 유적으로는 춘천 발산리, 하남 하사창동, 평택 수월암리, 안성 신기, 오산 두곡동, 장흥 송정리 48호 등이 있다. 또한 돌널무덤은 평택 토진리와 용이동 1호, 경주 덕천리와 석장동 그리고 움무덤은 남양주 진관리, 오산 두곡동, 화성 동화리 유적 등이 있다.[13]

한편 경주 천군동과 포항 호동 유적에서는 청동기시대의 집터 안에서 화장된 사람 뼈가 찾아져 주목된다. 이렇게 살림을 꾸리던 집을 유택으로 여기고 무덤을 만든 것은

---

11) 이러한 무덤 구조를 "…요동반도의 적석묘나 길림 일부 지역의 대석개묘와 구조적으로 유사한 측면도 있다.…"고 한다 (『이 책』 303쪽). 이것을 요동반도의 강상 돌무지무덤이나 요령·길림 지역의 개석식 고인돌의 구조와 비교한 것으로 해석하고 있다. 그러나 먼저 돌무지무덤에서는 무덤의 외형(봉분), 무덤방의 구조에서 비슷한 점이 없고 개석식 고인돌에서도 덮개돌의 문제, 무덤방의 짜임새에서 비교할 수 있는 자료가 없는 것으로 판단된다.

12) 『이 책』 80쪽.

13) 하문식, 2021. 『기전지역의 청동기시대 무덤 연구』 주류성 참조.

앞에서 언급한 신석기시대의 진주 상촌리 유적과 중국 요령성 부신(阜新) 사해(查海) 유적이 있다.[14]

화장과 관련된 중국 고문헌에는 비교적 자세한 기록들이 전해 온다. 이러한 기록이 있는 자료는 『列子』·『墨子:節葬下』·『周易:系辭』·『荀子:大略篇』·『呂氏春秋:義賞』·『新唐書:黨項羌傳』·『後漢書』 등이 있다.[15]

화장은 장례 의식에 있어 그 나름대로 중요한 의미가 있다. 주검을 단순하게 처리하는 널무덤보다 많은 비용이 필요하므로 그 절차와 과정에 있어 효율성이 필요하다.[16] 따라서 화장의 과정은 체계적이고 능동적으로 이루어졌을 것이다. 이렇게 높은 비용과 까다로운 절차에도 화장을 하는 이유에 대하여는 영혼 숭배 심리, 죽은 사람의 영혼에 대한 두려움, 지리적인 환경 요인 등 여러 가지가 있다.[17]

역동 유적의 돌덧널무덤에서 이루어진 화장의 방법은 앞에서 설명한 것처럼 무덤방 안에서 직접 이루어졌을 것으로 여겨진다. 이렇게 직접 화장을 실시하는 것은 뼈의 보존과 직접적인 관련이 있을 것이다. 무덤방 안에서 직접 화장이 이루어진 예는 나주 랑동 1호 무덤을 비롯하여[18] 중국 동북지역의 태자하 유역 동굴무덤,[19] 고인돌 유적[20] 그리고 요동반도의 돌무지무덤에서 관련 자료가 많이 찾아지고 있다.[21] 특히 역동 유적에서 출토된 비파형동검과 청동 검자루 끝장식은 화장으로 인한 흔적이 남아 있는데 이와 비슷한 것이 여순 강상 돌무지무덤에서도 조사되었다.

2. 돌덧널무덤의 껴묻거리

역동 돌덧널무덤에서 조사된 껴묻거리는 이 무덤의 시기는 물론 축조 집단의 정체

---

14) 遼寧省文物考古研究所 엮음, 2012.『查海-新石器時代聚落遺址發掘報告』中, 文物出版社, 539~547쪽.

15) 陳華文, 2007.『喪葬史』上海 文藝出版社, 163~165쪽.

16) Gejvall, Nils-Gustaf, 1970. "Cremations", Science in Archaeology, Praeger Publishers, p.469.

17) 木易, 1991.「東北先秦火葬習俗試析」『北方文物』1, 17~21쪽.

18) 전남문화재연구원·나주시, 2006.『羅州 郎洞 遺蹟』, 154~157쪽.

19) 遼寧省文物考古研究所·本溪市博物館, 1994.『馬城子-太子河上游洞穴遺存』文物出版社, 297~300쪽.

20) 하문식, 2016.『고조선 사람들이 잠든 무덤』, 241~244쪽.

21) 中國社會科學院 考古研究所 엮음, 1996.『雙砣子與崗上-遼東史前文化的發現和研究』科學出版社, 95~96쪽.

성을 이해하는데 도움이 된다. 발굴조사에서 찾아진 껴묻거리는 크게 청동기, 석기, 꾸미개로 구분해 볼 수 있다.

청동기는 비파형동검과 둥근꼴의 검자루 끝장식이 1점씩 조사되었다. 동검은 자루가 동쪽(단벽)으로 놓인 채 북쪽의 긴 벽 가까운 곳에서 찾아졌고 검자루 끝장식은 동검에서 서남쪽으로 약간 떨어진 자리에 놓여 있었다(사진 1).

동검은 끝부분[鋒部]이 남아 있지 않고 뭉툭한 것으로 보아 떨어져 나간 다음 갈았던 것 같다(사진 2). 검날은 한 쪽에만 조금 남아 있는 모습이고 돌기부 쪽은 거의 없는 상태다. 등대 부분에는 간 흔적이 보이고 슴베 쪽에는 거푸집의 흔적이 남아 있다. 등대의 가로 자른 면은 타원형이고 몸통 부분은 약간 휘인 모습인데 이것은 무덤방 안에서 직접 화장을 하였기 때문으로 여겨진다. 길이 22.0cm, 너비 2.2cm, 슴베 길이 2.5cm, 슴베 너비 1.85cm.

둥근꼴의 검자루 끝장식은 월형검파두식[月型劍把頭飾], 환형검파두식[環型劍把頭飾]이라고도 한다. 둥근 고리 모양으로 위·아래가 서로 나뉘어져 출토되었다. 윗부분은 이등변 삼각형인데 끈으로 매달 수 있도록 지름 0.6cm 되는 구멍이 뚫려 있고 아래쪽은 U자 모양이며 양쪽 끝부분으로 갈수록 너비가 점차 조금씩 좁아진다. 그리고 둥근 고리의 안쪽은 평면이 타원형을 이루고 있다. 길이(추정) 8.7cm, 너비 7.6cm, 고리 너비 1.9cm, 고리 두께 1.1cm.

이러한 둥근꼴의 검자루 끝장식은 지금까지 김해 연지리 고인돌의 무덤방,[22] 요동반도의 여순 강상 돌무지무덤의 7호 무덤칸과[23] 청원 대호로구(大葫蘆溝) 돌널무덤[24] 등에서 찾아졌다. 이런 점에서 검자루 끝장식이 돌덧널무덤과 돌널무덤, 고인돌, 돌무지무덤 등 모두 돌무덤에서 조사되었다는 점에서 문화의 동질성을 지닌 것으로 해석된다. 또한 청동기시대의 문화 전파나 접변 관계를 이해하는 관점에서 요동반도와 한반도와의 문화 성격을 파악하는데 하나의 새로운 자료가 될 것으로 기대된다(사진 3, 그

---

22) 동아세아문화재연구원, 2011. 『金海 連池 支石墓』 41~48쪽.

23) 中國社會科學院 考古研究所 엮음, 1996. 『앞 책』 72쪽.

24) 淸原縣文化局·撫順市博物館, 1982. 「遼寧淸原縣近年發現一批石棺墓」 『考古』 2, 211~212쪽.

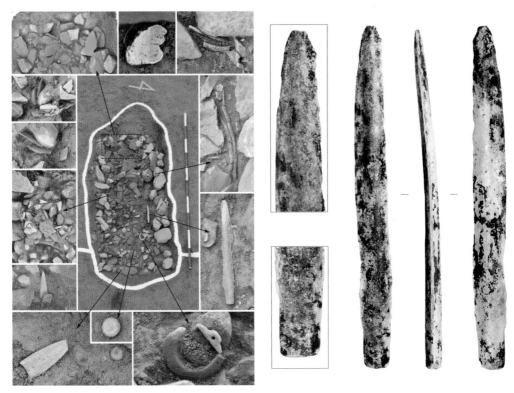

사진 1. 광주 역동 돌덧널무덤의 무덤방과 껴묻거리 출토 모습   사진 2. 광주 역동 돌덧널무덤 출토 비파형 동검

① 광주 역동

② 김해 연지리

③ 여순 강상 7호

사진 3. 청동 검자루 끝 장식

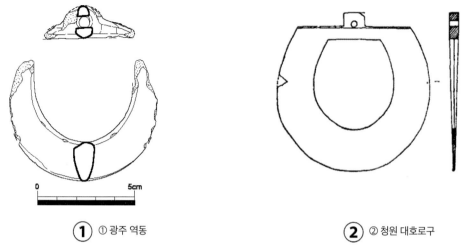

(1) ① 광주 역동

(2) ② 청원 대호로구

그림 6. 청동 검자루 끝 장식

림 6).

　한편 역동 돌덧널무덤에서 발굴조사된 비파형동검과 검자루 끝장식의 합금 성분과 원산지 규명을 위하여 과학적인 분석을 하였다. 분석 방법으로는 X선 형광분석기(XRF)를 통한 비파괴 조성 분석과 납 동위원소 분석을 실시하였다.[25]

　비파괴 조성 분석은 동검 6곳과 검자루 끝장식 10곳을 측정하여 그 평균과 표준편차 값을 정리하였다. 분석 결과 동검이 검자루 끝장식에 비하여 표면 조성 과정에 상대적으로 주석을 많이 함유한 것으로 나타났다. 이러한 조성 차이는 제작 당시에 합금의 비율 차이가 있었을 가능성을 시사한다. 그리고 이들 청동기는 구리-주석으로 이루어진 2성분계임으로 밝혀졌다. 이러한 사실은 지금까지 분석된 한국 청동기가 구리-주석-납으로 구성되는 3성분계라는 점과 차이가 있어 주목된다. 또한 역동 유적에서 발굴된 청동기의 납 함유량이 평균 1% 미만이라는 점도 특이한 사실이다.

　역동 유적의 합금 성분 분석에서는 동검(42.1%)이 검자루 끝장식(15.1%)보다 상대적

25) 김규호·김나영·한솔이·노지현·히라오 요시미츠, 2012. 「동합금 유물의 재질 및 특성 분석」 『이 책』, 511~523쪽.

으로 주석을 많이 함유하고 있는 사실도 밝혀졌다.

한편 납 동위원소 분석은 ^{204}pb와 ^{206}pb, ^{207}pb, ^{208}pb의 양 변화를 조사한 다음 납 광산의 동위원소비와 비교하여 납의 산지를 추정하는 것이다.

역동 유적의 비파형동검에 대하여 납 동위원소비 분석을 한 결과 동검 제작에 쓰인 납 원료가 주변지역(중국이나 일본)이 아니라 한반도일 것으로 밝혀져 주목된다.[26] 지금까지 분석된 이른 시기 비파형동검의 합금에 사용된 납은 대부분 중국산으로 알려져 왔고 세형동검 문화기의 동검에서 부분적으로 한국산 납이 쓰인 것으로 밝혀졌다.

이러한 역동 유적 출토 동검과 검자루 끝장식의 2성분계나 동검의 합금 과정에 이용된 납이 한국산이라는 분석 결과는 앞으로 비파형동검 문화의 기원과 연대 문제 그리고 문화권 설정에 새로운 사실을 제공해 줄 것으로 기대된다.

역동 돌덧널무덤에서는 청동기 이외에도 삼각만입 화살촉이 13점 껴묻기되어 있었다. 화살촉 몸통의 가로 자른 면은 6각형이고 밑동은 ^ 모양이다. 화살촉의 날 부분에는 가로 방향으로, 몸통은 세로 방향으로 간 흔적이 관찰된다. 그리고 밑동의 볼록한 부분은 그 정도가 조금씩 차이가 있는데 이것은 쓰임새에 의한 것으로 해석된다(그림 7).

길이 3.4~5.1㎝, 너비 1.6~1.9㎝, 두께 0.1~0.4㎝.

천하석으로 만든 구슬은 3점이 발굴조사 되었다(사진 4). 이 돌구슬은 묻힌 사람의 목 부분 쪽에 그대로 놓여 있었다. 회색 천하석을 감으로 하였으며 양쪽 끝은 반듯하게 갈았다. 구멍은 양쪽에서 마주 뚫었는데 가운데 부분이 약간 비스듬하다. 지름 0.85~1.05㎝, 두께 0.47~0.6㎝.

3. 돌덧널무덤의 축조 시기

역동 유적의 돌덧널무덤이 언제 축조되었는가 하는 것은 주변에서 발굴된 집터와

---

26) 청주 학평리 청동기시대 집터에서 조사된 비파형동검을 열 이온화 질량 분석법(TIMS)으로 납 동위원소비를 분석한 결과 그 산지가 한반도 남부지역-특히 영남지괴에서 채석한 방연광(方鉛鑛)일 가능성이 제기되었다.
조남철·배채린·이소담, 2018. 「청주 학평리 219-5번지 출토 비파형동검의 과학적 분석」『2016년도 소규모 발굴조사보고서』VI, 한국문화재재단, 591~603쪽.

함께 상당히 중요한 의미를 지니고 있다. 이 무덤에서 출토된 비파형동검이나 검자루 끝장식의 청동기는 비파형동검 문화권 설정에 하나의 기준이 될 수 있기 때문이다.

역동 유적의 돌덧널무덤은 주변지역에서 이러한 구조를 지닌 청동기시대의 무덤이 조사된 예가 거의 없기 때문에 비교할 수 있는 자료는 없는 실정이다. 그렇기에 여기에

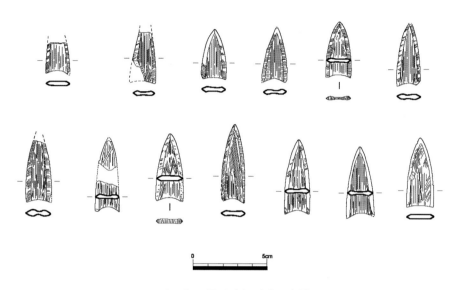

그림 7. 광주 역동 돌덧널무덤 출토 화살촉

사진 4. 광주 역동 돌덧널무덤 출토 옥구슬

서는 방사성 탄소 연대 측정 자료를 가지고 축조시기를 검토해 보고자 한다.

역동 유적에서는 청동기시대의 집터 이외에 돌덧널무덤의 숯과 사람뼈를 가지고 일본의 주식회사 팔레오 라보에서 가속기 질량 분석법(AMS법)으로 연대측정을 하였다.

그 측정 결과는 다음과 같다.

순서	유구	시료 번호	시료 종류	연대값(bp)	교정연대(cal BC), 95.4% (OxCal v4.4.4, IntCal 20)	기타
1	돌덧널무덤	PLD-16929	숯	2985±20	1279 ~ 1124 (95.4%)	
2	돌덧널무덤	PLD-16930	사람뼈	2955±25	1260 ~ 1105 (88.6%) 1099 ~ 1077 (3.9%) 1071 ~ 1055 (3.0%)	

이러한 연대측정값을 보면 늦어도 서기전 1000년 경 전반기에는 역동 유적의 돌덧널무덤이 축조되었던 것으로 보인다. 그런데 최근 이 무덤의 절대연대 측정값을 껴묻기된 청동기의 상대연대와 비교할 때 너무 이른 시기에 해당한다는 견해도 있지만 다른 유적의 예와 비교할 때 이른 시기는 아닌 것으로 판단된다. 즉 비파형동검이 출토된 대전 비래동 고인돌이나 청주 학평리 집터 유적의 방사성 탄소 연대값이 2860±50bp와 2896±29bp로 나와 역동 유적의 돌덧널무덤과 큰 차이가 없다.

그리고 역동 돌덧널무덤에 껴묻기된 13점의 삼각만입 화살촉의 연대도 중부지역의 비교적 이른 청동기시대 관련 유적에서 출토되고 있는 점을 고려할 때 무덤의 연대를 결정하는데 참고가 된다.

맺음말

남한강의 샛강인 경안천 가장자리에는 청동기시대의 여러 유적이 자리하고 있다. 근래에 이곳에서는 청동기시대 집터는 물론 무덤까지도 발굴조사되어 중부지역 청동기시대 문화 성격을 이해하는데 도움이 되고 있다. 더구나 청동기시대 집터 유적은 대부분 다음 시기의 이른 삼국시대 마을 유적과 층위를 이루고 있어 문화의 연속성을 살펴볼 수 있는 좋은 고고학 자료이다.

이 글에서 살펴본 광주 역동 유적은 청동기시대 이른 시기의 집터와 돌덧널무덤이 발굴된 곳이다. 이 유적의 돌덧널무덤은 묻기와 껴묻거리로 볼 때 지금까지 조사된 이 시기의 무덤과는 여러 동질성을 가지고 있지만 몇 가지 점에서는 특이한 점이 있어 주목된다.

먼저 무덤의 축조 과정에 있었던 묻기는 제자리 화장을 하였던 것으로 밝혀졌다. 최근 여러 고고학 자료의 증가에 따라 화장에 대한 유적이 많아지고 있는 상황에서 역동 유적의 화장 문제는 새로운 시사점을 던지고 있다. 돌덧널무덤의 구조에서 화장이 이루어졌다는 점, 무덤이 자리한 제자리에서 화장 행위가 있었다는 점, 이러한 화장의 흔적이 껴묻거리에 나타나고 있다는 점 등은 요동반도의 돌무지무덤에서 조사된 고고학 자료와 여러 유사점을 지니고 있어 앞으로 보다 많은 자료를 가지고 비교 연구가 이루어진다면 문화의 전파나 동질성 문제를 밝혀내는데 도움이 될 것으로 판단된다.

껴묻거리 가운데 둥근꼴의 검자루 끝장식은 최근 한반도의 고인돌 유적에서도 찾아지고 있지만, 일찍부터 요동지역에서 출토되면서 그 쓰임새와 기원에 관하여 여러 논의가 있어 왔다.

이와 같이 역동 유적의 돌덧널무덤은 청동기시대에 축조된 독특한 성격을 지니고 있기 때문에 이 시기의 문화 성격을 밝히는데 있어 앞으로 중요한 역할을 할 것으로 기대된다.

부여 송국리 유적
최근 조사 성과와 과제[*]

김경택[**] ·주동훈(한국전통문화대학교)[***]

I. 머리말

　남한 최대 규모 청동기시대 취락유적인 부여 송국리 유적(도면 1)은 1974년 주민의 신고로 수습 조사된 석관묘에서 비파형동검, 동착, 관옥, 곡옥, 마제석검, 마제석촉 등의 유물이 출토되면서 널리 알려지게 되었다(金永培·安承周 1975). 1975년 송국리를 포함한 소사리와 산직리 일대의 야산 80만㎡가 농지확대개발사업지구(도면 2)로 지정되면서 국립중앙박물관과 국립부여박물관은 이 일대에 대한 예비조사를 실시하였다. 1975년과 1976년 실시된 발굴조사에서 청동기시대 집자리, 옹관묘, 토기 요지(?) 등 선사시대 유구와 삼국(백제)~조선 시대의 가마와 분묘 등 수십 기의 역사시대 유구가 확인되었다(姜仁求·李健茂·韓永熙·李康承 1979). 송국리 유적의 중요성을 인식한 문화재관리국(현 문화재청)은 1976년 송국리 일원 535,107㎡를 사적 제249호(사적명: 부여 송국리선사취락지[扶餘松菊里先史聚落址][1])로 지정했다(도면 3).

---

*) 본고는 2021년 1월 온라인으로 개최된 『2021 부여 송국리 유적 세계유산 등재를 위한 학술 심포지엄』(주최: 부여군, 주관: 백제고도문화재단)에서 발표된 「부여 송국리 유적 조사 성과 및 세계유산적 가치」를 수정 및 보완한 결과이다. 그런데 본고를 제출한 2021년 11월 현재 제26차 발굴조사가 진행되고 있다. 따라서 본고의 서술 시점은 2020년이고, 제26차 발굴조사 내용과 자료는 본고에 반영되지 않았음을 미리 밝힌다.
**) 한국전통문화대학교 융합고고학과 부교수

부여 송국리 유적은 1975년부터 1997년까지 국립중앙박물관(1차-4차: 1975~1978, 5-7차: 1985~1987)(姜仁求·李健茂·韓永熙·李康承 1979; 지건길·안승모·송의정 1986; 國立中央博物館 1987; 權五榮 1991), 국립공주박물관(8-10차: 1991~1993)(金吉植 1993, 1998), 그리고 국립부여박물관(11차: 1997)(國立扶餘博物館 2000)이 11차에 걸쳐 발굴했다. 11년 후인 2008년 한국전통문화대학교 고고학연구소[1])가 12차 발굴을 수행하면서 매년 발굴조사가 이루어졌고, 2021년 12월 현재 제26차 발굴조사가 실시되고 있다(한국전통문화대학교 고고학연구소 2011, 2013, 2014, 2016, 2017, 2019a, 2019b, 2020a, 2020b)(도면 4, 표 1). 국내에서 선사시대 유적에 대한 발굴조사가 20차례 이상 이루어지고, 또 연차 발굴조사 계획이 수립된 경우는 거의 유례를 찾기 어려운데, 이는 송국리 유적의 학술적 가치를 단적으로 대변한다.

송국리 유적에서 보고된 양단(兩端)에 주공이 있는 타원형 구덩이가 바닥 중앙에 설치된 평면 원형 집자리(송국리형 집자리), 외반구연호(송국리형 토기), 삼각형석도, 홍도, 유구석부 등의 고고 자료의 조합으로 구성된 소위 '송국리유형'은 남한지역 청동기시대 중기를 대표하는 문화상으로 이해되어 왔다(안재호 1992; 김장석 2003). 또 송국리에서 확인된 원형, (장)방형, 타원형 등 다양한 평면 형태의 집자리와 이에 따른 주공 배치 역시 일찍부터 한반도 청동기시대 집자리 연구의 기초 자료로 활용되어 왔다(김재호 2000; 김지태 1999; 신상효 1996; 이종철 2000, 2002; 이홍종 2007). 한편 국립공주박물관 발굴에서 보고된 목책과 환호 시설[2])은 송국리 유적이 울산 검단리 유적과 마산 덕천리 유적과 유사한 성격의 청동기시대 방호집락이었을 가능성을 제기하기도 했다(金吉植 1993).

1970년대 이후 학계의 주목을 받아 온 부여 송국리 유적은 극히 적은 지면만이 할

***) 한국전통문화대학교 고고학연구소 선임연구원
1) 부여 송국리 유적으로 사적 명칭이 변경되었고(2011.07.28. 문화재청 고시), 문화재 구역 조정도 있었음(2018년 5월 17일 문화재청 고시 제2018-56호).
1) 2009년 한국전통문화학교 한국전통문화연구소에서 한국전통문화학교 고고학연구소로, 또 2012년 한국전통문화대학교 고고학연구소로 소속 및 공식 명칭이 변경되었다.
2) 극히 제한된 범위의 조사에서 목책 및 환호로 보고된 시설(김길식 1993)은 이후 한국전통문화대학교 고고학연구소(이하 고고학연구소로 약칭)의 연차 발굴조사 결과 다른 성격의 시설일 가능성이 높은 것으로 보고되었다.

애되는 중고등학교 한국사 교과서의 선사시대편에도 등장할 만큼 남한 청동기시대를 대표하는 유적으로 인정되고 있다. 송국리 유적의 위상은 유적의 규모는 물론 현재까지 조사 및 확인된 다양한 성격의 유구들에 기반을 둔다. 즉, 청동기시대 유적에서 보고 사례가 극히 드문(아직도 전체 양상이 파악되진 않았지만) 200m 이상 연결되는 쌍을 이룬 목주열과 대형(지상)건물지, 그리고 (적확한 표현이 아닐 수도 있지만 울책으로 보고된) 대지구획시설 등은 새로운 연구 주제를 창출하고, 직·간접적으로 연관된 연구논문의 양산과 학술대회 개최를 유도해 왔다(부여군 2006; 호남·호서고고학회 2006; 한국상고사학회 2010; 국립부여박물관 2017; 국립부여박물관·부여군 2018; 서울대박물관·중부고고학회 2018; 부여군·백제고도문화재단 2021).

　2021년 현재 26차에 걸친 부여 송국리 유적 발굴조사는 2008년 실시된 제12차 발굴조사를 기점으로 조사 방향이 크게 변화되었다. 항상 그랬다고 할 수는 없지만, 국립박물관이 수행한 11차례의 발굴조사(1975~1997)는 전체 유적 범위 또는 유적 내 유구 분포 확인을 위한 시굴조사의 성격으로 제한된 범위에서 발굴이 진행되었고, 유구의 내부 조사 역시 선택적으로 이루어지기도 했다[3]. 제12차 발굴부터는 대상 구역 전체에 대한 전면 조사는 물론, 과거 발굴 지점들 사이에 위치해 미조사된 지점들에 대한 조사도 이루어졌고, 확인된 유구와 유물의 수도 질적·양적으로 비약적으로 증가했다. 이러한 과정에서 송국리유적이 '방어취락'(김길식 1993) 또는 저장시설이 부재한 '소비중심취락'(김장석 2008)이란 기존 견해 역시 재고를 요하게 되었다(고고학연구소 2011, 2013, 2014, 2016, 2017, 2019a, 2019b, 2020a, 2020b; 김경택 2014, 2020; 김범철 2014, 2017a, 2017b). 2000년 이전 국립박물관이 실시한 발굴은 조사 경과만을 간략하게 살펴보고, 2008년부터 2020년까지 실시된 (한국전통문화대학교) 고고학연구소의 발굴조사의 주요 내용 서술에 지면의 대부분을 할애했고, 마지막으로 부여 송국리 유적이 지닌 세계유산적 가치와 향후 과제를 간략하게 지적했다.

---

3) 발굴과정에서 윤곽선이 확인되어 유구로 보고되었지만, 실제 조사 결과 유구가 아닌 사례도 종종 있었다.

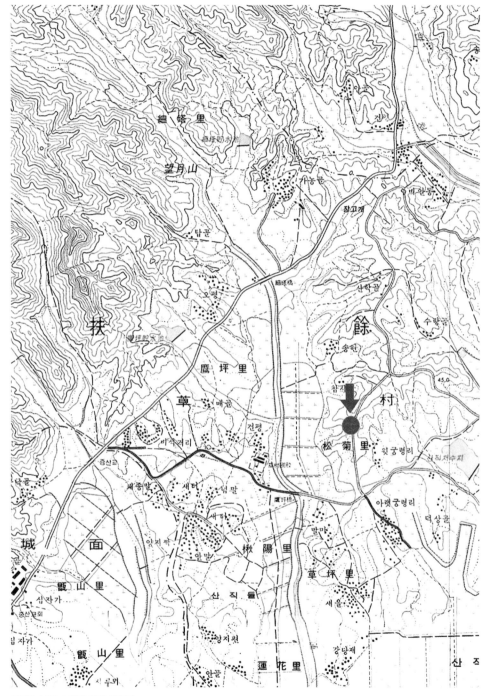

도면 1. 부여 송국리 유적 위치도.

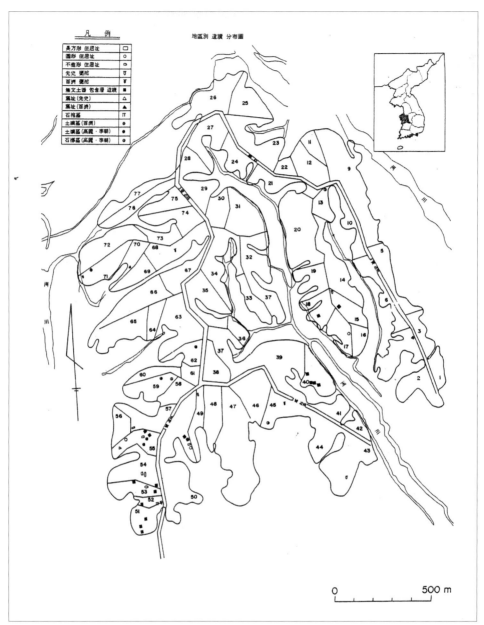

도면 2. 송국리 지구 구획 현황도 (강인구 외 1979: 9-10).

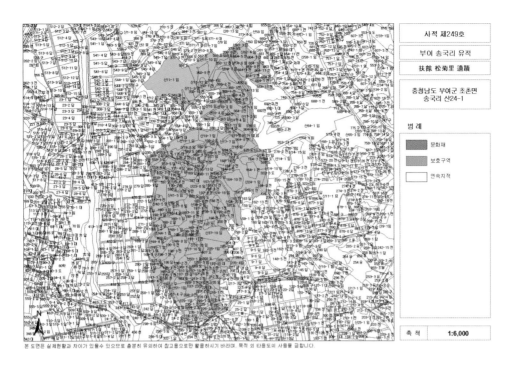

본 도면은 실제현황과 차이가 있을수 있으므로 충분히 유의하여 참고용으로만 활용하시기 바라며, 목적 외 타용도의 사용을 금합니다.

도면 3. 부여 송국리 선사취락지 사적 지정 현황.

II. 송국리 유적 발굴조사 경과 A: 제1-11차 발굴(1975-1997)

1. 제1-4차 발굴: 1975-1978년(강인구·이건무·한영희·이강승 1979)

　1975년 농지확대개발사업지구로 지정된 송국리 일원 야산 80만㎡(실제 조사대상지역은 약 45만㎡)에 대한 예비조사에서 청동기시대 집자리 13기와 옹관묘 4기 등 선사시대 유구들과 삼국시대부터 조선시대에 걸친 가마와 분묘들이 확인되었다. 제2-4차 (1976-1978) 발굴에서는 1975년 유구가 확인되거나, 존재 가능성이 높다고 인정된 지점에서 장방형 집자리 3기, 원형 집자리 1기, 부정형 집자리 2기가 확인 및 조사되었다. 특히 54지구 1호 집자리에서 395g에 달하는 탄화미가 나왔고, 54지구 3호 집자리 바닥에서는 숫판자가 출토되었다. 4차례에 걸친 발굴조사에서 (타)원형집자리 11기, 장방형집자리 5기, 부정형집자리 2기, 파괴집자리 1기 등 모두 19기의 청동기시대 집자리와 4기의 옹관묘가 확인 및 조사되었다.

2. 제5-7차 발굴: 1985-1987년(지건길·안승모·송의정 1986; 국립중앙박물관 1987; 권오영 1991)

청동기시대 집자리가 밀집 분포하는 54지구에서 실시된 제5-7차 발굴에서는 (장)방형 집자리가 각각 2기(5차), 5기(6차), 6기(7차)가 확인 및 조사되었다. 제7차 발굴에서 보고된 54-17호 장방형 집자리(365×250×8-15cm)에서는 무문토기를 포함한 청동기시대 유물이 전혀 출토되지 않았고, 내부 함몰부에서 파손된 백자 대접이 나와 조선시대 집자리로 추정되기도 했다.

3. 제8-10차 발굴: 1991-1993년(金吉植 1993, 1998)

1970년대와 1980년대에 실시된 제1-7차 발굴은 국립중앙박물관 고고부에서 주관했는데 반해 1990년내에 이루어진 제8-11치 발굴은 국립공주박물관(8-10차)과 국립부여박물관(11차)이 주관했다. 국립공주박물관은 농경 및 취락 주변시설 관련 증거 확보를 목적으로 송국리 유적을 세 차례(1991~1993) 발굴했다. 1991년 8차 발굴은 유구 존재 가능성이 높다고 판단했던 곡간지대에 탐색 피트를 설치했지만, 큰 성과는 없었다. 1992년 3월 제9차 발굴에서는 54지구에 탐색 피트를 설치해 조사를 하면서 정밀 지표조사를 병행했는데 54지구 설상대지와 북쪽 사면에서 일정 간격으로 열(列)을 이룬 일군의 주혈들이 확인되었다. 이 주혈 무리가 54지구 서쪽 사면에서 확인된 성격 미상의 대형 구덩이들과 연결된다는 입장에서 송국리 취락 외곽에 목책이 설치되었을 가능성이 상정되기도 했다.

지표조사와 탐색 피트에서 확인된 소위 목책렬(木柵列)[4]의 정밀 조사와 농경 관련 자료 확보를 목적으로 계획된 제10차 발굴은 1992년과 1993년 약 120일 동안 실시되

---

4) 당시 극히 한정된 범위에서 확인된 일정 간격으로 열을 이룬 주혈 무리가 목책시설로 보고된 바 있지만, 2008년 제12차 발굴에서 열을 이룬 주혈들이 쌍(pair)을 이루고 있음을 확인한 한국전통문화대학교 조사단은 쌍을 이룬 주혈 무리들은 목책보다는 대형 (고상식)건물의 주혈일 가능성이 높다고 보고했다. 또 후술하겠지만, 일정 간격으로 설치된 짝을 이룬 주혈 무리는 송국리 유적의 평탄면 거의 전역으로 이어지며 확인되고 있다.

었다. 농경 관련 증거는 확보되지 않았고, 목책렬 약 430m와 함께 청동기시대 집자리 22기 (원형 5기와 [장]방형 17기 중 3기 조사), 청동기시대 분묘 10기[5](석관묘 3기, 토광묘 6기, 옹관묘 1기), 구상유구 등이 확인되고 그 중 일부만 조사되었다.

4. 제11차 발굴조사: 1997년(國立扶餘博物館 2000)

1997년 국립부여박물관은 제6차 발굴(1987)에서 일부만 조사된 54지구 19호 집자리 북쪽 구릉 정상부를 조사했다. '부여 송국리 선사취락지 정비 및 보존계획'의 일환으로 이루어진 제11차 발굴에서는 송국리 유적에서 가장 규모가 큰 23호 집자리를 포함한 장방형 집자리 5기와 원형 집자리 2기가 확인되었다.

표 1. 부여 송국리유적 조사 연혁(손준호 2007: 38; 오세연 2004: 108 추가 및 보완)

조사연도 (조사차수)	조사기관	조사내용
1974		석관묘 수습조사 (비파형동검, 동착, 옥, 석검, 석촉)
1975-78(1-4차)	국립중앙박물관	집자리 19기, 옹관묘 4기
1985-87(5-7차)	국립중앙박물관	집자리 14기, 부속유구 1기
1991-93(8-10차)	국립공주박물관	목책, 집자리 23기, 대지조성면
1996(11차)	국립부여박물관	목책, 집자리 7기, 백제 토광묘
2008(12차)	한국전통문화학교 한국전통문화연구소	청동기시대 대형굴립주건물지 2기, 울책시설 5기, 굴립주건물지 5기, 주거지 13기, 토광묘 1기, 백제 토기가마 2기
2009(13차)	한국전통문화학교 한국전통문화연구소	청동기시대 주거지 8기, 수혈 6기, 원삼국시대 주구 1기, 백제 토기가마 1기
2010~2011(14차)	한국전통문화학교 고고학연구소	청동기시대 주거지 25기, 수혈 24기, 목주열 4조, 울책시설 4기, 지상건물지(주공군) 3기, 원삼국~삼국시대(백제) 추정 분구묘(주구) 2기, 수혈 1기, 삼국시대(백제) 옹관묘 2기 등

5) 동검이 출토된 1호 석관묘와 1980년 보고된 8호 옹관묘(安承周 1980: 3-4)가 재조사 또는 재확인되어 地形圖에 표시되었지만, 遺構 수에는 포함되지 않았다.

2012(15차)	한국전통문화대학교 고고학연구소	청동기시대 주거지 3기, 수혈 18기, 목주열 7조, 주공열 2조, 울책시설 6기, 주공군 3기, 원삼국~삼국시대(백제) 추정 분구묘(주구) 2기, 토광묘 1기, 고려~조선시대 토광묘 3기, 시대미상 구 1기, 토광묘 1기 등
2013(16차)	한국전통문화대학교 고고학연구소	청동기시대 주거지 3기, 수혈 6기, 목주열 2조, 구상유구 1기, 시대미상 토광묘 1기 등
2014(17차)	한국전통문화대학교 고고학연구소	청동기시대 주거지 3기, 목주열 2조 등
2014(18차)	한국전통문화대학교 고고학연구소	청동기시대 주거지 3기, 목주열 2조, 수혈 1기, 원삼국시대(백제) 분구묘(주구) 1기, 시대미상 구상유구 1기 등
2015(19차)	한국전통문화대학교 고고학연구소	청동기시대 주거지 2기, 목주열 2조, 성토대지(구상유구 1기), 고려시대(추정) 석곽묘 6기, 조선시대 수혈유구, 주거지 1기, 시기미상 구상유구 1기, 토광묘 1기
2015(20차)	한국전통문화대학교 고고학연구소	청동기시대 주거지 1기, 구상유구 1기, 시기미상 수혈주거지 1기, 석축묘 1기, 수혈유구 3기
2016(21차)	한국전통문화대학교 고고학연구소	청동기시대 대형건물지 1동, 울책, 원형주거지2기, 주공열, 수혈, 조선시대 토광묘, 수혈 등
2017(22차)	한국전통문화대학교 고고학연구소	청동기시대 주거지 3기, 삼국시대 주거지 1기, 원형수혈 10기, 고려~조선시대 분묘 등
2018(23차)	한국전통문화대학교 고고학연구소	청동기시대 주거지 1기, 수혈 5기, 삼국시대 원형수혈 5기, 부정형수혈 1기, 통일신라시대 매납유구 1기, 조선시대 토광묘 42기, 수혈 22기, 시대미상 주공 22기.
2019(24차)	한국전통문화대학교 고고학연구소	청동기시대 고상식건물지 1기, 주거지 7기, 수혈 3기, 백제시대 굴립주건물지 1기, 주거지1기, 석축묘 1기, 고려~조선시대 석곽묘 2기, 토광묘 42기.
2020(25차)	한국전통문화대학교 고고학연구소	청동기시대 주거지 3, 소성유구 3, 수혈 3, 옹관묘 1, 미상유구 2, 구상유구 1, 백제시대 주거지 2, 수혈 4, 석곽묘 2, 고려~조선시대 분묘 80여기

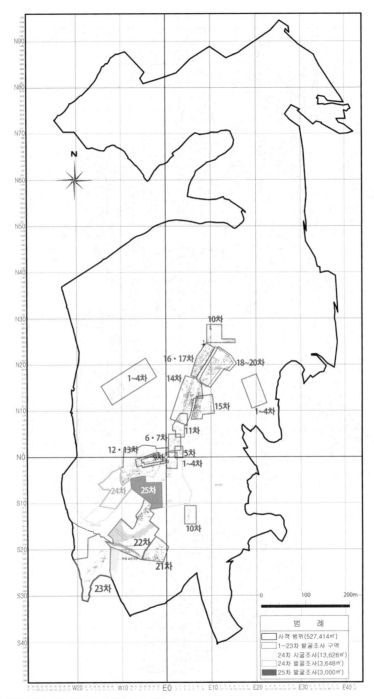

도면 4. 부여 송국리유적 사적 범위 및 차수별 조사 현황

Ⅲ. 송국리 유적 발굴조사 경과 B: 제12-25차 발굴(2008-2020)[6]

　　표고 50m 내외의 완만한 구릉에 위치한 부여 송국리 유적은 남북방향으로 조성된 주능선과 파생된 가지능선으로 구분되는데, 주능선에는 남북으로 가로지르는 농로가 형성되어 있다. 한국전통문화대학교 고고학연구소는 2008년 봄 송국리 유적 종합정비기본계획(부여군 2003, 2005, 부여군 2015)에 따른 복원·정비 사업의 일환으로 54지구에서 제12차 발굴조사를 수행하면서 송국리 유적과 인연을 맺게 되었다. 국립공주박물관은 1993년 54지구 설상대지에서 목책(으로 보고된 주혈군)과 주거지를 확인했지만, 제한된 범위에서 노출된 주혈군을 따라 조사를 진행했기 때문에 해당 유구 분포의 전모를 밝힐 수 없었다. 그런데 2008년 과거 확인된 주혈 무리의 분포를 포함한 유구의 기능과 성격을 밝혀가는 과정에서 대형 건물과 이를 둘러싼 울책 시설, 그리고 굴립주 선물을 포함한 많은 유구들이 확인되면서 과거 방어취락으로 상정되기도 했던 청동기시대 송국리 취락의 성격을 재고해 볼 필요성이 제기되었다. 제12차 발굴조사 구역이 평면적으로 연장된 지점에서 이루어진 제13차 발굴조사 이후 연차 발굴조사의 필요성에 따라 기획된 제14차(2010~2011년) 발굴은 구릉 상부의 평탄부(54·55·50지구)에서 이루어졌다. 제14차 발굴 구역은 과거 국립박물관들이 조사했던 지점들을 일부 포함한다. 즉, 송국리 유적에서 가장 규모가 큰 23호 주거지[7]와 목주열, 환호 등을 포함한 유구들의 재조사와 함께 새로 확인된 유구들이 조사되었다.

　　역시 기존 발굴의 확장 조사 차원에서 실시된 제15-19차 발굴(2012-2015년)은 북동쪽 구릉 평탄면을 중심으로 매년 진행되어 주혈 무리와 주거지를 포함한 많은 유구를 확인하는 성과를 거두었다. 한편 제19차 발굴에서 설치한 트렌치의 확장 조사였던 제20차 발굴(2015년)은 성토층 하부에서 청동기시대 대지 조성을 위한 기초시설을 확인

---

6) 2020년 제25차 발굴에서 확인된 자료까지 서술 대상에 포함하였는데, 본고 집필 당시 24차와 25차 발굴의 보고서는 아직 출간되지 않았고, 2021년 12월 현재 26차 발굴이 진행 중이다.

7) 1997년 국립부여박물관의 제11차 발굴에서 일부만 조사되고, 제14차 발굴에서 조사가 마무리된 23호 주거지는 송국리 유적 전체 유구 평면도의 기준점 역할을 했다.

하는 성과를 거두었다. 한편 유적 정상부 능선 등 특정 지점에 치중된 기존 조사 패턴에서 벗어나 농경 관련 유구 확인 등을 목적으로 계획된 제21-25차 발굴(2016-2020년)은 52-54지구 사이의 곡간부 저지대와 주변 지역에서 수행되었다. 한국전통문화대학교 고고학연구소가 담당한 제12-25차 발굴(2008-2020)의 성과를 주요 유구를 중심으로 살펴보면 다음과 같다.

1. 청동기시대 대지 조성(도면 5)

1992년 제9차 발굴에서 처음 보고된 청동기시대 대지 조성의 증거는 2010년 제14차, 17차, 19차, 20차 발굴에서도 확인되었다. 경사면을 부채꼴(弧狀)로 절토한 후 점토를 반복하여 다져 기저부를 최대 140㎝ 두께로 견고하게 다져 대지를 조성한 것으로 보인다. 즉, 경사면 상부의 풍화암반층을 깎아 평탄면을 조성한 후 다져진 경사면에 흙을 쌓아 완만한 사면이나 평탄면을 조성한 것으로 판단된다. 대형건물지가 확인된 54지구 설상대지와 주혈 무리와 주거지가 밀집된 53~57지구 능선의 정상부는 전체적으로 평탄화시킨 반면에 구릉을 따라 형성된 곡부는 성토하여 대지를 조성하였다. 2017년 조사 당시 성토하여 대지를 조성한 곡부 5지점이 토층 조사를 통해 확인되었다.

제19-20차(2015) 발굴에서 중심 구릉 동쪽 사면부의 성토 양상을 조사하면서 성토층 하부에서 확인된 구상유구는 대지 조성과 관련하여 조사단의 주목을 끌었다. 유구 바닥면에 촘촘하게 배치된 작은 주공들은 제12-13차 발굴에서 보고된 울책시설에서도 확인되었지만, 이는 공간구획 기능을 지닌 시설로 인정되는 울책과는 평면 형태에서 상당한 차이를 보였다. 이 구상유구를 판축기법의 일종인 항축을 위한 시설로 이해한 박순발 교수는 인공 성토를 위한 격자 형태의 목조 시설의 존재를 상정하기도 했다. 이와 유사한 기법이 서기전 2000년경 중국 정주 서산성(西山城)에서 보고된 바 있다(申熙權 2008; 錢耀鵬 1999).

2. 대지구획 시설: 울책(鬱柵)(도면 6)

1992년 제9차 발굴에서 확인된 단면 U자형 구상유구는 경사면에서 유입되는 물을

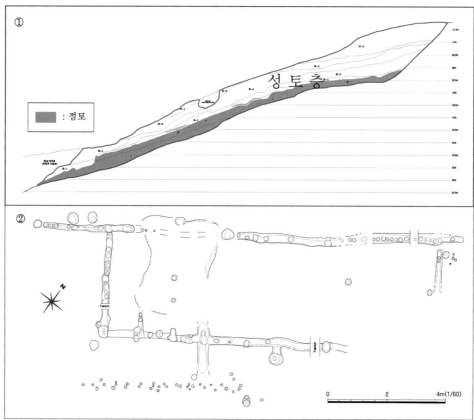

도면 5. 송국리유적에서 확인된 대지 조성 흔적(고고학연구소 2017)
① 제19·20차 발굴에서 확인된 성토 양상 ② 5호 구상유구(제 19·20차)

차단하는 배수로의 기능을 했던 시설로 보고된 바 있다. 이 구상유구가 확인된 설상대지 전체가 조사된 제12차 발굴(2008) 그 전모가 드러났고, 기능 역시 배수로라기보다는 공간을 분할하는 구획시설일 가능성이 높다는 의견이 개진되었다. 구 내부 바닥에거의 간격 없이 매우 촘촘하게 설치된 작은 기둥구멍(小柱孔)들은 가늘고 긴 말목을 촘촘하게 엮은 울타리를 세우기 위한 시설로 이해되어 잠정적으로 울책(鬱柵)이라 명명되었다(도면 6).

설상대지에서 5조의 울책이 확인되었다. 대지 북쪽에 반시계 방향으로 90도 회전된 'ㄴ'자형으로 조성된 1호 울책의 남측과 서측에는 보조 기둥으로 마감된 출입시설이 설치되었다. 3호 울책은 1호 울책 서쪽 끝에서 북쪽으로 연결되어 1호 대형건물지를 'ㅁ'자형으로 감싸고 있다. 1호 울책 동측에 위치한 4호 울책은 진행 방향과 위치를 고려할 때 1호 울책을 보수하며 조성된 것으로 보인다. 1호 울책이 서쪽으로 꺾이는 지점에서 약 50m 떨어져 위치한 5호 울책에는 출입시설이 있다. 대지 남쪽에서 2호 대형건물지를 'ㄱ'자형으로 감싸는 2호 울책은 서쪽으로 가면서 1호 울책과 겹치는데 중복 및 진행 양상을 고려할 때 1호보다 늦게 조성되었다. 한편 설상대지의 동서 양단을 각각 차단하고 있는 4호 울책과 5호 울책은 약 50m에 이르는 구간을 둘러싸고 있고, 1호 울책과 2호 울책은 각각 1호 및 2호 대형건물지의 장축 방향과 거의 평행하게 배치되어 유구들간의 상관관계를 상정해 볼 여지가 있다(정치영 2009; 고고학연구소 2011).

이러한 성격의 대지구획 시설은 제14-15차 발굴조사가 수행된 구릉 상부의 평탄 대지에서도 확인되었다. 구조는 제12차 발굴에서 확인된 것과 비슷하지만, 후대 분묘인 분구묘와 중복된 관계로 54지구 설상대지 울책처럼 정연하지 않다. 확인된 9조 모두 일정한 장축 방향을 취하고 있고, 축조 방식도 비슷해 서로 관련이 있는 것으로 보고 있다(고고학연구소 2013, 2014).

2016년 제21차 발굴에서도 5조의 울책이 보고되었다. 경사면을 따라 5조의 울책이 확인되었는데, 3호 대형건물지와 인접하여 위치하고, 내부 구조의 유사성을 고려할 때 설상대지에서 확인된 1~5호 울책과 동일한 성격의 유구로 판단된다(고고학연구소 2011, 2019a).

3. 대형건물지(도면 6)

대형건물지는 2020년 현재 54지구 설상대지에서 확인된 2기(12차 발굴)와 52지구와 53지구 사이의 서쪽 사면부에서 확인된 1기(21차 발굴) 등 3기가 보고되었다. 국립공주박물관의 제9차(1992) 발굴 당시 설상대지 남측과 북측에서 확인된 주열(柱列)은 취락 외곽에 설치된 목책 시설일 가능성이 상정되었다. 당시 발굴조사가 이 주열을 찾아가며 극히 제한된 범위에서 이루어져 유구의 전모를 밝힐 수 없었다. 한국전통문화대학교 고고학연구소의 제12차 발굴에서 설상대지가 조사되면서 종래 목책 시설의 일부로

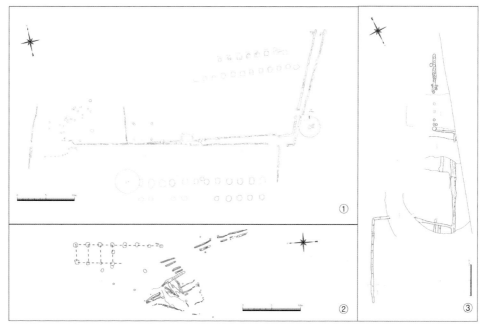

도면 6. 송국리유적에서 확인된 대형건물지 및 대지구획시설(울책)(고고학연구소 2011, 2014)
① 1 · 2호 대형건물지와 1-5호 울책시설(제12·13차), ② 3호 대형건물지와 울책(제21차), ③ 4-9호 울책(제15차)

이해되었던 주열들의 일부는 대형건물의 흔적임이 확인되었다.

대지 남측과 북측에서 1기씩 확인된 대형건물지는 굴립주(掘立柱)가 설치된 지상식 건물의 흔적으로 11×1칸 구조이다. 북측의 1호 건물지(19.8m×3.4m)의 면적은 67.3㎡에 달하고, 남측의 2호 건물지(23.4m×3.4m)의 면적은 81.6㎡에 이른다. 주열 간 간격은 보칸 3.4m, 도리칸 1.8m(1호)와 2.15m(2호)로 후술할 목주열의 주공 간 간격과는 차이가 있다8). 2호의 건물지의 목주혈은 110-115×90-110×90-110(cm, 길이×폭×깊이)의 재원을 지녀 송국리 유적에서 보고된 목주혈 중 가장 크다.

3호 대형건물지는 1호와 2호 대형건물지가 있는 설상대지에서 약 100m 떨어져 단독으로 소재한다. 1호와 2호는 주거지와 목주열이 밀집한 능선 정상부에서 이격된 설

---

8) 목주열의 주공 간 간격은 100~150㎝ 내외로 대형건물지의 주공 간 간격에 비해 좁다.

상대지에 위치하고, 3호 역시 주능선에서 서쪽으로 치우친 사면부의 평탄면에 위치함이 주목되었다. 즉, 송국리 유적의 대형건물지는 취락 내 별도 공간에 존재했던 것으로 보이는데, 이는 송국리 유적에서 대지구획 시설과 대형건물지가 갖는 의미를 시사한다. 면적 48.96㎡(15.3m×3.2m)의 3호 대형건물지는 1호와 2호 대형건물지에 비해 소형인데, 주혈 내부가 소토와 숯 등으로 채워져 있어 화재로 소실된 것으로 보인다.

청동기시대 지상식 고상건물지의 보고 사례는 적지 않고, 송국리 유적에서 보고된 세장방형 대형건물지의 사례는 대구 동천동 5호(29.7㎡), 청도 진라리 2호(28.8㎡)와 3호, 사천 이금동 60호(174㎡)와 61호 등 주로 영남지역에서 보고되었다. 평면 형태가 세장하고, 주위에 어느 정도 공지를 두고 단독으로 소재하는 영남지역 사례들은 송국리 사례와 유사점이 있다. 사천 이금동 사례와 함께 송국리 대형건물지(1호 67.3㎡, 2호 81.6㎡, 3호 48.96㎡)들은 청동기시대 최대 규모 지상건물에 해당한다. 대형건물지는 취락에서 규모가 월등하게 차별화된 단독건물이란 점에서 수장의 거주 공간 또는 공공집회소라는 입장과 건물의 평면과 고상식이란 구조적 측면에서 잉여산물을 저장하는 공동 또는 공공창고로 보는 입장도 개진된 바 있다.

4. 목주열(도면 7)

구릉 정상부의 평탄면에 서로 대응되는 한 쌍의 주공들이 일정 간격으로 열을 이루며 계속 이어져 25차 발굴이 이루어진 2020년 현재 200m가 넘게 확인된 목주열은 한반도의 다른 청동기시대 유적에서는 유례를 찾아보기 어렵다. 이 목주열은 1992년 제9차 발굴에서 '쌍을 이루지 않은 상태로' 처음 확인되었는데, 당시 송국리 유적을 대규모 방어취락으로 상정했던 조사단은 이 목주열을 적의 침입에 대비한 방어시설인 목책의 일부로 상정했다. 그런데 2008년 제12차 발굴에서 서편 설상대지 목책렬이 대형건물지의 흔적으로 판단되었고, 중앙 구릉에서 목책렬로 보고된 주혈들 역시 진행 방향과 주변 주공들과의 배치 양상을 고려할 때 방어시설의 흔적으로 보기는 어렵다는 판단에 도달했다. 이후 쌍을 이루며 일정 간격을 두고 연속되는 주혈 무리들을 중의적 의미를 지닌 목주열로 지칭하고 있다. 2020년 12월 현재 목주열은 50지구와 54-57지구에서 구릉 정상부 서쪽에서 확인된 4조와 동쪽에서 확인된 9조를 합해 모두 13조가 보고되었다. 비슷한 장축방향(N-24~37°-E)을 지닌 목주열들은 각각의 주혈 형태 역시 비슷해 동일 성격의 유구로 보고 있다.

주혈은 지름 100㎝ 내외의 대형인데, 54지구 설상대지의 1호와 2호 대형건물지의 경우도 비슷하다. 일본에서 대형화된 주혈은 오사카 이케가미소네(大阪 池上曾根)유적, 큐슈 쿠보조노(九州 久保園)유적, 요시노가리(吉野ヶ里)유적 등 야요이(弥生)시대 중기 후엽 이후에 등장한다고 한다(정치영 2009; 久住猛雄 2006; 近藤廣 2006; 森岡秀人 2006). 주혈의 깊이는 보통 40~50㎝ 내외이지만, 90㎝에 이르는 경우도 있고, 폭은 60~80㎝ 내외가 대부분이다. 주혈 중심 간 간격은 100~150㎝이고, 서로 대응하여 쌍을 이루는 목주열 사이 거리는 300㎝ 내외이다. 2020년 현재까지 확인된 쌍을 이루는 목주열의 총 길이는 200m가 넘는데, 남동쪽과 북서쪽으로 더 연장될 가능성이 높다. 구릉 평탄면이란 한정된 공간에 13조의 목주열이 집중적으로 설치되었지만, 주혈 외곽이 중복되는 경우는 극히 간헐적으로 확인되므로 당시 송국리 주민들은 선행 유구의 존재를 인지했고, 이 목주열은 비교적 짧은 기간에 조성되었을 가능성이 높다.

목주열은 청동기시대 송국리 취락의 방어 또는 제의 시설이었다는 논의가 있었지만, 1992년 최초 발견 당시 제기된 '방어시설'이란 입장은 아직 국내에서 청동기시대 이중 목책이 보고된 사례가 없어 논지 전개에 어려움이 있다. 또 방어시설이라면 구릉 능선을 따라 설치되어야 하겠지만, 능선과는 관련 없이 일직선상으로 설치되었고, 이중 목책일 경우 설치에 투자된 공간과 노력에 비해 실제 방어되는 목책 내부 공간이 너무 협소하다.

한편 목주열을 제의 공간 확보를 위한 차단시설이란 의견도 상정해 볼 수는 있겠지만, 가장 주거지가 밀집 분포하는 구역을 제의 공간으로 상정하기에는 무리가 있다. 주혈 규모와 형태를 고려했을 때 목주열은 설상대지의 1호와 2호 대형건물지와 유사한 성격을 지닌 구조물과 관련된 시설로 볼 여지는 있다. 토층 상에서 확인된 목주흔, 초반시설, 쌍을 이룬 주혈 등은 목주열을 대형 굴립주 건물과 관련된 시설로 볼 여지를 제공하지만, 그렇다고 현재 200m 이상에 이르는 목주열 전체를 한 동(棟)의 건축구조

도면 7. 송국리유적 목주열 및 녹책시
설(제 10~20차)

물과 관련된 시설로 보기도 어렵다. 구체적인 물적 증거나 근거를 제시할 수는 없지만, 해석의 차원과 폭을 확장한다는 차원에서 목주열을 북미 원주민사회에서 보고되는 롱하우스(long house)나 여러 민족지에 보고된 특정 연령대 미혼 남성(또는 청소년) 숙소와 관련된 시설일 기능성을 상정해 보기도 했지만(Flannery, K. & J. Marcus 2012), 좀더 심도 있는 논의가 필요한 상황이다.

현 시점에서 목주열의 성격 규정은 어렵지만, 동시대에 유례를 찾을 수 없는 대규모 구조물인 점, 주혈 내에서 확인된 초반 시설, 상당 기간 증축 및 개축이 이루어진 점 등이 해당 구조물이 송국리 유적에서 지닌 위상을 시사해 준다는 점에는 이견이 있을 수 없다.

5. 주거지(도면 8)

2020년 현재 25차 발굴까지 확인된 120기의 청동기시대 주거지의 평면 형태는 원형계와 방형계가 각각 54기, 66기이다. 수혈 내부 중앙에 양단(兩端)에 기둥구멍이 있는 타원형 구덩이가 설치된 평면 원형 주거지인 소위 '송국리형 주거지'와 함께 출토되는 외반구연 무문토기 항아리, 적색마연토기, 삼각형석도, 유구석부 등의 고고자료의 조합은 '송국리유형'이라 인식되어 왔다(안재호 1992; 이홍종 2005; 김승옥 2006).

원형 주거지의 직경은 대부분 3.4~5.3m에 속하는데 직경 4.7m 내외가 가장 많고, 수혈의 깊이는 30㎝~150㎝로 방형계 주거지에 비해 깊다. 남쪽 사면에서 굴착해 들어가 주거지를 조성한 경우가 많아 자연스럽게 한 쪽 벽의 높이가 상대적으로 낮고, 별도의 출입시설 없이 낮은 면을 이용해 출입했을 것으로 보는 입장이 일반적이다. 전술했듯이 평면 원형 수혈 중앙에 설치된 타원형 토광 양단에 기둥을 세운 독특한 구조가 특징적이며(신상효 1996), 작고 얕은 주공이 확인되기는 경우도 있지만 정형성을 보이진 않는다. 내부시설은 거의 보고되지 않고, 특히 노지가 확인되지 않는 점이 주목된다. 노지의 부재는 한시적 주거, 방형 주거에 부속된 작업 공간, 하층 집단의 주거 등으로 설명되어 왔고, 야외노지의 가능성이 제기되기도 했다. 내부에 노지가 설치된 방형계 주거지의 화재로 인한 폐기 비율이 노지가 없는 원형계 주거지보다 매우 높음은 주목을 요한다. 보다 심층적 접근이 필요하긴 하지만, 화재로 폐기된 주거지가 방형계는 24기인데 반해 원형계 3기에 불과하다. 주거지 바닥면 전부나 일부에 점토를 깔거나 다진 경우는 많이 볼 수 있다.

방형과 장방형으로 대별되는 방형계 주거지는 구릉 정상부인 54·55·57지구에서 집중적으로 보고되었다. 장축 길이가 3m에도 못 미치는 소형부터 14m에 이르는 초대형까지 다양한 규모의 방형계 주거지의 평균 면적이 원형계 주거지보다 넓다. 구체적으로 보면, 방형은 소형의 비율이 압도적으로 높고, 장방형은 소형에서 대형까지 다양하며, 세장방형은 초대형 1기가 확인되었다. 세장방형의 사례가 1기에 불과하긴 하지만, 방형에서 세장방형으로 갈수록 면적이 커진다. 원형의 경우와는 달리 깊이는 모두 30㎝ 미만으로 보고되었는데, 구릉 정상부에 입지한 사면에 입지한 원형계에 비해 방형계 주거지의 삭평이 심했음을 고려하더라도 반수혈 또는 지상 가옥에 가까웠을 가능성을 배제하기 어렵다.

방형계 주거지는 원형계 주거지보다 상부구조 복원에 필요한 자료를 풍부하게 제공한다. 특히 8호(54-2호) 주거지 벽 가장자리에서 일정 간격으로 확인된 숯 더미는 기둥의 흔적으로 보인다. 함께 출토된 숯 판재와 점토 덩어리는 벽이 주로 나무판자와 점토로 조성되었음을 시사해 주는데, 유적애서 출토된 목공구들 역시 이를 방증한다. 탄화된 서까래와 마루도리의 잔존 상태로 보아 14호(54-5호) 주거지는 우진각 지붕을 채택했던 것으로 보인다. 그러나 선사시대 주거유적에서 가옥의 상부구조 복원에 필요한 자료가 나오는 경우는 극히 드물고, 송국리 유적에서 비교적 풍부한 자료가 보고되긴 했지만, 구조 복원에는 기둥 배치와 서까래 구조를 포함한 더 많은 자료가 필요하다.

아직 확실하게 단언할 수는 없지만, 현재까지 송국리 유적에서 보고된 주거지의 중복 사례들은 방형→장방형→원형의 순서로 주거지가 조성되었음을 시사한다. (장)방형 주거지는 송국리문화 이전 단계인 휴암리식 혹은 선송국리식 문화와 관련된다는 의견 개진이 있었다. 그런데 송국리 유적에서 보고된 방형계 주거지의 평면 형태와 토광형 노지를 포함한 내부시설은 청동기시대 전기 역삼동식 주거지와 유사한 면도 있다. 그러나 전형적인 주공 배치의 부재와 외반구연 무문토기와 마제석검의 공반은 두 계통 주거지의 조성이 거의 비슷한 시기였을 가능성을 시사하기도 즉, 송국리유형에 선행하는 요소의 존재가 뚜렷하지 않음을 고려할 때 두 계통 주거지 간의 시기 차는 미미할 수도 있겠다. 한편 방형계와 원형계를 시기나 집단의 차이가 아닌 기능이나 공간 구분에 따른 차이로 보는 견해도 있었다(오세연 1997). 즉, 방형계는 생활용, 원형계를 창고나 공동작업장으로 보는 의견이 있었지만, 방형인 28호 주거지 노지 주변에서 지석이 출토되어 작업장의 가능성이 상정되고, 인근 증산리 유적(충남역사문화원 2004)처럼 원형 주거지만 있는 취락의 사례도 있어 주거지 평면 형태의 차이를 기능적 차이로 보는 입장에 동의하기는 어렵다.

한편 송국리 취락 최대 규모 주거지인 장방형 평면의 23호 주거지(면적 80㎡)를 의례 행위와 관련된 집회 공간 내지는 공동 작업장과 같은 공공시설로 보는 견해도 있다. 송

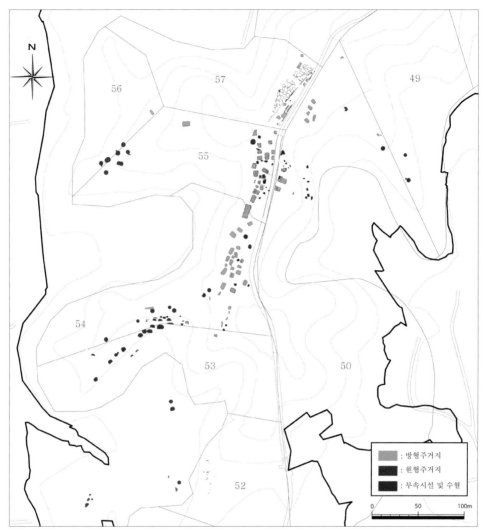

도면 8. 송국리유적에서 확인된 주거지 및 부속시설

국리에서 주거지는 능선을 따라 밀집 분포하는 경향을 보인다. 그런데 독립적으로 입지한 23호 주거지와 별도의 시설 없이 비어 있는 동쪽 및 남쪽 평탄면은 청동기시대 송국리 취락에서 공공 광장(廣場, public plaza)의 가능성을 상정할 수 있게 해 준다는 측면에서 주목을 받아 왔다. 송국리 유적은 물론 동시대 다른 유적 (반)수혈 주거지와의 비교를 불허하는 엄청난 규모는 물론, 출토유물, 공동 공간과 연계된 광장의 가능성 등은 송국리 취락에서 23호 주거지의 위상을 대변한다. 아울러 23호 주거지는 대형건물지와 200m 이상에 달하는 목주열과 함께 송국리 취락이 구성원 간에 위계나 계급이 존재하는 복합사회였음을 보여주는 적극적인 고고학적 증거이다.

한편 18호(55-8호) 주거지 출토 선형동부(扇形銅斧) 거푸집(鎔范)은 송국리 취락 자체적인 청동제품 제작은 물론 취락과 비파형동검(琵琶形銅劍) 출토 석관묘와의 직접적 관계 상정이란 측면에서도 매우 중요하다. 제3차 발굴(1977)에서 조사된 7호(54-1호) 주거지 출토 탄화미는 한반도의 도작기원(稻作起源)과 전파경로(傳播經路)로 관련된 결정적 자료인데, 이는 후술할 제14차 발굴(2010-11)에서 출토된 탄화미를 포함한 수천 점에 이르는 각종 탄화곡물을 통해 재확인되었다(김경택·김민구·류아라 2012; 김민구·김경택·류아라 2013; 고고학연구소 2013).

6. 분묘

송국리 유적에서는 석관묘, 석개토광묘, 옹관묘 등 17기의 청동기시대 분묘가 확인되었는데, 이들은 대부분 주변 조망이 탁월해 송국리 취락의 중심 묘역으로 여겨지는 52지구 및 53지구 중앙 능선에 분포한다(김길식 1998).

석관묘는 다른 청동기시대 주요 묘제인 지석묘 매장주체부의 변이 또는 발전형으로 이해되기도 하지만, 이전 시기와 차별화된 다른 일련의 문화요소들 즉, 청동기, 거푸집, 원형주거지, 외반구연 무문토기, 적색마연토기, 유구석부, 삼각형석도 등과 조합을 이루는 경우가 적지 않아 송국리형 묘제로 인식되고 있다(김승옥 2001). 지난 1974년 비파형동검, 동착(銅鑿), 관옥(管玉), 곡옥(曲玉), 마제석검(磨製石劍) 등이 부장된 1호 석관묘가 조사되었다. 이러한 위세품의 부장과 주거 구역과 독립된 구릉에 단독으로 자리한 1호 석관묘의 입지 등은 석관묘 피장자는 당시 송국리 사회의 최상위급 인물이었음을 말해 준다.

석개토광묘는 묘광을 이중으로 굴착하여 시신을 안치하고 대형 덮개돌을 덮고 봉토한 묘제로 송국리 유적은 물론 소위 송국리유형 유적에서 많이 채택되었는데 주거지 근처에서 소규모 군집을 이룬다. 옹관묘는 6기가 보고되었는데, 대부분 주거지군 인근의 낮은 구릉에 분포한다. 토광묘와 비슷한 구조로 이단으로 묘광 조성 후 옹관을 세워 안치하고 뚜껑돌을 덮었다. 옹관 바닥 중앙에 뚫은 구멍은 배수 목적으로 이해되며, 2020년 제25차 발굴에서도 옹관묘 1기가 추가되었는데, 옹관 내부에서 10점의 옥이 출토되었다.

7. 수혈과 기타 유구(도면 8)

청동기시대 주거유적에서 보고되는 수혈유구는 청동기시대 중기, 즉 송국리단계에 급격히 증가한다고 알려져 있다. 이는 도작농경의 확산에 따른 잉여산물, 비축용 식량, 조리용 재료 등의 저장을 위한 시설의 필요성이 늘어난 결과로 이해되고 있다(이창호 2004; 손준호 2004; 김장석 2008).

2000년 이전의 발굴 결과를 근거로 송국리 유적에는 저장 시설의 존재가 미미했다는 의견도(김장석 2008) 있었지만, 수혈의 존재는 1970년대부터 보고되었고, 2020년 제25차 발굴까지 모두 111기의 수혈이 보고되어 120기에 이르는 주거지를 제외하면 유구 개체수가 가장 많다. 수혈, 토광, 구덩이, 부속유구, 미상유구 등 여러 명칭으로 보고되었고, 평면형에 따라 방형, 장방형, 세장방형의 방형계, 원형, 타원형 등의 원형계, 그리고 형태를 특정하기 어려운 부정형계 등으로 다양하게 분류되어 왔다. 주거지 주변에서 주로 확인되는 수혈은 부속시설 내지는 저장시설로 이해되어 왔다. 2010년 제14차 발굴에서 쌀, 조, 기장, 콩, 팥 등 다량의 탄화곡물이 출토된 20호 수혈을 단기 저장 시설로 판단한 바 있다(김경택·김민구·류아라 2012; 김경택 2020). 그러나 수혈에서 탄화 곡물이 아닌 무문토기, 석촉, 석검, 지석, 관옥 등의 각종 유물이 출토되는 경우도 있어 수혈은 단순 저장시설이 아닌 복합적 성격을 지닌 유구일 수도 있다. 즉, 수혈 내부 절반 이상이 점토 다짐되고, 무문토기 편과 다량의 관옥이 출토된 31호 수혈의 경우는 특수한 기능을 상정해 볼 여지도 있다. 28호 수혈(면적 7.2㎡)은 다른 수혈보다 면적이 크고, 노지로 볼 수도 있는 시설이 확인되어 소형 주거지일 수도 있다. 또 바닥이 편평하고, 다량의 무문토기 편과 석촉편, 합인석부편 등이 출토된 45호 수혈은 작업장일 가능성도 적지 않다. 주거지의 부대시설 정도로 인식되어 오면서 별다른 주목을 받지 못한 수혈은 주로 저장 기능을 지닌 시설로 이해되어 왔지만(허의행 2008), 송국리 유적 수혈의 상당수는 토기를 포함한 물품의 보관, 의례, 기타 야외노지 등을 포함한 다양한 기능을 수행했던 시설이었을 것이다.

IV. 쟁점: 송국리 유적과 한국고고학

한국 청동기시대 연구에서 가장 뜨거운 쟁점 중의 하나는 기원전 8~6세기경 충청·전라·경상 지역에서 보고되는 송국리유형의 출자 및 사회 성격이라 할 수 있고, 부여 송국리 유적은 이 논쟁의 중심에 있다. 송국리유형의 출현은 재지 기원설과 외래 기원설로 대별되고(이홍종 2002; 우정연 2002), 재지 기원설은 다시 역삼동 기원설(안재호 1990; 김장석 2006)과 가락동 기원설(송만영 1993)로 양분된다. 본 논쟁의 핵심은 송국리식 원형 주거지의 기원 문제이다. 역삼동 기원설은 청동기시대 전기의 역삼동식 장방형 주거지→휴암리식 주거지(방형주거지+타원형 토광)→송국리식 원형 주거지로의 변천을 상정한다. 반면에 외래 기원설은 남한지역이 아닌 불특정 외부 기원의 송국리 유형 물질문화가 특정 지역에 출현한 후 주변 지역으로 확산되는 과정에서 기존 물질문화와 접변하여 휴암리식 주거지가 등장했음을 주장한다. 한편 가락동 기원설은 가락동유형의 마지막 단계에 송국리식 토기가 등장하여 송국리 유적 방형 주거 단계와 원형 주거 단계를 거쳐 삼각형석도와 원형계 송국리식 주거와 같은 요소들이 등장했다고 주장한다. 금강 유역 최대 청동기시대 취락인 송국리 유적에는 청동기시대 전기와 유사한 장방형 주거지와 원형 주거지가 모두 존재한다. 따라서 송국리 유적에서 보고되는 장방형 주거지과 원형 주거지의 계통 및 조성 순서가 송국리유형의 기원 추적의 결정적 단서라 할 수 있다.

송국리 유적의 편년관은 원형계와 방형계라는 주거 평면 형태의 차이를 시간적 선후 관계로 인정하는 입장과 그렇지 않은 입장에 따라 큰 차이를 보이고 있다. 시간적 선후 관계를 인정하지 않는 입장은 원형과 방형 주거지에서 동일 종류의 유물이 출토되고(우정연 2002), 평면 형태가 다른 주거지들의 중복관계가 확인되기보다는 일정한 방향성을 보임을 근거로 한다(손준호 2007). 아울러 유사한 출토유물은 전체 유적 내 지구나 지점별 시기차도 인정하기 어렵다는 견해도 있다(이종철 2000). 선후관계를 인정하는 입장은 원형→장방형으로 바뀌었다는 입장과 반대로 장방형→원형이라는 입장이 대립된다. 원형 주거지가 선행한다는 입장은 원형 주거지에서 직립구연토기가, 장방형 주거지에서 외반구연토기가 상대적으로 많이 출토된다는 점에 근거한다(安在晧 1992; 이홍종 2000; 庄田愼矢 2007). 반면에 방형 주거지가 선행한다는 입장은 석도, 플라스크형 토기, 마연발의 형식 변화에 근거하여 소형 방형 주거지→대형 장방형 주거지→원형 주거지 순으로의 변화를 상정한다(송만영 1995). 한편 최근 제12-13차 발굴 결과를 근거로 송국리 취락의 형성을 ①성토 이전 취락이 조성되는 단계, ②대형 건물과 구획 시설로 구성된 특수공간이 설상대지에 조영되고, 고지대 평탄면에 (장)방형 주거지가 조성되는 단계, ③대지구획 시설이 폐기되고 송국리식 원형 주거지가 조영되는 3단계로 구분하는 잠정적 입장도 개진된 바 있다(정치영·민은숙 2011).

청동기시대 전기에서 중기로의 전환은 단순한 기술적 발전에 따른 변화라기보다는 도작의 정착 및 확대와 이에 따른 인구증가 및 대규모 취락 형성이란 문화사적 변동을 함의한다는 인식이 학계에 공유되어 왔다(이기성 2008). 2020년 현재 535.107㎡의 범위가 사적(史蹟)으로 지정되어 보호되는 송국리 유적에서는 이미 120기의 청동기시대 주거지가 조사되었다. 유적 동남쪽은 수도작에 적합한 저습지이며(이기성 2001), 유적 주위로 평탄 대지가 넓게 발달되었는데, 송국리 유적의 생계경제(subsistence economy) 및 사회성격에 대한 접근은 청동기시대 전·중기 전환의 열쇠가 된다.

청동기시대 송국리취락의 생업경제 연구는 작물조성 분석 중심으로 진행되어 왔다. 1977년 3차 발굴에서 7호(54-1호) 주거지에서 395g의 탄화미가 출토된 이후 2010년 제14차 발굴에서 쌀을 포함한 조·기장·밀·콩·팥 등 다양한 탄화작물이 검출되었다. 분석 결과는 송국리취락의 주요 작물은 벼와 조였고, 일대 저지대에 수전을 조영하여 벼를 재배하고, 구릉 사면에서 잡곡을 재배하는 방식으로 지점을 달리하여 다양한 작물을 재배했다는 추론을 허용해 주었다(김민구·김경택·류아라 2013). 껍질이 벗겨진 탈각된 탄화미만 확인되었고, 또 이들이 주로 주거지 근처의 소형 수혈에서 나왔으니 곧 소비할 쌀을 주거지 내부나 보광 등의 시설에 저장했던 것이 아니겠냐는 추론도 도출되었다(김경택·김민구·류아라 2012; 허의행 2008; 최영준 2002).

한편 제13-14차 발굴 출토 토기 편에서 확인된 반추동물의 지방산에 근거하여 송국리 주민은 농경 개시 이후에도 사슴과 멧돼지 등 육상동물을 주기적으로 섭취했다는 의견도 개진된 바 있다(곽승기 2017; 곽승기·김경택 2018). 쌀과 함께 다양한 식재료가 송국리 주민들의 식단을 구성했겠지만, 아직 송국리 유적에서 당시 논의 존재가 확인되진 않았기에 수도작으로 벼를 재배해 쌀을 생산했다고 단정하기는 이르다.

한편 송국리 취락의 성격을 '소비전문취락' 또는 '의례중심지'로 규정한 입장도 개진된 바 있다. 즉, 청동기시대 전기와는 달리 중기가 되면, 다수의 저장시설이 주거지 외부에서 발견되는 사례가 증가하기는 하지만, 주거지 외부에서 저장시설이 거의 발견되지 않는 대형 취락의 사례도 보고되었다. 그런데 대전 복룡동, 천안 대흥리, 공주 장선리, 논산 마전리 유적 등은 잉여생산물의 저장 기능을 수행했던 저장 전문 취락이고, 송국리 유적은 저장시설을 갖추지 않은 소비에 특화된 취락으로 구분한 견해가 개진된 바 있다(김장석 2008). 그런데 송국리 유적을 1970년대부터 조사한 국립중앙박물관과 2000년 이후 조사를 담당한 고고학연구소 모두 저장시설의 존재를 보고해 왔으며, 저장시설의 존재 유무는 청동기시대 사회복합도 관련 논쟁의 단초가 되기도 했다(김장석 2008, 2014, 2017; 김범철 2014, 2017a, 2017b; 김경택 2020). 송국리 유적에서는 탈각된 탄화미가 발견되고, 수혈은 대규모 장기 저장보다는 소비에 임박한 단계에서 소규모 단기 저장용일 수 있다는 입장도 개진된바 있어, (김경택·김민구·류아라 2012) 유적 기능 문제의 초점은 다른 방향으로 전이될 가능성도 있다(김경택 2020).

한편 '의례 중심지'였을 수 있다는 입장도 있었다. 즉, 제12·13차 조사에서 확인된 대형 지상건물지와 울책이 곡물 저장 및 보관 기능을 수행한 고상창고 관련 시설일 수 있으며, 광장 성격의 일대의 공터에서 의례 행위가 수행되었을 개연성이 있다는 의견이 있었다(정치영 2008). 또 대형 지상건물지가 저장시설이라기보다는 '의례' 관련 시설일 개연성도 있으므로 송국리취락이 '의례 중심지'의 역할 역시 담당했을 수 있다는 의견도 있었다(김경택 2014, 2020).

V. 맺음말: 부여 송국리 유적의
세계유산적 가치와 향후 과제

지금까지 살펴본 조사 성과를 종합하며 부여 송국리 유적의 세계유산적 가치와 과제 제시로 맺음말을 대신하고자 한다. 1974년 석관묘에 부장된 비파형동검으로 학계는 물론 일반 대중의 주목을 받은 부여 송국리 유적은 1975년 제1차 발굴이 시작된 이래 2020년 현재 25차 발굴이 끝나고 발굴자료 정리 중에 있다. 연천 전곡리 구석기 유적이나 역사시대 도성, 왕궁, 산성 유적이 아닌 선사시대 취락유적이 수십 년에 걸쳐 20차례 이상 발굴되고 있는 사례를 국내에서 찾아볼 수 없음은 이미 언급했고, 이는 부여 송국리 유석의 학술적 가치를 단적으로 대변한다.

25차례의 발굴조사에서 120기의 방형 및 원형 (반)수혈주거지, 대형 고상식 건물지, 울책시설, 목주열, 수혈, 각종 분묘 등이 보고되었다. 타원형 구덩이를 지닌 원형 주거지, 외반구연호, 삼각형석도, 홍도, 유구석부 등의 고고자료의 조합으로 소위 '송국리 유형'이 설정되었고, 이는 청동기 전기의 문화와는 차별화된 남한지역 청동기시대 중기를 대변한다.

송국리 유적은 공존 혹은 단계적으로 축조된 평면 방형과 원형 주거지로 구성된 주거구역, 독립된 구릉에 자리한 분묘구역, 대형 고상식 건물과 목주열로 구성된 의례구역, 탄화미가 저장된 수혈 등으로 구성된 저장구역 등 차별화된 기능을 담당하는 차별화된 구성단위들로 구성된 복합·종합 유적이라 할 수 있다. 특히 대규모 토목공사를 통한 대지조성의 증거, 울책과 망루로 외부와 분리 및 보호되는 대형 고상식 건물, 목주열 등이 보고되었다. 특히 54·55·57·58 지구에서 200 미터 이상 확인되는 한 쌍(pair)을 이룬 목주열은 선사시대는 물론 역사시대에도 유례를 찾기 어려운 특수한 구조라는 점에서 그 의미가 배가된다.

한편 대형 고상식 건물+울책+광장 조합과 23호 대형 건물+울책 조합은 송국리 사회가 귀속신분에 기반을 둔 사회적 불평등이 존재하는 복합사회임을 시사하는 물질적 증거라 할 수 있으며, 비파형동검을 포함한 각종 위세품이 부장된 1호 석관묘는 최상위의 위계를 대변한다.

2020년 현재 25차 발굴까지의 성과와 과제는 다음과 같이 세 가지 정도로 요약될 수 있다. 첫째, 목책, 환호, 녹책 등을 근거로 송국리 유적이 방어취락으로 이해되던 시절이 있었다. 전술했듯이 한정된 재원으로 제한된 범위에서 피트 및 트렌치 조사가 진행되어 유구 분포를 포함한 전체 양상 파악이 어려워 생긴 오해라 할 수 있다. 그러나 2008년 제12차 발굴 이후 전면조사가 진행되면서 전체적인 유구 분포 양상이 드러났고, 능선을 따라 배치되었다고 이해되던 목책렬은 대형 굴립주 건물과 목주열이고, 환호는 원삼국시대 분구묘임이 드러났다. 물론 대규모 취락에서 환호와 목책 등을 포함한 방어시설이 전혀 확인되지 않음도 고려해 볼 여지가 있지만, 송국리 취락의 성격에 대한 전면적 재검토는 필요하다.

둘째, 다량의 탄화미를 포함한 다양한 종류의 탄화곡물과 함께 삼각형석도와 유구석부 등의 농경구는 정착 농경에서 진일보한 집약적 도작 농경 관련 논의를 이끌어 왔다. 즉, 송국리 취락의 생업은 곡물에 기반을 둔 농경인데, 주거지와 수혈에서 출토된 탄화곡물류는 벼와 조 농경의 병행을 시사하며, 곡물 수확도구인 삼각형석도의 존재 역시 이를 지지한다. 도작농경을 시사하는 증거는 이미 질적·양적으로 확보되었지만, 직접적 증거인 농경유구는 아직 보고되지 않았다. 경작유구의 존재 가능성이 높은 저지대에 대한 조사가 아직 본격적으로 이루어지지 않았다. 그런데 청동기시대 송국리 주민들의 경작지일 가능성이 높은 지점에 대한 조사 필요성은 재론할 여지가 없지만, 지속적인 후대 경작으로 인해 당대 경작의 흔적들은 이미 파괴되었을 가능성도 배제할 수 없으므로 화분분석과 식물규산체 분석 등을 통한 간접적 접근도 고려해야만 한다.

셋째, 2020년 현재 서로 대응하며 쌍(pair)을 이루는 목주열은 200m 정도 확인되었고, 이는 향후 조사를 통해 더 연장될 것임에 틀림이 없다. 그런데 이 목주열이 대형 건물을 포함한 개별 단위 건물의 흔적인지, 구릉 윤곽을 따라 내부 공간을 에워싸거나 구분하는 시설물의 자취인지, 아니면 송국리 취락에서 의례를 담당했던 구조물의 잔해인지에 대한 적극적인 논의가 필요하다. 현재 또는 향후 자료만으로 만족할 만한 결론이나 합의를 도출할 수 없음에는 틀림이 없다. 국내외를 막론하고 관련 고고·민속 자료와 민족지를 포함한 이용 가능한 모든 자료를 동원한 개연성 및 설득력 있는 가설 수립이 필요하다. 현재로서는 부여 송국리 유적과 춘천 중도 유적만이 한반도에서 타운 내지는 도시(town or city)의 출현과 발전을 논의할 수 있는 유이(唯二)한 사례라 할 수 있다.

학계는 물론 일반 대중에게도 학술적·문화유산적 가치를 인정받고 있는 부여 송국리 유적을 세계유산으로 등재하려는 노력이 가시화되고 있다. 문화유산의 학술적 중요성이 세계유산 등재로 직결되지는 않지만, 기본 전제임은 분명하다. 세계유산 등재를 위해서는 우선 진정성(Authenticity)과 완전성(Integrity)을 충족하고 법적·제도적 보존 및 관리되어야 하고, 탁월한 보편적 가치(OUV, Outstanding Universal Value)를 인정받아야 한다. 문화유산의 OUV는 10가지 가치 평가기준 중 문화유산에 해당되는 6가지 가치 평가기준으로 판단된다.

부여 송국리 유적은 1976년 12월 사적 제249호로 지정된 이래 문화재청의 위임을 받아 부여군에 의해 법적·제도적 보존 및 관리를 받고 있고, 지금까지 25차에 걸쳐 학술발굴이 진행되고 있어 일견 세계유산 등재를 위한 기본 조건을 갖추고 있는 듯 보인다. 그러나 세부적으로는 사적지 내에서 인삼 재배를 포함한 작물 경작이 계속 되고, 중세를 포함 근현대 분묘가 이장되지 않고 남아 경관을 해치고 훼손하는 등 상당한 문제점이 존재한다. 더욱이 지상에 가시적 구조물이 없는 선사시대 취락이 세계유산으로 등재된 사례는 극히 드물다. 최근 부여군이 '부여 송국리 유적 선사문화센터 건립 타당성조사 및 기본계획' 용역을 발주했음은 매우 고무적이다.

비파형동검 출토 석관묘 조사 이후 학술적 가치가 인정된 송국리 유적은 2020년 현재 25차례 발굴되면서 동시대 다른 유적들과는 비교할 수 없는 질적·양적 자료를 축적하면서 한반도 청동기시대 중기를 대표하는 취락유적으로 자리매김 하였다. 그러나 해결이 필요한 과제들이 산적해 있고, 지속적인 심층적 연구와 함께 지속적인 현장조사가 요구된다.

참고문헌

강인구·이건무·한영희·이강승 1979 『松菊里 I』국립중앙박물관, 서울.

곽승기 2017 「특정화합물 안정동위원소분석법을 이용한 청동기시대 중서부지방 생업 양상 연구」『한국상고사학보』95.

곽승기·김경택 2018 「선사토기와 토양시료 분석을 통한 한반도 신석기·청동기시대 생계경제 연구」『호서고고학』40.

久住猛雄 2006 「北部九州における彌生時代の特定環溝區劃と大型建物の展開」『彌生の大型建物とその展開』サンライズ出版株式會社.

국립부여박물관 2000 『松菊里 VI』국립부여박물관, 부여.

국립부여박물관 2017 『부여 송국리』2017 국립부여박물관 특별전 도록.

국립부여박물관·부여군 2018 『부여 송국리 유적의 의미와 활용』국립부여박물관 특별전

<부여 송국리> 연계 국제학술심포지엄

국립중앙박물관 1987 『松菊里 III』국립중앙박물관, 서울.

권오영 1991 『松菊里 IV』국립중앙박물관, 서울.

近藤廣 2006 「近江南部における彌生集落と大型建物」『彌生の大型建物とその展開』サンライズ出版株式會社.

김경택 2014 「청동기시대 복합사회 등장에 관한 일 고찰: 송국리유적을 중심으로」『호남고고학보』46.

김경택 2020 「부여 송국리 유적 성격 재고」『고고학』19-2.

김경택·김민구·류아라 2012 「부여 송국리유적 수혈의 기능: 제 14차 발굴자료의 검토」『고문화』79.

김길식 1993 『松菊里 V』國立公州博物館, 公州.

김길식 1998 「扶餘 松菊里 無文土器時代墓」『考古學誌』9.

김민구·김경택·류아라 2013 「탄화작물을 통한 부여 송국리유적의 선사농경 연구」

『호남고고학보』44

김범철 2014 「호서지역 청동기시대 가구변화의 사회경제적 의미」『한국상고학보』83

김범철 2017a 「저장, 잉여, 지도권: 호서지역 청동기시대 집단저장시설의 고고학적 이
　　　해」『한국상고사학보』95.

김범철 2017b 「<「저장, 잉여, 지도권: 호서지역 청동기시대 집단저장시설의 고고학적
　　　이해」(김범철, 2017, 한국상고사학보 95)에 대하여>에 대하여」『한국상고사학
　　　보』97.

김승옥 2001 「금강유역 송국리형 묘제의 연구」『한국고고학보』45.

김승옥 2006 「송국리문화의 지역권 설정과 확산과정」『호남고고학보』24.

김영배·안승주 1975 「扶餘 松菊里 遼寧式銅劍出土 石棺墓」『百濟文化』7·8.

김장석 2003 「충청지역 송국리유형 형성과정」『韓國考古學報』51.

김장석 2006 「충청지역의 선송국리 물질문화와 송국리유형」『韓國上古史學報』51.

김장석 2008 「송국리단계 저장시설의 사회경제적 의미」『한국고고학보』67.

김장석 2014 「청동기시대 정치경제학과 권력의 재원조달 재론」『한국상고사학보』86.

김장석 2017 「저장, 잉여, 지도권: 호서지역 청동기시대 집단저장시설의 고고학적 이해
　　　(김범철 2017 한국상고사학보 95)에 대하여」『한국상고사학보』96.

김재호 2000 『송국리형 주거지의 구조와 분포권에 대한 연구』동아대학교 대학원 석
　　　사학위논문.

김지태 1999 『송국리형 주거지의 연구』동아대학교 대학원 석사학위논문.

부여군 2003 『송국리 선사취락지 종합정비 기본계획』.

부여군 2005 『부여 송국리 선사취락지 종합정비 기본계획』.

부여군 2006 『송국리유적 조서 30년, 그 성과와 의의와 성과』송국리유적 국제학술대
　　　회.

부여군 2015 『부여 송국리유적 종합정비계획』.

부여군·백제고도문화재단 2021 『2021 부여 송국리 유적 세계유산 등재를 위한 학술
　　　심포지엄』

森岡秀人 2006「大型建物と方形區劃の動きからみた近畿の樣相」『彌生の大型建物とその展開』サンライズ出版株式會社.

서울대박물관·중부고고학회 2018『청동기시대 송국리 유적, 왜 중요한가?』서울대박물관·중부고고학회 공동학술대회

손준호 2004「금강유역 송국리문화의 군집 저장공 연구」『과기고고연구』10.

손준호 2007「松菊里遺蹟 再考」『古文化』70.

송만영 1993「송국리유적의 재검토」『원우논집』1.

송만영 1995『中期 無文土器時代 文化의 編年과 性格』숭실대 대학원 석사학위논문.

신상효 1996「송국리형 주거지의 복원적 고찰」『호남고고학보』4.

신희권 2008「中國 古代 築城方法 比較 硏究」『호서고고학』18.

안재호 1990「南韓 前期無文土器의 編年」, 慶北大 大學院 碩士學位論文.

안재호 1992「송국리유형의 검토」『영남고고학』11.

오세연 1997「부여 송국리 유적의 주거양상: 발굴현황을 중심으로」『호남고고학의 제문제』제21회 한국고고학전국대회 발표요지, 한국고고학회.

우정연 2002「중서부지역 송국리복합체 연구-주거지를 중심으로-」『韓國考古學報』47.

이기성 2001「無文土器時代 住居樣式의 變化」『湖南考古學報』14,

이기성 2008「서울경기지역 무문토기시대 전·중기의 석기 양상」『전통과 변화: 서울경기 무문토기문화의 흐름』,

이종철 2000a「송국리형 주거지에 대한 연구」『호남고고학보』12.

이종철 2000b『南韓地域 松菊里型 住居址에 대한 一考察』전북대 석사학위논문.

이종철 2002「송국리형 주거지의 구조변화에 대한 시론」『호남고고학보』16.

이창호 2004「중서부지역 청동기시대 저장시설의 연구」공주대 대학원 석사학위논문.

이홍종 2000「우리나라 초기 수전농경」『한국농공학회지』42-3.

이홍종 2002「松菊里文化의 時空的展開」『湖西考古學』6·7.

이홍종 2005 「송국리문화의 문화접촉과 문화변동」『한국상고사학보』48.

이홍종 2007 「송국리형 취락의 공간배치」『호서고고학』17.

庄田愼矢 2007 『南韓 靑銅器時代의 生産活動과 社會』충남대 대학원 박사학위논문.

錢耀鵬 1999 「關于西山城址的特点和歷史地位」『文物』1999-7.

정치영 2009 「송국리취락 '특수 공간'의 구조와 성격」『한국청동기학보』4.

정치영·민은숙 2011 「송국리유적 53~54지구 청동기시대 유구의 성격과 편년」『松菊里 Ⅶ』한국전통문화대학교 고고학연구소.

지건길·안승모·송의정 1986 『松菊里 Ⅱ』國立中央博物館, 서울.

최영준 2002 『한국의 짚가리』한길사.

충청남도 역사문화연구원 2004 『부여 증산리 유적』.

한국상고사학회 2010 『부여 송국리유적으로 본 한국 청동기시대 사회』제38회 한국 상고사학회 학술발표대회

한국전통문화내학교 고고희연구소 2011 『松菊里Ⅶ: 부여 송국리 유적 제12·13차 발굴조사』

한국전통문화대학교 고고학연구소 2013 『松菊里Ⅷ: 부여 송국리 유적 제14차 발굴조사』

한국전통문화대학교 고고학연구소 2014 『松菊里Ⅸ: 부여 송국리 유적 제15차 발굴조사』

한국전통문화대학교 고고학연구소 2016 『松菊里Ⅹ: 부여 송국리 유적 제16·17차 발굴조사』

한국전통문화대학교 고고학연구소 2017 『松菊里Ⅺ: 부여 송국리 유적 제18~20차 발굴조사』

한국전통문화대학교 고고학연구소 2019a 『松菊里Ⅻ: 부여 송국리 유적 제21·22차 발굴조사』

한국전통문화대학교 고고학연구소 2019b 『부여 송국리 유적 제24차 발굴조사 약보고서』

한국전통문화대학교 고고학연구소 2020a 『부여 송국리 유적 제25차 발굴조사 약보고서』

한국전통문화대학교 고고학연구소 2020b 『松菊里ⅩⅢ: 부여 송국리 유적 제23차 발굴조사』

허의행 2008 「전기 청동기시대 수혈유구의 성격과 변화양상」 『한국청동기학보』 3.

호남고고학회·호서고고학회 2006 『금강: 송국리형 문화의 형성과 발전』 호남·호서고
　　고학회 합동학술대회.

Flannery, K. & J. Marcus 2012 *The Creation of Inequality: How Our Prehistoric
　　Ancestors Set the Stage for Monarchy, Slavery, and Empire.* Harvard
　　University Press, Cambridge.

청동기시대 제정분리(祭政分離) 양상과 여성의 역할에 대한 일 고찰
- 한반도 중서부지역을 중심으로 -

김선우(한국과학기술원)[1]

본고에서는 한반도 중서부 지역(서울·인천·경기지역)의 기존 연구 성과들을 중심으로 신석기시대, 청동기시대, 철기시대 전기에 해당하는 주거 유적들과 매장 유적들의 위치 확인과 유적들의 형태, 규모 및 출토 유물들에 대한 검토를 통하여 제정일치(祭政一致)에서 제정분리(祭政分離)로의 양상과 여성의 역할에 대해 고찰해 보고자 하였다. 그 결과, 신석기 시대의 주거 유적의 입지를 통해서는 그들의 생계유형이 어로 중심에서 농경으로 변화해 가고 있었음을 유추할 수 있었다. 청동기시대가 되면, 전·중·후기에 걸쳐 주거 유적의 수와 규모가 증가하는 양상이 보여지는데, 전기에 해당하는 주거 유적들은 대체로 축조가 용이한 평탄한 구릉 정상부 능선에 입지하는 경우가 많았다. 중기의 특징으로는 청동기시대의 대표적인 매장 유적인 지석묘 상석의 규모가 가장 컸다가 이후 점차 감소하는 경향이 관찰되는데, 이 시기에 구릉 정상부에 환호 유적이 등장한다. 환호 유적은 그 규모와 입지면에서 방어의 기능보다는 의례와 관련었을 것으로 추정되며 제정분리(祭政分離)의 양상으로 해석될 가능성이 있다고 사료된다. 한

---

1) *이 글은 「한반도 선사시대의 제정분리(祭政分離) 양상에 대한 일 고찰」(김선우, 2021, 『선사와 고대』 제65호, 한국고대학회, 5~24쪽)의 내용을 일부 수정·보완하여 게재하였음을 밝혀둔다.

편, 여성의 역할에 대한 고찰은 연구대상 지역 내 자료의 부족으로, 그 외 지역의 자료를 근거로 신석기시대 여성의 사회적 지위가 낮지 않았음을 유추할 수 있었으나, 모계사회의 가시적(可視的) 특징들에 대한 연구와 이를 입증할 만한 자료의 부족으로 만족스러운 결과를 도출해 내지 못하였다.

주제어: 제정분리(祭政分離), 모계(母系), 한반도 중서부지역, 주거 유적, 매장 유적

I. 머리말

제정일치(祭政一致)란 '신(神)을 대변하는 제사장(祭司長)에 의해 다스려지는 국가 또는 정치체제'[1]로, 한국 역사에서 제정분리(祭政分離)의 근거로는 삼한시대의 소도(蘇塗)[2]에 관한 기록을 들고 있는데, 이는 그 이전 시기에는 제정이 일치되었다고 잠정적으로 인정하는 것으로 보인다. 그렇다면 과연 삼한시대 이전의 한반도 청동기시대와 철기시대 전기의 사회들이 제정일치(祭政一致)의 사회였는지에 대해 고찰해 보기 위하여 청동기시대와 철기시대 전기의 주거 유적들과 매장 유적들을 검토해 보고자 한다. 이와 더불어, 만약 인류사회 발전단계의 한 가설인 모계제 사회의 존재가 신석기시대와 관련이 있다면, 모계를 중심으로 한 사회에서 일정 정도의 여성의 역할과 영향력이

---

1) 최몽룡, 1995, 제정일치(祭政一致), 한국민족문화대백과사전.
   (한국민족대백과사전 http://encykorea.aks.ac.kr/Contents/Item/E0051394/ 접속일: 2021년 4월 15일)
2) 三國志 魏書 30 東夷傳 韓條에 소도관련 내용이 있다
   (국사편찬위원회 한국사데이터베이스 http://db.history.go.kr/ 접속일: 2020년 1월 3일).
   常以五月下種訖, 祭鬼神, 羣聚歌舞, 飮酒晝夜無休. 其舞, 數十人俱起相隨, 踏地低昻, 手足相應, 節奏有似鐸舞. 十月農功畢, 亦復如之. 信鬼神, 國邑各立一人主祭天神, 名之天君. 又諸國各有別邑. 名之爲蘇塗. 立大木, 縣鈴鼓, 事鬼神. 諸亡逃至其中, 皆不還之, 好作賊. 其立蘇塗之義, 有似浮屠, 而所行善惡有異.
   해마다 5월이면 씨뿌리기를 마치고 귀신에게 제사를 지낸다. 떼를 지어 모여서 노래와 춤을 즐기며 술 마시고 노는데 밤낮을 가리지 않는다. 그들의 춤은 수십명이 모두 일어나서 뒤를 따라가며 땅을 밟고 구부렸다 치켜들었다 하면서 손과 발로 서로 장단을 맞추는데, 그 가락과 율동은 [中國의] 鐸舞와 흡사하다. 10월에 농사일을 마치고 나서도 이렇게 한다.
   귀신을 믿기 때문에 國邑에 각각 한 사람씩을 세워서 天神의 제사를 주관하게 하는데, 이를 '天君'이라 부른다.
   또 여러 나라에는 각각 別邑이 있으니 그것을 '蘇塗'라 한다. [그곳에] 큰 나무를 세우고 방울과 북을 매달아 놓고 귀신을 섬긴다. [다른 지역에서] 그 지역으로 도망온 사람은 누구든 돌려보내지 아니하므로 도적질하는 것을 좋아하게 되었다. 그들이 蘇塗를 세운 뜻은 浮屠와 같으나, 행하는 바의 좋고 나쁜 점은 다르다.

유지되었을 것이라 추정되는데, 과연 한반도 중서부 지역에서 모계적 사회의 특성을 유추할 만한 근거가 존재하는지 검토해 보고자, 연구 대상 지역의 신석기시대 유적에서부터 검토를 시작하고자 한다.

모계제 사회에 대한 논의는 1861년 바흐오펜(J.J. Bachhofen)이 주장한 모권(母權)[3] 이후로 인류학, 사회학과 역사학의 여러 학자들의 연구 대상이 되었고[4], 인류학에서 주로 혼인제도와 관련하여 연구되어 왔다. 이광규[5](1968)는 '모계 사회에 대한 제 연구'에서 서구 학자들의 모계와 모권에 대한 여러 개념 규정과 그 차이점에 대해서 정리하였는데, 모계/모권, 부계/부권이라는 개념은 시대와 지역에 따라 그 요건들이 매우 다양하고 복잡하였다.

본고에서 필자는 제 학설들에 대한 검토에 초점을 맞추기 보다는 인류 사회가 모계에서 부계적인 전통으로 발전되었다고 유추할 경우, 과연 고고학적 유적 및 유물 관계를 통해서 그러한 변화과정을 읽어낼 수 있을 것인가가 궁금하였고, 이러한 사회 변화 과정을 검토하기 위해서는 일정 지역의 통시적인 자료의 검토가 필요할 것이라는 판단하에, 본인의 기존 연구대상 지역이었던 한반도 중서부 지역(서울·인천·경기지역)[6]에 남겨진 신석기시대, 청동기시대, 철기시대 전기[7]의 주거 유적과 매장 유적들의 기

---

3) 요한 야콥 바흐오펜 지음, 한스 유르겐 하인리히스 엮음, 한미희 옮김, 2013, 『모권①·②: 고대 여성지배의 종교적 및 법적 성격 연구』 파주: 나남.

4) 서구학자들의 모권론에 관한 논의는 박병욱(1969)의 논문을 참조하기 바란다(「모계사회고 - 한국 고대사회의 경우와 관련하여-」 『백제문화』 Vol.3, 41-53쪽).
   E. A. 웨스터마크 저, 정동호·신영호 역, 2013, 『인류혼인사』 서울: 세창출판사.
   루이스 헨리 모건 저, 최달곤·정동로 옮김, 2000, 『고대사회』 서울: 도서출판 문화문고.

5) 이광규, 1968, 「모계사회에 (母系社會) 관한 제연구 (The Summary of the Studies on the Matriarchal societies)」 『한국문화인류학』 Vol.1, p.1-12.

6) Sunwoo Kim, 2015, Life and Death in the Korean Bronze Age (c. 1500-400 BC): An analysis of settlements and monuments in the mid-Korean peninsula, Oxford: Archaeopress Bar International Series 2700.
   김선우, 2016, 『한국 청동기시대 공간과 경관』 서울: 주류성.

7) 기원전 300년경부터 기원 전후 무렵까지의 시기를 일컫는 용어로 초기철기시대(김원용 2002:102)라는 용어가 먼저 사용되어 왔으나, 본고에서는 그 이후의 발굴 성과들을 고려한 철기시대 전기(최몽룡 2008: 28, 238-253, 2016)의 시기 구분을 사용하고자 한다. 최몽룡은 점토대토기의 발굴성과들을 고려하여 철기시대 전기의 상한을 기원전 300년에서 기원전 400년으로 올려잡았는데 최근 발굴 결과에 따라 더운 올라갈 가능성도 있다고 한다(上同)

존 연구 성과들[8]의 검토를 통하여 이번 연구를 수행하였다.

Ⅱ. 신석기시대 유적

1. 주거 유적

한반도 신석기시대 주거 및 매장 유적은 신석기시대 연구자들[9]의 연구 결과를 참고하였다. 구자진(2011: 30-36)에 의하면, 중부내륙지역에서 1968년 암사동유적의 조사로 신석기시대 대규모 취락이 발굴되기 시작하였고, 이후 하남 미사리유적과 연천 삼거리유적이, 최근에 남양주 호평동 지새울 유적[10], 문산 당동리유적[11] 등지에서 신석기시대 집자리가 조사되었다고 한다. 한편, 중부서해안지역에서는 강화 삼거리유적에서 일찍부터 신석기시대 주거 유적이 알려졌으며, 경기도 서해안지역에서는 시흥 능곡동 유적[12], 용인 농서리유적[13] 등에서 신석기시대 대규모 취락이 조사되었고, 영종도 는들유적[14], 삼목도유적[15], 대연평도 까치산패총[16], 모이도패총[17], 오이도 뒷살막·

---

8) 발굴보고서들은 ㈜진인진의 '한국역사문화조사자료 데이터베이스(http://excavation.co.kr/)'의 지역별 목록(경기도·서울특별시·인천광역시)과 시대별 목록(신석기, 청동기, 초기철기), 그리고 본고의 참고문헌들에 언급된 유적들 중에 주소와 위치가 확인되는 유적들을 대상으로 정리하였다.

9) 이상균, 2005, 『한반도 신석기문화의 신동향』, 서울: 학연문화사.
　　이상균, 2010, 『한반도의 신석기문화』, 전주: 전주대학교 출판부.
　　구자진, 2011, 『신석기시대 주거와 취락연구』, 서울: 서경문화사.

10) 경기문화재단연구원· 서울지방국토관리청·(주)한진중공업, 2007, 『남양주 호평동 지새울 유적』

11) 경기문화재연구원·경기도시공사, 2009, 『문산 당동리 유적-본문 1-』
　　 경기문화재연구원·경기도시공사, 2009, 『문산 당동리 유적-본문 2-』

12) 경기문화재연구원·한국토지주택공사, 2010, 『시흥 능곡동 유적』

13) 기호문화재연구원, 2009, 『용인 농서리 유적』

14) 서울대학교 인문학연구원, 1999, 『영종도 는들 신석기유적』

15) 서울대학교 박물관, 2007, 『인천 삼목도Ⅲ유적 학술발굴조사 보고서』

16) 국립문화재연구소, 2005, 『대연평도 까치산패총』

17) 국립문화재연구소, 2003, 『연평 모이도패총』

가운데살막 패총[18], 화성 가재리유적[19] 등에서도 신석기시대 주거 유적이 조사되었다고 한다(상동:33-36). 이들 중 보고서 확인이 가능한 유적들 중에 경도와 위도를 확인[20]할 수 있는 유적들을 조사하여 표로 작성하였다(표 1, 도면 1 참조)

한편, 이상균(2010: 51)에 의하면, 중서부지역에 위치한 암사동 유적에는 말각방형, 원형, 장방형, 타원형 등 그 평면형태가 다양하나, 그 중에 원형과 말각방형이 가장 많은데, 시기적으로 원형에서 방형으로 변천한 것으로 추정하였다. 또한, 구자진(2011: 74)도 중부내륙지역 주거지의 평면형태가 I기에는 원형과 방형이 대부분이고, III기에는 원형이 감소하고, 방형이 주류를 이룬다고 하였다. 규모면에서는 한 변이 4미터에서 6미터 내외라고 하였으며, 주거 유적의 입지는 한강·임진강 유역의 집자리들이 I기에 강변의 충적대지에 위치하나, III기에는 구릉지역에서 대부분 확인된다고 기술하였다(上同: 77).

신석기시대 주거 유적들 중에 여성중심적 구조를 살펴볼 수 있는 요소는 많지 않으나, 주거 구조 내에서 여성의 생활공간은 갈돌이나 갈판, 또는 토기가 많이 출토되는 곳으로 추정되며, 남성의 생활공간은 석기가 많이 출토되는 지점으로 추정하였다(이상균 2010: 58). 한편, 취락은 각종 시설, 예를 들면, 공공시설, 작업장, 저장시설, 제사유구, 묘지 등으로 이루어지는데, 신석기인들은 가족 단위의 구조로 중앙 광장을 중심으로 취락을 형성했던 것으로 보았다(상동: 61-63).

---

18) 서울대학교박물관, 2001, 『오이도 가운데살막패총』
   서울대학교박물관, 2002, 『오이도 뒷살막패총-시굴조사보고서』
19) 한신대학교 박물관, 2007, 『화성가재리 원삼국 토기 요지』
20) 유적의 위치 확인은 다음과 같은 절차를 밟았다. 보고서에서 유적 주소와 도면을 확인하고, 구글어스(Google earth) 프로그램에서 보고서에 작성된 유적 도면의 위치와 가장 유사한 지점의 경도와 위도를 확인 후, ArcGIS 프로그램에서 엑셀 파일을 불러들여 각 유적의 위치를 표시하였다. 각 유적의 위치를 확인하기 위해 도면에 나타난 위치와 최대한 유사한 지점을 찾으려 노력하였으나, 유적발굴 당시에 확인할 수 있는 좌표가 아니라는 점을 인정한다. 또한 현재 구글어스(Google earth) 프로그램 지도상에는 개발행위 이후의 모습들이 나타나므로, 이러한 경우, 발굴유적의 주소 위치의 지점을 그 유적의 좌표로 사용하였음을 밝혀 둔다.

<표 1> 한반도 중서부 지역(서울·인천·경기지역) 신석기시대 주거 유적

번호	유적명		위도_Decimal Degree	경도_Decimal Degree	출 전
1	하남	미사리	37.575000	127.200996	미사리선사유적발굴조사단·경기도공영개발사업단, 1994, 『미사리』 제1권
2	서울	암사동 II	37.561667	127.131389	국립중앙박물관·서울특별시 강동구, 1999, 『암사동 II』
3	서울	암사동 III	37.56	127.129722	국립중앙박물관, 2006, 『암사동 III』
4	남양주	호평동 지새울 유적	37.665	127.233611	경기문화재단연구원· 서울지방국토관리청·(주)한진중공업, 2007, 『남양주 호평동 지새울 유적』
5	화성	가재리유적	37.148333	126.920278	한신대학교 박물관, 2007, 『화성가재리 원삼국 토기 요지』
6	인천	삼목도 III	37.489722	126.475278	서울대학교 박물관, 2007, 『인천 삼목도III유적 학술발굴조사 보고서』
7	여주	아신리	37.518889	127.442222	한국고고환경연구소· 한국도로공사, 2008, 『고속도로 제45호선 여주~양평간 건설공사구간(3공구) 내 유적』
8	문산	당동리 I지점	37.863056	126.773056	경기문화재연구원·경기도시공사, 2009, 『문산 당동리 유적-본문 1-』
9	문산	당동리 VII지점	37.866944	126.782778	경기문화재연구원·경기도시공사, 2009, 『문산 당동리 유적-본문 2-』
10	시흥	능곡동	37.375278	126.811944	경기문화재연구원·한국토지주택공사, 2010, 『시흥 능곡동 유적』
11	용인	갈담리	37.326389	127.244444	경기문화재연구원, 2015, 『용인 갈담리 유적』
12	연천	삼거리유적	38.086944	127.010278	경기도박물관, 2002, 『연천 삼거리 유적』
13	강화	삼거리유적	37.753299	126.418998	국립박물관, 1967, 『한국지석묘연구』
14	용인	농서리유적	37.218333	127.086111	기호문화재연구원, 2009, 『용인 농서리 유적』
15	영종도	는들유적	37.472222	126.468611	서울대학교 인문학연구원, 1999, 『영종도 는들 신석기유적』
16	인천	을왕동유적	37.444167	126.378889	서울대학교 박물관, 인천국제공항공사, 2006, 『용유도, 남북동, 을왕동I 유적』
17	대연평도	까치산 조개더미 유적	37.665278	125.708333	국립문화재연구소, 2005, 『대연평도 까치산패총』
18	연평	모이도 조개더미 유적	37.645	125.716389	국립문화재연구소, 2003, 『연평 모이도패총』
19	오이도	가운데살막 조개더미 유적	37.339444	126.691667	서울대학교박물관, 2001, 『오이도 가운데살막패총』
20	오이도	뒷살막 조개더미 유적	37.345278	126.693056	서울대학교박물관, 2002, 『오이도 뒷살막패총-시굴조사보고서』

2. 매장 유적

다음으로 중서부지역의 신석기시대 매장유적은 경기 서해안의 부천 시도패총에서 석총(石塚)이 확인된 것이 유일하고, 구조상 토광에 인골을 넣고 나무를 덮은 다음 다시 돌로 쌓은 것으로 추정되며, 적석 사이에 빗살무늬토기편이 확인되었다.[21] 이상균(2005: 225)은 내부에서 인골이나 부장품이 발견되지 않아 그 기능이 매장 유적이었는지 확실하지 않고 야외 화덕이었을 가능성도 배제할 수 없다고 하였다.

한편, 경기수도권 지역에서의 신석기시대 매장 유적의 수가 매우 적어 다른 지역 매장 유적들의 결과에서 여성 관련 유구를 살펴보면, 전라남도 여수에서 발견된 안도패총의 토광묘가 있는데, 이 중 안도패총 3호에서 5개의 조개팔찌를 찬 여성 인골이 출토되었다(이상균 2010: 67). 부산 범방패총의 무덤에서는 여자 아이의 인골과 함께 주 격형 연옥제 수식(軟玉製 垂飾) 1점이 확인되었는데(이상균 2010:167-168), 여아와 여성을 위한 무덤이 존재하는 것으로 보아 신석기시대 여성의 사회적 지위가 낮지 않았음을 유추할 수 있다.

<표 2> 한반도 중서부 지역(서울·인천·경기지역) 신석기시대 매장유적

번호	유적명		위도_Decimal Degree	경도_Decimal Degree	출전
1	부천	시도패총	37.544444	126.430556	국립중앙박물관, 1970, 『시도패총』

---

21) 국립중앙박물관, 1970, 『시도패총』 45-46쪽.

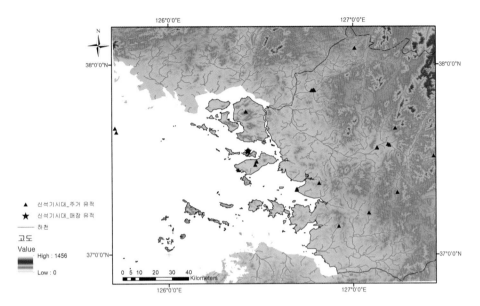

<도면 1> 한반도 중서부 지역(서울·인천·경기지역) 신석기시대 주거 유적 및 매장 유적 위치

Ⅲ. 청동기시대[22] 유적

1. 주거 유적

청동기시대에 관해서도 지금까지 많은 연구자들의 연구 업적들이 축적되어 왔는데, 여기서는 주로 한반도 중서부지방의 취락에 대한 연구성과[23]를 검토하였다.

청동기시대 조기에 해당하는 유적은 하남 미사리 취락이 있고, 이 유적에는 평균 장단비가 1.1:1의 정방형에 가까운 미사리유형의 주거지 4동이 인접하여 위치한다고 하였다(이형원2009, 61-63).

---

22) 청동기시대의 시기구분에 대해서는 아래의 졸고를 참조하길 바란다.
   김선우, 2012, 「한반도 중서부 지방의 청동기시대 시기구분 시론 - 베이지안 모델링(Baysian modelling) 분석을 이용한 서울·인천·경기도 지역의 토기유형·주거지 형태에 의거한 시기구분 검토-」『백산학보』93, 23-65쪽.

23) 이형원, 2009, 『청동기시대 취락구조와 사회조직』서울: 서경문화사.
   김용, 2010, 화성 쌍송리 환호취락, 제34회 한국고고학전국대회 자료집.
   김현준, 2012, 「경기지역 청동기시대전기~중기 취락의 구조적 특징 연구」『한국청동기학보』제 13호, 4-43쪽.
   구자린·박만홍·최현주, 2014, 「광명 가학동 청동기시대 취락」『중부고고학회 2014년 유적조사발표회』, 28-37쪽.

광명 가학동 유적은 청동기시대 전기에 해당하는 대규모 취락으로 구릉 정상부 능선 및 사면부에서 주거지 53기가 확인되었는데, 이와 유산한 입지의 주거 유적에는 부천 고강동, 시흥 계수동, 시흥 능곡동, 안양 관양동 유적 등이 있다(구자린·박만홍·최현주 2014:30). 가학동 유적에서는 옥기류가 2점(19호 주거지: 석제 관옥편, 22호 주거지: 곡옥 1점) 출토되었는데, 곡옥(曲玉)은 부천 고강동 13호 주거지 출토품과 유사하다고 한다(上同). 사라 낼슨(2016: 179)은 지석묘 하에서 발견되는 곡옥과 관옥(管玉)으로 제작된 목걸이가 매장자의 샤만 리더(shaman leader)로서의 신분을 나타낼 가능성이 있다고 보았는데, 같은 맥락에서 보자면, 옥기류가 발견된 주거지의 거주자도 유사한 지위를 가지고 있었을 가능성도 상정해 볼 수 있겠다. 한편, 평택 소사동 유적 역시 구릉 정상부 능선을 중심으로 배치되어 있고, 그 중 능선에 단독으로 입지하고 있는 라지구의 5호 주거지에서도 천하석제 식옥이 출토되어 위계를 추측해 볼 수 있다고 했는데, 입지상 전기의 취락은 주거지 축조가 용이했을 평탄한 공간에 자연스럽게 조성된 것으로 추정했다(김현준 2012:20-22).

안성 만정리 신기유적에서는 주거지와 묘제가 함께 조사되었는데, 이는 청동기시대 중기에 해당되는 주거 유적의 특징들로 보여지며, 수혈유구의 수와 광장으로 추정되는 공지의 수가 증가하는 것, 그리고 구릉 사면에 주거지들이 군집화 하는 경향도 이 시기 주거 유적의 큰 특징이라고 지적하였다(김현준 2012:21-22). 한편, 쌍송리 주거 유적도 중기로 추정되는데, 이 유적은 유적 중앙 정상부의 주봉을 중심으로 환호가 배치되어 있고(도면 2 참조), 환호의 남북으로 주거군이 배치되어 있어(김용 2010), 이 시기에 이미 환호를 중심으로 한 의례공간의 분화가 이루어졌을 것이라 판단했다(김현준 2012:26).

한편, 청동기시대 후기[24]가 되면 주거, 저장, 그리고 매장 공간이 세트를 이루는 취락의 형태가 등장하는데, 화성 반송리 유적의 경우, 특정 주거지에서 자색 셰일제의 석기

---

24) 이형원(2009)의 분석에서 청동기시대 후기는 송국리유형 시기로 위에 언급한 연구자들의 청동기시대 중기에 해당된다.

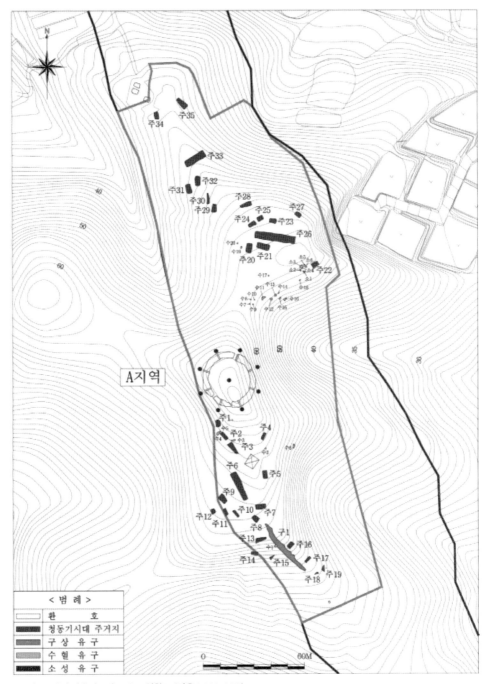

N

주35
주34
주33
주31 주32
주30 주28
주29 주24 주25 주27
주23
주26
수20
수19
주20 주21 주22

A지역

주1
주2 주4
주3
주6
주9 주5
주10 주7
주12 주11 주8 구1
주13 주16
주14 주15 주17
주18 주19

<범 례>

	환 호
	청동기시대 주거지
	구 상 유 구
	수 혈 유 구
	소 성 유 구

0   60M

<도면 2> 화성 쌍송리 A지구 유구 현황도 (김용 2010: 200)

들이 확인되는 것으로 추정해 볼 때(이형원 2009: 212-214), 주거 규모가 커지는[25] 사회 복합도의 증가와 더불어 사회 계층의 분화도 함께 진행되고 있었을 것으로 추정하였다(상동:236).

<표 3> 한반도 중서부 지역(서울·인천·경기지역) 청동기시대 주거 유적[26] (추가)

번호	유적명		위도_Decimal Degree	경도_Decimal Degree	출전
추가 1	고양	도내동	37.633333	126.865556	경기문화재연구원, 2013, 『고양 원흥동·도내동 유적』
추가 2	수원	호매실동, 금곡동	37.276944	126.946944	경기문화재연구원, 2011, 『수원 호매실동·금곡동 유적<제1권>』
추가 2	수원	호매실동, 금곡동	37.275833	126.945278	경기문화재연구원, 2011, 『수원 호매실동·금곡동 유적<제1권>』
추가 2	수원	호매실동, 금곡동	37.258333	126.961389	경기문화재연구원, 2011, 『수원 호매실동·금곡동 유적<제1권>』
추가 3	여주	천송리	37.299722	127.651111	중원문화재연구원, 2014, 『여주 천송리 문화시설 조성부지 내 여주 천송리 유적』
추가 4	오산	내삼미동	37.170556	127.066111	경기문화재연구원, 2011, 『오산 내삼미동 유적<본문>』
추가 5	용인	갈담리	37.328611	127.241667	경기문화재연구원, 2015, 『용인 갈담리 유적』
추가 6	평택	지제동	37.026111	127.055833	세종대학교박물관·한국도로공사, 2000, 『평택 지제동유적』
추가 7	하남	덕풍동 II	37.183889	127.194167	세종대학교 박물관, 2000, 『하남 덕풍골유적 II』
추가 9	화성	동학산	37.217778	127.065278	기전문화재연구원, 2007, 『화성 동학산 유적<본문>』
추가 10	화성	송산리	37.114722	126.985	기전문화재연구원, 2003, 『화성 태안 (3) 택지개발예정지구 문화유적 시굴 조사 보고서』
추가 11	화성	향남면	37.123889	126.916389	경기문화재연구원, 2008, 『화성 향남 택지개발지구내 방축리·행정리·도이리 유적』

25) 하남 미사리에서는 주거지 37동, 가평 대성리에서는 27동, 가평 달전리 유적은 42동, 문산 당동리에서는 53동, 김포 양촌에서는 126동이 조사되었다(김현준 2012:29-30).

26) 추가되기 이전의 청동기시대 주거 유적 관련 자료(45지점)는 아래의 졸고 30-31쪽 <표 1>을 참조하기 바란다.
   김선우, 2012, 「한반도 중서부 지방 주거지와 지석묘의 공간분석에 대한 시론 - 환경요인(environmental elements) 분석을 중심으로-」『선사와 고대』 36, 5-37쪽.

2. 매장 유적

다음으로 매장 유적에 대해 살펴보면, 한반도 청동기시대에 있어서 대표적인 매장 유구인 지석묘[27]는 지석묘 축조 당시의 사회적 복합성을 가장 잘 살펴볼 수 있는 자료 중의 하나이다.

일반적으로 매장 유적의 축조는 이동을 위주로 하는 수렵·채집 사회보다는 정착을 주로 하는 농경 위주의 사회에서 발달하는 것으로 사료되는데, 한반도의 경우도 다르지 않은 듯하다(배진성 2011:23). 다만, 초기 농경의 형태가 어떠하였는지에 따라 청동기시대 전기의 사회적 성격이 결정될 터인데, 안재호(2000:51)는 합인석부가 벌채용 도구였을 것으로 추정한 佐佐木高明의 견해를 참고하여, 이 시기의 농경이 화전농경이었을 가능성을 시사하였고, 이형원(2009:196)은 휴경관련 자료의 검토를 통해, 화전농경시 일정 지역에 대한 정주도가 매우 낮은데, 아마도 비교적 짧은 정주 기간으로 인해 청동기시대 전기의 주거 유적들에서 매장 유적이 발견되지 않았을 것으로 추정하였다.

지석묘와 관련하여 본인의 이전 연구 결과[28]에 따르면, 중서부 지역 내에서 청동기시대 중기에 지석묘의 상석의 크기가 가장 크고 무거웠으며, 그 이후로 상석의 규모가 작아지는 경향이 나타났고, 지석묘의 형식 변화에서도 중기를 기점으로 탁자식 고인돌의 수가 거의 자취를 감추었고, 개석식 고인돌의 경우는 그 수는 감소하지만, 후기까지 존속한 것으로 나타났다. 한편, 경기지역의 무문토기시대 묘제에 대해 분석한 연구 결과(황재훈 2009)에서도 청동기시대 중기 이후에 지석묘의 축조 관습이 점차 쇠퇴하는 것으로 나타났다. 이와 더불어 황재훈(상동)은 송국리유형의 영향으로 경기의 서남부 지역에서 석관묘와 옹관묘 등이 등장하나, 경기 북부 지역에서는 지석묘를 포함한

---

27) 지석묘 관련 연구는 아래의 문헌들을 참조하기 바란다.
　최몽룡·이청규·이영문·이성주 편저, 1999, 『한국 지석묘(고인돌)유적 종합조사·연구(I)(II)』, 문화재청·서울대학교박물관.
　배진성, 2011, 「분묘 축조 사회의 개시」『한국고고학보』 제80집, 5-28쪽.
　윤호필, 2017, 「청동기시대 지석묘의 축조배경과 상징성」『한국청동기학회』 제21호, 80-106쪽.
28) 김선우, 2016, 『한국 청동기시대 공간과 경관』 서울: 주류성. 202쪽

기존의 물질문화들이 그대로 유지되는 경향이 나타난다고 지적하였다.

마지막으로, 광주 역동유적에서는 취락내 남쪽 구릉 92-93m 상에서 석곽묘(화장묘) 1기가 확인되었는데, 동검과 검파두식의 출토 정황으로 보아 취락 내의 수장급 무덤으로 추정된다고 하였다(김현준 2012:38-39).

<표 4> 한반도 중서부 지역(서울·인천·경기지역) 청동기시대 매장 유적[29] (추가)

번호	유적명		위도_Decimal Degree	경도_Decimal Degree	출전
추가 1	수원	이의동	37.290833	127.046389	기전문화연구원·고려문화연구원·경기지방공사, 2005, 『수원 이의지구 택지개발사업부지 문화유적 지표조사 보고서』
추가 2	수원	이의동	37.287222	127.055	〃
추가 3	수원	이의동	37.288889	127.054444	〃
추가 4	수원	이의동	37.2875	127.059444	〃
추가 5	수원	이의동	37.278889	127.054444	〃
추가 6	수원	호매실동	37.270833	126.958611	경기문화재연구원·한국토지주택공사, 2011, 『수원 호매실동,금곡동 유적』
추가 7	구리	인창동	37.601111	127.129167	서울대학교박물관·서울대학교인문학연구소·구리시·구리문화원, 2000, 『구리시의 역사와 문화』
추가 8	구리	인창동	37.603056	127.138889	〃
추가 9	구리	동구동	37.635278	127.1475	〃

---

29) 추가되기 이전의 청동기시대 지석묘 유적 관련 자료(236지점)는 아래의 124-133쪽의 Appendix 7을 참조하기 바란다.
   Sunwoo Kim, 2015, Life and Death in the Korean Bronze Age -c. 1500-400 BC): An analysis of settlements and monuments in the mid-Korean peninsula, Oxford: Archaeopress Bar International Series 2700.

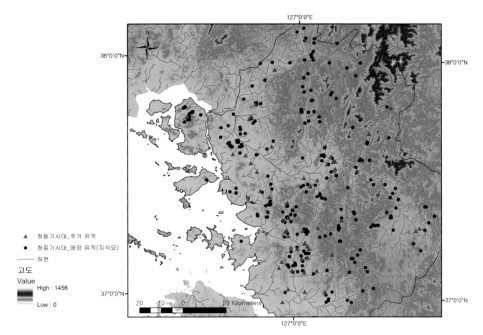

<도면 3> 한반도 중서부 지역(서울·인천·경기지역) 청동기시대 주거 유적 및 매장 유적 위치

Ⅳ. 철기시대 전기[30] 유적

이 시기는 초기철기시대라는 명칭으로 불리는 시기로 그 상한과 하한에 대해서는 새로운 발굴과 연구 자료들의 축적으로 다양한 의견들이 제시되었고, 송만영[31]의 표에 잘 정리되어 있다.

---

30) 각주 7 참조

31) 송만영, 2011, 「중부지방 점토대토기 단계 취락 구조의 성격」, 『한국고고학보』 80집, 29-62쪽.

	송국리유형	원형점토대토기	세형동검	철기
안재호(2006)	청동기시대 후기	삼한시대 전기		
이형원(2007)	청동기시대 후기	초기철기시대		
박진일(2007)		청동기시대 후기	초기철기시대	
이청규(2007)	청동기시대 후기		초기철기시대	
이창희(2010)	청동기시대 중기	청동기시대 후기		초기철기시대
이형원(2011)	청동기시대 중기	청동기시대 후기		초기철기시대

대체로 기원전 400년경에 점토대토기가 등장하는 시점을 그 상한으로 보고 있는데, 발굴 성과가 축적됨에 따라 그 상한이 더 올라갈 가능성도 있다고 한다(최몽룡 2008:238-239).

1. 주거 유적

이 시기 중부지역의 점토대토기 출토 주거 유적으로는 남양주 수석리 유적이 있다[32], 한편, 점토대토기를 공반한 주거 유적은 고지를 중심으로 입지하는 경향이 나타나는데, 이는 변화된 생계경제를 반영하는 것으로 사료되나, 환호 유적들의 예가 증가하면서, 환호가 제의와 관련이 있을 것이라는 해석도 증가하고 있어(송만영 2011:30-35), 앞으로의 추이를 지켜보아야 할 듯하다. 이상엽 (2007: 120-124)도 경기지역에서 확인된 환호 유적들(안성 반제리, 부천 고강동, 수원 율전동, 오산 가장동, 화성 동학산)의 입지와 규모 및 출토 유물 등의 분석을 통하여, 기원전 5세기에서 기원전 2세기 사이에 조성된 경기 지역의 환호들이 방어의 기능보다는 제의(祭儀) 또는 의례(儀禮)의 기능을 담당하였을 것으로 판단하였다.

다른 제 요소들도 검토가 이루어져야 하나, 이러한 고지성 주거 유적 또는 고지에 위치한 환호 유적들 중에, 하늘에 올리는 제의 행위를 담당했던 신성한 지역으로서, 머리

---

32) 김원용, 1966, 「수석리 선사시대 취락주거지 조사보고」, 『미술자료』, 국립중앙박물관.

말에서 언급했던『삼국지』위서 동이전 한조(三國志 魏書 東夷傳 韓條)에 기록되어 있는 '소도(蘇塗)'의 전신으로서, 그와 유사한 기능을 수행하던 유적이 아니었을까 조심스럽게 유추해 본다. 만약 제의 또는 의례를 담당하였을 것으로 추정되는 환호 유적이 소도와 유사한 혹은 소도의 역할을 담당했던 곳이라면, 제정분리(祭政分離)의 양상이 청동기시대 중기부터 나타나기 시작하여 철기시대 전기를 거쳐 삼한 시대 사회에 완전히 자리잡은 것은 아닐까 상정해 본다.

<표 6> 한반도 중서부 지역(서울·인천·경기지역) 철기시대 전기 주거 유적

번호	유적명		위도_Decimal Degree	경도_Decimal Degree	출전
1	남양주	수석리	37.595699	127.178001	김원용, 1966,「수석리 선사시대 취락주거지 조사보고」『미술자료』, 국립중앙박물관.
2	광주	장지동	37.391111	127.243333	기전문화재연구원,2001, 성남-장호원간 도로개설(2공구) 건설공사 문화유적 지표조사보고서
3	광주	역리	37.393889	127.249722	〃
4	여주	계산리	37.375556	127.520833	강원고고학연구소, 2002, 신영동선 고속도로 민자 제안 사업 문화재 지표조사 보고서
5	수원	호매실동	37.221944	126.985	기전문화재연구원, 2005, 수원호매실택지개발지구 문화유적 지표조사 보고서
6	파주	와동리	37.739167	127.750278	경기문화재연구원, 2010, 파주 와동리 Ⅳ 유적 [초기철기시대 이후]

2. 매장 유적

철기시대 전기의 매장유적은 보고서에서 토광묘로 기재된 유적들을 아래의 표에 정리하였다(표 6, 도면 4 참조).

이 지역 철기시대 전기의 토광묘는 위석식 목관묘에서 목관묘로의 변화가 나타나는데, 상당기간 공존하였을 것으로 추정되고 있으며, 목관묘의 유물 중 흑도장경호와 같은 토기류는 시신의 발치에서, 그 외의 유물은 머리쪽이나 허리쪽에서 발견된다고 하였다.[33] 한편, 이 시기 토광묘들은 군집을 이루지 않고 단독 혹은 2~3기씩 확인이 된다고 한다.[34]

<표 7> 한반도 중서부 지역(서울·인천·경기지역) 철기시대 전기 매장 유적

번호	유적명		위도_Decimal Degree	경도_Decimal Degree	출전
1	시흥	군자동	37.3675	126.8075	경기문화재연구원·한국토지주택공사, 2012, 『시흥 군자동유적』
2	안성	만정리 2지점	37.0075	127.171389	경기문화재연구원·경기도시공사, 2009, 『안성 만정리 신기 유적』
3	안성	만정리 4지점	37.006667	127.173056	〃
4	안성	만정리 6지점	37.000833	127.171389	〃
5	파주	와동리	37.731667	126.750278	경기문화재연구원·대한주택공사, 2009, 『파주 와동리 I 유적』
6	용인	서천동 1호	37.234167	127.069722	경기문화재연구원·한국토지주택공사, 2011, 『용인 서천동유적』
7	용인	서천동 2호	37.234167	127.069722	〃

V. 맺음말 및 과제

본고는 인류 보편적 사회 발전 단계의 이론들, 예를 들면, 모계제 사회에서 부계제 사회로의 변화와 제정일치에서 제정분리 사회로의 변화 과정에 대해 고고학 자료들을 통하여 규명이 가능할 것인지 고찰해 보고자 시작하였다. 이를 위해, 한반도 중서부 지역(수도권 및 경기도 지역)의 발굴 보고서들과 기존 학자들의 연구 성과를 중심으로 신석기시대, 청동기시대, 철기시대 전기에 해당하는 주거 유적들과 매장 유적들을 통시

---

33) 경기문화재연구원, 2012, 『시흥 군자동 유적-시흥 능곡 주변도로 건설공사 문화재 시·도발굴조사 보고서』 153~155쪽.

34) 경기문화재연구원, 2011, 『용인 서천동 유적-용인 서천택지개발사업부지내 문화유적 시·도발굴조사 보고서』 27쪽.

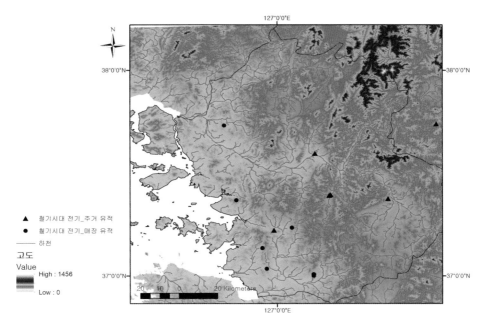

<도면 4> 한반도 중서부 지역(서울·인천·경기지역) 철기시대 전기 주거 유적 및 매장 유적 위치

적으로 살펴보았다.

　그 결과, 주거 유적의 경우, 신석기 시대의 전기에는 주로 강변의 충적대지에 위치하였으나 후기로 가면 구릉 지대에 입지하는 경향이 나타났고, 주거지의 평면형태는 전기에는 원형과 방형이 함께 나타나나, 후기로 갈수록 방형이 주를 이루었다. 한편, 경기 수도권 지역에서 확인된 신석기시대 매장 유적은 부천 시도패총이 유일한데, 이 마저도 인골이나 부장품이 발견되지 않아 야외 화덕이었을 가능성이 있다고 한다. 연구대상 지역에서 여성의 역할이나 지위에 대해 유추해 볼 수 있는 직접적인 자료가 없어 다른 지역에서의 예를 찾아보니, 전남 여수의 안도패총에서 조개팔찌 5개를 찬 여성 인골이 매장된 토광묘유적이 발견되었고, 부산의 범방패총의 무덤에서는 여아(女兒)의 인골과 연옥제 수식(軟玉製 垂飾)이 한 점 발견되었다고 하는데, 여아를 위한 무덤이 존재하는 것과 장신구가 장식적 의미 외에 위계적 의미를 반영한다고 가정했을 경우, 현재로서는 자료의 수가 부족하지만, 신석기시대 여성의 지위가 낮지 않았음을 유추해 볼 수 있을 것이다.

이후 청동기시대가 되면, 학자들에 따라 시기 구분에 차이가 있으나, 경기·수도권 지역내에서 전·중·후기를 거치면서 주거 유적의 수와 규모가 증가하는 양상이 나타나는데, 전기에 해당하는 주거 유적들은 대체로 축조가 용이한 평탄한 구릉 정상부 능선에 입지하는 경우가 많았다. 한편, 전기 유적에서는 매장 유적이 확인되지 않았다고 하는데, 이는 당시 농경의 형태가 화전 농경으로 일정 지역에서의 거주 기간이 길지 않아 나타나는 결과로 해석되었다. 이와 더불어, 전기로 추정되는 유적들 중에 옥기류가 출토되는 유적(광명 가학동, 부천 고강동, 평택 소사동)들로 보아 사회내 위계(位階) 관계가 존재하였을 것으로 추정된다. 이러한 위계는 청동기시대의 대표적인 매장 유적인 지석묘 상석의 규모로도 유추가 가능할 것으로 보이는데, 청동기시대 중기에 상석의 규모가 가장 컸다가 이후 점차 감소하는 경향이 관찰되고, 이 시기와 맞물려, 구릉 정상부에 환호가 확인되는 유적(쌍송리)이 나타난다. 환호의 규모와 입지 등으로 볼 때 방어의 기능보다는 의례와 관련되었을 것으로 추정되는데, 여기서 조심스럽게 지석묘가 족장의 권위를 나타내는 유적이고, 환호가 의례를 행하던 신성한 지역이었다고 가정한다면 청동기시대 중기부터 제정분리(祭政分離)의 양상이 나타나는 것은 아닐까 추측해 본다.

마지막으로 철기시대 전기는 많은 학자들이 점토대 토기의 출현과 연관시켜 시기 구분을 하고 있는데, 이 시기의 주거 유적들은 남양주 수석리 유적을 위시하여 고지에 입지하는 경향이 있으며, 이 시기에 환호 유적의 수도 증가한다. 환호 유적의 출토 유물과 규모 및 입지 등을 통해서 추정해 볼 때, 경기·수도권 지역에서 발견되는 환호들은 주거 유적의 방어를 위해 구축되었다고 하기 보다는 의례와 제의를 담당했던 신성한 지역으로서의 역할이 강했다고 보여지며, 이후 삼한(三韓) 시대의 기록에 등장하는 소도(蘇塗)의 전신(前身)으로서 해석될 수 있지 않을까 생각한다. 즉, 청동기시대 중기부터 나타나기 시작한 제정 분리 양상이 점차 광범위한 지역으로 확산되어 간 것은 아닐까 추정해 본다.

이상으로 한반도 중서부 지역의 제정분리 양상과 여성의 역할에 대해 간략하게 살펴보았다. 지석묘 상석의 규모 변화와 환호 유적의 존재를 통해서 제정 분리의 양상을 유추해 볼 수 있었으나 논리적 비약이 있음을 인정한다. 그리고 과연 모계적 전통의 변화 과정, 즉 선사시대 여성의 역할 변화를 유적과 유물들을 통해서 읽어낼 수 있을까 하는 궁금증을 가지고 논문을 시작하였는데, 연구대상 지역 외의 자료를 바탕으로 신석기시대 여성의 사회적 지위가 낮지 않았음을 유추할 수 있었으나, 모계적 또는 모권적 사회의 가시적 특징들에 대한 연구와 그것들을 입증할 만한 고고학적 자료의 부족으로 만족스러운 결과를 도출해 내지 못하였다. 이 부분은 추후의 연구를 통해서 보완해 나가고자 한다.

參考文獻

E. A. 웨스터마크 저, 정동호·신영호 역, 2013, 『인류혼인사』, 서울: 세창출판사.

경기대 박물관·한국철도시설공단, 2006, 『楊平郡 兩西面 南漢江流域 文化遺蹟』

경기문화재연구원, 2009, 『문산 당동리 유적』

구자린·박만홍·최현주, 2014, 『광명 가학동 청동기시대 취락』, 중부고고학회 2014년
　　　유적조사발표회, 28-37쪽.

구자진, 2011, 『신석기시대 주거와 취락연구』, 서울: 서경문화사.

국립문화재연구소, 2003, 『연평 모이도패총』

국립문화재연구소, 2005, 『대연평도 까치산패총』

국립박물관, 1967, 『한국지석묘연구』

권오영·이형원·이미선, 2007, 『화성 가재리 원삼국 토기 요지』, 한신대학교박물관

기전문화재연구원, 2006, 『오산 가장지방산업단지내 문화유적 시 발굴조사 약보고
　　　서』

김권구, 2011, 「무덤을 통해 본 청동기시대 사회구조의 변천」, 『제5회 한국청동기학회
　　　학술대회 자료집』, 81-119쪽.

김권구·공민규, 2014, 『청동기시대의 고고학 3: 취락』, 서울: 서경문화사.

김범철, 2011, 『쌀의 고고학: 한국 청동기시대 수도작과 정치경제』, 서울: 민속원.

김선우, 2012, 「한반도 중서부 지방 주거지와 지석묘의 공간분석에 대한 시론 – 환경요
　　　인(environmental elements) 분석을 중심으로-」, 『선사와 고대』 36, 5-37쪽.

김선우, 2012, 「한반도 중서부 지방의 청동기시대 시기구분 시론 – 베이지안 모델링
　　　(Baysian modelling) 분석을 이용한 서울·인천·경기도 지역의 토기유형·주거지
　　　형태에 의거한 시기구분 검토-」, 『백산학보』 93, 23-65쪽.

김선우, 2016, 『한국 청동기시대 공간과 경관』, 서울: 주류성.

김용, 2010, 「화성 쌍송리 환호취락」, 『제34회 한국고고학전국대회 자료집』

김원용, 1966, 「수석리 선사시대 취락주거지 조사보고」, 『미술자료』, 국립중앙박물관.

김원용, 2002, 한국고고학개설, 서울: 일지사.

김장석, 2007, 청동기시대 취락과 사회복합화과정 연구에 대한 검토, 호서고고학 17. 4-25쪽.

김정화, 2005, 「중국 모계사회(母系社會) 여성지위에 대한 고증과 추론」, 『충북사학』 Vol.15, p.169-194쪽.

김현준, 2012, 「경기지역 청동기시대전기~중기 취락의 구조적 특징 연구」, 『한국청동기학보』 13호, 4-43쪽.

루이스 헨리 모건 저, 최달곤·정동로 옮김, 2000, 『고대사회』, 서울: 도서출판 문화문고.

마리아 김부타스 저, 고혜경 역, 2016, 『여신의 언어』, 서울: 한겨레출판사.

박병국, 1969, 「모계사회고 - 한국 고대사회의 경우와 관련하여-」, 『백제문화』 Vol.3, p.41-53.

박세진, 2015, 「성적 결합관계와 가족의 형태들: 두 가지 일반모델과 보편성의 구조」, 『한국문화인류학』 Vol.48(2), p.153-201.

박천택, 2010, 「광주 역동 e-편한세상 아파트신축부지내 유적(가·마지점) 문화재 발굴조사」, 『제 34회 한국고고학대회 자료집』, 205-221쪽.

배기동, 2004, 「고강동 청동기 주거유적 발굴 성과와 의의」, 『先史와 古代의 儀禮考古學』, 9~10쪽.

배기동·강병학, 2000, 『부천 고강동 선사유적 제4차 발굴조사보고서』

배진성, 2011, 「분묘 축조 사회의 개시」, 『한국고고학보』 제80집, 5-28쪽

서길덕, 2011, 「경기지역 동검문화의 전개 양상」, 『선사와 고대』 35집, 5-45쪽.

서울대학교박물관, 2007, 『인천 삼목도III유적 학술발굴조사 보고서』

서울대학교박물관·인천국제공항공사, 2006, 『용유도 남북동·을왕동I유적』

세종대 박물관·하남시, 『하남 덕풍골유적-시굴조사 보고서』

손준호편, 2009, 『청동기시대 주거지집성 I·II』, 서울: 서경문화사.

송만영, 2011, 「중부지방 첨토대토기 단계 취락 구조의 성격」, 『한국고고학보』 80집,

29-62쪽.

송만영·이소희·박경신, 2002, 연천 삼거리유적, 경기도박물관.

송정화, 2003, 「韓·中 神話에 나타난 女神 비교: 여신의 形象에 주목하여」, 『도교문화
　　　연구』 Vol.19, pp.285-313.

송화섭, 2008, 「시베리아 알타이 지역의 샤먼상 암각화」, 『한국무속학』 Vol.16,
　　　pp.349-389.

쇼다 신야, 2009, 『청동기시대의 생산활동과 사회』, 서울: 학연문화사.

須藤健一 著·김미영 편역, 1998, 『모계사회의 남성과 여성』, 서울: 민속원.

스티븐 마이든 지음, 성춘택 옮김, 2019, 『빙하 이후-수렵채집에서 농경으로, 20,000-
　　　5000BC』, 서울: 사회평론아카데미.

안재호, 2000, 한국 농경사회의 성립, 한국고고학보 43. 41-66쪽.

안재호·이형원, 2016, 『청동기시대의 고고학 2: 편년』, 서울: 서경문화사.

엥겔스 저. 김대웅 역, 2012, 『가족, 사유재산, 국가의 기원』, 서울: 두레.

오세연, 2015, 『신석기인, 새로운 환경에 적응하다』, 서울: 국립중앙박물관.

요한 야콥 바흐오펜 지음, 한스 유르겐 하인리히스 엮음, 한미희 옮김, 2013, 『모권①·
　　　②: 고대 여성지배의 종교적 및 법적 성격 연구』, 파주: 나남.

유병린, 2004, 『한국 청동기시대 주거지 집성-서울·경기 편-』, 서울: 춘추각.

윤재빈, 2017, 「청동기시대 동남해안지역 편인석부 편년」, 『한국청동기학보』, 21호,
　　　54-79쪽

윤호필, 2017, 「청동기시대 지석묘의 축조배경과 상징성」, 『한국청동기학회』 21호, 80-
　　　106쪽.

이광규, 1968, 「모계사회에 (母系社會) 관한 제연구 (The Summary of the Studies on
　　　the Matriarchal Societies)」, 『한국문화인류학』 Vol.1, p.1-12.

이상균, 2005, 『한반도 신석기문화의 신동향』, 서울: 학연문화사.

이상균, 2010, 『한반도의 신석기문화』, 전주: 전주대학교 출판부.이상복, 2008, 「인천
　　　운서동유적 발굴조사 중간보고-신석기유적을 중심으로」, 『한국신석기연구』 16

호, 143-155쪽.

이상엽, 2005, 「안성 반제리 주거유적」, 『제 48회 전국역사학대회 고고학부 발표자료집』, 45~63쪽.

이상엽, 2006, 「경기지역 환호의 성격 검토」, 『경기도의 고고학』, pp.97~124쪽.

이성주, 2007, 『청동기·철기시대 사회변동론』, 서울: 학연문화사.

이청규, 1999, 「선사고고학」, 『역사학보』제163집, 452-472쪽.

이형원, 2009, 『청동기시대 취락구조와 사회조직』, 서울: 서경문화사.

서울대학교인문학연구소·㈜ 신공항고속도로, 1999, 『영종도 는들 신석기유적』

임효재·양성혁·우정연, 2001, 『오이도 가운데살막패총』

임효재·양성혁·우정연, 2002, 『오이도 뒷살막패총』

장 드니 비뉴 지음, 김성희 옮김, 2014, 『목축의 시작』, 서울: 알마 출판사.

정현백·김정안. 2011, 『처음 읽는 여성의 역사』, 파주: 동녘.

㈜ 신공항고속도로·한양대학교 박물관, 1999, 『영종도 문화유산』

중원문화재연구원, 2008, 「안성-음성간 고속도로공사 반제리유적 발굴조사」, 『중원문화재연구』 2, 29-32쪽.

채아람, 2012, 『경기지역 고지성 환호유적의 연구』, 성균관대학교 석사학위논문.

최몽룡, 2008, 『한국 청동기·철기시대와 고대사회의 복원』, 서울: 주류성 출판사.

최몽룡, 2016, 『한국 선사시대의 문화와 국가의 형성』, 서울: 주류성.

최몽룡, 2006, 「한국 고고학 고대사에서 양평 신원리와 안성 원곡 반제리의 종교 제사 유적의 의의」, 『한국고고학 고대사의 신연구』, pp. 187~191.

최몽룡, 2012, 「한국고고학·고대사에서 宗敎·祭祀유적의 意義 -環壕(蘇塗)와 岩刻畵-」, 『한국상고사학회 학술대회 논문집』, pp.7-44.

최몽룡·이청규·이영문·이성주 편저, 1999, 『한국 지석묘(고인돌)유적 종합조사·연구 (I)·(II)』, 문화재청·서울대학교박물관.

하남시 박물관, 2006, 『하남 덕풍골유적-발굴조사 약보고서』

하문식, 2007, 「청동기시대 제의 유적의 몇 예: 경기지역을 중심으로」, 『문화사학』 27,

61-77쪽.

허의행, 2014, 『청동기시대 호서지역 취락 연구 I』, 서울: 서경문화사.

황재훈, 2009, 「경기지역 무문토기시대 묘제의 형식과 지역성 검토」, 『고고학』 8-1호, 27-50쪽

白路, 2009, 『先秦女性硏究』, 南开大學 博士學位論文

Sarah Milledge Nelson, 2015, Shamans, queens, and figurines: the development of gender archaeology [electronic resource], California: Left Coast Press, Inc.

Sarah Milledge Nelson, 2016, Shamanism and the origin of states: spirit, power, and gender in East Asia [electronic resource], London: Routledge.

Sunwoo Kim, 2015, Life and Death in the Korean Bronze Age (c. 1500-400 BC): An analysis of settlements and monuments in the mid-Korean peninsula, Oxford: Archaeopress Bar International Series 2700.

온라인 자료

국사편찬위원회, 한국사데이터베이스, http://db.history.go.kr/ [접속일: 2021년 1월 3일]

㈜진인진, 한국역사문화조사자료 데이터베이스, http://excavation.co.kr/ [접속일: 2019년 11월 2일]

영혼의 나비
- 홍산문화 출토 나비형 옥기로 본
고대인의 생사관에 대한 접근

강인욱(경희대학교)

My soul is painted like the wings of butterflies
Fairytales of yesterday will grow, but never die
I can fly, my friends

Queen, Show must go on

1. 서론 : 무덤을 바라보는 고고학자의 자세

무덤은 죽은 사람을 위한 장소이다. 무덤의 형식, 시신을 묻는 방법, 심지어는 부장품의 종류와 위치는 우연히 정해지는 것이 아니다. 무덤의 축조가 영혼의 불멸을 바라는 인간의 소망이 표현된 것이라는 점에서 무덤 및 그 안의 부장품은 과거 사람들의 사후관념이 반영되어 있다. 1960년대 이후 과정고고학의 영향으로 고고학계에서는 피장자의 계층화, 성별차이, 위신재 등 그들이 살았었던 고대 사회의 복원에 더 큰 의의를 두었다(Binford 1972). 이에 따라 고고학자들은 무덤에서 발굴된 토기, 무덤의 형태, 각종 유물들의 형태적인 차이와 동질성을 근거로 과거 사회를 분석하는 데에 주력해왔다. 바로 무덤의 유물은 과거 사람들의 살아있는 모습을 반영한다는 원칙에 근거한다.

하지만 우리가 간과할 수 없는 부분은 무덤이라는 유적 자체가 전적으로 살아있는 사회를 반영하는 것은 아니다[1]. 무덤과 부장품들은 살아있는 삶을 반영하는 것이 목적이 아니라, 저 세상을 떠난 사람들을 전적으로 위한 것이다. 당연한 이야기지만, 죽은 사람이 직접 무덤을 만들 수는 없다. 무덤은 철저하게 살아있는 자들에 의해 건설되어 남겨진다. 그리고 무덤의 기본 원칙은 사후의 삶을 인정한다는 것을 전제로 한다. 즉, 무덤은 당시 무덤을 만들던 사람들이 무덤을 통해 발현시킨 생사관이 압축된 타임캡슐이다.

여기에서 발표자는 무덤의 또 다른 특성인 사후세계에 대한 관념에 주목한다. 무덤을 만드는 가장 큰 이유는 죽음 이후에도 삶이 이어지고, 죽은 사람의 영향이 우리에게도 지속적으로 이어진다는 것을 전제로 한다. 죽은 사람이 사후에도 삶을 이어가고, 또 우리에게 좋고 나쁜 영향을 미친다고 믿기 때문에 사람들은 군이 엄청난 자본과 인력을 들여서 껍데기만 남은 시신을 위한 공간을 만들고 제사를 지낸다.

다만, 무덤에서 이러한 생사관을 밝히는 작업은 매우 어렵다. 수 천년의 시간 속에서 대부분의 유기물질은 사라져버리고 극히 일부분의 유물만 남기 때문이다. 다만, 최근에 내몽골 동남부~요령성 서부일대에 존재했던 기원전 4~3천년에 존재했던 홍산문화는 다양한 옥기가 부장되어서 당시 매장풍습에 접근하는 데에 좋은 자료가 된다. 홍산문화의 제사/무덤에서는 당시 최고의 신분이었던 사제들의 무덤에서 번데기와 나비 형태의 옥들이 반복적으로 출토가 되었던 바, 당시 사람들의 생사관에 접근할 수 있는 실마리를 제공한다. 또한, 홍산문화의 옥기가 번데기가 탈피하여 나비로 형상화하는 것은 홍산문화뿐 아니라 북극해 추코트카 반도 및 중국 양자강의 신석기시대 문화인 허무두문화에도 존재한다. 이러한 보편적인 유물의 출토는 영혼이 저승으로 가는 장면으로 해석하고, 고대 그리스 신화의 프시케로 대표되는 나비로 표현되는 영혼의 존재와 비교하고자 한다. 아울러서 최근 현대 의학에서 대두되고 있는 '임사체험'과의 유사성에도 주목하고자 한다. 그를 통하여 동서 고대문명에서 모두 형상화되는 영혼의

---

1) 요즘 장례식에서 사용되는 다양한 장례용품 중에서 실제 생활에서 사용되는 것이 얼마나 되는지 생각해본다면 쉽게 이해가 된다.

나비라는 것은 유사한 문화의 전파가 아니라, 인간이 보편적으로 가지고 있는 죽음에 이르는 기억이 형상화되어서 다양하게 표현된 것이라는 점을 밝히고자 한다.

II. 홍산문화의 나비형 옥기

1. 홍산문화

홍산문화는 기원전 4000~3000년에 내몽골 동남부와 요서지역에서 존재했던 대표적인 중국 동북지역의 신석기문화이다. 한국의 일부 연구자들은 이 문화를 고조선 또는 한민족의 기원이라는 관점에서 접근하고 있다. 하지만, 홍산문화는 빗살문토기가 아니라 채도 중심의 물질문화이며, 고도로 발달한 여신숭배와 제사유적으로 동북아시아의 독특한 신석기시대 후기의 문화라는 데에 더 큰 의의가 있다. 1930년대에 그 존재가 알려졌던 홍산문화는 1980년대에 동샨추이(동산취)와 니우허량 등의 대형 제사-무덤유적이 발견되면서 그 존재가 널리 확인되었다. 중국 학계에서는 거대한 홍산문화의 발견으로 중화문명의 기원중 한 지류가 요하 상류 일대이라고 보는 근거가 되었다. 중국측 주장의 근거는 발달된 용을 모티브로 주로 하는 옥기와 채도(무늬를 칠한 토기) 등에 있었다. 이러한 중화문명과의 관련성을 주장하면서 한국의 일부 연구자들은 이에 반발하여 그와 반대로 홍산문화를 한민족의 기원과 연결시키는 근거가 되기도 했다.

사실 홍산문화는 세계 4대문명이 발생하는 시점인 기원전 3500년경에 중국 동북지역에서 고도로 발달한 제사문명이라는 점에서 세계사적인 가치가 있다. 그럼에도 한중의 근거가 박약한 민족 정통성의 논의로 그 원래의 가치를 잃고 있는 상황이다.

홍산문화의 대체적인 분포지역은 서요하/내몽고 동남부일대이며, 용 토템이 성행했던 것이 밝혀졌다. 또한, 수 백평방미터에 이르는 거대한 구역에 돌을 쌓아서 만든 적석총이 밀집해서 발견되는 등 그 제사터의 규모는 '문명'이라고 부르는 사람도 있을 정도로 그 규모가 크다.[2] 하지만 정작 제사/무덤 유적을 제외하면 홍산문화는 글자, 성터, 대형 취락 등은 전혀 부재하다. 집자리의 경우 소규모이며 집단 내부에서 계급이 분화한 증거가 뚜렷하지 않다. 한마디로 무덤과 제단이 극도로 발달한 데에 반해서 그 외의 사회적인 발달 증거는 뚜렷하지 않다.

사실 지금부터 5천년전에 존재했던 신석기문화를 21세기의 특정 국가에 비교한다는 것 자체가 크게 의미가 없을지도 모른다. 그보다 더 중요한 점은 제사가 고도로 발달한 홍산문화가 어떠한 기반 하에서 발달했을까이다.

2. 홍산문화 니우허량(牛河梁)의 옥기

니우허량 유적은 요령성 능원시와 내몽골 건평현의 경계에 위치한다(동경 119'30, 북위 41'20). 1981년에 발견되었고, 1983년부터 발굴하여 얼마전(2014년)에 종합보고서가 간행되어그 전모가 밝혀졌다. 중국에서는 홍샨후(紅山後)유적, 웨이자보(魏家堡) 등과 함께 중국 세계문화유산 예비명단에 등재할 정도로 그 중요성을 강조하고 있다.

이 니우허량 유적은 거대한 피라미드 형식의 제단을 쌓고 그 일대에 제사장들의 무덤을 곳곳에 배치한 제사/무덤 유적이다. 특히 여신을 숭배했으며, 제단에는 원통형의 토기를 일렬로 배치하고, 매장된 제사장의 몸 주변에는 옥으로 만든 용, 인형, 새, 나비 모양의 옥기를 부장했다. 니우허량은 전체 8평방킬로미터의 범위에 16지점의 제사유적이 분포한 복합적인 유적이다.

니우허량 제 1지점은 여신묘유적으로, 홍산문화를 대표하는 여신상이 발굴되었다. 여신묘 유적을 제외하고 2~16지점은 거대한 적석총이다(辽宁省文物考古研究所 2012[3]). 대표적으로 나비형 옥기가 대량으로 출토된 니우허량 제 2지점을 보자. 제 2지점은 여신묘 유적에서 1km 남쪽에 위치한다. 동서 길이 130m, 남북 45m로 전체 면적은 5850평방미터에 이른다. 모두 6개의 적석총이 한데 모여있는 형국으로 가운데 3호 적

---

2) 중국에서는 홍산문화를 문명단계로 편재시키는 방법의 일환으로, 홍산문화를 포함하는 신석기시대 후기를 4대문명의 순동시대 또는 동석기시대(Copper ager)에 대응하는 '옥기 시대'로 부르기도 한다.

3) 이하 니우허량과 관련된 모든 정보 및 그림은 2012년에 간행된 이 종합보고서에 근거한다. 따라서 이하 제기되는 무덤과 유물에 대한 정보에 대한 서지정보는 생략한다.

석총이 원형으로 위치하고 그 주변에 다른 5개의 무덤들이 배치되어 있다.

　제 2지점 21호묘의 경우 하나의 무덤에서 20여건의 옥기가 나왔으며, 제 2지점 2호
총 1호묘는 가장 중심되는 대형 무덤이다. 전체 무덤의 형태는 비슷해서 돌을 이용해
서 무덤의 4벽을 만들었고, 내부에는 1명의 인골이 묻혀있다. 인골의 가슴과 골반 부위
에는 옥룡, 나비형, 새(봉황) 형의 옥기들이 대량으로 묻혀있다.

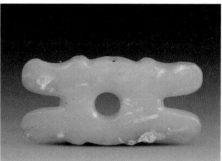

그림 2) 21호출토 나비형옥기

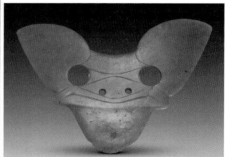

그림 3) 21호무덤 출토 나비형 옥기

그림 4) 21호출토 나비형 옥기

그림 1) 니우허량 2지점 1적석총 21호무덤과 출토유물들

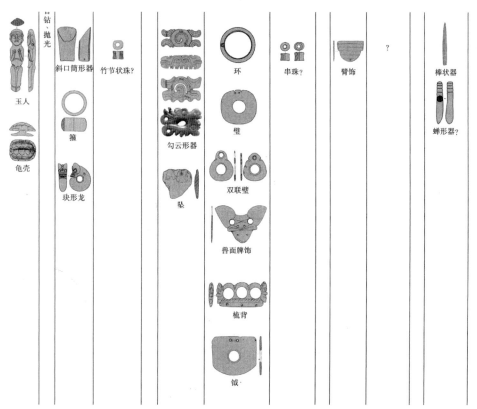

그림 5) 니우허량 출토 각종옥기들(요령성..2012에서 인용)

III. 니우허량 옥기의 해석

1. 옥룡

지금까지 홍산문화의 옥기에서 가장 주목을 받은 유물은 옥룡(또는 저룡)이다. C자형으로 뭉툭한 입모양으로 돼지룡(저룡)으로 불리웠으나, 최근에는 옥룡이라는 명칭으로 통일되었다. 이 유물은 니우허량을 대표하는 유물로 그 의미에 대해서는 세르게이 알킨이 영혼의 불멸을 의미하는 것으로 해석한 것이 널리 지지받고 있다(Алкин 1995;2003). C자형의 옥룡은 마치 자궁속의 태아와 유사하며, 또한 나무에 달려있는 곤충의 번데기 형상이기도 하다. 시베리아의 원주민들은 봄에 단백질이 부족할 때에 나비의 번데기를 섭취하기도 할 정도로 곤충의 습속을 잘 파악하고 있었다. 또한, 번데기에서 환골탈태하여 나비가 되어 세상을 날아가는 모습 때문에 옥룡은 새로운 세상을 의미하는 것으로 널리 받아들여졌고, 이것이 홍산문화의 옥기에 반영되었다. 즉, 옥룡은 사자의 부활을 의미하는 상징으로 새로운 생명으로 다시 태어나는 것을 기원하며 무덤에 넣은 것이다.

이러한 세르게이 알킨의 견해에 대해 최근 공개된 종합보고서에서 또 다른 증거가 나왔다. 니우허량 출토 옥기 중에 애벌레와 곤충의 형태도 발견되었다(그림 6). 즉, 옥룡이 나비와 같이 하늘을 나는 곤충의 번데기를 형상화했다는 또 다른 증거가 나온 것이다.

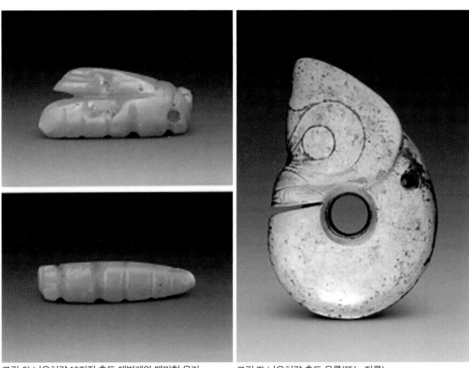

그림 6) 니우허량 16지점 출토 애벌레와 매미형 옥기   그림 7) 니우허량 출토 옥룡(또는 저룡)

2. 니우허량의 나비형 옥기

옥룡과 함께 홍산문화에서는 나비형의 옥기도 다수 출토되었다. 그 형태는 크게 세 가지로 세분된다. 첫 번째는 마치 구름같이 생긴 날개의 가운데에 원형(또는 나선형)의 옥룡형태의 형상이 있다. 마치 옥룡이 구름 속을 헤엄치는 듯한 모습이다. 두 번째는 나비가 날개를 45도 각도로 펼치고 있는 형태로 날개의 모습이 강조되었다. 세 번째는 장방형으로 날개를 옆으로 완전히 펼치고 가운데에 몸통에는 눈이 강조된 듯한 형태의 나비모양이다(그림 2,3,4).

이 세 가지 형태의 나비모양 옥기는 모두 2지점 21호무덤에서 함께 출토되었다. 이 세가지 형태는 마치 번데기에서 변태해서 점차 나비로 형상화되는 모습을 점진적으로 보여주는 듯 하다. 먼저 원래의 옥룡형태가 남아있고, 그 다음에 날개를 갖추어서 날려는 모습, 그리고 마지막에는 완전히 날개를 펼치고 옥룡의 형태를 완전히 없애고 날개를 펼친 모습이다.

일련의 나비모양 옥기는 옥룡과 연결시켜 본다면 태아 형상의 번데기가 점진적으로 나비로 변해서 날아오르는 과정을 표현한 것이다.

3. 영혼의 상징 나비

이러한 나비형상의 유물이 무덤에서 발견되는 경우는 홍산문화에만 국한되지 않는다. 양자강 유역의 허무두문화와 북극권 추코트카반도에서도 발견된 바 있다(Алкин 2001;2004). 영혼을 피어오르는 나비로 묘사하는 것은 고대 그리스 신화에서도 볼 수 있다. 프시케가 나비인 동시에 영혼을 뜻하듯이 죽은 자의 영혼을 나비(또는 나방)에 묘사하는 예는 흔히 볼 수 있다. 한국에서도 나비 또는 나비의 날개를 영혼의 상징으로 자주 표현한다. 비단벌레의 나풀거리는 날개로 장식한 천마총의 안장 장식 등 나비가 영혼의 상징으로 등장하는 것은 매우 보편적인 형상이다.

홍산문화가 번성하던 기원전 4000~3000년 사이 신석기시대 중기이후 사회의 복합화가 본격적으로 진행되며 부장품이 증가한다. 이때에 풍부한 부장품의 무덤은 제사를 주관하는 신전의 사제계급이 대부분이다. 또한, 그들의 주요한 장신구는 옥류이다.

이렇게 동서고금을 막론하고 나비형상이 영혼의 환생을 대표하는 이미지로 표현된다는 점은 매우 흥미롭다. 하지만 이것을 인류문화 동원설에 기반한 전파론적 시각으로 설명하기는 어렵다. 여기에 나는 임사체험(Near Death Experience)의 경험담 및 관계된 서적에서 사람의 영혼을 나비로 비교하는 경우가 많다는 데에 주목한다. 최근 의학의 발달로 이러한 임사체험의 사례가 많아지면서 이 현상이 인간사회에서 매우 보편적인 현상임이 다양한 경로로 증명되고 있다. 전 세계적으로 임사체험의 사례를 모아놓은 사이트도 있으며, 한국에서도 '죽음학'의 등장으로 임사체험의 예가 체계적으로 정리되며 많은 논저와 출판물이 있다. 그것을 일일이 소개하기는 어렵겠지만, 특히 다양한 임사체험 기록 중에서 돋보이는 연구는 엘레자베스 퀴블러 로스(Elisabeth Kubler-Ross)와 이븐 알렉산더이다. 죽음 연구의 대표자인 그녀는 다양한 저서에서 죽음 이후의 상황을 번데기를 벗어난 나비에 비유했다(퀴블러로스, 최준식 역, 2009). 최근에는 대중적으로도 큰 반향을 일으킨 이븐 알렉산더가 있다. 그는 뇌과학의사로서 직접 임사체험을 겪고 그 체험을 매체로 알렸다. 물론, 이븐 알렉산더가 의사라는 이유로 그가 경험한 사후세계를 객관적인 증거로 채택할 수는 없다. 다만, 그는 자신이 겪었던 체험을 최대한 객관적이며 자세하게 묘사할 수 있는 상황이라는 점에서 그 의의가 있다. 그는 자신의 영혼을 마치 나비처럼 피어오르는 것으로 묘사했다. 일본에서도 세계적인 임사체험을 수집한 타치바나의 저서(2003)에서도 영혼이 유체이탈하여 날아오르는 듯한 체험이 다양한 국가와 사람들 사이에서 공통적으로 보고된 바 있다. 한국에서는 관련 연구가 비교적 적지만 퀴블러로스의 저서를 소개하고 관련 연구를 한 최준식(2013)의 연구가 대표적이다.

물론, 임사체험을 단순한 두뇌의 환각이나 신비주의적 성향으로만 여기고 의식이 혼미한 상태에서 느끼는 환각이라는 학계의 시각[4]이 아직은 다수이다. 내가 임사체험을

---

4) 현재 여전히 대부분의 의사들은 임사체험을 임종 직전 뇌가 겪는 환상으로 간주한다. 실제로 죽음의 고통이 강해질 수록 몰핀의 몇 백배 분량에 달하는 엔돌핀이 분비되는 과정에서 느끼는 경험이라는 설명이 주류를 이룬다. 교수형에 처해진 다든지 동사직전에 간 사람들이 겪는 대부분의 환상도 이와 결부된다. 현 단계에서는 임사체험을 통해 사후세계를 증명하는 것도 어렵지만, 이러한 학계의 설명도 가설 수준에 불과하다. 만약 죽기 전 엔돌핀 작용이 원인이라면, 비슷한 조건으로 실험을 해서 경험할 수 있어야하고, 시공을 초월한 사람들의 동일한 경험들도 설명할 수 있어야 한다.

거론하는 것은 사후세계가 존재했는지를 밝히려는 것이 아니다. 그러나 죽음을 앞둔 사람들의 임사체험은 동서고금을 막론하고 서로 비슷하다는 점은 주목할만하다. 즉, 고대에도 다양한 상황에서 임사체험을 경험한 사람들의 사례가 널리 공유되었을 것이고, 그것은 사후관의 바탕이 되었을 것이다. 또한, 그러한 생사관은 무덤과 장례풍습으로 구현되었다.

임사체험자들의 사례들은 대부분 유사해서, 죽음에 이르는 고통이 심해지다 갑자기 온 몸이 포근해지는 느낌이 들면서 위에서 자신의 몸을 바라보는 유체이탈현상을 경험한다. (이 시점에서 심지어는 옆방에서 자신을 위해 기도하는 가족들이나 의사들의 상황을 자세히 이야기하기도 한다. 임사시기에서 느끼는 유체이탈이 단순한 환영이 아니라는 주요한 증거가 된다.) 그리고 자신의 인생을 마치 빠르게 슬라이드 사진을 보여주듯이 하나씩 보여주면서 지나간다. '주마등'처럼 살아온 모습이 지나간다는 표현이 가장 적절한 시점이다. 그리고 다음 단계에서는 앞에서 환한 빛이 보이고 이미 세상을 떠난 친적, 부모님, 조부모 등이 나타나서 주인공을 맞아주고 포근한 느낌을 느낀다고 한다. 보통 환한 빛의 터널 속으로 빨려 들어가는 것은 죽음을 상징하여 그 터널 근처에서 다시 육신으로 돌아온다. 한마디로 1) 유체이탈과 비행 2) 과거 인생의 조망 3) 어두운 터널 통과, 4) 조상들과 만남, 5) 환한 빛으로 빨려감, 6) 이승으로의 복귀 등이다.

이 경험들은 사람들에 따라 전부 겪기도 하며 부분적으로 겪기도 하는데, 1번부터 순차적으로 하기 때문에 대부분의 임사체험에서 유체이탈과 영혼의 부유는 가장 일반적으로 발견된다. 최근에 의학기술의 발달로 죽음의 문턱에서 되돌아 온 경우가 많지만, 전근대사회의 경우 혼수상태에서 다시 깨어나는 예는 극히 일부였다. 즉, 유체이탈과 비행이라는 경험은 과거에 사후세계와 관련되어서 경험할 수 있는 가장 일반적이었을 것이다

무덤을 만들어서 시신과 함께 묻는 여러 유물들은 바로 무덤에 묻히는 사람이 내세에서 행복하고 편안한 삶을 살기 염원하며 만든 것이다. 따라서 무덤에 들어간 여러 유물들은 당시 사람들의 내세관과도 밀접한 관련이 있으며, 이러한 내세관의 형성에는 임사체험의 기억이 개입될 여지는 가능성은 매우 크다. 티베트 사자의 서와 같이 죽음

에 이르는 과정에 대한 여러 종교의 설명도 이 죽음에 이르렀던 경험들이 다양한 문화와 역사적인 맥락에서 체계화되고 재구성된 것이라고 할 수 있다. 기독교의 성화에서 흔히 보이는 하늘 저편에서 환한 빛이 비추고, 그 안에서 천사가 강림하는 장면은 임사체험 때에 자기를 데리러 오는 이미 고인이 된 가족들의 모습과 유사하다. 또한, 유체이탈의 경험은 하늘을 나는 듯한 매개체에 이끌려 저승으로 헤엄치는 모습으로 발현된다. 마야의 팔렌체 석상이나 중국의 고대 청동기에서 짐승의 아가리에서 사람의 얼굴이 나오는 장면 등이 그 좋은 예이다. 환언하면 고고학자가 가장 흔히 다루는 과거 무덤에 발견되는 여러 무덤과 부장품에 나타나는 상징은 임사체험에서 느끼는 다양한 체험이 포함될 가능성이 크다. 아울러, 과거 사람들이 묘사하는 사후의 모습에서 가장 주목되는 부분은 먼저 세상을 떠난 조상들이 자기를 데리러 온다는 점이다. 내세에서의 복을 기원하고, 조상에 대한 제사를 사회의 근간으로 하던 동서양 곳곳의 제사 중심의 사회도 임사체험 및 사후 세계로 설명할 수 있다.

이와 같은 인간의 보편적인 경험에서 영혼을 나비로 표현하고, 그들을 위한 제사를 지내는 것은 결국 살아있는 사람들의 공동체를 위한 과정이다. 이러한 점에서 홍산문화의 나비는 바로 죽은 자의 영혼이 부활하기 위한 하나의 매개체로 사용되었다고 볼 수 있다. 나아가서 동서고금의 다양한 문화에서 나비 또는 날개를 형상화한 죽은 자를 위한 유물과 신화가 남아있는데, 이는 바로 보편적인 인류의 생사관이 각 문화에 발현된 결과로 볼 수 있다.

IV. 결론 : 타나토스의 구현인 무덤

그리스 신화 죽음의 신인 타나토스는 이후 프로이트에 의해 인간 마음 속에 있는 죽음의 본능을 대표하는 용어로 사용되었다. 무덤은 바로 인간의 죽음을 매장과 제사라는 과정을 통해 받아들이고 살아있는 자들에게 체화시키는 과정이었다. 무덤이 단순히 죽은 자의 껍데기만 남은 육신을 보존하는 납골당이 아니었다. 죽은 자에게 무덤은 마치 다시 어머님의 뱃속으로 들어가는 자궁과 같은 역할로 인지되었을 것이다. 실제로 한반도 전남지역은 물론 전 세계 곳곳에 분포하는 옹관묘는 이와 같이 다시 태어나는 사람들의 모습을 담아내는 상징성을 가졌다(강인욱 2019).

무덤의 진정한 목적은 살아있는 사람과 그들의 공동체 유지에 있었다. 무덤이 거대한 제단이 되어서 정기적으로 제사를 지내면서 사람들은 죽음을 인정하고 죽음이 또 다른 세계로 나아가는 황홀한 과정임을 되새기고자 했다. 이는 조나단 돌리모어가 eroticizing death라고 표현한 바 있다(Dollimore 2008 pp. 20~23). 돌리모어는 서구 문학의 여러 장면을 통해서 죽음의 파괴적 본능을 또 다른 삶에 대한 동경과 갈구로 해소하고자 하는 모습을 상세하게 고찰했다.[5] 죽음에 이르는 과정을 황홀하게 그리는 점은 인류가 보편적으로 가지고 있는 임사체험의 과정과 일맥상통한다. 또한, 죽음이 소멸이 아니라 새로운 세계로 이어지는 황홀한 과정이라는 점을 강조함으로써 영혼의 부활을 강조하고자 했다. 이러한 영혼의 부활은 바로 홍산문화의 나비형 옥기와 같은 모습으로 다양하게 표현되었다. 이는 죽음을 또 다른 생명의 탄생이라는 개념으로 이해시키고, 사회적으로 안정시킬 수 있다는 뜻이다. 이러한 영혼불멸의 관점은 고대 사회를 유지하는 데에 필연적인 것이었다. 사람이 죽는 다면 그가 가지고 있는 모든 것들은 파괴되는 것을 의미한다. 그러니 자기파괴적 본능이 발현된다면 공동체 사회를 유지하는 것은 극히 어려운 일이다. 죽음을 영혼이 불변하여 지속되는 나비로 표현하고, 죽은 자를 위한 거대한 기념물을 만들어 제사를 지내는 것은 바로 살아있는 자들의 행위였다. 죽은 자를 기념하고 그 영혼의 불멸함을 거대한 건축물로 만들어서 구체화함으로써 살아있는 자들은 죽음의 자기 파괴적 본능을 억제하고 사회 공동체를 유지할 수 있었다.

5천년전 요하 상류 일대에서 거대한 적석총과 제사유적을 만들어 번성했던 홍산문화인들이 공동체를 유지할 수 있었던 데에는 이러한 사후세계에 대한 믿음과 제사를 통한 종교 및 이데올로기에 대한 강화에 있었다. 홍산문화와 비슷한 옥기는 동아시아

---

5) Wagner의 트리스탄과 이졸데 중에 Ode to a Nightingale에서 표현된 I have been half in love with easeful Death는 서구 문학작품 속에서 가장 극적으로 죽음의 과정을 황홀하게 표현한 것이다.

일대에 널리 퍼져있다. 옥룡은 곡옥(曲玉)의 형태로 바이칼지역에서 한반도와 일본까지 널리 분포한다. 또한 나비형 옥기도 중국 양자강유역부터 북극권까지 분포한다. 이러한 유사한 요소의 등장을 막연하게 문화의 교류로만 설명할 것이 아니라, 죽음에 대한 인간들의 유사한 기억과 대응으로 설명할 수 있다. 나아가서 고대 그리스의 프시케로 대표되는 나비로 형상화되는 영혼의 형상에서도 비슷한 모습을 찾을 수 있다.

무덤에 구현되는 고대인의 생사관에 대한 분석은 고고학이 추구하는 과거 인간 생활의 복원이라는 근본적인 목적에 부합한다. 그럼에도 불구하고 대부분의 고고학적 연구에서 그러한 시도는 이루어지지 못하고 있다. 각 유물의 기술적인 특성에 집중하고 문화의 계통, 기원, 그리고 존속 시기에만 집중하기 때문이다. 하지만 동서고금을 막론하고 무덤은 죽음이라는 인간의 원초적인 두려움을 사회적인 방법으로 해결하려는 기념물이다. 사람의 죽음이라는 가장 터부시되는 상황을 극복하는 방법으로 무덤을 만들고, 그들을 기억하는 축제의 일종인 제사를 지냄으로써 고대 사회는 유지되고 발전할 수 있었다. 고고학자들이 가장 흔하게 접하는 무덤은 바로 이러한 고대인들의 생사관과 철학이 가장 집약적으로 표현된 유적이라는 점에서 철학적 접근이 필요할 것이다. 홍산문화의 옥기를 통하여 사람들의 생사관에 접근해보고자하는 이유가 여기에 있다.

"공동묘지의 언덕 위에서 나는 영생을 갈구하던 영혼들의 모습을 보았다"

(러시아 화가 플라빈스키의 회상록에서)

*이 논문은 2017년 5월 13일 한국서양고전학회 주최의 "<서양고전학연구> 발간 30주년 기념 학회"에서 발표한 것에 기초한 것이다. 토론을 맡아주신 장영란(한국외대) 선생님과 많은 참석자들로부터 많은 조언을 받은 바, 이에 감사드린다.

참고문헌

강인욱 2019 「『강인욱의 고고학 여행』 흐름출판사.

다치바나 다카시(윤대석 역) 2003 『임사체험 –상하』 청어람미디어.

이븐 알렉산더 2013 『나는 천국을 보았다1』 김영사.

퀴블러로스, 최준식역 2009 『사후생 – 죽음 이후의 삶의 이야기』, 대화문화아카데미 (초판은 1996년).

최준식 2013 『죽음학 개론』 모시는 사람들.

辽宁省文物考古研究所 2012 牛河梁红山文化遗址发掘报告(1983-2003年度)(套裝共3册), 文物出版社.

Dollimore, Jonathan. Death, desire, and loss in Western culture. Psychology Press, 1998.

Lewis R. Binford Mortuary Practices: Their Study and Their Potential, Memoirs of the Society for American Archaeology No. 25, Approaches to the Social Dimensions of Mortuary Practices, 1971, pp. 6-29

Алкин С.В. Энтомологическая идентификация хуншаньских нефритов (постановка проблемы) // III годовая сессия Института археологии и этнографии СО РАН, ноябрь 1995. - Новосибирск, 1995. - С. 14.

Алкин С.В. Археологические свидетельства существования культа насекомых в неолите северо-восточной Азии // Древние культуры северо-восточной Азии. Астроархеология. Палеоинформатика. - Новосибирск: Наука, 2003. - С. 135. Рис. 21.

Алкин С.В. Древние культуры Северо-Восточного Китая: Неолит Южной Маньчжурии. Новосиб., 2007

Алкин С.В. ≪Крылатые предметы≫ из района р. Янцзы//

Диковские чтения: Материалы нау…чно-практической конференции, посвященной 75-летию со дня рождения чл.-корр. РАН. Н. Н. Дикова. Магадан: свкнии два РАН, 2001. С.123-130.

Алкин С.В. Эти странные ≪крылатые предметы≫ //Евразия - Парадокс археологии, выпуск 3, 2004.

Плавинский Д. Записки о прошлом : Воспоминания художника Д.Плавин ского (Вступ. ст. М.Ненарокомова- //Наше Наследие №5, С. 119-132., 1991

인천 계양산성
출토 토기의 고찰[1]

강진주(한국교통대학교)

Ⅰ. 머리말

한강유역의 고대시기 유적들은 역사적인 맥락에서 볼 때, 삼국이 번갈아가며 점유하는 성격을 갖는다. 계양산성 역시 발굴조사에서 출토된 유물들로 한성백제기부터, 고구려 그리고 신라의 유물이 출토되었다고 보고됨에 따라 그 세력관계를 유추하고 있다. 특히나, 선문대학교에서 의해 실시된 발굴조사 시, 제1집수정 바닥에서 목간 2점이 발견되어 학계의 크게 주목을 받았다.

계양산성이 입지한 곳은 내륙과 해양을 연결하는 한강 서남부로 서해와 인접해있어 주요 교통로에 해당된다. 또한 주변에는 고대부터 조선에 이르기까지 많은 관방유적들이 산재해있어 그 중요성을 쉽게 인식할 수 있다. 이러한 계양산성은 인천광역시 계양산(해발395m) 정상에서 동쪽으로 뻗은중봉(202m)에서 남동쪽 방향으로 능선을 따라 연결된 전체 둘레가 1,184m인 테뫼식 석축산성으로 북서-남동방향으로 긴 장타원형을 띤다.

---

1) 본고는 2021년 12월 3일 한국문화유산연구원이 주최한 "용인 보정동 고분군 발굴성과 학술대회"의 발표문을 수정·보완하였다.

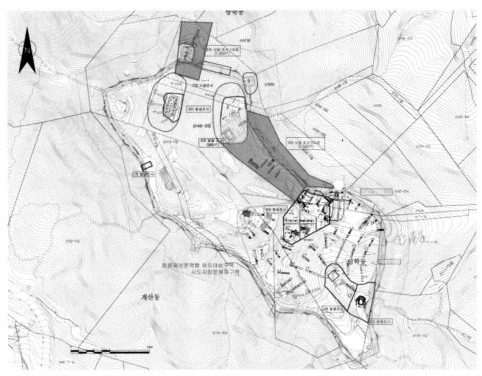

도1. 계양산성 학술조사 현황도

　　현재까지 2차례의 지표조사가 이루어진 뒤, 선문대학교에 의해 2003~2006년까지 1~3차 발굴조사가 진행되었다. 2006년부터는 겨레문화유산이 현재까지 총 5차례 시굴 및 6차례 발굴조사가 실시되었다. 다시 말해, 9차에 이르는 시·발굴조사가 이루어진 것이다. 1차 조사는 서벽과 평탄지, 2~6차는 북동쪽의 성벽과 평탄지에 집중되었다. 7차부터는 북쪽지점에 대한 성벽과 평탄지에 대한 조사가 이루어졌다. 발굴조사는 서쪽부터에 시작해 시계방향으로 진행되는 경향을 보이고 있다. 성벽 시설물로는 동문지와 북문지, 치성, 보축 등이 밝혀졌으며, 성 내부 시설로는 집수시설 3기, 건물지 및 수혈유구 10여개 동, 배수시설, 제의유구 등 확인하였다. 그간의 한강유역 산성조사는 성벽 위주로 조사되었던 반면에, 계양산성의 경우는 성벽조사와 함께 내부 평탄지 조사가 함께 이루어져 고대 산성의 면모를 밝힐 수 있는 좋은 사례로 여겨진다.

표 1. 인천 계양산성 조사 현황

연번	조사 연도	조사기관	성격	조사구역	조사내용	비고
1	1997	인천광역시	지표 조사	지표조사	위치 및 축조 방법, 성내시설 유무	.
2	2000	선문대학교 고고연구소	지표 조사	지표조사	주변 유적 분포지도 제작	.
3	2003	선문대학교 고고연구소	발굴 조사	서벽 및 평탄지(육각정부근)	성벽 축조 기법 확인	150㎡
4	2005	선문대학교 고고연구소	발굴 조사	동벽 및 동문지 추정지역 제1집수정	동벽 내외벽, 제1·3집수정 / 문화석 및 명문기와, 목간 등 출토	3,000㎡
5	2006	선문대학교 고고연구소	발굴 조사	동벽내 집수정 조사 제2·3 집수정	1집수정 추가조사 및 제3집수정 조사	2,300㎡
6	2009	겨레문화유산연구원	시굴 조사	북문지 인근 서·동벽 및 성내외부		3,650㎡
			발굴 조사	추정북문지	북문지 및 26기 유구, 보축확인	1,005㎡
7	2013	겨레문화유산연구원	시굴 조사	북문지와 인접한 경사면과 일부 평탄지	건물지 1기, 수혈 8기, 소성 유구 2기, 적심 3기, 석축 3 기, 초석 1기, 와적유구 등	10,810㎡
8	2014	겨레문화유산연구원	발굴 조사	북문지 인근 건물지 및 유구	건물지 9동, 수혈유구 3기, 구들 2기, 기타 등 총 15기 조사	2,699㎡
9	2015	겨레문화유산연구원	시굴 조사	성 내 북쪽 추정 건물지	건물지 2개소	5,375㎡
			발굴 조사	북쪽 치성 및 성벽	치성 2개소	1,195㎡
10	2016 ~2017	겨레문화유산연구원	발굴 조사	7차 시굴 조사 추정 건물지 2개소 대한 발굴조사	대벽건물지1동과 내·외진주 및 배수로 등의 시설확인 집수시설과 제의유구 및 담장석렬 등이 확인	2,418㎡
11	2017	겨레문화유산연구원	시굴 조사	북벽 및 북서쪽 치성	치성 및 성벽 축조 양상 확인	7,480㎡
			발굴 조사	8차 발굴조사에서 확인된 집수시설에 대한 정밀 발굴조사	축대시설 확인, 2차례 개축 확인	980㎡

II. 유물 출토 현황

앞선 본 바와 같이 현재까지 시·발굴조사는 9차에 걸쳐 진행되었으며, 7차 발굴조사보고서가 발간되었다. 여기서 출토된 유물은 대략 6종류로 기와·토기·철제·자기·토제·석제 등이며 기타에 목간, 동전, 곱옥 등을 포함하면 9종류이다. 보고서에는 총 1,587점이 수록되었으며, 종류별 수량은 표2)에서 보이는 바와 같이 기와 819점, 토기 545점, 철제 139점, 중국제를 포함한 자기류 28점, 토제 품 29점, 석제품 22점 등과 목간 2점, 동전 2점, 곱옥 1점 등을 포함한 기타는 5점이다. 차수별 조사로 보면, 4차 발굴조사시 가장 많은 수인 839점이 보고되고 5·6차 발굴조사>1~3차 발굴조사>7차 발굴조사 등의 순으로 보이고 있다. 4차 발굴조사는 겨레문화재연구원에서 처음 조사한 시기로 북문지와 그 주변에 대한 조사가 이루어졌는데, 총 26개소의 유구가 확인되었다. 시굴조사지역에서 197점의 토기가 출토되었던 반면에 기와는 발굴조사지역에서 306점이 보고되었다.

5차는 시굴조사로 진행되었으며, 이 때 확인된 유구에 대한 조사가 6차 발굴조사로 이어졌다. 유구는 건물지 9동, 구들 2기, 수혈 3기 등 총 15기이며, 출토된 유물은 기와가 토기가 다수를 이루 고 있다. 반면, 다른 유물에 비해 철제와 자기류가 다른 조사에 비해 많은 비율을 차지하고 있는데, 대부분 지표에서 수습된 것들이다.

7차는 시굴조사와 발굴조사가 함께 진행되었는데, 시굴조사는 북벽 내부 평탄지에 대한 조사였으며 발굴조사는 북벽의 치성 2개소와 일부 성벽에 대해 이루어졌다. 출토유물은 그간 조사 중 가장 적은 량인 94점으로, 기와류가 전체의 80%를 차지하였다.

표 2. 계양산성 출토 조사별 유물 개체수

조사	기와류	토기류	철제류	자기류	토제품	석제품	기타	계
1~3차 발굴조사	66	170	15	2	10	8	2(목간)	273
4차 시·발굴조사	505	253	60	6	9	5	1(동전)	839
5·6차 시·발굴조사	169	110	62	20	9	9	2(동전,곱옥)	381
7차 시·발굴조사	79	12	2	·	1	·	·	94
계	819	545	139	28	29	22	5	1,587

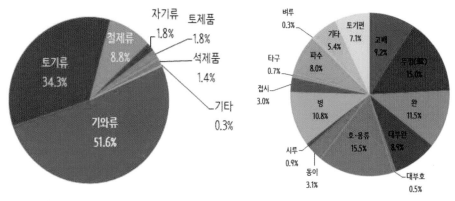

도2. 계양산성 출토 유물 종류 및 비율   도3. 계양산성 출토 토기의 기종 및 비율

　표 2와 도 2를 보면, 출토 유물의 절반 이상 차지하는 것이 기와류이다. 그 다음이 토기류로 전체의 1/3정도를 차지하고 있다. 이는 서울 경기지역에 흔히 말하는 신라북진기 산성들에서 나타는 특징은 아니다. 신라북진기 산성들은 대부분 백제·고구려 등이 사용한 산성을 재사용하는데, 거의 대부분이 토기류이다. 특히나 용인 할미산성의 경우, 기와가 한두 점 내외로 파편으로 출토된 것과 크게 대조되는 부분이다[1]. 토기는 총 545점이며, 전체 출토 유물 중 차지하는 비율은 34.3%정도이다. 토제품에는 원반형토제품이 주류를 이루며, 어망추도 포함되어 있다. 철제류는 농구류, 공구류, 무기류, 제사구, 건축부재료, 장신구 및 화장구, 용기 및 식기류 등 총 139점으로 토기 다음의 비율을 차지하고 있다. 이외에는 중국제 자기를 포함한 자기류와 석제품, 목간·동전·곱옥 등이 소량 출토되었다.

　이 중 토기류를 유구와 기종별로 살펴보면 표3)과 같다. 토기가 출토된 유구는 지표를 제외한 32곳이며, 그 중 가장 많은 수가 출토된 곳은 1~3차 발굴조사 때의 1집수정으로 트렌치를 포함하면 70점이다. 가장 수가 적은 곳은 5·6차 발굴조사시의 3호 건물지, 2·3호 수혈, 북문지연결통로 등이며, 각각 1점씩 수습되었다. 기종은 고배, 뚜껑,

---

1) 강진주, 「할미산성 출토 유물에 대한 검토」『용인 할미산성 발굴조사 성과와 보존활용 방안』(학술심 포지엄), 한국문화유산연구원, 121쪽.

완, 대부완, 대부호, 호·옹류, 동이, 시루, 병, 접시, 타구, 벼루 등 12가지이다. 파수는 대부분 우각형 파수편으로 대상 파수부는 소량 확인되었다. 토기편은 대부분 호나 옹, 동이의 편으로 추정되며, 기타에는 원반형 토제품, 종지, 어망추, 등잔 등을 포함시켰다.

표 3. 계양산성 시굴 및 발굴조사 유구별 토기 출토 현황

연번	기종 / 출토지역			고배	뚜껑(蓋)	완	대부완	대부호	호·옹류	동이	시루	병	접시	타구	파수	벼루	기타	토기편	소계
1	1~3차		서벽	6	7		3		13	1	2			1	3		3	8	47
2			동벽	4	5	1	1	1	4	1		3	1(대부)		7		2	2	32
3			1집수정 Tr.1·Tr.2	3					3				1(대부)		1		1(원반형)		9
4			1집수정	7	5	2	3		8	4		9	2(대부)		7		4(원반형, 어망추)	10	61
5			3집수정	2		3	4	1(부가구연편)	13			3			3			2	31
6	4차	시굴조사	Tr.1	2	2	5			2	1		2							14
7			Tr.2	2	8	10	2		9		1	4	1		1		1(원반형)		39
8			Tr.3	2	14	22	7		4	4		3					2(원반형)	1	59
9			Tr.4	1	4	2	1			3	2								13
10			Tr.5	2	10	6	3			2	2	2	4		4		1(종지)	3	39
11			Tr.6			1	1		1				1(대부)			1	1(원반형)		6
12			Tr.7		1	1	1					3	1		3				10
13			Tr.8	3	6	4	2				1	1	3(대부)		1			1	22
14		발굴조사	문지 개구부	1	2				1			2							6
15			문지 통로부		1							1							2
16			내부 통로			1			2			1	1				1(어망추)		6
17			서벽 출토			1			1										2
18			서쪽 평탄지	4	3		4		5			5	1(대부)		4	1	2(원반형)	2	31
19			동쪽 평탄지	2	4	1	3										2(어망추, 원반형)	1	13

연번	기종 / 출토지역			고배	뚜껑(蓋)	완	대부완	대부호	호·옹류	동이	시루	병	접시	타구	파수	벼루	기타	토기편	소계
20			시굴	3	1	3	2		5			3	2(대부)		1			3	23
21			2호건물지				1												1
22			3호건물지			1									1		2(어망추)	1	5
23			5호건물지	2	3	1	1	1(부가구연편)	1			1			2			1	13
24	5,6차	발굴	6호건물지	1	1	1	1		3	1		7	1(대부)		4		2(어망추)	1	23
25			7호건물지		1	1						1							3
26			1호수혈						2	1			1(대부)						4
27			2호수혈				1												1
28			3호수혈						1										1
29			북문지 연결통로									1							1
30			지표	5	7	1	6		4	1		5		1	6		6(등잔, 어망추, 방추차)	2	44
31		시굴	2지점Tr	1			2		1				1(대부)					3	8
32	7차	발굴	치성1		1					1							1(원반형)		3
33		발굴	치성2						1			1							2
계				53	86	66	51	3	89	18	5	62	17	4	46	2	31	41	574

　토기는 거의 편으로 출토되었으며, 남아있는 형태를 보고 기형을 추정한 것이 대부분이다. 기형을 파악하고 수량을 파악하였는데, 호·옹류>뚜껑>완>병>완>고배>대부완>동이>접시>시루>타구>벼루 등의 순으로 나타나고 있다. 가장 많은 많은 수를 차지하는 기종은 호·옹류이다. 토기편이 호·옹의 편으로 추정되므로 호·옹 그리고 동이를 포함하여 실생활용기가 주류를 이뤘던 것으로 보인다. 다음으로는 뚜껑이 많았는데, 뚜껑은 일반적으로 반구형 뚜껑과 凸자형 뚜껑으로 나뉘지만, 전체적인 형태를 알

수 있는 것이 드물어 무리한 추정은 하지 않았다. 다음은 병으로 반구형, 편병, 장경병, 편구병 등 다양한 형태의 병이 확인되었다. 완류는 굽이 달린 것과 달리지 않은 평저의 완으로 구분하였다. 이 중 평저의 완이 11.5%으로 좀 더 많은 량이 보고되었다. 고배는 구연과 대각의 일부를 보고 추정한 것들이 많았다. 대략 53점으로 파악되었으며, 6번째 비중을 차지하고 있다. 고배의 수량이 비교적 적은 편에 해당되는데, 이는 유적의 사용시기와 관계된 것으로 생각된다.

III. 출토 토기류 검토

1. 고배

고배는 접시보다 깊은 배신에 대각이 달린 그릇을 말한다. 이러한 형태는 백제토기에도 나타나지만 신라토기는 긴 대각에 투창이 뚫려있는 것이 특징이다. 생활유적이나 고분유적에 상관없이 출되며 제의와 관련하여 사용된 것으로 추정된다.

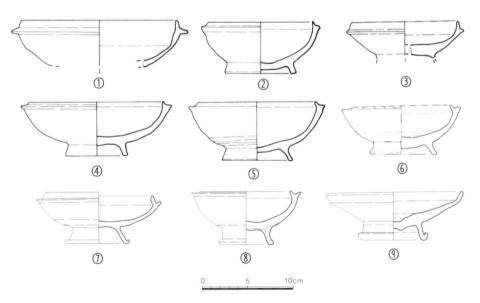

도4. 계양산성 출토 고배류

①②④⑤선문대-1~3차 1집수지 ③선문대-1~3차 동벽 ⑥겨레4차-Tr.4 ⑦겨레5차-시굴
⑧겨레6차-5호건물지 ⑨겨레7차-시굴

계양산성 출토 유물중 고배로 추정되는 것은 53점이다. 대부분 편으로 확인되며, 기형을 알 수 있는 것은 도 4이다. 주지하듯, 직립된 구연일 경우를 무개고배, 뚜껑받이 턱이 있는 경우를 유개 고배라고 한다. 계양산성의 경우는 통일기 이후의 유물도 출토되고 있으므로 직립된 구연만으로는 무개고배로 추정하기가 어려웠다. 도 4에서 보는 바와 같이 유개 고배의 경우는 쉽게 판단이 가능한데, 총 9점 확인되었다. 1집수지에서 4점, 그리고 나머지 지역에서 1점씩 보고되었다. 기고는 4.4~5.8cm이며, 구경은 9.6~13.3cm 계측되었다. 굽은 사선으로 내려오는 것이 일반적이며, 밖으로 말린 형태도 확인된다. 무개고배로 추정되는 편은 모두 7점이다. 일반적으로 무개고배의 경우 동체에 침선이 깊게 들어가는데, 계양산성에서는 이러한 편을 찾기가 힘들었다. 예를 들어 도4-⑨ 경우, 7차조사시 시굴조사 2지점에서 출토된 토기로 일반적인 고배에서 변형된 형태로 소성상태가 좋지 못하다. 이는 계양산성 토기가 중앙보다는 지방에서 제작된 것임을 추정케한다. 이외 나머지 고배들은 대각편만이 잔존하는데, 대부분 八자 혹은 사선으로 내려와 끝이 밖으로 말린 형태를 띠는 것이 많다. 투공이 뚫린 것은 8점이 있으며 방형으로 대각의 상부에 작게 위치한 것이 대부분이다.

2. 뚜껑

蓋는 그릇의 내용물에 잡물이 들어가는 것과 상하는 것을 막기 위해 그릇의 아가리를 덮는 諸具이다. 신라토기에서 개는 주로 고배와 대부완에 씌워졌다. 구연의 형태에 따라 구연형태가 다른 개가 쓰였는데, 뚜껑받이턱이 있는 그릇에는 'ㅏ'자형 구연이, 직립구연에는 'ㅅ'자형 구연의 개가 사용되었다. 통일기를 전후로 해서 고배가 사라지고 대부완이 유행하는데, 개 또한 'ㅅ'자형이 주로 짝을 이룬다. 꼭지의 형태는 지름이 큰 굽형과 가운데 부분이 거의 붙어 단추모양같이 보이는 것이 있다. 이 외에 단면이 마름모꼴인 보주형과 꼭지가 없는 접시형 뚜껑도 있다.

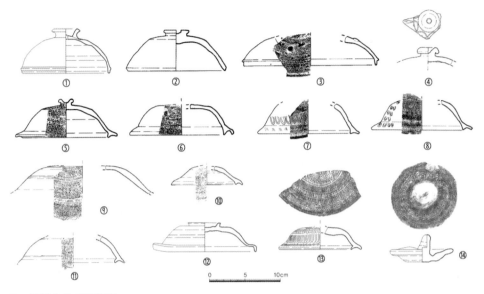

도5. 계양산성 출토 뚜껑(蓋)류
①⑭겨레5차-시굴 ②⑤⑥선문대1~3차-서벽 ⑦⑧선문대1~3차-1집수정
⑨겨레4차-시굴Tr.1 ⑩⑪겨레4차-시굴Tr.2 ⑫겨레6차-7호건물지 ⑬겨레7차-치성1

 뚜껑은 모두 86점이 출토되었다. 통일기 이전에 나타나는 후기양식토기는 단면이 반구형을 하는 반면, 통일기 토기는 동체가 한번 꺾여 굴곡진 형태를 띠며 외면에 인화문을 장식한다. 후기양식토기로 볼 수 있는 뚜껑은 도5-①~④에 해당되며, 통일기 양식은 도5-⑤~⑭이다. 반구형 뚜껑에는 주로 드림부가 'ㅏ'와 결합되거나 드물게 'ㅅ'자형 나타난다. 계양산성에는 반구형에 'ㅅ'형태인 뚜껑이 확인되지 않았는데, 대부분 편이기 때문에 추정하기 어려웠다. 인화문이 시문된 뚜껑은 고르게 출토되었으며 문양은 주로 마제형문이나 이중호문이다. 도5-⑩의 경우는 'ㄴ'자형으로 이형뚜껑이다. 이는 반월산성과 이성산성에서 출토되었으며, 꼭지 주변에 마제형문이 시문되었는데, 계양산성 출토품 역시 마제형문 시문되었다. 도5-⑫는 통일기 말기에 연질에 무문화되는 경향이 반영된 토기로 판단된다.

3. 호·옹류

호는 음식을 저장하는 용기로써 높이가 50cm 넘는 것은 흔히 옹이라 말한다. 형태는 평저 혹은 원저의 저부이며 둥근 동체에서 외반된 구연으로 경부가 형성된다. 연질과 경질로 모두 만들어지며 동체에는 대부분이 타날문이 확인된다. 계양산성에서 확인된 호·옹류는 모두 89점인데, 토기편 41점이 호·옹의 잔편으로 여겨진다. 때문에 이를 포함하면 출토된 토기류 중 가장 많은 수량을 차지하고 있다.

계양산성의 호·옹은 구연부와 경부 그리고 동체의 일부가 잔존하는 것으로 판단한다. 구연은 크게 직립구연과 외반구연으로 나뉘며, 외반구연은 경부가 발달한 것과 바로 외반된 경우로 나뉜다.

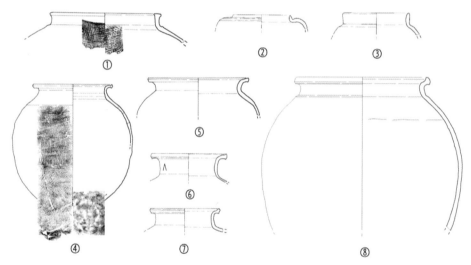

도6. 계양산성 출토 호·옹류 1
①선문대1~3차-3집수정 ②③겨레4차-서벽평탄지 ④~⑥선문대1~3차-1집수정
⑦선문대1~3차-서벽 ⑧ 겨레5차-시굴

직립한 구연은 도 6-①~③이며, 직립구연은 비교적 소형의 호에서 나타나는 편이다. 둥글게 내만하는 동체에서 짧게 경부를 형성한 뒤 외반하는 호는 주로 동체가 구형인 경우가 많다. 이러한 신라 유적에서 흔히 볼 수 있는 호의 유형이다. 이전에는 연질에

타날문이 나타는 경우, 한성백제기로 보는 경향이 많았다. 그러나 발굴조사된 유적이 늘어남에 따라 연질 타날문 호는 신라유적에서도 다량 출토되어 있어 면밀하게 살펴보아야 할 부분이다. 1집수정에서 출토된 도6-④의 경우 또한, 서울 경기지역의 신라유적에서는 연질과 경질이 모두 확인되며 고대부터 통일기까지 꾸준히 사용되었음을 알 수 있다.

　도7-①~③과 같이 구연이 내만하는 동체에서 짧게 외반하는 경우, 동체가 구형보다는 긴형태 바닥이 평저인 것이 많다. 이 또한, 신라유적에서 자주 확인되는 예이다. 도7-④⑤는 높이가 80cm, 구경 40cm이상으로 대형 옹이다. 이러한 옹은 견부, 견부와 경부의 경계에 돌대가 돌아가며, 경부 에 파상문이 돌아가는 특징이 있다. 통일신라 하대의 전형적인 대형 옹의 형태로 주로 주름무늬, 덧띠무늬, 편병 등과 함께 9세기 표지적인 유물로써 판단되고 있다.

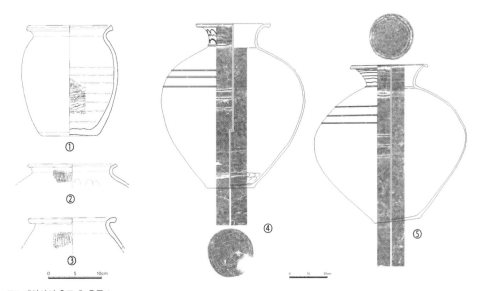

도7. 계양산성 출토 호·옹류 2
①②겨레4차-시굴Tr.2 ③겨레4차-시굴Tr.3 ④겨레5차-시굴 ⑤겨레6차-3호수혈

이 외에 부가구연대부장경호로 추정되는 편이 3점 보고되었다. 대부장경호는 대각이 달린 호를 말하며, 여기서는 부가구연대부장경호를 포함한다. 부가구연대부장경호는 6세기 이후부터 등장하며 횡구·횡혈식 고분의 출현과 직접적인 관련이 있는 것으로 보고있다[2]. 형태는 그 명칭에 맞게 구연이 한번 꺾인 후 조성되었으며 저부에는 대각이 달려 있다. 세부적으로 보면, 구연은 사선으로 외반하거나 직립하였으며 부가구연은 수평하거나 사선으로 올라간 형태 등이있다. 대각에는 방형 혹은 사다리꼴 모양의 투창이 이단 혹은 일단으로 뚫려있고 각단은 돌출되거나 외반된 형태가 주류를 이룬다. 경부가 발달되었으며 최대경이 동체에 있어 동체지름이 구경이나 저경보다 크다. 이 부가구연대부장경호는 신라가 점유한 산성에서 지속해서 출토되고 있어 북진기 유적의 상한을 알려주는 유물이다. 계양산성에서는 구연과 대각의 일부만이 잔존하는 편이 확인되었다.

4. 완

완은 소형 기종으로써 현재 우리가 사용하는 국그릇 형태에 외반된 구연을 갖고 있다. 신라 북진기에 증가하는 경향을 보이며 특히 한강유역 신라유적에서 높은 비율을 차지하고 있다. 보통 형태적으로 외반된 구연에서 사선으로 내려와 비교적 편편한 바닥을 형성하는 것이 대부분이다. 계양산성 에서 완은 총 66점이 확인되었으며 구경은 대략 12~15cm이며 높이는 4~7cm로 계측되었다. 구연을 알 수 있는 편은 35점으로 구연은 직립한 구연과 짧게 외반하는 것으로 나뉘는데, 이중 직립구연은 9점이다. 동체의 회전으로 인한 굴곡이 확인되며 안바닥과 바깥 바닥에 선문 혹은 격자문이 타날된 편도 8점이 있다.

5. 대부완

대부완은 소형의 완에 굽이 달린형태로 주로 뚜껑이 함께 공반되어 '합'이라고도 불

---

2) 홍보식, 2003, 『신라 후기 고분 문화 연구』 춘추각.

린다. 이는 신라 통일기 양식의 대표적인 기종으로써 외면에 인화문이 시문된다. 계양산성에서는 확인된 대부완은 51점이며 4차조사 당시 시굴조사지역에서 비교적 많은 량이 보고되었다. 인화문은 경질에서 표현되는 경향이 있으며, 18점에서 인화문이 확인되었다. 문양은 마제형문, 점열문, 반원점문 등이며 이중 8점이 점열문으로 가장 많은 비율을 차지하고 있다. 또한, 6차 발굴조사시 2호 수혈유구에서 수습된 완은 도구로 사선으로 엇갈려 그어 능형문을 표현 것이 있다. 대부완은 이전시기의 고배를 대신하는 성격을 지니며, 직립된 구연에 인화문이 시문된 '凸'자형 뚜껑과 조합된다.

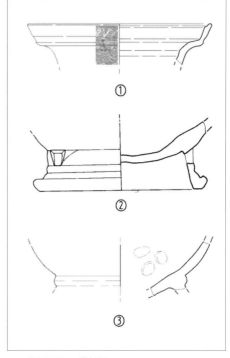

도8. 계양산성출토 대부호류
①겨레5차-5호건물지 ②선문대1~3차-동벽
③겨레4차-시굴Tr.5

6. 접시

접시는 동체가 낮고 바닥이 넓은 그릇으로 주로 액체가 거의 없는 고체 상태의 음식물이 담긴다. 그간 한강유역 신라 북진기 산성에서는 접시보다는 완의 비율이 높았던 반면에 고구려가 차지했던 보루유적에서는 장동호와 함께 접시가 다량 출토되었다. 또한 신라가 사용했던 산성 중에서도 비교적 점유 시간이 길었던 유적에서는 점차 접시의 출토 량이 많아지는 경향이 보이고 있다. 계양산성에서는 19점의 접시가 확인되었는데, 이 중에서 대각이 달린 것이 15점으로 특징적이다. 제1집수정과 4,5차의 시굴조사에서 출토된 편이 대부분으로 기능을 명확히 알 수는 없다. 다만, 대부가 달린 형태에서 볼 때 일상적으로 사용된 기종은 아닐 것으로 판단된다.

7. 병

병은 물이나 술 등의 액체음료는 담는 목이 좁은 용기이다. 병은 평저와 대부병으로 나뉘는데, 평저는 편병이나 호형, 장동병 등이 있으며, 대부병에는 편구병, 대부장경병, 줄무늬병, 덧띠무늬병 등 이 속한다. 계양산성에서는 장경병, 편구병, 주름무늬병, 덧띠무늬병, 편병 등 다양한 형태가 확인되었다.

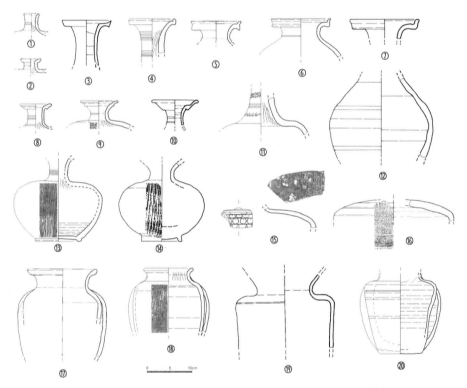

도9. 계양산성 출토 병류
①⑰겨레4차-시굴Tr.7 ②⑤겨레4차-문지개구부 ③⑦⑩⑫⑭선문대1~3차-1차집수지
④⑥⑪겨레6차-6호건물지 ⑧⑬⑱⑳겨레5차-시굴 ⑨겨레6차-북문지통로 ⑮겨레6차-7호건물지
⑯겨레4차-서벽평탄지 ⑰선문대1~3차-동벽

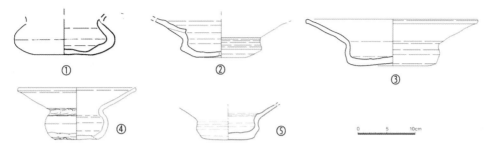

도10. 계양산성 및 용인 할미산성·마북동 유적 출토 타구
①선문대1~3차 서벽 ②③겨레6차-5호건물지 ④할미산성 지표 ⑤마북동 26호주거지

8. 기타

이외에도 벼루와 타구가 출토되었다. 벼루는 2점으로 모두 4차 조사시 시굴조사 트렌치와 발굴조사의 서쪽 평탄지에서 수습되었다. 마지막으로 주목되는 것은 타구이다. 계양산성에서는 1~3차발굴조사시 서벽에서 1점과 6차 발굴조사 5호 건물지에서 2점이 출토되었다. 그간 일반적으로 출토된 형태가 아닌 생소한 기종으로 조사자는 뚜껑으로 판단하였다. 그러나 최근 용인 할미산성과 마북동 주거지에서 유사한 형태가 출토되면서 자료를 확인한 결과 타구로 추정되었으며 이는 경주 화곡리와 황룡사지 등에서 출토된 바가 있다. 일반 서민이 사용했던 것은 아니며, 4점 중 총 2점이 6차 발굴조사 시 5호 건물지에서 보고된 것이 주목된다.

IV. 시기와 성격

앞서 살펴본 바와 같이 계양산성에서 출토된 유물은 기와류, 토기류, 철제류, 자기류, 토제품, 석제품 등과 목간, 동전, 곱옥 등 기타 유물로 대략 9가지의 종류가 확인되었다. 이 중 시기를 가늠할 수 있는 유물은 기와와 토기 그리고 자기류 등이다. 기와는 전체 출토되는 유물 중에서 가장 많은 비율을 차지하고 있어 특징적이다. 그러나 기와는 그간 한강유역의 경우 통일신라기에 집중되는 경향이 나타났으며, 뚜렷한 시기나 성격에 대한 개별적 연구보다는 보고서의 고찰부분에서 간헐적으로 다뤄졌었다. 자기는 중국자기로 신라 하대기 대중항로와의 관계 속에서 생각해 볼 수 있다. 이처럼 기와와 자기는 계양산성의 성격을 알 수 있는 특징적 유물로 여겨지지만, 전체 시기를 알 수 있는 편년적인 자료로써의 역할은 부족한 편이다. 때문에 유적의 상한과 하안을 밝히는 있는 유물로써 토기가 주목되는 것이다.

토기류는 기종은 고배, 뚜껑, 완, 대부완, 대부호, 호·옹류, 동이, 시루, 병, 접시, 타구, 벼루 등 12가지로 이들은 모두 생활유적이나 관방 그리고 고분에 관계없이 출토되는 기종들이다. 이 중 시 기적 변화가 비교적 민감하게 드러나 편년자료로 이용되는 기종은 고배, 뚜껑, 완, 대부호, 대부완, 병 등이다. 반면, 저장과 운반용기로 실생활에 주로 사용되는 호·옹, 동이, 시루 등은 형태와 속성의 변화가 둔감하기 때문에 주체와 시기를 추정하는데 한계가 있다. 다만, 이중 경부가 발달되고 돌대가 형성되어 있는 대형 옹은 9세기 대부터 나타는 것으로 알려져 있다.

기종별로 정리해 보면, 고배의 경우 유개고배와 무개 고배가 출토되었으며 전체적인 형태를알 수 있는 것 중에서는 대각에 투공이 뚫린 것은 없었다. 유개고배의 구연은 대부분 짧게 내경하고 있으며 뚜껑받이턱은 수평하거나 약간 위로 올라와 있는 형태이다. 무개고배는 배신의 크기가 큰 편으로 구경이 10~15cm로 확인되었다. 고배는 배신과 대각의 비율이 대략 3:2정도로 대각이 짧은 형태이다. 대부완은 직립 구연에 구연에서 종방향의 점열문 혹은 마제형문 등이 시문되었으며 인화문은 주로 경질에서 확인된다. 경질의 대부완의 구경이 15cm 이내라면, 연질의 대부완은 16cm이상의 크기를 보이며 높이도 9cm정도로 동체가 깊은 편이다. 이는 9세기 이후, 연질화되면서 크기가 커지는 경향성을 반영하는 시기적 차이로 판단된다.

뚜껑은 반구형과 凸자형이 모두 출토되었다. 꼭지는 단추형과 굽형이 있으며 보주형은 확인되지 않아 특징적이다. 반구형의 경우 드림부가 'ㅏ'자형을 띠며 꼭지 주변에 반원점문 혹은 원문과 삼각 집선문이 시문된 것이 있다. 凸자형은 동체가 굴곡이지며 드림부는 길고 안턱이 짧아지는 경향이 나타나 'ㅅ'을 띤다. 문양은 꼭지 주변에서부터 드림부까지 마제형문, 원문, 점열문 등이 시문되며, 문양이 없는 것도 출토량의 50%정도를 차지한다. 일반적으로 반구형 뚜껑은 통일기 이전, 凸자형 뚜껑은 인화문이 시문되는 통일기 토기로 비교적 시기를 명확히 알 수 있는 유물이다.

이외 시기를 알 수 있는 부가구연대부장경호는 6차 발굴조사시 5호 건물지에서 구연의 일부가 확인되었으며, 대각은 선문대학교 발굴조사시 동벽부근과 4차 시굴조사 트렌치 3·5에서 수습되었다. 이는 6세기부터 등장하는 기종으로써 편년을 살피는데 중요한 표지적 유물로 작용된다. 이 기종은 통일기가 되면 인화문이 시문되고 동체가 주판알과 같은 형태로 편구화되어 부가구연대부장경병으로 변화된다. 때문에 한강유역의 부가구연대부장경호가 존속된 기간은 6세기 중엽부터 7세기 중엽경까지로 볼 수 있다[3].

완은 신라왕경지역보다는 신라가 6세기 이후 북진기에 활용한 유적에서 더욱 많은 수가 나타나 고 있다. 완은 나말여초기까지 꾸준히 확인되고 있는데, 점차 크기가 커지고 구연이 직립되는 경향이 나타난다. 한강유역의 신라산성에서 출토된 토기 기종을 분석한 결과, 완은 통일 이전 시기에 사용된 유적에서는 호·옹류와 함께 가장 많은 수를 차지하고 통일기이후 지속적으로 사용된 산성에서는 그 비율이 점차 줄어들고 있다[4]. 아마도 계양산성에서 완의 비율이 여타 다른 한강유역의 신라 유적에 비해 낮은 것도 시기적인 차를 반영하는 것으로 여겨진다.

계양산성에서는 장경병, 편구병, 주름무늬병, 덧띠무늬병, 편병 등 다양한 형태가 확인되었다. 장경병은 이성산성과 망이산성 등에서 화려한 인화문이 시문된 편이 출토되었으며 편구병은 사당동 유적을 비롯한 한강유역의 신라 고분과 산성에서 주로 출토되고 있다. 이들은 화려한 인화문이 베풀 어진다는 점에서 또 공반되는 유물을 통해 8세기 경으로 추정된다. 반면, 주름무늬병, 덧띠무늬 병 등은 보령 진죽리, 영암 구림리, 익산 미륵사지, 천부동 고분군 등 9세기 경의 유적과 층위에서 확인됨에 따라 일찍부터 9세기 중반의 표지적 유물로써 기능하고 있다. 주지하듯, 주름무늬병, 덧띠무 늬

3) 강진주, 2007, 「부가구연대부장호를 통해 본 신라의 한강유역 진출」 『경기도의 고고학』 주류성, 648쪽.
4) 강진주, 2006, 「한강유역 신라토기에 대한 고찰」 단국대학교 석사학위논문, 92~94쪽.

병, 4면 편병 등이 미륵사지 동원승방지 발굴 도중 안정적 층위에서 '大中二年'(858)銘 대형 옹과 함께 출토되어 절대적인 연대를 갖게 되었다. 때문에 신라유적의 하한을 알려주는 중요한 역할을 하고 있다. 계양산성에서 병은 고배보다도 많은 비율을 차지하고 또한 주름무늬병과 덧띠무늬병이 주류를 이룬다는 점에서 계양산성의 주 사용 연대를 가늠해 볼 수 있다.

따라서 계양산성에서 출토된 토기를 시기별로 살펴보면, 대략 3시기로 나누어 볼 수 있다. 1시기는 통일기 이전 시기로 7세기 중반경까지이다. 2시기는 소위 인화문으로 대표되는 통일기 토기로 전환된 시기로 대략 8세기를 전후한 시기이다. 마지막으로 3시기는 10세기를 전후한 시기로 흔히 나말여초기로 불리는 때이다. 1시기는 아직까지 인화문 토기가 출토되지 않은 때로 대각이 달린 고배와 단추 혹은 굽형태의 꼭지에 반구형의 동체를 지닌 뚜껑이 확인된다. 또, 부가구연장경호도 이 시기까지 동반 출토되고 있다. 2시기는 인화문 토기로 전환되는 시기로 동체에 화려하게 찍은 무늬가 시문된다. 이 시기에는 고배와 반구형 뚜껑이 사라지고 짧은 굽이 달린 대부완과 동체가 굴곡이 진 凸자형 뚜껑이 나타난다. 마지막으로 3시기는 소위 말하는 나말여초 시기로 소형 기종인 완과 뚜껑의 연질화 경향이 확인된다. 또한, 병류와 대형 옹의 비율이 높아지는데, 병류는 덧띠무늬, 주름 무늬 병 등이 대표적이며 대형 옹은 경부가 발달하고 파상문이 시문되며 경부와 동체에 돌대가 돌려진다. 계양산성에서는 이러한 시기적 특징 모두 드러나고 있기 때문에 적어도 6세기 후반경부터 10세기 전반경까지 신라가 사용한 것을 분명히 할 수 있다.

계양산성은 선문대학교에서 조사한 제1집수정에서 목간이 발견되면서 크게 주목을 받았다. 3차까지 발굴조사된 이후 겨레문화유산에서 조사한 유구 중 주목되는 것은 6차 발굴조사시 확인된 5·6차 건물지이다. 이 건물지에서는 고배, 뚜껑, 완, 부가구연장경호, 병, 타구 등이 확인되었는데 이 기종 들이 일상적인 기종이 아니라는 점과 기와 건물지라는 점 등에서 비교적 위계가 높았던 건물지로 추정된다. 또한 7호 건물지에서는 중국 자기가 출토되었는데, 5~7호 건물지가 이웃해 있다는 점에서 도 주목된다. 때문에 보고서 고찰부분에서 군창으로 본 것보다는 그 기능과 위계가 높았던 것으로 추

도11. 8차 발굴조사 제의 유구 출토 토기류

정된다[5].

한편, 8차 발굴조사시 암반을 이용한 제의 유구가 확인되었다고 보고되었다. 이곳에서는 무개고배 3점과 완 2점이 출토되었는데 유물을 실견한 결과, 계양산성 내의 다른 지점에서 출토된 토기보다 양질의 태토를 사용하여 정연하게 만든 것을 확인하였다. 현재까지 이 추정 제의유구에서 출토된 고배가 계양산성 출토 토기 중 가장 이른 시기의 정연한 형태를 보이고 있어 주목된다.

V. 맺음말

지금까지 계양산성에서 출토된 토기를 기종별로 살펴보았다. 기종은 대략 12가지로 시기를 파악 할 수 있는 기종을 중심으로 자세히 살펴보았다. 내용을 정리해 보면, 계양산성 출토 토기류의 주요 편년은 통일기를 전후한 시기로 나눌 수 있다. 고배와 반구형 뚜껑, 부가구연대부장경호 등으로 보 아 유적의 상한을 빨리 보면 7세기 전후로 한 시기로 볼 수 있다. 그리고 인화문이 시문된 대부완, ⊓凸자형 뚜껑, 주름무늬·덧띠무늬·편병, 돌대를 돌린 대형화된 옹 등은 통일기양식토기로 알려진 기종들이다. 따라서 유

---

5) 겨레문화유산연구원, 『계양산성』Ⅲ, 192쪽.

적은 현재까지의 상황을 볼 때 북진기부터 나말여초기까지 꾸준히 활용된 것으로 이해된다. 계양산성이 위치한 입지로 볼 때 내륙과 해양을 연결해주는 중요한 교통로상에 있기 때문에 지속해서 사용되었을 것이다.

앞서 살펴본 바와같이 계양산성은 다른 한강유역의 고대 산성과 비교할 때 기와가 다량 출토되는 특징을 보인다. 그러나 유적의 점유 기간과 또 9차례의 걸친 유적의 조사에 비해 출토된 토기량이 상대적으로 적은데다 대부분을 편으로 출토되어 전체적인 기종을 파악하기가 힘들다. 또 대부분의 유구에서 후기양식토기와 통일기 양식의 토기가 함께 출토되고 있어 명확하게 시기를 언급하기 어려운 부분이 있다. 다만, 통일기를 전후로 하여 통일기 이후의 유물이 다수를 점하고 있는 것은 사실이다.

필자는 보고서 분석과 실제 유물을 실견한 결과, 대부분의 유물이 신라유물로 판단되었다. 기존에 연질의 타날호나 니질의 토기편을 백제 혹은 고구려토기로 보고하였는데, 이는 보다 면밀한 관찰과 비교를 통해 편년되어져야 할 것이다. 연질 타날 호는 대부분의 신라유적에서도 출토되고 있는 패턴이며, 니질의 토기편은 나말여초시기 연질에 무문화되어가는 경향성을 반영한 것이 아닌가 추정되기 때문이다.

다소 실망적인 견해일 수 있겠으나, 적은 개체수의 토기로 유적의 편년과 역사적 변천과정을 살피기는 어렵다. 산성은 지속적으로 사용되는 성격이 있어 고분과 같이 정치한 편년 설정할 수 없는 한계가 있기 때문이다. 때문에 공반되는 유물과 유물이 출토된 유구의 성격을 파악하고 주변유적과의 유기적인 관계 속에서 보다 밀도있는 연구가 진행되길 바란다.

참고문헌

겨레문화유산연구원, 2011,『계양산성』II-4차 시발굴조사 보고서

겨레문화유산연구원, 2016,『계양산성』III-5·6차 시발굴조사보고서

겨레문화유산연구원, 2017a,『계양산성』IV-7차 시발굴조사보고서

겨레문화유산연구원, 2017b,「인천 계양산성 제8차 발굴조사 약보고서」

겨레문화유산연구원, 2017c,「인천 계양산성 제9차 시발굴조사 약보고서」

선문대학교 고고연구소, 2008,『계양산성』

徐滎一, 1999,『新羅 陸上 交通路 研究』, 학연문화사.

중앙문화재연구원, 2014,『신라 고고학 개론』上·下. 진인진.

홍보식, 2003,『신라 후기 고분 문화 연구』, 춘추각.

한혜선, 2014,『고려시대 도기 연구』, 이화여자대학교 박사학위논문.

황보경, 2009,『신라문화연구』, 주류성.

강진주, 2006,「한강유역 신라토기에 대한 고찰」, 단국대학교 석사학위논문.

강진주, 2007a,「부가구연대부장호를 통해 본 신라의 한강유역 진출」,『경기도의 고고
학』, 주류성.

강진주, 2007b,「漢江流域 新羅 土器의 性格」,『선사와고대』26, 한국고대학회.

강진주, 2012,「6~7世紀 新羅土器를 통해 본 漢江流域의 新羅化 過程」,『21세기의 한국
고고학』, 주류성.

강진주, 2015,「할미산성 출토 유물에 대한 검토」,『용인 할미산성 발굴조사 성과와 보
존활용 방안』(학술심포지엄), 한국문화유산연구원.

강진주, 2016,「신라의 용인지역 정착과정에 대한 고고학적 검토」,『신라사학보』36,
신라사학회.

박성남, 2009,「서울·경기지역 성곽 및 고분 출토 신라 인화문토기 연구」, 경북대학교
석사학위논문.

심수정, 2012, 「이성산성 출토 신라토기 연구」, 한양대학교 석사학위논문.

한혜선, 2001, 「경기지역 출토 고려시대 질그릇 연구」, 단국대학교 석사학위논문.

황보경, 2008, 「한강유역 신라 성곽의 특징과 성격」, 『한민족연구』6, 한민족학회.

황보경, 2011a, 「考古資料로 본 龍仁지역 新羅 문화의 변천과정」, 『한국고대사탐구』8, 한국고대사 탐구학회.

황보경, 2011b, 「서울·경기지역 신라 주거지와 건물지 고찰」, 『선사와 고대』35, 한국고대학회.

百濟 城郭研究와 韓國考古學

蒼藍 崔秉植 博士 古稀紀念 論叢

엮은이 | 창람 최병식 박사 고희논총 간행위원회

펴낸이 | 최병식

펴낸날 | 2022년 6월 7일

펴낸곳 | 주류성출판사

주소 | 서울특별시 서초구 강남대로 435 주류성빌딩 15층

전화 | 02-3481-1024(대표전화)   팩스 | 02-3482-0656

홈페이지 | www.juluesung.co.kr

값 45,000원

잘못된 책은 교환해 드립니다.

ISBN 978-89-6246-479-5 93910